大人

（三）

沈葦窗與《大人》雜誌

蔡登山

已故香港邵氏電影公司在台分公司總經理馬芳蹤說：「文化事業出版界，我最欽佩兩個人，一是台北《傳記文學》的社長劉紹唐兄，以單槍匹馬一個人的精力，把中國近代史的資料蒐集成庫，且絕不遜於此地的『歷史博物館』與大陸的『文史檔案館』。另一位就是香港《大成》的沈葦窗，《大成》是專門刊載藝文界的掌故與訊息，目前海峽兩岸包括海外，似乎還找不出第二本類似的刊物。」其實《大成》還有個前身就是《大人》雜誌，它創刊於一九七〇年五月十五日，至一九七三年十月十五日停刊，前後出了四十二期。一九七三年十二月一日《大成》緊接著創刊，至一九九五年九月沈葦窗病逝終刊，出了二百六十二期。兩個刊物合起來共三百零四期，前後有二十五年之久。它也是「一人公司」，香港作家古蒼梧說：「《大成》的業務，從編輯、校對到聯絡作者、郵寄訂戶，幾乎都由沈老一人包辦。每次我到龍記樓上《大成》編輯室送稿，總見到他孤單地在一堆堆雜誌與書刊中埋首工作，見我來了，便露出燦爛的笑容，跟我閒聊幾句，臉上毫無倦容。……」。當然可想見更早的《大人》的情況，亦是如此。

關於沈葦窗的生平資料不多，他是一九一八年十二月三十日出生，浙江省桐鄉烏鎮人。正如他自己說的：「我寫作至今，從未提過自己的家世。」只在〈記從兄沈泊塵〉一文中，他透露一些蛛絲馬跡：「祖父右亭公生子女九人，泊塵是三房長子，能毅、叔敖是他的胞弟。我父季璜公行九，娶我母徐太夫人，婚後居上海之台灣路，姪輩到上海求學，多住我家。我家兄弟都以『學』字排行，泊塵名學明，家兄吉誠名學謙，我名學孚。我生在台灣路，大約我出世未久，這位『明哥哥』便去世了！」沈泊塵卒於一九一九年，得年僅三十一歲。沈泊塵兄弟三人曾合辦《上海潑克》畫報，為中國漫畫報刊的始創者。作家陳定山就說：「上海報紙之有漫畫，始於沈泊塵。若黃文農、葉淺予、張光宇正宇兄弟，皆為後輩矣。」

沈葦窗畢業於上海中國醫學院，據香港的翁靈文說沈葦窗自滬來港後，雖投身出版事業，但也常應稔友們之請，望聞切問開個藥方，多能藥到病除。沈葦窗曾任香港麗的呼聲廣播有限公司金色電臺編導、電視國劇顧問。他的夫人莊元庸也一直在「麗的呼聲」工作，莊女士其實

早在上海名氣就很大了，每天擁有十萬以上的聽眾，她口才好，聲音悅耳，有「電台之鶯」的雅號。後來在台灣的華視也工作過，我還看過她演出《星星知我心》的連續劇。

沈葦窗是崑曲大師徐凌雲的外甥，徐凌雲曾對寧波、永嘉、金華、北方諸崑劇，甚至京劇、灘簧、紹興大班等悉心研究，博採眾長。十八歲登臺，堅持長期練功不輟，生、旦、淨、末、丑各行兼演，「文武崑亂不擋」。後來又與俞粟廬、穆藕初等興辦蘇州崑劇傳習所，培養「傳」字輩一代崑劇藝人有功。沈葦窗說他自己：「少年時即好讀書，有集藏癖，年事漸長，更愛上了戲曲。其時崑曲日漸式微，但因我的舅父徐凌雲先生是崑曲大家，總算略窺門徑；還是和平劇接近的機會多，凡是夠得上年齡的名角，都締結了相當的友誼，搜羅有關平劇書籍更不遺餘力。」他後來將這些重要史料收藏，如《富連成三十年史》、《京戲近百年瑣記》、《清代燕都梨園史料》、《菊部叢譚》、《大戲考》等十二部珍貴或絕版史料，以「平劇史料叢刊」由劉紹唐的傳記文學社出版，嘉惠後學。

沈葦窗在上海時期，就在小報上寫文章。一九四〇年金雄白在上海創辦一份小型四開報紙，名為《海報》，當時寫稿的人可說是極一時之選，長期在《海報》撰稿的有陳定山、唐大郎、平襟亞、王小逸、包天笑、蔡夷白、吳綺緣、徐卓呆、鄭過宜、范煙橋、謝啼紅、朱鳳蔚、盧一方、沈葦窗、陳蝶衣、馮鳳三、柳絮、惲逸群等，女作家中，更有周鍊霞、陳小翠諸人。沈葦窗當年曾是金雄白辦報時的作者，沒想到幾十年後金雄白變成了是沈葦窗的作者。《大人》初創時期，就有一個非常壯觀堅強的撰稿人隊伍，這些人大多是大陸鼎革後，流寓在香港和臺灣的南下文人、名流和藝術家，大都是沈葦窗的舊識，也可見他在舊文化圈中人脈的廣博。

《大人》雜誌給這些人提供了一個發表文章的重要平臺，刊載了大量有價值的文章和重要的第一手史料。其中像被稱為「中醫才子」的陳存仁的兩本回憶錄《銀元時代生活史》、《抗戰時代生活史》，都先後在《大人》及《大成》上連載，而後才集結出書的。《銀元時代生活史》後來在一九七三年三月，由香港吳興記書報社出版，張大千題耑，沈葦窗撰序云：「一九七〇年五月，《大人》雜誌創刊，我承乏輯務，初時集稿不易，因而想到陳存仁兄，他經歷既豐，閱人亦多，能寫一手動人的文章，於是請他在百忙之中為《大人》撰稿，第一期他寫了一篇記章太炎老師，果然文筆生動，情趣盎然，大受讀者歡迎。存仁兄的文章，別具風格，而且都是一手資料，許多事情經他一寫，躍然紙上，如歷其境，如見其人，無形之中成為我們《大人》雜誌的一員大將。《銀元時代生活史》刊載以後，更是遐邇遍傳，每一段都富有人情味和親切感，存仁兄向有考證癖，凡是追本究源，文筆輕鬆，尤其餘事。綜觀全篇，包含著處世哲學、創業方法、心理衛生、生財之道，對讀者有很大的啟發性和鼓勵性，實在是老少咸宜的良好讀物。今當單行本問世，讀之更有一氣呵成之妙，存仁兄囑書數言，因誌所感，豈敢云序。」

再者在《大人》甚至後來的《大成》上，占有相當份量的，莫過於「掌故大家」高伯雨（高貞白、林熙）的文章了。一般說起「掌故」，無非是「名流之燕談，稗官之記錄」。但掌故大家瞿兌之對掌故學卻這麼認為：「通掌故之學者是能透徹歷史上各時期之政治內容，與夫政治社會各種制度之原委因果，以及其實際運用情狀。」而一個對掌故深有研究者，「則必須對於各時期之活動人物熟知其世襲淵源師

友親族的各族關係與其活動之事實經過，而又有最重要之先決條件，就是對於許多重複參錯之瑣屑資料具有綜核之能力，存真去偽，由偽得真……」。能符合這個條件的掌故大家，可說是寥寥無幾，而高伯雨卻可當之無愧。高氏文章或長篇大論，或雋永隨筆，筆底波瀾，令人嘆服！難怪香港老報人羅孚（柳蘇）稱讚說：「對晚清及民國史事掌故甚熟，在南天不作第二人想。」而編輯家林道群也讚曰：「高伯雨一生為文自成一家，他的『隨筆』偏偏不如英國的essay，承繼的是中國的傳統，溶文史於一，人情練達，信筆寫人記事，俱是文學，文筆之中史識俯拾皆是。」這是高伯雨的高妙處，也是他獨步前人之處。

資深報人金雄白筆名「朱子家」，曾在《春秋》雜誌上連載《汪政權的開場與收場》而聞名。沈葦窗邀他在《大人》再寫了〈「海報」的開場與收場〉、〈委員長代表蔣伯誠〉、〈梁鴻志死前兩恨事〉、〈「入地獄」的陳彬龢〉、〈倚病榻，悼亡友〉、〈梁鴻志獄中遺書與遺詩〉等文，因大都是作者所親歷親聞，極具史料價值。一九七四年他的《記者生涯五十年》開始在《大成》雜誌第十期連載，迄於一九七七年六月的第四十三期為止，前後達兩年又十個月之久，共六十八章，幾近三十萬字。金雄白說：「七十餘年的歲月，一彈指耳，回念生平，真是如幻如夢如塵，在世變頻仍中，連建家毀家，且已記不清有多少次了，俱往矣！留此殘篇，用以自哀而自悼，笑罵自是由人，固不必待至身後。」

還有早期的老報人，著名雜誌《萬象》的第一任主編陳蝶衣，他後來來到香港，還是著名的電影編劇、流行歌曲之王。六十多年來，陳蝶衣光是歌詞的創作就有三千多首。人們尊稱他為「三千首」。周璇、鄧麗君、蔡琴、張惠妹……，中國流行音樂史上一代又一代的歌后們，都演唱過他寫的歌。他在《大人》除寫了〈一身去國八千里〉、〈舉家四遷記〉、〈我的編劇史〉、〈花窠素描〉等自身的回憶文章外，還有《銀海滄桑錄》的專欄，寫了有關張善琨、李祖永、林黛、王元龍、陳厚、胡蝶、阮玲玉、李麗華、周璇等人，所記多是外間少人知的資料。後來以《香港影壇秘錄》為名出版了。

曾經在上海淪陷時期，創刊《古今》雜誌，網羅諸多文人名士撰稿，使《古今》成為當時最暢銷也最具有份量的文史刊物的朱樸，一九四七年到了香港，早已成為一名書畫鑑賞家了，並以「省齋」為筆名撰文。沈葦窗說：「我草創《大人》雜誌，省齋每期為我寫稿，更提供許多書畫資料。那時，省齋在王寬誠的寫字樓供職，薪水甚少，但有一間寫字間卻很大，他每天下午到那裡去轉一轉，看看西報，主要的工作是為王寬誠鑑定書畫。」

當時已渡海來台的陳定山，是名小說家兼實業家天虛我生（陳蝶仙）的長子，他早年也寫小說，二十餘歲已在上海文壇成名了，他工書，擅畫，善詩文，有「江南才子」之譽。來台後長時期在報紙副刊及雜誌上寫稿，筆耕不輟，同時也為《大人》寫稿，陳定山因長居滬上，嫻熟上海灘中外掌故逸聞，一代人事興廢，古今梨園傳奇，信手拈來，皆成文章，乃開筆記小說之新局，老少咸宜，雅俗共賞。這些文章後來成為《春申舊聞》的部分篇章。

詩人易順鼎（實甫）之子，寫有《閒話揚州》引起揚州閒話的易君左，在一九四九年冬抵香江時，曾在鑽石山住過，當時那裡住有不少是國內逃避戰禍而抵港的知識份子，因此他寫有〈鑽石山頭小士多〉、〈記香港幾次文酒之會〉等文。更值得重視的是他寫的「文壇憶舊」，包括：〈我與郁達夫〉、〈曾琦與左舜生〉、〈詞人盧冀野〉、〈田漢和郭沫若〉。這些文章所寫的人物皆作者有過深交的文友，寫來自不同於一般的泛泛之論。可惜的是一九七二年易君左病逝台北，一九七二年四月十五日出版的《大人》刊出的〈田漢和郭沫若〉已註明是「遺作」了。

國民黨政要雷嘯岑，歷任南昌行營機要秘書、安徽省政府委員兼教育廳廳長、鄂豫皖三省總司令部秘書、湖北省第七區行政督察專員、重慶市教育局局長、《和平日報》社總主筆、《中央日報》社主筆。一九四九年七月去香港，任《香港時報》社總主筆。一九六〇年在港創辦《自由報》並受聘為香港德明書院新聞學系主任。他在《大人》以筆名「馬五」，寫有「政海人物面面觀」一系列文章。

他如，老報人胡憨珠長篇連載的〈申報與史量才〉，及當年曾在上海中文《大美晚報》供職的張志韓，所寫的〈血淚當年話報壇〉長文，都有珍貴的一手資料。

而沈葦窗自己也寫有〈葦窗談藝錄〉，談得較多的是京劇，這是他的本行。甚至《大人》每期有關京劇崑曲的文章，都佔有一定的比重，這也是這個雜誌的特色，同時也成為喜好京劇崑曲的讀者的重要收藏。沈葦窗的哥哥沈吉誠，在香港電影戲劇界、文化新聞界都相當吃得開，他在《大人》以「老吉」筆名，從第二期起寫有〈馬場三十年〉至第三十八期連載完畢，講的是香港的賽馬。在上世紀五〇年代，老吉的《馬經大全》，曾經風行一時。

《大人》每期約一百二十頁，用紙為重磅新聞，樸素大方。內頁和封底為名家畫作、法書或手跡，畫家有齊白石、吳湖帆、黃賓虹、張大千、溥心畬、傅抱石、關良、陳定山、黃君璧、吳作人、李可染、周鍊霞、梅蘭芳、宋美齡等。從第三期開始，每期都有四開彩色精印的銅版名家畫作或法書的插頁，精美絕倫。這些插頁除已列的上述部分畫家外，還有：邊壽民的蘆雁，新羅山人、虛谷的花鳥，沈石田、陸廉夫、吳伯滔、金拱北的山水，鄧石如、劉石庵、王文治的法書等。但由於這些插頁開本極大，採折疊方式，裝訂在雜誌的正中間，常為舊書店老闆取下，另外販售。此次復刻本，多期就沒有這些插頁，但在目錄中編有該插頁的頁碼，有時會有八頁之多，其實它是一張大畫折疊的頁碼，如今畫雖不見，但不影響內文，因該畫和內文是完全不相關的。在此聲明，希望讀者明瞭，不要以為雜誌有所「缺頁」是好。

這次能輯全整套雜誌而復刻，首先要感謝熱心協助，並提供收藏的師長好友：資深報人鑑賞家黃天才先生、收藏家董良彥（君博）先生、史料家秦賢次先生及香港的文史家方寬烈先生、學者作家盧瑋鑾（小思）女士。《大人》在臺灣流通極少，甚至國家圖書館都沒有收藏，筆者首先見到的是秦賢次兄已捐贈給中央研究院文哲研究所的部分雜誌，驚嘆之餘，才興起要收藏這份雜誌的念頭。但談何容易，歷經數載，找遍舊書攤才得不到四分之一之數。後經黃天才先生提供他的收藏，並熱心找到收藏家董良彥先生的珍貴收藏，董先生的十幾本雜誌品相極

佳。在整理蒐集到手的四十二期雜誌，發現其中兩期有脫頁，於是藉著到香港開學術研討會之便，我和賢次兄又找到方寬烈先生及小思老師，經他們協助影印，補全了全套雜誌的內容。

我曾在二〇一〇年十月十七日香港的《蘋果日報》副刊寫有〈遲來的懷念〉一文，開頭說：「今年九月底，我到香港參加張愛玲誕辰九十週年國際學術研討會。十五年前的九月八日張愛玲被發現死在洛杉磯公寓，無人知曉，據推測她的死亡時間應該是九月二日或三日。而幾天之後的九月六日沈葦窗因食道癌在香港病逝。之所以將兩人並提，是他們都是『寂寞的告別』人世。正如作家穆欣欣所說的：『張愛玲走得孤寂而熱鬧。說孤寂，到底是她自己選擇的一種方式，待世人知曉，已是六七天之後；說熱鬧，是世人不甘，憐她愛她。她像中秋的月亮，走了之後，人間還得追望。比起張愛玲，另一個人走得更寂寞。起碼，他連最後的繁華都沒有。他是《大成》雜誌的主編沈葦窗先生。』是的，早在一九九三年，我籌拍張愛玲的紀錄片，次年還收到張愛玲的傳真信函。她故去之後《作家身影》紀錄片播出，之後我又寫了兩本關於她的書，並推薦李安導演拍她的〈色，戒〉。而對沈葦窗我至今無一字提及，這篇小文就算是遲來的懷念吧！」現在把這段文字轉錄於此，依舊是對他的懷念！

目錄

第十二期（一九七一年四月十五日）：

第十三期（一九七一年五月十五日）：

第十四期（一九七一年六月十五日）：

大人

論天下大事
談古今人物
第十一期

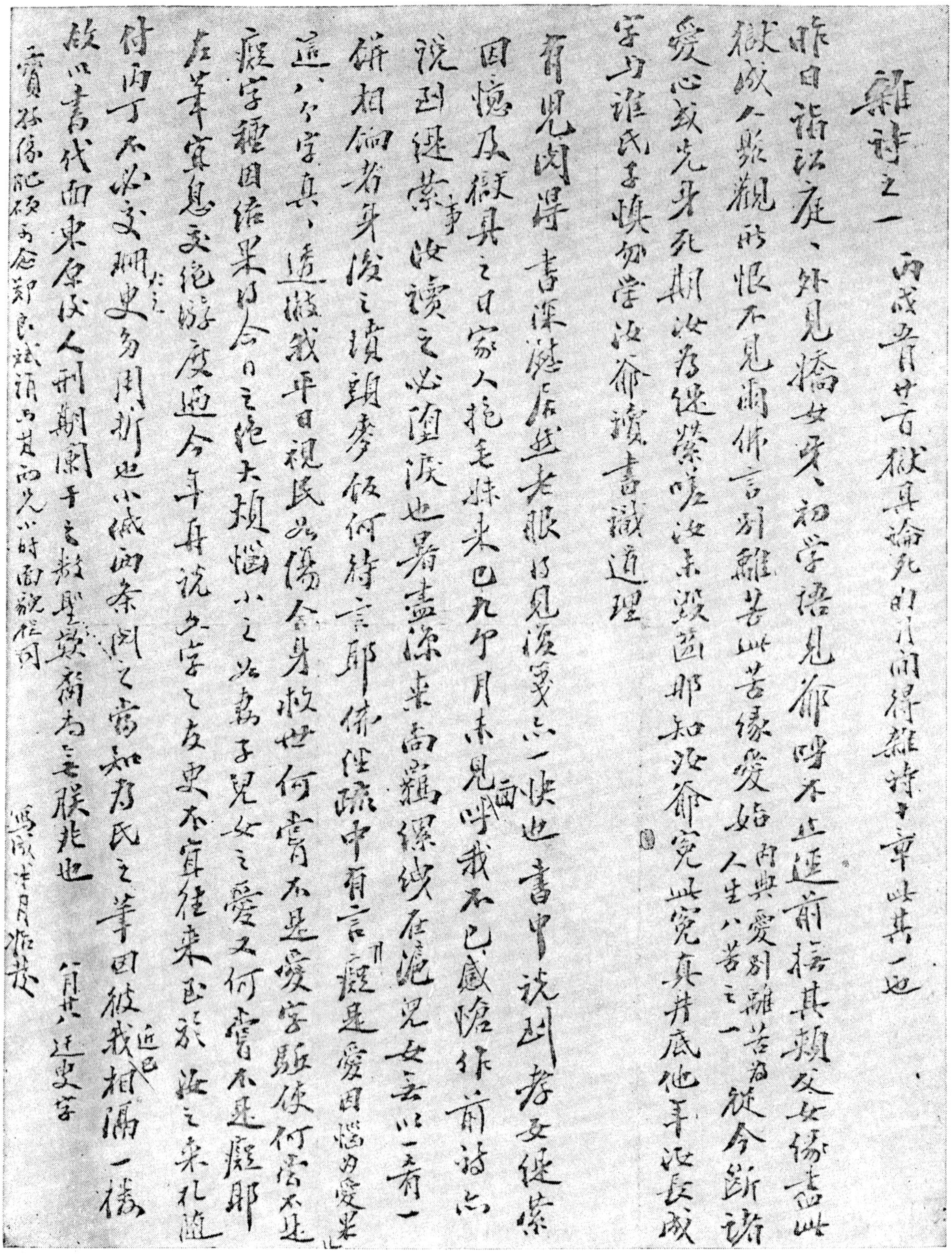

雜詩之一　丙戌五月廿六日獄卒論死明日向得雜詩十章此其一也

昨日詣訟庭，外見嬌女至，初學語見爺，呼不止，近前摇其頰，父女緣盡此。獄吏人聚觀，所恨不見爾。佛言別離苦，此苦緣愛始（內典愛別離苦為人生八苦之一）。從今斷諸愛，心哉先身死。期汝為緹縈，嗟汝未識齒，那知汝爺冤，此冤真井底。他年汝長成，字與誰氏子，慎勿學汝爺，讀書識道理。

育兒閱得　書深慰，老眼得見汝字，亦一快也。書中說到孝女緹縈，因憶及獄吏之日家人抱走妹來，已九個月未見面，呼我不已，感賦作前詩，亦說到緹縈事，汝讀之必墮淚也。羞盡源來尚羅縲紲，在滬兒女每以一月有一餅相餉，若身後之墳頭麥飯，何待言耶。佛經中有言，癡是愛因，惱乃愛果，這八個字真真透徹。我平日視民如傷，舍身救世，何嘗不是愛字驅使，何嘗不是癡字種因結果，得今日之絕大煩惱。小之如妻子兒女之愛，又何嘗不是癡耶。在華寓息交絕游，度過今年再說，外客之友更不宜往來，因於汝之[illegible]。付丙丁，不必交删史多用新也。小識兩條閱之，當知為民之筆，因彼我相隔一樣，故以書代面。東原以人刑期闕于之救聖歎爲之朕兆也。

[illegible]

丙戌五月廿八　廷史字

[illegible]

從未公開發表之梁鴻志遺詩與遺書

詳見本期朱子家特稿

大人 第十一期 目錄

一九七一年三月十五日出版

大人　每逢月之十五日出版

出版及發行者：大人出版社有限公司
督印人：王朝平
編輯者：大人雜誌編輯委員會
總編輯：沈葦窗
社址：九龍西洋菜街三號A 即彌敦道六一〇號後座
電話：K八五五七三〇
印刷者：立信印刷公司 九龍新蒲崗伍芳街緯綸大廈十一樓
總代理：吳興記書報社 香港租庇利街十一號二樓 電話：H四五〇五六一 H四五〇七六六
星馬代理：遠東文化事業有限公司 新加坡厦門街十九號 檳城峇田仔街一七一號
泰國代理：集成圖書公司 曼谷耀華力路二三三號
越南代理：聯興書報社 越南堤岸新行街二十二號
其他地區代理：
澳門：可大文具店　漢城：汎亞書籍公社
亞庇：利民公司　寮國：永珍圖書公司
千里達：中華公司　斗湖：光明書店
菲律賓：華安書局　菲律賓：玲瓏書局
倫敦：東寶公司　紐約：友聯圖書公司
芝加哥：杏林春　紐約：友方圖書公司
波士頓：中西公司　洛杉磯：永安堂
三藩市：新生圖書公司　檀香山：大元公司
三藩市：益智圖書公司　三藩市：文化商店
加拿大：香港商店　加拿大：新國華公司

梁鴻志獄中遺書與遺詩

朱子家

關於梁衆異（鴻志）繫獄事，先則畧述於拙著「汪政權的開場與收場」一書中，繼又爲本刋就記憶所及，再加補充，仍覺掛漏太多，不足盡其萬一。尤其感到遺憾的，則是像他那樣的一代詩宗，除於其生前刋有「爰居閣詩集」而外，曾先後在上海「軍統」優待所的「楚園」與移解至提籃橋監獄後的就鞫時期，續成兩卷，命名爲「入獄集」與「待死集」。我與他共戴南冠，隔室相處者一年有餘，目擊他在長廊中徘徊吟哦之狀，也看到他趺坐在獄室的水泥地上，憑一小木箱爲几，以洋鐵桶蓋爲硯，俯首懸腕，以其所成詩，工楷謄錄於白紙上，一一編其次第。每有愜意之作，則輾然微笑，若頓忘其身在何處，命在何時矣。

提籃橋獄室，長不過八呎，濶才五呎，三面是堅厚的圍牆，前爲鐵柵，室西向而不通風，夏日苦熱，衆異體又肥碩，常揮汗如雨。室內又無燈，僅長廊中疏落高懸若干盞，作爲禁卒窺視獄囚動作之用，光線黯弱，陰森可怖，衆異常移几近鐵窗前，偸一線之光，伏身握管作書。繫獄已是人生的大不幸，況乎黨錮？因此，到了深夜萬籟俱寂時，獄囚們衆聲雜作，嘆息聲，夢魘聲，呼叫聲，啼哭聲，狂笑聲，咒罵聲，此起彼落，聲聲相應，我總清楚聽到衆異猶未入睡，在這斗室中或繞室徬徨，或吟哦吟詠。有時，他以指叩壁作暗號，我們就貼面於鐵柵之上，僅透一鼻與兩唇，低聲細語，各訴衷曲，但聞其聲，一鄰之隔，竟至各不能相覩。

衆異在任段合肥執政府秘書長時期，我生也晚，還在就讀中學時期，自屬無緣識荆，迨至抗戰軍興，國軍西撤，「維新政府」在南京成立，他出任了等於首長的行政院長，我與他仍乏一面之緣。及汪政府成立，他貴爲監察院長，而我則僅爲搖旗吶喊之走卒，除在公開場合相見一頷首外，連一次談話的機會也不曾有過，直到「楚園」時期，同羈一樓，我與唐壽民、聞蘭亭、李閔非、張蓮舫五人在二樓合住一室，而衆異則在樓頭獨居一小室，像是優待，實際上當局早已把他另眼相看，旁觀的我早知道這情形絕對與他不利。

楚園司炊事者即爲梁宅的舊厨，賛閩菜極爲出色，我們於前一晚書就菜單，自行出資，交其代辦，因此雖爲楚囚，飲食尙極豐腆。衆異之新太太意眞夫人，又許其每日來探一次，照料其起居，逗留室內，行動自由，不受任何干預。與盛老三（文頤）的特准吸食鴉片，爲楚園的兩大特客。似乎衆異尙未覺察到當局對他的所以特加優待，未來的命運早已有所決定。而衆異此時，心氣和平，旣絕口不談政治；也且絕口不談獄事。與我們相處，有時祇研討學問，或述民初故都風光。我不信他也會與我一樣天眞，安有不知政治上的只論成敗而不問是非功罪，早成千古定律。在他以後就鞫中，當時渝府行政院院長孔祥熙，且特派薛大可到庭爲其作證，這說明了他之所以建立「維新政府」，曾得孔院長之同意，或竟爲其所授意，然而這奧援豈眞可恃耶？

直至主持所謂「肅奸」工作的軍統局長戴笠撞山身死，於是上海被拘在楚園及南市看守所的汪政權中人，不問職位大小，也不問罪嫌輕重，一律移送江蘇高等法院第二分院處理，從此再也無一人得以倖免於罪。衆異在與我同乘十輪大卡車押解之時，始露不安之態，方抵獄門，即緊握我手，惶急而問曰：「此何地？」我方吐「提籃橋」三字，衆異即仰天而吁。提籃橋監獄本爲公共租界時代囚禁罪犯之所，一般人稱之爲西牢，我以過去曾執業律師之故，此處到是常客，所不同的就是以往以辯護人的身份來探囚，今日竟一變而自爲獄囚耳！

古人往往以「帝德乾坤大，皇恩雨露深」來作春聯，我於當局對我們這批「賣國叛徒」在獄中的優遇，無限感激之忱，亦祗能以此十字報之。拘留在楚園時代，當我們從愚園路的吳四寶宅遷入時，堂堂拘留所長，竟親自迎迓，指揮安排，還連聲說「招待不週，多多原諒」的話。室內窗明几淨，有床有桌，戴笠來視察的時候，也說：「這裏不是一處供你們療養之所，」在外表看來，也眞絕不似什麼囚室，這已使我們有受寵若驚之感。迨移解到提籃橋監獄，這是上海有名虐待犯人之地，管理的嚴厲，獄卒的兇惡，積弊重重，使人談虎色變，而獨對我們這一羣，却又例外地放寬待遇，入獄時不必薙髮，不必以冷水和臭藥水沐浴，也不必換穿囚衣，獄室可在同建築內由我們自己選擇，可以引談得來的朋友住在左鄰右舍，而我們住的一所，却是「忠監」，不知是對我們的諷刺，還是爲了代我們表白心境。

因爲本文與衆異的遺書和遺詩有關，有兩件獄中生活，值得先爲說明的。第一，獄中雖禁與外間通信，甚至不許閱讀書報，但是我們與家人魚雁往返，幾乎無日中斷。交通的方法：我們分別與一獄卒約定，每日由家

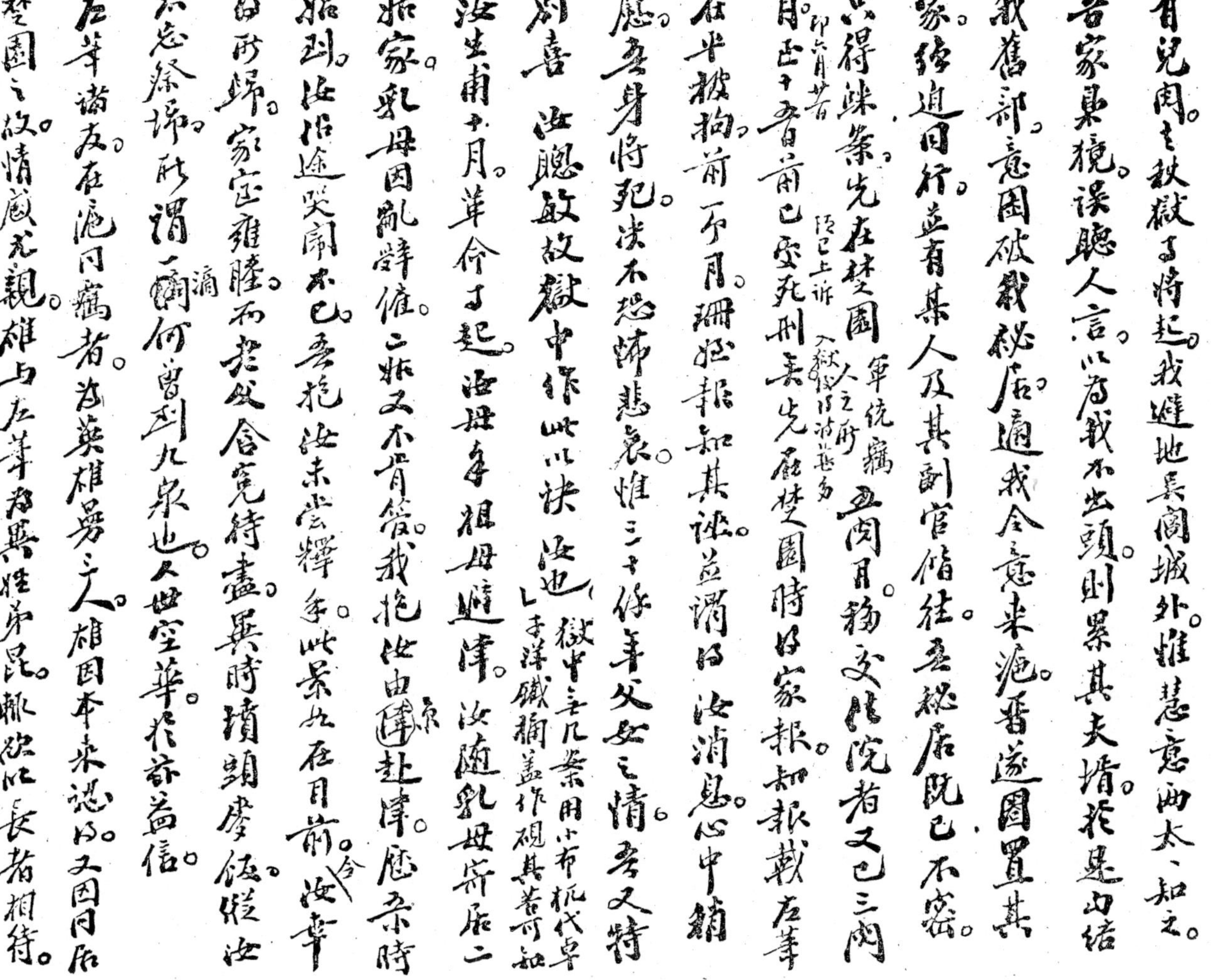
有兒同。去秋獄事將起。我避地吳閶城外。惟慧意、西太、知之。
吾家梟獍。誤聽人言。以爲我不出頭。則累其夫壻。於是出結
我舊部。意圖破我秘居。適我全意來滬。晉遂圖買其
家傭。追蹤同行。並有某人及其副官偕往。吾秘居既已不密。
只得赴案。先在楚園（軍統囑人之所）兩閱月。移交法院者又已三閱
月。（卯六月廿日）去十一月前已受死刑矣（經已上訴）先在楚園時得家報。知報載左革（入獄後得消息多）
在平被拘。前一個月。珊姪報知其訊。並謂得汝消息。心中頗
慰。吾身將死。決不想姊悲哀。惟三十餘年父女之情。吾又特
別喜汝聰敏。故獄中作此以訣汝也（獄中無几案用小布枕代桌手持鐵桶蓋作硯其艱苦可知）
汝生甫十月。革命事起。汝母手祖母避津。汝隨乳母寄居二
叔家。乳母因亂辭住。二叔又不肯管。我抱汝由京赴津。歷求時
艱。汝沿途哭鬧不已。吾抱汝未嘗釋手。此景如在目前。今汝幸
得所歸。家庭雖睦。而老父含冤待盡。異時墳頭麥飯。從汝
不忘祭掃。所謂一滴何曾到九泉也。人世空華。於爾爲信。
左革諸友。在滬同寓者。皆英雄男子之人。雄因本來認汝。又因同居
楚園之故。情感尤親。雄與左革爲異姓弟昆。輒欲以長者相待。

梁鴻志遺書之一（第一頁）

中取得來信，藏在他們的綁腿布或制帽的夾層中偷偷地交給我們。下班時，再付以覆信，即可當晚送達。如此日以爲常，而我們也每月給以固定的報酬，因此樂於效力。本文的兩封遺書，就是依靠這一辦法而傳遞的。

第二，獄中准許家屬每週于星期二、五兩天，携送食物，這對我們是一種恩賜，而對家屬來說，則是一件慘事。在半夜時分，家人就得起身煮菜，還在晨光曦微的時候，各人的妻女已經在獄門外排隊，候檢查交付，迨送到我們手裏，飯和菜都還是熱騰騰的，許多難友覩物思人，想到她們的辛勞和受辱，呆呆地望着面前的大鍋小壺，咽至不能下咽。因爲每週只送食物兩次，但要維持七天之久，到了夏季，家人固然對選擇不易變壞的菜餚，煞費苦心，我們也必須精打細算，以免食盡中斷，以我來說：在獄中前後九百一十二天，始終未食過一次囚糧，但獄中對這二千餘人的伙食，當然如常報銷，監獄當局對我們的放縱，也許多少有些知恩報德之意。

沸水也是一項珍貴的物品，每天在晨間第一次開封（開封是開啓獄室的鐵門，讓犯人們可以出室在長廊中散步半小時），服役的普通刑事囚犯扛來了一大鉛皮桶的沸水，吆喝着讓我們持杯汲取。儘管名叫爲沸水，但因停沸已久，早已變成微温，要用以泡茶，這只是對茶葉的一種浪費。衆異向有盧仝癖，其間曾二十日未得茶飲，因此家人送來了一熱水瓶的沸水時，竟爲之欣喜若狂，更且付之吟詠。

我與衆異在楚園時期，見到他的博聞强記，在我服務文化界數十年中，所遇的文人名士，不一而足，而淵博如他的，曾無一人可與頡抗，在衷心欽佩之餘，就不時向他作學問上的請益，因此短短數月，如我那樣的末學膚受，竟得備蒙青睞。他也一直鼓勵我向其學詩，但以「第一」「第一」不分的我（事見本刊第三期拙文），雖偶有所作，以自慚形穢，不敢向其請益，至坐失大好良機，迄今仍覺猶有餘恨。迨移解提籃橋後，衆異對其未來的命運，愈來愈感到前途將是兇多吉少。還記得入提籃橋後的第二天，晨起開封時，他一把拉住了我說：「昨天入獄第一晚，就做了一個不祥的惡夢，我夢見自己滿身的紅痣，忽然全部消失，我名『鴻志』，與『紅痣』爲諧音，我終將不免乎？」我雖以善言慰之，而衆異終未能釋然。一九四六年六月廿二日獄具，初審即判死刑，旋聞陳公博在蘇州執行槍決，益自知亦將難逃一死，故在其弔公博詩中即有：「逝者如斯行自念；路人猶惜兄相親」之句。

衆異在獄中的詩境，隨着他心境的變幻而日趨于消沉，初在提籃橋時，他似尚寄以一線之生望，所以入獄之翌日，猶强顏歡笑，以宮

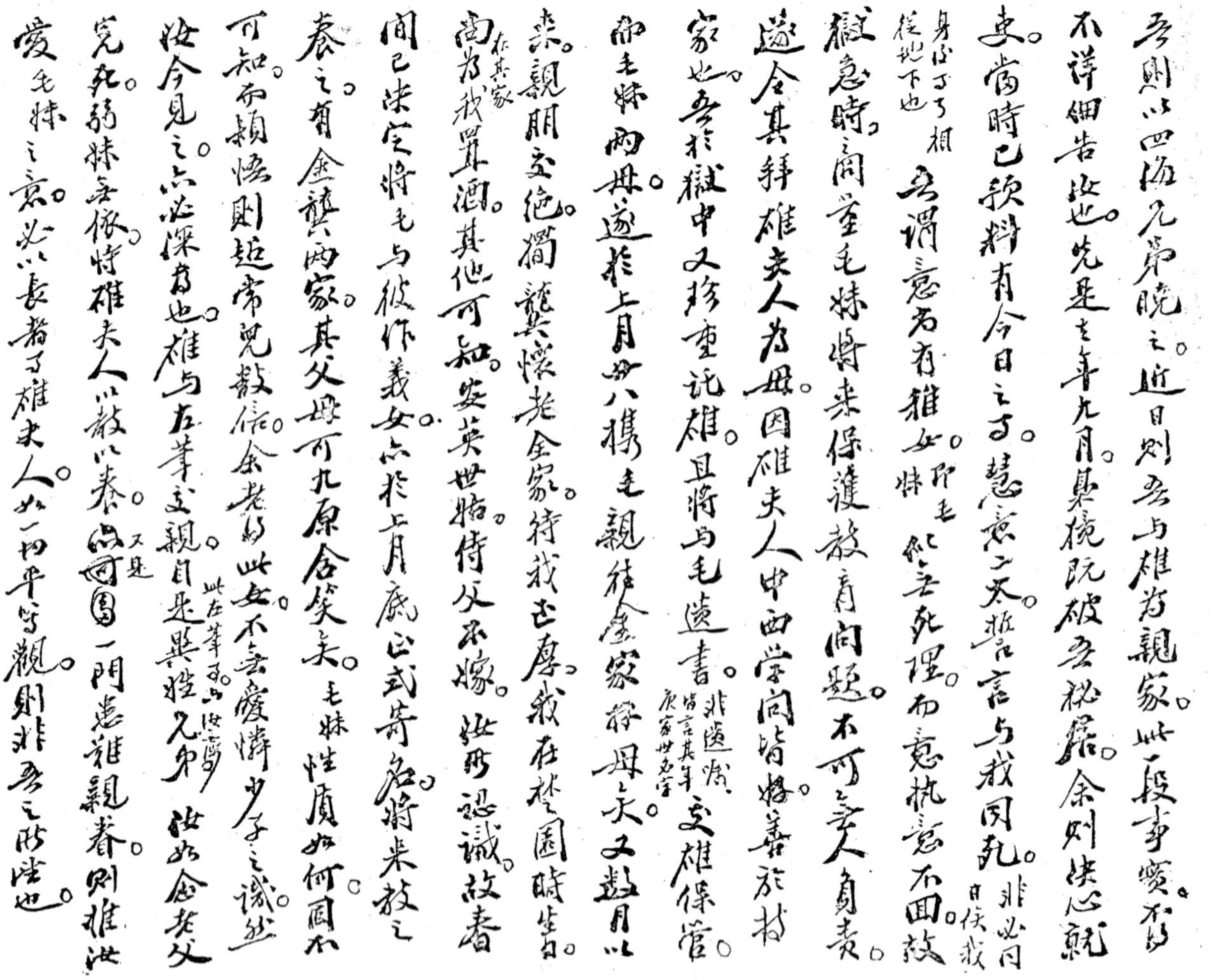
吾則以四海兄弟睨之。近日則吾与雄為親家。此一段事實不可不詳細告汝也。先是去年九月。梟獍既破吾秘居。余則決心就吏。當時已預料有今日之事。慧意二人誓言与我同死。（非必同日伏法身後了了相從地下也）吾謂慧尚有稚女（即毛妹），能否死理，而慧執意不回。故獄急時，商量毛妹將來保護教育問題，不可無人負責。遂令其拜雄夫人為母。因雄夫人中西學問皆極善，於杭家也。吾於獄中又珍重託雄，且將与毛遺書（非遺囑，皆言其年庚家世名字）交雄保管。而毛妹兩母遂於上月廿八携毛親往金家拜母矣。又數月以來。親朋交絕。獨龍與懷老全家，待我甚厚。我在楚園時，皆日（在其家）為我買酒。其他可知。安英世姪侍又不懈。汝所認識，故春間已決定將毛与彼作義女，亦於上月底正式寄名。將來教之養之，有金龔兩家，其父母可九原含笑矣。毛妹性質如何，固不可知，而穎悟則超常兒數倍。余老矣，此女不無廢憐少子之識。然汝今見之，亦必深爱也。雄与左筆（此左筆即汝[illegible]）交，親且逾異姓兄弟。汝如念老父究死，弱妹無依，惟雄夫人以教以養，此（又是）圖一門忠義親者則推汝愛毛妹之意，必以長者事雄夫人。如一切平等觀，則非吾之所望也。

梁鴻志遺書之一（第二頁）

體詩七律描繪獄中景象，與趙叔雍（名尊嶽，以珍重閣名其詩集，爲況蕙風之入室弟子，尤工於詞。在汪政權時代曾任上海市政府秘書長、宣傳部長等職。出獄後來港，轉赴星洲曾執敎於馬來亞大學，前數年已病逝客中）唱和，疊韻至二十首以上。自被判處死刑後，作詩更勤，用以寄意，亦所以忘憂也。其「入獄」、「待死」兩集，共成詩三百餘首。全部詩稿及留給其幼女公子的遺書、暨身與其事而又饒於歷史價值的「直皖戰爭始末記」一文，在他臨命之前，一併交我保藏。而我則以兩經世變，生命之苟全且無計，倉皇避地，遠走天涯，竟不克攜以與俱。古人云：「言爲心聲」，又云：「詩以言志」，以衆異在詩學上之戛戛獨造，獄中詩兩集，凄愴憤慨之情，躍然紙上，實爲傳世之作。當拙著在「春秋」雜誌連載時，不少讀者，曾紛紛來函要求發表，而我既不克爲其妥爲保存，自更不能爲其刋行，深覺愧對故人於地下。

最近，于衆異之女公子朱省齋夫人梁文若女士處，得讀其遺書兩函暨遺詩十六首，獲其同意，刋之「大人」雜誌，所以稍贖我之愆尤也。衆異遺詩，十九寫於粗劣之紙上，若干且爲拭穢用之厠紙，足見在獄中之慘狀，除兩函爲製版以存其眞外，玆併爲添入註釋，藉明眞相，分別錄之如下：

遺書之一　（）爲筆者按〔〕爲原註

有兒（筆者按，即文若女士）閱：去秋獄事將起，我避地吳閶（按爲蘇州）城外，惟慧（其第二姬人慧眞）意（第三姬人意眞）兩太太知之。吾家梟獍（按指其姪女星若，爲黃秋岳之弟竹生之婦）誤聽人言，以爲我不出頭，則累其夫婿。於是勾結我舊部（按指任援道），意圖破我秘居。適我令意來滬，晉（即星若）遂圈置其家，强迫同行，並有某人（按爲任援道）及其副官偕往。吾秘居既已不密，只得歸案。先在楚園〔軍統羈人之所〕五閱月，移交法院者又已三閱月，至十五日前〔即六月二十一日〕已處死刑矣。〔頃已上訴，入獄後得詩甚多。〕先在楚園時得家報，知報載左筆（按指其令壻朱省齋）在平被拘。前一個月，珊姪（按即李珊塵，爲其內姪）報知其誣。並謂得汝消息，心中稍慰。吾身將死，决不恐怖悲哀，惟三十餘年父女之情，吾又特別喜汝聰敏，故獄中作此以訣汝也。〔獄中無几案，用小布机代桌子，洋鐵桶蓋作硯，其苦可知。〕

汝生甫十月，革命事起，汝母奉祖母避津，汝隨乳母寄居二姑家。乳母因亂辭傭，二姑又不肯管，我抱汝由京赴津，歷五小時始到。汝沿途哭鬧不已，吾抱汝未嘗釋手，此景如在目前。今汝幸得所歸，

梁鴻志遺書之一（第三頁）

家室雍睦，而老父含寃待盡，異時墳頭麥飯，縱汝不忘祭掃，所謂一滴何曾到九泉也。人世空華，於茲益信。

左筆諸友，在滬同羈者，爲英（指戴英夫）、雄（指筆者）、曼指汪曼雲）三人。雄因本來認得，又因同居楚園之故，感情尤親。雄與左筆爲異性弟昆，輒欲以長者相待，我則以四海兄弟曉之，近日則吾與雄爲親家，此一段事實，不得不詳細告汝也。先是，去年九月，梟獍既破吾秘居，余則決心就吏，當時已預料有今日之事。慧意二太誓言與我同死（非必同日，俟我身後事了，相從地下也。）吾謂意尚有稚女（即毛妹），似無死理，而意執意不同。故獄急時，商量毛妹將來保護教育問題，不可無人負責，遂令其拜雄夫人爲母。因雄夫人中西學問皆好，善於持家也。吾於獄中又珍重托雄，且將與毛遺書（非遺囑，皆言其年庚、家世、名字），交雄保管。而毛妹兩母，遂於上月廿八，携毛親往金家拜母矣。

又數月以來，親朋交絕，獨龔懷老（按即龔心釗，爲衆異會試房師）全家，待我至厚，我在楚園時生日，尙在其家爲我置酒，其他可知。安英（按爲龔懷老之女公子）世姑，侍父不嫁，汝所認識，故春間已決定將毛與彼作義女，亦於上月底正式寄名。將來教之養之，有金龔兩家，其父母可九原含笑矣。毛妹性質如何，固不可知，而穎悟則超常兒數倍。余老得此女，不無愛憐少子之譏，然汝今見之，亦必深喜也。雄與左筆交親，自是異姓兄弟（此左筆事，與汝無涉）。汝如念老父寃死，弱妹無依，恃雄夫人以教以養，又是一門患難親眷，則推汝愛毛妹之意，必以長者事雄夫人，如一切平等觀，則非吾之所望也。

左筆社友陶柳（按指陶亢德與柳雨生）二人，亦同縲絏，渠對我亦相當親切，吾之觀察，柳之前途甚有希望也。二人風流罪過，已定東山零雨之期，至遲明春必可出獄。雄始受訊，看來亦無大問題。曼、英或以地位問題，較雄畧重耳。（今日新聞楊淑慧（按即周佛海夫人）及其婿（按爲吳頌臯之子，名已忘）、女（按名慧海），皆拘於吾所居之楚園，不知何故來滬？來滬已一星期矣，眞屬不識環境）。

吾之薄產，損耗已盡，然慧意生活，渠如將首飾變賣，亦尙可生，所以不樂生者，正不關生計也。字畫尙有數件，將來擬擇兩件以畀左筆（我於諸婿中最愛左筆，汝當默喻）。三年翁婿之情，常苦未能深談。我之爲人，自愛太過，及不合時宜二事，實爲我之病根，（此次獄事，則政治問題，與此無涉，）即左筆亦恐知我不盡。

去年初夏，周宅晤安英之姊（即胖子），（按即張燕卿夫人，蓋龔安英女士之叔伯姊妹也）說汝有身，娩在何時？是男是女？至今未

詳，望來信告我，速來信或尙可親見也。左筆沈室（按爲省齋兄之前夫人早逝），只有一男，汝必須視如己生，彼自能忘其失母，此事似難實易。萬一存世人爾我之見，使人笑汝，兼及老翁矣。汝對左筆必力守禮讓二字，設時時欲以口舌勝之，則所勝少而所失多矣。

去年因飛機炸彈，將肇火災，遂葬汝母于靜安寺公墓。五壙之穴，與祖母伯父共佔三壙，當時知汝有身，故未告汝，知不能來也。嗣後則時局驟變，亦不遑告汝矣。將來到滬，汝可一往祭奠。

書盡三紙，吾力已憊，不多述。書由珊轉，此或爲汝父最後之函，已囑其愼寄勿失。珊爲去年亂後親友中最有肝胆之人，不可輕視，將來將以遺囑託之。

丙戌（按爲一九四六年）七月七日，父書。

遺書之二

> **雜詩之一** 丙戌五月廿一日獄具論死旬月間得雜詩十章此其一也
>
> 昨日詣訟庭，庭外見嬌女，牙牙初學語，見爺呼不止，遥前撫其頰，父女緣盡此，獄成人聚觀，所恨不見爾，佛言別離苦，此苦緣愛始內典愛別離苦為人生八苦之一，從今斷諸愛，心或先身死，期汝爲緹縈，嗟汝未毀齒！那知汝爺寃，此寃眞井底，他年汝長成，字與誰氏子？愼勿學汝爺，讀書識道理！

有兒閱：得書深慰，居然老眼得見復箋，亦一快也。書中說到孝女緹縈，因憶及獄具之日，家人抱毛妹來，已九個月未見面，呼我不已，感愴作前詩，並說到緹縈事，汝讀之，必墮淚也。

暑盡涼來，尙羈縲絏，在滬兒女，無以一肴一餅相餉者，身後之墳頭麥飯，何待言耶！佛經疏中有言：「癡是愛因，惱爲愛果」，這八個字眞眞透澈。我平日視民如傷，捨身救世，何嘗不是愛字驅使；何嘗不是愛字種因？結果得今日之絕大煩惱，小之如妻子兒女之愛，又何嘗不是癡耶？左筆宜息交絕游，過今年再說。文字之友，更不宜往來。至於汝之來札，隨付丙丁，不必交珊火之，更多週折也，小紙兩條，閱之當知爲（按此處疑漏一「誰」字）氏之筆，因彼我近已相隔一樓，故以書代面。東原後人（按指戴英夫）刑期闌干之數，聖嘆裔（按指筆者）尙無朕兆也。寶孫（按指省齋次子明）像肥碩可念，鄭良斌（亦爲提籃橋難友，現在港）謂與其兩兄小時面貌相同。

八月廿八迂叟字，寫成半月始發。

這兩封遺書，骨肉之情，眞有因愛成痴之概，及今雒誦，雖外人亦覺蕩氣廻腸。函中若干事，局外人不易明其眞相，不嫌辭費，再爲叙述其梗概：

首先是衆異被逮經過，在拙著「汪政權的開場與收場」一書中，這是衆異生前，親口爲我言之，但遺書中「梟獍」云云，痛心之餘，或不願自洩於外人，故于我所記述的，於事實不免有所缺漏。當日本於一九四五年八月十五日（時爲農曆乙酉年七月初八日）無條件投降之後，相隔一月，至九月中，重慶特工人員，已先在南京上海各地，開始行動，佔住房屋，追查財物，與汪政權稍有牽纏的大小人物，不問情節，悉加拘禁，人心惶惶，秩序大亂。衆異在蘇垣賃屋一楹，携意眞夫人與毛妹俱，秘居以求苟全。他所以會選擇蘇州來作爲避地之謀，我相信是爲了他「維新政府」時代的舊部，時任汪政權的江蘇省長，勝利後又奉重慶政府委任爲京滬線行動指揮的任援道，手握大權，以爲住在他的轄區，總會念到過去的一段關係，即有什麽風吹草動，也總能陰爲之庇。不料事實剛好適得其反，任援道爲了要邀

梁鴻志獄中詩

獄述

賸有宜州數卷書篋中惟山谷集，鐵檽踈處任咿唔，窺天未肯呼蒼昊，席地渾疑返古初。婦饁淚凝方寸肉，家書形似膾殘魚，平生飲水今知味，便與盧仝椀盞踈久不茗飲。

落暉 次叔雍韵

又見遙灯送落暉，旋憑高枕對窗扉，漸空塵障寃親盡，迴念朋尊故舊稀。洗面細君惟有淚，忍寒聲叟不求衣，一房久作無家客，已信春歸客未歸室人書來言以淚洗面與李後主語暗合。

次和獄居春暮

不見朝曦見夕暉獄室西向，人間春不到圜扉，誅求更比追逋急，羅織從知漏網稀。豈有茶湯供晚食，斷無風浴厭春衣，無差別定吾能入，窮子何須更念歸。

對衆異這樣一個地位的人物，自無怪其不肯輕輕放過也。

正因爲過去有過深切的關係，任援道自然容易獲得線索。衆異的姪女星若之夫黃竹生曾任蘇州某一機關的處長，勝利以後，凡是與汪政權有過關係的人，雖然政府一再說寬大處理，但總不免懷有徬徨的心理。任援道認爲黃竹生既與衆異有姻姪之誼，自是最理想的工具，他以這樣的理由來打動黃竹生，他說：「只要梁院長肯挺身自首，我敢保證他生命的安全。至于你，只要能供給情報，能使梁院長歸案，自然是一項最大的功勳」。黃竹生竟然相信了任援道的話而甘爲鷹犬，而星若也以爲是任援道對她丈夫的另眼出看，如其找不到衆異，則辦事不力，後果堪虞，於是便百計尋訪衆異的踪跡。剛巧衆異令意眞夫人赴上海，途次與星若相遇，即被邀往其家，不許離去，並立即密報任援道，强迫意眞夫人同返蘇，這樣秘居既已敗露，使衆異再無法隱藏而不得不挺身投案，終且難逃于一死。（衆異殉難日爲一九四六年十一月九日）

這位任援道先生，我是十分欽佩他的手段靈活，變幻無端，在政壇上手揮目送，確是一個玩弄政治的能手。他一生爲政府立了不少奇功，但在「維新政府」以前，却似乎並不得志，雖對鄧演達等幾件大案，他都曾表演過他的一手，而始終不獲重用。抗戰勝利以後，政府雖頒有「懲治漢奸條例」，而事實上則是不問功罪，但問職位，即或枉或縱，亦愛憎隨心，以任援道在淪陷時期之職位，似無脫身事外之理。而有湯恩伯爲他庇護，又以拘捕梁衆異立了大功，終于逍遙法外，安然先後爲香港爲加拿大的寓公，蓋有由也。

當任援道在國軍復員接收前的一段時間內，左右逢源，確曾一度氣燄高張，當年同事六載的汪政權中人，都不免要看他的顏色，但他在香港一再向人表示，衆異的繫獄，完全不是他處心積慮的結果，他所以有此表示，蓋以彼一時也此一時也。但依我的判斷，衆異遺書中所言，絕非出諸虛構。任援道想一網成擒的人物，也且不僅是梁衆異一人。前上海「申報」社長陳彬龢，在港時曾欣然屢屢對我說：「日本投降以後，任援道曾一再堅邀我赴蘇州暫避，自謂有力爲我廻護，而我鑒於任援道過去的作爲，不能不疑其別有用心，因而婉言加以辭謝，始得保此殘生」。是的，論政治上的地位，彬龢自遠不如衆異，但在淪陷時期，因他與日人關係的密切，「申報」上對重慶方面攻擊的猛烈，確爲當局欲得而甘心者。我也不能不疑心到任援道的邀他，是有其友誼以外的其它目的的。

陳公博在蘇州高等法院囚禁時所寫的自白書，名曰「八年來之囘憶」，其中有一段是表白他所以赴日暫避的經過說：「國家能夠統一，能夠勝利，這是我數年來夢寐求之之事。蔣先生如果以我過去數年之事爲有罪，我應該束身歸罪；如果置數年之事于不問，而認爲我終是統一的障礙，也請蔣先生定罪。因此我决定留京待罪，聽候蔣先生命令。但任援道先生到京以後，告訴我許多消息，說：蔣先生是對我諒解的，因此我不宜留京。若滯留南京，反使蔣先生處置兩難。任先生直接勸我兩次，間接託人勸我兩次。當時我無法能得蔣先生的眞意，而能通電的，據說也只有任先生。任先生還說蔣先生要我離京是不會來電的，而且不好來電的。」當時公博既鑒於南京秩序的極度混亂，又以任援道的一再勸告，終於在臨行赴日之前，先呈蔣先生一函，函中有「鈞座一有命令，公博當出而自首」之語。公博總不會無端端卸責於任援道吧！而任援道在香港時却又竭力否認其事。但是當去年我赴日本時，遇見舊任部師長劉毅夫時，閒談及于這一經過，毅夫說：「任老總的確有力勸陳主席離京暫避的事，其中有一次，還是任老總要我面見陳主席代達的」，我不知任援道先生何以要事事隱飾？或亦有其難言之隱耶？

獄中送春索叔雍同作

春在江南何處春，曉鐘纔動便無痕，亂紅作態連玄圃，新綠驕人點白門。一客墜鞭瞻馬首，千家啼血怨鵑魂，危困何與南冠事，煙柳斜陽懶更論。

入獄日叔雍有詩奉和

壺觴難賞不貲春，縲絏猶留未死身，孤負清明連上巳，本來無着是天親，無燈暗坐星窺客，引被酣眠夢趁人，却笑南冠珍重閣，强持宮體遣芳辰。（叔雍同日入獄有移居宮體之作。）

獄圃閒步

眼底芳春似晚秋，意行聊用散幽憂，雁行何限范興話，鳶站今忍馬少游。垂老英雄宜種菜，已衰筋力怯登樓，妻孥莫問眠和食，自有丹心照白頭。

無題

早是元龍豪氣盡，雲表空談百尺樓，砌陰初長三年放，新詞忍譜掃花游。舊夢漸散隨水逝，底事行吟集百憂，不關春恨不悲秋，漫勞恩怨在心頭。

梁鴻志臨刑前最後回顧家人在後痛哭

衆異遺書中的第二件事，是有關其幼女公子毛妹過寄給愚夫婦爲義女的事。衆異共有男女公子八人，其中長女公子現留大陸，存亡不知外，二女公子以腰病早逝，存年僅得十八。六女公子在戰時以傷寒症轉爲腸出血不治而死，七女公子又早自戕。省齋夫人文若女士行三，現在港。公子兩人，長淵若，戰前赴法，即不知所終，次公子秋若，又因肺病窮困而死，現所存者省齋夫人外，僅爲羈身大陸之毛妹耳。

愛憐少子，本是天下一般做父母者的常情，況毛妹出生未久，衆異即陷身縲絏，想到她未來的教養，骨肉之情，自不能恝然置之。既自知決無生還之望，而要以愚夫婦爲其義父母，無他，在入獄以前，我與衆異可說毫無交情，但入獄以後，那時我還血氣未衰，對獄中不合理的待遇，好抗爭，也好爲難友抱不平而出頭干預，衆異却頗贊許我的這一副傻勁。至于內人，衆異却從未謀面，而在其遺書溢美的盛讚，則以難友之間，已到了彼此間全無秘密的境地，通常即以秘密遞入的萬金家書，交換閱讀，他以內人尚能持家，遂要以毛妹相托。當時我曾力辭以爲不可，最大的原因，即因我與其愛婿省齋，既有金蘭之誼，行輩不稱，再則，自問破產之後，更恐無力加以照料，而衆異却正顏對我說：「這是在獄室中于臨命前的托孤，任何藉詞，即爲推托」，這樣才使我不得不惶恐從命。但是當我出獄後不久，即襆被南來，對毛妹也未曾負過一天的責任，及今思之，猶覺內愧於心也。

遺書中提及陶亢德、柳雨生二人，實則他們與汪政權絕無關係，僅因他們在滬頗有文名，又均以家累不克捨之而遠走內地，在滬共同主持太平書店時，筆下也決無媚日言論。但以日人在東京召開大東亞作家大會，迫

四月一日雨中午睡疊前韵

細雨斑斑入遠村，高樓惆悵惜春痕，尊前岸幘知無地，花底支節別有門。餘瀋尚堪書犢背，小眠聊與慰詩魂，風波屢試身猶健，一霎陰晴不待論。

獄中驟熱三次前韻

驕陽未夏已暉暉，便想籐床倚竹扉，我自棄材天亦妒，世皆疑獄古應稀。招涼正待鬅霜鬢，作健猶堪試赭衣，初聞生還等閒死，算來無住亦無歸。

晨起四次前韵

蜂房處處見晨暉，詗卒遲遲爲啓扉，沃盥持匜成慣習，旗槍試茗久疏稀。朝飢自瀹前宵飯，老懶誰更臥內衣，昔爲衆生今入獄，此心禪定算知歸。

雨中五疊均

彌天陰翳失朝暉，雲氣垂簷雨打扉，不爲鵬來傷運蹇，轉因麟獲悟知稀。無多囊篋供群盜，有限緇塵点素衣，依舊年時閔農意，課晴占雨憺忘歸。

人參加，在日人槍刺之下，抗拒即殺身，于是一經出席，遂成罪證，終于同繫提籃橋獄，又各被判處徒刑三年。亢德恢復自由後，家居閉門養晦，共軍南下後，又被送往遠地勞動改造。柳雨生在衆異遺書中謂：「吾之觀察，柳之前途，甚有希望」。今雨生以苦學成名，浸成爲國際著名學者，可見衆異之目光如炬，確有其知人之明。

衆異在獄中于絕望之餘，俯仰興悲，惟以吟詩來遣愁明志。同囚者雖泰半爲知書之士，但眞正能詩而堪與衆異唱和者，又僅得叔雍一人，故其遺詩中，甚多爲兩人間次韻之作。衆異在獄，又常爲難友所窘，人人知其爲詩學中當代的泰山北斗，乃紛紛向他請益，有些人文字且未達清通之境，居然也大胆寫作，詩成，且丐衆異爲之潤色。記得有一天，我正與他在獄室長廊中小談，他忽然匆匆走避，我以爲有事發生，他却附耳向我低言說：「檢察官來了，我怕了他！」舉目遙望，來者只是油糧商人陳子彝。我說：「這是子彝」，衆異也不禁莞爾說：「是的，他又來與我談詩，我怕他或尤勝于檢察官的問案」。自他判處死刑以後，人人都知道他命在旦夕，於是不論爲難友，爲獄卒，或爲難友外間之親友，向他索詩索書者應接不暇。衆異又常爲他們在黯淡的燈光下徹夜爲之，獄居而又不能得一日之清閒，其可憐可悲又爲何如耶！

茲於省齋嫂夫人處獲誦其尊人遺詩十六首，片羽吉光，彌足珍貴，亟爲膽正錄刊，以作爲本文之殿：

獄述寄內六疊均

了無夕月與晨暉，以地爲床鐵作扉，
雜報傳觀公論少，故交彌望尺書稀。
勢如潮湧囚爭飯，靜待風生客浣衣，
舉室飢寒莫關白，無家我已不思歸。

閨人餉沸水一瓶始得茗飲蓋二十日未嘗此味矣九疊前均

自挈軍持犯曉暉，相攜來敂訟庭扉，
煎成定覺羊腸繞，瀹後稍憐蟹眼稀。
與子同心指瓶水，不須鬥茗濺春衣，
兼旬磊塊澆難盡，累汝銜愁緩緩歸。

樓居十疊前均

樓居無地賞林暉，獄户何人更欵扉，
補睡光陰春夢淺，食貧風味晚餐稀。
訟寃自奮哀時筆，忍辱先裁蓋癭衣，
世議萬端身一笑，餘生焉用苦思歸。

贈陶柳二生意有未盡再贈一絕句

東坡二友共南遷（東坡渡嶺上攜陶靖節柳子厚二集謂之南遷二友），
與古爲徒意凜然，
伴我幽囚得陶柳，
故應一笑傲前賢。

日本中央經濟一九七〇年四月號刊載向山寛夫作「梁鴻志大人の生涯」第一頁

梁鴻志大人の生涯

理事長　向山寛夫（むこうやま・ひろお　法学博士　国学院大学教授、労働法専攻）

梁鴻志大人は、名を衆異といい、一八八二年（光緒八年）に福建省長楽県出身の梁居實の子として同省において生まれた。梁家は、代々、詩書を以って仕官する者をだす名家であり、例えば曽祖父の梁章鉅は、江蘇巡撫兼両江総督になり、「浪跡叢談」、その他の著作七〇余篇を残した。血筋は争えず、梁大人は、幼少から秀才の誉れ高く、長じては何れも同郷の鄭孝胥、陳散原とともに詩界の三才子と称せられた。一九〇三年（光緒二九年）に挙人になり、さらに進士を志して龔心釗を師に選び、会試受験を準備中に科挙制度が廃止された結果、梁大人は、新設の京師大学堂すなわち後の北京大学に入学して新教育をうけた。卒業後、山東登萊高膠道署科長、奉天優級師範学堂教員を経て北京政府の領袖・段祺瑞の幕下にはいり、いわゆる安福派の要人として同政府の法制局参事兼京畿衛戍司令部秘書処長、粛政使を歴任した上、一九一八年（民国七年）に参議院議員兼同院秘書長に就任した。一九二〇年（民国九年）八月には、安福派の失脚により安福八禍首の一人として逮捕令を発せられ、北京の日本公使館に遁れた。一九二四年（民国一三年）に段が北京政府の臨時執政に返咲くや執政府秘書長に就任し、翌年には日本の北京東方文化事業総委員会の委員になったが、一九二六年（民国一五年）に段の失脚によって天津に去った。翌年には安国軍政治討論委員に就任したが、その後、約一〇年、天津、上海に閑居し、その間、一九三一年（民国二〇年）に少時、日本に遊んだ。

大人小語

・上官大夫・

最佳題材

報載：「兒童犯罪有增無已，形成嚴重社會問題。」婦女節已過，兒童節轉瞬即至，這該是兒童節徵文的最佳題材。

決不愚人

各線飛機票價，四月一日起漲價。四月一日是「愚人節」，但漲價却是眞的，並非說笑。

乞丐收入

香港乞丐最高收入，每日可達三四十元。這個職業優點甚多，主要是：不必辦商業登記，不貼印花，不必付稅，工作自由，假期亦自由。

學位愈高

中國旅美學者超過一千六百二十人，其中四分之三獲有博士學位。簡單明瞭，學位愈高，回國服務之機會愈少。

檢查經典

英國教會領袖認爲「聖經」內容欠妥，促請加以檢查。由此類推，字典裏面有許多「單字」，義涉淫穢，是否應予删畧？

賄賂何來

報載：公務員如繼續貪汚，必將爲市民所唾棄。這說法相當矛盾，因爲貪汚中的賄賂，便是從市民那裏得來的。

無心鼓勵

據云，有意自殺的人，可向某處登記，等待救濟。此說如果屬實，有些本來無意自殺的人，也會變得有意起來。

自由在此

讀者來書在報端提出責問，香港共有多少自由？據我所知，香港最大的自由乃在利源東街，小販可以自由討價，顧客可以自由還價。

小販多少

議員提出質詢：十萬個小販是否太多？十萬個小販人人有牌照不能算多，十萬個小販而只有一萬張牌照，那就多了九萬。

票多票少

市民對投票選舉市政議員，不甚踴躍。投票的踴躍程度，若能及馬票的十分之一，已經夠了！

眞假之間

有人以三十年時間考證莎翁其人，究竟是眞是假，未有結論。莎翁或無其人，用莎士比亞的筆名寫了那許多名著，却無論如何都是眞的。

鐘錶無用

渡海碼頭時鐘，一停半月，開船時間，從未延誤。太太們的手錶時走時停，她們約好了的麻將搭子，却一定準時開枱。

菜色豐富

印尼一流酒店之早餐，咖啡用之方糖亦列在菜單之內。如將咭汁，茄汁，牛油，菓醬等一一列出，此間普通一客之「常餐」，菜色可達十七八道之多。

恨爲常人

報紙徵求「長人」，與「矮人」，工作簡單，待遇優厚。許多人都工作繁重而待遇菲薄，因爲他們既非「長人」，亦非「矮人」，而只是普通的常人。

狗眼看人

眼科專家能以狗眼移植人體，使盲人重見天日。人和狗的眼睛根本上有一點相同：那便是一樣看不起窮人。

相差太多

人口統計告訴我們，未受教育而當老板者約有五千人。受教育而不當老板者，約有一百萬人云。

此乃魔術

神聖莊嚴的法庭，「天仙局」專家在法官面前表演絕技。觀衆咸服，認爲這不是「騙局」，而是「魔術」。

鷄蛋與人

愛丁堡高院一案判定，產蛋者並非母鷄，而爲母鷄所有人。所以養兒子的不是母親，而是父親。

羅復堪生平及其書法

訥夫

二十年前，港島之東，靠近軒尼詩道利園山的左邊，有一家餛飩麵食店新張，掛起一塊橫招牌，精工刻字，不但雅淡脫俗，就算題上大逾兩尺華麗園三個字，也是不常見的章草字體。近看之下，果然是出自章草名家順德羅復堪先生的手筆，字體莊重，樸勁中而饒書卷氣，確非深於工力者不能有此面貌神韻。

因此，特意走進去光顧，櫃枱後還掛上一副灑金紅箋對子，也是羅復堪寫的，年干下註上七九老人羅惇㬫書一行小字。此外樓座懸着酸枝四屏，寫的是杜工部酒中八仙歌全首，字大二寸，筆勢縱橫，一氣呵成，幾乎可以說是羅先生的書法個展，問訊之下，原來店東黃君作楫是題字人的彌甥，羅老先生是以舅公之尊，遠從故都寫來致賀，才會有此熱鬧。

上兩期我連寫了兩篇有關章草名家的小文，提到清末民初擅於此道的，有沈曾植、羅惇㬫、王秋湄諸位，沈王二氏的作品都介紹過了，現在再談談羅老先生的生平和書畫。

羅惇㬫是名詩人羅癭公的從弟，廣東順德人，生於魚米蠶絲之鄉的大良，癭公之父名家劭，光緒年間進士，官禮部主事，復堪的父親名家勤，字石渠，讀書不求仕進，羅家是順德望族，書香世家，癭公出仕後即居京華，復堪是在光緒二十五年北上，鼎革後，曾在北洋政府時代的交通部供職，後來又南下金陵，在國府各院部中歷任科秘，鬱鬱不得志，後來也辭職復歸故都居住，寄情書畫，從乃兄癭公週旋於文士間，與旅京百粵詩人曾剛甫、黃晦聞、葉譽虎等友善。那時，故都詩人墨客雲集，文酒之會最稱熱鬧，羅氏昆仲的詩文書法皆有名氣。

羅惇㬫也和古來文人一樣名字多，齋名也多，惇㬫是他家世系譜中的惇字輩，字敷菴、又號復堪、老復、近溪宗人、悉檀居士。齋名有三山簃、康喋樓、迦遠樓等；生平耿介自持，不事生產，人有求書也不峻拒。有一怪癖，就是平常不喜歡與人通問，居故都時一直是住在前門外草廠頭條胡同，自從堂兄癭公逝世後，更謝絕交遊，晚年多病，患上偏枯症，左體殘廢，生活清苦，一九五五年逝世，壽至八十一歲。

朋友中跟羅復堪有交誼的是陳荊鴻兄

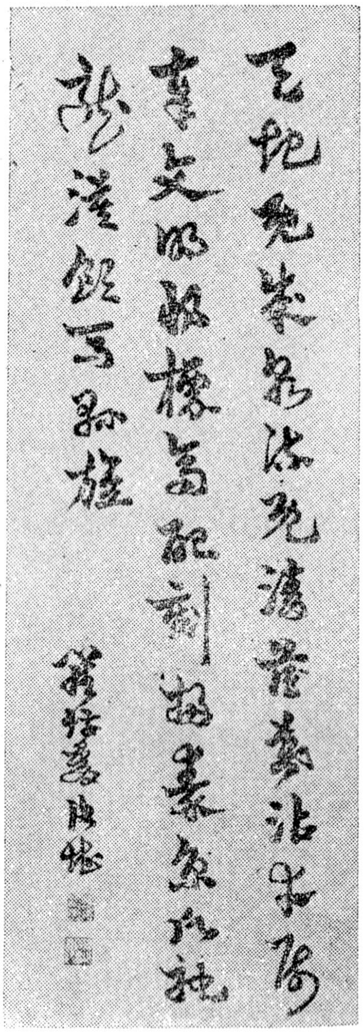

羅復堪書章草條幅　萬松書屋藏

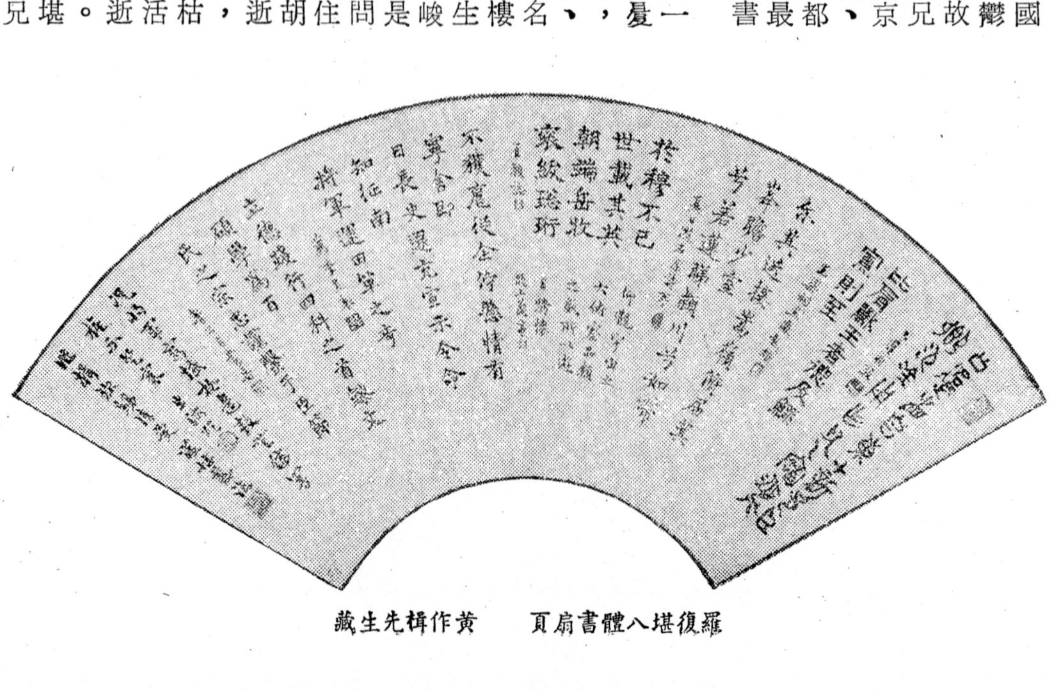

羅復堪八體書扇頁　黃作楫先生藏

，而且還是小同鄉，荆鴻兄也是章草名家，去年他曾寫一篇「羅敷菴擅寫章草」的小品在報上發表。他說：「敷菴寫的是史游急就章，索靖出師頌，得剛健之致，而峻峭輕快處，還加入宋仲溫胎息。」他對於宋仲溫所書的張懷瓘論用筆十法遺蹟。跋着：「宋仲溫書，雖不逮趙子昂，而於陳伯敷似或過之，此書精熟，非他人所能當也。」陳荆鴻兄更稱羅復堪章草「是在宋仲溫的作風上吸收不少，熟極如流，融會貫通，有連綿草法，也有峭勁筆觸。」這一點我也有同感，但以本刋附印羅氏三幅作品來看，全是峭勁筆觸，更難得的是每字都是獨立，而能氣息貫串，此乃意連而筆不連的寫法，頗得史游、索靖深厚樸茂眞髓，而無宋仲温、趙子昂的鋒芒畢露之態。

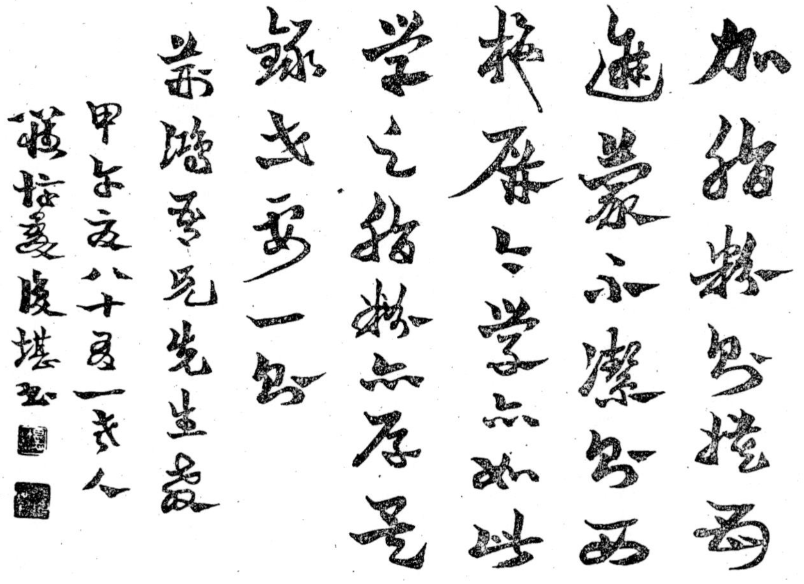

羅復堪書章草鏡屏　陳荆鴻先生藏

羅癭公在故都是詩壇名士，但也寫得一手好字，他的書法是學六朝，旁摩魏碑，後來又學南海，中年所作以寸楷書稱勝，晚年筆札或題詩箋更有疏朗韻味，在他一篇論學書入門的手札裏，指導初學書法的方法是這樣的寫着：

「委評字課，乙班爲最佳，惟所臨帖太惡劣，少坊間木刻，至有臨最獷俗之黃自元者，其屢經翻刻之成親王帖，亦不足學也。初學，筆畫宜平直，宜選唐碑中之結構端麗，不尙奇態者數種，定爲常習，或一年半年一易，最易進步。平原之不甚露角者，可習，誠懸太露瘦骨，非少年所宜也。若誤習惡俗體，先入爲主，貽誤終身，無藥可治也。少年書寧放，不必求太歛，疏野處可取，局促最病，或不合法度而神氣開展者，最佳，引之法度，則成矣。如體格已成，俗不可醫，爲最下矣。臨帖格，最宜一寸以外，亦不宜太大，如坊間之三行四行方格，善矣。」

癭公這番學書理論，可說是平易近道，尤其主張「學書不可誤習惡俗體，以免造成僞格，貽誤終身」一語爲切中時弊。大抵復堪學書，早年得力乃兄指導不少，這裏附印一幅扇面，是他早期的作品，臨寫各種碑帖，包括金文、武梁祠畫像隸書、鍾太傅、顏魯公的楷書，最後一段是史游出師頌的章草，可見他是依循乃兄方法，專選上前人結構端麗不尙奇態的作品，到了融會貫通之後，便自具面目，三十年前海內鑒賞人士即推許復堪書工力之深尤過乃兄，假如復堪眞是從癭公學習，那倒是靑出於藍了。

羅復堪畫山茶水仙　萬松書屋藏

章草書在我國書法傳統上有其歷史價值，羅復堪窮數十寒暑的精研苦練，當有一套完整的訣法，倘能公之於世，裨益後學不鮮，但他究竟不脫文人安貧樂道的氣質，自甘淡泊乃至窮愁潦倒，老病侵尋。在他寫給荆鴻兄的信中，透露「董理前時著作得六七種，惜限於刋資，未能呈教」，據他的彌甥黃君說：「復堪舅公逝世前的半年，曾來信叫他代印有關書法的著作，後來却因故障未能實現。」這眞是一件藝壇中可惜的憾事。

復堪先生還能繪畫，山水花卉，皆是文人畫法，加上題字一絕，清逸可愛。

董顯光·劉峙·翁文灝

·蓋冠倫·

一九七一年一月，三位曾在國民政府時代的顯要人物騎鶴西歸。一是董顯光，於一月十日在美國加州蒙特雷療養院逝世，享壽八十四歲。二是劉峙，於一月十五日在台北逝世，享壽八十歲。三是翁文灝，於一月二十七日在北京逝世，享壽八十二歲。這三位顯要，有文有武，綜其生平，都有可述之處。

董顯光妙喻夫婦相處

董顯光是中國新聞界的老行尊，浙江奉化縣人，少時在上海教會所辦的清心中學讀書，畢業後回到家鄉的龍津學校教英文，十八歲時得人資助他到美國密蘇里大學讀新聞科，半工半讀，非常刻苦。四年後畢業沒有川資回國，他自己寫了十二篇文章，換回二百美元的稿費，就以這二百美元，作爲川資回國。

他於民國二年，在上海任英文民國日報主筆，其後被派赴北京採訪新聞，是國民黨報人第一個到北方的人。董氏在中國新聞界中，早年專做英文報紙的主筆，他還出任過英文北京日報主筆，密勒氏評論週報副總編輯，天津英文華北明星報發行人，上海大陸報總經理等。此後才担任時事新報、申時通訊社、大晚報董事長，也做過天津庸報的發行人，那就全是中文報紙了。

因爲他在南北都辦過報，而且早年多數是英文報，所以他和外國駐華的外交界、軍政界人員以及中外記者們相當熟悉，如吉田茂、馬歇爾、史廸威將軍等都和他有相當的交誼。在仕途上，董氏被目爲官邸派人物。八年抗戰期間，中央宣傳部的部長幾經更易，但他担任主持對外宣傳任務的中宣部副部長砣然不動者若干年。

國民政府遷台，董氏首先出任中央日報的董事長，其後奉派爲駐日大使，其年已六十六歲了，是他第一次作特任官。他特別强調：「現在已不是詩酒唱和的時代了，做外交使節應該明白國際局勢，有多方面的朋友，這樣情報多，判斷正確，才有助國家。」此後，他轉任駐美大使，頭髮已經全部花白，在十年前患中風，纏綿病榻，以迄於死。

董顯光（一八八七——一九七一）

有趣的是，抗戰勝利還都不久，政府發行金圓券，要官民拿出黃金美鈔來兌換。那時董氏做了首任的新聞局長，他手裏沒有什麽錢，但他的太太趙夫人却有兩千美元的私蓄，於是勸他的太太拿這筆錢換成金圓券，說是萬一被查出來，面子不好看。他的太太只好把美金二千元換成金圓券八千元，過了幾天，金圓券貶值，八千元祇折合成美金一百元，董夫人幽了她丈夫一默：「你做什麽新聞局長，消息一點也不靈通」！董氏祇能付之一笑！

他倆夫妻的愛情是老而彌篤的，在結婚六十週年的紀念會上，董夫人對來賓報告他們夫婦倆的婚姻哲學，說：「當一對新婚夫婦開始共同生活時，就像兩塊放在一起的方石頭，這兩塊石頭有尖銳的角，經過長時期的互相磨擦，一直變到圓爲止。在這過程中，通過耐性和容忍，夫婦之間的愛情才能培養，相處得愈來愈好。漸漸地不同的意見調和了，相同的意見形成了，到那時，婚姻才算成功。」說完了，博得一片掌聲。

劉峙願作第二文天祥

遠在二十年前，九龍鑽石山木屋區發生一宗刦案，一位住在一間石屋的「外江佬」被兩匪持械行刧，掠去現欵飾物共值港幣萬餘元，這位事主就是鼎鼎大名的陸軍上將劉峙，字經扶，江西吉安人，曾在民國三十七年六月統率百萬大軍在徐蚌之役担任「勦總」，當劉峙受命之日，曾有願爲其鄉賢文天祥第二之決心，結果在津浦路南段和隴海線東段被共軍切斷後，陷入重圍，全軍盡墨。

劉峙由民國十四年（一九二五年）革命軍出師北伐開始，歷任第一軍第二師長、第一軍長、集團軍總司令、陸軍總司令，抗戰時期是第一戰區司令長官，直到後來的徐州「勦總」爲止，他始終是個帶兵官，經常指揮百萬大軍作戰。自從徐州會戰失利，他就靜悄悄地到了香港來，躲在鑽石山木屋區一間石屋，身邊祇有一個太太和兩個孩子。

他被刧後，加以報紙上宣揚起來，甚爲難堪，幸虧他在星洲有一位朋友替他設法找到一個僑校的小學教員位置，還替他辦妥入口手續，於是他就丟下妻兒，走到星洲去當小學教員。劉出生於一農村家庭，七歲啓蒙以迄十三歲均讀書於邑內各私塾。一九〇五年冬，蒙塾師劉荃愛護，隨劉之友人黃君東渡日本求學，詎到達東京未及一周，即值日本取締中國留學生而引起罷課運動，劉被迫離開日本，仍返家鄉，入當地天主堂主辦之西學堂肄業，所以他在退役後還能當教員，可惜薪金太少，難以養家，就在那裏捱過一年之後，他的舊友派人到星洲勸他回台灣，授以總統

劉峙（一八九一——一九七一）

府國策顧問之職，然後接他的妻兒入台定居。

却說劉氏是保定軍校畢業生，抗戰前號稱「福將」，一路順風，從第一師師長，軍長，第一集團軍總司令等，一步步升上去。談者說他這個「福將」在徐州時是「福」命已盡，「將」星無光，可謂謔而且虐之談！

劉氏的私生活却比一般武將都好，他沒有貪污，積蓄也很少。要不然就不會在鑽石山住石屋，而被劫之數祗得區區萬元了！

當劉峙榮膺第一師長時，駐在南昌，南昌距離吉安很近，她的元配夫人就爲了丈夫有個女秘書；後來做了劉的第二夫人，鬧得很兇。有一次，她趕到駐在地，看不見丈夫，說是巡視部隊去了。誰知她東查西訪，終於給她知道劉住在某旅社，因此天剛亮，她便跑到那裏去，準備痛搗「香巢」。

那知給劉氏的步哨看到了，立刻敲門報告劉師長，他只穿了便服，急忙從樓上跳下去，下面附近正是操場，他的部隊已在早操了。那位管理士兵晨操的連長看見師長從天而降，連忙敬禮，，劉說：「我今天特來和你們一起跑步。」說罷，劉氏便挺身參加隊伍，叫着「一，二，三，四，」地和大家一起跑步。他的元配夫人趕到旅社，一無所獲，只得掃興歸去，但劉峙却已因此而怕老婆成名了。

翁文灝身材矮穿童裝

抗戰復員，國民政府回都南京，行憲後的首任行政院院長，就是中國地質學權威翁文灝。翁是浙江寧波人，雖是地質學專家，在學術界極有地位，但治政非其所長，當他作行政院長之時，他却致力於編卡工作，其實這些祗是科員們的事，但翁却着眼及此，未免捨本逐末。結果給金圓券的狂潮衝下來，只作了一任「短命內閣」。在此以前，他曾做過經濟部部長、行政院資源委員會委員長等職，也都沒有做得理想。

翁文灝曾經到過台灣，由於他在資源委員會時代的舊部如孫越崎、李四光等紛紛「靠攏」，使得他很沒趣，於是作出國考察的打算，幾經周折，獲得赴法護照，於一九五三年經香港轉往法國。

翁文灝到了法國，與孫越崎、李四光漸有接觸，其時恰巧台大校長出缺，教育當局致函巴黎，徵求翁的意見，要他出長台大，爲他所婉拒。一九五五年三月初，他又在香港出現，那時還有人猜測他將回台灣，但到了四月初，他竟然戲劇性的到北京「靠攏」去了。本來，在中共的檔案裏，翁文灝還曾列名爲「戰犯」之一，大約他一經「靠攏」，這「戰犯」頭銜亦就隨之取消了！

翁文灝（一八八九——一九七一）

民國四年初春，丁文江進行籌備成立地質調查所。籌備工作重點在訓練地質調查工作之人才，及繼續作大小規模的地質礦產調查。時翁文灝自比利時魯文大學完成物理學及地質學博士學位歸國，在地質研究所任主任教授，與丁文江氣味相投，同往游京綏路旁鷄鳴山煤礦，此後丁、翁二人的名字，時常連在一起。

民國五年，地質調查所正式成立，丁奉派爲第一任所長，翁文灝任鑛產股長。民國十年，丁辭職，翁文灝乃繼丁文江任地質調查所所長。

翁文灝當年出任地質調查所所長之時，曾經出發調查過全國若干地區的礦藏，與丁文江合著一本「中國礦業紀要」，爲中國熟悉地下礦藏的知名學人。

翁文灝和丁文江在學術上也有爭執，民初曾有人主張凡日本人的名詞一律不用，翁則以爲日本人既沿用中國鑛物舊名，我國自亦可應用日本的岩石新語，丁文江終於從善如流，采納了翁文灝的意見。

翁文灝曾與丁文江、曾世英合編「中國分省地圖」，這本地圖由上海申報館刊行，是中國現代地理學史上的劃時代作品，至今仍具參考價值。翁若以學術終其身，不投身政治，或許可以有更大的成就，乃見不及此，臨終之際，還要說什麽「天地之恩」，那就和郭沫若的鼓頌紅太陽、史爺爺一般無二了！

翁文灝五短身材，關於他的矮小，曾有一則笑話。某次曾有一位來自美國的朋友送了他一件美國雨衣，質料甚佳，式樣也好。翁氏試了試身材，皺着眉頭說：「這件雨衣眞是好極了，可惜太長一點，我在外國購買西裝，往往是到童裝部去買的。」可見其矮小一斑了！

望平街憶舊

申報與史量才

胡憨珠

史量才喘息甫定，那知一波未平，一波又起。原來席子佩另辦新申報，看中了申報的房屋，席子佩和大房東串通，將按月租金二百兩銀子，自動增加到八百兩，務必要把史量才和他的申報，逐出望平街而後快！史量才將申報搬出望平街，種種不便，他命中多得貴人相助，又遇見公平洋行買辦盧少棠，幫他興建申報新厦，重回望平街。

史量才接納張竹坪的獻策，使用化整爲零的籌欵辦法。從而獲得十幾位肝胆之交的熱心支持，乃得把徐靜仁的鉅額欠債，如數清償。史量才便也在「無債一身輕」的自然定律之下，安心努力經營他申報的業務。總希望歷經此崎嶇不平的短程途徑，即轉入於康莊大道。可是時未數月，又是一個巨大無比的風浪，猛向他迎頭襲來。那是申報的館址房屋，發生了業主要收回自用，終止租賃問題。究其內幕實情，又是席子佩從中作惡搗亂，以增加租金爲餌，煽惑業主收回房屋，由其繼續租借作「新申報」館館址。於是申報於無可奈何之下，被逼搬遷到後馬路靠近河南路去出版營業。這一次席子佩再與史量才的作間接鬥爭，最後結果，促成申報館在望平街與漢口路的轉角間，建造巍峨的西式高樓。而席子佩的新申報終因虧蝕資本，到難於維持的絕境，遂出盤給李思浩爲業。此一興替之間，使一般談笑因果律的人們，益信天網恢恢、報應不爽之說了。

申報被逼遷出望平街

原來席子佩因與史量才打官司不費吹灰之力，官司打贏，竟分得八萬多兩九八規元銀子的純利收穫。覺得世間營生的美好，莫逾於辦報的開設報館一業了，榮譽盛享，實利兼得。同時，又因他對史量才欲想贖回申報主有權一事，只以未能達到原定目標，認爲是一大恨事。雖曾由意大利會審領事幫忙，收取他出賣申報的全數盤價，但是後來仍被他們打官司贏回去五萬五千兩銀子。這不僅是件恨事，簡直是件可恥之事，恥恨交併，化成仇讎。要知席子佩爲人脾氣，就是器量狹小，胸懷窄隘，所以一直以來對史量才總是念茲在茲，圖謀報復，施予打擊。於是，日思夜想對他作如何報復和打擊的對策，後來終於給他籌思出一個對付史量才的策畧來了。那是創辦一家報館，日出報紙三大張，報名就題取爲「新申報」。而這報名的題取，正是針對「申報」，顯示申報出版數十年，不管言論的思想筆調，也不管報紙的編排版樣，一切都是古老陳舊，早已失去現代性的作用了。

如果把「新申報」辦理得像模像樣，有新的精彩與精神的話。在一般世人多喜新厭舊的生性習慣情況下，還不是可把「老申報」的大部份讀者，爭取過來，對史量才便可不打自倒了。這便是席子佩個人單方面的幻想，也鼓起他決心辦報，準定與史量才一決勝負的興趣和意旨。只因他要創辦「新申報」與「老申報」爲敵的政策一經確定，遂導引他忖想到報館的館址問題。如所周知上海望平街這條短短不滿百步途程的街市地區，自從有華文報紙出版以來，歷經數十年變遷。凡有華文報紙出版，都集中在此地區作爲發行市場，尤以在清廷政府的勵行新政之後，一時保皇黨、革命黨以及其他的各黨各派，無不創辦報館，出版報紙，各爲他們的本黨效命。而以辛亥革命成功後的望平街，一般辦報人爲便利發行，相率擇地於此，設館經營，早已形成爲「報館街」了。

所以席子佩此時就想到要在望平街上，尋找一所房屋作爲「新申報」的館址，實有無從下手無處插足之感。因此，他對史量才又想出一條惡毒無比之計出來。就是與申報館房屋的業主通謀，對申報館假借房東收回房屋自用爲藉口理由，實施壓迫申報趕搬場的毒計。不知史量才這一次再被席子佩的暗箭所傷，其慘痛苦惱與窘迫麻煩的情況感受，當不下於前次被會審公堂的當堂羈押迫令交保一樣。原來當時申報館館址就在望平街的南端，將近四馬路（福州路）處，房產所在

，與時報館是望衡對宇，與神州日報館是傍門比隣。那是英商美查組織申報出版的籌備開始時代，就向袁姓的業主租借下來，起初的房屋租金不高。自從英界市面的不斷繁榮，申報館主權的迭次受讓，自然房租也不次增加。但不過當時租價比之一般的還是算便宜的，關於這種情形，對席子佩來說，非常明白，萬分瞭解。

因此席子佩的這次通謀業主，繼續租賃申報館址的房屋，就是施用銀子攻勢的戰畧，佔得莫大勝利。據說他把申報館當時每月二百兩銀子的原租金額，增加到八百兩之多，而且還自願出三個月的挖費。據說席子佩與業主的通謀，進行得非常秘密，連之經手收租的賬房亦被瞞過。所以史量才在事前一點消息都不知曉，及接到業主方面所發出收回房屋的通知書以後，方始明白申報館屋要有遷讓之事。曾挽請與業主有交往的親戚朋友，奔走疏通，甚至情願加租，但業主概不接受，因爲他已與席子佩訂定密約，密約之最主要的祗有二點。即（一）爲與申報決定中止租賃關係，（二）與史量才決不中途妥協。所以史量才縱然也施用了銀子攻勢亦難見實效，把他想要對業主進攻之路，都被席子佩堵塞了。

史量才這次爲了申報館的房屋問題，挽友託故去向業主說情，但是所得反應，業主對增加租金和延續租約的兩項要求，一概予以拒絕，非要收回房屋不可。這樣，却給史量才一個刺激，他認爲這姓袁的業主不肯租房屋給申報，難道申報就此宣佈停版不成麽？要想在望平街地區的範圍以內，租借一處報館房屋固然不易，但在望平街以外地方租屋，却多的是。所以他決定搬場遷屋，把申報館遷出望平街，同時，激動他搬場的決定，尚有另一因素。因爲史量才雖是個新時代的人物，但對命運的迷信之說，非但十分重視，而且篤信到入迷的程度。因此，他便相信申報館的陽宅風水，實在對他本人的命宮，大犯冲尅不利的厄運。試思他自從接盤申報入館主持以來，所遇所做之事，竟無一件足以稱心如意、吐氣揚眉。相反的結果，只是倒楣受氣，事與願違。甚至到對簿公堂羈押囚室，終於負了一筆鉅大的債欵收場。凡此種種的事實遭遇，他都牽强附會到申報館址對他不利的迷信觀念中。現在恰逢業主定要收回房屋，已經形成到趕搬場的地步，實有非搬遷出屋不可之勢。所以他就想事到如此，搬場亦好，說不定離開這一不祥之地，我的命運自會好轉過來。就是這樣決定他遷出望平街的意旨，便即一方面派人着手在望平街附近四周尋找房屋，另一方面則向業主開談判「趕搬場」的貼費問題。

在當年上海城廂內外的居民，對趕搬場的貼費一事，有種不成文法，那是大東房對二房東趕搬場，要貼搬場費三個月，二房東對三房客趕搬場，祗貼搬場費一個月。如果自動搬遷，例不貼費，話雖如此，並不鐵定，還是要看事情，憑理講數，所以貼搬場費的多少，仍然有點伸縮的彈性。但不過當年的上海房事糾紛，大部份都是根據這種定例的原則，獲得和平解決的。所謂例外的貼費之多，這次袁姓業主的大房東對申報館趕搬場，竟貼到十個月之數，不能不說是例外的一例。因爲這次與業主展開談判的申報代表人是張竹坪，他以申報館經理身份，名正言順的任做全權代表。向來他在史量才身邊以辦事能力高强見稱，也是能言善辯、擅辦外交的一名好手。

據說張竹坪一經與業主談判開始，就力陳報館搬遷的種種困難，與損失鉅大，當即提出貼搬場費一年的要求。雖由業主一再要求減少月數，但他鑒貌辨色，發見業主要收回房屋的情殷望切，所以堅持不肯減讓。嗣經業主的橫講豎說，結果總算情讓兩個月，終以貼十個月的搬場之費成交。好在房租月祗二百銀子，業主便把席子佩所繳付三個月的挖費。除貼給申報的搬場費以外，還有四百兩銀子的剩餘可享受，此後却月有八百兩銀子的租金可增多收入。因之史量才便把搬場貼費的收入，用之於搬場方面的全部支出，尚有剩餘，所以他很順利的把申報館遷出望平街。

報販重視祗申新兩報

申報館的新地址，在南京路北邊並行路線的俗稱「後馬路」上，介於河南路與山東路之間，那是一所牆厚樓高的貨物堆棧，原爲有關的商業行棧，作爲堆藏商品貨物的倉庫場所而興建的。時在民國十年以前，上海頗多堆棧房屋，空無人居。此種堆棧房屋的租金定價，相當低廉，招租的又多。只因申報館一時找尋不得相當房屋，便選了這所比較合式的，當即租賃下來作館址。房屋高大開濶，租金低廉便宜，並且與報紙發行市場的望平街，距離不十分遙遠。申報館在起初搬遷佈置時期，誰都認爲不但可以將就過去，甚至有人還讚揚勝於舊址。一經到了正式在新館址排印出版，送到望平街發行報紙時，就感到非常的不方便和煩惱，而以發行部人所感爲尤甚。原來申報在望平街館中排印出版的時日，報紙從車上（按：車上爲印報工友口頭禪，即指印報機器之謂）下來，即交發行部人員從事發行。隨印隨發，如水長流，毫不緊張。那班報販們又陸續而來，在發行櫃上交錢批報，隨到隨批，亦無擁擠情事。所批報紙祗有整數，決無零星，若要零批若干份，只有向「拆報攤」去拆批。這種攤擺在望平街邊的「拆報攤」，對於每日出版的大小各種報紙，無不齊備，供報販作零星批購。當時經營「拆報攤」而馳名者得四人，計爲王春山、陸開庭、張阿毛、蔣仁卿，他們會有「望平街上四金剛」之號。

現在遷移後出版的申報，從車上印就下來，需要成綑縛紮，再僱人力車運送到望平街的發行地點。因爲此時申報的發行部現狀，已經同「拆報攤」一樣，設置在漢口路與望平街轉角間的屋簷之下，馬路邊的行人道上了。蓋在當時這一個地段，還是建築着一樓一底的舊式房屋，而所居

住的都是經營零售商店的小商人，如烟紙店、刻字舖、小印刷所等等。但是不久的後來，申報當局因獲得公平洋行地產部的買辦盧少棠幫忙，建造起立體型的申報館大樓。樓高五層，巍然獨立，樓址就在這個地段。雖說巧合之事，但冥冥之中好像自有主宰，慢慢地自然衍變到成爲申報館址，事若前定，得弗奇怪。所以申報的「掮報人」徐阿七（按：掮報是報販的行話，每家報館都僱定一人承担此職。專管發行部與報販間發生大小糾紛事件，負責調處平靜。其身份資格以原屬報販而得同業們的信仰與愛戴，是以發生任何事件，憑由他閒話一句，糾紛立解。這個報販首領徐阿七名志欽，爲寧波陸家埠的山裏人，原始職業是民信局的跑街送信員。當申報於初出版時，尙無職業報販，所有申報閱戶，概歸徐阿七的民信局分頭代送。及清廷政府舉辦郵政，取締民信局後，他就轉任爲申報的掮報人。且擁有不少固定閱報客戶，諒以世界的時局越紊亂，欲知中外形勢的讀報人也越多。所以徐阿七在民國十年時，他手下的「包紙頭」夥計多至百餘人，私有各報的固定閱戶凡二萬幾千份。因此，曾被人稱爲報販大王，其實稱他爲上海報販業的祖師爺，也不爲過。）曾告訴我說：「當申報搬出望平街，在後馬路新遷報館裏排印出版，車送到望平街頭來發行的時期。我這個掮報人眞正做得我好辛苦，如果心臟不健全的話，那不要心肝五臟憂急到破裂粉碎，暴死在望平街上麽？試想他們把申報用黃包車運送來要費多少手續與要化多少時間呢。越是報紙來得遲慢，報販越是要得心急，你搶我奪，混亂一片。幸而我腦筋動得快，關照申報發行部先發各「拆報攤」，打發一班現拆現賣的報販們先行走路，因爲他們都靠現賣賺錢過活，手上沒有固定閱戶的。幷把所有大小「包紙頭」夥計的報販，發行一律壓後，壓到申報到齊，方始着手發行。因爲他們所遞送的報紙，都是固定閱戶，現賣極少。這樣辦法給我維持到申報的新屋落成，恢復到望平街申報館屋內發行，方得解除煩惱，身心安定」云云。

其實，當年上海所有的一班報販，一向以來，對於申報和新聞報，非常重視。申新兩報不管那一家報館，如果發生印機損壞，出版誤時等等的不愉快事件，報販們概不離開望平街一步，必定要等候這家誤時脫班的報紙到照常印成出版以後，於是一窩風似的向發行部批領得報紙，方才爭先恐後的離開望平街。倘有別家報館遇着出版稍遲一步的話，報販們任誰都毫不留情地不顧而去。所以別家報紙出版時間，必定要爭在申新兩報的發行之前。否則這天所努力的編排印行工作，可說全功盡棄，甚至發行的銷數額方面會受到重大打擊。說眞實話對每個報販施行檢點，在他們揹的報袋裏，和捧在手彎中的所有報紙。佔得數目最多的，便是申、新兩報，這就是逼得他們非要等候申、新兩報到齊不可的最大原因。

史量才慘淡經營的上海申報館大厦位于漢口路望平街口

報販們都說：「上海望平街是我們的」，這句話，誰都不能否認。因爲這條短短的望平街上，在每天早晨的曙色未開、晨光熹微的時候，至少要聚集到千數百名的大小報販。他們個個向各報館發行部的人員手上，躉批得大量報紙，蹲在馬路邊的行人道間。加以折叠和整理之後，大部份報紙塞放在報袋裏邊，揹在肩上，小部份的報紙挾在手彎之間。有的跚開大步就走，有的跨上脚踏車就駛，那種匆忙急促的樣子，大有「將軍不下馬，各自奔前程」之概。因爲他們大家都要爭取時間，好給一班固定閱戶的讀報主顧們，睜開眼睛，睏在床上閱讀他們所喜愛的報章。俾使世界大勢，國際事件，以及全國的政治要聞，本外埠的社會新聞和地方消息，得以暢知洞曉，飽覽無遺。

盧少棠助申報建高樓

在申報「掮報人」的徐阿七嘴裏，傾吐對申報的發行好像甲魚隔岸孵子式的工作，大嘆其煩惱無比，傷透腦筋的萬分苦楚。不知首當其衝責任重大的申報館經理張竹坪，和事關本身成敗利鈍面子問題的申報館總經理史量才內心煩惱爲之更甚，他們二人親眼目覩這種發行方面所發現的大不便利情況，眞正只有「憂心如搗，寢饋難安」的八個字，方足以概括形容盡之。尤其是史量才認爲最重要，最耽憂，以及最惶急的一事。就是長此以往，勢將申報發行的數額，要遠遠屈居於新聞報之下，也難與新聞報汪漢溪總經理爭一日之短長了。要知申報出版年日，雖遠在新聞報之前，（按：申報發刊於清代同治十一年三月二十三日，新聞報出版於光緒十九年正月元旦），兩作對比，前後相距有二十五年之久。但是，新聞報的報紙銷數額，却急起直追，大有後來而居上之勢。只因申報自史量才接辦以來，在此前後

年間的時日過程中，偏逢多事，迭遭打擊。坐使申報的進展速度，多少要受到一點阻遏窒礙，從而稍爲遲緩了些。

差幸史量才並非碌碌庸才，他的心靈機巧，鑑別力强，更具有一種高度熱烈的唯我第一之英雄意念。自接辦申報在手以後，即對汪漢溪起了敬畏之心，認爲那是全中國辦理報業的一位高手。因而認定新聞報爲申報的唯一勁敵，更進一步，從而認定新聞報爲申報的假想敵人。是以申報一切有關於報業的設置措施，無不以新聞報作爲標的對象，暗事競爭，力作比賽，勝之則沾沾然而喜，敗則即赧然自慚。因此每日他不但對報紙上的新聞消息，文字內容，要暗自密作比較。而且對廣告的尺寸大小，銷報的數額多寡，亦都由各部列作比較報告表以陳，是見史量才當年對新聞報重視的一斑。料不想反之亦然，汪漢溪對於史量才與申報亦起畏敬敵視之心，同樣着競爭的比賽工作。傳說中的申、新兩報當局，一直以來，雙方還秘密使用第五縱隊辦法，暗事刺探對方新的改進消息，作爲己方急起直追的準備。此說是否正確，不去說它，不過該兩報的經編兩部業務上情況現象。總是互相追逐，不相上下，既難作軒輊之分，亦無從說勝負之別。

不料這次史量才又遭遇席子佩的暗算陰謀，逼到申報館遷出望平街。若以申報的事業爲中心，而談遭受打擊的重大，心力耗損的難計，當該比之上次會審公堂的官司失敗，被判盤價銀子給席子佩一事，遠遠要超逾過之。最使史量才感到痛心疾首、炸肺裂肝的，那是席子佩所經營出版「新申報」籌備處的公告字樣，已經高貼在舊日申報館門傍的壁上，而屋內亦已在裝修中了。如此的景狀出現，正使氣豪志高的史量才，大有「怯羞怕見望平街」之慨。試想他一方面受着席子佩惡劣擺佈的刺激，另一方面他就着申報銷數要慘跌的憂心。在這樣的刺激和憂心交織之下，史量才所難挨難過的日子，當可以想像得到的。就在他爲了申報在望平街的發行問題，憂忿惶急到呼籲無應，走投無路的時候，陳景韓突有一個好消息來告訴史量才了。

原來陳景韓的一生中所喜歡愛好之事雖多，如豢養犬隻，抽吸雪茄等等。比較上是他所喜之甚，而愛之深的歡好之事，莫如賭搓麻將。可是他的麻將輸贏進出得數額却不小，就因爲他喜愛搓大麻將，找搭子就不易，無已，只得上高尙人士「以賭會友」的總會裏去搓「總會麻將」了。他所常去「麻將總會」那是開設在座落於法租界方面的福煦路上，將近嵩山路口的「息廬」。這家「息廬」麻將總會，係由上海早期的社會聞人葉琢堂所主持，那裏是一座西式小洋房，正夠富貴豪華的氣派。不僅屋宇建築的結構非常精緻靜美，就是室內傢具的陳飾，也佈置得極盡其富麗堂皇之能事。所以後來「息廬」總會停辦，恰值英租界發生禁娼運動。一時所有高級的書寓妓院，不待當局抽籤命中，即行停業之法令執行，已經紛紛自動退捐除牌，遷入法租界另築香巢。當時現任花國大總統的肖紅亦移居此廬，作爲研修曲調。治理觴政之所。要非「息廬」的宮室之美，景物之雅，如何能邀得肖紅大總統的青睞垂顏，稅居其中呢？

傳說中的當年「息廬」麻將總會，不但起居舒適，而且飲食尤佳。是以與會之人，非富有商賈，即高貴寓公，却是羣英畢至，少長咸集的好所在。相信來者這班高尙階級的人們，半是爲了竹戰尋樂，半是爲了飲食舒適，陳景韓是其中之一。有天，他去「息廬」打牌，時已罷戰歇手，他們原搭子四人，便在餐室裏各據一方，進食夜點。大家邊飲酒，邊閑談，談呀談的，談到他所主持筆政的申報方面最近情況上去。須知陳景韓的行爲脾氣，不管過去在時報館裏，現今在申報館中。他只要一踏進報館的編輯室之門，無人能看見他面上一絲笑影，也無人能聽得他一句笑語。同他早年時代在育才學堂、蠶桑女學做教書先生一般。總要始終擺出他對男女學生們的那種端莊嚴肅，爲人師表的神情形狀出來。也眞教人對他這種冷如冰霜樣子，望之生畏，見之心寒。大概他的性情冷酷，神態落寂，頗有自知自明。因此，他就題取名字爲一個「冷」字，而撰寫文章的筆名叫做「冷血」。要知「冷血動物」爲近代人們的罵人之詞，陳氏之取筆名爲「冷血」，不知他是自嘲呢，還是嘲人！爲了他要名符其實的「冷血」起見，所以他臉上好像裝有一具冷氣機，自會發出陣陣令人難近的高度寒冷感。便也因此，人們大家背地裏叫呼他爲「冷先生」，或「陳冷先生」，以及「陳冷血先生」，只是沒有加上「動物」兩字而已。

世諺有之曰：「麻將枱上可以見眞性情，酒杯底裏可以成眞知已。」此諺的確，那天陳景韓乘坐的馬車駛到「息廬」門前，當他停輪下車時，已經春風滿面。當年「息廬」的佈置式樣，那是跨進大門就是一座L西字形的樓梯，他的足下只要一腳踏上紫紅絲絨的樓梯地毯，他就會嘻笑盈盈。及到了搭子湊齊，竹牌倒出，座位扳好，椅子坐落，此時此時的陳景韓更是有說有笑，和藹可親的了。此夜此時，他從牌枱上轉到餐枱上，也由他手中放下竹牌而拈上酒杯。所以他的意氣風發，逸興橫飛，所以他與座上三賭友談話到申報近來的情況時。便免不得把席子佩勾串業主，把申報館被壓迫到趕搬場，所遭受種種的重大苦況和損失。最後還說出眼前申報發行無所的最大苦難問題，並且不厭其詳的說明申報現正處於進退兩難的問題中心。他畧稱：「我們要顧到發行時間，勢必提早截稿，趕緊出版。但報上的內容新聞却要大大的削弱，精采減少。因爲我們的各地專電，特約通訊，都無法等待得到編排進去。否則的話，若要顧到報紙，應盡報導的責任，那只有等待專電和通訊到來。果眞這樣辦理，那是發行天天要受報販們的責難，銷數也非慘跌不可。所以現在我們申報的前途危急，正是進退兩難

，奈何奈何。」

陳景韓的話說未完，此時三位座客中之一，却以一口吳儂軟語，慢調斯理的以蘇州方言，接着話道：「景韓先生，眞正想弗到席子佩格種人，那能刁鑽觸刻到狄能樣子壞法，即使對史量才有啥深仇大恨，聽說上次新衙門官司已經打過，伊啦官司打贏，面子紮足，銀子撈飽。爲啥還弗稱心滿意，定要做盡做絕，聽聽正是聽得我一包氣。勿是我說啥『路見不平，拔刀相助』格空頭說話，只不過我覺得席子佩個人心腸忒嫌兇狠，有點欺人太甚。難道說伊啦定歸要作弄得史量才上吊尋死給伊篤看歷？所以是我有點弗服氣，準定讓我來想辦法，幫幫唔篤申報館格忙。把申報館所有格一點爲難的問題，讓儂來代爲解決掉末是哉，也好讓伊篤曉得『棺材橫頭會有活鬼叫』格。景韓先生等息你回到報館裏去對史量才問說一聲，阿要我幫忙哦？如果要幫忙格話，明朝上晝十一點左右，請俚打電話到我行裏格寫字間來。約定地方碰頭，大家見面商量阿好？」原來這個自告奮勇，要替史量才解決申報館爲難問題的，不是別人，正是公平洋行的買辦盧少棠，也是當時十里洋場中最最出名豪賭的一位賭客。

命中多貴人挽轉危局

陳景韓回到報館，就把今夜盧少棠願意幫忙的一番經過情形，全部告訴了史量才。此時的史量才對於申報館的當前環境情況，正像一個婦人懷中摊抱着她生病的兒子，病源只是一種消化不良、便秘不暢的小毛病。因爲她對她兒子的愛之深痛之切，但又苦於無醫可請，無藥可覓。一聽到有人傳言，說有著醫兒病的醫生，那有不表示歡迎之理。所以史量才就請陳景韓先與盧少棠作電話聯繫，約定明天在三馬路大舞台隔壁的「露凝香」西餐館，午刻見面。他認爲在那邊進餐談話，比四馬路的「一家春」「一枝香」都要安全，可以放心碰不見一個熟朋友。事實果然這次陳景韓所請來的盧少棠，倒是眞正一位療治申報所患業務病的高明醫生，一經診理，着手成春。不但挽回了申報館發行上不健全的危機，也解除了史量才心理上所感有的威脅。更不但使申報的招牌重復在望平街頭出現，而且讓申報館的高樓大厦永遠雄踞在望平街與三馬路（漢口路）的轉角間，成爲這一條上海「報館街」具有歷史性的一所建築物。

據說經陳景韓聯絡牽引，第二天的午間，在「露凝香」西餐館裏，史量才和盧少棠作歷史性的首次見面後。盧少棠倒是極坦白率直對史量才說出他所以自告奮勇，志願幫忙的動機。他的大意是這樣說的：「量才先生、兄弟我，昨夜在『息廬』總會聽得景韓先生的一篇談話，覺得你們申報館自從遷出望平街以後。眼前感到最大煩惱和威脅，就是發行問題。本來報館應該設在望平街上，那是一種自然常例。可是你們申報館偏偏違反了自然常例，當然要發生許多不合理的問題而感覺煩惱。現在我的所謂志願幫忙，因爲有使你們申報館仍然搬回到望平街去的想望。關於這點，兄弟自問有一些微小權力，可以從傍運用，料定可能見效，達到我這一次幫忙志願的目的。說來也是機緣巧合，只因在漢口路的望平街口，這一塊地皮乃是我們公平洋行的產業，好在我們基本的營業方針，那是地產賣買。所以你們申報館如果喜歡這塊地皮的話，我們公平洋行自然可以出讓。不過我總覺得玆事體大，非得要和你量才先生，作一個澈底的仔細研商不可，首先須要徵詢你對這塊地皮喜歡不喜歡？其次假如有了這塊地皮，在你作怎樣的計劃打算。」

史量才初聽盧少棠的說話，把申報館仍然搬回到望平街，自然聽得他滿懷高興。所以他嘴裏連連答說「蠻好」，表示非常喜愛，得之爲快。後來越聽越覺不對勁，因爲聽得盧少棠的語氣，好似在向他兜賣地皮。於是他就想着這次搬場的費用，還是全仗業主所貼的一筆搬場之費，方得搬遷成功。現在盧少棠要叫他買地皮，如何購買得起呢？不過史量才天生脾氣，愛爭面子，不肯示弱。所以他對盧少棠後邊的一段問話，徵求意見。他倒形態泰然毫不猶豫地立即回說：「對於三馬路望平街口的這塊地皮，作爲申報館的館址，可說喜歡之至。如果有了這塊地皮，我的計劃決定全部建造成爲申報館，還恐怕容納不下各部份的辦事人員工作之需，那在我只有向天空作擴充打算。因此，我想向天空發展，不妨發展得再高些，樂得謀取舒適，所以我的建樓計劃，至少需要五層，少棠先生認爲我這個計劃打算，有沒悖理荒謬之處？」

盧少棠笑着說：「量才先生，我和你正是英雄所見畧同。因爲昨夜回家以後，躺在床上，已經就地皮的形勢做過一番假設的測量，覺得祇夠建築整體的一座報館房屋，倘使再要分留餘地，另作打算，那就不夠氣派了。但還是須要向天借地，建築五層高樓，才夠工作容納的地方支配。我的假定，以地層作爲印報房和營業部，二層樓作爲編輯部，三層樓作爲排字房，四層樓作爲儲藏室，五層樓，作爲職工宿舍。這樣的安排支配才算得地盡其利，樓盡其用。」史量才聽得只是連連點頭道好，也暗暗對盧少棠引起非常佩服，覺得他正是個做地產賣買的好手。他的談吐想法，無不句句扣動買主的心弦，引起買主的興趣。自己本人便被他說動了，實因他的設想周到，言詞動聽，如果手頭有錢，相信也非買這塊地皮不可。

可是盧少棠話未說完，聽他還在娓娓不斷的說下去道：「對於這塊地皮的購置費和五層樓的建築費，我也替你作過大約的預算。這購置費根據眼前中外市場對這塊地皮的地產市價，至少要二十萬兩銀子，再要減少，決不可能。對於建築費却也不小，非得十四五萬兩銀子不可。」史量才當下直說此時的申報館不但沒錢，還要負債，無力購地建屋。盧少棠說：「既稱幫忙，我自有辦法，你準備做業主就是。」

（下期續刊）

我所知道的張競生

・范基平・

在距今半世紀以前，張競生博士以國立北京大學教授之尊，自學術觀點出發，著書立說，不顧一切，於全國最高學府的講壇上，撕破男女關係的神祕外衣，就它的內容，由淺近的報導，進而作深入的分析研究，把千百年來認為「奧祕」的一個問題，公開於每一學生之前，也使數以億計的中國人，第一次知道了什麼叫作「性」。

他這大胆敢為的態度，曾使全國人士為之目瞪口呆，一部份衛道之士則直斥其「胆大妄為」、「毒害青年」，因此對他發動圍攻，結果把他弄到身敗名裂，使這學術界一代奇才，成為近代文化史上最大罪人。四十年後，出現於美國的一位金賽博士，却以研究性生活、性心理與一切有關的問題而成為學術權威，蜚聲國際，受盡崇拜。以之與當年張博士的遭遇相對照，實在令人不勝感慨，蓋金賽博士之一切，無一而非步張博士的後塵，只因時代不同，結果令人興「成則為王」、「敗則為寇」之嘆！所以今時今日，如果我們能摒棄成見，對張博士的一切重加評價，我相信，他的功罪是非，都會掉過頭來，成為文化史上一大翻案。

先知先覺　早於金賽

和張競生博士一樣，不同的是遲了四十年，金賽博士於六十年代，以研究男女性心理及生活而起家，成立機構進行訪問與調查統計，出版書刊，在短短數年之內，名利雙收，譽滿天下。他底著作，不脛而走，他所首創的許多名詞以及調查所得的統計數字，紛紛被好萊塢電影界採納引用，奉若經典。今者金賽博士雖已不在人世，但是他底學術，經已自成一家，著名的「金賽調查」工作，亦已有人繼續其遺志，不斷進行，為其發揚光大……總之，金賽博士在學術上的價值，一時雖未能遽下定論，但是金賽之名已在美國「名人錄」中佔一席地而永垂不朽，却已不成問題。金賽博士的時代是二十世紀的六十年代，他所生活的社會是現代文明極峯的美國社會，然而他的學術研究，也曾被一部份守舊份子和教會人士認為大胆荒謬，然則試想在五十年前的中國，當男女關係被視為一件神秘不可告人之事，當全中國的男男女女還不知道「性」為何物的時候，張競生能突破一切，著書立說，傳授新知，那麼他不是一個偉大的先知先覺者是什麼？

五十年後的今日，我們侃侃而談「性」在人類生活中的重要，不以為恥，可是在五十年前的中國社會，當張競生以他獨有的智慧與勇氣，向愚昧的封建社會挑戰，宣佈男女關係的秘奧，提倡「性」智識的解放時，眞像向整個世界投下了一顆原子彈，使無數人為之驚奇、戰慄，撟舌不下。

張競生早年留學法國，獲巴黎大學哲學博士銜，政治思想偏向無政府主義，回國後任北京大學哲學系主任兼教授。

當時北大文學院，對中國新文化運動最具倡導作用，張競生力主思想解放，由思想解放而生活解放，由生活解放而智識解放。性智識的解放，原只是他底思想解放中的一小支流，却不料這一小支流，洶湧澎湃，終於成了新文化運動中的一個無比的插曲，而至今為止，我們對於「性」及男女關係的智識，還是一脈相承，以張競生為始。

少年時代　言行不凡

張競生原籍潮汕饒平，清末畢業中學後，他父親便要他同鄉去當紳士，可是他不同意父親的安排，渴望北上升學。父親不答應，他就在縣衙門裏告他父親一狀，控父親不給他讀書，這一狀的確告得駭人聽聞，縣官便傳了他父親當堂勸諭，老人家雖然氣憤，但在縣官調解下，終於撥欵給他北上讀書。

張競生到北京後，汪精衛刺攝政王案正在發生，恰巧善耆主張寬大，祗判徒刑。張競生認為汪精衛行刺攝政王一事，是廣東人的光彩，由於好奇心的驅使，便常到獄中訪汪，時時接濟些銀錢食物。在京師大學堂讀了不多久，他又轉入保定軍校，在校中談革命，鬧戀愛，被斥革而未離校，辛亥革命後，他用了種種申請准以官費留法，在法國研究哲學，得博士學位歸來，在北京大學担任哲學系主任及教授，講「美的生活」，同時也是世界語的提倡者。

「五四運動」前後一二年間，「新潮流」波盪全國，他的社會改革主張，是從美的觀點出發，以美的觀點完成。他所提倡的唯美主義，和希臘人的觀點相近，但是他所出版的「性史」，却引起了許多誤會，他的「哲學博士」學位，被訛傳為「性學博士」，因此而差不多毀滅了他整個一生。

好好先生　貌不驚人

筆者與張競生相識，係由彭兆良君介紹，彭君在担任我在上海出版的某刊物的助理編輯之前，是張競生出版機構的助理編輯，他在我上海家裏住過幾個月，晚上和我下完象棋便談天，而談天時往往談到張競生。和彭君一起，我們三個人曾上過好幾次小館子，張競生身材不高，貌不驚人，飯量不大，而且極有節制，每次搶着要會賬，但總是搶不過我。他服裝隨便，不事修飾，談吐有內容，但是並不瀟灑，他是否風流我不大清楚，但是據我所見，他是連普通女人也不敢多看一眼的。

有一次朋友請客，張競生亦爲高朋之一，那位主人出身紈袴，跑慣書寓，他自己叫了堂差，替張競生也叫了一個。可是張競生叫堂差，這是他有生以來第一次，一聽見堂差就是妓女，以爲既是妓女，總是臂枕千人，閱歷甚多，認爲機會不可失，一見面便不厭求詳的探問對方的性生活，在座嘉賓聞之，莫不愕然，而碰巧那名雛妓，還是清倌人，結果弄得她面紅耳赤，怫然而去，而張競生猶不知其究爲何故。

不穿褲子　純屬謠傳

當時盛傳張競生熱天在家中不穿褲子，他所僱用女傭都因此受驚而去。據彭君說：天氣無論如何炎熱，張競生從來沒有不穿褲子過，但的確有一次，他在臥室中穿着中裝衫褲，女傭捧了半個西瓜進來，他從座椅上站起，不料褲帶沒有束緊，褲子竟然滑了下來，女傭受驚，大叫一聲，西瓜墜地粉碎，第二天她便辭工而去。從此以後，張競生不穿褲子之說，不料乃傳遍全國，終且成爲人們攻擊和譭謗他的話柄之一。而事實上，這位以研究性學著名的張博士，却是一個見了女人就會臉紅的好好先生。

關於張競生對於女人之缺乏興趣與周旋之術，又可以從彭兆良君口述的一個親身經歷的故事中見之。

彭君曾在他所任教的一間小學中遇見一位剛從中學出來的施小姐，原籍常熟，是有人介紹到該校執教的。却因爲她喜歡搔首弄姿，賣弄風騷，校長覺得她不大適合，但又格於介紹人的情面，無可推諉，給他一份閑差，無所事事。她是「性史」和「新文化月刊」的讀者，聽說彭君與張競生時相過從，便萬分高興，說是心儀其人，要他介紹相識。

對付女人　絕無辦法

張競生在上海薩坡賽路九十二號的住處，掛着「美的書店」編輯室的招牌，他一向好客，確乎經常座客常滿，談笑有人，但極大多數是男客，絕無鶯鶯燕燕，出入其間，此中理由甚明，無須說得。由彭君陪同前往張競生家的那天，施小姐曾濃粧豔抹，刻意修飾，張競生見彭君帶了這樣一位稀客前往，不覺大吃一驚。介紹之後，彭君因事先退，此後足足有四五天未去張處。

等他再去時，張競生一見面便大笑，告訴他那天去後的情形。據說那位施小姐當天在那裏七搭八搭的，一直談到夜晚，聽說張競生一人獨處，便毫不客氣的留在他那裏吃晚飯。晚飯後，張競生問她貴寓何處，並且表示歡迎她下次再來，逐客之意，至爲明顯，但是她却賴着不走，說是談得投機，不欲歸去。這當然使張競生大爲尷尬，不知所措，又因熟人介紹，未便予以難堪，直到午夜終於設法把女傭找來，囑女傭立刻僱車把她送走。

張競生自太太走後，性生活可謂久曠。因爲他的名氣太响，普通女性爲了避嫌疑，都不敢與他往來，他日常所能接觸到的女人，便祗有傭僕之流，而他曾與之發生關係治療他寡人之疾的，也祗有一個中年以上其貌不揚的老媽子。此外里弄間有一個年方及笄的洗衣少女，張博士對之也頗爲有意，可是始終無法得手。

首集性史　原出於斯

張競生承認「性史」是「性書」，但絕對不是「淫書」，同時他對性行爲與淫行，也分別得清清楚楚，前者是有節制的健全的性行爲；後者是指不合乎禮法及漫無節制的性行爲。他底第一集「性史」的來源，必須推溯到他執教北大時代，那時他在課畢休息的時候，常以閒談聊天的方式，向學生搜集有關性生活的材料。張競生就「食色性也」作了一番學術上的解釋，學生們乃一一接受，把他們底生活經驗，源源獻呈，當時一般青年結婚年齡遠較現在還早，在大學裏讀書而身爲丈夫及父親者比比皆是。後來所搜集的資料越來越多，覺得若不以之公諸社會，未免可惜，於是靈機一動，決定付梓，這便是「性史」第一集的材料來源。

依照原定計劃，「性史」一共要編四集；第一集出版後，風行達於極點，若干學校貼出了禁購與禁讀佈告，而其銷路却因此而愈暢。但以內容而言，「性史」中的文字，理論實際均頗膚淺，只有當時他的學生中，有一個以「小江平」筆名寫的一篇較爲可取，然而裏面也只有男女心理與肉體關係的描寫而別無其它特別精采之處。這個「小江平」，就是後來成爲作家的金滿成青年時代的筆名。這位金先生，抗戰時在重慶編「新蜀報」副刊，勝利後曾來香港小住。「性史」第一集因過於暢銷，被治安當局所注意，認爲「妨礙風化」。這一點早在張競生的預料之中，所以封面裏頁有一句扉語：「雪夜閉門讀禁書」。言外之意，認爲「天下第一樂事」。

二三四集　編而未印

據彭君說，性史第二集仍是性生活的報導，內容和前集相差不遠，同時，因爲張競生自己只是「理論家」而非「實行家」，所以雖云談「性

」，也眞只是談談而已。

該集內容主要是性行爲的姿態研究，嚴格說來，內容相當空洞，差不多可以說只把葉德輝的「雙梅景闇叢書」中的主要部份，從文言譯成白話，並畧加附註說明。像這樣一部書，用來以資談助或者尙可，倘若用來參攷，或者想作爲臨牀實驗之用，實在大有問題。

第三集講些甚麼，彭君也曾談過，但我已經記不清楚，第四集則爲性行爲用具專集。事緣張競生留學法國時，他曾搜集了一些提高性行爲興趣之用的小道具，携返國內，視若珍寶，把這些加上從日本得來的另外一批，便是第四集材料全部靈感所由來。這些東西包括節育套、羊眼圈、角先生、緬鈴等等，在當時的確新奇之至，但時至今日，除了緬鈴之外，都已到處有售，不足爲奇了。

據彭君談稱，第二、第三、第四等三集，的確都已一一編好，等候發排，但是第一集所引起的影响和風波太大，而日子隔得愈多，張競生的胆子也愈小，一直遲遲不敢付印，終於沒有問世。後來所看見市上發售的第二集、第三集以至第四集，實際上都係冒名出版，與張競生完全無關，其內容的下流惡劣不堪，更是對張競生聲名地位的致命打擊，而那些無德無行的出版商，則由于那些書在當時的確空前暢銷，因此着實發了一筆小財。彭君曾實際參與襄助張競生的編輯工作，所言當有根據。

自創書店　名曰美的

性史既不出版，張競生創設了一間「美的書店」，出版「新文化月刊」。「新文化」並不是一種性雜誌，它的內容可以分爲四欄：社會建設欄；美育欄；性育通訊欄和批評辯論欄。社會建設比較屬於一般性，「美學」原是張競生的擅長，而後面兩欄則是他個人向讀者表明態度和答覆來函以及筆戰的地盤。因爲這時候，正在他出版第一集「性史」之後，外界對於他的誤會甚多，他不得不亟向各方表明態度，同時他的確又想在美育和性育兩方面作新的倡導。

張競生也很懂得讀者心理，他曾說過，通訊欄可以和讀者多多聯絡，一本雜誌與讀者聯絡得愈密切，銷路也就愈好。尤其是關於「性」智識的一切，因其帶有神秘色彩，面談往往不易出諸於口，利用通訊方法乃最爲合式。他底想法果然不錯，自從「新文化」雜誌出版以後，讀者函件常常如山一般的堆積在案頭。其中當然有許多是毫無意義的，有些却眞的貢獻了自己的寶貴經驗，或者對於張競生的著作加以批評。對於讀者的來函，張競生總是用了最大的努力作答，其或涉義甚深，行詞穢褻未便公開作答者，則改用私函答覆，一切都是鄭重將事，不稍馬虎。

新出刊物　風行一時

他又以爲，批評辯論也是推銷刊物的秘訣。有一次張競生在「新文化」上寫了一篇「一般之所謂主幹也者」，文中對「一般」雜誌（開明出版）的編輯夏丏尊有所抨擊，當該期「新文化」尙未出版時，不知那個好事之徒把消息供給了夏丏尊，夏氏聞之，緊張萬分，竟等不到「新文化」印好出版，便親自到印刷所索看樣張。該期出版後，果然風行一時，成爲談助。這時上海的雜誌銷路都不很大，「新文化」每期的印數超過兩萬，比「生活週刊」（銷到五萬是後來的事）更多，這當然一半是振於張競生的大名，一半也爲了他在編輯與取材方面確有獨到之處。

「新文化」月刊的編排形式，現在看來當然非常簡陋，然而內容却非常熱鬧，而最能引人入勝的，則是筆戰。「新文化」月刊之出，使當時各大雜誌爲之失色，許多以前不買雜誌的人，也抱着看「性史」第一集那種心理來買「新文化」月刊起來。雖然尙未人手一卷，却已在讀書界方面引起了巨大的波瀾。

大開筆戰　熱鬧非凡

說來可憐，上海和全國的雜誌讀者只有那些刊，讀了這一種往往放棄了另一種，「新文化」月刊無形中搶去了許多別的雜誌的生意，於是許多別的雜誌都羣起而攻之。其中態度各有不同，手段也有高下之分。張競生的應付辦法是，對於那些不夠程度的，一概置之不理，至於來頭大的，其勢洶洶的，則不惜一一應戰，其中一塲則與華林、周作人等有關。

上海以「華林」爲名的作家與藝術家，共有三位，這裏所談的華林先生，乃是一個法國留學生，研究藝術，並且是張競生的老朋友。他雖不談性育，却是一個崇拜女性而偏得不到女性歡心的可憐人物。他夢想愛情，結果是連僅有一個牀頭人，也跟比他年青的小夥子跑了。

原來華林有一個情婦某女士，同居已有年餘，在華林言，他已相當盡了丈夫或情夫的職責，但內媚之力不足，外誘之因有餘，那個情婦別戀了他人。一吵之後鬧翻，那個女人即一去不回，落得華林書空咄咄，孤夜無眠，一天到晚的長吁短歎。

假使光是這樣倒也罷了，可是那女人也是會玩玩筆頭的，因此她在「語絲」上寫了一篇文章，大罵華林蹂躪女性，而且行文語氣，對於自己底出走，竟以「娜拉」自居。「語絲」編者周作人又在文章後面加以按語，大意說，男女之愛，應絕對自由，華林不但蹂躪了某女士底身體，而且還糟塌她底靈魂，則某女士的出走，自屬必然云云。

某女士的文章本已歪曲事實，編者的按語更是有意偏袒，華林心有不甘，便將經過的事實眞相寫成一篇答文，寄往「語絲」，要求刊出，以求讀者批判。不料編者非特不予刊載，反而重申前議，又把華林痛罵一頓，這便引起了華林的肝火。

華林於是在「新文化」月刊上發表了「婚變」的情形，並對「語絲」編者周作人加以攻擊。這時候，張競生的太太褚松雪女士也出走未久，張爲此事心緒不寧，曾於「新文化」寫了一篇長文——「美的情感——恨」。華林既攻擊到周作人，於是周作人以後的文章，也牽涉到了張競生身上。

筆戰幕後　文壇珍秘

周作人的毛病，在沒有弄清楚事實眞相，而一味迎合讀者心理。他以爲男女爭鬥，旁觀者必須同情女性，方能獲得讀者擁護，同時只要拿愛倫凱的「自由戀愛」等話蓋罩一下，就可以把全盤事實抹煞。他又是一個中庸主義者，主張萬事當以微笑的態度加以處理，不宜過激。張競生則不然，他是一個熱情奔放者，平日所崇拜的是拜崙、盧騷這一班人，愛要愛到極點，恨也要恨到極點。這種個性，當然與周作人互爲水火，所以當周作人在「語絲」上談華林事件而涉及張競生時，張競生便毫不客氣的回擊過去了。

就表面看，似乎周作人置身事外，隔岸觀火，但實際上華林的情婦與其小白臉，皆爲周之門牆桃李，所以周作人肯蓄意迴護。至於張競生太太褚女士的情夫小葉，也常在周處走動，上述情形，張競生和華林都知其事，所以對於周的私心偏袒，尤爲不服。

張競生在「新文化」上批評周作人，周也在「語絲」上對張競生大加諷嘲，唇鎗舌劍，大有可觀。但這場筆戰，忽然戛然而止，此中却還有一樁趣事，堪稱文壇珍秘。

大家知道周作人有一個日本太太，日本女人是世界上男子最歡迎的女人，爲的她們能夠柔順，不但和西洋婦女截然不同，就是中國舊式三從四德的女子，也不能與之媲美，至於新女性當然更不必論。周作人在其隨筆上，嘗論日本人的人情美，又說到祖護日本恐有「妻黨」之嫌，可見其平日對於閨房中事頗有自鳴得意之色。周作人究竟怎樣娶得此日籍賢妻，張競生並未講到，但他知道周作人太太還有一個妹妹，在周留學日本時，那姊姊下嫁周作人，那妹妹嫁給他的堂兄弟周某。姊姊結婚後，生兒育女，琴瑟調和，可是那妹妹下嫁之後，却過着不愉快的婚姻生活，伉儷之間，既乏情感，於是枕頭人成爲陌路人，柔順女也變成了眼中釘。不久那個妹妹即下堂而去，同時並索取周弟每月津貼銀洋一百元，作爲贍養之費。

魯迅兄弟　家宅不安

這對姊妹花，也確可稱得當世之大小喬，周弟既無此艷福享受美貌佳人之小喬，可以說是五百年前未曾修得。及小喬脫輻之後，逐鹿者大有人在——更奇怪的是從這個時期開始，魯迅翁與知堂老人兄弟間似乎意見參商，漸現決裂之狀。這裏面自然還雜有家庭中別種緣因——譬如他昆仲倆合資在北平築有一所院子，魯迅此時尙未有子，僅乎是夫婦兩口，而周作人却有子女一大羣，於是周作人遂以人多爲藉口，獨自佔據，却讓魯迅翁夫婦住在院子的門房間一所小屋裏。

魯迅在寫雜感散文時雖是那麽倔强韌性，富有戰鬥性，但生活上却是一個豁達大度，再和氣都沒有的人——換一句話說，他實在是賦有偉大作家之幽默趣味，因而不屑以此瑣屑之事而作鬩牆之爭。後來，實在感到太不舒服了，索性斥資另賃一屋搬了出去，讓周作人一家獨據其中。「吶喊」上有一篇「鴨的喜劇」中所寫的「仲蜜的家」，就是指這所房子。

魯迅先生對於周弟的下堂婦，似乎也有些意見或者幻想，然而這位美麗的小喬終於長住在周作人的家裏了。她以青年美貌之身，竟未聞再嫁，或作回國的企圖，而周家對之亦安之若素，自然難免爲外人所竊竊私議。

周作人在「語絲」上對張競生、華林兩人的攻擊，措詞激烈，一反其平日行文溫厚之氣、冲澹之味。當時周作人在文壇上擁有廣大的讀者，黑白淆亂，很有左右讀者意見的潛勢力。張、華兩人原非其敵，迫得張競生不得不以其似刀之筆，暗示其深知周作人家庭內幕，這劑妙藥，果然像太上老君一道律令，立刻生效，使周作人自動擱筆，停止筆戰。

秋郎罵張　敲破飯碗

周作人雖和張競生開過筆戰，但對張競生爲人，仍有公正批評，他認爲「他的態度是誠實的，所主張的話也多合理，雖然不免有些浪漫的地方。」

談北大掌故中，啓明老人也特別提到「性史」，他說：「性史第一集不能說寫得好，只是當初本意原是不壞的。英國人的性心理研究七册長短詳畧不同，却都是誠實的報告，也是一種很有價值的研究資料。張君自已談的原意，即是想照樣的來一下，所以我說本意不壞。不過寫的人太不高明了。這裏邊有沒有張君自己的大作，我不知道，總之，如看過性心理研究上的記錄的人，總不應當那麽亂寫，特別是小江平那麽的描寫，平白地把『性史』的兩個字糟塌了，實在可惜之至。」

那時上海「時事新報」副刊「青光」，編者梁實秋，筆名秋郎。梁實秋當過大學教授，以寫「罵人的藝術」一書成名，他對於罵人藝術，可謂研究有素，然而他罵了國民黨，罵了孫中山，罵了政府，罵了社會上大小事情的一切都無所謂，最後却以罵張競生而敲破了時事新報的飯碗，因爲梁實秋把「性史」和淫書混爲一談，張競生在「新文化」月刊上寫了洋洋灑灑的大文，把「性史」和淫書完全劃分，並且用邏輯方法，說明了把「性史」當作淫書的人，本人即有心理上的病態。此外，張競生又就一個月的時事新報的社論和「青光」上的文章內容，一一加以科學的比

較與批評的指摘，證明了時事新報是一張沒有堅定立場的投機報紙，張競生的嚴肅態度，不但使梁實秋自顧失色，甚至整個報館同人都爲之毛骨悚然。果然，該期「新文化」月刊出版不久，時事新報即以改組聞，而改組之後，編輯部中也就沒有了梁實秋。

徵集人材　繙譯名著

張競生的美的書店，除出版「新文化月刊」外，又徵集同志，翻譯靄理斯的「性心理學」。譯述人員中，有後來曾任星島日報總編輯的金仲華君。那時金仲華君方自之江大學畢業，因志同道合，報名投考，得獲錄取。但靄理斯原著洋洋數百萬言，對於當時美的書店的財力人力，兩難勝任。於是便變通辦法，將這部煌煌巨著的譯本，改成六十四開小本，以「性育小叢書」的名義出版。靄理斯此書，號稱世界名著，彙集古今性學之大成，搜羅至廣，在性學界中堪稱「有美皆備，無奇不有」。如關於世界性的奇風異俗，愛情心理之微妙轉變，肉慾愛的方式，以及摒棄肉慾而企求聖潔化之柏拉圖式戀愛，從歡欣作舞之求愛，以至蕩防失檢之露水戀愛，從男女正規之愛，以至於變態的同性戀愛，無不分門別類，詳細討論，其中又附外國性史，係靄理斯向世界通訊徵求得來的，趣味尤爲洋溢，材料的豐富，內容的新異，允稱空前絕後。

各人分開侈譯，張競生則總其大成，親負校閱之責，每一部譯稿完成，必按句校正，一絲不苟。譯述的標準，首重信達，全體人員工作努力，雖星期假日也不稍中輟，而張競生的埋頭苦幹的精神，更在其他諸人之上。這因爲他們在白天賓客盈門，各式各樣的人紛至沓來，使他不得不放下筆桿招待接談。但校閱工作，至重且繁，白日不足，於是他就不得不求之於晚上了。因此，他往往一個人靜悄悄地工作到十二點半之後。有人說，文人喜歡晚間寫作，因爲明月半窗，風搖竹影的夜靜之時，似乎更有助於文思。但張競生的晚上工作，却迫於白天的送往迎來，使一般翩然蒞止的佳賓，滿意歸去，却不知他們的歡笑浪謔，無形中消耗張競生許多寶貴時間，而這位好客成性的主人，却滿不在乎，反而以此爲樂。

張競生辦雜誌，把讀者分作兩類，一爲尋求智識而讀雜誌，一爲尋求趣味而讀雜誌，對於小說，他着重情感與結構。他批評當時的作家如郁達夫、徐志摩、周作人等缺乏眞實感情，而用生花之筆勉強造作出來的作品。他認爲他們的作品，即使寫得工緻，亦多矯揉造作，缺乏眞與生命，算不得美。他一生津津樂道的是盧騷的「懺悔錄」，他認爲盧騷此作，除其自然放浪的哲學外，即就其文字而言，也是一部了不起的傑作。他曾想請金滿成譯「少年維特的煩惱」，彭君勸以該書早經郭沫若譯出，而且享有盛名，金先生若重譯，唯恐徒勞無功，因此作罷，張競生乃請改譯「盧騷懺悔錄」。但試譯了一部份，却以譯文簡潔不足而未能用，乃不得不自己動手。

張競生的譯筆十分簡潔，而又不失原文浪漫熱情之本來面目，但正因其用筆過於簡潔，而且文學顯非張競生之長，其所譯「懺悔錄」一書，因亦失敗多於成功。

第三種水　笑話百出

美的書店單行本出版預告中，有「第三種水與卵子及優生之關係」一書，此書亦簡稱爲「第三種水」。

張競生在編輯「性史第一集」時，僅於每篇故事後，按加一些性學理論的解釋，而此解釋又都以科學爲根據，與金聖嘆之註解「六才子」有所不同。至於「第三種水」，則全從性心理的科學着手，而於其著作中，亦全爲科學的文字，一變其平日文藝的筆法。

「第三種水」一書，一經刊出預告，預約者即紛至沓來，絡繹不絕。「美的書店」開在上海四馬路，値櫃者是四位女職員。上海商店之僱用女職員，亦從美的書店始。張競生之提倡女子職業，在「美的社會組織法」中早有先聲，所以當組織書店時，就堅決選用女職員。不想到了預告出版「第三種水」時，却常鬧笑話。

「第三種水」雖是一本薄薄的小書，全文僅二萬字，但出版日期一再延期，致令讀者常常到書店催問。有一班浮滑少年，每於寫字間落班後，到美的書店買些書籍，問長問短，藉此交談。「第三種水」預告刊出後，更認爲吃豆腐的最好機會到了，於是便向女職員問：

「請問：第三種水出了嗎？」

女職員只知「第三種水」是一種尙未出版的新書，所以都是恭而敬之的回答：

「第三種水還沒有出……大概明後天便可以有了。」

這些輕薄少年聽了，便認爲討着便宜，嘻嘻哈哈地滿足的走了。

此事曾經魯迅口誅筆伐地寫在他那些有名的雜感上，一時傳爲笑談，但張競生在編輯室中還只是埋頭工作，並不知道有這回事情。

然而外界却以此爲聲討張競生的最好藉口了。彭先生便親耳聽得一個形似道學家的老教師說：「什麼第三種水，美的書店的女職員都是張競生這傢伙攬出來的。」

好奇加上好事，便有人說張競生把美的書店的女職員攪出什麼第三種水來了。

書店關門　重去法國

「美的書店」出版的其他單行本，其中較爲著名的是「美的社會組織法」。「美的社會組織法」是張競生個人的作品，也是他對於無政府主義的一個美麗的而遙遠的理想。他認爲社會的組織，應以「美」爲基礎與骨幹，不用權力，也無需政治或者陰謀，讓人與人之間，無憂無愁地快樂生活。在一九三〇年以前的時代談這些東西，

當然不會有人領署和接受，同時上海租界工部局捕房，因爲他一會兒妨礙風化，一會兒又提倡無政府主義，不知道他究竟搞些什麽名堂，也開始對他注意起來，對他底書店和辦公室常作突擊檢查，使他自己和職員都惴惴不安，因之爲時不久，「美的書店」也就關門大吉。

「美的書店」關門以後，盛傳其在杭州西湖削髮爲僧，事實上他於一九三二年時即束裝赴法，研究地方自治與農村組織，旅居兩年，重回上海。回來時，風霜滿面，而言論依然。這時舊日朋侶，大都星散，博士寄居公寓，日就俄羅斯菜館，除了早飯之外，一日兩餐，均吃「羅宋大菜」，習以爲常。

在「美的書店」時代，張競生家中，座上客常滿，他雖然沒有太太，只備小菜淡酒，却也調治頗精。這次重返上海，寄跡公寓，深感飲食之難。他曾走進許多菜館，不得不急急出走，或由於餐具不潔，或由於菜味惡劣，或由於代價太昂，非經常所能負担。這時候他發現了羅宋大菜一湯一菜一點心一咖啡，取費不過小洋四角，他認爲菜料、烹法、價值和餐室的環境等，尙有可取，於是便暫以羅宋大菜解決日常進餐問題。

但他認爲國人對於飲食太不講究，山珍海味，無補於身，徒事消耗，而壞之尤壞的事，乃爲食物本身與飲食環境對清潔衞生毫不注意，他說：「我巡遊數十食舖，竟無可下箸，最後要吃羅宋大菜，豈不痛心？」爲此之故，他便埋首寫「食經」，立志改革中國菜式與烹飪方法。他認爲中國的菜餚，但知重視美味，而置營養價值於不顧，尤其是魚翅海參之類，非但毫無營養，而且消化不易，有礙健康，可是這些東西却傳統地被人們奉爲珍饈。他之有意寫作「食經」，便是想把中國人對於飲食的舊觀念習慣打破，使他們對之有一種新的認識。這部「食經」，他寫了約一萬字左右，大部份是理論，有人認爲不切實際，要他具體說明實地舉例。張競生果然想出了許多新的菜式與烹飪方法，可是試驗之下，朋友們一致認爲失敗，博士沮喪之餘，也就擱筆不續，於是「食經」一書，也告流產。

以上所述，都是抗戰以前的事，八一三以後，我就和張競生沒有見過，只曉得他曾北飛平津，南至印度，遍遊國內外名山大川，生活思想是否因此而有何種轉變，不得而知。

絢爛之極歸於平淡

一九四九年，我去曼谷，知張競生先一年曾道經曼谷，前往印度，在暹京小住了一個時期。在此期間，張競生曾受曼谷某出入口公司主人招待，伴同遊覽各處名勝，據說他對於曼谷廟宇建築，極感興趣，事實上，那時他已從事研究農產種植，在潮汕與人合作種植蜜柑。曼谷華僑慕張競生之名，多欲一睹丰采，他就在東舞台作了一次公開演講，因爲他這時候已致力種植，所以演講的題目也是「改良種植」。他一向提倡人類優生之學，這「種植改良」無異就是「植物的優生學」。演講中對於潮州柑力加讚美，認爲質地甘美，祗要改良種植，必不讓美國加州的所謂「花旗橘子」專美於前。當時各報記者紛紛往訪，一時成爲新聞人物，有人以性學問題相詢，張競生笑着回答說：年紀已老，不願再談此事矣。印度歸來後，張競生仍回潮汕，從事改良農產工作，二十年來，不知所終。而當初介紹我與張競生相識的彭兆良先生，自八一三而後，也從未聽到過有關於他的任何消息。

葉德輝刊印素女經

葉德輝（一八六四—一九二七），世居長沙，精版本之學，藏書甚富。平日將所有藏書之善本，閉置書樓，不輕以示人，亦不肯出借，嘗書一字條貼於書櫥曰：「老婆不借書不借，」見者無不失笑。又題一箋於客廳曰：「鴉片不吃虧不吃，」亦屬妙語。

葉曾手輯「雙梅景闇叢書」，譚延闓爲題簽，其時在光緒三十三年丁未，談者謂其書有誨淫之謙，置之不顧，他算得是張競生的老前輩。先此數年，葉已將「素女經」、「玉房秘訣」、「洞玄子」、「天地陰陽交歡大樂賦」雕版，光緒三十四戊申，又刻「素女方」，合爲一冊，計「素女經」十五葉、「素女方」九葉、「玉房秘訣」十三葉、「洞玄子」九葉、「天地陰陽交歡大樂賦」九葉，由山陰魏貌公分別題寫書面，這在淸季末葉，不可謂非大胆之舉！

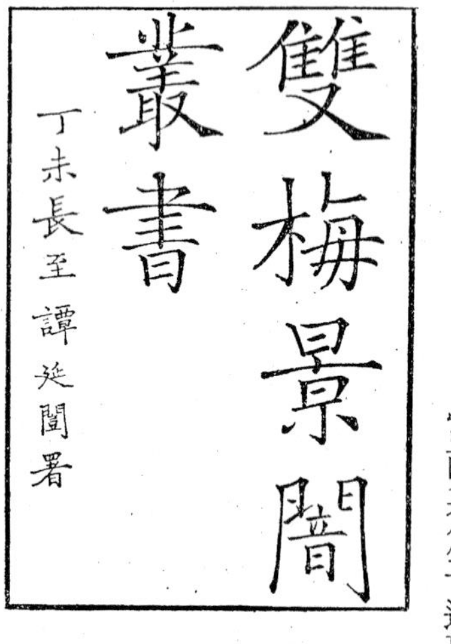

譚延闓為雙梅景闇叢書題簽

葉德輝筆下狂放，當他六十歲之年，曾自撰壽序，其起句曰：「天子不得而臣，國人皆曰可殺之葉德輝，今歲居然六十歲矣……」又：富商某爲子迎娶，出硃箋求葉書聯，葉不假思索，揮毫疾書曰：「痛不欲生，唯天可表；癢得要死，無地自容。」見者無不匿笑，在當時都被人目作爲驚世駭俗之舉。

葉德輝刊行的「素女經」等書，久已絕版，最近在港忽發現有影印本，一百餘頁，售價竟達港幣五十元，簡直貴得可以！

·屈補之·

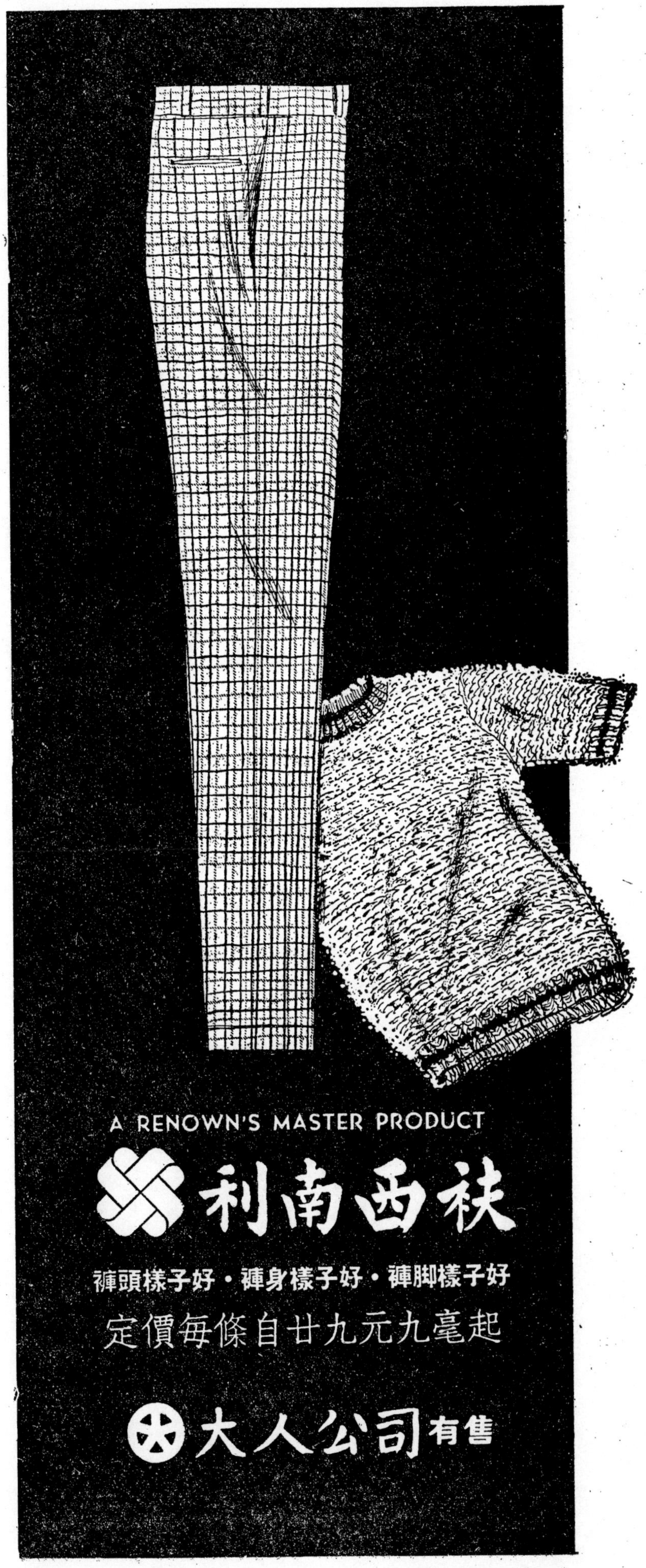
A RENOWN'S MASTER PRODUCT
利南西衭
褲頭樣子好・褲身樣子好・褲脚樣子好
定價每條自廿九元九毫起
大人公司有售

郁達夫王映霞協議書
王映霞的一封親筆信

·春水·

一九六九年，有一位德國人，譯名爲馬漢茂，在台灣發現了許多有關郁達夫的文件，是郁達夫的一位老友所收藏，被此人的女兒拿出來讓給馬漢茂的。馬漢茂回德國前，曾把這些信拍了照片，爲本刊駐台記者所得，這是在海外尚未發表過的文件，亟爲刊布，以嚮讀者。這些文件中，包括郁王的協議書，是用鋼筆寫的，王映霞寫給郁達夫的信，是用毛筆寫的，楚楚可誦，現在看來，也都成爲歷史陳跡了！

郁達夫王映霞的協議書是他們二人分而復合時所寫，時在民國廿七年七月九日，距今亦三十年以上了。

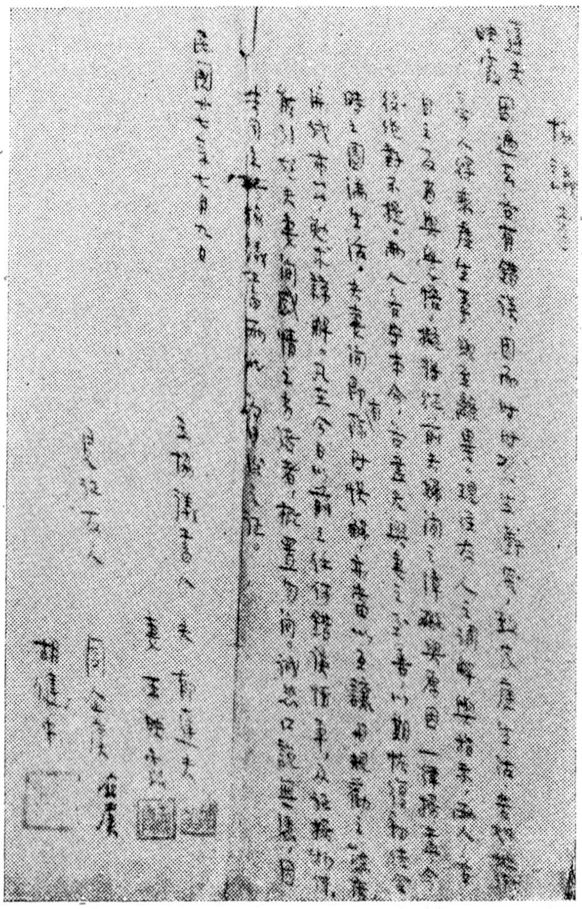

王映霞寫給郁達夫的一封親筆信全文

文：六日的快信反而到在七日所寄的以後，郵件之顛倒無常，這正象徵了我的命運，在十幾年前，我何曾會得遙想到有今日，有今日受着丈夫惡意的欺凌？這的確與懷瑜向我說的：『紅絲牽錯了，誤了前因。』一樣，倘若當初你與別人「結識」（原註）了，馬馬虎虎亦會得過半生，而我，又可以作一個很賢惠，很能幹的大家庭中的媳婦，讓翁姑喜歡，丈夫寵愛的和平空氣中以終其身。如今是一切都成過去，所有的希望，都只能希冀於來世，自古聰明人的遭遇偏不尋常，我又何能例外？徒靠你現在的每一次來信中都述說着「不願援用强權」是無益的，你的用不用强權，與需否用强權，這都已在過去的十年你的行爲中爲你証明，一個已婚的男子在第二次的結婚後，精神肉體可以再重返「故鄉」，在那初婚的少女尙且能寬宏大量，能以絕大的犧牲心在萬難中忍耐了過去，這才可以說並未「援用强權」，以奪取你的自尊心，但當初我的報復的心，每時每刻都在牢記着，從未因爲暫時的歡娛而衰落過，正與據你所說的你對我的愛一樣。現在只教你來信中一提及往事，那即刻就會使我把過去的仇恨一齊復燃起來，你若希望我不再回想你過去的罪惡時，只有你先向我一字不提，引導我向新的生命途中走，大家再重新的來生活下去，至於你的沒有愛過旁的女人和對我的愛從未衰落過的那些話，我讀了，只會感到你的罪深而刑罰太淺，這如病重而藥輕一樣的無濟於事。能不能使我把你的舊惡盡行忘去是在你，請你記住。近來雜誌讀得很多，很有些想寫文章寫自傳的衝動，但第一次的嚐試，似乎總不敢下手。匆匆復你六日的快信，孩子們我都照顧周到，無須你掛心。

映霞　十月十八午後

別人都會在文章稱贊自己的妻子、愛人，只有你，結婚後便無聲無息，就像世界上已經沒有了這個人一樣，做你的妻子，倒還不如做個被你朋友遺棄了的愛人來得值得，就如徐亦定一樣。

（原註）這兩字是照七日來信中所寫，你的用字也似欠妥當，我是上等人家的小姐，似與別人不可比也。你一開口便下流，難怪從前的人婚姻須門户相當！

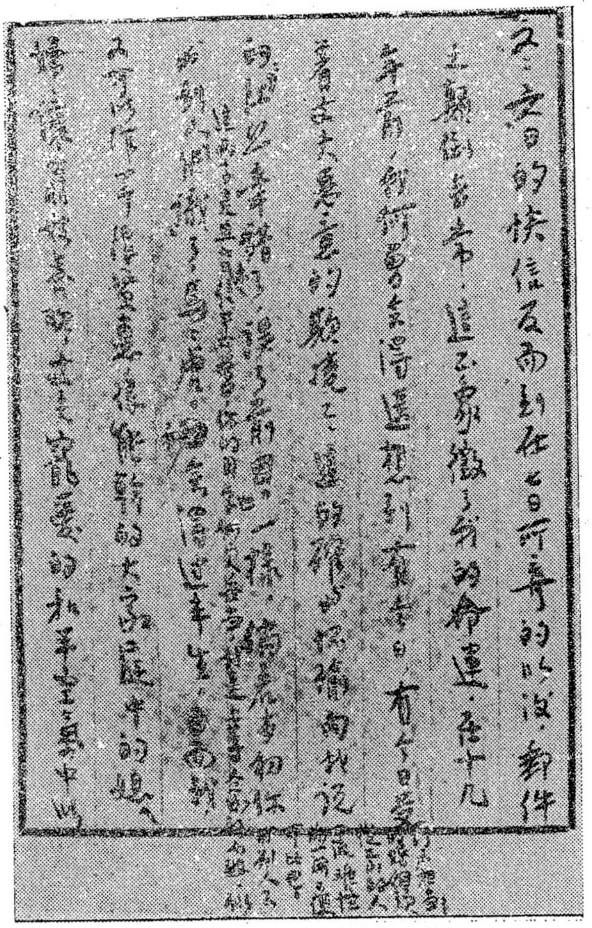

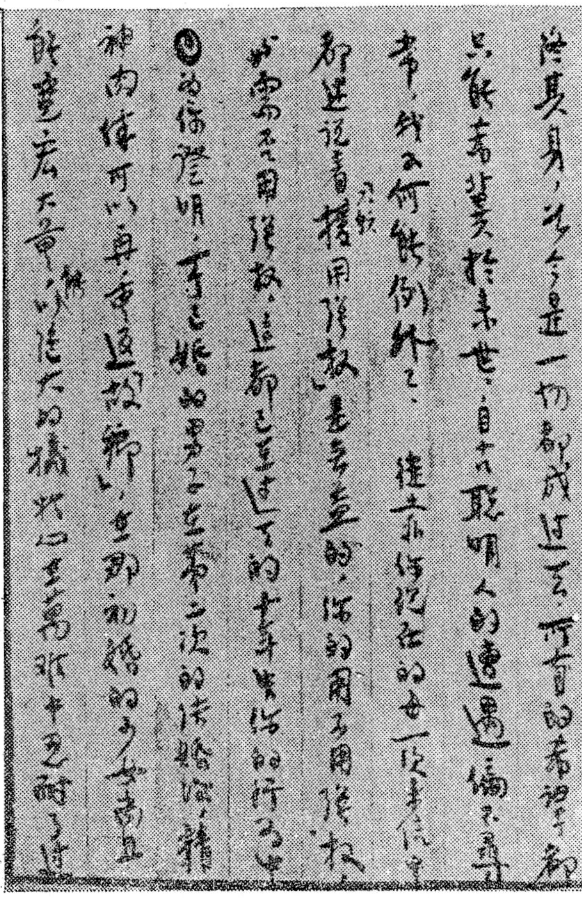

原信之二：

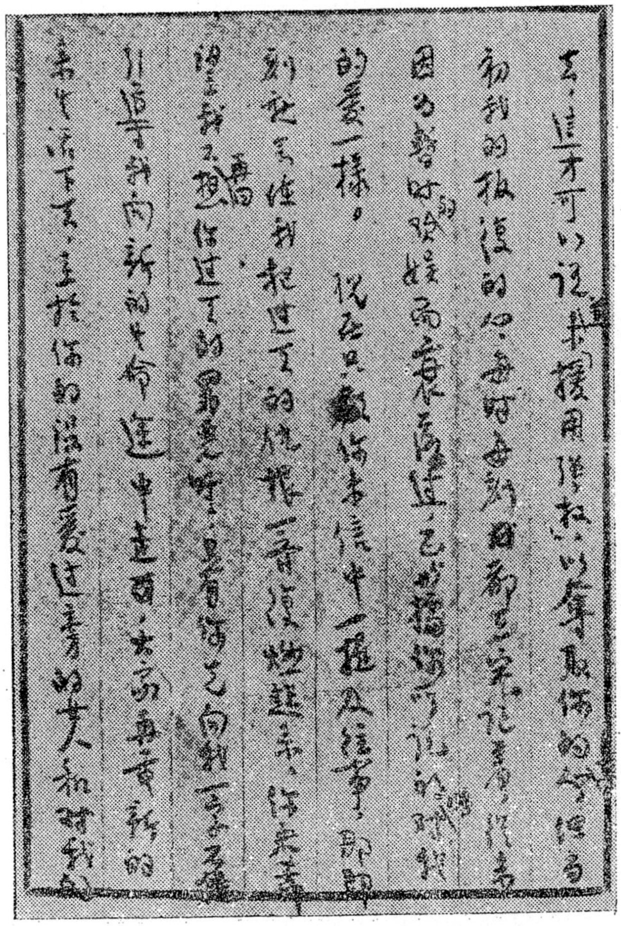

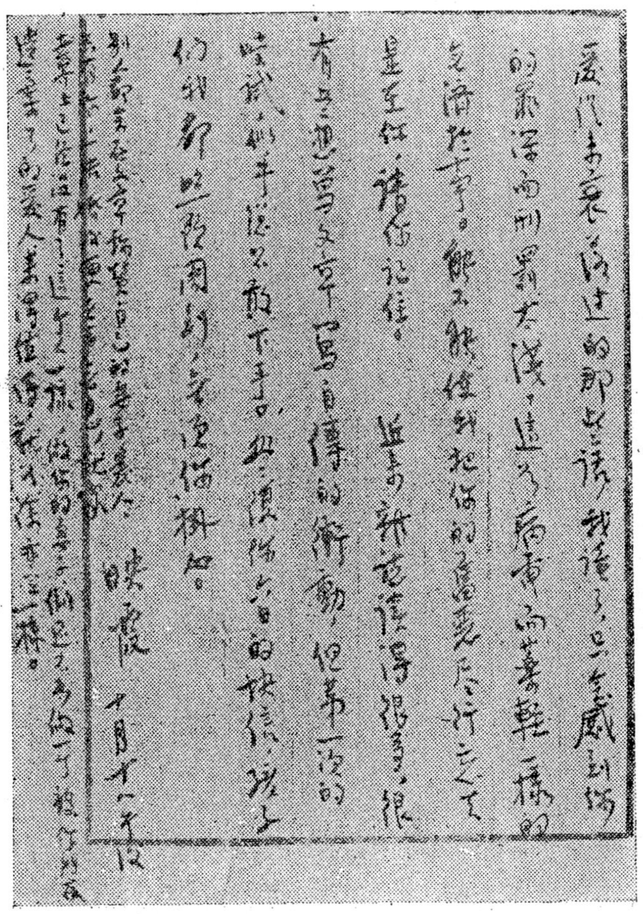

原信之四：

談鬼說怪

易君左

一顆奇蹟的紅印

我幼年隨父在廣東。那時正當淸末，我父任廣肇羅道，道台衙門在肇慶，即古端州，出產端硯的名地。

我在這道台衙門裏患過了一塲奇異的大病，纏綿牀褥一二月之久。最初發熱，後來發高熱，在病中，一會兒好像飄到了一處無邊無際的海岸，那裏有陽光萬道，彩虹千條，輝煌燦爛，目爲之眩；一會兒又好像攢入了一處陰沉黑暗的地獄，那裏有牛鬼蛇神，無常夜叉，森嚴恐怖，膽爲之碎。父母最愛我，日夜親自輪流照料，親戚友好，探望不絕，無奈藥石無靈，羣醫束手，全家憂慮焦急，無法可施，眼見一個活潑潑可愛的小生命已無法挽救了。

在一個深夜，我母坐在牀邊，暗暗流淚，忽然聽見我喊叫：「啊，我走了兩千里！」我一下站起來，直挺挺的，說完又躺下了。母親撫我的額，滿頭大汗淋漓，替我揩乾了汗，蓋好了被，，問我道：「口乾嗎？」毫無反應。一會兒，忽然又見我站起來，閉着眼亂嚷：「你不要抓錯了！不是我呀！」說完又躺下了。一會兒又站起來，又嚷，說的全是一些離奇古怪的話，絕對不像一個天眞的八九歲的小孩子能夠說得出來的。可憐慈母的心眞如萬箭穿胸，籠罩着悲傷和恐怖，又不敢放聲大哭，只好一邊暗暗拭淚，一邊用好言好語來安慰兒子，但仍然毫無反應。這樣殷切看護我將近天亮，侍婢們都睡了，父親偶爾來看看，只留下慈母一人寸步不移，也未合眼。忽然又見我的小手急促的伸出被窩，好像手中緊緊的握着一件什麽東西，對準着兩眉間的印堂深深的一蓋，大聲的喊道：「好，我蓋了印了，你們都滾開吧！」接着哈哈一頓大笑，便坐起來，睁開了眼，神志突然淸醒，大病完全若失，瞥見慈母在旁，便一下投入懷抱。母親一摸我的前額，熱已全退，喜極反而哭起來。我看見母親哭，我也哭。接着父親一行人都來了，攙我下牀，謝天謝地，謝祖宗保佑。爲我一人之病而擾到全家不安，我的小心靈受到無比的創痛。

奇蹟的是：第二天，父母忽然發現我的印堂上有一塊四四方方隱隱約約的紅印，都驚異的說：「這孩子怎麽搞的？爲什麽有這一方塊紅痕？來！摸摸你的頭。」一摸，並沒有一點熱。母親叫婢女端來一盆溫水，替我用肥皂洗，那印痕却越洗越紅。滿衙門的官員聽到這件奇聞都來向我父親道賀，說是蓋了方印的孩子將來一定做大官。于是我由童年而青年而壯年一直保持着這一塊小小奇蹟的紅印，直到如今的老年偶然對親友提及這事，親友們定神看我，雖然已不似原來的方形，紅也漸漸退了，但還是有些兒痕影。

可憐的蓋了印的小朋友，你的垂髫夢影已消失，你的青春氣息已渙散，你沒有做過「大官」，你沒有建立過大事業，你是這樣一個平凡的人，你的文章也值不了什麽錢，只有「大人」雜誌還喜歡你的一點稿子，你辜負了父母養育之恩，一直到老！

天堂上的怪現象

我青年時期肄業國立北京大學，初到北平住在一個親戚的龔家，看見了一次天空的奇景。那時報上大登着將有「五星聯珠」的出現天空。所謂「五星聯珠」是指金木水火土五大行星同時在天空出現而且排列在一條線上。若按古典及傳說，這是國家最祥瑞的象徵，千萬年難逢一次的。我和龔家親戚們靜靜的守到半夜，接近黎明，出院子向天空一望，果然發現五顆閃閃的巨星橫列一行，但每顆星的距離有遠有近，而光彩有明有暗，大約經過十幾分鐘便朦朧了。

我國古天文學以天上的星辰象徵地上的人物。所以，當嚴光的脚放在漢光武帝的腹上時，就有太史飛報：「客星犯帝座。」諸葛亮去世前夕，司馬懿在軍中遠遠望見一顆巨星墜隕于五丈原。大概古人以天象變化和人事變動有密切的關係，所以漢朝的劉舍罷相是由于日蝕，而日蝕是一種最不祥的天象，危及天子，應該由宰相負責。春秋時宋國的隕石，實際上是流星的墜落，還勞孔夫子的微言大義，大書特書。我國這種傳統的看法，雖在科學極端發達的今天，還是一直深入人心，沒有什麽多大的改變。

我青年時在北平，先後親眼看到天空三次稀奇的現象。除在龔家所見的五星聯珠外，又一次在爛麪胡同的家裏，一天中午，看見天上一輪紅日，包圍着一層一層的彩環，約莫有十幾層之多，那彩環是五顏六色的絢麗，金光照耀，看得眼花。後來我去問父親：「這是什麽現象？」父親親：「這就叫做『彩虹環日』，主國家大慶！」

我當時不明白這個道理，一直到很遠的後來抗戰期間，我遊峨眉山，登絕頂的金頂，看見了所謂「佛光」的奇景，然後知道這不過是一種光線反射作用，沒有什麽稀奇，但確實好看，很難看到這種美麗的天象。

看「五星聯珠」和「彩虹環日」兩次天空的

奇景都在民國初年，却不要忽視它，因爲它影響了當時的政局。這兩種天空的奇景在我國古老的傳說上是大吉大利的國家祥瑞，因此刺激了袁世凱稱帝的野心，籌安會出現了。故都的捧袁報紙，特別是亞細亞報便把這兩件奇事渲染得如花似錦，歌功頌德，好像袁世凱就是當前唯一眞命天子，中國救星，而權奸弄臣們更引經據典附和纖緯之說，大大吹噓一番，一般老百姓也被他們愚弄得頭昏腦脹，莫名其妙，甚至有人以爲堯舜禹湯文武再降世了。但當我第三次看到天空異象時，輿論和民心却有了不同的轉變，至少懷疑起來，那是距離前兩次異象不過幾月間的故事。不單我一家，住在北平的人多數看見過。一個夜間，忽然天上從南方攢出一顆較小而光芒的星，緊緊的追着前面一顆較大而並不太光亮的星，向北方疾馳，速度非常大，有如今日之火箭，越追越近，看得清清楚楚，追到上空頂點時，那顆大星陡然下落，像鎂光一閃而散，那顆小星也忽然不見了。

這是什麼異象呢？當時不知道。袁氏帝制失敗後，才有人證實：原來那顆大星就是袁世凱，小星就是蔡鍔，小星追大星象徵雲南起義。帝制失敗，袁世凱氣死了；雲南起義成功，蔡鍔也死了。這雖是一種附會之說，但從天心反映到民心，也不是沒有一點道理。我還記得我的師兄游允白在當時有一聯傳誦的詩鐘，爲袁世凱、蔡的分詠格：「洪憲元年唯二月，將軍一飯已三遺。」下句用廉頗一飯三遺的故事。袁世凱做皇帝眞比大糞還臭！

大家都取下頭來

北平的龔家親戚曾經向我講一段鬼的故事，是他親身經歷，使我聽得毛骨悚然。

在他青年時，離開湖南的老家出門，投宿湘西偏遠地方一個村子裏。門前古木數株，入門見燈燭輝煌，賀客盈門。主人見他衣冠齊整，一表人材，殷勤招待。主人並說：所娶新婦，因路程遙遠，恐須明晨才能趕到，自己要照料親友賓客，別無餘室，暫請他住新房一夜，他堅謝未獲，又因長途困頓，只好答應。睡到深晚，忽然聽見房門微響，却見一個鳳冠霞帔的艷妝女子幽幽進來，那女子目無他顧，坐在妝台前，在黯淡燈光下，開始梳頭。他既驚且異，心想：這一定是新娘來了，爲何不見主人的新郎同入？正待起身，又有些害怕。于是悄悄的再窺：那女子秀髮如雲，愈梳愈亂，索性把頭拿下來，狂梳不已。這時他嚇得全身抖擻，一鼓作氣跳下牀，開門急奔，穿過前廳，見有兩桌客人正玩「跑胡子」（湖南紙牌），一齊起身攔住他，問何故奔出？他戰戰兢兢的告以所見，那八個人齊聲大笑道：「這有什麼稀奇？眞是大驚小怪！」說罷，八個人一齊取下頭來！嚇得他抱頭亂竄，天明到另一村落，邀同鄉人往原村察看，但見古木四周，一片荒墳而已。

我在長沙明德中學讀書期間，和我的堂侄同學，住在一間寢室。一晚，只有我們兩叔侄留在寢室。那是一個深秋之夜，窗外寒風颼颼，飄着落葉的微響。我們正讀書，燈光黯淡。我忽然發現侄兒面色慘白，目光呆定，以爲是急病，推他也不動，一刻兒他好像從夢中驚醒，戰兢兢的說：「二叔！有……有鬼！」我問：你眞的看見了嗎？怎麼我沒有看見？」侄兒說：「一個披頭散髮的可怕的幽影兀立在窗前向我獰笑。」我少年膽壯，笑着說：「你不要胡思亂想！」話還未說完，只見侄兒又一下站起來，向房外急奔，我去追他，他滿頭大汗的說：「那個鬼又來了！」我知道這個侄兒是一個最誠實的人，不會無中生有講假話來嚇我的，于是盡量安慰他。不久，他大病了一場。如今，我的侄兒死去多年了。許多朋友都說我火燄高，我不怕鬼，鬼怕我，所以一直活到現在；而且，我的印堂從小就已蓋了「印」，還怕什麼？

我雖然自己沒有親眼看到鬼，但在親戚朋友中常常說到鬼的故事，而且有些人自以爲看到眞鬼。因此，我對于「鬼學」發生研究的興趣。在讀大學的時期，曾細讀龍布盧梭的犯罪學，研究那些死鬼的形像。西方所謂「心靈學」那些書籍，也曾博覽。北平幾處有名的「鬼屋」，也曾實地勘察並大膽試驗，却一無所獲。又常常約些同學討論與鬼有關的一切問題。但是這種興趣漸漸減退了，原因是我個人始終沒有見過眞鬼，尤其沒有遇着艷鬼。我所見到和遇到的都是一些假鬼和醜鬼，那全是人扮成的，不值得研究。吳沃堯在所著「二十年目睹之怪現狀」中說他在社會裏所見到的只有三種東西：第一種是蛇蟲鼠蟻，第二種是豺狼虎豹，第三種是魑魅魍魎，他連一個「人」都沒看見，慨乎其言之矣！

我家所居北平爛麵胡同一帶也常鬧着鬼話。爛麵胡同有一間兩湖會館，據說就是鬼屋。連北平花街柳巷的八大胡同也鬧鬼，有兩幢著名的鬼屋。因此尋花問柳的公子哥兒們有些戒備，影響皮肉生涯。記得一次我隨父親乘馬車到宣武門外的江西會館，行到中途，父親叫馬車夫停車，我以爲車子出了什麼毛病，誰知父親指點我的是另外一件事：原來停車的地方就是戊戌政變失敗時譚嗣同被砍頭的刑場。父親不大向兒子們露笑容，但是這一次微笑了，說：「譚嗣同轟轟升天之日，即你呱呱墮地之時。」我聽了心裏一緊。後來我還聽見一種傳說：政變六君子被殺後，行刑的附近都鬧着「鬼災」，大概是寃魂不散。鬼也有災，我第一次在故都聽到。

看見了老狐狸精

近年我在香港聽到了一些鬼的故事。首先是兩位大家比較熟悉的朋友：一位是名小說家黃天石（傑克）先生，一位是名詩人鄭天健（水心）先生，他們兩人就確確實實的看見過鬼，不信可以就近問他們。

黃天石先生看見的是一個女鬼。有一年他在廣州教書，上下午一課時，剛要進教室，看見他的一個同事經過教室門口，後面跟着一個女人。三人相距都極近，不過幾尺吧。他便和那個同事談了幾句話，同時注意那個女人，爲什麽在冬天穿着一件白衣？而臉上的黃蠟般的顏色實在有點可怕，愁眉不展的低着頭。他心裏想：大概是這位同事的太太吧？或者是女友？那同事既沒有對他介紹，自然也就不便去問。他又看見那女人仍然跟着那同事入了另一間房，清清楚楚的。他在下課後，走進那一個房裏，只見那個同事正在伏案工作着，却並不見有什麽女人影子。這就奇了！他忍不住的去問那個同事並且說明他所看見的情形。他很鎭定，却把那個同事嚇得魂不附體，衝出房門飛跑。事後證實：他那個同事並無太太也無女友，但在幾年前有一女同志，曾被其遺棄而自殺，面目身裁的輪廓，就和天石先生所見的一模一樣。天石先生曾對我說：「這一次我眞是白晝見鬼了！」

鄭水心先生往年投宿廣東某縣的一家旅館裏，天熱苦蚊，華燈初上，就躺在帳子裏看書消遣，忽然見一個青年男子在他的前面突然出現，從牀上站起來，穿着一身白衣，五粒黑扣，絲毫不爽。他也就一躍而起，掀開帳子，下牀安坐，定住精神，默察有無異動，却沒有什麽；上街遊玩一番後，行若無事，仍回旅館。夜十一時剛上牀，那個穿白衣有五粒黑扣的男子又在帳內現形了，而且把他按住，在腰間亂搓亂掐，又癢又痛，想喊而又喊不出聲，力圖掙扎而逃不脫。這樣糾纏了許久，精疲力竭，昏昏入夢。第二天醒來，檢查腰際，發現皮膚上有三個指爪印痕，黝黑如漆，用肥皂水淨洗，毫無效用。一直到了廣州，這三塊黑疤，仍然存在，無論如何洗不乾淨，隔了好幾個月，才漸漸消散了。

天石兄是白天見鬼，見的是女鬼；水心兄是晚上見鬼，見的是男鬼：但都是見着鬼。還有一位親眼看見老狐狸精的星系報業公司秘書長名書家的賈訥夫先生，告訴我以所見的情形，不信也可以就近問他。

大陸未淪陷前，訥夫兄在廣州一個體育協會的園林裏，兩次在月下，看見一個老頭子安閒的坐在那裏吸旱烟。最初他以爲是體育協會的老師，道貌岸然，一部好白鬍子。後來打聽協會的教師和職工中並無有白鬍子的人，也無吸旱烟的人，這才開始懷疑。協會裏有個打金彈的聖手，就請訥夫先生做嚮導，潛伏林間，可是等了幾晚，不見形影。最後一晚，果然又發現那老頭兒，仍然坐在原地方，悠悠的仲着一根長烟管，掀鬚而吸。那位金彈聖手，砰的一彈打去，颼的一聲，但見樹靜風寧，月明如故，但一剎那間已不見那老人了。訥夫兄曾笑對我說：他所見到的是一隻老狐狸精，隨時可變成女妖來迷人的，幸而他沒被迷住。

如今黃、鄭、賈三位先生仍然住在香港，可以覆按。旁人的話不一定可信，他們所親眼見到的鬼與狐，不會是憑空製造的。若說是一時的幻覺，那有這般眞眞實實清清楚楚。而今天却是科學的世紀，談鬼說狐，我無意替迷信辯護。但科學又還不能替我們解答這個疑惑，這些疑惑一日不除，奇怪詭譎，神秘靈異，仍然會方興未艾，層出不窮。例如近年在香港盛行的扶乩，在我的朋友中有一位力主科學萬能的美國數學博士力圖從科學上去駁斥，但那些存在着疑惑因素的人們，總還是覺得只有呂純陽、木道人、黃大仙，可問天下國家休咎，而這位主張科學萬能的博士，充其量不過會寫幾個方程式而已。

眞假女鬼搞不清

一次我們在名攝影家高嶺梅先生的九龍家裏春宴，有國畫大師張大千先生和名劇作家姚克（莘農）先生諸友在座，也談到鬼的問題。座中有位朋友問：「我們在座諸人中眞正親自看見過鬼的，有沒有？」于是嶺梅兄說出他曾被人請去替呂純陽攝影的笑話。莘農兄忽然接着說：「我確實看見過鬼的，而且是一個漂亮的女鬼。」大家便聚精會神的靜聽。據姚克先生說：幾年前，他從上海逃難初到香港，住在都爹利街一所舊大樓裏。這所舊樓的主人是李祖永先生，可是當時祖永先生不住在那裏，他的弟弟李祖發先生替他管家。姚莘農住的一間，前面隔着一間大客廳，客廳前一條甬道，甬道旁即盥洗室，李祖發則住在盥洗室隔壁的一大間。那是一個白晝的下午，並非深夜。莘農從外面回來，坐在房間休息，面對客廳，可以望到盥洗室。忽然看見盥洗室內出現一個女人的背影，穿着很漂亮的睡衣，雲鬢蓬鬆，從鏡子裏反映出來的花容，依約可辨。這年青的女人像是正在梳洗，但始終未轉過頭來。莘農知道這座樓房內沒有女人居住的，也許這女子是李祖發的親屬，甚至疑心是他的情侶而來訪李祖發的，因此最初並未懷疑。可是一會兒，就在莘農注視的中間，那女人忽然不見了，也並沒有看見她走出盥洗室，竟像銀幕上的影像變幻得那樣神速。這才使莘農頓時奇異起來，起身去找李祖發，而李祖發正躺在牀上看報，聽到莘農所告訴他的話，也覺得非常奇怪，全樓空空，那裏會有女人呢？這分明是白天見鬼了。李祖發告訴姚莘農：這所房子過去確死了一個女子，是病死的，是他的朋友的一位如夫人，和姚莘農所見的高度和身裁等十分符合。莘農就在那次見鬼以後，不敢再叨擾，趕快搬出來了。

然後大家問張大千先生：「你的經驗豐富，也見過女鬼嗎？」大千兄一笑說：「我倒沒有瞻仰過，可是我的朋友謝稚柳……」說到這裏對我說：「君左兄：你不是和他也很熟悉嗎？」然後再轉向大家說：「謝稚柳就見過一次女鬼。」大千先生一下站起，繪聲繪影的講出來，我們的神經隨着他的音調姿態逐漸的緊張，達到了高潮。謝稚柳是上海的名畫家，與張大千、吳湖帆，一

班大畫家齊名。原來謝稚柳在中大教書的時候，住在教職員宿舍一排房子裏，前面是一塊空坪，有些樹木掩翳。一天月夜，謝稚柳悶在房裏不舒服，便出來散步，走近疎林，突然從林中奔出一個披髮的女鬼，謝稚柳驚極，轉身跑回，那女鬼緊跟後面，一路狂奔，而且居然喊着：「謝先生，你救救我吧！」這一來，使稚柳不僅驚慌到極點，而且也弄不懂，那裏來的這個冤魂？一聲不響，急急前奔，却被披髮的女鬼搶前一步，跑到那排房子前面，首先把謝稚柳的房門一下關住，下了鎖，隨即將那排房門一一下鎖，行動非常敏捷。謝稚柳那裏還敢望女鬼一眼呢？即令望望，在曚矓的月光下也看不清楚，想竄入房內，門已鎖住；就在女鬼分鎖各人房門的一會兒間，狂奔亂喊，喊也喊不出聲來，而女鬼也就在這時消滅于無形。謝稚柳好不容易找到一名校役，還以爲又碰到一名男鬼，定神一看，知是校役，這才喘過氣來，把情形告訴校役，一時哄動全校，僱來銅匠，將所有被鎖的房門一一打開，那些被鎖在房內的同事，還以爲謝教授大發神經病呢。

大千兄說到這裏，噗的一笑，說：「原來那個女鬼並不是鬼，是一個患神經病的女子。她本來是中大女生，被某教授愛上，但確不是謝稚柳，由于始亂終棄，使這女生失戀而瘋狂，眞是非常可憐！一個患神經病的人，自然語無倫次，顚顚倒倒的，謝稚柳却爲之受驚不小！莘農兄看見的恐怕也是這一類吧？哈哈哈！」

謝稚柳被假女鬼嚇了一陣，我們都被張大千騙了一陣。看大千指手劃腳形容那個女鬼時，我們不但替謝稚柳捏一把大汗，而且大家都毛骨悚然，就彷彿那個女鬼也奔到我們前面。這是一個春寒之夜，瓶頭插了兩三枝梅花。客廳的燈光暗淡，有些冷風從窗隙穿來，狼籍的杯盤還散佈案上，冷冷清清的氣氛，疎疎落落的鬼話，幸虧張大鬍子幾個大哈哈衝破了滿堂的岑寂，這才一哄而散。

大人一笑

譚延闓量能容人

譚延闓五十生日，同鄉張冥飛在報端爲文詆之曰：「茶陵譚生，五十之年，吃紹興酒，打太極拳，立德立功，一無闇焉。養尊處優，無所事事，做一生馮道之官，寫幾筆嚴嵩之字；……」譚爲行政院長，張潦倒之餘，向譚上書告貸，譚在原函信封批「招宴晤談」四字，左右均以爲不可，譚不之理。及見面後，譚與親切握手，飯後，並聘張爲行政院諮議，月薪二百元，並告之曰：「希望你以後生活安定，多修養，寫文章從大處落墨，以期裨益於國計民生，成爲國家有用之才，爲湖南人增光。」張冥飛慚惶不已，足見譚延闓有容人之量，所謂「宰相肚裏好撐船」也。

吳昌碩半夜敲詩

吳昌碩一度卜居滬南之升吉里，與海上漱石生孫玉聲爲近鄰，常於午夜叩孫氏之門。其時僮僕入睡，乃促孫起床，助其賡茗談詩。一夕，吳又得句曰：「繞腳黃塵拂面紗，更無隙地草萌芽」之句。蓋爲租界馬路風景詠也。孫嘆爲筆力雄渾，謂此十四字，竟將租界馬路風景描寫盡矣。某次，吳昌碩家中失竊，衣服貲財，損失不貲，僕以告吳，吳亟披衣起，如甚惶急者，既檢得其詩稿未失，乃怡然自若。孫曾評吳曰：「人好於詩，詩好於字，字好於畫，」吳聞之亦不以爲忤。

陳方要打張大千

陳芷町名方，江西名士，擅畫竹，嗜飲酒，當仁不讓，在台灣時，與馬壽華、鄭曼青、高逸鴻等稱畫中七友。旅居香港時，寓禮頓道，與張大千過從甚密。一日，忽聞人言，某畫家之畫好過張大千，陳以面質大千曰：「人云某人之畫好過君，有是耶？」大千徐曰：「某人之畫，誠好過我！」陳方忿極，拍案而起，並曰：「大千，你不說老實話，我要打你！」一九六二年九月陳卒於台灣，此景此情猶歷歷在目。大千居士定本年四月十四日起在本港大會堂開畫展，展出者泰半爲近年新作，他自一九六六年在香港開畫展後，已五年未在香港展畫，此次附展集石門頌對聯。本刊下期有張目寒先生撰：「大千居士近作題跋，」先爲預告。

齊白石趣味無窮

當代名畫家之中，以齊白石、徐悲鴻、溥心畬及將在港開畫展的張大千四位之畫，最多贋鼎。他們的畫，自然因爲畫得好，名望大，才會有人去假他們。齊白石生前對于有人假冒他的畫，痛心疾首，曾經將「名之所至，謗亦隨之」的那句成語，改一字爲「名之所至，『假』亦隨之。」當時傳遍華北藝壇。

台北有家某某堂的書畫舖，他們揚言有齊白石從七十歲到九十七歲晚年的眞蹟全套二十八張，每幅都署明白石老人作畫的年齡，自「七十歲作」至「九十七歲作」，一張不缺，見台灣書畫評論家羊汝德所撰「漫談假畫」。此事不但可笑，亦富趣味！與「大人」本期封面，白石老人根據八大山人稿本所寫之趣味圖，同樣趣味無窮云。

·下官·

元代的山水畫派

陳定山

與其說宋代畫爲中國美術本位的重心，毋寧說元代畫爲中華民族精神寄托的中心。因爲自宋畫開始，雖已脫離了院體而極力提倡了文人作風，但百分之九十的畫家，不是出身畫院，便是頭戴紗帽的士大夫。畫的本身價値，成爲一種給人欣賞的東西，甚至於變作一種獵取富貴的捷徑。唯有元代畫家，則大部分爲宋室的遺逸，他們立志不與異族合作，而隱藏不仕，但又不能沒有一種掩護方法，來遮蔽異族的眼光，於是遁跡空門有之，交游市井者有之，而大部分的有志之士，則隱身於畫。我給他題上一個名稱爲「隱士派」。隱士畫，纔是眞正的元人畫，也就是中華民族的精神寄托所在，它永遠不和異族合作。

同時也有一部份畫家，投身異族，薰心名利，獻媚求榮，我們無以名之，則稱他爲「妥協派」。這兩個畫派在元代是對壘的，永遠不合作的。妥協派的領袖是趙孟頫，他以宋室王孫，廿八歲就投降了元朝。論他的畫學工能允推爲宋末元初一代領袖。他的畫風，直接學董源「龍宿郊民圖」一派，精工妍麗，上追唐、宋，崇眞理而兼求神韻。元季四大家如：黃公望、倪瓚、王蒙三家，即出其門，但他們都不與趙氏合作。他們用巨然的遺法，各自發展他們的天才，以與趙氏對抗。他們的思想是放縱的，無拘束的，筆墨由繁重而趨於簡逸，少用絹素而多用紙楮，以肆志於乾筆皴擦而脫略了刻劃的痕跡。重氣韻而不重形似，於是畫風大異，不但歷史故實，宗教禮法，懶得描寫，甚至田園舟車，也摒而不爲。他們只寫一種蒼蒼涼涼，荒荒疎疎的大地山河，而把趙派的那種臺閣人物合併的工緻山水，看得一文不値，這就是元代在野的隱士派和在朝的妥協派一點分別。

元四家中，王蒙是趙氏的外甥，他的畫尙不能十分脫離乃舅的作風。所以倪瓚就看他不起，自題畫云：「非王蒙輩所能夢見。」盛懋是趙孟頫的得意弟子，求畫者門前車馬盈門，對門住着元四家之一的吳鎭，却窮得買米的錢也沒有，他的妻子勸他何不也參加一點兒趙氏的畫法，他笑着說：「百年後只有梅道人（吳鎭自號），那還有水晶宮道士（趙孟頫自號）呢？」果然，趙氏當時雖爲館閣領袖，而至今稱元畫代表的，必曰：「黃、王、倪、吳。」從這裏便充分看見了兩派的澈底不合作，而民族精神却從此建立了，所以元代畫，纔是中國的國魂。宋元畫的分野，有如涇渭之不同流，而一般近代畫家，輒卑近代，高舉宋元。不知宋自宋，元自元。以工力勝當宗宋，以意趣勝當宗元。而宗宋者每批評元畫近乎偸懶取巧，尊元者又評宋畫刻劃匠氣，皆非持平之論。

元代享年最爲短促，自公元一二八〇年至一三六七年，共八十八年，並南宋時代的十六年計入，亦祇得一百〇四年。但以畫名家而可以考見者，約四百二十餘人，茲擇取山水門主要作家如左：

趙孟頫　字子昂，號松雪道人，又號水晶宮道士，湖州人，宋宗室。入元官至翰林學士承旨，封魏國公，謚文敏。以書名天下，釋像、人物、山水、花鳥無不精能，董源以後，一人而已。又精畫馬，嘗自題云：「我自幼好畫馬，自謂頗近物性。」郭佑之詩云：「世上但解此龍眠，那知已出曹、韓上。」子雍，字仲雍，山水竹石，不減父風。

盛懋　字子昭，山水人物師趙孟頫。名重當時，求畫者車馬盈門，時號「畫中熱客」。

黃公望　本姓陸，名靜堅，出嗣永嘉黃氏，字子久，常熟人。山水師董、巨，晚年自成一家。又號大癡學人。其畫見於世者，皆在七十以外。居富春江，領畧江山勝景，後家虞山，號一峯。其設色，淺絳爲多。山多礬頭，重巒叠嶂，變化萬千，實爲元四家之冠。晚年隱去，或云於武林虎跑石上仙去云。

吳鎭　字仲圭，號梅花道人。山水專師巨然，墨竹合李息齋、趙子昂爲一家，俱臻化境。與盛子昭比門而居，求子昭畫者甚衆；而仲圭之門闃然，妻頗笑之，仲圭曰：「二十年後不復爾」，其後果然。至元庚辰卒，年七十五。

倪瓚　字元鎭，署名東海瓚，或曰嬾瓚，變姓名曰奚元朗、郜元瑛曰幼霞、荆蠻民、淨名居士、朱陽館主、蕭閒仙、雲林子。無錫人，山水不着色，得法於荆關、巨然、營邱，而平遠簡淡，不着人物；天眞高曠，古今一人而已。洪武甲寅卒，年七十四。

王蒙　字叔明，善爲丘壑，變巨然披蔴皴爲牛毛皴，變化多至數十種，無不精妙。倪瓚題其畫云：「五百年來無此君。」洪武中，下獄死。

（以上爲元四家正宗）

徐賁　字幼文，長洲人，號北郭生，畫法子久。洪武中徵起，累官河南布政司，永樂元年卒。

陸廣　字季弘，號天游生，畫仿王蒙，落筆蒼古。善寫樹枝，有鸞舞蛇驚之妙。

（以上由元四家發軔，互爲師友。）

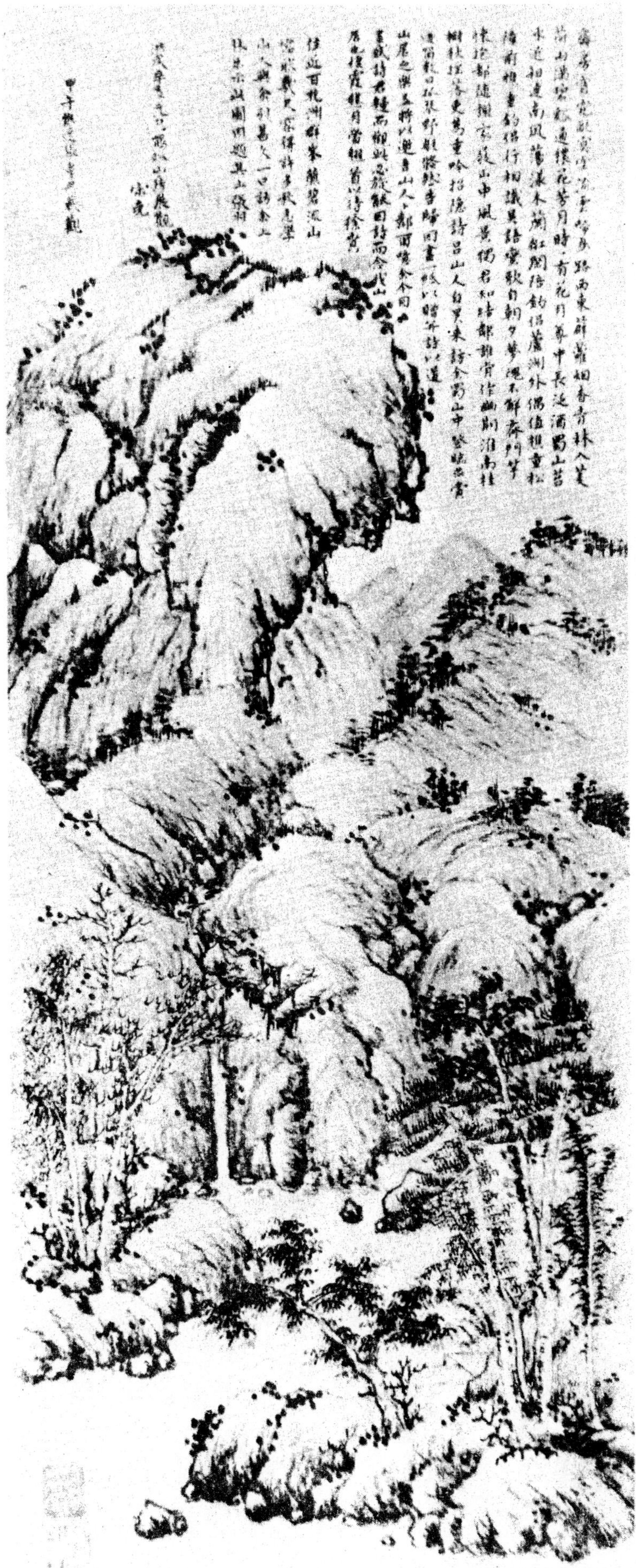

山居圖　徐賁畫　現藏台灣故宮博物院

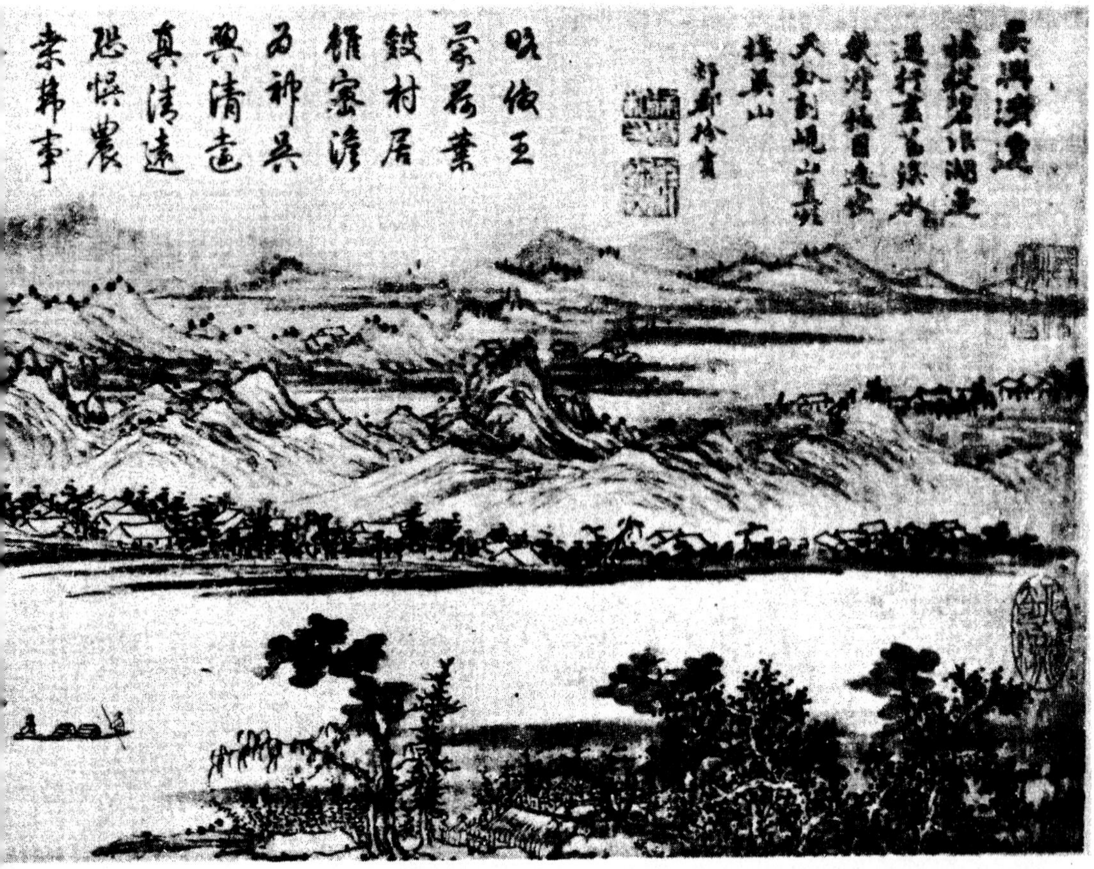

吳興清遠圖　徐賁畫　陳仁濤舊藏(上)

吳興清遠圖　徐賁畫　陳仁濤舊藏(下)

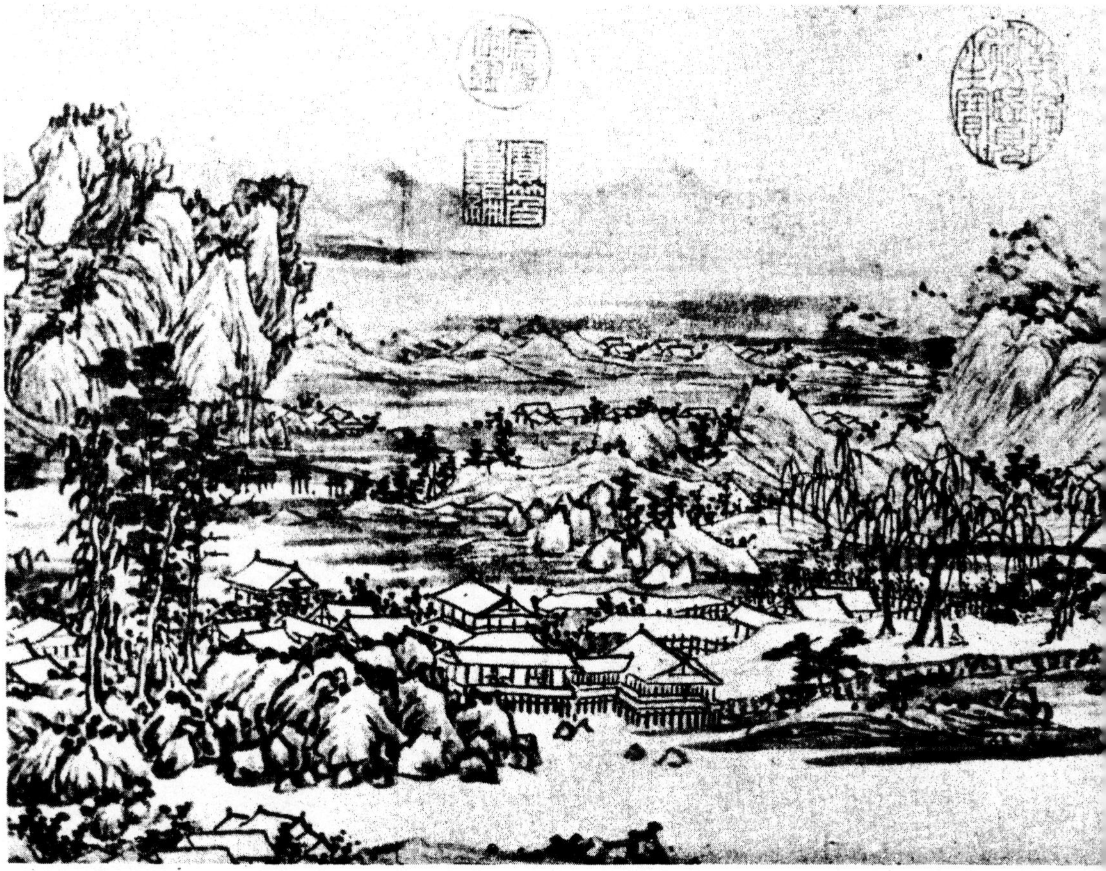

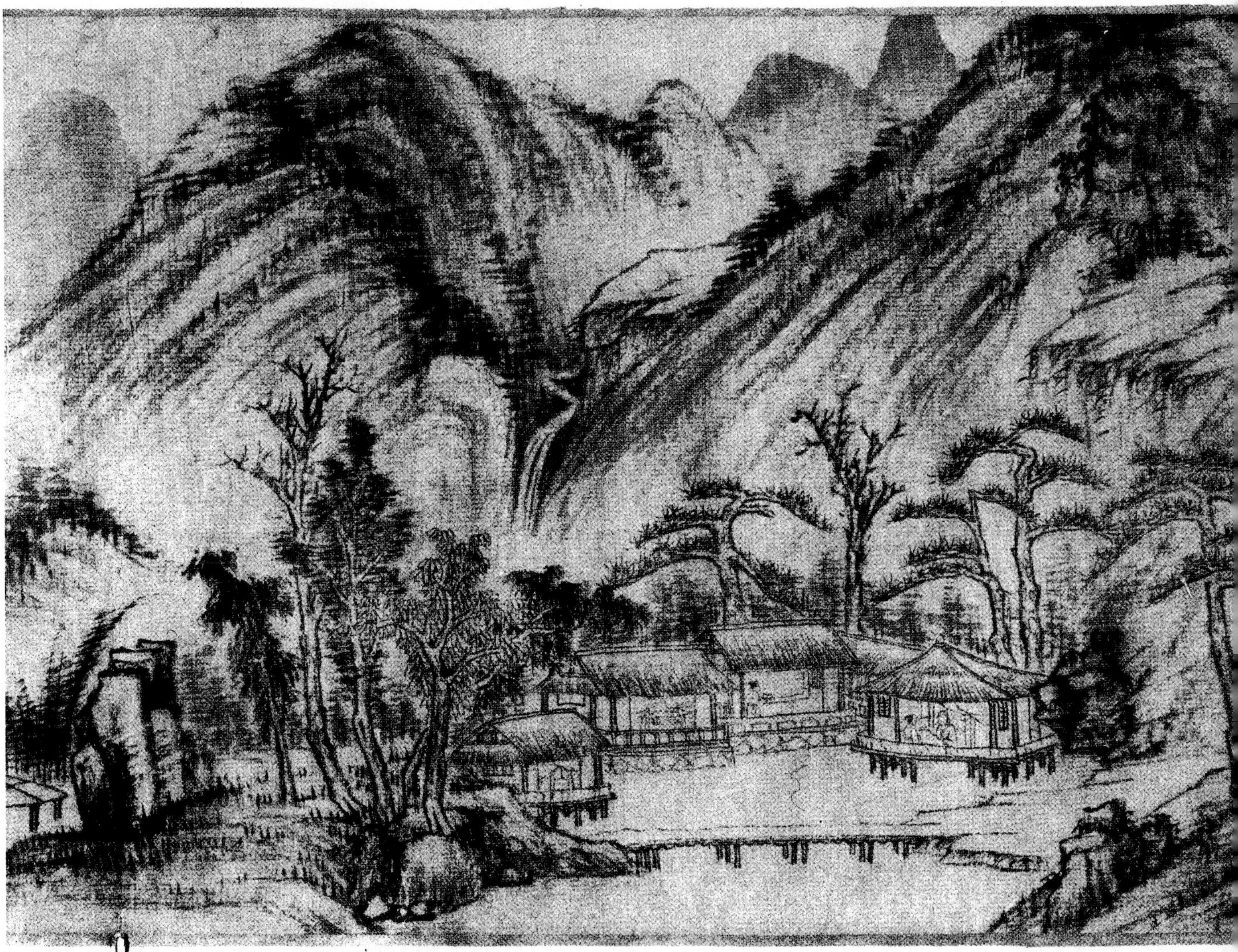

蓮花峰圖卷　明　徐賁畫

藏齋定　畫貴

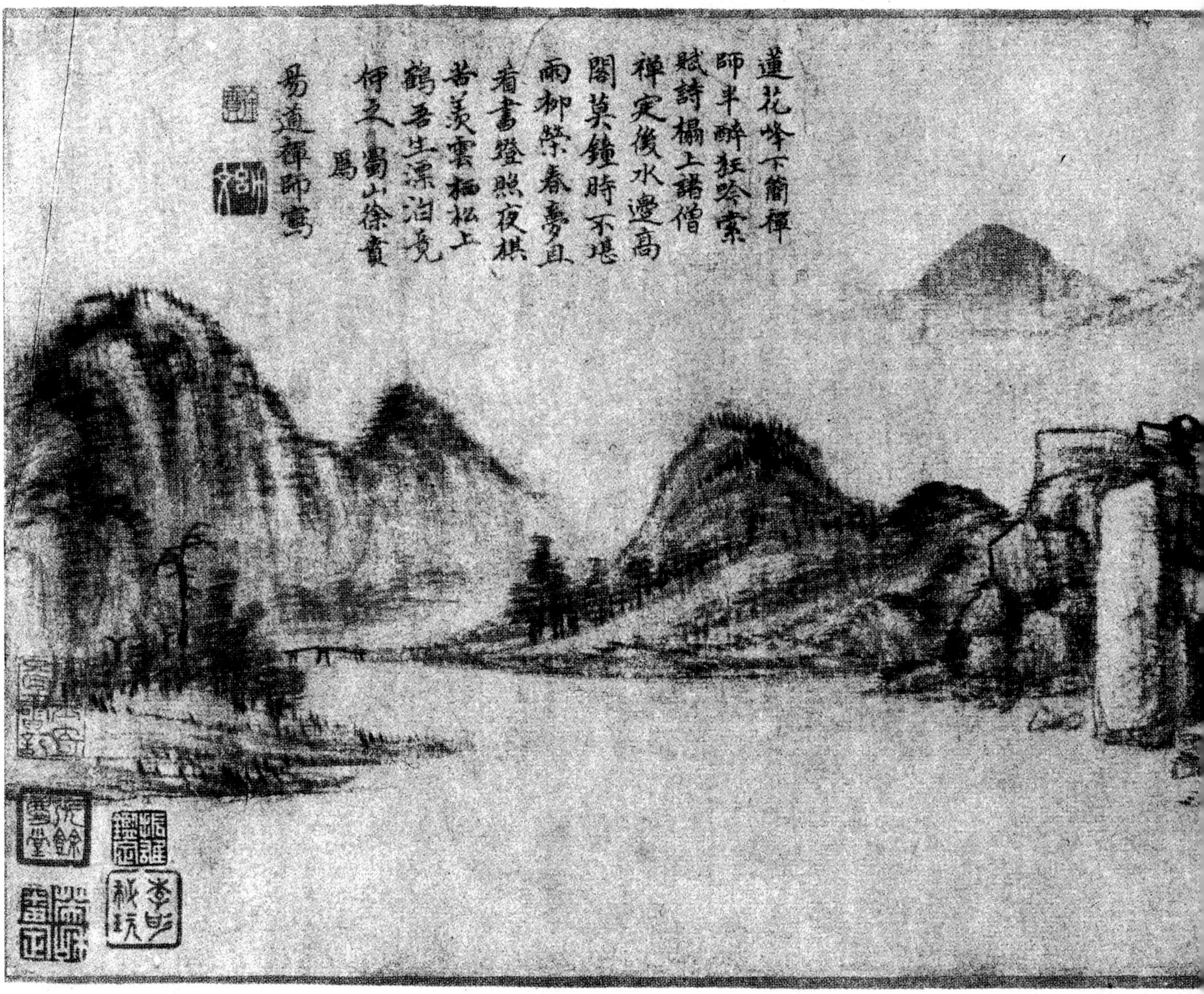
蓮花峯下窗禪
師半醉狂吟索
賦詩榻上諸僧
禪定後水邊高
閣莫鐘時不堪
雨柳榮春夢且
看書燈照夜棋
昔羨雲栖松上
鶴吾生漂泊竟
何之蜀山徐賁
爲
易道禪師寫

秋林草亭圖　徐賁畫　現藏上海博物館

徐幼文畫蓮花峯圖卷

道載文

名畫家黃賓虹在他所著的「古畫微」一書中說：「古人作畫，皆有深意，運思落筆，莫不各有所主。」又在論元四家的寫意畫篇中說：「四家而外，徐賁字幼文，畫亦出自董源，大抵與杜東園、謝葵邱、王孟端諸公氣味相類，蓋元人之遺風也。」

所謂元人遺風，即是陳定山先生文中所指的隱士派，以繪畫作爲生活餘事，人品特高，不爲藝事所役，雖片楮尺縑，苟非其人，不可得也。

徐賁，明長洲人，明長洲即今江蘇吳縣。字幼文，累官河南布政，畫法董巨，畫染有山澤間意，其詩稱十才子之一。以征洮岷軍過境，犒勞不時，下獄死，有北郭集。

徐幼文之早年作品見於畫籍者，計有元至正五年乙酉，作呷泉圖軸，見「石渠寶笈續編」，同年又作贈文遠山水圖，見「書畫鑑影」。元至正二十六年，作龍隝春雲圖軸，見「式古堂書畫滙攷」。明洪武二年，作山水卷，見「穰梨館過眼錄」。明洪武六年，作古山蕭寺圖卷，作醉中圖，作天香深處圖軸，作蜀山秋林圖軸，作松陰高士圖軸。明洪武九年，作林亭秋色圖卷，見「石渠寶笈續編」。明洪武十年，作夏山高隱圖，見「夢園書畫錄」。明洪武十四年，作雲壑探幽圖。明洪武二十六年，作石磵書隱圖卷，見「式古堂書畫彙考」。明洪武二十八年，作春雲叠嶂圖，見「爽籟館欣賞」。明洪武三十年，作廬山讀書圖，見「故宮書畫集」。永樂元年卒，其生年待考。

徐幼文作畫，多數不着年月，因之考訂不易，並其生年亦乏準確年歲可稽，僅知其生於元末，距今六百餘年。

徐幼文畫蓮花峯圖卷，是他爲高僧易道禪師所寫，幷系以一詩曰：

蓮花峰下簡禪師，半醉狂吟索賦詩，
榻上諸僧禪定後，水邊高閣暮鐘時。
不堪雨柳榮春夢，且看書燈照夜棋，
苦羨書棲松上鶴，吾生漂泊竟何之？

原畫高二四·三公分，寬一三九·三公分。

畫卷後有邵彌（僧彌）和王宸（子凝）兩個題跋，甚希見。邵詩曰：「風來千里舞松杉，齊魯青嵐滿袖衔，擬把如椽三丈筆，爲君題句向嵌巖。」後題「崇禎甲戌一之日，瓜疇邵彌。」

邵彌，清長洲人，字僧彌，號瓜疇，神頎瘦，迂癖不諧俗，畫山水學文氏，而得荆關遺法，清瘦枯逸，閒情冷致如其人，書得鍾繇法，圓秀多姿，爲時所寶。與董其昌、王時敏、王鑑、李流芳、張學曾、卞文瑜、楊文驄、程嘉燧合稱畫中九友。

王宸跋曰：「蒼遠秀潤，是大癡一派筆意，而深靜少遜，王宸觀。」

王宸，原祁（麓臺）曾孫，字子凝，號蓬心，又號蓬樵老蓮、柳東居士。乾隆舉人，工詩，山水承家學，以元四家爲宗，稍變家法，仕至永州知府。枯筆重墨，氣韻荒古，爲「小四王」之冠。所謂小四王，是王宸、王昱（號東莊、廉州孫）、王愫（號樸廬、時敏曾孫）、王學浩（號椒畦）的合稱，以有別於王時敏（烟客）、王鑑（圓照）、王翬（石谷）、王原祁（麓臺）之四王。

此圖卷歷經各家收藏，曾先後爲英和（煦齋）、高士奇（澹人）等所得。英和號樹琴，隸滿州正白旗，爲清名相，賢聲震一時。高士奇是著名的書畫鑑賞家，著有「江村銷夏錄」、「江村書畫目」行世。其餘藏家甚多，要以英、高爲最有名。此卷又曾爲番禺名士潘飛聲所得，並有羅叔重、鄧芬等題識，不備錄。

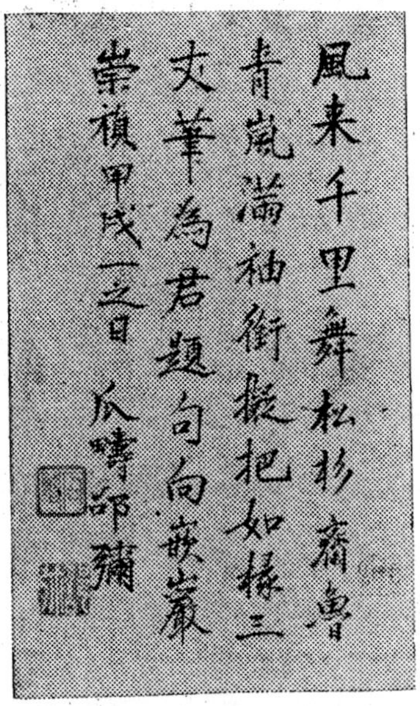
風来千里舞松杉齊魯
青嵐滿袖衔擬把如椽三
丈筆為君題句向嵌巖
崇禎甲戌一之日 瓜疇邵彌
邵彌為徐幼文畫蓮花峰圖卷題詩

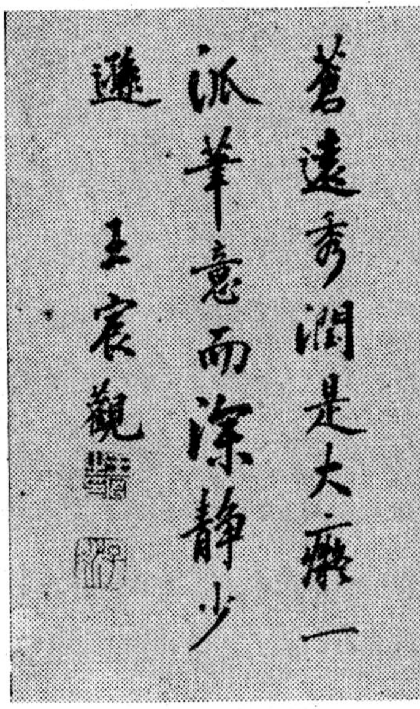
蒼遠秀潤是大癡一
派筆意而深靜少
遜 王宸觀
王宸稱徐幼文畫此圖是大癡一派

廣州報界八大仙

呂大呂

廣州報壇全盛時期，報人中有八大仙；有七君子；有四大金剛；廣告業中有四大天王；光復後復有所謂新八仙。人材鼎盛，固不待言，而流風餘韻有足述者，當推當時的八大仙。他們分佈着幾間權威的報社；廣州記者公會的八個理事席。簡直是當年廣州報壇呼風喚雨的人物。本篇所紀，雖是記當年八大仙的事，但亦可以說是廣州報壇史的一支插曲。

八人結義稱八大仙

廣東以廣州為首府，廣東的報業，自然都集中在廣州。廣州以外的報紙，通稱為各屬報。而各屬報紙也不多，各縣市中未必每縣也有報紙刋行。即使有，各縣屬的人還是定閱廣州報紙的多。各縣屬所出報紙，無非各該縣的機關、大商店和紳士階級的人會定閱。因此廣州各報，除行銷廣州及港澳外，不少運往四鄉各屬，他們稱為「四鄉紙」。為了這關係，廣州報業便一直也很蓬勃。當時香港的人口不多，港報的銷紙額，比起廣州可要相差得遠。由于報業的蓬勃，從業員便多，報社的單位也多。報社的團體組織，有一間報界公會，新聞從業員的組織有一間記者公會，地址同在長壽路長壽分局的對門，兩個公會都歷史悠久。

記者公會的會員，只要是新聞從業員便可以加入，編輯、記者、經理部、會計部的職員都可以成為記者公會的會員，因而會員可不少。有個很長的時候，記者公會的理事長是盧博浪，這位盧博浪便是今日在香港的老牌電影明星盧敦的父親。由于他連任着理事長，有許多事情，使到其他理監事和會員不滿，尤其是在某一次的巡行，記者公會加入。隊伍中個個理監事和會員也都是步行。盧博浪却在沙河馬房租賃了一匹高頭駿馬騎着，一馬當先，神氣十足，旁若無人。這更使理監事和會員看不過眼。經過這件事之後，大家都來設法對付他，因而便有八大仙的結合。

這八大仙都是各報的編輯人，由于記者公會的一切對外活動，都是由盧博浪一人操縱，使到他們的活動受到限制，因而先來一個大結合，憑着幾間大報的力量來對付盧博浪，要使盧博浪盤據記者公會的地位消失，這便是結成八大仙的起因。

分據報社具潛勢力

這八大仙，老大是容春勉，國華報總編輯。老二是潘抱眞，又名葆眞，筆名畸人，共和報總編輯。老三是劉魯際，公正通訊社社長。老四是陸文英，筆名綿烟，共和報編輯，時事通訊社社長。老五是李霞飛，又名一塵，筆名白梨，公評報總編輯。老六是張白山，又名白翁，民國日報編輯。老七是梁展鵬，筆名疑雲，共和報編輯，亞洲通訊社社長。老八是羅子政，七十二行商報總編輯，後為社長，他是七十二行商報的少東，年紀最輕。

八個人在報業中都是佔着重要地位而又很有份量的。他們八個人結義為兄弟，雖沒有拜把子，沒有歃血為盟，可能當天發誓是有的。這八人起初只是稱為八兄弟，所以稱為八大仙的原故，是為了八個人都酒量很大，酒量大的人稱酒仙，因之同業中便把他們稱為八大仙。

造福同業面面俱到

八大仙一經結義為兄弟後，他們團結力量來對付盧博浪，把盧博浪的理事長地位推翻了。最後還憑了一件事，小題大做開大會開除了盧博浪的會籍，從此記者公會沒有人盤據。雖然八大仙此後都是記者公會的理事，但他們完全和盧博浪不同，他們對會務公開，處處替會員的利益着想，提高了記者在社會的地位。在八大仙一段悠長的日子中，他們幹出了好幾件使會員稱頌的事。今日香港不少是從前廣州的新聞界中人，不少是記者公會的會員，在香港的新聞界，不少是從前廣州的編輯、作者，甚至有不少是和八大仙有着密切關係的，對于八大仙這幾件事，誰也記得很清楚，還有人津津樂道。

八大仙不僅在當時的報壇中佔有重要地位，便是在省市黨政機關和好些團體機構，他們也很活動。廣東省宣傳部宣傳科長，是八大仙其中一人充當。市府議員，也有八大仙其中一人佔了一席。廣東省宣傳會救亡運動宣傳科，是由八大仙中的老四陸文英任科長。其次有在粵漢鐵路局任職的，有在西南民航公司任職的，也有在禁烟局任職的。而老六張白山却在省黨部的宣傳科當科長。他們有了這地位，自然活動範圍更廣濶了。由于他們的活躍，他們主持着記者公會的會務，便容易使較有份量的記者也隨而活躍。

這些較有份量的記者、報社的編輯，不少為

一九三二年，廣州報界八大仙及其眷屬攝于廣州荔枝灣，自右至左，老大容春勉，老二潘抱真，老三劉魯際，老四陸文英，老五李霞飛（缺席），老六張白山，老七梁展鵬，老八羅子政。

了他們的關係，而獲得在各機關中兼職，這些機關，包括西南政委會宣傳科、省宣傳部、黨部、禁烟局、粵漢鐵路局、西南民航公司等等。更有些是充當閒曹，只掛個銜頭，不必到差，每月依時依候前去簽個名便可以領到一筆薪俸。也有些連前去簽名也毋需而可以每月領到津貼費的。

當時老四陸文英在記者公會是理事兼交際主任，他的「交際」很活躍。他運用交際手腕，使到長途車（巴士）對記者給予半價的優待。記者們登上長途車，只要說出一聲「記者」，便可以購買半票。另外也使到警方對記者的地位特別提高，當時搭長途車，常常會遇到警方在途中搜查。他們把長途車停止下來，每一個搭客都要下車讓他們搜身。記者們可以坐在車上不下車，等到警察們在檢查完下車的搭客時，便得上車來對不下車的「特級搭客」循例問一下。這些特殊人物包括政府機關職員，持有「鎗照」的人，記者們也就一樣的成爲「特級搭客」，只消說出一聲「記者」便行。既可以半費買車票，又可以遇着檢查無須下車，你說何等的「威風」？而這「威風」却是八大仙中記者公會的交際主任陸文英運用手法交涉得來的。

陸文英跟着又來做出兩件使記者公會會員大大叫好的事。他以長途車爲例，向內河鄉渡公會交涉半價搭渡，結果又是成功，不只半價乘搭鄉渡到四鄉去，鄉渡的鄉勇搜身檢查行李，記者們也得到特權全免。與此同時，陸文英向電影院公會交涉，記者半票優待，至此便又獲得了成功，記者們看電影，買票時只須出示記者證，即可以半價買票入座了。搭長途車半價，搭鄉渡半價，看電影半價，這都是八大仙的傑作。當時的記者，眞的是堪稱爲「無冕帝王」了。

記者組織集團旅行

在此之前，記者公會對會員的康樂運動是完全沒有的。八大仙就在他們任內組織了一個記者旅行團，隨時率領着記者們去旅行。記者旅行團和一般的旅行團有着許多不同的地方，可以說是完全不需費用，甚至可以說使到參加旅行的會員有着意外的收穫。每次去旅行，他們先來交涉了舟車免費，再聯絡當地的關係機構，使到獲得當地關係機構的招待。去徵求會員參加旅行時，照例是象徵式的繳旅行費若干，將來多除少補。會員參加還可以連同親友報名，因之每次去旅行都很踴躍。

爲了什麼會在一次旅行當中會做到免費，甚至大有所獲？沿途所有的舟車交通都獲得了免費，這是一個原因。船上吃喝，有時會獲得船公司招待，這又是一個原因，到了目的地，更不在話下，是備蒙優厚招待了。且來舉出兩次旅行的情形，以見當時的盛況，和八大仙的交際手法及其面子。

有一次是去旅行從化温泉。在温泉那裏，西南民航公司的總經理劉沛泉有間別墅，因此一去到，一切都由劉沛泉來招待，這是爲了老七梁展鵬正當着西南民航公司秘書的關係。另外劉沛泉是經常都聯絡新聞界的，而長途車却派出了專車免費儎送，在温泉竟日游泳，不懂游泳的也可以去淺水處躺下享受温泉浴，不在話下，午餐和晚餐都由劉沛泉在別墅中盛爲招待了。遊罷回來一樣是長途車免費專送。這一次每人科的費用，全部發還。

最爲秩序豐富的一次是到中山縣，由中山縣搭岐關車轉澳門，然後由澳門趁省澳大船回廣州。到中山是乘搭石岐鄉渡，當然全部免費。去到石岐，即到縣府預爲安排招待的旅館，安頓好住

所後，即赴縣府。當時的中山縣，稱模範縣，不隸屬省府而是行政獨立，縣長是由曾爲國務院總理、駐美公使的唐紹儀不卑小官而屈就。主要唐是中山人，而中山縣是富庶之區，還可以養得起他，由他來對記者們盡地主之誼，當然是盛設非常了。

當晚在縣府設宴，乳猪席。第二天遊唐家灣，在唐氏的私邸中設宴。他預先聲明，這是一席不設筷子的菜，大家對這個好不納罕，不用筷子，如何的吃？未開席前，在他的客廳中，放滿了錦盒載的大盒朱古力糖，一盒盒的雪茄，一包包的香烟，都是市上所沒有見過的，全是來路貨。這種豪華奢侈的場面，在當時的廣州記者中可沒有見過。

到了開席，席上只是三種菜式，一是大紅膏蟹，一是半斤以上的斗門大明蝦，一是手掌般大的生蠔，當然這三種菜便可以無須用筷子，蟹和蝦都拿來剝殼吃，生蠔却用大湯匙連湯帶蠔取來吃。原來這三樣東西都是中山特產，這樣的盛宴，實在不容易可以嘗到。後來取道岐關公路，乘搭特備的專車前去，他老人家還給每一位記者送了兩大瓶蠔油。

在澳門，先到商會，由商會招待一番，赴澳督府，又是茶點招待，晚上由商會歡宴，半夜趁大船回廣州。全部旅程堪稱愉快得很，預先所收集的參加費，原欵發還。參加的除了得以暢遊和備受招待外，還有兩大瓶蠔油，這樣的一次旅行，大家都感到異常滿意。事後說起來，還醰醰有味。

扶掖新秀引爲己用

這次旅行，八大仙只有陸文英這位交際主任和大夥兒同往。照例他是記者公會的理事兼交際主任，對外的一切，也該由他負責。但他却完全讓給記者中一位後起「新秀」。所有答詞謝詞，都由這位「新秀」去致詞。這位所謂後起「新秀」便是年前才作古的劉衡仲，當時廣州報人中後起的一個七人小組的大阿哥。這個七人小組名「七君子」，他們有些是通訊社的主持人，有些是報社的編輯。計爲劉衡仲、黃深明、嚴南方、區銘信、張洸、吳劍公和陳耀祥。由於他們是七個人，因而稱爲「七君子」；本來還有個陳霏的，只因陳霏不幸短命而死，才會由八人轉爲七人。這七君子在新聞界中初露頭角。好些人以爲當不容于八大仙，却是結果却大出意外。

八大仙在各報擁有很大的勢力，他們看到七君子的崛起，不特不曾存着什麽嫉視之心，還把他們極力引薦進入各報社。那次中山澳門旅行，正是七君子初露頭角的時候，難得陸文英却讓劉衡仲來出盡風頭，而當時他們還沒有結合爲七君子，八大仙只是知道他們八個人都是朝氣蓬勃的新秀罷了。

經過此一次後不久，剛好身爲現象報編輯及東亞通訊社編輯的陳霏創設白雲通訊社，成爲通訊社中後來居上的一個單位。不料就在此時，陳霏忽然一病身亡，劉衡仲等七人接辦了白雲社。八大仙要對這七人表示其對會員新秀份子的重視，當即請劉衡仲主持治喪，更送給了一筆巨金作爲賻儀，出殯之日，八大仙都親臨執紼，且發起所有記者公會會員參加送殯行列，又策動各機關致祭。七七抗戰前報人之死，其生榮死哀的盛况，僅陳霏一人。其後銷紙最多的越華報社長陳柱亭逝世，送殯行列也不及陳霏之盛，這說來完全是當時八大仙之力。

收入豐富生活糜爛

八大仙聯繫了七君子鞏固他們在報界的潛力，因此後來七君子都獲得在各報佔有地位，越華報特爲劉衡仲而設交際主任，餘者如嚴南方、區銘信入現象報，吳劍公入公評報，黃深明入七十二行商報，無一而非八大仙之力。而七君子與八大仙遂成爲「自己人」了。

八大仙本兼各職的經常收入，已經很可觀，另外還有各方的津貼，像西南政委會省宣傳部，粵漢鐵路局，以及霍芝庭所承辦的禁烟局，稱爲防務經費的番攤公司，山鋪票公司，也都交由他們一手經理。就爲了這個，他們每月收入甚豐，因而任意揮霍，私生活簡直是糜爛得很。他們由于個個也是「酒中仙」，因而規定每一週末八個人輪流請客，不是四大酒家，便是洞天、新遠來和合記。這些地方，經常可以見到他們的踪跡，每次敘會必作劇飲，非飲到爛醉不止。又好吃狗肉，當時市區沒有狗肉吃，他們要吃便到郊區去，因而九龍廟、荔枝灣的大笪地，都是他們常到之地。

八大仙中，最飲得的要推老六張白山，其次爲老二潘抱眞，老四陸文英，老七梁展鵬和老八羅子政。最不能飲的是老大容春勉。他們飲後回報社編稿，稱爲「醉筆」。獨容春勉從來不會「醉筆」編稿。潘抱眞每于醉後唱詩。陸文英則每作諧談。張白山則搖頭擺腦，怪狀百出。梁展鵬一醉便渴睡如豕。羅子政一見到他說英文，來幾句洋涇浜語，這便開始有醉意了。老三劉魯際和老五李一塵最是風流，稍有醉意便大談女人經。

裸女當前秀色可餐

八大仙的酗酒，風流成性，倒可以說是多姿多采的。有個時候，他們每次集合飲酒，都有幾個臨時僱用的模特兒和他們一起。當時的「市美」初用模特兒寫生，以每小時計算論酬。八大仙知道了，也就把她們請到來。每個模特兒都赤裸着，他們飲酒的時候，拿着杯，碰碰模特兒酥胸才來飲，有時更「等而下之」的碰一下才飲，這樣荒唐的飲酒法，也虧他們想得出，做得到。

後來這些模特兒都認爲這是超越藝術的事，她們只能爲藝術而犧牲色相，不能供人們拿酒杯觸及她們的身體來作樂，因之都不答應受僱。八大仙不得已而思其次，改覓幾個高等流娼來代替

，一直也得維持着這樣荒唐的飲酒作樂。

老五李霞飛喜歡有辮的女人，每次也要找一個梳上了辮子的流娼來。人人都拿杯來碰流娼身體部份來飲，他却嗅一嗅那個有辮流娼的辮髮便喝一口酒，如醉如痴，煞是怪狀，却是他們對這些事，逢人便說，絕不諱言。

每人個性各有不同

他們的私生活，除了容春勉一人外，大家都是臭味相投的。但他們之間平日的個性，也有不同之處，這裏且來逐個說說他：

八大仙中以老大容春勉最持重守誠，他是個滿面爛豆皮的大麻子，可能爲了自己覺得尊範不堪承教的關係，才會不講風流，不談風月。廣州淪陷，携眷廣居澳門，數年前病逝。有二子，一在澳服務某機關，其一却服務澳警界。

老二潘抱眞，除爲共和報總編輯外，間亦寫小說，筆名爲「畸人」。他寫的小說，大都爲哀感頑艷之作，因有言情小說家之號。廣州淪陷前經常有日機轟炸，他來香港，在劉沛泉那間西南民航公司駐港辦事機構任職。當時最多導遊社，他一次在導遊社中作局小飲，由一個混血的導遊女陪着他，他竟然手之舞之，足之蹈之，踣地不起，頭部受傷，流血如注，住在醫院中留醫多天才愈。

老三劉魯際是八大仙中最活動，最有胆色的人。一切對外的特別收益，都是他出頭接洽，按月由他經手領取回來，而他的風流韻事最多。他經常往來港澳，南海番禺順德三處每地都有外室。他每一外室都由她們替他購買人壽保險，對外室們說：如果他死了，她們便是受益人，等如領到一筆遺產了。後來他在死後，果然由于各外室都可以領到一筆人壽保險賠償，因而一些糾紛也沒有，但他各地都有外室這件事，却使到人人皆知了。他最具胆色的一件事，是在西南政府時候，竟然兼任香港東方日報一份駐廣州通訊員職，當時西南政府是和中央對立的，而東方日報是「藍衣黨」主辦的報紙，西南政府最忌藍衣黨。他這份職，如果給西南政府知道，就非鎗斃不可，大家都說這是他的斗胆傑作。

老四陸文英，筆名綿烟，他除了在共和報、環球報任編輯外，喜歡吟詩，寫龍舟和粵謳。人很滑稽，也很和藹，是個好好先生。由于歷任記者公會的交際主任，和外縣的聯絡都由他担任。他名陸文英，他的太太名麗英，姨太太却名鍾蓮英。當時有一位攝影記者名呂偉剛。曾于一次宴會中，和陸文英妻妾三人同席。陸笑說，今天眞是「三英戰呂布」了，其滑稽如此。陸詩聯均佳，曾有一首用粵語吟成的詩，是記他和一位友人執拗着一首詩的，詩曰：

「**兩老猶似細佬哥，一時高興撚哩囉，忽然頂頸呼勾臭，累到知心去拍和；既是無恭何用谷？不妨有屎大家屙？千古奇聞詩作怪，論交應及海鹹河。**」堪稱妙絕。

易君左開書畫展覽會的時候，他曾賦贈二詩，也很妙。其一曰：

「**易君左矣言何詭？林子超然對亦工；閒話揚州餘軼事，妙聯傳誦笑談中。**」

其二：「**斲輪老手詩書畫，三絕才華震海濱，一自聖堂觀展後，是知文藝屬超人。**」

白鶴派宗師吳肇鍾歸道山，他的輓聯是：

「**是青蓮學士，亦白鶴宗師，何堪劍影書聲，百斛尚餘舊釀？**」，「**瞻此日遺容，讀當年大作，際茲風凄雨冷，重陽莫問新詩。**」

他後期很有點科學頭腦，算是追得上時代，從他那年中秋月蝕吟的一首詩而知。這詩是：

「**尋常月蝕不爲奇，蝕在中秋始見之；掩袖嫦娥今露臉，垂簾仙子誤塗脂。家庭愛有團圓會，世界寧無黑暗時？解釋星球光作用，晦明何用自猜疑？**」這是受了太空火箭的影响罷。最沉痛而又最切題的是他輓老七梁展鵬的一對輓聯。梁展鵬在東華三院退休後，因病身亡。當時八大仙已經死了六人，只剩下梁陸二人在香港，梁死後，八大仙中便只得一個陸文英。陸輓他的聯語，上聯是：

「**百年所歷無多，俯仰不愧于人，嘆青塚長埋，魂歸何處？**」下聯是：「**八柱已摧其七，遲早終輪到我，願黃泉相見，義結來生！**」固然字字工整，那種傷心而又眞贄之情，更畢露無遺。而數年後，陸文英也就眞的走進黃泉了。陸于抗戰時走越南，任堤岸的中國日報總編輯，後離越南携妾居香港，健啖喜飲和平時一樣，他是八大仙中最後死的一人。他的遺妾鍾蓮英女士現居美國，依女而居，倒也得享晚年之福。

八大仙中最後逝世的陸文英

老五李霞飛，又名一塵，他是公評報的總編輯。有時也用「白梨」的筆名寫點小品，短小精悍，頗有好處。李爲人機警而多智，八大仙中認爲困難的事情，都由李一言而定。廣州淪陷來港，香港淪陷入自由區。光復後，廣州越華報復版，總編輯一席，虛位以待。李首途回粵，至博羅

，一病而死。他的太太，是澳門柯家的名門淑女，也就是今星島日報電訊編輯柯武韶之姊。李死後，她回穗，聽說是患了神經病跳樓死的。李在八大仙時最得意，估不到收場却如此的慘。

老六張白山，爲廣州黨報民國日報編輯兼黨部科秘，八大仙能詩者只是他和陸文英。生平名士氣習甚深，無日不在醉鄉，無時不嬲人飲。飲酒無伴，便招報社門前擺攤賣花生的跛手老人來共醉。他每晚編完稿，有例必坐人力車，無論遠近，也都給以兩角錢。當時兩角錢坐人力車，可以坐得很遠了。由于張白山每晚必然依時依候出，故經常有一車伕例在報社門前等候他光顧。民國日報在七十二行商報對門，張常到商報訪老八羅子政，但坐人力車也不例外；爲的是不想這晚晚等候他的車伕失望。他坐上車，車伕回頭問他去那裏？他就把對門的七十二行商報一指，車伕拉車，行幾步便到，便把張白山的二角錢賺到手上了。後來張白山因病回鄉，這車伕還是每晚也在門前停車等候，好一個時候不見張白山面，亦以爲異。直到張白山在鄉身亡，民國日報門前那塊用以報導「急電」的黑板上，寫出「本報編輯張白山病逝」，這車伕見了，竟忍不住縱聲大哭。人知其事，無不動容。

老七梁展鵬，在抗戰期中，接新興縣田量處長。新興淪陷來港，無從發展，只在中英日報、華僑日晚報爲文。東華三院董事局主任秘書、報界耆宿勞緯孟退休，他便得充當這職。做了十多年，在孫秉樞當主席任內退休，這是一九六六年的事，他退休時，東華三院的歷屆總理在希爾頓酒店舉行歡送會，孫秉樞和歷屆主席都致歡送詞，情形很是熱鬧，不幸退休後不久，也就一病身亡，先陸文英去了。

老八羅子政，他是八大仙中最年輕的一位。當時他父親羅嘯璈還健在，但已經把一手創辦的七十二行商報給他主理。羅子政在八大仙中比較「天眞無邪」，最能及得他們的就只是飲酒一樣

老七梁展鵬在東華三院歡送會上切餅，其右為當年主席孫秉樞

。廣州淪陷後，他逃難到新興縣那裏，在老七梁展鵬的田量處當職，後來港。日軍攻香港的時候，他和家人居住筲箕灣，日本的最後一炮正落在他的住所，不幸身亡。

綜觀八大仙的一生，最先死的是老六張白山，第二是劉魯際，第三是羅子政，第四是潘抱眞，第五是李霞飛，第六是容春勉，第七是梁展鵬，最後死的是陸文英。最不幸是羅子政的死，却死于日軍的炮彈下，而且死時，香港即陷落，由他的妹夫在百難中替他草草殮葬，八大仙中未死的四人都沒法子來送他的殯，連留港的七君子也無從去執紼，可說是最悲痛不幸的事。

星粵創始聯合應付

八大仙在他們最得意的時候，生活糜爛，風流不羈，却是他們在報界是能爲同業謀福利，扶掖後輩，培植新秀，倒很難得。但有一事，他們却累了一班從上海來的報界有名人物，事情是這樣的。

遠在抗戰前，胡文虎在廣州籌辦一間「星粵日報」，聲勢浩大，自建報社。報社的天台可以使直升機起降，聲言要用直升機派送各地報紙。而印刷則用捲筒機，每日出紙四大張，當時廣州各報還沒有一家採用捲筒機印刷的。至于直升機派送報紙，更是發夢也不會想到。爲了星粵日報這樣聲勢浩大，倒使廣州的報界大爲震驚。

八大仙爲了應付這一件事，他們要維護他們多方面的利益，便下令他們所有各報，任何人也不能兼任星粵日報任何的一個職位，否則永不錄用。這一個應付方法，使到星粵日報無法可以在廣州招兵買馬，胡文虎便在上海進行挖角，重金聘得上海許多有名人物來廣州。以曾在申報任職的俞頌華爲星粵日報總編輯，其餘各欄各版編輯、作者，都是上海新聞界、文化界的有名人物。他們先後抵達廣州，籌備出版。却不想正在密鑼緊鼓的時候，抗戰軍興，日機已經開始轟炸。主事人爲了這個，拍電星洲請示胡文虎。胡文虎一個覆電，改向香港辦星島日報，結束星粵日報的籌備，對這班從上海來的報人，發一個月薪金，一個月遣散費，主事人照辦，使到這班上海來粵的報人便像江西佬打馬騮，要回去也難，留下來也難，這便是八大仙累了上海報人的一件事。後來好些人都留在廣州，爲軍訓處辦的「動員畫報」效力。

不過抗戰軍興後，八大仙也都星散了。直到廣州淪陷，少數人來了香港。時霍芝庭（廣東銀行霍寶材的尊翁）也逃港作寓公。八大仙平日都和霍芝庭有着很深厚的關係，和霍芝庭商量，在港籌辦環球報及聯合報，以八大仙爲主腦，由霍芝庭出資，支持一切。不幸事未成熟，霍芝庭已病逝了。而時至今日，俱往矣！八大仙都已先後逝世，徒留得留港的廣州報人懷念而已。今廣州留港報人，七君子中的劉衡仲、陳耀祥亦已歸道山，廣告業四大天王僅得一黃宏光依然叱咤風雲，一九七〇年且榮任保良局首總理，其餘都如晨晶之寥落了。

BOBY
Casual Shoes

佛國攬勝

桂河橋巡禮

·素攀·

「桂河橋」這個名字，因爲有「亞歷堅尼斯」的一套影片，風魔全球而其名愈彰，它的所在地是在泰緬邊境交界的「桂河」上，桂河還有「大桂河」(Kwaeyai)與「小桂河」(Kwaenoi)之分，泰境的所在地名爲Kan Chanburi，一向是荒僻的郊野。第二次世界大戰時，佔據在此地的日軍撤退了附近村落的居民，劃爲軍事禁區，動員了六萬人，包括戰俘、印度人、馬來人、印尼人、中國人、泰國人，冒着盟軍飛機的空襲與不顧山林瘴氣的危險，開築這條「死亡鐵路」，架築「桂河橋」由泰境通過緬甸境去，其中艱苦的經過情況，雖然未必盡如電影「桂河橋」般的描寫，可是血淚凝成的印象，却是無可否認的事實。

我到了曼谷後，念念不忘要到這個曾經名聞遐邇的古戰場憑吊一下，終於在一個星期天早上，由一位經常到桂河橋附近的市集收購鹿皮、鹿筋、黃豆、粟米等土產的朋友馬先生，駕駛一架大型的吉普車，八時便出發，經過佛統先進早餐，一路用超過一百咪的速度前進，到了收購土產的店舖裏，畧事休息，便跟他們的店主談話，據說在日本人佔領時期，這一帶都是禁區，本來他要被驅逐撤離的，但是一生積蓄都在這裏，實在不捨得放棄，祇有把家人撤到曼谷去，他自己一個人要求日軍給他一個憑証，負責打掃地方與幫手做廚房的工作，因此發了不少財，爲了時有日軍偷取了軍醫的「奎寧丸」與其他的藥物來跟他換取香烟，他則把這些藥物偷偷地運到曼谷去，賣得很高的價錢，雖然他發了點財，也是他冒了生命的危險得來的，好幾次死裏逃生！

離開了市集後，再度出發，先到「紅毛墳」，也就是外國人所稱的「萬人塚」，墳場外面的型式有點像香港跑馬塲對面的「天主教墳場」，進入大門後，有一個休息室，隔着拱門便看到密痲痲的墓塚，埋葬在這裏的人便是爲建築這「死亡鐵路」與「桂河橋」而死的外國人，看他們的墓碑，有些還有名字可以搜尋，有些却完全沒有紀錄。

再過幾十步的對面，便是中國人的「萬人塚」，殘敗的外牆，圍着裏面高低錯落的墳坵，中間一大堆土坵上面，豎立一塊石碑，祇是「萬人塚」三個大字，兩相對照，比起那干淨肅穆井然有序的「紅毛墳」來，眞有天淵之別！

又再行幾十步，在「中國萬人塚」的斜對面，有一所「安南廟」，據說以前是由越南那方面派來的高僧主持的，廟外面有一個「放生池」，長方形的槽子型式，用磚石砌成，中間隔着一條石欄杆祇有一個洞口，裏面養有一條大的兩條細的「鏈魚」，大的有三尺多長，黝黑的濁水裏，隱約可以看見牠那粗糙得快要剝裂般的魚鱗，不時從這邊穿過洞口游過那邊去，轉過身兒又游過這邊來，據說這條大魚放生在這裏，有超過二十年的歷史，這「安南廟」的建築物看得出有長遠的日子，一直不曾燬於戰火，整座正在修葺中，祇有一兩個人的泥水工匠正在細意的爲它的牆壁批盪打磨，和繪上精細的五彩圖案，走到「大雄寶殿」的外面眺望，一片心曠神怡的境界，寧靜得很，遠處便是桂河橋的源頭。

重復坐上車再往桂河橋邊出發，來到當年用無數人的血肉築成的「桂河橋」處，彷彿進入了電影裏的現場，橋邊的廣場上有一間木屋，其型式眞像電影裏日本軍官駐紥的營房，外面用痲繩繞成英文River Kwae釘上屋壁，我爲它拍了一張照片，怎知回到曼谷來竟然全筒菲林走了光，據說很多人拍這屋子的照片都不成功，有的說是鬼魂太厲害，不許人間留影，因此這張照片，獨付闕如。上月曾寫信叫我的兒子專程去再拍一套，行前媳婦還吩咐他未拍前先要祈禱，怎知到了那兒，那木屋子已經拆掉了！

這便是桂河橋

在另外一邊擺有一個「火車頭」，車下還砌有一小段火車路軌，這一架內燃機的車頭，便是當年建築這「死亡鐵路」時用作「拖車」與「運輸車」用的，它可以在鐵軌上行走，也可以在泥路上行走，鐵路完成後便讓它退休下來，放在那兒供人憑吊，或者傍着它拍照留念的。

車頭再前一點，豎有一塊木牌，記載這條鐵路的歷史，其中寫明開始於一九四二年十月，完成於一九四三年十月廿三日，全長四百一十五公里，在泰境的佔三百零三點九五公里，在緬甸境的佔一百一十一點零五公里。

通過這邊境的「桂河橋」，初時是用木架成的，及後改爲十一個「鐵躉」，後來又再在鐵躉的外面澆上水泥，戰爭末期，第四五六號三個鐵躉曾遭炸燬，重新倒過石屎英坭後還再在它的傍邊加撐鐵柱，現在的拱門是鐵的，橋面仍然是舖木板，路軌中間的木板可供電單車與脚踏車駛過，行人也可以在木板上行走，相隔十多尺的地方便有一處像瞭望台樣子的木騎樓向兩邊伸出去，行人可以在這些地方避過火車的通過，也可以在這裏瀏覽河上的風光，小舟三三兩兩，不時從橋底掠過。

桂河橋旁的木屋專門出售紀念品及供人憩息

一九四五年接近大戰結束的時期，英軍曾經破壞過三點九五公里的路軌，一九四七年泰國鐵路局掌握了泰境三百公里長的鐵路可以安全使用，及後泰國鐵路局又再從這鐵路的末端加築一百卅點二零四公里長的鐵路銜接 Nong Pladur 車站，所以，由 Nong Pladur至Kan Chanaburi 之間的火車於一九四七年六月廿日開始通行，由 Kan Chanaburi至Wang Pho 車站之間的火車，於一九五二年四月一日通車，最後一段由 Wang Pho至Nomtok 車站之間的，則於一九五八年七月一日通車，至此，全段車路便算功德圓滿了。

靠近「桂河橋」邊還有一座售賣紀念品與供遊人憩息的木屋子，金字屋頂，外面也有寫上英文River Kwae的字樣，裏面有種種的土製紀念品賣，也有木刻的拐杖，從樹上拿下來的鳥巢，飛禽走獸的剝製標本，貝殼砌成的小擺設之類，與明信片等。

祗有一般的汽水與刨冰供應以解口渴，沒有餐點，但是有幾個鄉村的小孩子手裏拿着燒好的鷄，蘸上黃色的香料夾在竹片上，每隻十銖，折合港幣三元，買了三隻，幾個人一齊用手擘食，以汽水當酒，却也喫得痛快，味道不俗。

橋頭處另外又豎有一塊木牌，寫着「桂河橋」的原始木橋係由日本陸軍建築的，距離現在的所在地大約一百公尺，當現存的「桂河橋」完成後，那原有的木橋便加以拆毀。

盤桓了半日，再三的在橋上橋邊，橋下橋頭低徊遐思，想起這個世界如果沒有戰爭，又那有像「桂河橋」般的陳跡，可供我們來憑吊呢？但若沒有戰爭，這「桂河橋」不要也罷。

「桂河橋」電影資料

有關影片「桂河橋」，（Bridge on The River Kwai）的資料，現在已經很難找了。

「桂河橋」是荷里活一九五七出品投資頗大的影片，由名導演大衛連（David Lean）執導。它被美洲、加洲三十四份主要報刊雜誌一致推舉爲，自有電影史以來，最佳一百部影片中之一，而這名單是逐年加以修正的。一九五七年度美國電影藝術學院金像奬，「桂河橋」獲得數項奧斯卡奬，包括最佳影片，最佳導演及最佳男主角（阿歷堅尼斯）在內。

「桂河橋」主要講述第二次世界大戰期間，日本進軍東南亞，在泰、緬、印、越一帶所向披靡，將該區之英國軍隊一網打盡。由阿歷堅尼斯（Alec Guinness）所轄之英軍，爲了「保存實力」，甘心被俘，囚於戰俘營內。該戰俘營亦有一些美國戰俘（以威廉荷頓William Holden爲代表）。日軍要鳩工興建桂河橋，以利軍事上的運輸。在槍桿子脅迫下，英、美戰俘流着血汗興建桂河橋，很多英籍戰俘心中不忿，因爲他們每日都受盡非人待遇，吃不飽，無休止的體力勞動，醫藥缺乏，加以日軍對他們極盡侮辱之能事。一些英軍想反抗，但英軍最高指揮官阿歷堅尼斯以爲不可，他說應保存實力，應該盡量滿足日人的要求，保證合作。於是他向日人表示友善，等桂河橋建成，日軍便可長驅直入，因此糾合三數敢死同志，歷盡艱險，終把桂河橋炸毁。阿歷堅尼斯因演此片，被英皇賜以「爵士」封號。

何龍

廁國春秋

文：萬念健
圖：王澤

「登樓三步急，出門一身輕」，這是中國民間文學中描寫如廁之樂的名句，傳誦古今，無人不知。

從毛坑到抽水馬桶，中間也着實有過一段歷史，包括許多笑話在內。最大的笑話是「八路」初到上海時，那些土包子看見了雪白晶亮的抽水馬桶，却不知其為何物，有人以為可以利用來淘米，不料放了白米進去，把掣一按，全部白米，均被廁水冲去。還有些男的坐上女式廁盆，從下面直噴上來的廁水，竟把坐在上面的人嚇到跌下馬來，但我以為這些都是杜撰出來的「反共」笑話，毫無根據，其最大效果亦不外藉此諷刺當時「八路」之「土」，博人一粲而已。

「自古未聞屁有捐」這句打油詩，傳誦已久，但大便收費，我却認為天公地道，無可非議。八一三前在上海，跳舞廳廁所裏小便一次，少不了要開銷小洋兩角，這價錢與往霞飛路小西菜館，吃半客俄羅斯大菜相等。戰後香港大酒店二樓，紳士淑女們方便一次而擲港幣一元也不算濶綽，而這一塊錢，當時的確可以吃一客包括有咖啡麵包麥片和一碟炸魚的早餐。

今日香港，抽水馬桶之設備，普遍已極，但因「馬桶」一詞聽來不雅，故一般均以「衛生設備」稱之，而廁所之別名，則為「洗手間」。本港大酒店裏的洗手間面積往往比小型餐廳全部更大，佈置華美，也往往在小型餐廳之上，客人所予小費，往往比一碗餛飩麵或一支汽水的代價為高。

若干「公共」、而又「高級」廁所，收費一毫而供給廁紙，據久住徙置區者的意見，在這種地方如廁乃是一種享受。曾有市政局議員某君，對該種「高級」廁所提出抨擊，理由為依照建築成本僱員開支經常維持費用等等，如廁一次，政府平均須支出五角數仙，而收入祇有一角，對比之下，虧蝕四角以上，未免有浪費公欵之嫌。無論其目的究在予人方便抑或點綴市容，此種建設，終不失為市民福利之一，而不能遽稱其為浪費，故仍能繼續存在，未被取締。

夜總會與大酒家的廁所，其陳設佈置，往往也經過一番設計，並派有專人侍候賓客。女廁固無論矣，甚至男廁中也備有肥皂、毛巾、熱水、梳子、頭腊甚至香水、剃刀等等。顧客公畢，侍役為之刷衣擦鞋，執禮甚恭，由於彼等多謙謙如也，故所予小費，不宜少於港幣一元。至於女廁所中，則粉底、口紅、噴髮膠之類樣樣俱全，濶太太或交際花每來一次輒予五元者，更屬常事。

以前上海舞場，管理女廁之人均稱「馬桶間阿姨」，此職在舞場中為一肥缺，多由老板之皇親國戚担任，舞女出入阿姨之門者，依其走紅程度分成等級，規定數目，每月報效，年底加倍。那些阿姨大部份是風塵中打過滾的老去徐娘，閒來和湯糰舞女追述當年舊事，眉飛色舞，初入歡場的小舞女一方面聽得津津有味，一方面從老前輩吸收先進經驗，也可能對她們的前途大有幫助。一九三七年八一三左右時，上海一流舞廳馬桶間阿姨之月入五百元者左右共有多人，那時白米一石，合港幣十元而已。

一間餐廳或者酒家之設備及服務的講究與否，依我的看法和經驗，第一決定於廚房，第二是決定於它的廁所，食堂本身的佈置華麗反在其次。這是因為講究廚房與廁所者決不會不講究食堂，而許多表面性的敷衍佈置，往往只顧食堂而不顧其他。衛生局深諳此中三味，所以檢查餐室酒樓的時候，也祇要看廚房與廁所而不看其他，同樣的，一間電影院是否偷工減料，亦可由其廁所之設備如何而窺其全貌。

香港大會堂有人力繩音樂廳設計之佳，有人讚美川堂休息處之切合實用，但更多的市民則對其各層之「方便」設備稱頌不止，因為它們都是既寬敞而又舒適，現代設備一應俱全，在裏面方便一次，比之擠在小餐室裏吃一客廉價全餐更像享受，而事畢之後，正如我國俗語所說，可以「拍拍屁股就走」，不費分文。

光顧過舊安樂園的朋友一定記得，皇后大道和德輔道兩間安樂園的廁所，都是中區行人方便勝地。安樂園主人本人篤信基督，提倡愛人愛己，服務社會，店堂懸有「天國近了」標語，用以警世，亦以勸人篤信基督。其所供應飲食，價貨尚稱相當，一般半新不舊之人士趨之若鶩；其附設廁所，除了招待本店顧客之外，對外來人士也來者不拒，一律歡迎。我們還看得出該店店員侍者對於此類借地方便之男女老幼各色人等，從無不悅之色，顯然若非奉了老闆命令，便是受了基督感化。我若對安樂園有所好感，便是為了它具有這種雖然具體而微，却的確實際有用的濟世與服務精神。

在現代生活中，抽水馬桶是十分重要的一個部門，記得抗戰時期在內地，百份之九十九的人家，所用的不是木桶便是毛坑，臭氣難聞，令人

作嘔，偶然在抽水馬桶上方便一次，便覺得清潔衛生，痛快之至。所以抗戰勝利回到香港，最滿意的一件事，也就是自己家裏重新恢復了抽水馬桶的設備，套一句文藝筆法，這就叫做「回返文明」。

人類廁所，歷史悠久，新石器時代的屋室已可發現原始的廁所設備，在牆角挖有一穴，並有孔道通往屋外，形似排水槽孔。人類學家及考古家們都推測此當屬新石器時代簡陋的屋內「洗手間」遺蹟。

希臘歷史神話中大大有名的米諾斯王朝，即後來在克里地島上克諾梭斯古城發掘出的地下雄偉宮殿遺址，其間亦有廁所痕蹟留下。廁所的牆壁係用花斑大理石砌築，並有木製馬桶座位，可以想見其設備之美輪美奐，有人甚至猜想當時可能已有抽水排洩裝置，但苦無遺物可資稽考。米諾斯王朝建於公元前二〇〇〇年，距今已有四千年歷史之久，足證古人對於如厠一道，早已相當講究。

古代羅馬及印度河谷中某些有歷史的古屋廢址，均可見用水冲廁所的排水道遺蹟。自然，當時從野外引水入屋，再用水冲洗廁所，將糞便排入陰溝，工程相當複雜。

此種城市公共衛生工程，到中世紀歐洲大爲衰落，中古時代的堡壘內，雖然牆壁圍繞的小間廁所，在豪華堡壘甚至每一臥室內都附有一間這樣的小型廁坑，但四壁蕩然，並無任何裝飾點綴，廁坑之下係一長管道，通往堡壘邊的護牆小河或山坑中。堡壘週圍如無小河或山坑，則爽性在地下挖一糞坑，曝諸天日之下，臭氣冲天，蠅蛆飛繞，令人厭惡。貴族們在堡壘內養尊處優，對於是否影响公共衛生，非但不加關心，甚至一無所知。

但他們又死要面子，對於這個簡陋的廁坑，也要加以文雅高尚的命名，稱之爲「衣橱」、或「更衣室」之類。

中世紀的巴黎，不但是法國的首都，同時也是歐洲的首邑。但在花都巴黎街頭，十步一厠，百步一坑，四處林立，觸目皆是，而最失體統的，便是這許多公共厠所，他們都無屋頂上蓋。

「太陽皇帝」路易十四興建凡爾賽宮，豪華奢麗，冠絕一時，但凡爾賽宮中的厠所最初並無門閂之設，即使裏面有人，外面也可以隨便一推入內。直至路易十六時，覺得這樣實在不大雅觀，才在每一洗手間裝上門閂，藉對後來者擋駕。

抽水馬桶是誰發明，雖已無法查究，但首先登上世界第一座抽水馬桶「寶座」的榮耀，却應歸功於英吉利女王伊利莎伯一世。

歷史記載，女王首先在雷區蒙離宮內裝上厠所抽水設備，只要在馬桶上一按手掣，則水箱內的水自會冲出，將馬桶內糞便冲下管道，其設備方法或有不同，推其情形却頗似今日抽水馬桶。但在英國貴族社會及民間，厠所抽水設備直至一七七〇年後始逐漸普遍。

法國也很早流行這樣新玩意，但稱之爲「英國厠所」。因爲抽水馬桶這玩意，畢竟是英國首創，流傳到歐洲大陸去的，只是一到法國，它才急速開始流行而已。

書本上記載，一七七五年，一位倫敦商人首先申請將抽水馬桶註册專利，到一七九七年，他先後售出了六千個抽水馬桶，儼然成爲了一個小富翁。自然，他的貨物是售給歐洲各國的一些貴族王公與豪門鉅富的，普通市民都無力購買。

但是在英國，却要到一世紀後的一八六五年，倫敦一地才開始有大規模的地下排水工程。在此以前，全靠古代羅馬征服者所構築的幾條地道水道，以供整座倫敦城之用。由此不難想見，當時英國京城倫敦市區的公共衛生情況，實在並不高明。

與這情形遙遙相對的是今日美國，全美各地的房屋中僅有百分之七十四有充份的自來水供應（包括熱水，抽水馬桶，浴缸或灑花淋浴設備），其餘的四分之一的居民，他們要享受抽水馬桶，便只好求諸公共厠所了。

男女授受不親的時代，雖已過去，但是男女厠所却一向劃得一清二楚，男人跑進女厠所，女人跑進男厠所的尷尬場面，也只有在電影中看到。可是日本號稱爲東方文明國家之一，許多年來，却一直男女同厠，男女同在一個厠所大門進出，裏面才稍爲分開一些。抗戰勝利後我初到瀋陽的第一晚，參加中蘇聯誼會的舞會，推進厠所忽覩女人，爲之大吃一驚，後來才知道，日本男女向來非但同性可以共舞，而且異性同厠。時至今日，日本許多地方還保存着這種遺風。

日本人的厠所，至今有些地方雖仍男女不分，但在「研究公衆衛生」的大題目下，早稻田大學社會系學生，曾由系主任領導下，對日本男女使用厠所的習慣，作過一次廣泛的調查，而得到下列的資料。

東京市內公共厠所可隨時隨刻使用的，祇有火車站、公園及街頭公厠。據早稻田大學調查所得，商辦鐵路各車站均無厠所設備，國營鐵路與電動火車的厠所設於閘內，祇有東京都鐵路局各站方於閘外設厠，非搭客亦可使用。

日本「清掃法」第九條規定，市、鎭、村均應設置公厠及垃圾箱，妥加管理。法律上公厠應屬厚生省環境衛生部，但實際上都由各縣市自理。東京都廣播室「首都美化資料」顯示，現在有公厠四〇八個，公園、兒童遊樂園內厠所六五一個。

東京公厠原由建設局管理，後移交清掃局。由於人口激增，公厠漸感不敷，世運期間曾擬增加流動厠所十八個，結果僅設五個，其中兩個係國際獅子會贈送。

目前，東京中央區平均每三點三公里設公厠一個，日本建築學會發表，倫敦每千人有公厠一・三一個，東京每千人僅〇・一個。

日本人口劇增之下，何以不增添公厠，政府

清掃局解釋道：因市內缺乏公地，而擬附建公廁地點，又遭居民反對。日本公廁管理與設備甚劣，惡臭難聞，約百分之一三係木建，及新式建築而有抽水設備者約佔百份之二五，使用者又缺乏公德心，抽水瓷便器也常告失竊。日本廁所的另一特點是至今不劃分男女。

男性經常使用公厠的佔百份之一六，女性百份之一。不使用的原因，由於外觀骯髒，無內部鎖匙，內部污穢，不分清男女，無抽水設備，臭氣迫人。

據東京都警視廳報告，一九六五年因當街小便而被捕的人有二千六百五十三人，而未被拘者則不止數十倍。最熱鬧的銀座週圍橫街小巷，隨地小便事屬常有。普通人每日最少小便五至六次，祗有百貨公司有免費，但假日不能使用，其他商業性厠所，晚上亦均關閉。

香港最早的新式公立厠所，附設於皇后大道拱北行，落成於一九六三年，設備佳而收費廉。那年九月市政局議員曾在市政會議上對公廁問題提出討論，在各報港聞版佔了不少篇幅。就其內容而言，它是爲政府財政損益着想，無微不至；就讀者立場，看來簡直是篇不可多得的幽默文章，有始情悅性、開胃潤肺等意想不到之效力。

發言最多之一位議員老爺，其言曰：「從商業觀點言，該地價值極高。附近希爾頓酒店樓下舖位租金，每方呎二十元。假如該公廁佔地五百五十方呎，則每月租金爲一萬一千元。又假定每日如厠人數爲一百人。則平均每人應負担三元六角。現在每人收費一角，每次政府賠貼三元五角強，亦即每次耗費了納稅人三元六角餘。」

那議員又指出，拱北行位居銀行區，設置厠所，殊不雅觀，他說不明白對面的銀行及隣近的酒店何以仍不提出抗議。他建議，若必須有此厠所，亦宜改設拱北行街後面，近停車場那一邊。

另一位議員老爺則說，不妨再試看幾個月，若使用的人不多，可以封閉，若使用人多，可以改設拱北行後邊，議案結果全體通過。但時隔七年餘，該厠所仍設原處，未有移動分毫，而且收費也未有漲價。

去年萬國博覽會在日本大阪舉行，由於觀衆人數衆多，會場內建有「洗手間」七十九所，這數目是經專家設計決定的。

假定星期日及節日的入場者人數爲六十萬人，午後三時爲一日之中「高峯」時刻，這時留在會場上的觀衆，男的將爲廿五萬人，女的將爲廿萬人。假定男性每一五〇分鐘小便一次，每次需時卅秒。女性預計每二四〇分鐘小便一次，每次需時六十秒。根據這些理論上的次數，午後三時高峯時間，在會場中同時使用洗手間的男女，將爲一九八八人。

專家據此推算，決定百分之女性觀衆需要在會場內使用便所，於是世博建了洗手間七十九所，包括男子小便用便器六〇〇個，大便用的二四〇個，女用的七五〇個，共爲一五九〇個，鑒於日本女性對坐式的便盤不甚習慣，特別加築一六四〇個「穴」，分佈於七十九所洗手間之內，供日本女士使用。但結果參觀人數超出預算，影響所及，上厠所的人都要排隊，平均要等差不多十分鐘方能入內，所以萬博的厠所設計不算成功。

台北市在省府管轄時代，顏春輝任衛生處長時，市區內沒有公厠，行人若內急，便只有到僻靜地方去方便。到了許子秋繼任衛生處長，不知道他去什麼外國考察回來，便發動在台北市建築了不少的公厠，其形狀有點像蝸牛，進口的地方，左有洗手水喉，右方稍旋轉向內是小便處，再轉畧偏左是大便處，時人稱爲「子秋式公厠」。

這種建築的基本缺點是地面的高度不夠，易積水，加以缺乏管理，而市民的公德心好像又差着點，開張不久，多數厠所的水喉被扭斷，地上污水可浸上鞋面，甚且還有便尿外溢，穢氣薰人，不但失却解決路人排泄問題的作用，且有礙環境衛生及觀瞻。因此，這種不知耗費了若干萬公帑才建成的「子秋式公厠」，即陸陸續續被折除。

迄至目前，已變成直轄市的台北市，其所轄的「養護工程處」，方在今年元月十九日上午舉行的工務督導會議中，提出了一種新型公共厠所的設計圖樣，並預定在台北市寬濶的一條道路——愛國西路，首先建築。據養護工程處負責設計此種公厠的人說，這種厠所是三角形亭樓式，內分男厠女厠各一間及管理人一間，面積十五坪，建築費約台幣十五萬元。

美國商場，最近發生了一個有關厠所的問題，該問題於今年一月二十四日在一項稱爲「種族與就業」報告說：公司厠所產生了白人與有色人種間各種不同衛生習慣的問題，但是報告中對問題內容及性質詳情如何，未加闡述。意見的一方面是由於習慣不同，分開使用似乎有其必要，但在另一方面，如果公司建造不同的厠所以供白人與有色人種分別使用，則難免加强種族歧視之嫌，因此這將是一個需要詳細研究而不易解決的問題。

「厠」上談兵　王澤畫

馬場三十年

老吉

上期講到，「渣甸馬房」與「馬伕賽馬」，漢口天津來港的騎師等，戰前我對賽馬所記憶得的一切，大約已講了十之七八。現在再要談一下：戰前由外地聘來專門在春季週年大賽的兩位有名騎師，作爲戰前香港賽馬的結束，以後我便要談談在香港淪陷時期賽馬我所記得的一切了。

李大星君

大約在四五十歲或以上，對賽馬有興趣的港、滬、漢、津，以及青島各馬場熟悉的馬迷，一定會記得有一位傑出的騎師李大星君。

李君卒業於上海交通大學，（那時候並不叫交通大學，而是叫交通部上海工業專門學校），他兄弟很多，而都在同學肄業，我所知道的，有一位李大勝君、李大深君，還有一位李大裕君，大深君在戰前担承影片發行事業，與已故的張善琨學兄是同事。

李大星君在天津與漢口担任業餘騎師，當時中國內地和香港賽事，完全用中國（蒙古）馬賽跑，他賽馬時用的英文名是 D. S. Lee，我想現在香港的退休老騎師，像晏加那生、保亨、畢浩清、童振遠各位，一定會記得這位傑出騎師李大星的。

因李君的騎技，名滿全國，其優點是鞍韁妥，檔子緊，騎得狠，鞭策有力，而對每一塲如果他有馬上陣，他必定對同塲各駒的質與態，研究得十分清楚，然後再決定出擊與否，所謂「知己知彼，百戰百勝」，所以李君上陣時，如果是大熱門，失手的頗少，而短兵相接之時，因他的騎技，高人一等，往往就在最後一剎那，贏了對方一馬頭。

因爲騎中國馬和現在的騎澳洲馬，大不相同，須知中國馬尺寸低，馬性懶，不像澳洲馬尺寸高，懶馬少，又何況每一匹中國馬，賽跑時不能單靠鞍韁，而大前題是完全靠檔子，如果騎中國馬而檔子不夠緊，想牠們前進，是十二分不容易的；不像澳洲馬，鞍韁穩緊之外，檔子要飄，不須用大力，比較上便容易得多，所以騎中國馬與騎澳洲馬不同而且難得多。

但是有一點我却要爲各位一談，因爲騎澳洲馬也有一點難處，而這是騎中國馬所沒有的，難處是什麽？便是如果一不小心而墮下馬來，危險兩個字，要比中國馬高出不少。

原因是中國馬高度低，在本港戰前的中國馬，最高的不過十四掌一，（一掌等於四英寸，由馬頸與胸部之上算起到足部爲止，頸部以上不算），多數在十三掌二三之間，（也即是五十四至五十五英寸之間，亦即四尺六寸之間），馬匹低，翻步慢，跑得也慢（中國馬跑一英哩的時間，最快的約在一分五十一、二秒左右，最慢的一分五十七八秒也有，而澳洲馬現在最快的能做進一分四十秒，最慢的也在一分四十八秒左右，其速度和中國馬相差太遠，而每一個骨（兩化郎），中國馬最快的總要在卅秒以外，而澳洲馬則有的可以快到廿二三秒。記得在卅年前，香港初有澳洲馬時期，老友名騎師趙連壁兄，在第一次騎澳洲馬試跑之後曾對我說：「中國馬賽跑時，馬的的步伐，步步可以騎在馬上向地面看得清清楚楚，可是澳洲馬試跑時，已連馬腳都看不見，而且戰戰兢兢，好像在騰雲駕霧一樣，眞正嚇煞人！」於此可見澳洲馬比中國馬快得多了，而澳洲馬尺寸高，翻步快，跑得也快，所以很少聽到騎中國馬賽跑時，騎師在馬上跌下馬來，而澳洲馬則墮馬是家常便飯，早課時有，賽跑時也有，而且本港已有幾位騎師因此喪生，於此可見，騎中國馬與澳洲馬之各有長處，也各有短處了。

李大星君戰前每逢週年大賽以後，由當年的大馬主江氏兄弟（江筱侶氏昆仲），特請來港爲他們的「星」字馬（Star）出賽，我還記得當年江氏有一匹中國搖會（執籌）馬，名字叫做「克勒特星」（Celtic Star），論馬不及薛覺先五哥那匹「火星人」（Marsman），可是有一塲錦標賽事，李大星就是以個人騎技而將「克勒特星」擊敗了「火星人」。因爲他最最擅長的是在馬匹跑到最後短兵相接之間，人家看看他的坐騎會輸半個馬位，而他就能在這最後關頭，憑他的催推絕技，反而可以贏一個馬頭，這是凡本港馬迷有三十年以上資格，而看過李君的絕技者都知道的，李君騎「克勒特星」贏「火星人」，就是用的這一套絕技。

不過他也不常用他這一套絕技，因爲這一套方法對馬匹體健，絕對不利，原因是他施此絕技時，馬韁必須向左右大力磨動，經他這一磨動，馬齒痠痛不得不向前使勁直衝，馬是贏了，馬齒却因此而大受影響，因而李君非萬不得已時，不

肯輕易用此絕招，本港的畢浩清老兄，也學得李君這一套，不過施之於澳洲馬比較容易，不及中國馬難，所以能施此絕技於中國馬身上，就顯見李大星的功夫非比尋常了。

一九三四年起，香港馬會逐步採購澳洲小馬來港，騎師們爲適應環境，便紛紛習騎澳洲馬，李君當然也愛馳騁一番，好在他藝高人胆大，而且騎術有相當底子，所以騎澳洲馬，一樣有料，所謂能者無所不能，後來澳洲馬一流名將也即是我以前提起的「能幹女神」（Able Amazon），負一六五最重磅，（當年的澳洲馬，最重要負一六五磅，不像現在，負磅越減越低，好比今年第六次賽馬第一天起，也即是本刊出版前兩天的三月十三日，最重磅已由一五九減爲一五四，與當年的一六五相比，相差了有十一磅之多了。）能一連贏三四場頭馬，馬會當局，便將此馬與中國馬王「自由灣」一樣，列在祇準出賽不準博彩之列，也即是我以前寫過的跑第一的作爲頭馬，「能幹女戰神」祇能獲得跑第一的獎金，而不接受投注，這可見此馬之傑出，更可見李大星騎澳洲馬時間雖然不多，也有相當的造詣。

戰後，本港恢復賽馬，江氏兄弟已不再養馬，李大星君亦未再到香港馳騁，迄今忽忽二十多年，李君今在大陸抑或在他方，未知消息，計算起來，李君如果尚屬健在，至少高齡也有七十開外了。

晏加那生君

李大星君之外，還有一位晏加那生君，晏君是西洋籍人，他現在仍在香港，執業股票經紀，今年也有七十高齡開外，但因四十多年來，由上海到香港，一直對賽馬事業，興趣盎然，對這一行運動始終愛好，除了馬房中人外，晨操爲日課的也好，第一件要事便是起身早，無論寒暑，逢在賽馬時期，必須每早在六時以前起身，因爲起身早，而且在空曠的馬場中，空氣清新，是必然的，所以每天吸收新鮮空氣，對健康上當然十二分有益的。凡是騎師們，如果平時再能小心自己的身體者，無不年過五十以後一樣雄糾糾氣昂昂的，譬如晏君、畢浩清君與童振遠君等，個個年逾六十歲，可是望上去至少要年輕十五到二十歲，於此可見，新鮮空氣之於人生，何等的重要，當然此是其中之一，其餘早起與晨運運動的各位，又何嘗不身壯力健呢。

晏君四十年前在上海，也是以騎中國馬開始的，因爲他是西人，上海賽馬會的靜安寺路馬塲中，時時見他馳騁縱橫，但在香港戰前週年大賽，也是應邀來港主持賽事的。

當年請他來港上陣的，是大馬主余東璇。

余君在生前，不但在香港，而且在馬來亞也是大馬主，因爲余君原本是馬來亞巨商，在香港的事業，不過是小部份而已。（現在大道中的余仁生藥舖，便是余氏的物業之一。）

因余君來往港馬，（當時叫港星，港是香港，星是星加坡）在淺水灣更有一座相當雄偉之別墅，所以在本港也豢養了不少中國馬。

余君的馬匹，第一個英文字是Rose「玫瑰」，而每逢週年大賽，他從上海請來香港的騎師，便是晏加那生。

記憶所得，大約在戰前三四年，余君自購自運了幾匹中國好馬，一匹Rose Elect（選舉玫瑰），另有一匹却不用「玫瑰」而叫做「金馬崙」（Cameronion），這兩匹新馬，「選舉玫瑰」可奪「打比」，「金馬崙」也可以奪銀杯，所以當年余君非常高興。

大賽時，「金馬崙」果然奪得了「美國會所杯」，但這一塲賽事，報名馬雖然不少，而上陣之時，却祇有一匹「金馬崙」單獨出賽，而其餘各駒，全部棄權，結果由晏君策騎此馬，由出馬圈草皮，踱步到會員席前，然後掉頭，再踱步過終點，此賽便算順利完成，余君夫婦便由美國會所首長頒贈銀杯，攝影三呼。

在余君而言，寶駒奪得錦標，當然十分開心，可是在美國會所方面，會員們却大大的不開心，眼看一具銀杯，竟然無馬出賽，而祇有一匹馬不勞而獲，似乎馬會方面不預早安排，因而失了美國會所各會員的面子，因而事後召開同人大會，特別將此事提出討論，結果一致議決，以後該會所，對香港馬會週年大賽時，取消贈杯留念，這具「美國會所杯」，在戰前就此與香港馬會絕緣。

戰後，香港在一九四七年恢復賽馬，一連二十年，不論週年大賽或週末賽馬，各式各樣的「會所」銀杯，陸續增加，可是「美國會所杯」却始終不見出現，一直等到前年，纔由該會所全體議決，重新贈杯與香港馬會，因爲此杯再在香港馬會贈送，計算起來，除掉日本人佔領香港時代不算，「美國會所杯」與香港馬會足足分別了有近廿七八年。

這是香港賽馬史中所空前也可以說得絕後的一件值得紀念的大事，因爲單騎出賽已是難得見的奇事，而「美國會所杯」祇有一匹馬競爭，則更是奇上加奇，空前是因爲香港馬會在此以前確乎未曾有過這樣的事件發生，絕後則在香港馬會當事人當年未料到有這種情形發生，突然而來當然補救不及，現在是前事不忘，後事之師，受了一次教訓，以後難道還不預防，何況現在賽馬的馬匹上陣與否，在賽前一天早已排位預知，而且也不會再有一匹出陣的事發生，至少總有四五匹上陣，所以這一件「美國會所杯」事件，確乎可以稱得上「空前絕後」了。

好在晏加那生現在也在本港，而余東璇夫人與余君的幾位公子經鉞、經侃等也都在本港，當年他們雖然還是小孩子，而余夫人則是身歷其境者，因爲領這具「美國會所杯」時，余夫人也在塲也。

余夫人現在本港仍舊豢馬，「東山霸王」與

「東山少將」便是她的寶駒，彩色號衣仍用當年余氏的顏色，不過上下調了一調，余氏以前是「深紅色衫金黃色帽」，而余夫人則改爲「金黃色衫深紅色帽」而已。

余氏還有一匹參加當年「打比」的名駒「選舉玫瑰」，據說出自名種，余氏以重金購來，圈內人都因第一次看了此馬的演出，也認爲牠確有問鼎「打比」榮譽的機會，開賽之日，余氏興高彩烈，據說還叫人抬了兩箱香檳酒放在馬會他私人的包廂之內，預備一贏「打比」，便開香檳招待親友，不料在開賽之後，此馬在起初時，跑得龍精虎猛，等跑後半哩時，却節節敗退，（當年跑「打比」，路程是一哩半，並不像現在，祗有一哩一七一碼），結果跑了一個「梗頸四」回來，令余氏懊惱非常，香檳酒祗好送人，一場歡喜，無形消散，後來據晏君說，此馬確是良駒，不過不是長途馬而已。

關於晏君的騎技，我的批評，雖不能說完全追得上李大星，却也至少有八成以上。因爲他計算之準確，騎術之精勁，現在的騎師，萬萬不能及他的十一，這一點，晏君的老友畢浩清兄，現在也在本港，當然可以爲他証明。他在本港馬會中，也曾養了多年的馬匹，最近退休的「妙蹄」，便是他的寶駒之一，但看此馬，質雖不高，而在晏君手中，從一九六四年到一九七〇年六年之中，由新馬編第七班，升上了第六班，再升第五班，三升第四班，再由第四班一路降到第八班，一共得了頭馬八次，位置四次，而在去年十月廿一日第一次賽馬的第三天第三場，牠在第六班中還由彭利來爲牠爆了一次大大的一哩冷門，獨贏派彩一百四十五元一角，孖寶上搭第二場大熱門衛林士的「金星」，派彩一千一百五十元正，而連贏位配腳是梅道登騎的大冷門「安全第一」，派彩至二千九百卅九元，當時「妙蹄」居然還能做一分四十四秒一的大好時間，便是晏君的傑作之一，因爲他老人家年高，早已不在馬會正式上陣，但因自己養馬，所以申請了早課晨操的照會，他對「妙蹄」的早課，凡有出賽之時，經常自己在早課時馳騁，以測驗此馬的體健，試準了纔決定上陣時的騎師和出擊與否的決定，在彭利來騎「妙蹄」前是蘇國仁，不知怎樣在贏馬之後忽然換了彭利來，可是彭祖就爲他贏了這一場大冷門。後來再交回彭君上陣，此後便由蘇、彭兩人輪流騎。但因「妙蹄」是雌馬，體健往往不能長期保持佳態，到本屆已降到了第九班，初出紅牌生賽便由鄭康業爆了冷門，這又是「差利」（晏君的小名）的傑作。因爲鄭君初次出馬，剛贏過一場「穩健世界」頭馬，「差利」看上他，便毅然請小鄭救馬，一擊即中，「妙蹄」贏馬之後，便逃出生天而升第八班，又跑了兩次，晏君見此馬總歸要淘汰，何況六年來爲他獲得了六萬一千五百元的獎金，平均每年一萬元，惜馬如命的「差利」，便向馬會申請此馬提前退休，一來可以使「妙蹄」在馬會做腳馬頤養天年，二來他明年又可優先申請得七二年度的新馬，（馬會例，如果馬匹提前退休，下屆申請馬匹，可以有優先權獲得），一舉兩得，又何樂而不爲耶。

關於晏君的騎術，在香港我看得多了，可是有一次在上海看他騎中國馬「四海」（譯名）跑一哩二五，確乎騎得出神入化之至。

時間大約在卅一年前，在上海跑馬廳有一場E班馬一哩二五，出場馬大約有二十匹左右，上海馬場比香港大一倍，晏君的「四海」是大熱門，我莫名其妙地跟內行朋友也買了二十元獨贏票，（因爲我當時是回上海探望家人），看晏君的編號顏色，是紅衫紅帽衫中間好像有一瓣綠色的葵花，所以顏色十分悅目，上海馬場一哩二五大約在香港馬場六化郎那裏起步，我用望遠鏡看晏君起步便在後面，一路跟在內欄，一直跑到石牌樓，（也即是香港的大石鼓），仍是包尾，不知道怎樣一轉到直路，晏君已很快由內欄衝到了前面，就此一帆風順而跑了第一，於此可見中國馬不易騎，而要騎出後勁更不容易，此後晏君在港騎澳洲馬一樣使得。前幾年他因年老，不出賽祗作自已馬匹晨課，近兩年則連早操都不騎，因爲他已年過七十了。

讀者黃桂生君來函詢問：以前的名騎師陳博君與鄧肇垣君近況，茲奉答如下：

陳博學長，（他是交通大學的體育教員，）自從沙田騎術學校地址爲政府收回之後，便與名騎師校長劉家麟兄分手，轉在林國樑兄創辦的九龍騎術學校担任上午班教師，（下午班由名騎師諾脫（Mr. A. Noodt）担任，通訊處是大埔道七咪半鷄記農場（劉家麟兄則在沙田雍雅山房過去的沙田騎術俱樂部任教）。

鄧肇垣兄，近年來因患上了嚴重哮喘病，體健比較差了一些，但在週年大賽時，我還在會員席五樓見他策杖觀賽，與他談話時，聲音頗低，一問原因，方纔知道他得此頑症，他的近址在香港渣華道一二一號，電話：六一二〇五九號。

戰前賽馬及其他情形，到此作一小結束，以下我便要談談日本人佔領香港時期賽馬情形，特別是馬場中如何作弊，形形色色，洋洋大觀。

點綴昇平

香港於一九四一年十二月二十日爲日軍佔領，因爲山光道馬房未受影響，而且飼料充足，戰期不長，所以馬匹情形頗好，而且一九四一年的新澳洲「打比」和「搖會」（執籌）馬剛剛運到和操練了兩三個月，那時候馬房中至少有新舊馬四百多匹。

日本軍人政府在香港成立了「佔領地總督部」之後，屬下的獸醫部份，便對馬會引起了極大的注意。

那時獸醫部最高的職位是佐佐木少校，他是一位中意賽馬的軍人，（日本人一般都中意看跑馬的，）於是便想恢復賽馬以點綴昇平了。

（十）

滑稽

小說 電影 唱片

徐卓呆

徐卓呆先生是一位在上海著名的滑稽人物，本刊上期就提及他在上海辦「現世報」的故事。本文是他的一篇舊作，反映我國滑稽小說、滑稽電影、滑稽唱片的形成，是一篇相當完整的第一手滑稽資料。

我國戊戌之後，梁啓超在日本橫濱辦「新民叢報」時，始有新小說出現。翻譯了許多外國小說，其中也有創作。在翻譯外國小說時，也曾介紹幾種外國著名的滑稽小說。嗣後上海「小說林」，也有外國滑稽小說的翻譯，如「啞旅行」、「法螺先生」等等。後來商務印書館的說部叢書中，也介紹過若干外國滑稽小說。而我國讀者，對於外國滑稽小說，雖然也感興趣；不過總覺得外國的滑稽讀物，另有一功。因爲中國的舊小說中，有很多滑稽趣味性很强的，如「儒林外史」、「鏡花緣」等。而「西游記」、「封神榜」等都是中國趣味。讀過了中國趣味的滑稽小說，而再讀外國滑稽小說，自然覺得不夠興趣了。我在學寫小說時，就有一種志願；也可以說是妄想，打算寫一部中國現代的滑稽小說，這還是二十四五歲的事。後來見「時報」上陳冷血寫了一篇「新西游記」，更把我的志願催促了一下；但一時得不到資料，便遷延下去，一直到我過了五十歲，才一朝興發，就寫了一篇滑稽小說「胠篋博士」，發表在「新夜報」。這是描寫一個滑稽竊賊，專用游戲方法，偷竊人家懷中之物，目的大半在開玩笑。有時盜了甲之物，納入乙的懷中，似乎惡作劇；有時勸善懲惡；有時揭破人家秘密；有時弄得人啼笑皆非。我在這小說中，創造了這一個主人公李阿毛，是一個滑稽人物。他目的幷不一定在金錢，而是在游戲人間。我每一天刊一則，每天換一個方法，我寫了只有四十八天，我的技窮了，也可以說李阿毛的技窮了，我只得就此結束。人家都勸我說：「這麽一篇很轟動人的小說，不到兩個月，就結束，未免太可惜。」大家都要我續下去，我決計不續。我不打算演劇那麽一部戲紅了，便二本三本的連下去，續到後來筋疲力盡，弄得索然無味，然後無疾而終，豈不乏味？所以決不打算延長壽命；不料停刊之後，讀者們要求續寫的信，雪片那麽的到來。這一下，我的心不免有些動搖，似乎覺得很對不起讀者；但我不變初衷，我打算改變一個方法，來報答讀者。我就在報上，登一李阿毛啓事，大意說：「鄙人急欲出洋，所以小說已告結束；不過行期未定，我在出發以前，暫時在新夜報設一李阿毛信箱，與讀者諸君聯系。諸君如有什麽疑難問題，儘可投函該信箱，鄙人當選擇答覆。」

這廣告刊出之後，果然信箱的信，大量寄來，我就選趣味濃厚的，一一答覆；不過信太多，一天刊載的量，不過四五封，所以我擇優刊載。這答覆的信刊出之後，讀者更爲踴躍。

這李阿毛信箱，直玩到新夜報關門，我就把信箱喬遷到新聞報去。其時我已赴日本，信箱稿件，由報館寄往日本，而由我答覆。又玩了一年之久，因此李阿毛這空中人物，名氣很大。

我在「胠篋博士」之後，又繼續寫過一篇滑稽小說「萍哥的信」，也很滑稽，後來脫稿了，打算改編爲電影劇本，才把男主角改爲女主角，雖然是滑稽小說，大有勸善懲惡之意，後來改名爲「測驗」。

上海成爲孤島時，我又寫過一篇滑稽小說「我來了」，也曾發表過。主人公是一個虛無人物，來無影，去無踪，大半是開玩笑，也有賞善罰惡的意思。

最近在曝書的時候，忽然發現一本未完成的滑稽小說稿，尙無題目。這是敵僞時期寫的，仔細讀一遍，內容相當滑稽，精彩頗多，將來有暇，打算續完成它，題目暫定「日本憲兵隊」五字；但日本憲兵隊，有些血腥氣，不像滑稽小說的題目，現擬改爲「黎百鹿先生」，這是小說中的主人公，此人在日本憲兵隊，莫名其妙的吃官司，他是個樂天主義者，他喜歡開玩笑。他在憲兵隊內，耍些小玩意，大尋其開心，使日本人爲之啼笑皆非。後來日本人反而請他吃西菜，做洋服給他穿，供給他一輛汽車，儘他使用。他便瞎三話四，日本人都信以爲眞，原來相當有趣，續稿頗不容易寫呢。

在中國電影蓬勃的時代，我與汪優游，有一個希望，很想拍幾部滑稽影片。一打聽人家，一知道辦一個電影公司，總要五十萬元左右，節省一點，也非三十萬不可。我們兩個窮光蛋，聽了這句話，嚇都嚇壞人，自然只好失望；想不到有一個機會，遇到一個從東北流浪來的攝影師，他到上海來，正在找尋主顧，我與他一談，他自己有攝影機，也有小型放映機，他可以替人包拍片子，每拍一部底片加印一部面片，只消一百五十元，連藥水等在內。我們很有意思，計算拍一部片子，買底片一萬尺，計一千元，面片一萬尺，計五百元，共一千五百元成本，加上攝影師的一百五十元，計一千六百五十元，我們就躍躍欲試了。本來當時辦電影公司，只有三種人最難請教，第一個攝影師，現在包拍片子，已無問題。第二個是導演，我們可以自己來，也沒問題。第三個是主角，我們也可以自己來幹，就萬事不求人了；不過女主角，還成問題。我們自己的老婆，年紀太大，而女兒還小，於是打算去向朋友的家庭中，發掘他們的姊姊妹妹；不過滑稽片的女角，，相當不容易，於是計劃先拍三個短片，湊成一個拷貝，我立刻寫起腳本來，决定爲「臨時公館」、「隱身衣」、「愛情之肥料」三種。

「臨時公館」，寫一個住在閣樓上的王某，他把自己的門牌三號，對女友謊稱七號，在女友約定來的一天早晨，小王就到七號的友人小李家中，那小李已經去辦公了。小王就對他妻子說：「嫂嫂！你母親有病，要你快去。」那婦人一聽，便慌慌張張，抱了小孩子，要到浦東去，探望母親。小王就說：「嫂嫂！你快去！我來替你看家。」小王等那婦人去後，便在小李門口，貼「王公館」三字。果然女友找到七號，一看是王公館，就推門進去。小王殷勤招待，在客堂內泡了茶，二人談心。一會兒有人叩門，是收房錢的，原來小李已欠下三個月房錢了，一會兒又來一個討米錢的，也是拖延已久；收米錢的剛去，而舖子裏收和菜碗盞的人又來了，小王只好破鈔。他曉得小李是個負債很多的人，怕再有人來纏擾，他就把大門閉上，請女友到樓上去坐坐，避免討債的人再來，而大出其醜。不料剛走上樓梯，發見晒台上，晒着許多尿布，還有小孩衣服，一到房中，又發見一只搖籃，床前還有女人的鞋子。女友一見，頓時生氣，對小王說：「你不該欺騙我！你一向說沒有妻子；哪裏知道，你小孩也有了！」於是女友一怒而去。

「隱身衣」，寫有人得到一件隱身衣，把它披在身上，身體頓時會不見。他的老婆，約了一個情人，在家裏飲酒取樂。他穿了隱身衣，一對狗男女，看不見他，他一一都看得見他們。那情夫正在飲酒，忽然會空中飛來一記巴掌，打在他臉上。於是大驚，那丈夫把隱身衣披在身上，單單露出一個頭來，他忽而跳到桌上去，忽而伏在地上。於是只看見一個腦袋，會在室內飛來飛去，忽上忽下，鬧得狗男女十分驚慌，但無法捉住本人。

「愛情之肥料」寫夫妻二人，一向不很和睦後來在愛情上，加了一些肥料，居然發生效力，二人就要好起來，日後居然生了一個孩子。

我們第一决定沒有開銷，一味苦幹，拍一天戲，才有一天開銷，沒有攝影場，便借用人家的現成佈景，人家拍完了，我們就湊上去；不過換些傢具。這三個短片，費時不過半個月，已經完成。計算成本，一共只花了二千二百元，除了片子的費用一千五百元外，其他攝影師與演員及工作人員的酬勞與雜費，只花了七百元。試映下來，觀衆非常歡迎，而且電影院見大有描頭，願做包帳，我們見已經成功，就準備繼續拍攝。

我們的滑稽片，注重在情節與表情的滑稽。當時是默片，當然不能在對白或字幕上出噱頭；但我對於編劇上，對於攝影上，竭力主張多用「幻攝」。這攝影師對幻攝，相當有本領，技術在當時上海一般攝影師之上。他的幻攝，竟很能驚動上海的觀衆和電影界中人。

其時另有一家朋友的電影公司，他們砌了一副三眼灶，把戲拍完了，打算拆掉它；但覺得有些可惜，便來問我們：「你們有什麼戲可以利用？把我們的灶頭拆去？」我們答應了，當夜就編成一部拆灶頭的戲，明天就開拍。

一個醫生，因爲在飯菜中，吃到了一個蒼蠅，嫌厨房裏不潔，要親自下厨工作。他的夫人也不服氣，說道：「我們二人可以交換工作，我來代你去診病。」於是第二天，醫生下厨房，把一切葷素小菜，俱用石炭酸消毒，他在灶頭上劈柴，已把灶頭拆去了一角，他用醬油時，誤把火油當做醬油，以致鍋內起火。於是他慌起來，把灶頭用斧亂劈，磚頭落入鍋中，就此把一副灶頭，拆得乾乾淨淨。醫生之妻則代替丈夫去出診，病人是大腳瘋，這女醫生在皮包中拿出一把刀來，病人一嚇，急急逃走，女醫生追趕，鬧了半天，病人出了一身大汗，病就好了。後來病家送一塊匾到醫生家中，匾上乃「華陀之母」四字，弄得醫生啼笑皆非。這片子名曰「怪醫生」，醫生之妻一時來不及找人，就由我的太太扮演。

我們的電影公司，叫開心公司，我們怕失敗，怕人家笑我們窮幹，所以只算是尋尋開心，拿來遮遮面子。我們的商標，是猪八戒吃鑰匙。

「怪醫生」拍成後，再要湊一部六千尺的片子時，忽然那攝影師見「幻攝」大受歡迎，他就自編一部專門考究「幻攝」的影片，叫「神仙棒」。某人由仙人送他一根杖，這杖很有仙氣，他拿了這杖，即可大顯神通。他在車水馬龍非常熱鬧的馬路上游玩，忽然用杖對馬路上的人們一指，頓時間車也停了，馬也停了，路上行人，一一立定，有的人剛走了半步，一腳跨出，一腳尚未舉起，有的人正在說話，一張嘴張了開來，不及閉口，只管張着。奇形怪狀，非常滑稽，宛似泥塑的木偶。那人看得出神，再用杖一指，於是馬路上恢復舊狀，又是很熱鬧的活動了。

那人見人家屋頂上烟卤中有烟冒出，他用杖一指，烟就沒有了。再一指，不料非但烟卤中沒有烟出來，反而天空中的烟，一齊會鑽向烟卤中去了。眞是奇觀！後來他用杖在地上畫一圈，畫在自己周圍，這一塊地皮，便會上升，連他的人，一起升到天空。其時那月球正在笑嘻嘻的歡迎他。他便鑽入月球中去，於是暢游月中世界了。

「神仙棒」一出現，轟動了全上海，有萬人空巷之勢。我們趕快要拍「怪醫生」的第二部，有一個女演員，大家說她善演蕩婦型的角色，於是叫她拍一部片子，叫「活招牌」；不料此片和「怪醫生」併起來，還不到一個拷貝，於是由張冶兒與周空空來客串，拍一部「活動銀箱」，湊滿三片；但試映下來，生意不及「神仙棒」。實在「神仙棒」風頭太足了，於是決計不再拍短片，從此專拍長片，下一部定名「雄媳婦」。

有一富家女兒，和一個看門的發生了關係，肚中有了孕；但體面攸關，便欲招一個形式上的女婿。恰巧有一個窮得很重體面的讀書人，就招他來，結婚就是職業，他總算有了吃飯地方了，這樣的夫妻，當然會鬧出種種笑話來了，「雄媳婦」也相當成功。

接下去拍一部「千里眼」，有人得了一千里眼鏡，他閉門家裏坐，可以縱覽全世界名勝，而且能窺探人家秘密，滑稽之至。

後來九畝地新舞台，委托我們拍「連環戲」，我們就担任下來。連環戲一半在舞台上演，一半在銀幕上映，凡高山大川鐵路輪船等等台上所不能演的東西，都用電影。這連環戲，一共拍了兩部，一名「凌波仙子」，一名「紅玫瑰」。這兩部戲，雖然電影只拍得一部份；但我們把電影銷到外埠去，却是完整的一部，所以也曾將台上部份，補拍完全，又費了許多工夫。

南洋客人，很歡迎我們的滑稽片，他們打電報來定貨，點戲要拍一部「劍俠奇中奇」，我們便拍了上下集，共計兩部。劍俠的玩意兒，大可以利用幻攝，噱頭很多，又相當成功。

晚年的徐卓呆

新舞台本有「濟公活佛」一劇，號召力頗大，我們又拍了四集「濟公活佛」，我們把在舞台上不能發揮的噱頭，在電影上大用腦筋，頗得觀衆歡迎。試舉一例：濟公忽然買了許多鹹魚，人家以爲和尙吃葷，犯了戒律，許多人便跟在他後面，看他怎樣；不料濟公來到放生池邊，把許多鹹魚，一齊抛入放生池中放生。說也奇怪，那些鹹魚，一到池中，都活潑潑地各自游去了。這鹹魚放生，便是舞台上無法表現的大噱頭，而銀幕上則大受歡迎。

到新舞台關了門，我們一切的條件不夠了，開心公司就此結束；不過開心公司以後，未曾有過專拍滑稽片的公司，可稱空前絕後。我們唯一的條件，決不是單單扮幾個鬼臉，就算是滑稽片，似乎還有點意義。

大中華唱片公司，是華商唯一的公司，主人許冀公，是台灣人。他把許多日本留聲片，開給我聽。日本的留聲片，不一定是唱片，有許多是一個人扮的隔壁戲。還有許多，是兩三個人的短劇。他與我商量，要我給他編這一類東西。我參考之後，在一星期中，編成了十二面片子。他還要我自己來玩。我就去邀了陸希希、沈冰血、張桂枝（女）等三四人，把這腳本練習。其時，我已移居郊區，所以很不容易聯系，我們就在四馬路旅館中開了一個房間，天天練習。練習了若干日子，方去灌音。灌音是分四個上半天實行的。大中華在大連灣路，地點相當的遠，我們四五人，每天用汽車開去，大約每天灌一二張，我們都是初次嘗試，大家無不小心從事。

我自問編腳本，編得很滿意，而且趣味是多方面的，絕對沒有雷同的地方，而大中華的灌音，也相當清楚；不過我們的練習時間太偪促，似乎不很純熟，有些生硬，這是缺點。最近，看見報上說有人在搜尋我們這十二面片子，我嚇了一跳。自己想想，事情相隔已久，連片名都忘了，一同從事的人，死的死病的病，也無從打聽了。我搜索枯腸，只想得了三四張題目。後來打電話給唱片收藏家老友丁悚兄，他給我考查了一下，方始知道這十二面片子的名稱。茲特開列如下：

半夜敲門（兩面）　**隔壁房間**（以下皆一面）
看告示　**調查戶口**
新吃看（蘇灘中本有「吃看」，故加一新字。）
西洋鏡　**百弗得**
殺頭生意　**萬寶全書**
啥個說話　**哈哈大笑**

現在丁悚兄處有三張，我女兒買得二張舊的。我在一、二八之役，全家付諸一炬，不但唱片燒去，連說明書都無從查考了。

一九五八年

越吹越有

（相聲）

倪匡

武俠名家小倪匡，創作相聲試牛刀；大塊文章隨後到，寶劍出鞘先預告。

人物：張三、李四

（張逗，李哏）

（張、李登台，鞠躬）

張李：張三、李四，伺候各位一段相聲。

張：嗯，您貴姓？

李：姓李啊。

張：（不屑地）姓李，那可不怎麽樣，沒什麽大人物，就算有一個李世民，也是宰了自個兒兄弟，才當了皇帝的！

李：（向觀衆）嘻！歷史他倒挺熟！（不服氣地）那，您貴姓啊？

張：姓張。

李：（譏諷地）噢，姓張的有大人物？

張：有啊，張飛！

李：不錯，張飛是英雄。

張：本來嘛，家喻戶曉，老幼皆知啊，張飛的英雄事蹟可多呢，你看過三國沒有？

李：看過。

張：想當年，張飛血戰虎牢關——

李：（打斷話頭）嗳，慢點，虎牢關三英戰呂布，除了張飛，還有劉備，關羽！

張：噢，還有他倆？

李：本來嘛！

張：（聲勢洶洶地）你知道什麽，要不是他倆跟張飛拜了把子，誰知道他們是誰啊！他倆是沾了張大哥的光！

李：唔，你怎麽管張飛叫大哥啊！

張：他姓張，我也姓張，五百年前共一家，我叫他大哥，你管得着嗎，你！

李：好，好，怎麽着？吵架來了！

張：張大哥曾經在百萬軍中救阿斗——

李：（急阻止）好了，別說了，百萬軍中救阿斗，那裏頭沒有張飛！

張：（瞪眼）沒有張飛，有誰？

李：趙雲，趙子龍！

張：（撇嘴）趙子龍，他算是哪棵葱！

李：嗳你不用管他是那棵葱，這百萬軍中救阿斗的，是趙子龍的英雄事蹟！

張：嗯……這個這個這個……嗳，你只知其一，不知其二啊！

李：（向觀衆）看他還有什麽可以硬扯的。（問張）我怎麽不知其二啊？

張：這個這個這個……趙子龍……這棵葱，他是五虎將之一啊，五虎將裏頭，有張大哥啊，要不是五虎將裏頭有張大哥，誰知道趙子龍這個娃娃，趙子龍他是——

張李：（齊聲）他是沾了張大哥的光！

張：（笑）你可明白了吧！

李：（費解狀）我明白了，我更糊塗了！

張：虎牢關戰呂布，百萬軍中救阿斗，那還不算，還有長坂坡前退曹軍！

李：這才像話，長坂坡退曹軍，這是張飛的事。

張：（眉飛色舞）張大哥當橋而立，一聲大喝，嚇得曹軍，尿滾屁流，還有厲害的哩！（唱）喝斷了橋樑水倒流（做手勢）

李：他還唱「甘露寺」吶，唱得倒不壞！

張：一聲大喝，不但把橋喝斷了，還會河水倒流，你們姓李的，幹過這得意事麽？

李：那也不過是小說家的渲染罷了！

張：（怒）胡說，放屁，扯蛋！張大哥當年那一聲吆喝，我幫過腔來着，你知道嗎？

李：（驚駭地）你？你幫着張飛吆喝啊！

張：對了，要不是我幫着張大哥，他一個人能有那麽大的能耐啊！張老弟的嗓門雖然大——

李：嗳，張飛怎麽又成了老弟了哇？

張：我想起來了，我那一聲吆喝，嗓門比張飛還大，那長板橋其實是我吆喝斷的，歷史學家不明所以，算在張飛頭上，所以我是大哥，他是老弟！

李：（以扇擊張頭）你別挨罵啦！

（張、李鞠躬退）

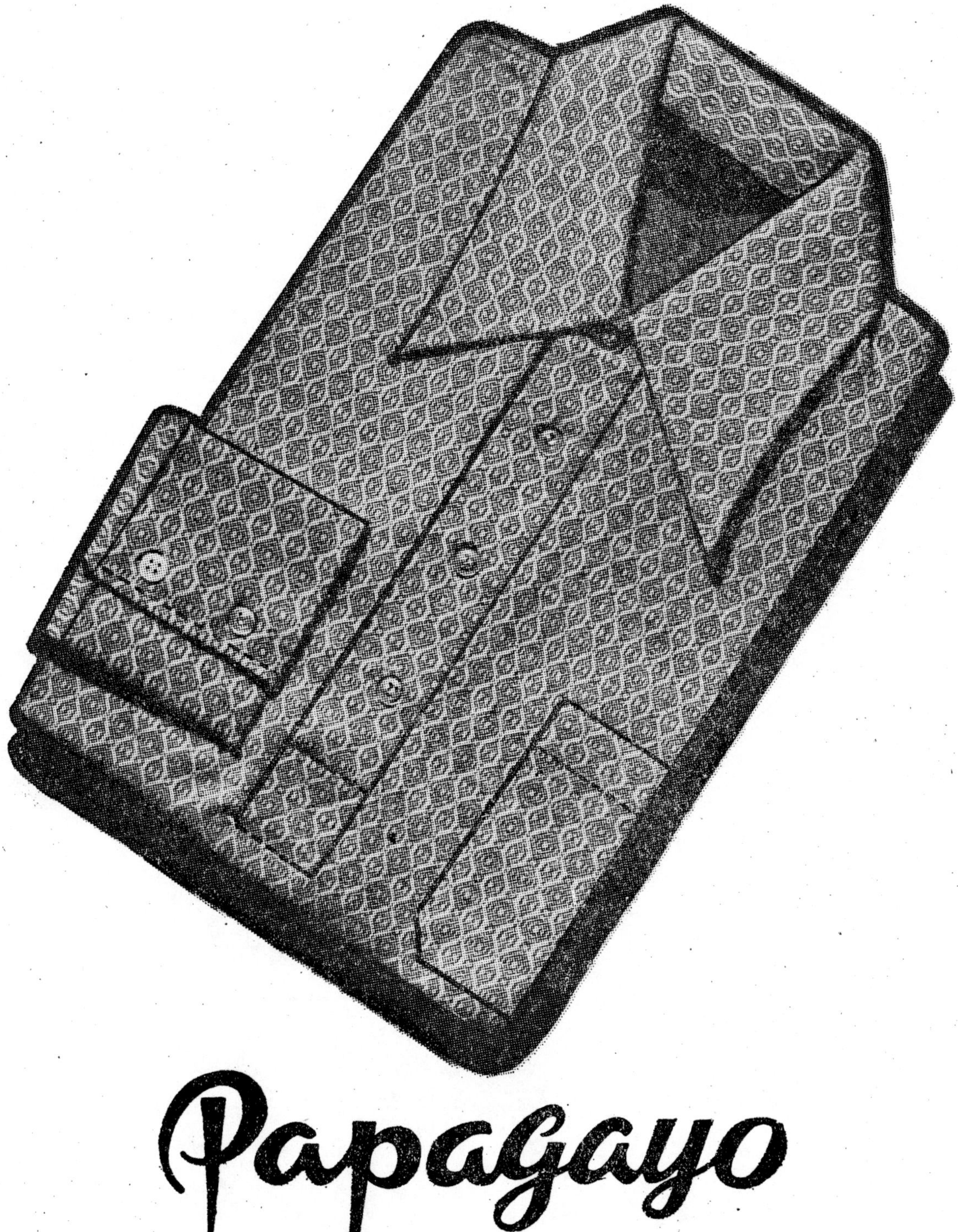

Papagayo

織花T恤·花色甚多

每件十七元九毫

大人公司 有售

舞台生活四十年

第三集外篇

梅蘭芳述
許姬傳記

香港天行出版社最近出版了梅蘭芳「舞台生活四十年」的第三集，這部書的材料，是彙集了香港文滙報和北京戲劇報所刊載的片段；但這部「第三集」不够完整，在第四章「從繪畫談到天女散花」中，漏列了「吉祥園初演散花」、「武戲文唱文戲武唱」、「在上海重演散花」三節很精彩的內容，並且把本文記者許姬傳的名字也删去，甚為遺憾！

梅蘭芳逝世後，他的文字在「文化大革命運動」中，被指為具有資產階級改良主義觀點，（見明報社出版中共文化大革命資料彙編第五集），今後他的著作在大陸已不可能出版，本文卽就「第三集」中漏列的部份刊出，並配合珍貴圖片，俾成全璧。

——編者——

吉祥園初演「散花」

我以前演的幾齣古裝戲「嫦娥奔月」「黛玉葬花」「天女散花」，首次上演都是在北京東安市場吉祥園。那幾年我在吉祥園演戲的時候最多，所以排了新戲總是在那裏演第一次，可以說我的舞台生活和吉祥園的關係是比較密切的。

東安市場內原有三個戲館，一個丹桂茶園；一個中華舞台；一個就是吉祥茶園。在民國十年（一九二一年）以前，東安市場曾經火燒過三次，那兩個園子都被燒了，只有吉祥始終很「吉祥」的，一直很興旺。在三次大火中有的買賣關了門，有的反而發展起來，例如榮華齋點心鋪，最初只是一個攤，在失火以後一次比一次興旺，由攤變成一間門面，而兩間，而有樓，而有南北號，這也是很有意思的事。

吉祥茶園在三次大火中巍然獨存，始終是一個很上座的館子。這個地方在舊式戲園中是建造得比較晚的，所以它的一切形式雖然都是舊的，却沒有台柱子，聽戲的沒有「吃柱子」的感覺。

北京舊戲園的規模，都是差不多的，一座棚式的建築，面積總是方的或長方的，三面是樓，樓上有包廂，包桌和散座。拿吉祥園來說，南樓和北樓各有幾個包廂，每個包廂都有兩旁橫斷的隔扇和後面的隔扇，像一間大屋子一樣，只留前面敞着。最前面的樓欄杆，欄杆裏面是一個三面樓全通的過道，這個過道不是為聽戲的走路用的，而是怕包廂、包桌裏的茶水果皮等掉下樓去引起下面的糾紛。這個過道天天大軸子戲快要上場的時候，有人來貼戲報子，南北樓各貼一個在欄杆外面，用大紅紙寫黑字或金字，大軸戲人名、戲名是一個字佔一張紙，是明天或下期的預告。

過道裏面才是包廂的欄杆，欄杆上面一道平板，可以擺茶點等等。裏面是方桌和小骨牌凳，可以坐十幾個人不等。凡是老聽戲的都喜歡坐南樓包廂，是全園最好的坐位，視線和距離都最適當，北樓和正面稍差。還有「倒觀」，是台的後面左右側離台最近，但是看背面，專注意唱工的觀衆喜歡在這裏。朱季黃告訴我，在他七、八歲的時候，每天他們一家人在南樓包廂聽戲，他大概也還記得一些情況。正面樓有三層樓，一般人都嫌太遠，不到那個地方去，只有大公主府的人在那兒坐，因為這個戲園是大公主府的一個包衣人（即僕人）開設的，所以在三樓招待他的主人。樓下兩根大柱上貼着「開市大吉」「萬事亨通」，戲台台蓋上面一槽隔扇，上面畫着十個大人像，是封建時代職貢圖的意思，裏面還有兩個西洋裝束的。凡此種種形式都和舊戲館是一般的，所不同的是樓下包桌和散座已經橫擺和戲台沒有台柱是革新的。

當時飯莊子的戲台也沒有台柱的，例如隆福寺街的福全館、什剎海的會賢堂都沒有台柱，但是這兩處都沒台蓋。舊式戲台的台蓋有天井，是聚音的設備，所以沒有台蓋在音量方面是很大的缺點，並且也不美觀。中國古典戲曲一切表演都是在方台上創造的，所以出場入場以及台上一切活動內容可以氣貫整個的舞台。吉祥園的台保留着方台的優點，取消了台柱的缺點，可是把重量放在台後的柱子上，台前兩柱的頂端仍保留一小

段柱子的形式，採取北京住宅垂花門的建築方法，懸着兩朵垂花，美觀而不礙視線，這是新舊過渡階段的典型。

當我演「天女散花」的時代，台上已經裝上了電燈，但並不是舞台燈，只是台前上下兩排普通的電燈，台蓋上有幾盞而已，所以還是不夠亮。每天在大軸戲將上場的時候，在台前左右吊起兩盞大煤氣燈，俗語又叫水月電，是戲園向電料行租來的。

演「天女散花」的佈景也是在這個方台上設計的，「散花」一場後面是一幅雲景，台的後半部平擺着十六張方桌，雲景拖在桌上，桌的前面也覆着雲景，維摩和文殊等都在桌前趺坐，十六張桌子佔滿了台的後半部，整個的雲景從上到下，在觀衆視線上是協調統一的。

梅蘭芳早年演「天女散花」劇照

吉祥園當時雖然有上述的一些革新，但制度上還是和舊的一樣，並不預先售票，聽戲的把戲價交給看座的。從前的看座的並不拿戲園的工資，只靠得些聽戲給的零錢，所以聽戲時常常在茶錢之外囉唣不休。樓上只賣女座，所以看座的也是女人；樓下看座的是男人。當時看座的習慣是殺熟欺生，常來的熟人一定要多給錢，熟人也願意多給錢，因爲看座的在自己所看的範圍以內總把好座留給熟人，生人不容易得到好座，除非是上座不好的時候才有機會坐好座位。從前的座位沒有什麽固定，遇見上座不好的時候，看座的非常和氣的讓你自己選擇座位。這一邊的說：「您請這兒坐，這兒得瞧得聽。」那一邊說：「您請這兒，不吃柱子，出來進去也方便。」遇見上滿座的時候，他就趾高氣揚了，你問他有座沒有？他靠着柱子，歪着頭帶理不理的：「這兒沒地方了，您上那邊瞧瞧去，兩廊許還有座。」

遇見好戲，可以無限制的加凳，有時加的連走的地方都沒有。在這種環境中熟人還是吃香，看座的總想法給你加個凳，生人就沒什麽指望了，看座的躲在一旁，根本就找不着他。如果非聽不可，也有兩個字的訣竅「擠」「吵」。硬擠有時也能擠出一個座來，一吵則吵的四鄰不安，就把看座的給吵出來了。那時戲園中還有個情形，就是聽蹭戲。因爲聽蹭戲，都是手邊沒富餘錢的戲迷，他們在大軸將上演的時候，蹓躂進來，站在後面並不妨礙賣票的觀衆，戲館老板對這些聽蹭的並不禁止，只有時好戲上場，人站的太多了，前台執事喊幾句：「借借光，讓讓道吧！」

從前觀衆叫好，差不多都叫在節骨眼上，非常恰當有分寸，聽蹭的也不例外的叫好。說起來那些聽蹭的也是演員的好朋友，吉祥園因爲在東安市場裏面，所以聽蹭戲的也格外多。

舊戲館裏沏茶多半自己帶茶葉，不然的話就用看座的給預備的茶葉，一樣花錢但茶葉很壞。另外有托盤賣點心的，一個方木盤，裏面有糕干、涼糕、軟缸爐、薄脆、瓦片等，和市場點心鋪所賣的不同，也不像一般什麽齋、什麽樓賣的滿漢餑餑，另是一路。那時舊戲館賣的都是這種點心，吉祥園也不例外。

吉祥園門外路北有個飯館，叫會元館，褡褳火燒、鍋貼做的很美，聽戲的常常在那裏叫點心，有伙計給送到座位上去，在包廂、包桌上聽戲的有時候叫一大桌子點心，大吃大喝，這也是一時的習慣。日本的戲院裏觀衆也有帶了「便當」（飯盒）一邊看一邊吃的。

我在「舞台生活四十年」第一集裏，曾簡單介紹過北京最古老的戲館廣和樓的舊景。現在由於「天女散花」在吉祥園初演，順便談談這個有關新舊過渡時期比較突出的一個戲院的情況。下面我們還接着談「天女散花」。

我在民國六年（一九一七年）十二月一日在吉祥園初次演出「散花」。自從那次以後，就時常不斷地表演，堂會戲有時也唱這齣。唱來唱去，就漸漸地越來越熟練了，身段舞蹈有些地方不免就隨意增減，從心所欲起來。

我記得有一次在文明園唱這齣，許多老朋友都在前台看戲，那天在「散花」一場的舞蹈裏面，我自己臨時加了一些身段動作，風帶也舞得比往常花梢熟練。唱完之後，我正在卸裝，這幾位老朋友都進來了，我帶着一點得意的神情問他們：「今天怎麽樣，還好嗎？」有一位朋友皺着眉

搖着頭說：「今天唱得不大好，兩段崑曲裏的綢子舞，動作太多了，叫人看得眼花撩亂，分不出段落、層次，損傷了藝術性。照這樣唱下去，極容易走到油滑一條路上去。這是要不得的，趕快得想法子糾正過來才好。」還有幾位朋友在旁邊接口說：「這話說得很對，你最好把身段同綢子舞安排準了，那就不至於有這種情形了。」我聽了之後，覺得他們所講的確有道理。從此我就把身段和綢子舞，在每一個動作方面，都把它固定起來。例如散花時的「錦庭樂」的牌子，我和玉芙都把工尺背得爛熟，某個身段、某個地方是在哪個工尺裏面，某一把花撒在哪一板裏面，成為一種「定型」的舞蹈。以後一直就照這樣有規矩的唱下去了。

武戲文唱　文戲武唱

一九二零年（民國九年），我又去上海天蟾舞台演出，也演出了「天女散花」。我在北京的時候，早就聽人說起，上海也有人能演「天女散花」。

這次到了上海，這齣戲演過三場以後，有一天蓋五爺（蓋叫天）到後台同我說：「我有幾句話，您不要見怪。你前幾次到上海來，我對於你的玩意兒，不客氣地說，並不佩服。這次我一連看了三天『天女散花』，由身段同耍帶子上，三天唱的都是一式一樣，又穩又準，我這才看出你是有功夫的。」

我當時說：「您過獎了，還要請您多多指教才好。」

他說：「這齣戲裏，採用了『乾元山』『蜈蚣嶺』的身段，沒有武功底子的人，那是唱不好的。」

我說：「在您面前，簡直是班門弄斧呵。」

他正色地說道：「這齣戲現在只有你我能唱，別人是找不着這種竅門的。因為綢子不比別的東西，手臂手腕沒有熟練的巧勁是耍不好的。」

這幾句話說的非常懇切，蓋五爺是個直性人，一向是有什麽說什麽，從不口是心非，人前一套，背後一套。他的功夫，就全靠苦練，一副兵器往往是五年十年寒暑不間斷地練下去。

當時有人這樣對我說：「楊小樓的戲是『武戲文唱』，像你這齣『天女散花』是『文戲武唱』，所以稱得起異曲同工。」

現在把我體會的「武戲文唱」和「文戲武唱」的道理在這裏談一談。

蓋叫天演唱「乾元山」的一個身段

先說「武戲文唱」的含義。武戲雖然以武打當作戲的主要內容，但是武打這一種技術和舞台上其他的動作一樣，都是表演手段之一，它們都必須和生活內容、思想內容結合起來，不是單純賣弄武工。凡是唱武戲能達到這個標準，或是朝着這條道路的發展的，我們稱為「武戲文唱」。楊小樓先生武功練得最到家，腰腿的柔軟、翻撲的矯健，都到了驚人的程度。他到了舞台上，不但不忽略表情，而是突出地表現每一個劇中的人物性格，所以他是「武戲文唱」的典型的例子。有些演員和觀眾誤解了這四個字，以為把武戲唱的稀鬆，甚而至於偷工減料，叫作「武戲文唱」，那是不對的。

至於「文戲武唱」，是說「天女散花」本是一齣正旦的戲，並沒有武打，但大部份歌舞是表現天女御風而行和散花的形象，我感覺到水袖的功能已不能夠突出地達到這樣的目的，於是在「雲路」「散花」兩場取消水袖，改用風帶，隨着舞蹈工具的變動，勢必採用武戲中一些基本演技把風帶抖起來。但使用這些技術的用意並不是向觀眾賣弄花巧，而是因為一個在雲端散花的天女必須有凌空的感覺，風帶就是為了襯托天女凌空的姿態，這個凌空的感覺愈強烈，天女的形象就愈生動。所以使用「三倒手」「鷂子翻身」「跨虎」等武戲裏的身段，使風帶隨着身體上下施轉，翻花飛舞，就是為了這個目的。在「雲路」「散花」兩場，身上的勁頭和演武戲時是一樣的，所以這齣戲可以叫作「文戲武唱」。

「武戲文唱」這句話怎麽來的呢？大概是因為武生大多數不擅長唱念和做派，並且自幼鍛煉武工又必須經過一個異常艱苦的階段，在舞台上要集中地表演武打技術，體力的消耗是相當大的，同時練武的人嗓子會練橫了，或者變成左嗓子，所以觀眾對於武生的要求，是武功的勇猛、矯健，至於唱念和面部表情差一些，認為是一般的缺點，可以原諒的。對於唱文戲的演員如果唱念不到家，身上沒有戲，觀眾就認為是嚴重的缺點了。因此，一旦在舞台

上出現了不但能打而且能唱能念能做的武生，他演的一些戲，人們就稱爲「武戲文唱」。這個「文」字含有贊揚的意義。楊小樓先生是「武戲文唱」的典型，我第一次聽到這個名詞，就是觀衆對他的評價。楊先生武工根底非常結實，他繼承了前輩的精湛藝術又向前發展提高。他從苦幹、實幹入手，終於達到巧幹的境地。他在運用武打技術之外更着重刻劃人物。他成功地創造了正面人物如林冲、孫悟空、趙雲，反面人物如黃天霸……等許多生動的形象，但這些還不足以說明楊先生「武戲文唱」的特點，因爲這些戲裏在武打之外就安排了唱念做工，可以發揮創造。有些武戲雖由武生應工，根本並沒有武打場面，例如「連環套」。楊先生刻劃黃天霸那樣一個外表漂亮、本質卑鄙、具有幾副面孔的反面人物，都是通過唱念做工來表現的。但這齣戲基本上是文戲，還是不能概括「武戲文唱」。我認爲楊先生「武戲文唱」最可貴是他在純武功表演中能夠貫串着角色的思想感情、人物性格特點，例如「賈家樓」裏面唐弼這個角色，除了出場有幾句定場白之外，全是武打場面，卸了靠以後開打的「一封書」和「艷陽樓」的把子一樣也是「一封書」，雖然唐弼不開臉，穿紅龍箭衣，高登穿白箭衣，勾油白臉，扮相是有區別的，但這兩個角色用的兵器都是大刀和槍，打的套子也都是「一封書」，在表演方面，基本上是相同的。在別人演這兩個角色時，往往只看見武技的表演，看不出人物的性格；而楊先生在開打時候的神氣動作，却使觀衆清楚地看出唐弼是一個年過半百的藩鎮大員，而高登就是一個有權勢的惡少，二者絕不雷同。這樣，才可以叫作「武戲文唱」。演員要朝着這種表演水平邁進，首先應該認識角色的性格特點，和豐富自己的藝術修養，來選擇怎樣運用表演手段。

梅蘭芳教女圖，左為其女公子梅葆玥

我曾經看見過有些演員一邊打着「把子」，一邊擠眉弄眼，以及無原則的笑容滿面或者愁眉苦臉。這種演法是不符合京劇的表演規律的。這些演員的動機，可能是想要做戲，但這和「武戲文唱」是背道而馳的，應該反對的。

我再舉一個例子。武戲中翻跟斗是常見的動作，例如「金錢豹」這齣戲，一般都是在抛叉的場子翻一個「台漫」。前半場，金錢豹穿着兩件褶子，戴着大額子、翎子、狐狸尾，這種扮相，是很難想像可以翻跟斗的，但楊先生就在這種條件下翻跟斗。當金錢豹要變一個書生，一般的演法是在念「你且閃開了」以後叫起，唱一句吹腔的上句，轉身走進後台，然後換出另一個化身書生的演員唱下句。楊先生這裏充分發揮他選擇表演手段的藝術修養，翻了一個跟斗，給這個角色加了一筆強烈的色彩，有如畫龍點睛。我記得他念完「你且閃開了」，在唱和鑼鼓中一個虎跳翻進下場門。他在搖身一變的時候選擇了翻跟斗的表演是非常恰當的。同時我們感到他穿着這一身平金褶子，戴着大額子、翎子、狐狸尾，在起翻的時候，格外顯出五彩斑爛的兇猛形象。他曾經對我說，穿着這一身累贅的服裝翻跟斗是相當困難的，但他這樣做並不是向觀衆賣弄一手，而是爲了符合劇情。

「金錢豹」這齣戲，有的人演的時候只着重技術表演，但楊先生却不肯輕易放過一個創造的機會，終於刻劃出這個豹精的特性。

我們怎樣更進一步理解「文戲武唱」的道理呢？譬如「虹霓關」裏面有些武打表演，「別姬」裏面也有舞劍，這些算不算「文戲武唱」呢？我認爲這類使槍弄劍，「武」的部分和武生戲中某些「文」的部分一樣性質，不能算是「文戲武唱」。像「貴妃醉酒」這齣戲才可以說是「文戲武唱」，因爲戲劇故事中絲毫沒有武的成份在內，是一齣地道的文戲，而這齣戲需要有腰有腿有演武戲的能力，才能演得出色。這裏要防止一種傾向，就是「文戲武唱」最忌武的技術表面化。楊貴妃不是一個有武藝的女子，而是一個宮廷中貴婦人，所以動作要溫柔穩重，只是爲了表現她醉後失常的態度，才有那些臥雲、下腰……身段，這些身段要有足夠的武工基礎，動作要干淨，不可拖泥帶水。如果賣弄技術，達到使觀衆感到「武」的程度就違背了「文戲武唱」的目的。

老生戲裏「文戲武唱」的例子更多，我現在談談「打棍出箱」。「打棍出箱」是文戲，譚鑫培先生運用了武戲的勁頭和特技，突出地表現了范仲禹與妻子離散後的瘋顛狀態，特別在這齣戲的頭一場「問樵」那一場。

范仲禹出場時的踢鞋身段，是一種特技。這是運用了頸、腰、腿的勁頭，使頭部與腿部的距離接近，才能準確地把鞋子踢到帽子上，跟着一個「屁股座子」坐到地上，使觀衆感到像是一個瘋子跌了交，恰巧鞋子甩到頭頂上的樣子。我們知道這個身段必須有左右扳「朝天鐙」（這是武戲裏的身段，用手把腳扳上來，腳底朝上，與頭部平）和「童子拜觀音」的功夫（「童子拜觀音」是一腳着地，雙手合掌、慢慢蹲下身去），才能輕而易舉地使足部接近頭部，並且要一條腿已經半蹲下去的時候，才能抬起那一條扔鞋的腿。話又說回來，這類表演，絕不可以給觀衆一種賣弄腰腿的感覺，雖然實際上要做到干淨利落，但外表上却應該給觀衆一個行步踉蹌的形態，這樣才能使表演藝術爲角色服務。後面的「出箱」，以及和兩個報錄人對做的各種身段，都是很見功夫的。例如范仲禹坐在桌上，蹺起一條腿，腳尖和手指朝着相反的方向轉，眼珠却隨着報錄的棍子轉，這種技術的性質，和「惡虎村」裏「金風掃樹梢，黑夜走荒郊」的身段一樣，需要下苦工鍛煉的。譚先生之後，余叔岩先生也表演得很精彩，他們都是文武全材。像這種偏重做工的文戲中，使武工蘊藏在骨子裏，在一些特定的表演中給角色形象增加了光彩。

「斷橋」裏的許仙，可以說明小生的「文戲武唱」。我曾看見王楞仙先生演這齣戲裏的許仙。許仙在「我行步緊……」的唱腔中，照例有一個「屁股座子」的身段，可是王先生的功夫表現在許仙所穿的藍褶子上，他坐到地上之後，褶子平鋪在台毯上，好像一把張開的傘，又圓又平，非常好看，這是一種特技。據俞振飛兄對我說，他在四川看過一位川劇的老先生演「斷橋」，也有這一個身段。我最近看川劇「打紅台」，彭海清先生演蕭方，當他見到誤以爲已死去的庚娘時，也有一個「屁股座子」，紫金冠、蟒袍玉帶同時抛起；還有上船時，鋼刀的忽隱忽現，都是屬於特技的範疇。

名丑楊三先生（鳴玉）演「活捉」的張文遠，有「鐵板橋」的身段（這是表示人死後僵直的樣子），眼睛有「三關竅」的工夫，張文遠是文丑，在這齣戲裏却需要有這種特技。扮演閻婆惜的蓮二先生（朱蓮芬，是崑旦，因爲他能書善畫，有文學修養，故內行尊他爲蓮二先生），他的「魂步」也給觀衆以飄忽迷離的感覺。蕭長華先生還曾繪聲繪色地告訴我，楊三先生演「十五貫」訪鼠測字的婁阿鼠，當況鍾說到「那家敢是姓尤」時，從板凳上倒翻過去，立刻打下面鑽出來坐在原處，這種特技是到了驚人程度。但婁阿鼠也是屬於文戲的角色，身上不能露出有武功的神氣，上面的例子可以說明丑角的「文戲武唱」。楊鳴玉先生和我祖父巧玲先生同輩，當時的名望很大，所以有「楊三已死無蘇丑，李二先生是漢奸」的對句（李二指李鴻章）。

文戲武唱的一例：余叔岩（左）王長林（右）合演「問樵」劇照

在上海重演「散花」

民國九年那次我到上海演「天女散花」很能叫座，到了十一年（一九二二）的初夏，許少卿又約我和楊小樓先生同到上海天蟾舞台演出。我們出的戲碼很多，老戲、古裝戲、崑曲都有，而「天女散花」還是一再翻頭重演的主要劇目。那次許少卿在北京約的好角很多，各行角色是從各班選擇出來的。老生有王鳳卿、張春彥、德仁趾，花臉有郝壽臣、許德義、李壽山、劉硯亭，丑角有王長林、傅小山、馬富祿，旦角有小翠花、姚玉芙，小生有姜妙香，武生有遲月亭……，天蟾的班底還有南方名武生李春來……。陣容整齊，劇目豐富，上座異常踴躍。許少卿抓住上海觀衆的心理，大發其財。有人看紅了眼，在一次演「天女散花」的時候放了炸彈，雖然是一場虛驚，也值得談一談。

我們是農曆四月底到上海，從五月初三演起，一直演到閏五月十六日止，當中還到南通更俗劇場演了三天。

我和楊小樓先生的戲碼是輪流壓大軸，農曆五月十五日我大軸演「天女散花」，倒第二是楊小樓的「連環套」，倒第三是王鳳卿的「取成都」，倒第四是小翠花（于連泉）的「馬上緣」。這天的戲碼很硬，都是最受上海觀衆歡迎的戲，又碰到是禮拜六，像天蟾舞台那麼大的場子，樓上下客滿，還加了許多凳子。

我的「天女散花」演到第二場，把「悟妙道好一似春夢乍醒……」四句二黃慢板唱完，念罷了詩，剛剛念了一句「吾乃天女是也」，只聽得樓上「轟隆」一聲巨响，全場立刻起了一陣騷動，樓下的觀衆不知道樓上發生了什麼事情，也跟着驚慌起來。我抬頭一看，三層樓上烟霧騰騰，樓上樓下秩序大亂。就在這一剎那間，站在我身旁的八個仙女，已經逃進後台，場面上的人，也一個個的溜了，台上就賸下我一個人。

我正在盤算怎麼辦，許少卿從後台走上台口，舉着兩只手說：「請大家坐下，不要驚慌，是隔壁永安公司的一個鍋爐炸了，請各位照常安心聽戲吧！不相干的。」在這一陣大亂的時間，觀衆就有不少丟東西的。這時候有些觀衆站起來預備要走，有些人已經擠到門口，現在聽許少卿這麼一說，互相口傳，果然又都陸續退了回來，坐到原處。

我趁許少卿說話的時候，就走進了後台。一會兒工夫許少卿回到後台對管事的說：「趕快開戲。」一招呼着場面的人各歸原位。

在這裏還有一個插曲：這齣戲前面的西皮二黃是由茹萊卿拉胡琴，後面散花時的兩支崑曲由陳嘉樑吹笛子。他們二位曾經因爲在藝術上有些不同的意見發生了誤會，因此幾個月以來，彼此一直就不交談。陳嘉樑是我的長親，教我崑曲，還給我吹笛子；茹萊卿是給我拉胡琴兼着教我練功打把子，他們兩位不能融洽，使我非常不安，我一直就想給他們調解，總沒有適當機會。這一天三層樓上發生了响聲之後，場面上的人都亂紛紛走進了後台，陳先生下去的時候，絆了一下，茹先生立刻扶了他一把說：「小心摔着，甭忙。」陳先生說：「我心裏嚇得實在慌了，咱們一塊走。」從此他們就破除了成見，言歸於好。從這件事可以看出我們戲曲界的前輩儘管平日在藝術上各有主張，並且互不服輸，但一旦遇到患難的時候，不是乘人之危，袖手旁觀，而能消除意氣，發揮團結互助的精神，這種傳統美德，非常難能可貴，是值得後輩學習的。

經過這樣一亂，就誤了不少時候，大家商量，就由姜六哥扮的伽藍過場。本來是當天女念完道白伽藍上來宣佈佛旨，可是沒有等他登場，就發生了這件事，如果現在要找補這場，再從慢板唱起，算了算時間也不許可，所以只好就由伽藍過場。我趁這個時候趕緊着改裝，預備「雲路」再上。

這件事雖然由於許少卿善於應付，壓了下去，沒有開鬧，可是在繼續工作的時候，前後台的人都懷着一種沉重的心情，沒有平常那麼自然輕鬆了。等這場戲唱完，我正在卸裝，許少卿走到扮戲房間裏，向我道乏壓驚，一見面頭一句就說：「梅老板，我眞佩服你，胆子大，眞鎮靜，台上的人都跑光了，你一個人文風不動坐在當中，這一下幫了我的大忙了，因爲觀衆看見你還在台上，想必沒有什麼重大事情。所以我上去三言兩語用了一點噱頭，大家就相信了。」我問他：「究竟怎麼回事？我在台上，的確看見三層樓上在冒烟。」許少卿沉吟了一下，說道：「有兩個小癟三搗亂，香烟罐裏擺上硫黃，不過是嚇嚇人的，做不出什麼大事來的。」說到這裏，朝我使了一個眼神，接着他小聲對我說：「回頭咱們到家再細談。」我聽他的話裏有話，不便往下細問，草草洗完了臉，就走出後台，看見汽車兩旁多了兩個印度巡捕，手裏拿着手槍，我坐到車裏就問許少卿派來的保鏢老周：「怎麼今天多了兩個印度巡捕？」他說：「是許老板臨時請來的。」

那一次我們仍舊住在許少卿家裏平望街平安里。回來之後，因爲這一天散戲比往常晚，肚子覺得有點餓了，就準備吃點心。鳳二哥聽見我回來了，就從樓上走下來問我：「聽說園子裏出了事情啦，是怎麼回事啊？」我們正在談論這椿事，心裏納悶，許少卿也回來了。我正在吃點心，就邀他同吃。他坐在下首，我同鳳二哥對面坐着，我們就問他：「今天三層樓這齣戲究竟是怎麼回事？是跟你爲難，還是和我們搗蛋呢？」

許少卿說：「這完全是衝我來的，和你們不相干。總言之，就是這次生意太好了，外面有人看着眼紅，才會發生這種事情。我們這碗飯眞不好吃呀！」

我們聽他說的話裏有因，就追問他：「那麼你事先聽到什麼沒有？」他說：「有的。十天以前，我接到一封敲竹槓的信，大意說：『你這次邀到京角，這樣好的生意，是發了財啦，請幫幫忙』，我爲了應付這種人，省得有麻煩，就送了他們一筆錢。大概是沒有滿足他們的慾望，後來又接到一封信，語氣比頭一封更嚴重了一點，要求的數目也太大，那裏應付得起？只有置之不理了，所以才發生今天這件事。看起來，我們開戲館的這碗飯是越來越難吃了，沒有特殊勢力的背景的人物來保鏢，簡直是幹不下去了。」

我就問許少卿：「你是做生意的，在光天化日之下，他們竟敢這樣無法無天，你爲什麼不報告巡捕房，懲辦這些擾亂秩序的東西呢？」許少卿朝我苦笑着說：「梅老板，你哪裏知道上海灘的租界是暗無天日的。英租界、法租界各有各的治外法權，這班亡命之徒，就利用這種特殊情況，恐嚇，詐騙，綁架勒索，無所不爲，什麼奸盜邪淫的事，都出在這裏。有的在英租界闖了禍，就往法租界一逃，英租界的巡捕房要是越境捕人，是要經過法捕房的許可會同去捉的，何況這班人都有背景，有人主使包庇他們呢！往往闖的禍太大了，在近在咫尺的租界上實在不能隱蔽的時候，就往內地一走避鋒頭，等過了三月五月、一年半載再回來，那時事過境遷也就算拉倒了。如同在內地犯了法的人躲進租界裏來是一樣道理。再說到租界裏的巡捕房，根本就是一個黑暗的衙門，在外國人的勢力範圍之內，這班壞蛋，就仗着外國人的牌頭狼狽爲奸，才敢這樣橫行不法。我到那裏去告狀，非但不會發生效力，骨子裏頭結

的寃仇更深，你想我的身家性命都在上海，天長日久，隨時隨地，可以被他們暗算。所以想來想去，只有忍氣吞聲，掉了牙往肚裏咽，不得不抱着息事寧人的宗旨，圖個火燒眉毛且顧眼下。」

許少卿走出房門，鳳卿向我搖搖頭說：「這個地方可了不得，只要挨着一個外國人，就能夠張牙舞爪，明槍暗箭的胡來一氣。我們在此地人地生疏，兩眼漆黑，究竟他們『鷄爭鵝鬥』、『鷸蚌相爭』，葫蘆裏賣的什麼藥，實在鬧不清。趁早唱完了回家。戲詞兒裏有副對子：『一腳踢開生死路，翻身跳出是非門。』用在這裏倒恰當的很。」鳳二哥這幾句話，眞可以代表我們全體從北邊來的一般人的心理。

楊小樓（項羽）梅蘭芳（虞姬）合演「霸王別姬」劇照

第二天星期日，日夜有戲，夜場還是「散花」。我到後台看見門禁森嚴，許多帶着手槍的包打聽、巡捕站在那裏警衛着，面生一點的人，走進後台都要盤問一番。第三天，五月十七日的夜場，我和楊先生合演「別姬」。我正在樓上化妝，聽見下面轟的一聲，跟着一片人聲嘈雜，好像是出了事。我心想，不要又是那話兒吧。一會兒，我的跟包的慌慌張張走上樓來說：「後門外面有人扔了一個炸彈，這一次是用『文旦』（柚子）殼裏面裝着硫磺，放起來一陣烟，比前回更厲害。有一個唱小花臉的田玉成，左腿上傷了一點，抹點藥，照常可以上台。咱們可得特別留神哪！」他一邊給我刮片子，一邊對我說：「下面楊老板扮戲的屋子離後門很近，放炸彈的時候，他手裏正拿着筆在勾霸王的臉，『轟』的一聲響，把他從椅子上震了起來，手裏的筆也出手了。現在樓下的人，一個個心驚肉跳，面帶驚恐，好像大禍臨頭的樣子。」我對他說：「這是因爲園子裏有了戒備，他們進不來了，所以只好到門外來放，這種嚇唬人的玩意，你們不用害怕。」

給我化妝的韓師傅笑着說：「這地方眞是強盜世界，究竟誰跟誰過不去，誰的勢力也鬧不清，咱們夾在裏面，要是吃了虧，還眞是沒地方說理去。」我說：「爲來爲去都是爲『錢』。你們瞧吧，結果是大魚吃小魚，小魚吃蝦米。這個地方就是不講理的地方，咱們可也別害怕，好在沒有幾天咱們就要走了，大家好歹當點心就得了。」那晚唱完「別姬」，楊先生對我說：「這個地方太壞，我這一次是受夠了，下次再也不來了。」我說：「楊大叔，你在戲裏扮的是英雄好漢，怎麽氣餒起來了。不要『長他人志氣，滅自己的威風』呀。」

許少卿那一次雖然賺得不少，氣也受足了，罪也受夠了，同時賭運不佳，在幾次大場面的賭局裏面，把戲館裏賺來的錢，輸了一千二淨，還鬧了一筆數目不小的虧空，天蟾舞台賬房間裏坐滿債主，他只有躲起來請一位朋友代他搪賬。從此許少卿就結束了他的開戲院邀京角的生活，最後在上海窮困潦倒而死。

（全文完）

案目

上海京戲館的特殊產物

・大方・

五十年前的上海，雖已號稱十里洋場，市面非常熱鬧，但事實上娛樂事業，還不十分發達，遊戲場尚在創始時代，由樓外樓、天外天開始，第二時期，纔有新世界、大世界、勸業場等發現，直到南京路上幾家百貨公司增闢屋頂花園，遊戲場方算進入興旺階段。

但當時一般高尚人士，咸認遊戲場品流龐雜，並非理想消遣所在，富家子弟，都不屑跑遊戲場，其唯一娛樂節目，是看京戲，其唯一娛樂去處，也便是京戲館。

五十年前，上海的京戲館，總數不到十家，約畧計之，華界有十六鋪的新舞台，後遷九畝地，法租界有法大馬路的老共舞台，其他都在英租界，計爲二馬路的天蟾舞台、三馬路的大舞台、四馬路的丹桂第一台、大新街的亦舞台、閘北方面有一個更新舞台，至於更早的丹桂茶園及天仙茶園等，早經淘汰。

案目名稱的意義及其任務

那時各大戲館的營業招徠方法，是采取所謂「案目」制，作用有些和經紀相同。其辦法是每一戲館，必擁有若干案目，戲館中的若干好位子，都由案目包起來，留下若干低價的位子，才歸門售，經案目包下的位子，即使賣不去，戲館也要向案目算錢。

案目二字，其意義初乏解釋，我們如要知道案目二字的作用，及其創始時代，得上溯至六七十年前，原來那時候的京戲館，命名還多稱爲茶園，除樓上有並列的坐位外，樓下號稱池子，擺了許多方桌，屬於所謂散座，顧客入場，買的不是戲票，而是一種竹製的長形籌碼，顧客買得籌碼後，便由一位職員帶領你進入戲院，這種職員，其地位衹是畧高於侍役，同於後來戲院中之帶位，因爲他的性質，是按照籌碼而爲顧客安排位置，故稱爲「按碼」，久而久之，戲館買籌既改爲買票，這些按碼的地位，也逐漸提高而重要，名稱便變成了「案目」，追本窮源，所謂「案目」，無非是按碼的轉音而已。

筆者遲生了十餘年，及至懂得看戲，戲館的招徠方式，已盡是「案目」的天下，相識中衹有老友憨翁，他曾領畧過買了竹籌去看戲的早期風味。

案目既然要負承包的責任，當然要將售價提高，以便於中取利，但那時戲票價格，除刊載在日報上外，更明顯地印在戲單之上，無法更動，案目們衹有另想辦法，覓取利潤。其辦法是對他所拉攏的顧客，在入座時，供應清茶及糖菓水菓等物，售價比市上貴出數倍。這些案目，除營業時間，在場招呼顧客外，得閒則時常出入富家寓所，一般有錢人家的太太小姐們，都是他的常期客戶，這些濶客，用錢當然不在乎，何況那時規例，有面子的朋友，無論看戲或飲宴，都是一年分三節結賬，到了節邊和年底，案目開了一筆清單，向各處輪流收取，即使開一些花賬，濶客們大都照付如儀，那時生活穩定，物價低廉，因之這些案目，其收入也居然不惡。

案目營業方式及拉客情形

記得筆者學齡時代，即已是京戲館的老主顧，當赴戲院觀劇，看到那些案目的拉客情形，覺得是相當可笑的，他們除應付熟客之外，在開鑼時，必需站在戲院門前，拉攏生客，腋下夾着一叠戲單，口裏則喊着來客的一種特殊標幟，譬如說：「那位戴銅盆帽的請到我這裏來」，又譬如說：「那位穿馬褲呢大衣的請到我這裏來」，經他這樣喊過後，那位顧客，他便有接待的優先權，別人不可再行爭取。

舊日的戲院設備，在座椅背後，照例裝着一塊狹長的木板，挖了幾個洞，作爲安放茶杯之用，台前十排左右的座位，在木板上披上紅綢，陳列着瓜子、花生、甘蔗、蜜橘等物，作爲顧客消閒之用，每逢太太、小姐們光臨，他們還備有好多木製的小櫈子，可供他們擱腳，使顧客感到絕頂舒服。這些設施，雖是案目們的歛財傑作，但也可想見，當時濶老們看戲，不但舒適而且十分威水的。無論你在什麽時候入座，都有好位子爲你留着，至於經濟朋友，則衹能遠遠坐在一角，或者坐在二層樓後面或三層樓上，而這種偏遠的位子，反而要提前去排長龍軋票，方能獲得較好的座位。

筆者年輕時代所見的著名案目，以浩良、小楊二兩人最具力量，他們的地盤是天蟾舞台，別看他們做的衹是掮客式的一種小生意，因他們經常出入富貴人家，認識了一般有錢太太，在必要時，可以做他們的後台，使當時的「案目」，造成一種特殊力量。

集案目的力量請到梅蘭芳

記得某一年（距今約已有五十年）上海天蟾舞台營業不振，老闆許少卿想邀請梅蘭芳南下，挽回頽勢，苦於缺乏一筆運用的資本，後來和幾個有力的案目商量，經案目再拉攏外股，湊成一筆巨欵，請梅之舉，乃告實現。在當時情況，案目之與戲館老闆，有着休戚相關之勢，戲館邀不到名角，案目也做不到生意，因是在那時由案目墊欵，協助老闆邀角之舉，時有發現，不過以那次的邀梅運動，其聲勢最爲浩大而已。

那次盛舉，我們雖不知案目們墊了幾許錢，但所邀到的名角，其陣容之浩大，幾有空前絕後之勢，計有楊小樓、梅蘭芳的雙頭牌，接下來是王鳳卿的二牌，（詳見本期梅蘭芳文中），人材之盛，開上海梨園業史上空前的紀錄。

筆者記得那時票價是花樓每位大洋二元二角，特別正廳和特別包廂是每位兩元，雖然座價很高，但觀衆還是座無隙地。筆者又記得那次第一晚的打泡戲是「新長板坡」，楊的趙雲，梅的糜夫人，王的劉備，恰是一時無兩的搭檔。那時筆者有一位跟他學做舊詩的老師陳飛公，他是舊京名士，和幾位遺老正做着海上寓公，他們不喜歡看梅蘭芳的戲，組織了一個捧楊團，專捧楊小樓的場，每天留有幾個位子，第一晚的捧客中，也有筆者的一份，說也慚愧，當時筆者纔十餘歲，戲劇知識很淺，對楊小樓那種陰陽怪氣的動作，並不感到興趣，實在辜負了這一台好戲，至今想起，不僅惋惜，也嫌傷料。

上述那一次迎梅運動，也是案目們全盛時代值得自豪的空前壯舉，但也可說是案目制度的廻光反照，從此以後，案目業務便漸向下坡，不到二十年，終由式微而進入淘汰階段，完全由對號入座制度取而代之。

新光大戲院試行對號入座

一般人都以爲京戲舘戲票由案目制，改爲對號制，開始自法租界八仙橋黃金大戲院，事實上第一家嘗試對號制的是英租界寧波路的新光大戲院，時間是在抗戰前的三年，新光大戲院由電影院改爲京戲院，戲院老闆是芮慶榮，但內部却有着兩位少壯派的股份，這兩位少壯派，便是後來「黃金」的小老闆金元聲，和鬚生名票趙培鑫。兩人的思想比較新，便擬趁新光開幕之便，拿案目制從事改革，而試行對號制。那次「新光」所請的台柱是鬚生馬連良，旦角原由馬連良推荐黃桂秋，但芮慶榮却一定要用表面上是他乾女兒的華慧麟，其餘有小生葉盛蘭、小丑馬富祿、花臉劉奎官、二路老生李洪福等，馬連良的琴師是楊寶忠，華慧麟的琴師是鍾劍秋和現在此間的老教師馮鶴亭。

新光戲院開幕之後，也是對號入座制的第一次嘗試，由於角色整齊，劇目紮硬，賣了很多天滿座，不想出乎意外，在有一天的全院滿座聲中，台上却鬧出了一個極大笑話，原來那晚的戲碼是「汾河灣」、「法門寺」雙齣，華慧麟演柳迎春進入窰內，拿馬連良演的薛仁貴關在窰外，薛仁貴應當有一段西皮倒板「家住絳州縣龍門」轉原板的大段唱工，也是全劇中鬚生一角最精彩的所在，不知怎麼，華慧麟的柳迎春，忽然開了窰門，招招手請仁貴進入窰內，令到馬連良的仁貴，慌了手脚，不知如何是好，還算馬連良不愧京朝大角，在此局面之下，不好讓華慧麟過不去，終於删去了這一段唱工，跟隨柳迎春進入窰內，一齣「汾河灣」便草草終場，等大軸「法門寺」廟堂一場，馬連良的趙廉對台上華慧麟的宋巧姣即景生情說：「我一世英名，險些爲你付與流水！」台下聞者，都爲馬連良鼓掌。

事後一般人的猜想，咸認爲華慧麟是票友出身，初次和京朝大角配戲，未免有些緊張，以致忘了詞，遂造成這個錯誤，但華慧麟却不肯認錯，對人表示，因爲馬連良暗示「馬前」，她以爲馬連良取消了這大段唱詞，所以開窰門，招薛仁貴進窰，究竟是否係華慧麟忘詞，抑或她會錯意，那也祗有華慧麟自己知道了。

台上演劇鬧笑話，和台下賣票制度改革，根本是風馬牛不相及的事，但那時人們腦筋陳舊，尤其戲舘業這一班老古董，認爲馬連良演戲，偏偏在取消案目聲中鬧笑話，可證這個新的制度是不吉利的，還是奉行舊制爲宜，案目們自然更一唱百和，表示案目制實在不宜打倒，由於馬連良、華慧麟合作的一場錯誤，藉使戲院業案目這一業務，又延長了好幾年的壽命。直到抗戰期間，黃金大戲院落入少壯派之手，對號入座制度方纔完成，而所謂案目這一名詞，也宣告結束。

黃金大戲院宣判案目死刑

黃金大戲院，本是黃金榮的事業，其後黃氏年老，讓渡與金廷蓀，金志不在此，便將戲院事業交他兒子元聲辦理，元聲有幾個得力幫手，便是孫蘭亭、汪其俊、趙培鑫、吳江楓等四人，合元聲在內，號稱黃金五虎將，諸人推舉孫蘭亭爲經理，他們年紀輕，富於朝氣，拿「黃金」辦得有聲有色，第一件事，便是貫澈「新光」未竟之志，撤銷案目制，實行對號入座，理由之第一點，他們看不慣案目那一種嘴臉，第二點，他們資力雄厚，用不着案目墊什麼資本，第三點，廢除案目，可以免去中間剝削，減少觀衆們的負担，因之自五虎將接受「黃金」任務之後，便開始實行對號入座制度，還記得「黃金」開幕之日剪綵，聲勢浩大，計有名譽董事長杜月笙，「冬皇」孟小冬，四大坤旦之一章遏雲，「天下第一美人」陸素娟，和四大名旦之一尙小雲，武生李萬春，至於第一期的角兒馬連良、張君秋、葉盛蘭、馬富祿都被邀入剪綵之列，「黃金」的全新衣箱是以四萬元代價向李萬春開設的「四維堂」行頭店購得，馬連良跳財神、馬富祿跳男加官、芙蓉草跳女加官、李萬春跳靈官，眞可稱盛況空前。

「黃金」改革伊始，其他戲院還意存觀望，不肯立即跟進，但在改革以後，發覺觀衆反應良好，便也明瞭案目之於戲院，實在是一項不需要的人物，相隔不久，一律改爲對號制，案目這一行業，便也宣告壽終正寢。

「案目」這一名詞，在國內戲劇界消失，至今已達三十餘年，其沒落屬於意料中事，初不足惜，值得慨歎的是，京劇之在今日，也已日漸凌替而將爲其他劇藝所打倒，更隔若干年之後，其亦將步「案目」之後塵乎？那倒是關心京劇人士的一樁值得感慨的事。

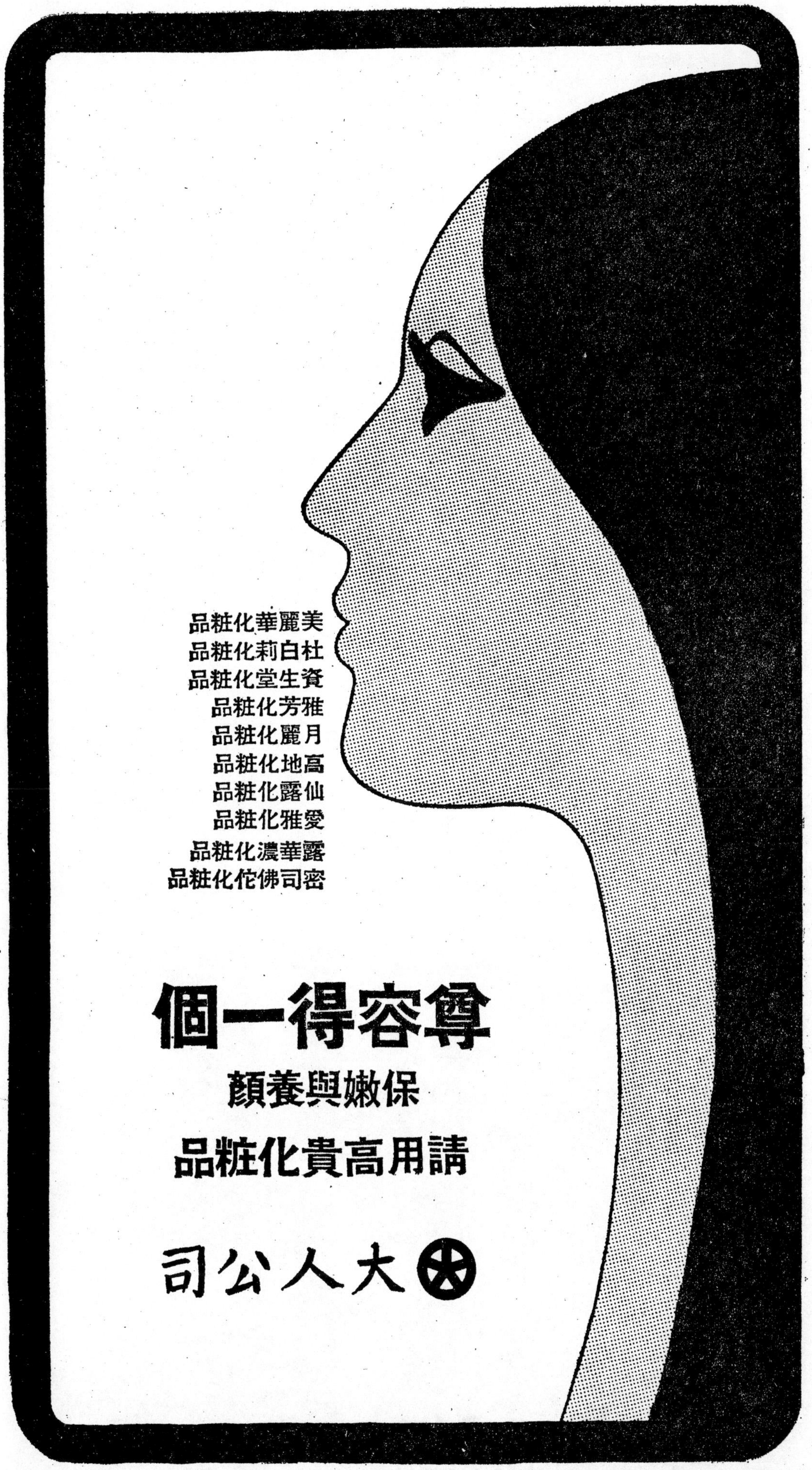

美麗華化粧品
杜白莉化粧品
資生堂化粧品
雅芳化粧品
月麗化粧品
高地化粧品
仙露化粧品
愛雅化粧品
露華濃化粧品
密司佛佗化粧品
尊容得一個
保嫩與養顏
請用高貴化粧品
大人公司

銀海滄桑錄

老牌「影后」胡蝶

蝶衣

當選首任電影皇后

中華民國二十二年，即西曆一九三三年，中國電影史上第一任電影皇后，經由票選而產生，她就是四十年前的銀幕偶像——胡蝶。

主持那一次電影皇后選舉的是上海的明星日報，我是此報的創辦人（當然社長兼總編輯）。由於好萊塢（粵譯「荷理活」）的女明星曼麗璧克馥有「電影皇后」之譽，我的報紙既以「明星」為名，內容也側重於有關電影的報導，因之便在偶然的動機之下，發起了「東施效顰」的電影皇后選舉，每日在報端刊載着選舉緣起及條例，同時並附印着「選舉票」。

當時，「影迷」這一個名字還沒有在上海出現，但讀者投票的情形却十分踴躍，報社經常有大批投票的函件遞到，我們特地定製了一只「投票箱」，把收到的選舉票歸納箱中；雖然是游戲之舉，也頗為鄭重其事。

為了昭信於大衆，選舉期限屆滿之後，曾借了一個公開的地方當衆開票，當時有兩位名律師在塲作公證人，此外還有幾位新聞界同業，應邀涖臨參觀，藉以顯示選舉的大公無私。

胡蝶女士其時已是遐邇知名，最受觀衆擁戴的首席電影明星，選票統計的結果，她以得票最多數當選，自然是實至名歸，「電影皇后」的頭銜，也惟有她纔能當之無愧。

中國電影史上第一任電影皇后產生了！接着下來的是：「電影皇后加冕典禮」的籌備。

航空救國游藝大會

那時候，「九・一八」的瀋陽事變已於兩年之前發生，舉國上下都在為着勵精圖治、抵禦外侮而努力，上海是全國觀瞻所繫的一個大都市，單純舉行電影皇后加冕典禮，在電影界雖是件大事，對社會則意義不夠重大；恰巧其時各方面正在高唱「航空救國」，發動捐款獻機，於是經過了商討之後，決定擴大範圍，使加冕典禮與捐欵獻機相結合，定名為「電影皇后加冕典禮，航空救國游藝大會」。

胡蝶女士是明星影片公司的基本演員，事先我們徵得了該公司的同意，並獲得了該公司的支持，派出了旗下紅星徐來、鄭小秋、顧梅君、顧蘭君等，參加了這一次的游藝大會，使會塲生色不少。

游藝大會的舉行地點是大滬舞廳，為了「航空救國」，舞廳也響應捐獻，不收塲租，所有員工並加班出動，協助照料一切。此外，上海市長吳鐵城及若干位社會聞人，如虞洽卿、王曉籟、袁履登皆與其列，都應邀担任贊助人。捕房方面並派了許多警探，在塲內塲外維持秩序。

胡蝶女士身擁貂裘，儀態萬方，由明星影片公司三巨頭之一的周劍雲陪同到塲立即，受到了觀禮羣衆的熱烈歡迎，在一片掌聲中謙虛地接受了各方面的祝賀。

胡蝶與「明星」同人：坐者自右至左起夏佩珍、宣景琳、胡蝶、徐來、嚴月嫺、朱秋痕、顧蘭君，後立者，孫敏、王獻齋、張石川、徐欣夫、董克毅

加冕典禮的后冠，由於胡蝶女士事先一再辭謝，只好付諸闕如；因之「加冕」也就成了徒有其名，並無其實，而把當選證書之授予，作為這

胡蝶十八歲，拍攝「秋扇怨」

一次典禮的重心。

「電影皇后」的當選證書，由劉襄亭先生撰成了四六駢文，陸澹盦先生用魏碑書體繕寫，由我在典禮開始之時呈獻，完成了胡蝶女士登上影后寶座的手續。

同時，胡蝶女士也在掌聲的鼓勵下再三鞠躬，致了謝詞。

在游藝大會中，鄭小秋、顧梅君演出了平劇「小放牛」；「標準美人」徐來領銜演出了歌劇「娘子軍」；後來成為著名作曲家的陳歌辛自動報名，唱了兩首意大利民歌，那時他還是個二十歲左右的青年，剛從海外歸來，尚未在樂壇上露頭角。

內子朱鬘，也參加了一個節目，唱出了「睡的讚美」一曲，由嚴工上老先生及其公子箇凡、折西等幾位用國樂伴奏。「睡的讚美」是一首畧帶崑腔韻味的時代曲，惜乎曲詞已佚，只有樂譜尚存，投荒南來之時挾與俱行，總算至今還保藏在行篋中。

游藝大會的入場券，僅售法幣二元，但因購票入場觀禮者綦衆，倒也捐得了一筆不小的數目，最使人感動的是有一個六齡童子，由他的父親肩負入場，把他的一只貯錢撲滿獻給了大會，使大會平添了一番佳話，大小報章上也多了一條花邊新聞。

正式出身電影學校

胡蝶，是廣東省鶴山縣人，而生長於故都北京。她的尊人在京裏當部員，職位不大，是習慣所稱的「災官」之一，由於仕途發展不易，於民國十年攜眷南下，到了香港之後又去上海，賃居於粵人聚居區域的虹口。胡蝶在北方躭過，所以她在進入中華電影學校受訓之時，便說的是一口流利的國語。

中華電影學校創辦於民國十一年，校址在上海的愛多亞路，這是我國電影史上第一次出現的演員訓練班，創辦人是當時的「上海大戲院」經理曾煥堂。

曾氏是上海鉅商黃楚九的女婿，他在經營戲院之餘，對正在蓬勃發展的電影事業頗有興趣，因而有電影學校的創設，目的是造就人才，貯為己用。學校成立後在報端刊出了招生廣告，第一個到校報名的就是胡蝶。

胡蝶經由主任教師陳壽蔭面試之後即予錄取。此外担任教師的還有劇作家洪深，小說史學家陸澹盦，以及留法歸來的汪煦昌、徐琥二人。

這一所中華電影學校，只辦了一屆即宣告結束。胡蝶是唯一出身於這一所學校的成名演員，其他受訓的男女同學大都默默無聞，未能在電影界出人頭地。

胡蝶在學校受訓時期，有時梳一個橫S頭，有時梳一條髮辮，還是一個純樸的少女，但生得明眸皓齒，姿態已十分動人。上課時間是晚上七至十時，課程包括影劇概論、電影行政、西洋近代戲劇史、電影攝影術、導演術、化妝術、編劇常識、舞蹈等等，功課也相當複雜。胡蝶按日到校上課，很少遲到或缺席。當時的主任教師陳壽蔭，目下仍寄居香港。筆者曾走訪陳氏，詢問有關胡蝶在校受訓的情況，陳氏也說：「胡蝶是一個好學生。」

「戰功」一片中初露才華

胡蝶畢業於中華電影學校的那一年，剛巧是「寂寞的十七歲」。

不過，她的寂寞時間並不長。次年，由商人施彬元投資、徐欣夫主持的大中華影片公司，開拍「戰功」一片，由徐欣夫導演，卜萬蒼攝影，王元龍、張織雲担任男女主角，胡蝶也獲得了上銀幕機會，在片中飾演一個次要角色，佔戲雖不多，但也相當重要。此片公映後，胡蝶秀外慧中的氣質，開始受到了圈中人的注意；尤其是她粉頰上的一個酒渦，更給了人們以難忘的印象。

此後，胡蝶的酒渦也就成了她的註冊商標。

另一家陳鏗然組織的友聯影片公司，籌拍一部愛情悲劇片「秋扇怨」，胡蝶被陳鏗然選中，

胡蝶的酒渦成了她的註冊商標

一躍而成爲「秋扇怨」的女主角，男主角則是林雪懷。由於工作接近的關係，胡蝶與林雪懷之間滋生了情感，訂下了婚約，林雪懷成了胡蝶名義上的未婚夫。

但是這一段因緣並未美滿完成，其後因胡蝶的成名，林雪懷的沒落，環境促使二人走上了判袂之路，最後拖延了多年，終於正式解除婚約。

雙方的感情雖因環境變遷而中斷，胡蝶對林雪懷的資助却曾盡了不少力量。林雪懷於退出電影界後，曾在上海新新公司對面的慈安里，開設了一家「雪懷照相館」，就是獲得胡蝶的經濟支持而創立的。

在胡蝶的生命史上，這一段因緣的「淡出」，使她的心靈上解除了束縛，免除了煩惱，對於她此後的際遇，當然關係甚大。

「天一」四載埋沒天才

民國十四年，邵醉翁創設天一影片公司於上海的廿世東路，胡蝶應邀加盟，成爲基本演員。

在四年的時間中，胡蝶先後主演了「白蛇傳」、「孟姜女」、「珍珠塔」、「百花台」、「兒女英雄傳」、「觀音得道」、「大俠復仇記」、「梁祝哀史」等十餘部默片，演出機會雖多，聲譽却還不能與當時的張織雲、楊耐梅、宣景琳、韓雲珍等並駕齊驅。主要原因是她所主演的影片多數取材於民間故事，有娛樂性而缺乏藝術性，輿論評價不高。

「天一」時代的胡蝶，可以說是這顆影壇之寶的潛藏時期。

電影界前輩名小生龔稼農，在他的「從影回憶錄」中述及胡蝶，就有如下的一段話：

『凡是一個電影演員，無不希望自己能多拍文藝片，藉以磨練演技，或以高深的藝術修養，表現於有價值，而又爲觀衆懷念回味的作品中。試想胡蝶在「天一」的所有作品，如「珍珠塔」「百花台」之類，豈能爲知識水準較高的觀衆所欣賞、歡迎？又豈能藉這些庸俗的作品獲得藝術上的地位？因此，一個演員可能由於導演的無才，製片人太重生意經而平庸一世，也可能在眞正有藝術修養的導演和眼光遠大而又有理想抱負的製片人琢磨、培植下而光耀燦爛，享譽一生！胡蝶在民國十七年脫離「天一」，經由高梨痕介紹轉進「明星」後即光芒萬丈，照耀銀壇，就是最顯明的例子。』

胡蝶，確是加入明星影片公司以後，纔開始她的光芒四射之藝術生涯的；龔稼農的一番話，說得非常中肯。

胡蝶的第一部聲片

自民國十七年至二十六年，恰巧是整整的十年。艱難締造的中國電影，在十年中從默片、蠟盤配音過渡到有聲片，總算也向時代跨前了一大步。

其間値得一談的是「歌女紅牡丹」的攝製，因爲這也是胡蝶主演的第一部聲片。

此片的攝製，曾取得英商百代唱片公司的合作。大約經過了二十五天的工作日，先把默片部份拍好，然後全體演員轉入百代唱片公司錄音室，由演員背熟對白，待錄音部門準備完成，影片開始放映之時，演員即對嘴配話，同時音響效果的負責人員也跟着動手，把劇中所需要的音響配入，這與今日廣播劇的錄製情形正相彷彿。

由於這是一種新的嘗試，演員們缺乏經驗，當時無不戰戰兢兢，盡力應付；偶有一人犯了錯誤，就要從頭再做起；因之進展的速度極慢，「歌女紅牡丹」的導演張石川，主要演員胡蝶、王獻齋等一大羣人，每天擠在錄音室裏，至少要六、七小時，大家忙得汗流浹背，疲乏不堪；但爲了要完成任務，創造電影新面貌，每個人的心裏都抱着熱忱與希望，是以絕無怨言。

在他們忙着配音響、配對白的時期，我也曾前往參觀，在場屏息而聽，時時爲他們的「唯恐有失」氣氛揑一把汗。

此片推出公映後，轟動了整個上海市，創下了接連一月有餘的賣座紀錄，在中國電影史上寫下了劃時代的一頁。

「良辰美景」初展歌喉

女主角胡蝶的聲譽也如日中天，由此而進入了更光輝燦爛的

三十年代的胡蝶，得風氣之先，坐汽車前，穿騎馬裝

時期。

繼此之後，由於另一部有聲片「自由之花」的攝製，胡蝶又唱出了銀幕上第一支電影插曲「良辰美景」，這在胡蝶說來，也是一件值得紀念的事。

「自由之花」由鄭正秋導演，胡蝶、龔稼農主演，片中本來並無插曲的安排，胡蝶也沒有料到要一展歌喉。後來在拍攝過程中，鄭正秋發覺劇中人小鳳仙設計送蔡松坡逃出袁世凱掌握的前夕，小鳳仙與蔡松坡的一番依依惜別之情，單是在對白中灌輸生離的痛苦，尚不足以表達小鳳仙的悲愴心緒，於是觸動靈機，加進了一支插曲，即以「良辰美景」爲題（後來我爲新華影業公司編寫「小鳳仙」劇本，也有一支插曲，曲名「惜分飛」，由李麗華唱出。）

梅蘭芳在北平綴玉軒歡宴「明星」同人，自右至左立者洪深、梅蘭芳、齊如山，坐者第二人夏佩珍、第三人胡蝶，第四人張石川夫人，第五人田象奎夫人，第七人梅夫人福芝芳。

此曲由鄭正秋親自撰詞，嚴工上作曲並指揮樂隊伴奏。（嚴工上一家就住在我滬寓的樓下，當時他作的曲與鄭正秋先生作的詞，我都曾寓目；而鄭正秋先生則是我與內子朱鬘結婚時的證婚人。）爲了練習這一支插曲，胡蝶又肩負了破天荒的重任，每天絕早即趕到片場，配合着國樂隊一遍又一遍的試唱。直到唱奏純熟，完美無疵之後，纔在水銀燈照射之下，正式唱出了後來十分流行的「良辰美景奈何天：：：：」一曲。

一面拍戲，一面唱，一面錄音，國樂隊則在現場伴奏，當時的緊張情形，也不亞於「歌女紅牡丹」在百代唱片公司用蠟盤配音之時。就今日進步的錄音技術來說，幕後代唱或另外錄音便較易解決，不必像胡蝶在當年那樣的累到聲嘶力竭，香汗淋漓了。

外景隊向故都出發

在胡蝶的生命史上，曾有一件使她受到莫大的困擾，幾於成了千古奇冤，這一件事便是馬君武筆下所寫的「更抱佳人舞幾回」的「莫須有」公案。

要談這一件「莫須有」公案，須從明星影片公司外景隊北上的經過說起。

民國二十年間，明星影片公司爲了擴展海內外市場，訂下了向有聲片之途邁進的龐大計劃。在計劃中，有「自由之花」、「落霞孤鶩」、「啼笑姻緣」三部鉅片，需要到北平去拍攝外景。於是在經過了一番籌備之後，終於組成了一個人數在四十以上的外景隊，由張石川率領北上，張夫人亦隨隊旅行，照顧一切。

「自由之花」一片鄭正秋執導，內景部份在上海片廠內拍攝，已接近完成階段。鄭正秋因體弱未能北行，外景部份由張石川代爲處理。

「落霞孤鶩」與「啼笑姻緣」都是名小說家張恨水的原著，前者由程步高導演，後者由張石川親自執導，並列爲明星影片公司的重點出品，準備分爲六集，次第拍攝，外景則要一次完成。

以上三部鉅片，女主角都是胡蝶，因之她便成了外景隊中主要之一員。同時北上的，還有導演程步高，攝影師董克毅，演員夏佩珍、嚴月嫻、鄭小秋、龔稼農、王獻齋、譚志遠、蕭英，此外更有劇務二人，服裝、道具管理及攝影助手等多人。最特殊的是四位掌握有聲攝影錄音器材的美籍技師，也獲得了一展遊展的機會；他們是由洪深受命赴美採辦器材時延請來華協助工作的，四人對中國文物精華薈萃之區的舊時京華嚮往已久，此行得遂瞻仰之願，是他們平生一大快事。

王府舊宅暫作行館

「明星」外景隊的北上，在當時的電影界一件大事，尤其是有紅極一時的胡蝶、夏佩珍雙美同行，更使此一隊伍顯得陣容壯盛，不同尋常，因之在出發的那一天，上海的北火車站擠滿了人羣，俱以一瞻明星風采爲快。此外還有不少送行的親友，羣集於車站的廊下，場面十分熱鬧。

「明星」的先頭部隊洪深、董天涯二人，於較早時期出發，已在北平做好了籌備工作，由於事先經過了一番宣傳，當外景隊抵達北平之日，幾於轟動了整個古城。不過北平的影迷比較上海來得保守，除了外景隊行蹤所至追隨聚觀之外，還沒有索取照片，請求簽名的風氣。

外景隊一行四十餘衆，除了四位美籍技師另住東交民巷使館區之外，其餘都住在東四牌樓三條胡同的一座王府舊宅，這是由洪深、董天涯二人預先租賃好了的，講好了按季付租。

胡蝶、夏佩珍、嚴月嫻與所有的工作人員，都在這一座王府裏分房而居。

稍事安頓之後，一方面由洪深與有關方面聯絡，一方面由張石川率領技術人員，會同臨時僱請的嚮導高步霄，出發察勘外景，演員們則藉此機會，乘便作了一番暢遊。

費了五天的時間，外景察勘完畢，決定以著名的中央公園作爲「自由之花」的外景地點。

「自由之花」的故事，即是蔡松坡與小鳳仙的一段民初史實。外景第一天在中央公園拍攝，演出的也就是蔡松坡與小鳳仙約晤的一場戲。由胡蝶飾小鳳仙，龔稼農飾蔡松坡。當時聞風而來的影迷，不下數百人之衆，人聲嘈雜，對現場錄音成了一種障礙，後來還是憑仗着警察維持秩序，始得順利將鏡頭一一拍完。

下午改拍「落霞孤鶩」與「啼笑姻緣」的外景，演員就在公園裏借了地方改妝、換服裝。

中央公園就是清代的社稷壇，園中古木參天，雖在初秋還是綠陰如幄。外景隊在這裏費去了三個工作日，三部同以中央公園爲外景的戲已攝竣。此後又拉隊到頤和園與北海公園兩處，拍攝「落霞孤鶩」與「啼笑姻緣」的其它部份外景，又是費去了十四個工作天，纔大功告成。

「明星」外景隊在抵達北平之後，領隊人張石川曾再三强調團體紀律的重要，並規定晚間出外自由活動的時間不得超過十二點鐘，無論男女絕對禁止單獨接受邀請；如有必要也得提出申請，經過批准。

事實上，三部戲的外景不停拍攝，工作人員無不疲於奔命，每晚收工之後，最大的享受便是沐浴與睡眠；對於宏敞壯麗的故都景色，雖有嚮往之心，也沒有精力去一一領畧；因之紀律多能不遵而自守，並不需要諄諄告誡。

難為了胡蝶的二首詩，馬君武原作

哀瀋陽二首　仿李義山北齊體　君武

趙四風流朱五狂，翩翩蝴蝶最當行
溫柔鄉是英雄塚，那管東師入瀋陽
告急軍書夜半來，開場絃管又相催
瀋陽已陷休回顧，更抱佳人舞幾回

參加梅蘭芳的晚宴

只有在外景將次完成，工作人員的精神負担稍覺鬆弛的一段日子裏，纔逐漸展開了社交活動，投入了外面的酬酢場合。

僅有一次酬酢，是參加名伶梅蘭芳的晚宴。

晚宴於「九·一八」瀋陽事變前三天，在無量大人胡同梅宅舉行。主人梅蘭芳的藝術造詣，在二十年代正進入巔峰時期，名人學者如齊如山、劉半農、劉天華等，或以新的作曲方法，將梅蘭芳名劇的樂曲予以「五線譜」化，冀能藉新音樂教育的推廣而普遍流傳；或以文字爲媒介加以評述，給予指示；使平劇邁入「國粹」的崇高藝術階段。梅氏既是如此一位深得衆望的舞台劇優秀演員，他的邀宴自然也帶有一些文化藝術交流與敦睦友誼的性質。

「明星」外景隊對於這一次的寵邀非常重視，出席者除了張石川夫婦之外，還有洪深、程步高、胡蝶、夏佩珍、鄭小秋、譚志遠、龔稼農、王獻齋、蕭英、張聿光諸人。

飲啖之間，梅蘭芳訪美演出經歷及接受博士學位，以及早年拍攝「天女散花」電影的趣事，成了談話的重心。

外景隊在北平逗留的兩個多月光陰，差不多一直是在緊張忙碌的情形下度過。直到梅蘭芳邀宴的次日，也就是「九·一八」瀋陽事變的前兩天，外景已全部拍竣，爲了減省開支，張石川即派遣佈景師董天涯率領部份工作人員及四位美籍技師先回上海，準備三部戲的內景技術工作。

因此，在「九·一八」瀋陽事變的前一天，繼續留在北平的只有張石川夫婦、洪深、程步高、龔稼農、夏佩珍、譚志遠、王獻齋、蕭英等人少數人。

胡蝶，也在這少數人之內。

「莫須有」公案之形成

瀋陽陷落之後，「明星」外景隊鑒於環境惡劣，不久即結束了北平之行，匆匆回到了上海。

日本的一家通訊社，爲了打擊東北軍領袖張學良的聲譽，揑造了一段新聞，誣指「九·一八」之夜，少帥張學良正與電影明星胡蝶在「北京飯店」酬舞。

此一消息迅即傳播開來，各地報紙信以爲眞，當作了花邊新聞大登特登；曾任廣西大學校長的馬君武，並爲此而寫了兩首詩，有句曰：「瀋陽已陷休回顧，更抱佳人舞幾回。」

此詩一經傳播，頓時膾炙人口，無異證實張學良曾與胡蝶共舞，而「不愛江山愛美人」的口號，也由此而被人津津樂道。

「莫須有」的公案使素向守身如玉，謹言愼行的胡蝶，蒙受了不白之寃。（未完·待續）

obermain

西德製男裝"奧比馬"皮鞋

大人公司 平價市場 人人百貨 大方公司 來路鞋公司有售

本刊已向香港政府登記

定價每冊港幣壹元

大人

論天下大事
談古今人物

第十二期

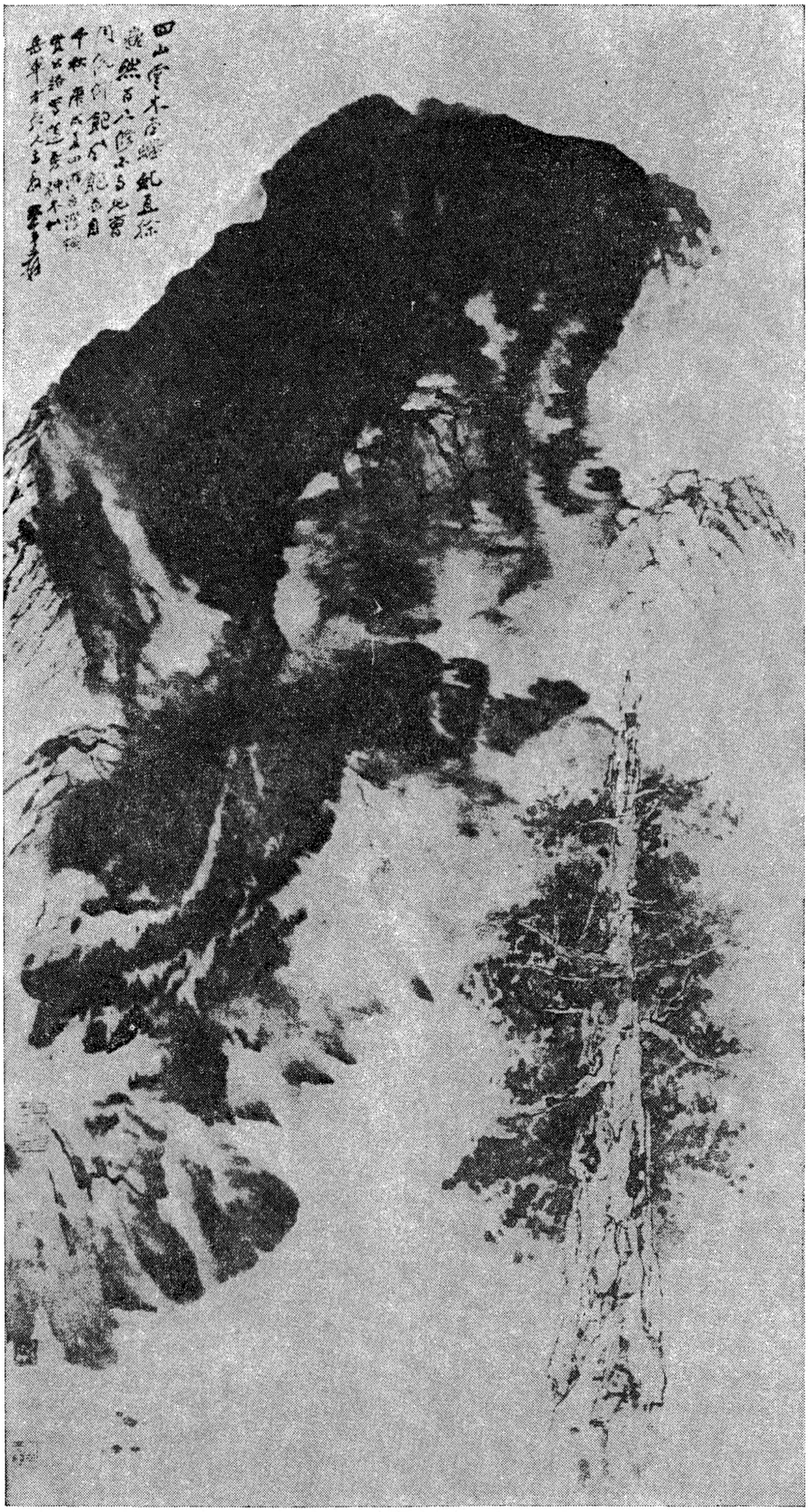

高山神木圖　大千居士近作　（張岳軍先生藏）　詳細說明見本期張目寒先生特稿

大人

第十二期 目錄

一九七一年四月十五日出版

大人

每逢月之十五日出版

出版及發行者：大人出版社有限公司
督印人：王朝平
編輯者：大人雜誌編輯委員會
總編輯：沈葦窗
社址：九龍西洋菜街三號A 即彌敦道六一〇號後座
電話：K八五五七三〇
印刷者：立信印刷公司
九龍新蒲崗伍芳街緯綸大廈十一樓
總代理：吳興記書報社
香港租庇利街十一號二樓
電話：H四五〇五六一 H四五〇七六六
星馬代理：遠東文化事業有限公司
新加坡廈門街十九號
檳城旮田仔街一七一號
泰國代理：集成圖書公司
曼谷耀華力路二三三號
越南代理：聯興書報社
越南堤岸新行街二十二號

其他地區代理：
澳門：可大文具店　漢城：汎亞書籍公社
亞庇：利民公司　寮國：永珍圖書公司
千里達：中華公司　斗湖：光明書店
菲律賓：華安書局　菲律賓：玲瓏書局
倫敦：東寶公司　紐約：友聯圖書公司
芝加哥：杏林春　紐約：友方圖書公司
波士頓：中西公司　洛杉磯：永安堂
三藩市：新生圖書公司　檀香山：大元公司
三藩市：益智圖書公司　三藩市：文化商店
加拿大：香港商店　加拿大：新國華公司

題大千畫展

張羣

昔年一日成三幅三日新來一幅難禿管敗楳堪一笑真同老杜霧中看此大千近作也大千於此道一生愛好雖病目不能自已惟不能細筆皆以破墨法出之覩其大筆淋漓縱橫自如筆到趣成動多奇絕真有史以來畫苑未有之新精神新氣象也蓋大千天才卓越筆墨功深積之愈厚發之愈宏下筆有神固不以目翳為病耳頃將其所作彙之東來香島多精鑑家視大千老筆之蒼茫渾樸其欣賞贊歎當何如耶

張岳軍先生特為本刊題大千畫展

大千居士近作題記

張目寒

吾兄大千居士目疾迄今未愈，然以襟懷磊落，淡泊明志，未嘗以視力茫茫，感到苦惱。尤以近兩月來居於克墨爾，心境益爲閒適，有時亦以筆墨遣興，張岳軍先生曾勸其節勞養息，然吾兄一生寄性命於此道，何能使之捐棄筆墨。今將其近數月寄台灣友人諸畫題跋錄之，公諸「大人」，想爲關心吾兄者所樂聞歟。

（一）高山神木圖：此寄張岳軍先生者，題云：

『四山雲木盡蟠虬，直幹巍然百尺修；不與兒曹同俛仰，飽風飽雨自千秋。庚戌夏，四游台灣橫貫公路，寫道旁神木，似岳軍老長兄教，大千弟爰。』按神木爲台灣一奇，寫神木以白描，極古極奇，山則大潑墨，極峻極厚，設想之高，前人所未有。題詩不僅寫神木，尤切岳公平生風概，斯畫斯題，眞合作也。

（二）合歡山圖：此爲余畫者，題云：

『合歡溪上合歡山，不異人間異世間；飽啖胡麻須且住，笑他劉阮却思還。果然秀色可療飢，乍許褰帷捫玉肌，山水緣於婚媾似，不須求早或嫌遲。霞綃霧縠藻羅裳，睡起嫣然沐更妝；我欲此鄉終老矣，温柔鄉是白雲鄉。庚戌夏，四游橫貫公路，始登東西合歡山，戲拈小詩，並作此圖，博同游諸君一笑。』又題云：『目疾日益夢董，不復能細筆矣；此破墨法，畧抒胸臆而已，寄與寒弟留之，以爲家乘可耳，兄爰。』按：此圖全幅，上半爲墨山，下半爲白雲，題之以詩，詩畫上下相稱，章法極奇古，以知字畫相映之理，是幅若無長題，則與畫理不合，是字在此處，亦即畫也。吾兄此詩，極有風致，七十以上老人，有此綺懷，百歲之徵也。

合歡山圖　大千居士畫　（張目寒先生藏）

（三）東坡稼軒圖：此爲李東原兄所畫者。題云：

『廿載聲名海宇喧，白頭把臂欲無言；銅琶鐵板知誰賞，孫處坡仙汝稼軒。二十年來即聞有孫派名票李東原先生，恨不得見。今歲六月歸國，以目寒、實秋（高華號）紹介，相晤台北，握如平生歡。數爲予歌「逍遙津」、「罵王朗」、「硃砂痣」諸劇，且錄音以壯行色。已而歸三巴五亭湖臥病逾二月，近始小瘳，偶思拈弄，因寫蘇辛兩公像奉寄，以志欽佩，留以爲念，幸念手僵目翳，未能細筆也。』按所畫蘇、辛兩公，雖是大筆寫意，極有神采，妙者坡公之

象，峨冠長髯，儼然大千居士。至於李東原兄，今年已七十餘，聆此歌唱，聲宏意足，居然菊仙法度，今日島上惟李氏一人而已。吾兄知音，欣賞之格調尤高，故遇東原，歡若平生。

吾兄不僅繪此畫以贈東原，並寫兩聯贈之。一聯云：

『傳家有衣鉢，惟師無古今。』跋語云：『此吾友陳剛叔壽其師孫菊仙老供奉聯也，忽忽已三十餘年前事，爲供奉最後上演春申天蟾舞臺，剛叔別字天罡侍者，有「七星燈」唱片行於世。』又一聯云：

『別有狂言謝時望，常撞大呂應黃鐘。』跋語云：『此予三十年前書贈孫供奉菊仙楹聯，東原仁兄囑重錄之。』按此兩聯書法，豪放沈着，有「人書俱老」之概。（孫菊仙最後上演天蟾舞台，係在民國十八年，于民國二十年在天津謝世，此跋應作四十年前。）

（四）李白行吟圖：此爲名鬚生李金棠所寫。題云：『庚戌春日金棠仁兄上演三藩市月餘，大千無間日不到，頃將歸國，別緒不任，而目疾方甚，不能細寫，因以減筆作君家太白行吟圖爲贈，略抒言念風采之思，非敢自託於梁風子也。』按此圖筆法，潑墨爲之，雖着筆不多，寫出天才詩人風概，足與梁風子相頡頏。又贈以聯云：

『猶唱開元太平曲，同是天涯淪落人。』題云：『金棠仁兄相晤海外，把臂欣然，得聆雅奏，尤爲傾佩。予時方病目，勉爲楹聯留念。』按金棠在三藩市演愛國名劇「王佐斷臂說書」，作功入妙入神，極得大千欣賞，故贈以書畫。

（五）台灣菊壇名丑吳兆南宗炎君，去歲與李金棠等同時赴美演出，極得吾兄欣賞，去冬寄一聯云：

『從人笑我生張八，舉國傳君活赶三。』附繪萱石，有句云：『塵世難逢開口笑，君如萱草解忘憂。……』極有致，大畫家偶而寫三數筆，亦超然不羣，信是難得。附題曰：『宗炎仁兄以所說相聲錄音見贈，時予方病，家人放聽，沉疴若失，神爲之往。』春間以吳君演「翠屏山」吵架一幕，大能傳神。特寫一聯贈之。

『我想平兒平兒不想我，你說石秀石秀却說你。』跋語云：『宗炎仁兄於金山上演「翠屏山」吵家一段，滑稽突梯，不減王長林蕭長華諸名宿，因憶方地山先生曾集此聯，雋永眞才人吐屬，其上聯蓋「打櫻桃」也，因爲宗炎仁兄書以發笑。庚戌三月廿五日大千居士爰，時目障方甚。』

（六）文震齋君年青好藝事，於吾兄事凡見於報上者，皆搜羅無遺，於過去京劇名宿之圖片亦多有收藏，吾兄喜其年青而好搜集珍跡，乃寄以山水花卉兩幅。一爲山水立幅，題詩云：

『昔年一日成三幅，三日新來一幅難；
禿管敗煤堪一笑，真同老杜霧中看。』

另一爲菊竹立幅，題詩云：

『本爲編籬護菊花，誰知老竹又生芽；
千秋名士原同調，陶令王猷合一家。』

文君於數年前自金山海邊，覓得海底珊瑚礁，因受海水冲擊，自然形成猿形，寄呈吾兄，吾兄以詩作答云：

『劫盡蟲沙億萬年，故人遠寄小如拳，
憑君莫話滄桑改，且聞啼聲抱月眠。』

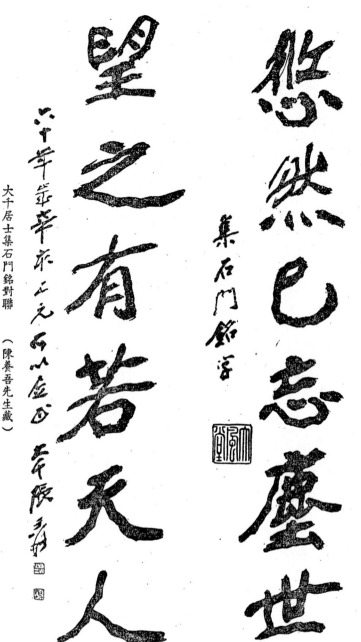

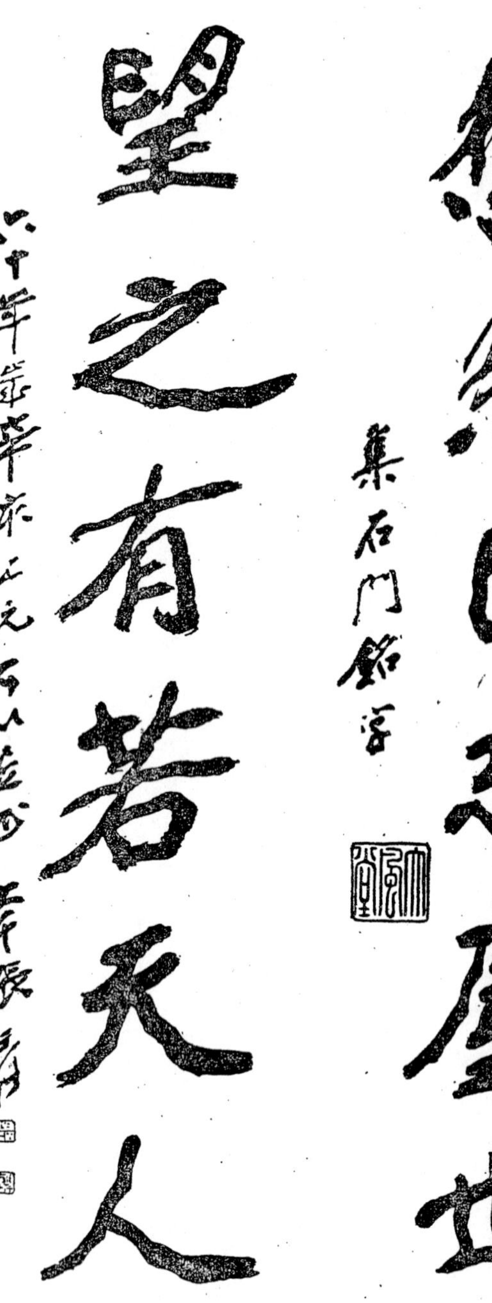

大千居士集石門銘對聯　（陳養吾先生藏）

題云：「震齋仁兄貽白猨石供，石爲海底珊瑚結成，不假彫琢，自然神肖，爲可喜也。戲拈小詩爲答，即請教正，六十年辛亥上元爰皤。」

今春上元，吾兄又集石門銘詩寄文君曰：

『龍山往事已成塵，偶更臨風思昔人，令節年年逢此日，九秋不是是三春。間水槃迂滯遠林，且攀高閣一憑臨，悠然自献南逸嘆，爾塵勞轉山更深。』

題云：「庚戌歲八德園作重九集石門字二首，巴西節序與我國互異，九月適爲春三也。錄請震齋仁兄兩教，六十年辛亥上元大千張爰可以居寄」。

吾兄於本月十四日起，在香港大會堂舉行畫展十二天，其前此畫展，遠在五年以前，今更錄其最近在美所作及集聯如後：

（七）破墨雲圖：題曰：

『託身無地託雲烟，懵懂從人笑米顛，老向此中寫一壑，北窗支枕聽潺湲。』六十年辛亥上元可以居涉事，濛叟爰。」

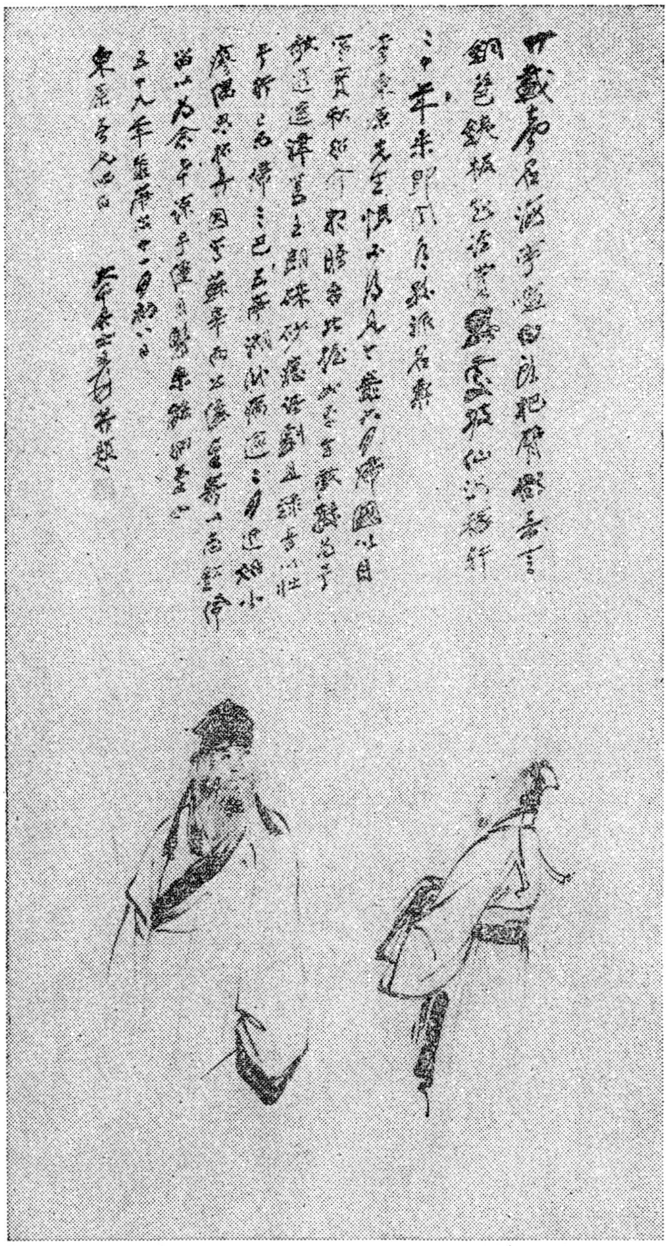

東坡稼軒圖　大千居士畫　（李東園先生藏）

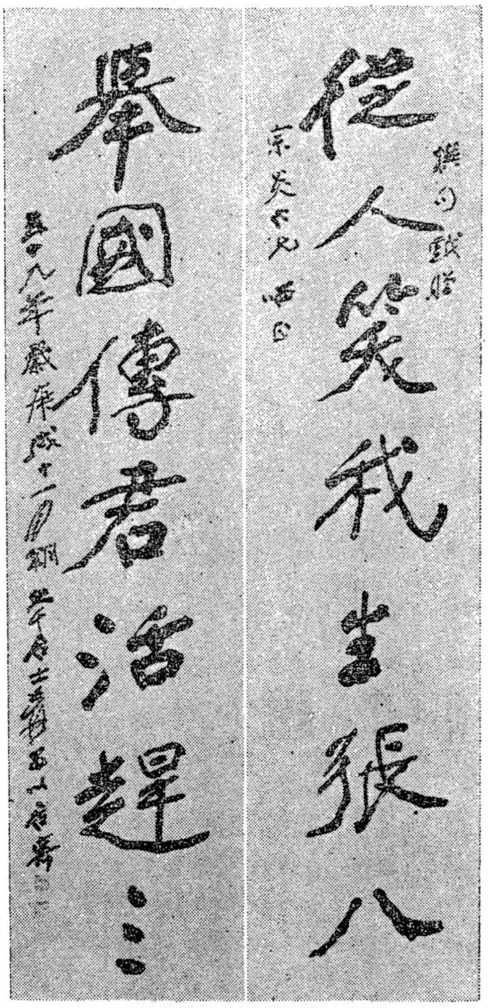

大千居士贈聯（吳宗炎先生藏）

吾兄近年，喜集石門銘作聯語，蓋師承有自。昔年曾農髯、李瑞清二師皆喜此道，吾兄步武師門，足可比美前賢。其一云：

『其人自是五車富，
此子元非百里才。』

其二云：

『悠然已忘塵世，
望之有若天人。』

其三云：

『淺碧自斟家釀酒，
小紅初試手栽花。』

其四云：

『二三星斗胸前落，
八九峯巒脚底青。』

其五云：

『一尺輪囷霜蟹美，
十分瀲灩社醅濃。』

其餘聯語尙多，不及一一盡錄矣。

湖海豪情的張大千

—「意籠萬有，氣蓋一世。」—

·劉太希·

張大千前年由日本回來，在香港聖約翰禮拜堂開了次畫展，眞可以說氣象萬千，美不勝收。不只是他的作品定出了十分之九以上，就是國際攝影社售出他作品的照片，也賣了好幾千元。那時香港不景氣氛圜裏，造了畫展的空前紀錄。若不是因爲他的絕藝高名，那會有這驚人的成績。這兩三萬元港幣，在別的畫家也許可以維持一個時期的用度，但是在張大千，却不夠還他債務的一小部份，或者僅夠他買一件他心愛的古人名迹而已。他生平愛好藝術，愛字畫，愛遊山水，愛朋友，愛好的飲饌，愛養動物名花異草。總括起來講，他的爲人，我只得把古人所說的「意籠萬有、氣蓋一世」八個字來形容他。他窮了，便開一次畫展或賣一批舊字畫來洗債，他一面賣畫還債，但另一面又借債來買畫了。拿他幾十年臨摹鑒賞的敏銳眼光，和立意必得不肯放手的精神，所以他所得到的東西，全是人間希世的精品，爲一般書畫收藏家所沒有的。所以我對於馮若飛上他的八個字「富可敵國，貧無立錐」的尊號外；我想拿「一身是債，滿架皆寶」八個字下一轉語，不知大千以爲何如？

大千最近從巴西回到香港，不到一年功夫，已負債十幾萬了。但是他買古人名迹雄心雅興，還是和從前一般。他最近看到梁愛居舊藏東坡寫的維摩贊，看得口呆目瞪，不肯放手，結果花兩萬元買來。又恰巧碰着日本某收藏家，因爲急於用錢，願意把他所藏黃鶴山樵畫的「修竹遠山圖」廉讓，這幅畫他在日本曾經見過，因爲價錢沒有講好，沒有買到心裏總老是不痛快。他得着這廉讓消息，馬上就想弄到手。但是香港和日本相距這樣遠，能夠保其中沒有變化嗎？他有了這個疑難，便不得不請教數學大師李栩厂先生來相字了，栩厂不只相字奇驗，他的命學尤其精到，大千請他相字之前，還曾請教過他推算命造。我在這裏，不能不補叙一番；當大千由印度回來的時候，我和栩厂同去看他，他感覺到世界風雲轉變莫測的影響到個人一切問題，他一見了栩厂，便說道：「我倒要請你替我推一下我的命，到底我這命前途怎樣，還有好日子過沒有呢？」栩厂當下答道：「先生的貴造，我當然是要用心一推，但是命是不能送的啊。」大千便說道：「我畫幅畫給你如何？」栩厂說：「那是求之不得，再好沒有。」大千又問：「你喜歡山水，人物？」栩厂便要求他畫一張極美的美人。兩位大師的交易就此成功，不到幾天，栩厂便把大千的命造推好送去，告訴他道：「你的格局和清末張之洞大致相同。文襄除他官祿以外，文章還是當代大師，這是第一點相同了。文襄活到七八十歲，因爲他精氣神都充沛過人，所以能享高壽。你今年不過五十開外人，精神意態，簡直是三十幾歲的人，那享大壽一層，是絕對不成問題，這第二點相同。文襄一生好吃好飲饌好享受，但封疆一生囊中還是沒有餘錢，這和你一身是債而還要買好字畫，吃紅燒魚翅冰糖火腿，有甚麽分別呢？大概文人藝術家的命，都是取傷官食神的秀氣，你的大名滿天下，是不用說了。享受逾王公，也是不用講的事。至於享高壽，我是絕對敢包的，睜着眼看罷，還可以看見黃河清呢！還可以看見太平的日子呢！你一生有錢用，但是要想存點錢這可就難了。一切是命中注定，不必憂慮着將來，好好替我畫美人罷。」於是這位畫師高興得掀髯一笑說道：「只要我能看見太平，只要享受也就十分滿意了，管他有錢存沒錢存呢！」

大千請栩厂算過命以後，對于他的相字還沒有請教過。碰巧有一天我又同他到大千家裏，大千正爲買「修竹遠山圖」發急。當時正端着茶杯喝茶，當下便指茶字求相，栩厂問是何事？大千當下告訴他「有件物品能否得到？」栩厂便斷道：「茶字上面是萬字頭，這件東西，價錢總在一萬以上，不過中間的人，是個人字，這事可以成功，但必須另托一個人才行。」大千問幾時可以到手？答道：「茶字下面從木，木是十八兩字合成，當然是十八天了。」話說完，大家隨便說些笑話，吃過了午飯，也就分道揚鑣散了。過了幾天，我又到大千家裏去，大概我每禮拜天總是到他家談天，看他書畫吃午飯的。他一見我便問道：「栩厂兄怎麽沒有來？」我告訴他栩厂因爲牙痛，所以沒有來。他又用極高興而又興奮的神情對我說道：「栩厂替我相的字，眞是太靈了，他說這畫要經過另一個人的手，才能到手，我本來不大相信。因爲事前我有一個朋友自告奮勇對我說：『我有一筆欵子在日本，如果你要用錢，隨便一萬八千，只要你一開口，那欵便可從日本方面撥用。』我以爲這是別人找上門的生意，那是再好沒有的了，何必再託人呢。我便寫信到日本去撥，那知毫無信息。後來還是另外託人把宋人舊畫賣了一幅，才把這圖弄到手，你看奇也不奇！我當時問他多少天可以到手？他斷是十八天。現在算起來，從相字那天算起，到郵政局寄取包裹單來那一天，共是十八天。我從香港滙欵那天算起，到東西收到那一天，也是十八天。橫十八，豎十八，總逃不了這十八。這種神機妙算，眞是世間少有。你一定要將他這種靈驗的奇蹟，寫文章來告訴社會有疑待决的人們。」

那年張大千寄寓九龍亞皆老街一座花園洋房裏，經常賓客如雲。

民國四十二年

懷張大千

于非闇

1956年12月，中共忽然對張大千大表好感，稱張大千爲最偉大的藝術家。請出大千的畫友著名花鳥畫家于非闇在「文滙報」上，向大千招手，希望張大千以海外僑胞身份，回去參觀。這篇文章，就出於于非闇手筆。現在于非闇已逝去多年，而大千仍以閒雲野鶴之身，逍遙海外，檢視此文，不勝感慨！

在人的生活當中，偶然有所感觸而懷想曾共切磋、曾共砥礪的老朋友，那怕是音訊鮮通，那怕是遠隔重洋，這也許會被認爲是人情之常！

民族繪畫家張大千，面向寫生，以造化爲師，在開始學習時，他早于我不及兩三年；而大千的藝術成就，如同我們兩人的鬍鬚一樣，他是又多又長，我是又少又短，雖然我比他差長了十年。張大千對民族繪畫的造詣，正像偉大的戲劇家「文武崑亂不擋」那樣，件件精通。臨摹敦煌壁畫仍提出了自己獨特的看法，這更是難能而可貴的。我越看到他所作的人物、山水、花鳥，我就越懷想張大千。

我和葉淺予、王仁山幾個老朋友，曾在近年歡迎自四川來北京的名醫張文修先生，文修是大千的四胞兄，我們在北京最有名的「烤肉宛」吃烤肉，我們也就不約而同的想到張大千。在過去下大雪的天氣，我和大千跑到琉璃廠看畫後，在「烤肉宛」吃它幾碗烤牛肉，再跑回琉璃廠訪法書名畫；這情景却仍歷歷在目。

曾有一次我和大千窮得湊起來只剩一兩塊錢的時候，好像我們更需要吃進一些什麼特別的風味才好。我們在高朋滿座當中，溜之大吉跑到東安市場，在露天中吃「泡肚王」的幾碗泡肚。這很像看到民族繪畫鴻篇巨製之後，忽然看到一兩開宋元人的小品，一樣得到了營養。最近，我吃了幾次「譚家菜」「烤肉宛」，儘管在座的都是些好朋友，儘管黃燜翅與牛肉片比以前只有更好，但一想到如果有張大千在座，說些故事笑話，更會談笑生風，幫助消化。前兩月我和謝稚柳、葉淺予、劉力上吃「恩成居」，但是談到張大千，大家又一次體會到「舉坐爲之不歡」是怎麼樣的滋味！

當隋展子虔「游春圖」卷在北京出現時，大千爲此巨迹，特坐飛機趕來約我共看。知道張伯駒正在磋商收購，大千對我說：「伯駒是我們的好友，他收去和我收去一樣，我們隨時都可以借觀，只要不流出國外，隨便誰收藏都可以。」

我初學宋徽宗趙佶「瘦金書」時，大千首先贈我大觀丁亥（公元1107年）趙佶書的「八行八刑條碑」。他說：「畫雙鈎花鳥，配上瘦金書題識，更覺協調。」他並且經常以所見古代花鳥畫供我研習。我們還共同游歷過許多名山大川，他對於後學是熱心愛護、熱心培養的，現在他的及門，大半成爲我的畫友，使我更得到愛護後學的許多方法。

我自與大千訂交以來，我的生活一直是相當艱苦的，我相信，這也是張大千所關懷的。近年來，我的生活一天比一天好，在和平的環境裏，作爲一個自由職業的畫家的我，正富富裕裕的生活着，毫無拘束。像我前面所談，如張文修、葉淺予、謝稚柳和葉遐庵先生，他們所受到的尊敬與優遇，比我更爲隆重。特別是大千每次來京，必獨自出資請吃川菜的齊白石老師，他已是九十六歲的老人，國際和平獎金的獲得者，他被廣大的人民尊崇着。

大千有顆印章，印文是：「別時容易見時難」，這是入情入理的話。在我們這極其優越的社會主義制度之下，是歡迎海外僑胞自由來參觀的。所謂「別時容易見時難」這句話，已經不存在了，只要是想「見」的話。

（文題「懷張大千」瘦金書，即出于非闇手筆。）

1956年12月4日北京

Clarks

NO_119

大人公司 平價市場 人人百貨 大方公司 來路鞋公司有售

大八小路

菠蘿之多

星馬泰旅行途中，飽啖菠蘿西瓜，返港飛機上讀虎報，知炸彈專家試爆斷腕，下了飛機，又知香港的菠蘿比星加坡與曼谷更多。

謝天謝地，一百個菠蘿中九十九個是假的，寄語民意代表，今後開會，再莫要求政府准許爆竹開禁。

言之有理

淸明掃墓，婦孺携水供人插花，索價高於去年，並謂提倡漲價的不是他們而是政府。

因其言之有理，乃照付如儀。

簡直混蛋

復活節之復活蛋，有大如東瓜者，亦有小如橄欖者。

人類之毫無標準，由此可見。

造福人類

復活節由澳門來香港，隨帶白蘭地一瓶可以免稅。

耶穌對於人類造福良多，此爲其一。

復活不易

託耶穌受難之福，四月份成爲假期最多之一月。

假期既長，用錢機會必多，所以基督於聖金曜日復活，而我們的口袋却遲遲不易復甦。

重要的日子——其一

四月份假期雖多，然而最重要的日子，仍爲馬票開彩之日。

另外一個重要日子是女王誕辰，有人希望授勳名單中有他的名字，如同中獎號碼中有他的馬票號碼一樣。

重要的日子——其二

「五一」紀念勞工，「五三」紀念「蔡公時」，「五四」紀念「新文化運動」，「五九」紀念「國恥」，同時也是母親節，「五卅」紀念上海的「南京路事件」，以紀念節日而言，五月實比四月更多。

但是最重要的日子却是五月廿八，因爲那天是端午，全港放假一天。

一將成名萬骨枯

交通處長薛璞鐵腕作風，使其本人獲得「硬漢」之稱。

千百名小巴車主司機因而透不過氣來，此亦「一將成名萬骨枯」也。

家庭計劃

有人提倡集團結婚，有人建議集團結婚可由東華三院或保良局主辦。

鄙見略有不同，蓋準備成家者應有計劃，然則集團結婚何不就由「家庭計劃」委員會設計舉辦？

頭等三等

傳集團結婚費用，將分兩種：一種收費五百元，一種收費一千一百元。

我底意見是，集團結婚的精神在平等一律，所以不必像搭電車那樣，分什麼頭等三等？

廉於茶舞

五百元與一千一百元，實亦五十步與百步之比，以今日香港之物價而言，很難說它是貴抑不貴。

不過話得說回來，想到一九三七年上海市政府舉辦集團結婚時每對收費二十元，豈不比跳一次茶舞還要便宜？

五十字寫香港

某刊物徵文命題之一：「試以五十字爲限，描寫香港」。筆者不敏，敬擬一則如下——

香港爲一山城，現代文明，應有盡有。勞力低廉，屋租昂貴。貧富之間，等級分明。居民不問政治，但喜飲茶。政府號稱民主，最愛拆屋。

不高爲妙

醫務署報告，由於生活水準提高，港人死於糖尿病者增加三倍。

以此類推，香港生活水準若再增加一倍，死於糖尿病者豈不將再增加六倍？

拍錯了門

香港一名流，爲中文運動事，將向聯合國秘書處請願。

不向觀音大士叩頭，而去天主堂燒香求子，彷彿似之。

重大改變

泰晤士報董事長說，今後十年至二十年間，亞洲將有重大改變。

租借新界九龍的中英條約將於一九九七年滿期，不知香港的重大改變將於何時發生？

保良新政

九十四年來，保良局初見女主席。

今年保良局的新政之一是把九十多年來的「首總理」改稱「副主席」，「總理」不稱「董事」而仍稱「總理」無妨，但願發佈新聞時，不必每次將總理名單全文刊出，一字不漏。

・上官大夫・

陳東塾先生論書法

訥夫

……以章草之筆臨漢隸，即成鍾元常書矣。鍾元常時，通行者，隸書與章草也。元常因以隸書之結體，而出以章草用筆，遂成眞書。今試以章草之筆臨漢隸，即似鍾書矣。……

——錄東塾先生論書手扎——

寒齋藏陳東塾（澧）先生與馬覺渠（季立）手札，凡九通十五葉，皆論書之作，不及俗事。原蹟雖畧有蝕缺，大體完整，而箋色絳綠雜呈，墨痕猶新，各札均不記年月，十九葉皆同一字體，書法流暢，如一氣呵成，想見前賢積學，簡札之間，信筆寫來亦無不揮灑自如，自成面貌。

陳澧
（1810——1882）
采自嶺南學報學海堂考

東塾先生（一八一〇——一八八二）姓陳，名澧，字蘭甫，一字蘭浦，爲嶺南名儒，歷清嘉、道、咸、同、光五朝，不騖功名，道德學問，名動朝野，先生讀書處曰東塾，故後之學者稱東塾先生。

先生原籍浙江紹興住塈村，據番禺汪宗衍先生所撰東塾先生年譜云：「……六世祖自湖公官於江寧，卒於官，貧不能歸，葬鍾山之麓，遂爲上元人，祖尙志公再遷廣東，至先生乃占籍爲番禺縣人，一八一〇年清嘉慶十五年庚午誕生於廣東省城（廣州市）木排頭里第。」年譜載先生家世綦詳，不再贅述，但於「東塾」來歷，則註明先生於六十二歲時掇學思錄旨要，爲東塾讀書記。自序云「……澧性好讀書，於天下事，惟知此而已……余家東偏有一塾，澧數十年讀書處也。」先生故居在廣州南關清水濠，近太平沙。

蘭甫先生邃於經史之學，旁及聲律文字，淵博無可比儗。五十九歲時，主講學海堂菊坡精舍，撰字體辨誤一卷，並附引書法於後。又成書法雜記一卷，（藏嶺南大學圖書館）雜論篆隸眞草筆法，皆從六書立言，可知先生書法心傳，別有獨造。

清季末葉，時人厭館閣體書了無生氣，所謂方、光、烏之字，祗爲功名晉身階梯，乃大倡碑學，而不重帖法。先生則不偏持一說，但於漢隸唐碑考據至精，尤於眞書草書講究微細，觀其與馬季立論書諸帖，即爲教導弟子關於眞草字學之旨。東塾先生札中有云：『篆有「說文」，加以附篆足矣，隸有「隸辨」、「隸篇」，但須作跋二首，訂「隸辨」之疎、及「隸篇」之誤采僞作，亦足矣。惟當撰成眞書、草書之書，庶使寫字者得有模範，此眞有功小學之書，前人所未曾有者也。』（附圖論書札第一葉。）

此爲先生論篆隸書法之一部份理論，但對眞書、草書竅要，尤多灼見，且對今人所謂眞書正體不以爲可，致在札中第二頁强調：「此爲最要，今人所謂眞書正體，往往是刻字匠之體，非古書家之體也。」（見附圖旁註）

由此，足証先生對當時流行之館閣體或所謂「眞書正體」，認爲不足登大雅之堂，而是從刻字匠學習，但亦不肯隨便附和當時一輩書家一味尊崇六書，只講碑體之風氣，且更主張熟嫻草書，常用行書，識草書，則行書可以不誤。

蘭浦先生雖爲一代儒宗，講究氣節性命之學，但亦富於人情味，絕無酸腐氣，甚而論書一道，亦不盡扳起面孔，數典衍故，而以幽默口吻出之。例如：致弟子馬季立用功於草書行書，列舉某名士誤書別字，即別饒深意。原札云：

『昔有一名士，與僕書，稱僕之詩爲「隹」作，僕不禁大笑。天下乃有不識字之名士耶？古帖「佳」字甚多，皆作「隹」豈竟未見耶？近人講六書，只講篆字，篆書不常用，常用者，行書也，而竟作此等譌字，可不救正之耶？此僕所以欲考草書也，爲常用行書故也。識草書，則行書可以不誤耳。』（見附圖原蹟第三葉）

東塾先生笑某名士不識字，致有「隹」「佳」不分之誤。其實亦因行書草書率意爲之，不依六書法度。篆書隹字作隹，音「追」，故草書筆勢作隹，如曾研究篆書，則草行書必不會以「隹」爲「佳」也。

於此，筆者亦嘗見今人寫朱栢廬治家格言，於「三姑六婆實淫盜之媒」一句，往往有「淫」作「滛」之訛，使先生見之，當又一噱。

不過，筆誤之事常有，尤以書札往還，不免掉以輕率，是故行書草書在能熟諳草法，則乖誤可少。於此，章草之學實爲行草之模渠，草訣歌雖非眞出宋人手筆，惟其間有云：「慨自趙宋後，書法日以亡，目未寓章草，下筆多荒唐。」即謂草書自宋元以來，名家亦不免踰越六書之道。東塾先生此札第二通之第二頁，指出：『……唐碑草書者甚少，如昇仙太子碑、右軍聖教序、顏魯公爭坐帖，內有草書，亦必須取也。此則人人所有耳，宋人草書則不必取矣，張顚、懷素亦不宜多取。坡公行書常有譌字，董香光尤可笑，蓋全不識六書者也。』以蘇東坡、董其昌赫赫盛名，先生猶誚爲不識六書，是知草書之難，而眞書更難。

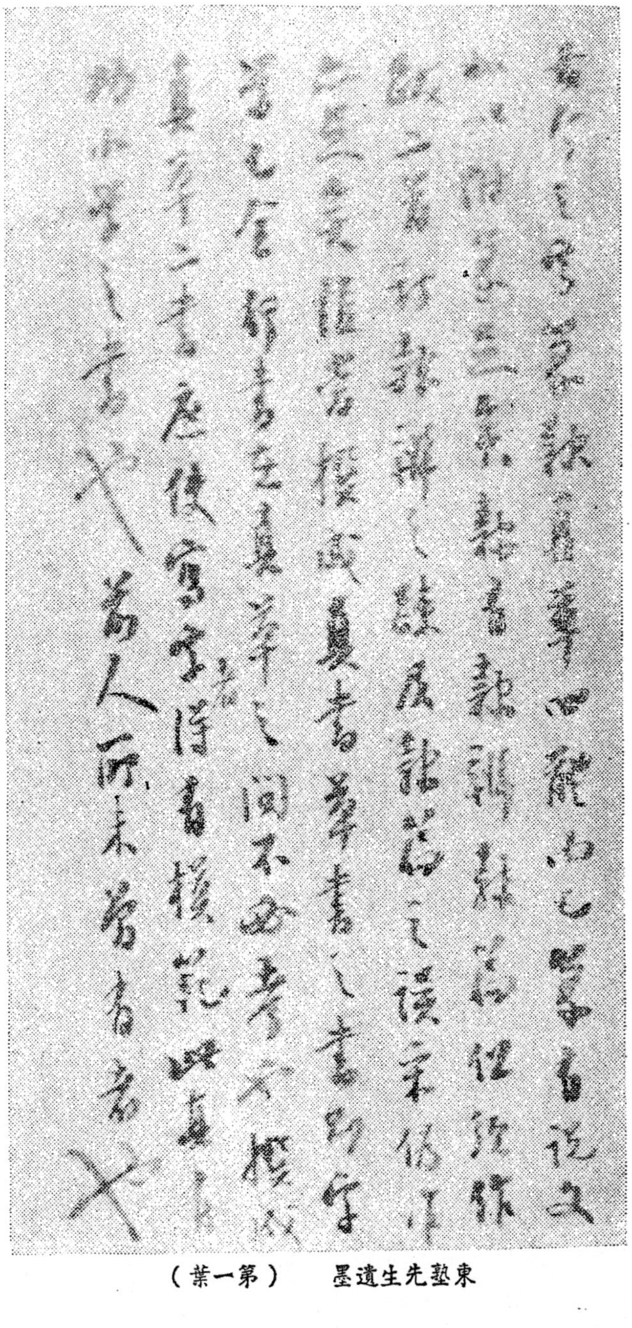

東塾先生遺墨（第一葉）

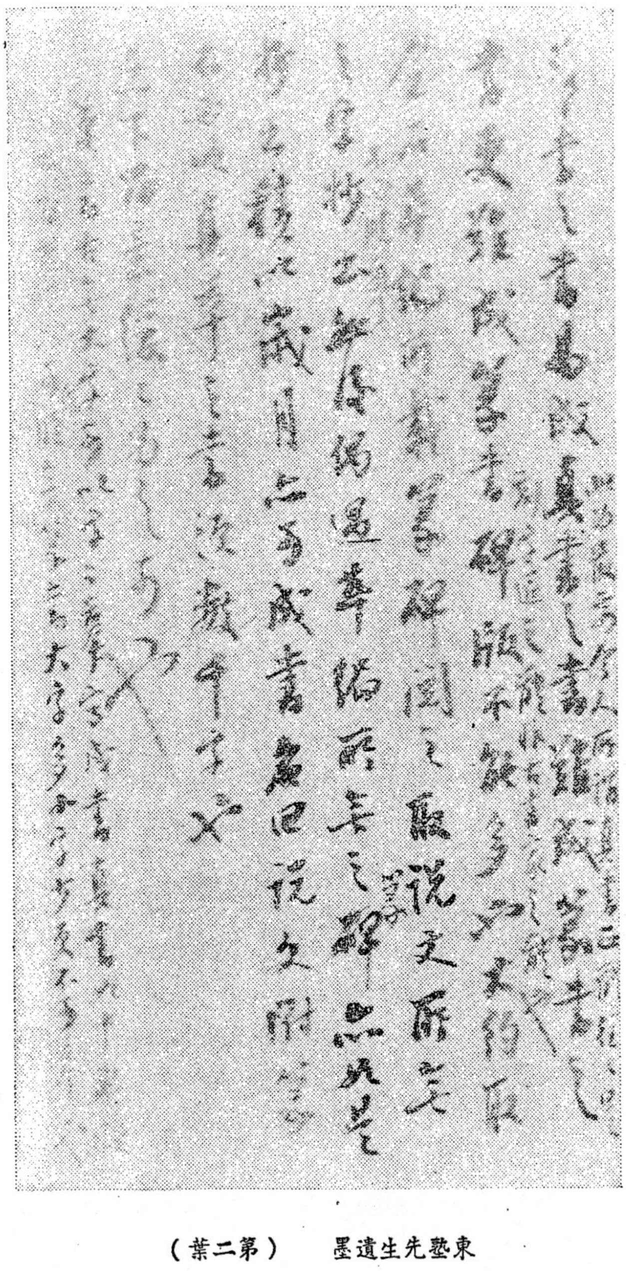

東塾先生遺墨（第二葉）

東塾先生教人『識草書以寫行書可不致誤』之法爲：『自閣帖右軍書，取某字即用小刀劃出，貼於小冊，其旁以楷書釋之，（宜先取千字文所無之字），至十七帖頗不常有，如有所取之字，用油紙摹出，再用薄白紙摹貼小冊，（亦於字旁釋以楷書）若不嫌煩，則閣帖亦可用此法，不劃破此帖也，（孫過庭「書譜」之字，千字文所無者甚多。』此法最適宜學草，要能不畏瑣屑，積以時日，彙集宋以前諸名家字體，始能比較眞贋，隨時融會，大抵馬季立已深諳此道，蒐集之勤與乎編排之精，尤過乃師，故先生手札第六通有：『手示領悉，小冊編排考訂精整，斂處所造千字文小冊，安能如此，佩服之至，既已編排，自不能改用雙鈎，但記其可疑者，將來求善本校對可也。祈再將未剪者，暇時再剪。近方用功應試，不可分心於此，聊作消閑之事乃可耳。』

先生既教其弟子編排草書眞書之法，從此札觀之，知其必有自編千字文草書小冊，而旁搜廣摭，亦必盡皆宋人以前之字，惜未能見之爲可憾耳。

此外，先生於五十九歲時，講學於廣州學海堂菊坡精舍，曾撰「字體辨誤」一卷，附引書法，另著「書法雜記」一卷，卷帙無多，皆教諸生之作，亦無印存，余從先生年譜編者汪宗衍先生處借得鈔本一份（嶺南大學藏鈔本），得窺全卷，感銘之餘，用特錄出，以饗同好，藉廣流傳：

「字體辨誤」一卷，附引書法，菊坡精舍曾刊版印行以教諸生者，卷帙無多。汪宗衍先生編東塾先生年譜中註云：「原書無著作年月，吾家藏有手稿一紙，爲用胡同壽來信之背面草寫……」據攷該書當爲同治七年所作，原書分「象形字誤」、「會意字誤」、「諧聲字誤」。又有「二字形近相混」，「上下偏旁形近相混」，逐字舉例備極詳細。碍於篇幅，未能

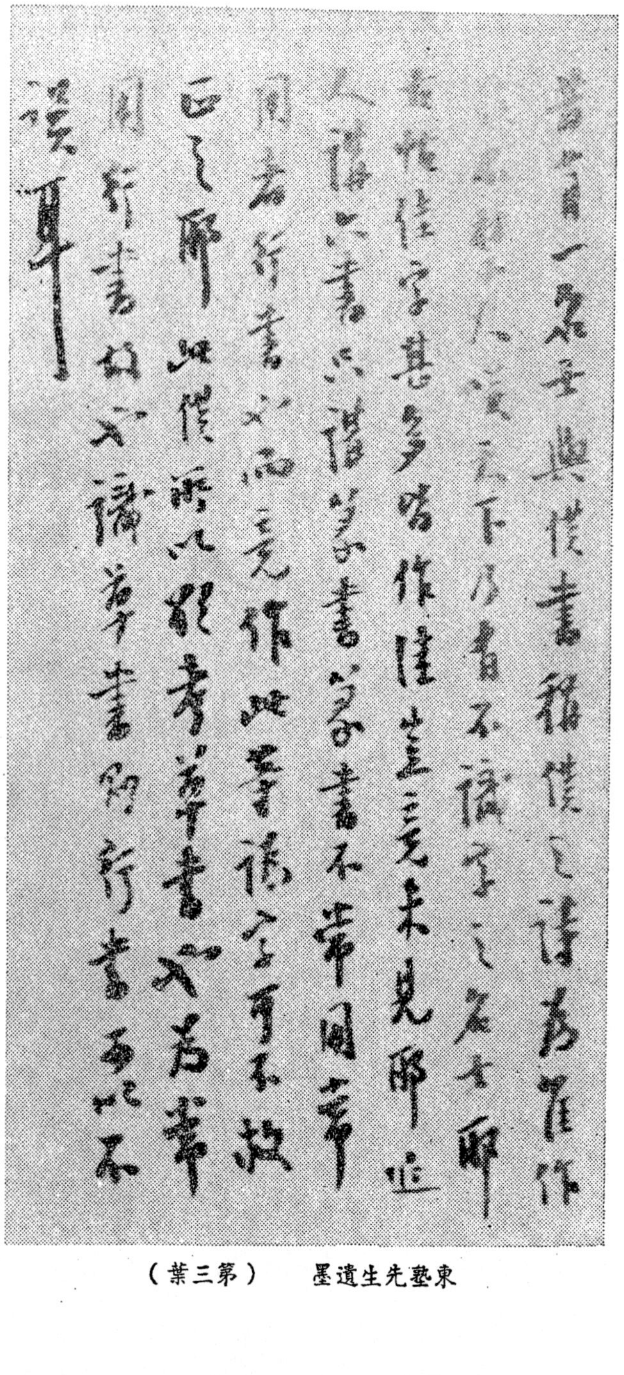

東塾先生遺墨（第三葉）

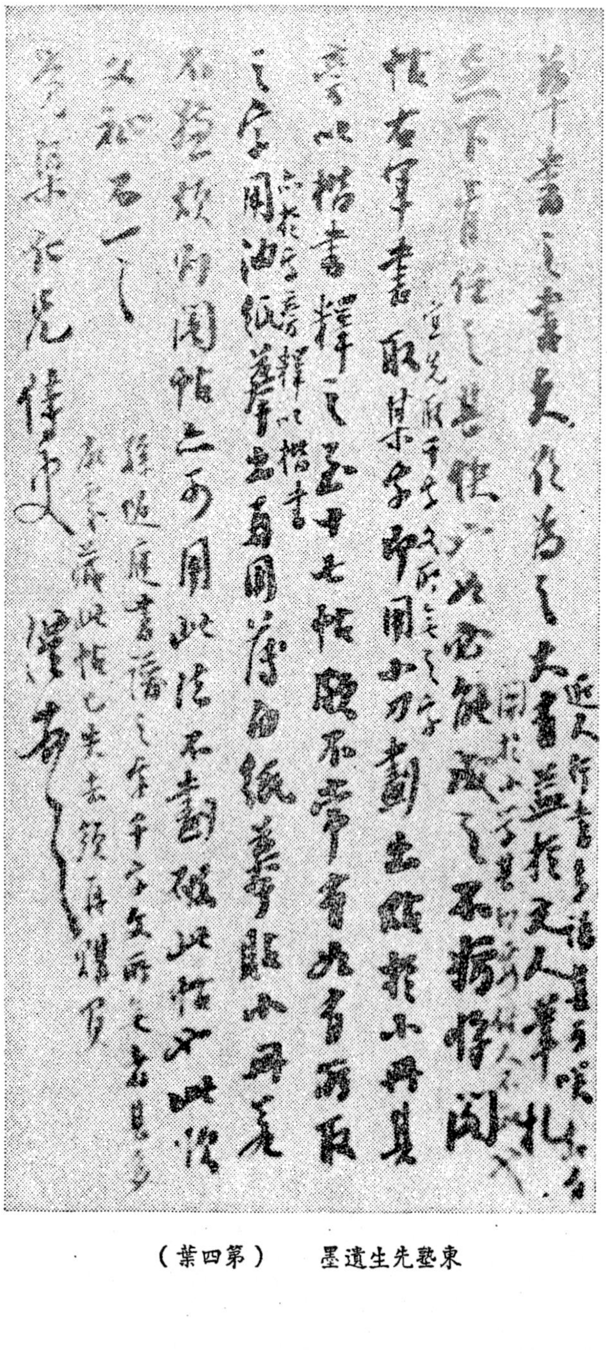

東塾先生遺墨（第四葉）

全錄●

「書法雜記」一卷，共十三條，（嶺南大學藏鈔本）全卷雜論篆隸眞草筆法。

（一）秦篆均齊嚴整，漢人篆書傳於今者，則皆不然。至李陽冰乃復均齊嚴整，故自謂斯翁之後，直至小生也。

（二）夢英云：方上圓下，此謂D字也。又云撓而無折，謂但有圓曲撓轉之筆，無方折之筆也。如作D字，先一，後U，上兩角方者，兩筆所湊也。下兩角圓者，一筆撓轉也。此乃李陽冰之法，古人不盡然也。

（三）右手作字，蓋自倉頡以來皆然也，故象形之文，多偏於左。有左側之形，如馬字、鳥字之類是也。無右側之形，凡右側之形，皆由左側而反，如刀字反爲匕是也。至隸書所用筆，亦偏於左。如大字自上而連於左，不連於右也。至於眞書則更偏於左。一點一丨之尖，無不向左者矣。

（四）戴侗六云：象形之字多由臆造，攷之古鐘鼎之文多無之。

（五）古文存於今者，鐘鼎彝器之銘，雖不盡眞，亦不盡僞。其字畫兩端，或圓或銳。秦篆則琅邪泰山殘碑尙存，字畫兩端皆圓，漢隸則存於今者多矣。字畫兩端皆圓者，亦有始圓而末銳者。鍾元常書則變爲始銳而末圓耳。當時仍謂之隸書，後人以其與漢隸始圓末銳者不同，則謂之眞書，楷書。

（六）以章草之筆臨漢隸，即成鍾元常書矣。鍾元常時，通行者，隸書與章草也。元常因以隸書之結體，而出以章草之用筆，遂成眞書。今試以章草之筆臨漢隸，即似鍾書矣。

（七）若講楷書字樣，必考唐以前楷書碑版。尤必考漢碑隸書，所以然者，楷書即隸書也。

（八）十七帖，「十七」二字，橫畫之右出鋒。猶用隸書法也。

（九）漢時所常行者，隸書也，章草也。以章草之筆作隸書，則成眞書矣，閣帖內，張芝章草帖有數字與眞書無異。

（十）草書「願」字作「亿」，太簡，「欲」字作「[?]」，殊不可解。辨字作[?]，上三點，亦不可解。

（十一）蘭亭叙，「崇」字山下有三點，蓋先誤作「巖」字，至「品」作三點，乃覺之，遂不改，而加宗字於下，此草稿，故不嫌其誤。如「快」誤作「怏」，亦不改也。

（十二）近日在完蒼湄明府處，見錢南園楷書程子四箴，逼眞顏魯公家廟碑。學書能專一如南園，豈有不佳者，凡學問皆然。

（十三）姚姬傳八分說，要抄入瑣記。

右十三則雜記，列舉書法源流，洞中肯綮，要言不煩，尤以「學書專一」一語爲無上法門，可發深省。

東塾先生爲近世著名學人，一生致力教書、著書、刻書。生平反對科舉、八股文、試律詩、小楷字，以經史、義理、詞章課士，爲學海堂學長數十年。晚年創設菊坡精舍，清末吾粵文人直接間接俱與學海堂、菊坡精舍有關，對學術、教育之貢獻良多。

東塾先生一生，受阮芸臺（元）先生影响至大。道光二十四年（一八四四），東塾先生過揚州謁阮，時文達已八十一矣。特爲題齋額「憶江南館」，上欵書「蘭甫請書」，下署「頤性老人」。題憶江南者，以東塾先生祖籍上元也。學海堂復有啓秀山房，聯曰：「集諸生於山水之間，剛日讀經，柔日讀史。」「當秀才以天下自任，處爲名士，出爲名臣。」

馬季立，姓馬，名貞榆，字覺渠，號季立，廣東順德人，爲東塾先生門下高弟，以經學名。清末民初，執教國文於北平清華學校。一九一四年卒於清華園。東塾先生論書手札中，皆稱馬爲仁兄者，其時當尙未執贄東塾也，用並識之。

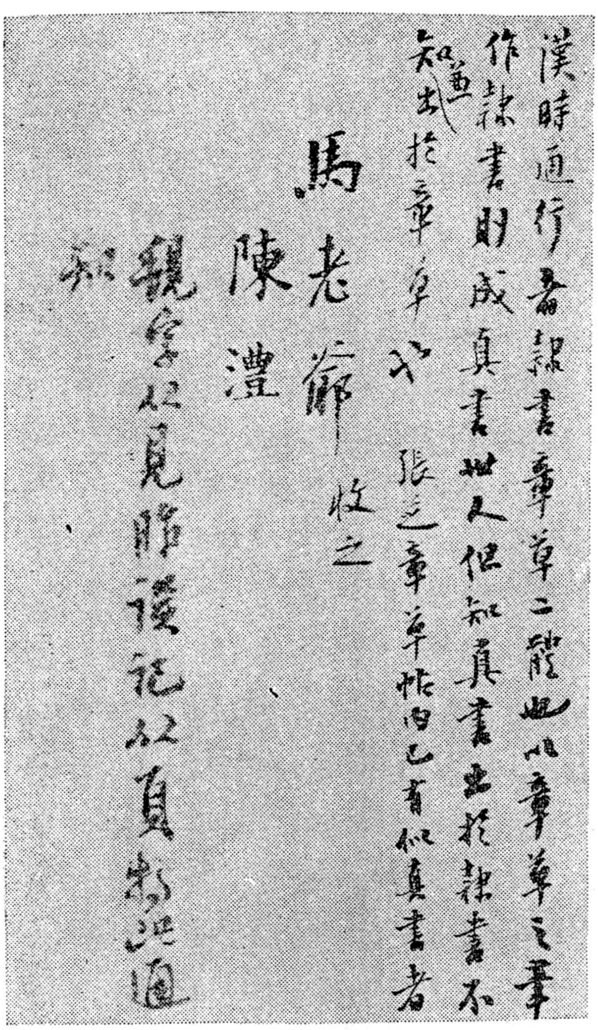

東塾先生名片及手筆便條　（萬松書屋藏）

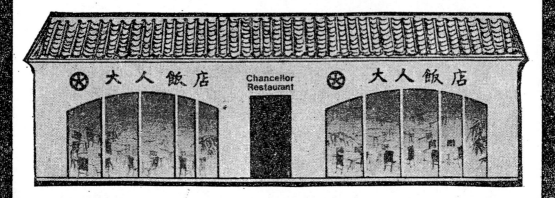

傳記

維新政府的一台戲

——淪陷八年回憶錄——

陳存仁

前文記述蘇錫文和傅筱庵兩人先後當上海市長的經過，現在我要講的是南京成立所謂『維新政府』的一台戲。我這篇文字是以在上海的觀察所得爲出發點，因爲其時維新政府的政令，對上海始終沒有影响，祇是在這一段時期中，有些離奇古怪的事件可以寫出來，作爲反映當時的一般情況。

愛好古玩　斧下喪命

日軍侵佔南京之後，第一件事是要成立一個政府，因爲要是沒有這個行政組織，那末對中國的老百姓，沒有一種統治力量，而且蘇、浙、皖三省的治安，日軍無暇顧及，所以醞釀着要組織一個政府，作爲代替國民政府的一個行政機構。雖然「維新政府」已在民國二十七年三月二十七日成立，但日本方面最高特務頭目土肥原賢二，還不滿意，因爲他早就擬了一個計劃，北方請吳佩孚出山，南方則以唐紹儀作爲對象，組成一個聯合政府，那就可以統治一切了。他們在北方對吳佩孚的籠絡工作，做得很顯明，而在南方拉攏唐紹儀的意圖，却進行得很秘密，一點也沒有消息走漏出來。

唐紹儀在民國史上，身世煊赫，他雖然不是國民黨的開國元勳，但是做過南北議和的清廷代表，和國民黨有密切聯系。國民政府成立之時，對他也相當器重，因爲當時分駐各國的大使政要，都是他的親戚故舊，只是對他本身，反而無法安置。

唐紹儀是廣東中山縣人，後來國民政府就請他做中山縣縣長，而且把中山縣政府的組織，改變爲是直屬於中央的『模範縣』，縣長是簡任職。唐氏對這個職位，未必滿意，但因一時無事可爲，祇得勉勉强强的走馬上任，在他內心其實是很委屈的。

唐紹儀當了中山縣模範縣長之後，就引用中山石岐的許多同鄉担任縣府大小各職，又因爲他是石岐唐家灣人，所以多數職員都是姓唐，他自己就住在唐家灣花園住宅中享清福，對政務極少過問。過了一個時期，這個模範縣，不但沒有什麽模範的政績做出來，反而當地人的控訴狀如雪片一般的遞到中樞，大概有好幾件事牽連甚多，胡漢民力主澈查，於是唐紹儀連小小的模範縣長都做不成了。

唐紹儀（一八六〇——一九三八）

此後，唐紹儀便移居上海老靶子路的舊宅中，韜光養晦，頤養天年。

唐紹儀的日常生活是很奢侈的，單單每個月的雪茄烟費用，已堪驚人，就因爲開支浩繁，積蓄越吃越短，所以日方和他幾度秘密接觸之後，他就有點半推半就的意思，並且搬到一座很大的洋房中，草擬改組聯合政府的計劃，消息秘密得很，當時上海極少人知道。

那時節靜安寺路上國際飯店有一座華安合羣保險公司的大廈，巍然矗立於跑馬廳前面，這是上海一座極著名的建築物，這大廈除了下面三層作爲公司之用外，其餘的都租給西人居住，作爲公寓。

八一三戰爭開始之後，小部份西人離開上海，但是大部分英美人還未撤退，這座大廈，就有若干房間空了出來，我有幾個朋友，把它租了下來，租約是長期性的，以一年爲一期，租金相當昂貴，因此這幾個朋友，就想出一個辦法，把它作爲十個人共有的集合場所，幾個年紀比較大的，一早都跑到那邊去談生意，進早餐，我則每天午餐之後，總到那裏去作午睡，而且因爲有熱水設備，各人的家眷常來洗澡，晚間大家約點朋友來聚晤傾談，那裏一連有四間房，所以有時也在這些房間中設席宴客，其中一間房間，常有人打麻將和玩撲克，所以租金的維持，可以應付裕如，尤其是那時上海很少高樓大廈，大家到了這個地方都興致很好。

一天，華安公司當局極誠懇的來和我們商量，要求我們退租遷出，並且允許給我們一些津貼

，我們因爲有合約在前，當然嚴詞拒絕，華安當局顯得很尷尬。次日又繼續派員來講，說是：『這不是我們公司爽約，而是日本人指定要這層樓的房間作爲他們辦公之用。』我們一聽了這些話，便覺得這個租約無法堅持，於是就在第三天默默無言的退了租。

初退租時，我們十個人紛紛通知親友，再也不要到華安大厦來，免得遭到麻煩，但是百密一疏，有一位朋友的岳父，他沒有知道這件事，仍然闖到這個房間去，見到房間裏的人很多，且都不相識。那位老人家氣派很好，所以坐在一旁，有人敬茶遞烟，待以上賓之禮。他坐了好久，不見熟人來到，心中正在奇怪，突然有一個書記模樣的人來說：『唐先生現在有空了，請你到裏面去談談。』那位老人家一時想不起那位唐先生？施施然的跟了那人進去，看見房中坐着一位正是他的舊友唐紹儀，兩人已十多年未見面，當然雙方寒喧一會，後來唐紹儀問他：『你想担任些什麽職位，我可以代你設法。』那老翁一聽此言，心知不妙，他就說出：『我原是這個房間的常客，我是來看我的女婿的。』唐氏才明白，這是一場誤會，依然很客氣的送他出門。

我們遷出華安大厦之後，本以爲是日人借用，後來經這位老人家的說明，才知道原來這個房間已被唐紹儀所租用，其中有一位朋友心中很不服氣，竟然走到華安去交涉，華安當局吞吞吐吐不敢說明眞相，祗把新租約拿出來給他看，簽約的人果然是日本人，語氣中還隱隱約約表示唐紹儀已經『落水』，那位朋友才無言而退。

不久，報紙上隱約透露出新的聯合政府正在組織中，並且顯示某元老將出任『總統』。我們朋友間就推測到這位總統的人選，必然是唐紹儀了。

時隔不久，也就是民國二十七年的九月三十日，報紙上又爆出一件唐紹儀在自己住宅中，被人用利斧斬死的新聞，新聞中說出：唐氏愛好古玩，有不少相熟古董商人，常在早晨帶了大小不等的瓷器玉器等向唐氏求售，其中有一個最熟的掮客姓謝，那天早晨手捧着一隻四五尺高的大花瓶，坐着汽車，伴同一個姓林的人，手中拿着一個楠木小盒，去見唐紹儀。當時守門的人，因爲姓謝的是常客，所以叫他把汽車開進住宅內，即刻再把園門鎖上。

謝林兩人進入內室等候，唐氏起身之後，祗有一個女傭端茶奉烟，姓林的人就把楠木盒中的八件玉器，一一取出，唐氏細加把玩，愛不釋手，待女傭退出之後，姓謝的就在大花瓶中，突然抽出一把利斧向唐紹儀後腦劈去，傷痕深達二三寸，唐氏未出一聲已經瞑目而逝。之後，姓謝的從從容容的還是捧着花瓶出來，由姓林的人將內室的門鎖上，同時還作鞠躬道謝狀退出。

守門人問姓謝的人：『你的花瓶怎麽賣不掉？』姓謝的就說：『老爺看不中，也沒有辦法』，說完這句話，守門的人就開了鐵閘讓他們登車，揚長而去。

唐紹儀總統沒有做成，老命反而因之送掉。

翠彫八駿　價值連城

唐紹儀做不成聯合政府的總統，竟死於非命，無數人對他的不保晚節，深爲惋惜。而最感失望的就是日軍當局，因爲他們認爲唐紹儀是組織聯合政府的理想人選，現在唐紹儀一死，他們又要傷腦筋了！

唐紹儀慘斃之後，日方着令租界警方全力出動，調查偵緝，認爲謝林二人隱伏租界之內，非拘捕歸案不可，何況當時慘案現場，還遺留着一盒用楠木盒子裝的古玩。

原來盒中的古玩，共有八件，其中一件還緊緊的握在唐紹儀手中，大約姓林的人見到唐氏已經倒在血泊之中，不免有些心慌，就匆匆的離開現場，這一盒東西，也就留在唐氏陳屍的室中。

這一盒古玩裝在一個很精緻的楠木盒中，盒蓋上刻着四個大字，下欵刻的是『莫釐席氏珍藏。』警方得到這件東西，就召集幾個古董商人來研究，問這盒東西的原主是誰？幾個古董商人一看見這件東西，都面有難色，不發一言，後經警方再三追問，才有一人說出，莫釐即是洞庭山的別稱，席姓是洞庭山的大族，警方得到這線索，就傳訊一位曾經做過銀行買辦的席某，這位席某人年事已高，一些受不起驚嚇，很爽快的說出來：『看來這是席裕昌的東西。』於是警方接着就傳訊席裕昌。

席裕昌業律師，家中十分富有，喜歡收藏古玩，他家中的一切傢俬設備都是用楠木製成的，而且在蘇州自建花園，規模很不小。

席大律師在上海本也有相當聲譽，可是八一三戰爭之後，一因年事已老，二因業務清淡，所以他就靠出售歷年珍藏的古玩來度日，在唐氏命案的前幾天，姓謝的古玩商人對他說：『你的那盒「翠玉八駿」，我已經有了受主，現在我想拿去給他看看。』席裕昌認爲謝某向來很有信用，所以就把這盒八駿交給他，後來報紙上一透露這件命案之後，席氏看到了，不但驚駭，而且大跳其腳，認爲姓謝的一定會帶了這盒古玩逃逸無踪了。

一天，席裕昌正在愁眉不展之時，忽然警方來了四個人，傳他到四馬路總巡捕房去問話，他本來對捕房中人都很熟稔，但是這一天他也提心吊胆起來，怕牽涉到自己頭上。他到了捕房，承認這盒東西的確是他的，是由一位姓謝的古董掮客取去代爲經銷的，當時許多警探都很原諒他，惟有一個日籍警探不以爲然，說：『這是珍貴的東西，何以會輕輕的落在別人手上？』席裕昌迫得沒有辦法，推說：『這件古玩，並非上品，乃是玻璃做的，價值不高，所以隨便給姓謝的拿去。』日籍警官也看不出是眞是假？竟被席裕昌這句話混過去了，後來席氏便把姓謝的店舖以及日常行踪，一一告訴了警方，方能脫身。

警方得到了席氏的資料，便大事搜索，但是四處搜尋，都不得要領，大約隔了十五天光景，席裕昌收到一封由香港發出謝姓來信，筆蹟很工整，詞句很婉轉，向席氏道歉，席裕昌得到這封信，即向警方報案，同時向警方申請發還這件古玩，其中有一個華籍捕頭對他說：『你申請發還，夜長夢多，不如另外仿製一盒，偷天換日，省事得多。』

事前，席裕昌爲了要銷售這件古玩，早已攝成許多相片，於是連夜請人依照相片雕刻同樣的八駿，以假換眞，才收回他所失去了的原物，祇是一隻楠木盒子還留在捕房。

後來，捕房得到席裕昌報案的一封信，及在謝姓家中搜到的許多文件，核對筆蹟完全相符，因此也在毫無辦法之中銷案了事。

那時節，租界捕房貪汚成風，連日籍警官也同流合汚，可是日籍警官，不知眞的古玩已經換去，他提議將這盒古玩大家瓜分，他拿了四件和一隻楠木盒子，其餘四件由華籍捕頭拿去。

這件案子，表面上好像已結束，但事實上完全不是那麽一回事，姓謝的人在最初一個月，始終匿居白克路一位老中醫馬壽民家的一間斗室之中，未離上海一步。馬壽民即是已故名醫丁濟萬的舅父，他原本不認識姓謝的，這個小房間是由當時在上海辦小型報的毛子佩承租，姓謝來居住，也是由毛氏領去，對馬壽民說：『這人是寫文章的，他預備在這裏寫一部書，你們每天祇要供給一些茶水，吃的東西有人會按時送來。』馬壽民年高龍鍾，不以爲意，就讓他住下去。有一家包飯作天天將飯菜送到，他閉門獨食，馬氏家人始終不曾同他談過話。

住了一個多月之後，此人才一去無踪。隔了很久很久，連毛子佩也失踪了。直到抗戰勝利後，毛子佩爲了表示他的功績，才把暗殺唐紹儀的經過透露出來，連香港發的一封信，也是預先佈置好，由香港工作人員代爲付郵的。

至於席裕昌所掉換回的那八件古玩，原來是一件價値連城翠玉所雕刻的八駿，這種翡翠，叫作『玻璃翠』。雕刻之精不必說，單就翡翠而論，其價値已經無法估計。現在時勢轉移，翡翠漲得比一切都貴，如今這盒翠玉八駿，又不知落在誰家了？

唐紹儀死了之後，日本人大爲失望，因爲這塊老招牌的號召力，在華中地區眞是不作第二人想，但唐紹儀在未死之前，何以拖延着遲遲不到南京去取「維新政府」而代之呢？因爲唐紹儀提出的名目，要把新的政府稱作『聯合政府』，他不願當主席，要做總統，華北方面已經成立的一切組織，都要歸聯合政府管轄，這一點就受到華北方面的反對，因爲華北臨時政府成立在先，認爲新來的媳婦，何以竟要做起阿婆來？而且反對用總統名義，認爲總統兩字一定要人民投票才行，爲了這一點爭執，時間便延宕下來，結果弄出這一件慘案。

吳佩孚（一八七四——一九三九）

北方籠絡吳佩孚的工作，因南方唐紹儀一死，做得更積極，本來吳佩孚住在北平東城什錦花園，門庭冷落，車馬稀疏，但是吳氏的聲望，名震全國，所以日本軍人要演成這台戲，一定要利用這種大角色的名望來號召，可是，吳佩孚主意甚堅，儘管日本人百般誘惑，不爲所動。

吳佩孚在那時節對時局絕口不提，許多人去訪問他，總是唯唯否否，作「王顧左右而言他」之狀，滿口儒學理教，一會兒說孔子，一會兒講老子，有時候談扶乩，有時候論鬼神，使得去的人無法可以談得入港。這時吳佩孚幕下還設立有八大處，這八大處就是參謀處、軍事處、執法處、軍械處、政務處、教育處、交際處，副官處，個個處長都窮得要命，追隨吳的許多老部下，祇有大鍋飯可吃，有辦法的人早已經各奔前程。有關方面屢次拜訪後，消息傳出，不但若干窮苦的僚屬心中躍躍欲試，而且許多多年不相來往的軍人和政客，紛紛來拜謁和送禮，吳佩孚仍是高談闊論，不着邊際，吳的太太張夫人則不問什麽人什麽事，凡是送禮送錢來的，一律照單全收。而吳佩孚對時局的意見却一無表示，這樣過了好多時間，始終不得要領，後來到民國二十八年十二月四日吳佩孚患了牙疾，請日本醫生診治，得了敗血症不治身亡，使得日本軍方更爲失望。

在「維新政府」成立之前，「華北臨時政府」早已在民國二十七年十二月十四日在北平成立，華北的首腦是王克敏，維新的首腦是梁鴻志，他們的頂頭上司，同爲日會寺內壽一。至於華北政府，何以要冠上「臨時」二字，據說就是要等唐紹儀主政、吳佩孚主軍的聯合政府上場，現在唐、吳相繼死去，華北臨時政府這「臨時」二字，也就隨之取消了。

以下又要介紹一位當時先爲維新政府首長，後來又在汪政權的活躍份子陳羣出場，這件事將用倒叙法把他寫下來。

陳羣潦倒　靜極思動

那時節，我們在上海大家感到政治的氣壓漸漸低下來，生活却也有許多壓迫，搶購米糧不必

說，作爲燃料的『煤球』，也貴到幾倍，原來因爲上海的存煤越來越少，所以這時電力限制使用

南北兩政府首腦梁鴻志（左）王克敏（右）在日酋寺內壽一（中）挾持之下舉行會議

，每一戶的電錶，最初限制每月祇能用十五度，後來最少限到七度，超過了限度，要加倍付費。馬路上的霓虹燈及電燈裝置，幾乎全部停止。我們就感覺到整個上海快要成爲黑暗世界了！

五洋雜貨，大家拚命囤積，天天漲價。祇有一樣東西，不但不漲，反而跌價，那就是出售線裝木版書的舊書舖，儘管價值一天天低落，依然無人過問。

我向來有搜集舊書的癖好，業餘有閒，常到三馬路一帶舊書舖去看書，即使售價低廉，買的人還是不多，因爲大家認爲這些舊書舖，遲早都要關門，那末書價還會看低，所以想買書的人，都抱着觀望態度。

在三馬路書舖中間，有一家專門裱畫的舖子叫「米家船」，是我的老友錢化佛所開設的。這家舖子的市招很雅，取義於大米小米畫的山水，名爲米家山，他這房屋長方，形似一船，借裱畫生涯，博升斗之利，所以題名「米家船」。我常常在看書之後，總到那邊去聊天，那裏是一座二層的樓房，下面是裱畫店，樓上租給陳羣居住，有一個木梯可以登樓。早些時候，陳羣不知在那裏弄來了很多舊書，名目繁多，這些舊書是三馬路一帶舊書舖所求之不得的，陳羣就在那裏陸續出售，以維生計。

陳羣字人鶴，本來是北伐後上海威靈顯赫的人物，與楊虎合作。那時有錢的人常常被套上一頂帽子，捉到警備司令部去，加以勒索。因爲他們兩人殺人殺得快，所以被捕的人用錢也要用得快，楊虎陳羣發財也發得快，因此他們兩人被人背地裏稱爲『養虎成羣』。

楊虎在杭州西湖畔蓋了一座極大的『湖濱別墅』，一天，最高當局到杭州遊覽，在『樓外樓』頭，望見文瀾閣附近添了這一座綠瓦紅牆的華屋，就問起這是『這是誰家的別墅？』有人告訴說是『楊虎新造的』，當局大爲震怒，隨即把楊虎撤職，別墅充公，而且認爲楊虎的一切罪惡，都是陳羣策劃的，所以對陳羣也定了『永不敘用』四個字的考語，陳羣祇得匿居租界中，不敢越雷池一步。

陳羣失勢之後，曾經担任的杜月笙辦的正始中學校長，但因妻妾衆多，揮霍無度，不久正始中學的職位也失掉了，所以潛伏在錢化佛的「米家船」裱畫舖樓上，以買賣舊書度日。

八一三國軍撤退之後，杜月笙曾派秘書胡叙五去勸他到香港，陳羣開口就要三萬塊錢安家費才肯動身，那時杜氏也覺得他有點「獅子大開口」，祇能聽他留在上海。

我因爲常到「米家船」，所以也認識了陳羣，陳羣生得很斯文瀟洒，但是接觸多了之後，覺得他常常會講滿口粗話，談的都是男女之私，令人忍俊不禁。

陳羣又喜歡打麻將，但是來打牌的人很少，入局的老是幾張熟面孔，而且輸贏很小，足見那時陳羣的經濟情形並不佳妙，而和他來往的人也不多。有時我到錢化佛處去閒談，陳羣會走下來，拉我們上去一同聊天，談上兩三小時，往往沒有人來訪。他對戰事的看法，認爲日本的泥足越陷越深，打不出什麽名堂來的。

但時隔不久，就有無數陌生面孔的人來訪陳羣，每天晚上總有從妓院中發出的請客帖，送到「米家船」來。

錢化佛見到陳羣忽然活躍起來，已經有些懷疑，又隔了不久，陳羣對錢化佛說：『我先付你三個月房租，房屋請你代爲看管，你有客來往儘可使用，我不一定來，也不一定不來。』交代清楚之後，陳羣就離開了「米家船」裱畫舖的居處，好久沒有回來。

有一天，錢化佛告訴我，陳羣離開之後，還是有不少人來找他，有人問他：『陳羣住在新亞大飯店幾號房間？電話幾號？』錢化佛祇能回說：『不知道』，可是別人以爲他不肯講，苦苦的纏着他，要有一個答覆，錢化佛迫於無奈，就說

：『據我所知，古拔路他有一個小公館，你們自己去找他好了』，可是電話打到古拔路，接聽的人說：『此地沒有陳先生，陳先生和家眷都已搬走了。』由此看來，陳羣也已經落水了。

後來才知道，梁鴻志等一批人都聚集在新亞大酒店，籌備南京新組織，他們認爲租界上不安全，所以全部人馬都住進虹口日軍司令部的大本營新亞大酒店去，輕易不肯離開虹口一步。

消息漸漸透露出來，南京的僞組織定名『維新政府』，這是梁鴻志想出來的名目，是根據詩經：『周雖舊邦，其命維新』而訂定的，意思是要實行新政。

因爲日本人的原則，在淪陷區不願意有一個統一的政府，當初和唐紹儀之所以談不攏，癥結即在此點，所以華北有華北的組織，華中有華中的組織，大家不相聯繫，祗是旗幟都是用紅、黃、藍、白、黑五族共和的老國旗而已。

一天，陳羣突然間到「米家船」，邀約錢化佛談話，他很坦白的告訴錢化佛：『兩年以來，鬱鬱不得志，而且戰爭之後，窮得要命，現在決定落水了，希望你對我諒解，而且我有一個使命，要想請你邀約幾個報界朋友，到南京去出版一張官方報紙，那邊報館設備俱全，祗缺一個主持人，而維新政府的人，一部份來自北方，一部份是南方湊集的，最缺少的是能辦報的文人，你多年以來，對報界方面完全熟悉，這件事想來你一定有辦法的。』

被稱爲「養虎成群」的陳羣

錢化佛聽了他的話說：『我一向比你還窮，現在房租積欠多時，戰事一起，賣畫的生涯等於停頓，我所靠的就是你每月付給我的房租挪作家用，現在祗求你按月付租，我就能勉強度日，我也不想升官發財，你要我約報界朋友到南京去辦報，只怕一開口，就被人家駡出來，所謂鞋子不着落個樣，我對這件事實在無能爲力。』當時陳羣顯得很不自在，祗批評了錢化佛六個字：是『硬到底，苦到死！』

第二天，陳羣又來說：『你有沒有現成的畫？我要買二十幅，作爲送禮之用。』錢化佛認爲這是生意不便拒絕，就尋出了二十幅畫給他，陳羣掏出一大叠鈔票，塞入錢化佛袋中，臨走時留下一個電話給他，希望他回心轉意，要他介紹一個主筆，及編輯人員。並且說：『這個報館希望由你來當總經理。』錢化佛祗能報以苦笑。

我聽到錢化佛這番話之後，就覺得維新政府的組織人才，實在寥落得很，連一張報紙都辦不起來，果然後來維新政府在南京成立，祗有日本人辦的『新申報』爲他們張目。

宏濟善堂　支持僞府

維新政府在南京成立起來，我們住在上海孤島的人民都沒有什麽表示。據說上海僞市政府，也不過派了幾個代表去道賀。所以南京政府儘管鑼鼓喧天的登場，孤島上大多數人民都不知道。

那一年的冬天，天氣很冷，每一天早晨總有幾十個吃紅丸白粉的人倒斃在街頭，仁濟善堂召集開會，要設法募集衣被，救濟街頭窮人。仁濟善堂自從戰爭開始時，做了許多救濟難民工作之後，經濟已經很困難，再加上租出的屋宇收不到租，除了仁濟育嬰堂以及施診給藥的事情之外，種種工作都無法展開。

仁濟善堂開會那天，董事到會的很少，祗有普善山莊，同仁輔元堂兩個收屍葬理的團體，派代表來報告，說是英法兩租界，每天死亡在街頭的人平均有四十人左右，而南市閘北兩區死亡的達六十人之多。我們初時祗知兩租界的情況，南市閘北根本不知道，因爲向來消息隔絕，這個報導，令人聽到了惻然動容。

可是仁濟善堂的財源越來越少，維持一個施診給藥部，每天要施藥八百劑，已經十分吃力，是向街頭貧民送棉衣棉被，眞是有心無力，那時節一般居民多數自顧不暇，對社會救濟的熱情也跟着消失。大家面面相覷，認爲這件事要是舉辦的話，又會得有成千成萬貧民會湧到仁濟善堂來，所以主席宣佈這件事，斷然表示不能接受。

這次會議，大約談了三個鐘頭，我聽到好多消息，都是聞所未聞。

第一件事：上海表面上大家鬧着米荒，底層中還鬧着鴉片烟荒，因爲上海成爲孤島之後，剩餘的鴉片，越吃越少，一般烟民越吃越窮，既吃不起鴉片，又打不起嗎啡針，於是大家改吃白粉和紅丸，尤其是紅丸，銷行更廣。這種有嗜好的人，飯可以不吃，而紅丸是一天也省不了的，張羅錢財，東奔西走，有些有家，有些沒有家，祗要一到晚間，天氣寒冷，兩腳就會軟下來，縮瑟蜷伏在一個角落裏，一動也不會動。深夜天氣更冷，一陣西北風起，就會嗚呼哀哉，所以死亡的人數很多。

據普善山莊的人說：所有的『路倒屍』僵直的很少，多數彎曲得像一隻蝦。租界上的工部局，對普善山莊，有一小部份津貼費，祗是限制他們每天早晨九點之前，一定要把這些屍體集體搬運出去，葬在滬西荒地中。

有一個笑話，一天，他們的運屍車正走向滬

西途中，突然有聲音發自屍棺堆中，仔細一看，原來這人還未死，那個半死的人聲聲喊着：『爺叔，幫幫忙，我還活着，請你把我搬出來放我走，』車上的工役對他說：『你遲早會死，車到郊外再說。』那個半死人又說：『做做好事，我祗要五顆紅丸吞下肚，立刻可以起死回生。』那個工役說：『我們祗管運屍，那裏有紅丸供給你？』說着不管三七二十一的馳赴目的地，那個半死人聽到沒有紅丸救濟，兩眼一翻，便即告仙逝。

第二件事：普善山莊收的屍體，向來每一個屍首，都有一具薄皮棺材，但是這一年因爲屍體多，木料漲，於是祗好兩屍三屍合一棺，車到荒郊之後，開棺把屍體搬出，丟在深坑中，而棺木仍帶返市區，再作裝屍之用，所以這種棺材，也成了象徵式的道具了。

第三件事：有人講出毒品的來源，在未開戰前，上海的毒品來自四面八方，最上等的鴉片是『雲土』，產自雲南，由雲南經暹羅香港運到上海，較次的是『川土』，是四川產的，由四川經長江運到上海，再次等的叫作『紅土』，是東三省熱河區域的產品，品質劣，其中毒素重，吃的人少，但是經過『浪人』加工提煉，能製成白粉和紅丸，專門適應一般貧苦階級中人吸食。

毒品的推銷買賣，都操縱在黑色人物手上，自從上海成爲孤島之後，雲土川土均已絕跡，祗有紅土源源不絕的從關外運來，這是一個巨大的財源，收入是很驚人的。

談論毒品事件的人說：『仁濟善堂，現在緊縮得不像樣子，可是另有一個宏濟善堂，却成爲淪陷區中最富庶的機構，他們的收入比海關收入的數字還要大，他們的財富，幾十間銀行的存欵都敵不過他。』有人就問：『這個善堂做些什麼善事呢？』那人就說：『這個善堂名爲善堂，暗地裏却是供應整個淪陷區毒品的機構，主持人是盛文頤，號幼龕，大家叫他盛老三，是一位名門後裔，通過了敵軍最高路線，獨家包運包銷熱河省所出的紅土。』

宏濟善堂，沒有招牌，祗是在烟土箱子上貼上一張『宏濟善堂封』的封條，無論軍、警、政的人，碰也不敢碰它。

維新政府成立初期，收入無着，支出龐大，一切經濟來源，都靠宏濟善堂撥付，所以所謂維新政府，實際上是靠淪陷區的烟民來支持的，各地大小僞組織儘管表面上官冕堂皇的欺壓民衆，實際上這班耀武揚威的官員，都是宏濟善堂所飼養的。這許多消息，我聽到之後，令我見聞大開，感慨萬千。

維新政府成立時的宣言，說是：『周雖舊邦，其命維新』，維新維新，如是而已。

棄官不幹　騰傳衆口

維新政府不設主席，由梁鴻志担任行政院長，梁鴻志他是一個著名詩人，民國初年當過段執政府段祺瑞的秘書長，人稱安福系。

維新政府成立後，上海租界上的報紙，有些一味攻擊，有些隻字不提，不過有一次說到梁鴻志提出辭呈，堅決的要丟掉烏紗帽，報上還說陳羣等也隨之提出辭呈，當時我們不知道他們鬧的是什麼把戲，以爲總不外乎爭權奪利，那知倒是一件力爭國寶的公案。

當時的上海人，除了看報之外，私底下有一種口頭新聞，大家奔走相告，稱作『螞蟻傳』，意思說這些新聞的傳佈，好像螞蟻傳達消息一般。所以報紙之外的消息，也散佈得很快。這時節民間的傳說，國民政府在撤退時有一批故宮博物院的古物，未曾帶走，保存在『朝天宮』中。這批古物本來藏在北京故宮中，因爲當華北情況緊張時，國民政府想把一部份古物運到南京來，但是受到北方政界和文化界的反對，所以一時未能實現，不知道那幾位高明人士，和倫敦博物館洽商之後，要選擇故宮的精品運到倫敦去展覽，於是組織了一個龐大的委員會，選擇歷朝銅器、玉器、磁器、漆器、以及古畫古書千餘件，就用這個名義把它運出北京，到倫敦去展覽，當時上海商務印書館出版過好幾本彩色精印的圖冊，把這批珍貴的古物，都有詳細的中英文目錄和圖片說明，載在上面。

這批古物展覽完畢之後，英國如期運回，可是北京已經淪陷，於是展覽品要由船隻陸續裝運到南京，那時節時局已極紊亂，正是上海的八一三戰爭的前夕，國民政府急電倫敦，將運回古物的事情，從緩實行，可是英國主辦機構已將一部份古物由船運出，直運南京，南京政府就把它珍藏在『朝天宮』中，用箱籠鎖好，再加糟磚封砌，外表不容易看得出來。

八一三戰事既起，不過三個月的時間，就進攻南京，南京政局在很短時間中，變得面目全非，那有時間顧得到這批古物，不過教育部方面派了若干可靠人士搶出幾百件名貴的古物，如銅器瓷器以及石鼓等，由專人運往後方，那個石鼓，既重且笨，搬運途中經過無數週折，居然也運到重慶。

可是還有無數銅器和幾箱古物古書，留存在南京；此外還有大批古物，在重慶政府安定之後，由英國用飛機運到香港，再由香港運到重慶，勝利之後，又由重慶運回南京，不久又從南京運到台灣，所以在台灣還保存着大批故宮珍品。

日本軍人向來每到一地，必盡其搜掠之能事，藉以鼓勵士氣。在進佔南京初期，當然也刧掠了不少東西，可是並沒有發現『朝天宮』中的一批古物。

等到維新政府成立之後，日本軍人忽然發現了『朝天宮』內部暗藏了無數箱籠，打開箱籠一看，發覺原來是一批古董古書古畫，但是他們不知道是什麼來歷？祗是決定要把它運往東京。

陳羣得到這個消息，就告訴梁鴻志這批古物的來歷，梁鴻志就向日本人要求，停止搬運，日

本人並未加以理會，梁鴻志急得沒有辦法，祇好提出辭呈，說是『不幹了！』所有屬下各部長也隨之提出辭呈，都以去就力爭，日本人初時不知道這批古物的名貴，見到梁鴻志堅決到如此地步，不願因些破爛的東西，把維新政府拆散，所以這批古物得以保存在南京，待到勝利之後，點收的結果還留存一半以上。

這件事情，上海的『螞蟻傳』講得有聲有色，對梁鴻志的這次措置，頗有好評，大家認爲梁鴻志究竟還不失爲一個讀書種子。

陳羣藏書　化公爲私

陳羣在三馬路「米家船」樓上的居處，佈置相當雅緻，中央掛着一個小匾額，叫作『雙宋樓』，我常常上去和他閒聊，我說：『淸朝浙江歸安陸心源有一個「皕宋樓」，藏了兩百部宋版書，著有「皕宋樓藏書志」，現在你這個「雙宋樓」的意思，是不是也藏着兩件宋代的古物或是兩部宋版書？』陳羣輕輕的搖着摺扇說：『看你年紀不大，肚皮裏倒有些貨色，竟被你一語道破，我的確藏有兩部宋版書。』

當時我就講出：『從前藏二百部宋版書皕宋樓的那位主人，照書目看來，實際上祇得一百二十部書，後來主人逝世，全被日人買去。現在中國人藏有一部宋版書的人已極稀少，而你竟藏到兩部，眞是難得！』接着我又講出上海雖有幾位收藏家，據我所知祇有南潯劉家有一部宋版「史記」。哈同花園曾經藏過一本宋版「孝經」。袁寒雲有過一部宋版詩集，賣給丁福保。張菊生的「涵芬樓」也藏有宋版書幾種，後來編印成爲「百衲本二十四史」，是由幾個藏家湊集完成的，但是這件事情已成爲學術界空前盛舉。現在宋版書已成稀世之珍，民國二十年，北京琉璃廠富晉書舖曾經搜集到一部散佚的宋版「大觀本草」，因爲殘缺不全，舖主人把它拆開來賣給人家，每一張的代價，是銀幣十元，丁福保曾經買到一張，把它裱成册頁，作爲醫室的裝飾品。』陳羣聽我如數家珍的講了一大篇，他點頭含笑，極爲高興，我又說：『同樣是宋版書，也分爲幾種：一種是南宋版，一種是北宋版，一種是南宋版而是元代重印的，有一種是南宋版而在元代複刻的，所以版本大有區別，你所藏的兩部，可能是複刻的，而不是眞正的南宋版。』我這句話一出口，他瞪着兩眼說：『你怎麼知道這樣多？』我就說：『日本人印過兩種書，一種叫作「宋版書影」，另一種叫作「支那宋版書研究」，他們把全國圖書館收藏的中國宋版書，都攝了書影加以評述，北京的中央圖書館也藏有許多宋版書，是根據日本這兩種書作爲參考鑑定的。』陳羣聽我講完，就說三天之後，準定把他藏的兩部宋版書拿出來給我看。

後來我看到他的兩部宋版書，書名極冷僻，都是南宋的刻本，我告訴他北宋本比南宋本價值高得多，陳羣就問我北宋本究竟是怎樣的？我立刻就走到隔壁來靑閣書店，借了一部惲鐵樵影印的『宋版內經』給他看，是北宋的本子，陳羣看了之後，呆了些時，因爲北宋本的字體粗壯，版口寬闊，魚尾美觀，他自己的南宋版本書，就差得遠了。接着他問惲鐵樵的北宋版內經是那裏來的？我說：『講穿了一文不値，惲鐵樵根本就沒有這部書，祇是把日本人的影印本複印而已。』後來他又問南北宋版書的紙張怎樣辨別？我說：『南北宋版本用的紙多數都帶些黃色，純白色的極爲稀見，有些即使原來是白色，久藏之後，也漸漸的變成淺黃色了。』陳羣高興起來說：『我想看看丁福保醫室中的那張北宋版册頁。』我說：『那很容易，每逢星期五丁氏有一個「粥會」，到時我來陪你同去增加。』（按粥會，最初是丁福保所發起，因爲無錫人晚上都喜歡吃粥，後來吳稚暉也加入了這個會，因此聲名大震，第一次參加的，一定要有一個老會員介紹，隨到隨吃，並且大家都隨帶一些書畫古玩，互相觀摩，至今這個粥會在台灣仍繼續舉行。）陳羣由我介紹參加「粥會」之後，對書籍版本之學的興趣大爲提高。

自從維新政府成立之後，陳羣就到南京去了，我和他便沒有見面的機會，不過聽說維新政府的各部部長，多數是庸碌無能，對江浙兩省的情況，知道得不多，惟有陳羣頭角崢嶸，是這一羣人中的智囊。

大約相別了七八個月之後，陳羣回到上海，又在『雙宋樓』出現，打電話找我去看書，我應約而往，祇見樓上已經堆了大批舊書，看來琳瑯滿目，都是善本，首先我看到的是一部陶淵明集初刻本，其版本之佳紙張之美，已是愛不釋手，陳羣還在招待別的客人，他說：『老弟，你不要光看這本書，在書桌上面有二十多部書，請你觀摩一下，這批書是什麼版本？』我就不客氣的坐在書桌旁，仔細的看了一個多鐘頭，因爲我對日本所影印的「宋版書影」，印象深刻，就看出這二十多部書的魚尾，都是宋版，但是我又懷疑不可能有這麼多的宋版書集中在一處，後來我忽然有一個靈感，其中有幾部書，書的第一頁好像見到過，想了半天才想出來。就是在商務印書館出版的幾巨册倫敦古物展覽畫册圖片中見到過，再一想，就想到了這批書可能就是南京『朝天宮』中的東西，被陳羣據爲私有了。但是我又不便說穿他，所以祇是看而不說一句話。

陳羣週旋在許多客人中，一忽兒已經排定筵席，筵席是由小有天閩菜館送來的，陳羣招呼我入席，對我說：『你看了這批書有何意見？』要我用耳語方式輕輕的告訴他是眞還是假？我心想這些書眞到不能再眞，明明是『朝天宮』中北京故宮舊藏的珍品，但是說穿了有所不便，我祇能說這是『國寶』而已。

我在回家途中一路的想，原來維新政府的內政部長，已把『朝天宮』中的珍本古書，都化公爲私了。

維新政府 草草終場

維新政府成立之後，南京的治安，除了警察是中國人，所有軍事上的防衛，還是依賴日軍和他們的憲兵。那時前方軍事打得很劇烈，軍隊不敷支配，對南京的防衛，希望維新政府能組織一支軍隊，來減輕他們的負担。但是維新政府一直沒有組織軍隊的力量，一再催促，不斷協商，總算成立了一隊規模極小綏靖軍，這一點，日本軍方極為不滿。

維新政府在南京成立，自右至左第一行行政院長梁鴻志、立法院長溫宗堯。第二行教育部長陳則民、財政部長陳錦濤、外交部長陳籙、內政部長陳羣、綏靖部長任援道、實業部長王子惠。第三行為各部次長，全圖共計十三人。

維新政府的一般大員，祗是做官，人人抱定『無為而治』的宗旨，有得撈就撈，沒有得撈就算了，所以更形成一種『無能而治』的狀態，一般低級的公務員，也抱着坐以待『斃』的姿態，什麼事都沒有成績，祗是按月拿鈔票而已。

還有一件滑天下之大稽的事情，從南京偽府起一直到上海的偽市府止，其間包括無錫常州各縣政府，發薪水時，都是使用國民政府所發行的中、中、交、農老四行的鈔票，日本人雖有軍票發行，但是推行時發生許多困難，而且中中交農四大銀行以及中南銀行等四家小銀行的鈔票依然到處通行無阻，原來那幾家銀行仍在上海租界繼續營業，沒有撤退，江南幾省雖然失守，而金融的大權依然操在國民政府手中。關於這一點情形，日方屢向偽府建議，要仿華北的辦法，發行聯銀票、軍票一類的華中獨立的紙幣，這一點要求，從維新政府成立，一直到民國二十八年五月一日，方才成立華興商業銀行，鈔票發行，更在以後，上海人多數沒有見過華興票。足見上海的租界的存在，對一切還是有很大的影響，特別是金融的支配權力，一些也沒有動搖。

上列幾件日本人的重大要求，維新政府祗是拖延着沒有交代，令到日本軍方非常失望，此時又不能隨便更換人馬，因此祗能拖一天算一天。

南京的情況，除了夫子廟，秦淮河以及新街口一帶市面比較熱鬧，祗有若干倚仗日本人勢力的漢奸，各自為政的在那些區域中辦歌場、舞場、賭場、烟窟以及一切色情場所。此外，除了五洋雜貨之外，其它商業都蕭條得很，尤其是日軍進佔南京的一個時期，受到炮火和火災的洗劫，瓦礫之場不知其數，新屋一座也沒有建設，所以南京維新政府成立之後，生氣全無，到了晚間更等於『死市』一般。

維新政府也有一種好處，就是始終不會發表過什麼冠冕堂皇的文告，也沒有什麼大規模的民衆運動，儘管日本人罵他們無力無能，維新政府的人，抱定『笑罵由他笑罵，好官我自為之』的宗旨，一天一天的混下去。

汪政權成立，維新政府的人物如梁鴻志改任監察院長，溫宗堯任司法院長，日本人還一力主張，佔領區的地方官吏，不可驟然更動，如陳則民的江蘇省長、汪瑞闓的浙江省長、倪道烺的安徽省長、楊揆一的湖北省長，其餘如南京市長高冠吾、蘇浙皖三省統稅局長邵式軍等，都是維新舊人；其中最妙的是上海市長傅筱庵，若非為他家廚子宰死，汪政權且始終奈何他不得，論其中本事最大的還是陳羣，既做過江蘇省長，又轉任內政部長，任期很久，一直做到勝利來臨，他自殺為止。

汪政權成立後各式各樣的報紙紛紛出版，所謂和平救國軍也組織起來，中央儲備銀行的『儲備票』也普遍發行起來，凡是維新政府辦不到的事，汪精衛時代都一一辦到了。

我這篇回憶錄，寫到這裏可以不再寫下去，因為汪精衛時代的記載，在香港見到的很多，何況年代已經隔了很久，記憶中不免有錯誤，所以寫到此處，便算告一段落了。

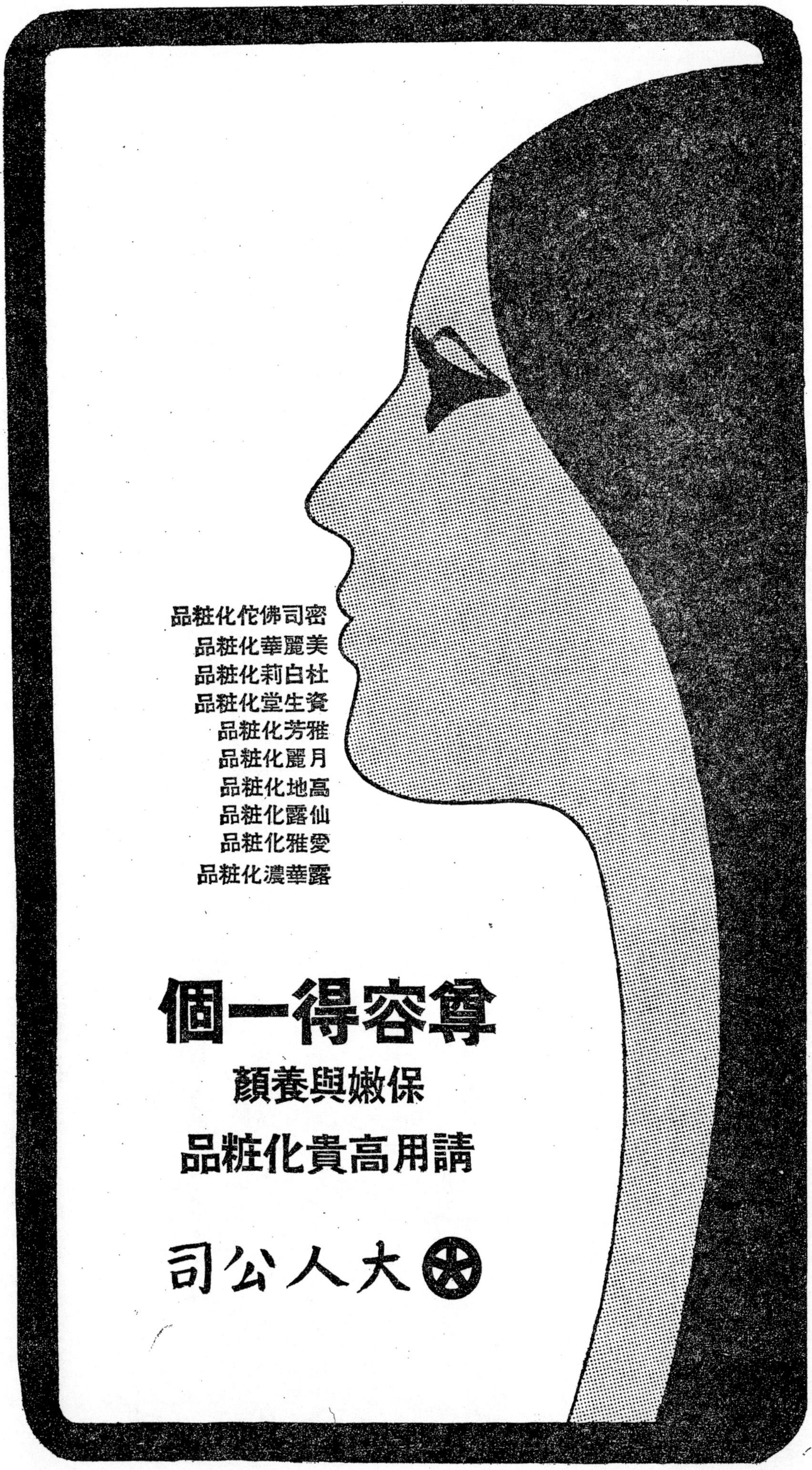

密司佛佗化粧品
美麗華化粧品
杜白莉化粧品
資生堂化粧品
雅芳化粧品
月麗化粧品
高地化粧品
仙露化粧品
愛雅化粧品
露華濃化粧品
尊容得一個
保嫩與養顏
請用高貴化粧品
大人公司

二次競選總統失敗的杜威

蓋冠倫

最近逝世的美國共和黨領袖人物杜威

美聯社紐約三月十七日電：前紐約州長杜威・華倫於本年三月十六日在他的故鄉佛羅里達州邁亞米灣酒店寓所，因心臟病猝發而逝世，享壽六十八歲。他誕生於一九零三年的故鄉，曾受大學高深教育，數次環遊世界及中國，與各國朝野人士深相結納。他是美國共和黨的領袖，曾任地方參議員，紐約檢察官，紐約州長等職。

杜威是一個五短身材，器識幹練的人物。他在美國聲譽鵲起，乃是靠他在紐約檢察官、紐約州長任內，幾年來勦滅罪惡的成績，經他一手破獲的案件與定罪的囚犯，上自貪官汚吏，下至搶匪奸徒，不下數千起。因爲他辦案敏捷，法治嚴明，一時播爲美談。加以當年共和黨人才不多，難得有一位富有色彩與號召力的角色，如杜威那樣，他就被高抬起來。

杜威第一次競選失敗

杜威既享盛名，他又熟諳國內外情勢，憑他的從政經驗，並獲得華爾街財閥們的支持，於一九四四年獲得提名爲共和黨的候選人，跟他的對手民主黨的候選人羅斯福競選，但結果却被羅斯福擊敗，他又回任民選的紐約州長。

一九四五年四月波斯坦會議之後，一代民主巨人羅斯福竟於是月十二日忽患腦溢血長逝，當晚就在白宮裏由最高法院主任法官給副總統杜魯門宣誓登極，從此繼承大統。及至一九四八年又逢大選，民主黨以執政黨資格提名杜魯門競選，在野的共和黨爲着要與民主黨爭天下，仍然把杜威這張「王牌」打出去。

杜威參加第二次競選

在兩大黨對壘的角逐之中，美國報紙稱爲「驢象相爭」，驢子代表美國的民主黨，象則代表共和黨，競選的得失繫於「民意所歸」。杜魯門的助選團胸有成竹，而杜威的助選團們亦不甘示弱，當時兩方面的競選宣傳，都以對華政策爲中心。勝利復員後的國府，因爲被盟邦出賣，居然把外蒙送給蘇聯，引起中國朝野不滿，意識地希望美國換班，好打開一條出路。爲此最高當局曾垂詢杜威的好朋友孔祥熙：「杜威有希望嗎？」答案是：「大有希望！」

據孔祥熙說：「美國的民主特質其實是政黨政治，在野黨與在朝黨互相交替換班，等於是戲班政治。共和黨從一九二零年起，連續三次大選勝利，一黨秉政十二年，到了一九三二年大選時，共和黨逐漸老邁，而在野十二年的民主黨則蔚然成一種新的風氣，叫出漂亮的口號，於一九三二年起迭獲大選勝利，但亦已經執政十六年，也和從前的共和黨一樣，老邁不堪了！」因此之故，在一九四八年的美國大選活動中，共和黨對選民心理最有影響的口號是：「現在應該換一換了！」按照當年美國著名蓋普洛測驗所的測驗，一般美國人的民意反映，是對杜威的行情看好，有七成希望的把握。所以孔祥熙力請最高當局給予全力支持，於是孔祥熙爲此專程赴美國舊金山替杜威籌措競選費，在舊金山設立杜威助選總部，發出一張華文通告，內容如後——

美籍華裔諸君注意：

擁護杜威先生最重要！

美國各黨總統候選人中，以杜威州長資格最高，其才幹與經驗在美國政治史中，功績斐然。渠對外交政策，當機立斷，遠在日本偷襲珍珠港前，已倡議擴充海軍，並極力反對羅斯福現欵購買白銀政策，以危害中國。戰時三巨頭在雅爾達會議出賣盟邦中國條約，更爲杜威所反對。最近杜氏極力贊助中國自由獨立及保持中美兩國傳統友誼，人所共知。極願諸君誠心擁護杜威先生爲要！諸君如有樂助杜威先生競選捐欵者，本部即贈杜威先生親筆簽名鉛筆，以報諸君盛意！

三十七年歲次戊子（按即一九四八）十月二日

孔祥熙屬下秘書甚多，他自己的中文也很好，至於這張通告，措辭却未見高明。

人相學家眼中之二杜

當一九四八年美國總統大選正在如火如荼，緊張熱烈進行的時期，有一位著名人相學家，曾把杜魯門杜威二人形相與性格加以評述，他說：「杜魯門的形相的確太好，在比較上，一切皆生得停勻，故他的事業得之於天者一半，由於自己努力者又一半，其領袖條件雖已相當俱備，但雄

封面說明

張大千魚樂圖

．李順華（自紐約寄）

一九七〇年四月，大千居士在美國加州克密耳城開展覽會，我從紐約趕去拜訪他，恭逢其盛。畫展出品近作三十幅，包括山水、翎毛、花卉、人物，眞是琳瑯滿目。

展覽會揭幕前一日，隨侍大千居士巡視會場；這是很希有的事，因爲他向例不在自己的畫展場地出現，這或者因爲是在外國之故。但也有例外，據大風堂弟子費子彬夫人侯碧漪女士說：當年大風堂留滬弟子開聯合畫展，老師幾於天天親自蒞臨爲弟子們「把場」，而且全部畫件的裱工，都由老師付出，作爲對後輩的鼓勵。那天在會場中，我忽然見到一幅「魚樂圖」，約二尺乘三尺，其上題曰：

「**春日濠梁上，靜觀欣所遇，喣沫何足語，生機自然足。**」

寥寥幾筆寫意，而筆法、墨法、水法，無不臻於化境，神往之餘，便向大千居士說：「這一種無法之法，恐怕不易爲西人所了解，要是沒有人買得去，不知道你能賞給我嗎？」他向我笑笑，並不答話。

等我回紐約後，有事和大千居士通長途電話，我還問他這幅畫的下落？原來畫展首日，便爲一西人以定價美金一千五百元買得去了，他在電話中大笑，我亦爽然若失！

二周以後，友人從加州來，攜來大千居士寫的一首七絕云：

濠濮觀魚亦偶然，濡毫託興已忘筌，
千金又有雞林賈，不信虛名是浪傳。

在總統競選中擊敗杜威的杜魯門

心究嫌未足，這是爲天賦所限。單從眼部說，他的威力和權力都不能使反對者屈服，不祗及不上艾森豪威爾，麥克阿瑟二人，尤遜於杜威。爭取主動也很不容易。總而言之，他是事業的追隨者，而非事業的創造者。

提到杜威則說：「他的眼大而有神，兩眉有神彩，眼下印堂，風度明朗，眉骨隱隱露出，這些都是表現出他的豐度嚴謹粗豪，處處有生氣之中，仍蘊藏着雍容鎮定，輕鬆活潑，鋒芒微露之態。所以他之一生，友多敵少，統御力也很强。總括的說：杜威始終是一個成功者，創造者，而非失意者。七十五歲前，官居顯要，握大權的機會甚多。」

由於著名人相學家說理新頴，自有其獨到的眼光，但今日看來，不免部份近乎「皮相之談」，蓋歷史與時勢的發展，是不能完全從人相學來衡量人物的。美國四年一度的總統競選，共和與民主兩大黨本來無甚分別，同是美國經濟政治的產品，所以美國總統在世人心目中，也是評價不一的。

這位人相學家的推論，似乎杜威還優於杜魯門，但結果並不如此，可見相學也是未可全信。

杜威失敗連累孔祥熙

我們追溯二十三年前杜威與杜魯門的競選，杜威的才具誠然較優於杜魯門，但杜魯門「庸人多厚福」，却也是事實。當年在朝民主黨推舉現任總統出來競選，理由是：（一）現任總統大抵是本黨最有力代表；（二）現任總統的姓名相貌，在選民心目中已經有了深刻的印象，投起票來可以佔到許多便宜。因爲有了這個「形勢比人强」的潛在力量有利於杜魯門，故而杜威第二次競選又遭失敗。

兩次競選失敗了的杜威，最紅時期已成過去，於是他從絢爛而歸於平淡，最後在長期歸隱故鄉中逝世。杜魯門則不然，他在任時對日本陸軍總部的廣島投下原子彈，引致日本投降，免掉韓戰統帥麥克阿瑟的職位，這兩件事都是震驚世界的「大膽傑作」。他退休後在密蘇里州故鄉辦「杜魯門圖書館」，迄今仍然健在，成爲民主黨元老之一。

至於那位替杜威捧場的孔祥熙，出身山西太谷世家，是孔子後代。孔子世裔，歷數千年不斷，傳至孔祥熙這一代，正是「昭慶繁祥」的祥字輩，孔祥熙的父親名孔繁慈。山西太谷，本是富裕之鄉，最講信義，辦票號馳名商場，孔祥熙和孫、蔣是聯襟，宋氏三姊妹中，孔的夫人是大姊，孔是襟兄，歷任財政部長，行政院長等。英女皇登極，孔祥熙曾任祝賀專使，這可以說是他的一生得意之秋。那次孔祥熙的全力支持杜威，等於是下賭注押錯了一門，一着之錯，滿盤皆輸，當時孔祥熙確曾替杜威籌措了很多的競選費，可是杜威失敗之後，他也隨之失敗了。當局已經不再信任他，因此他在美國住了多年，前幾年曾回到台灣去住，準備看看行情，一住四年，仍爲清議所不容，最後又回到美國，終以年老多病，於一九六七年八月十六日，因心臟病逝世。

望平街憶舊

申報與史量才

胡憨珠

盧少棠為史量才設箸代謀，由公平洋行出面，為申報館在漢口路望平街口，建造巍巍大廈，大廈尚未建成，又有新昌洋行傅筱庵派遣跑街前來兜攬一架瑞典製的捲筒輪轉印報機。史量才囑咐張竹坪全權辦理，印報機先行裝置，試用一年，然後分期十二個月清償。史量才在報業自屬第一流巨子，若論分期付款，亦可推他早得風氣之先呢！

話說史量才聽得盧少棠慷而慨之地說他自有辦法，教他準備做業主的一番話以後，非但不感興趣，反而覺得沒趣，因為他內心陡然掀起了一陣思潮，認為盧少棠是在和他尋窮開心，但窮開心不應該這樣尋法的，難道他沒有聽清楚剛才他所說那幾句老實話麼？剛纔曾經對他說過此時申報館不但沒錢，還要負債，無力購地建屋的那些話，已經坦坦白白把我們申報館經濟狀況的眞實情形，全部告訴了他，他却說自有辦法，教我們報館準備做業主，這不是尋窮開心是什麼？既然如此，他要對我來尋窮開心，那我倒也要對他吊吊胃口。於是，史量才想到這裏，便即更換了好像業主身份的語氣和口吻。對盧少棠說道：「少棠先生，若論望平街三馬路轉角的這一塊地皮，地價祇要二十萬兩銀子，我覺得市值估價，一點都不為貴。但不過造價要十四五萬兩銀子，却覺得有點『小猪身價大於娘』了，你似乎對它工程程方面估計得太高了吧？」

盧少棠代史量才借箸

盧少棠忙即接口，連連說道：「沒有，沒有，我並沒有對它過份的估高，祇是把香港路銀行公會斜對面那一所大厦房子的造價作為依據，而加以想像推斷出來的約數。那所大厦房子是我們公平洋行的物業，也是一座五層樓的建築物，全部造價就是十六萬五千兩銀子。要論地皮的廣濶尺度，比較起來，都差不多，若論建築工程方面，只怕貴報興建大厦，還要加工才行。我們行裏鳩工庀材，興建該座大厦房子，那是兩年多前的事。當時建築材料，工人工資，都要比眼前要低賤到兩成左右。因此，我把新舊造價，作了一個『加、減、乘、除』的約畧推算，才算出你們報館房子建築費，需要十四五萬兩銀子的答案。量才先生，你該知道你們報館房子建築的施工方面，有與衆不同之處。其他的不必說，單就基地上的打樁一事，便大有難易之判。」

盧少棠話到這裏，更加強他語氣說：「要知報館屋宇的建築工程，不比一般的居住房屋可以馬虎。報館房屋因為要裝設印報機器，它的載重量過大，且必要堅固抗禦震撼的耐久力。所以關於基地的打樁工程也比一般的建築高樓，要超過一倍有多，它的地層挖掘要深，它的鋼骨水泥材料要好。因此，兩共合計該要三十四五萬兩銀子，只要化去這點銀子，你的申報館就可安如泰山，永久雄踞在望平街上了。」史量才聽盧少棠話到這裏陡然心頭「砰」的一跳，而他嘴裏幾乎要「嘩」的一聲驚叫起來。他覺得盧少棠正是個了不起的商業人物，但聽他軟綿綿，甜津津的一片吳儂軟語，橫說幫忙，堅講交情，竟至於教我準備做業主。試想他對我還不是在尋開心，吊胃口麼？最後歸根結蒂的一句話，要我化三十四萬兩銀子來做業主，這算是幫忙麼？他眞的錯認我為有錢鉅商，所以他步步進逼，語語着力，那個地產買賣的矛頭指標，已經明白清楚，直向自己身上投射過來。覺得他當前不可能也不該再裝模作樣冒充有錢鉅商，只有老老實實地和他說明眞相，方屬正理。

當下史量才便對盧少棠說道：「眞不瞞你少棠先生說，我們的申報雖是經營多年，還沒賺得大錢，因為經營這門報業，不同其他的商業容易賺錢。偏偏再會有上次和席子佩一場會審公堂的官司打輸下來，損失到三十萬銀子。眼前我們申報的經濟狀況，不但沒錢，還要負債，而且所負的債額不在少數，要是沒有上次的官司失敗，在望平街上置地造樓，建造申報館高樓一事，定要實現。實在當前的機會太好，而我也十分喜歡這

地段，恰恰不巧，碰到現今申報的經濟環境太差，因此，對於置地造樓一事，眞正成了有心無力，那祇有期諸日後再請少棠先生幫忙了。」誰知盧少棠聽罷史量才的說話，並不打斷他的話頭，還是繼續着接口緩緩說道：「這點我知道，一切我都知道，要你量才先生現在手捧現銀子，購置這塊地皮的話，那我盧某人怎麽還有這張厚臉皮，口口聲聲說出『幫忙』兩個字來呢？要說你對我『幫忙』都來不及呢，因爲我是公平洋行的現任買辦，你却成了公平洋行的主顧，交易成功，我賺佣金，這不是你幫了我的忙麽？我之所謂幫忙，那是教你眼前毋需拿出絲毫銀子，在五個月後，就讓你把申報館搬進新屋，這就是我幫你的忙了。」

盧少棠這一番話，却使史量才如墜五里霧中，只是連連說道：「這怎麽可以？」盧少棠道：「這怎麽不可以，只因報館的業務是一種社會事業，申報在上海是一份有歷史關係的中文報紙。我實在不願意申報屢次受到打擊至於覆滅，恰巧我們公平洋行有地產在望平街上，所以自告奮勇，願意幫忙。因爲那是件對我能力所及，輕易效勞的事情，只要你量才先生喜歡，由我負責向我們大班講話。不過爲了不要你在眼前出銀子，也爲了建築工程要求快速。因此，對於建築工程概由我們公平洋行出面進行，承包工程的大包作頭，那是長期替公平洋行建造租屋的承包人，可以保証他決不偸工減料。因爲有公平洋行出面，有關於打樣劃則，選擇材料，監督工程等等情事，容易得到工部局的工務處、打樣間等等機關的信任和通過，可以減少不少痲煩。至於申報館和公平洋行祇要訂立一份「先租後買」的契約，租期定爲三年，在租賃期間，月出租金，這租金只是收取購產費和建築費總數額的八厘息金。租住到租約期滿，把購產和建築兩項欵數也分三年爲期，按月平均分期拔還，三年之後，地產和房屋的主權全歸申報館所有。」史量才聽得盧少棠這一番說話，對於這樣「先租後買」的優厚條件，當然是萬分歡迎，立刻答應。表示一切唯盧少棠之命是從，的確，盧少棠也是赤胆忠心的眞實幫忙。與史量才約定於第二天的上午，等他電話，陪同去面見他們公平洋行的大班，以便直接討論地價，和商量建築費。等到盧少棠的電話打來，史量才便偕同張竹坪到公平洋行，與英籍大班見面。不過雙方討價還價的最後結果，都由盧少棠從中斡旋，方始解決。對二十萬兩銀子的地價，打了一個八折，敲定爲十六萬兩銀子。對於十五萬兩銀子的造價，却祇減少一萬兩銀子，因爲那個大包作頭堅定不肯再讓，所以申報館的房屋地產，總共爲三十萬兩銀子，而且不化銀子，安然得做業主。不過申報館建築工程確屬建築得堅固異常，到了「八一三」中日事變，上海淪陷時代，滬西七十六號萬里浪等派遣他手下歹徒去向申報館拋擲炸彈，彈雖碰牆爆炸，牆壁却毫無損毀，只留有黑色彈藥的一些痕跡而已。足見當時的大包作頭對申報新屋工程的認眞、材料道地一斑。

盧少棠改營地產由來

上海英商公平洋行原始所經營的業務爲一般性進出口洋行所經營的商品貨物進口和出口，並不經營地產賣買，和建屋出租的業務，後來公平洋行竟成爲地產房屋的專業。這却同義品洋行、哈同洋行，以及老沙遜洋行等一樣，爲經營該項業務的中堅份子，從而大獲其利。要知公平洋行之所以經營地產業務，還是從聘任盧少棠做地產部買辦，方才開始的。原來盧少棠最初爲一家錢莊跑街，所謂「錢莊跑街」的本身職務，就是專門担承於受僱的這家錢莊，對殷實商號的放欵，與向有錢富人兜攬的存欵。錢莊經手銀錢在一存一放的利息輕重之間，運用調劑，貿遷有無，從而於中取利。是以該行職業的從業員，都有特殊本領！必需有尖銳的目光、靈敏的腦筋、便給的口才、最重要的還要有耐心討債的一副鐵石心腸。這樣，凡所經手的放欵，決無吃倒賬之虞，而能收本利全歸之效。

盧少棠爲此業中第一流的全能人才，更有數點特異之處，爲一般錢莊跑街所望塵莫及的。就是他的氣度豪邁，賦性亢爽。他的語調柔和，惹人好感。他的人頭熟識，交遍滬濱。更兼輕財好友，具有遊俠作風，因此，他年紀輕輕便受知於南潯富翁之一的龐萊臣。龐號虛齋，還是一位著名的書畫收藏鑑賞家，龐在賞識盧少棠之後，便斥資開設一家錢莊，延聘他任當經理，他也不負龐萊臣的特達之遇，把這家錢莊生意經營得風生水起，鬧熱興旺，也曾大賺其錢。不料有一年他却吃了一注放欵倒賬，倒去數字不小，據說在二三萬元之間。在清代光緒中葉年代，錢莊吃着這樣大數目的放欵倒賬，誠足以聳人聽聞了。所以盧少棠忙到牛莊路龐公館，去向他老闆報告和請罪，以期共商挽救之策。不料龐萊臣一聽之下，爲之怒火中燒，一時按捺不住，便即舉手連連摑了盧少棠兩記耳光。可是盧少棠當場的行爲表現，好到出人意外，那是他非但不作左右閃避，反而有怡然就摑之慨。等到龐萊臣歛手，怒氣鼓鼓地向椅上坐下，盧少棠便即走到他面前，「仆」的跪下，恭恭敬敬的磕了一個頭，隨即立起。邊立邊說：「謝謝老闆高抬貴手，俗語說得好，『打得弗罰，罰得弗打』。現在老闆高抬貴手，竟重重賞了我兩記耳光，那是老闆表示不要罰我再負經手放欵的賠償之責，所以我謝謝老闆，謝謝老闆！」說罷話後，轉身就走，頭也不回的揚長而去。

龐萊臣和盧少棠賓東二人在書房間裏鬧着這樣一塲活劇，本來無人看見，不會外傳，但亦事有湊巧，恰恰有龐萊臣的湖屬同鄉，亦即被人稱爲閙北「絲廠大王」的沈聯芳，因有事前來探望龐萊臣，剛要跨進書房門去，正當龐萊臣在摑打盧少棠的耳光。他想着此時進入，怕使他們二人感到難以爲情，所以不敢跨入，便向後退却，但

眼角梢已經瞧見盧少棠在搬演他「磕頭賴債」的一幕滑稽戲。當時沈聯芳看在眼中，藏在心底，從不對人說出其事。直到後來盧少棠任做公平洋行買辦，掌握大權，名成利就，非但在賭博場中，成爲著名的豪賭之客，而且在社會階層裏，也屬負有時譽的頭等聞人。有一天，沈聯芳與兒婿輩閒話家常，偶爾涉及盧少棠的近況，遂引起他追憶舊事。

於是，沈聯芳就把他當年目擊龐萊臣摑打盧少棠經過情形、詳細講說出來。最後他還告誡他兒壻輩說：「你們日後在事業方面用人，或是交結朋友，應該要小心一些，盧少棠當時對龐萊臣的作爲，他就軟調皮得可以了。試想他身爲錢莊經理放欵吃着倒賬，磕了一個頭，就此拉倒算數，一走了之。這未免有點說不過去吧！但不過話呢也要說回來，龐萊臣也有重大錯誤，身居老闆地位，怎可動手打人。而他所打的又是個年輕有爲的錢莊經理，萬一此事傳揚開去，教盧少棠還能夠在後馬路吃飯，有何臉面在如意里（按：河南路如意里內，全是錢莊集中所在）出進麽？須知道錢莊放欵，如果不吃倒賬的話，那上海一班有錢人都要到後馬路來開錢莊了。所以盧少棠對龐萊臣玩上一個軟調皮，似乎也値得原諒的，誰教龐萊臣先動手打人家耳光的呢。可是他這動手一打，却把盧少棠打發達，打出名堂來了。如果他不打人，盧少棠也不會走，到了今天，只是一個錢莊經理人而已。那能有眼前公平洋行的買辦地位，那能有眼前社會聞人的濶綽風光。」

盧少棠怎爲進入公平洋行，任當買辦，怎能導致該行大班改變營業方針，甚而至於放棄進出口業務，專事地產買賣。據說其事的起因，那是公平洋行的英籍大班受其本國人的委託要買一塊地皮，而地段必要在跑馬廳以西的靜安寺路上，雖有地皮掮客爲之奔走接洽，但是都不當意，未曾成功，此時的盧少棠脫離龐萊臣的錢莊之後，已告失業，且亦無業可就，每日必去望平街的祥

申報新厦平面圖

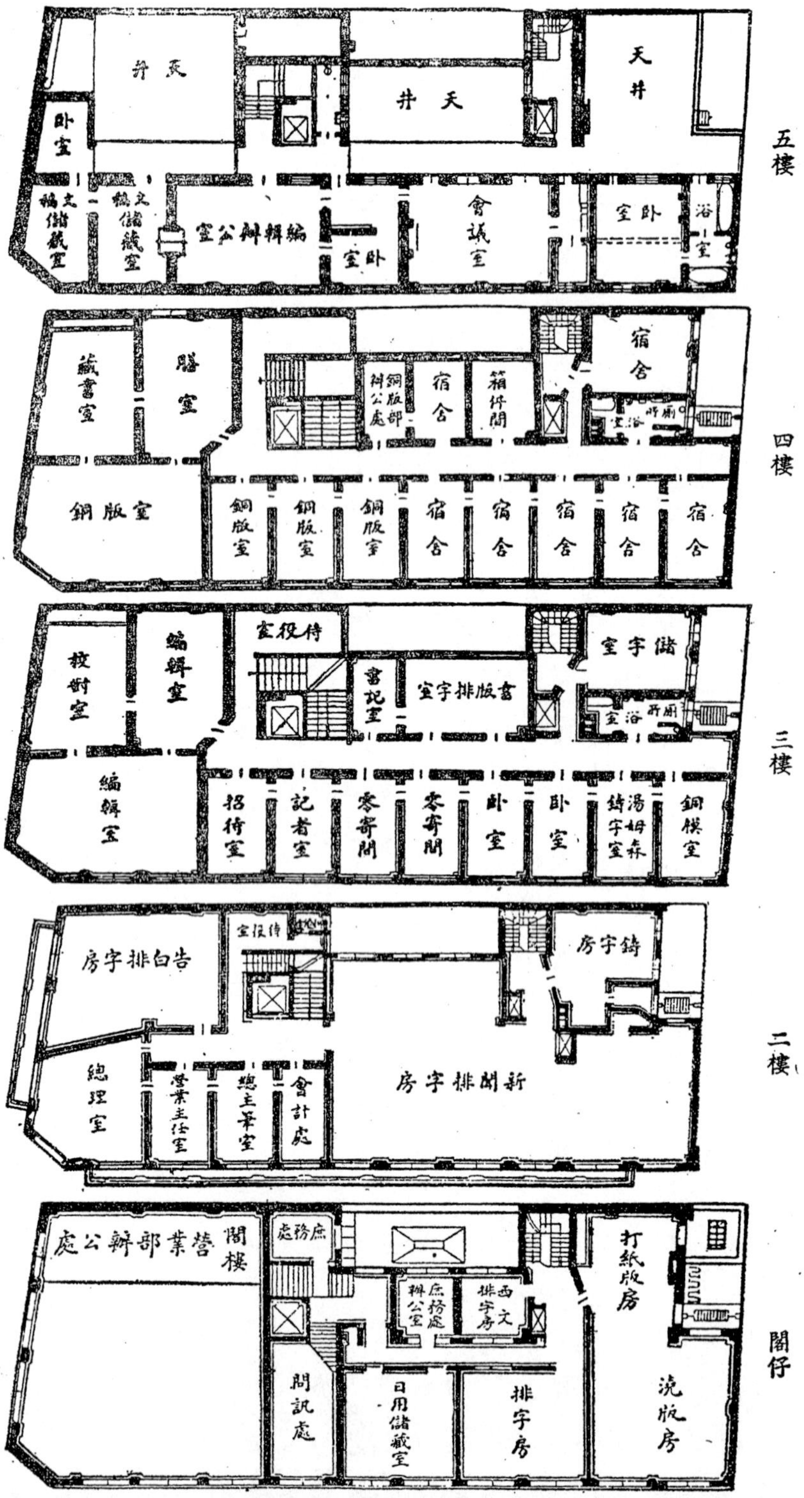

記大烟間，（按：當年祥記大烟間地址，即爲後來的時事新報的館址。）與朋友們相聚，蓋當年租界的所謂「大烟間」，都是兼營茶樓業務的。一班地皮掮客的「茶會」，就在二層樓上，那裏專門設座賣茶，若客要吸食鴉片烟，須要更上一層樓了。盧少棠爲因約朋友飲茶吸烟，常去祥記，故能聽得公平洋行的大班要買地皮之事以及所需的各項條件。只因他所識賭友中，頗多擁有地產的本地土着，於是便暗自進行，遍向賭友淘裏訪求。結果給他訪覓得一塊地皮，所具有的條件，都能與公平洋行大班所開列的兩相符合。是以一經接洽，幾度奔走，這樁地產賣買，居然給他介紹成功。

公平洋行的英籍大班於買進地皮以後，爲時頗久，委託他代買地產的人來了，便以市價轉手賣出，却賺着一注大錢。於是他覺得地產賣買比之經營進出口的商品貨物，輕便省力，利益鉅大，遂啓發他兼營地產業務的興趣，即在寫字間中特關設獨立性的一個「地產部」，延聘盧少棠任做買辦。那盧少棠憑其才能發展頗爲努力，經之營之，大獲其利，極獲得該洋行大班的寵信。這望平街與三馬路轉角間的一塊地皮，多年以前，就是經盧少棠手買進的，所費不足萬元。現在仍由他經手賣給史量才做申報館館址，却售價高到十六萬兩銀子，漲幅之大，且不說它。總感覺這塊地產，雖說經過公平洋行經管多年，歷經滄桑，但好像冥冥中自有主宰，最後結果，要不名一文留給史量才的申報作館址，得弗奇怪，世事一切興替成敗，皆可作如是觀。

盧少棠這次幫史量才的忙，可說無微不至，就是他處處安排要給史量才站於有利的地位，譬如在申報大樓的建築地盤上，所樹立那塊承包建築工程的廣告牌子，盧少棠的主張，就不用營造廠商的牌號出面，却用了「公平洋行監造」字樣，使人們驟然看去，好像申報大樓的建築工程是由公平洋行出面監督建造的，這是何等大的氣派，也可以說是極有力量的廣告表現。

申報館在望平街建造申報大樓，建築工程方在動工着手吸引着一家新昌洋行，派遣該行的跑街前來拜訪史量才，這家新昌洋行當時的買辦，就是後來做過上海市長被廚子用斧劈死的傅筱庵，兜攬他們行中所存有的一架捲筒印報機器，這架機器不是新製造品却是陳舊的貨物，因爲自從第一次世界大戰結束的前後這幾年間，歐洲國家新聞事業，無不空前發達。到了戰事結束，交戰國家在法國的「凡賽爾」宮簽訂和約以後，頗多歐洲國家的報館，他們都把印報機更換了最新式的，再把換下來的舊的輪轉印報機，以及壓版、烘版、鑄版、車版、刮版等全部附屬機器，整整全套拍賣出去。新昌洋行就是由一家外國機器廠拍進多架這種舊的印報機器，加以修理裝配，使之完整如新。再行裝運來華，交託上海新昌洋行代爲兜售出賣，其價格並不十分低廉。

據說新昌洋行所經手的已經售出兩架了，不過都是捲筒紙的平版印刷機，售價不等，也要四五萬元之譜，但是製造出品的，却全是歐洲國家的名廠，雖屬多年舊物，一經整理，依然堅固耐用，所謂老時貨。現在傅筱庵派遣他行中跑街來向史量才兜售的，却是一架特殊捲筒的輪轉印報機，那係瑞典一家名廠出品。原本屬於新的式樣，機車頭快速，輪轉如飛，且裝有自動計數機，祗要輪轉出五十份報紙，計數機自會計出準確數字，比之過去以人工點數，既省力，又正確，更助長了發行部人員不少工作的速率效果；尤其是望平街的報販對之，皆大歡喜，因爲他們向發行部批領報紙，因此可以便利快速得多。

據當時新昌洋行跑街的告訴史量才說：「這部輪轉印報機所使用過的工作年齡，三年都未滿足，說來眞有九成新。以前的報館之所以要更換最新式的印報機，把它拍賣讓人。其原因是外國報業人士，向來同業間的競爭非常厲害，對於出報一事，最講究要快要好，爭取時間，這點爲我們中國的報業所不及之處，他們爲了同業競爭，爲了爭取時間，非要把印報設備，爭取快速不可。」該跑街的就取出該部印報機有關的證明文件和詳細說明書，都攝成照相遞給史量才觀看，這倒全部是外國寄來的，使賣主一目了然。最使史量才聽得誘惑力大，從而發生必得之心，那是該跑街對他所說的話：「史先生如果貴報備置了這部輪轉印報機，可以佔得不少好處，往後的日子，可以稱雄望平街上，傲視各報，截稿的時間可以延遲，出版的時間得以提早。」要知這兩點好處，正是史量才朝夕想望，夢寐以求的唯一目的，最後結果史量才又買進了這架印報機，而傅筱庵呢，便做了第二個盧少棠。

望洋興嘆和與鬼爲鄰

傅筱庵這次毅然決然，把一部瑞典出品的全部捲筒輪轉印報機器，竟肯不曾收得分文，無條件賒欠給史量才，原來這部印報機和附屬各項機件大大小小，裝成不少件數的木箱。從外國以輪船運來上海，就在虹口的公和祥碼頭，起上了岸，一直堆放在碼頭堆棧裏邊，每月要付出幾十兩銀子的租金，要不趕緊把它脫手賣出，這筆堆棧租金月費，也使他這個新昌洋行的老闆，爲之痛心曷極。

最主要的一點，就是在全中國裏找不出一家日出數十萬份報紙的報館。眼前上海的申報與新聞報兩大報館的銷報數額，已成爲全中國的鳳毛麟角，分佔鰲頭！所以傅筱庵得知申報在望平街上自建五層的館址，急忙派他行裏的跑街去向史量才兜銷這部印報機。雖然史量才對於這部印報機，尚乏購買的心念。但却不願由自己嘴上脫口說沒有銀錢買機器的話，可是却又不甘爽然回絕這部所心愛的印報機，說出不要購買的一句話。於是他靈機一動，立即想出一個辦法，不如把這件爲難之事，交給張竹坪去負責辦理。所以立即叫茶房把張竹坪請來，當面介紹這個新昌洋行的

跑街給他相識，說明買印報機器之事。而且接着關照，此後由他們兩人直接商談有關於機器價格以及付欵辦法，毋須他自己參加與議。

張竹坪正是個辦理外交的傑出人才，也是史量才身邊的最好助手。不多幾天，居然談判成功，他便由新昌洋行跑街的介引關係，同到十六舖通商銀行面見傅筱庵，直接商談。當時中國通商銀行總行在法租界十六舖，稱爲南通商，傅筱庵就在那裏辦事。分行設在虹口武昌路口的乍浦路，稱爲北通商，由王心貫主其事。原來中國通商銀行創立於光緒二十三年四月二十六日，是中國有史以來的第一家銀行，創辦人爲盛宣懷，當時中國尙無銀行法例及成規可援，一切組織管理及營業規則，都參照外商銀行成例辦理，以國人錢業領袖陳舜郊爲該行第一任總經理，成立之初，即由國家授予發行銀元銀兩兩種鈔票的特權，陳舜郊年老退休，舉謝綸輝以自代，而傅筱庵就是通商銀行的第三任總經理，他雖任新昌洋行買辦，屬於兼職，中國通商銀行才算是傅的大本營，新昌洋行中祗是每天循例到一到，至於常川辦事，總在通商銀行，因此張竹坪便要移尊就教到十六舖去與傅筱庵見面。只因張竹坪和傅筱庵兩人都是能幹人物，全是厲害腳色，尤其雙方的口才便給，稱得上是半斤對八兩。他們所商談的爲價格與付欵兩個問題，這兩個問題妙在申報要買機器，暫時却拿不出錢來，新昌洋行但求機器有人要，只要有利可圖，暫緩付欵無妨，所以容易談得攏。先談的爲價格問題。據傅筱庵所提示瑞典機器廠的價格爲瑞典幣十七萬「克郎」，內除佣金十分之一。大概當時中瑞兩國幣制所定的滙兌例，一個「克郎」合中國銀元一元一角。因此賣買價目橫講豎講，結果以中國銀元十六萬五千元成交。至於付欵辦法，以買方先試用一年後，從第二年起，分十二個月還清。大約傅筱庵恐怕脫貨變錢的機會錯過，因爲當時除了申報，簡直難尋第二家受主，就把雙方所議定的價格數目和付欵辦法，簽了一張合約算數。

及至申報大樓的新屋落成，各部辦事人員分配指定的駐在地點，稍稍與盧少棠以前所提供的口頭建議，畧有不同之處。就從地面一層話起，面臨望平街方面的爲整個營業部的辦公處，凡發行、廣告兩課人員，分課集中工作。報館正門即設於轉角處，另有一側門則臨三馬路而建，專歸夜班工作的編輯部、排字房等同人們出入。進入側門即爲上樓的盤梯所在，梯之曲折空間，裝有升降機一座，以便乘機上落。側門傍西的一間長方形巨室，即爲印報的機器間。這部捲筒輪轉印報機，其整體面積，相當巨大且長。一機裝成，已佔該巨室之半，而另一半室則爲堆貯原筒原封的捲筒白報紙的場所。二樓則爲總理室、總主筆室、新聞排字房、告白排字房。三樓爲整個編輯部。四樓爲藏書室、膳堂、銅版室及部份宿舍，五樓爲儲藏室、會議室。在地下與二樓之間，還有一個夾層，此間名爲閣仔，則爲營業部辦公室、排字房、澆版房、紙版房、西文排字房等。這是申報館從後馬路搬同望平街，入居申報大樓時，對各層樓宇的安排各部工作人員，分配治事所在的大畧情形。

當申報館遷入新居之日，自有與史量才相識的紳商各界人士，前來道喜祝賀。既來之後，總不免登樓各層，參觀一番，以盡賓主之歡。據說賀客中有一位松江名士楊了公於登樓最高層，憑窗縱目，作遠眺近瞰樓外景物之餘，便低聲笑語其同來的友人說：「在此樓頭眼底，所見的遠近景物，就我的觀感上，却聯想着兩句成語，倒可以拈來作爲此樓寫照的。」便是「望洋興嘆」、與鬼爲鄰」。他所謂望洋興嘆，那是他眼底之洋，，不是浩浩乎吳淞口外的東海洋面的洋，而是十里洋場的洋，所謂夷場；至於下句的「與鬼爲鄰」一詞，倒是對申報大樓的眞正寫實之作。原來該大樓向北一方的對面，即爲一所外國坟場，俗稱爲「紅毛坟山」的便是。當中英的鴉片戰爭，中國敗績，簽訂和議的南京條約，約中有一條那是英方要求上海闢設租界，成爲五口通商的商埠之一。當年英租界地的「四止」，劃定「西邊所止」，祗是到河南路爲止，是以早期年間的西人東來，居留上海的租借地，一旦淹然物化，都把死去的遺蛻埋葬界外的荒地上邊，遂形成一所外國坟場。後來租界地因日趨興旺，而租界英工部局當局一再向西擴展，越界築路，任意侵佔到滬西的極司非而路。入民國後，更加向西侵佔到大西路的中山路上方止。這且不去說它，但不過在三馬路與望平街轉角間的「紅毛坟場」，因有衛生關係，早已禁止葬埋。後之外國死人，概行改葬在靜安寺對面的外國坟場裏去，當時申報大樓建造完成，恰巧面對這所紅毛坟場，於是乎與場中一班已故洋鬼子，結成爲望衡對宇的芳鄰。

一般來說，與鬼爲鄰，總不是好場所，定屬凶宅。此項說數，相信決不能博取一班無鬼論者所邀聽，必然斥之爲荒謬的、迷信的妄談。但有些事實發生，實有令人不能不信有鬼神之概。譬如申報館自遷入申報大樓以後，爲期不滿一月，那架捲筒輪轉印報機的一根主要軸桿。於某夜的寅卯時刻，正在機聲隆隆，軸轉滾滾，印報出版之時。不知如何驀地發生一聲巨响，這根粗逾腕臂的主要軸桿突告折斷，此事發生得奇怪不奇怪？論情論理，無緣無故，機上輪軸決不會有中斷之事，但終於事實發現，使人不得不迷信於與鬼爲鄰的凶宅之說。非僅此也，十餘年後，申報老闆史量才竟遭非命死於京杭國道的翁家埠地方。再過數年後的中日事變發生，申報記者的錢華、金華亭兩人先後慘遭暗殺。雖然，一般宿命論者對人之生死壽夭，一切註定命中，此外更有人爲的死因，雜乎其間。但不過知道申報館會有突然中斷印報機輪軸的舊事之人，往往把上述該報館中三位死於非命之人，牽强附會到與鬼爲鄰的「凶宅」那句妄言上去。正是一語成讖了！

（下期續刊）

鑽石山頭小士多

易君左

我是在民國三十八年四月上海撤退前一個多月離開上海直飛台北。在台北住了九個月，然後到香港，一住就是十八年，恰符王寶釧苦守寒窰的年數。

觀音菩薩的兩隻眼睛

民國三十八年即西曆一九四九年冬天初抵香港，住在九龍的鑽石山，度着一種艱苦的初期「難民」生活。

我首先寫我最初居住地的鑽石山。鑽石山是九龍郊外一個小鎮，只有一條較長的街，叫做聯誼路，兩邊有參差不齊的住家和形形式式的小商店，情調和大陸內地的小市鎮相同，四圍的天然風景相當美。

我去年夏秋之交到香港，還特別到鑽石山看看，鑽石山和牛池灣一帶，雖然增加了許多高樓大厦，但並沒有改變鑽石山的原有風貌，依舊是一座既不熱鬧也不冷淡的小市鎮。

但鑽石山之所以出名，則由於中國大陸變色先後的初期，成千成萬不願再在大陸居留的人士逃到香港。這些自由人士中的大部份文化和教育工作者許多都住在鑽石山，無形中成爲中國高級知識份子的避難所。因之，九龍的巴士司機每當車子開到鑽石山的時候，往往大叫一聲道：「新大陸到了！」意思是說：這裏是你們逃難而發現的新大陸，帶有多少開玩笑的意味，我們聽慣了也不去睬他，正是叫不叫由他，聽不聽由你。

鑽石山是不是產鑽石呢？靠不住，只是一叢荒山而已。偏偏有一位逃難來港的考古家衛聚賢教授衛大法師，腦筋似乎特別發達，得到了他自鳴得意的答案。他發現鑽石山後山那座古廟裏，觀音菩薩的兩隻眼睛是用眞正的鑽石嵌成的。他在報上一渲染，那座廟的香火忽然熱鬧起來，許多人士尤其是善男信女爲了滿足好奇心與崇拜熱，紛紛前往探視，可是那座神像密藏龕內，因光線黑暗看不清楚，究竟那座觀音菩薩是不是鑽石眼睛，以及鑽石山是不是即因此得名？誰都不知道。

但鑽石山四週的天然風景確很美，左右有兩道大溪，旁邊牛池灣一帶，怪石嶙峋，竹木扶疏，極饒清趣。這一地區，多由逃港難民開闢出來，香港政府認爲是「霸王地」，屋宇多如台灣的「違章建築」，是隨時將遭受拆毁或迫遷的，但自中國難民的眼中看來，仍然不失爲一片樂土。

我先說說當年中國人民逃難來港的初期情況，然後再說到我寄住鑽石山的經過。

留法文學博士成餓莩

當年由大陸逃難的人們誰都願意逃到香港。第一、香港距離中國大陸很近，香港雖是一個孤島，但九龍與大陸相連，所以逃來港九比較容易。第二、香港雖是一個小島，加上九龍半島也不大，在地理上雖如彈丸，但在交通上却是東南亞廣大區域的樞紐。第三、香港現在雖是英國的殖民地，但自從英國政府統治香港以來，中國人民尙未怎樣感到所謂亡國失地的痛苦，因爲英國畢竟是一個崇尙民主、自由和法治的國家。第四、香港本來就是中國的土地，百分之九十八的人民都是中國人，到了香港不像到了外國。中國人習慣的過着中國式的工作，找工作也比較容易。然而以上這幾點，却並不能引起中國人民逃難而來的興趣，最能引起興趣的一點，乃在香港這地方在近百年來經常成爲中國苦難人民的避難所與革命的策源地。最顯明的例證便是國父孫中山先生的革命領導是以香港爲出發點和根據地。在近代世界政治史上，這一顆小小的「東方之珠」的孤島對於中國革命的幫助實在不小。而我之所以願到香港，也基于這種重要的心理。

不過，自大陸變色以後，這一二十年來湧到香港的中國人民都接受了一種最嚴酷的考驗。有些帶來大量資財的富商巨賈、達官貴人和高級軍官，最初是炒金、開工廠、辦銀行、做投機生意，種種經營，但因香港這地方不是天津、上海，非英雄用武之地，於是往往遭遇着挫折，甚至於慘敗、破產。剩下來的只好悄悄的當寓公，啃老本，老的老了，死的死了，幸而站得住的，開開招待所，做做小生意，以終餘年。初來時的豪氣與威風，早就烟消雲散了。

以香港的北角爲例：初來港時，沒有錢的文化人、教育家、公務人員、小工商人士等，幾乎都住在九龍，鑽石山便是一處，而那些大工商家、大軍人、大政客與富商巨室等幾乎都住在香港

本島，除少數特殊擁有巨大豪富的貪官汚吏與豪門貴族在淺水灣的高尙住宅區擁有別墅園林，以及在新界廣置田產經營物產與果園等外，絕大部分集中於北角一隅。香港本地人對內地來的人不分東南西北一律喊作「上海人」，正如抗戰時四川土着對外省人不分青紅皂白一律稱呼「下江人」一樣，於是北角的繁榮，成爲「上海人」的天下。曾幾何時？「上海人」的一切經營都被土着的「廣東人」代替了，而成爲「廣東人」的天下了。因爲港九百分之八十以上的中國居民都是廣東人，香港本來就是廣東省之一縣即寶安縣。

反之，却有一大部分眞正苦難的人們，初來港時，砍柴、割草、打石頭、做皇家工、做碼頭苦工，女的做老媽子，男的當小夥計，幹着和原來在大陸的身份相差懸殊的一切工作。尤其是一些文弱書生，包括作家、教授、教員、新聞記者、藝術家、書刊編者等等，都幹過種種粗笨的苦工，求一飽而不可得。連這種種粗笨的苦工都找不到的，就流浪街頭，眞正做乞丐，沿門討飯，或是討幾片麪包皮充飢。我親眼看到一個留學法國的文學博士掙扎在饑餓的死亡線上，而卒至倒斃冷巷。

又見到一個以前當過一等縣的縣長，受着兒女太多的牽累，結果是閉門用菜刀自殺，一了百了。另外有一部分是爲着生活的熬煎，不顧一切什麼工作都做。於是，以前當過軍長的躲在荒山木屋裏來學女人的繡花，以前當過師長的應徵到一間新興的大厦去守門，以前當過行政專員的挑起一架爛担子賣油炸臭豆腐，以前當過大報主筆的擺個小攤兒替阿公阿婆寫家書。

像這些眞正苦難的人們是應該受重視而予以同情的，因爲第一是自食其力，第二是大丈夫能屈能伸，第三是就因此而站起來了，有些已娶妻生子，有些已薄有積蓄，有些已漸漸抬頭，有些竟飛黃騰達，倒下去的永遠爬不起來，站起來的永遠倒不下去了。

試以調景嶺作爲一例

試以調景嶺作爲一例：調景嶺是香港島邊緣上的一座荒山，從來無人過問的，原來的名字是「吊頸嶺」，顧名思義，這個名字有點可怕，也太不文雅。大批中國難民既然湧入香港，環顧港九，這裏塞一堆，那裏塞一堆，仍然無法可容，於是再紛紛找到那些荒山野嶺，赤手空拳開闢天地，調景嶺便是人數最多之一處，因爲嶺名實在難聽，後來居民要求香港政府改名，才正式命名爲「調景嶺」。

我初到香港不久便去了調景嶺一次，看見人雖多，只因山嶺廣大，却現出疏疏落落的樣子，一片冷淸凄涼。那些原始式的油紙帳和爛布篷參差的架在亂山叢裏，這就是難胞們的「流亡之家」，枒义的古樹做了老婦的晒衣架，崢嶸的巖石做了少女的梳妝台，野鼠和螞蟻做了兒童的小伴侶，茅草和松枝做了壯丁的烹飪物。山上本來沒有路，於是用汗水開闢了一條曲折的小徑，崎嶇而坎坷，我走去跌交了幾次，幸而那時血壓尙不高。難胞的衣服等於披着一塊爛抹布，小孩兒衣不蔽體。吃的是薄粥和糙米煮成的飯，以及卵石一般硬的饅頭和無油無鹽的小菜，魚肉之類絕無踪影。

等我第二年再去訪問一次，嶺上的情景便漸漸改善而使我抱着樂觀了。以後第三年、第四年，幾乎年年去過一次、兩次，面目已完全一新。以前那些原始的帳篷，變成了木屋、石屋，甚至於小洋樓了。以前穿得破破爛爛在山坡上打波子的小孩子漸漸穿着整潔的校服揹着書包上學了。以前顚簸、汚濁、狹隘的山路漸漸開拓修理而成爲水門汀的小馬路了。以前上山要自己帶熱水瓶和麪包，漸漸遍地都是茶樓酒肆了。

我初到調景嶺第一個深刻的印象，便是那兩座紮在山麓海濱的碩大無比的木板長屋，下山進入那兩座長屋要走過兩座高懸的木橋，有些像四川灌縣大索橋那樣搖搖幌幌。我初以爲有一部份難胞住在那裏，隨即知道這長屋就是大厠所，像停泊長江各埠邊的大躉船。山上初無衛生設備，無電，無自來水，飲的是山水，用的是海水，點的是蠟燭和油燈，最難解決的是大小便。山上居民要解決這個急迫的問題必須迅速跑下山來，無論男女老少，因爲假使在山上亂闢「洗手間」，勢必弄得屎尿滿山，穢氣薰天，所以萬不得已才搭了這樣兩間長屋，痾下海水便成爲「抽水馬桶」。我自然也去過一兩次，每次走過懸橋總是戰戰兢兢的，深怕跌入海裏。我當時想：這恐怕是天下第一的WC吧。

在我的親戚朋友中，有不少是住過調景嶺一個時期的。如今已成名的作家、新聞記者和大學教授，以及卓越的工商界領袖、軍政方面的賢達碩彥，無論仍留香港或已來台灣，有許多都曾與這座荒山結下了不解之緣，我可以一一舉出他們或她們的名字。港九華人每年盛大舉行雙十國慶大會，也以調景嶺最爲狂熱。

我們開辦榮康小士多

然而，確有許多人說：香港這塊土地是不容易附麗在上面生存的。這例證似乎很多。如某某初來這裏還擁有巨量資金，不到一兩年就花光了。如某某確是一位專門人才，竟流落到這裏毫無辦法。也確實是如此，我就有一個朋友從前在上海是「滿天飛」的，一到香港就成了「滿地爬」；又有一個親戚幾次開菜館，虧累一塌糊塗。

這是大多數人的現象，但也有一小部份人在這裏淘了金發了達，骨瘦如柴的變成腦滿腸肥了。難道是各人運氣攸關？抑或是作風迥異？這就很難說定了。

如今讓我來報導我住在鑽石山的情形：

以前做過農林部長「位列三台」又是青年黨黨魁的湖南同鄉老友左舜生先生比我早一點來香港，頂了鑽石山正街邊一層小樓，聽說我來非常歡喜，見面情商之下，願將木板隔着的尾房一小

間讓給我和我的太太住，言定月租港幣一百元，一百元在當時不算小數。如果不是「老友記」，可能要二百元。他和他的太太以及兩兒一女擠在前面一間正房。這時，左先生已在所居附近正街的聯誼路租了一間門面，開了一家小士多（小雜貨店），邀我也加入股東，我和我太太商量之後，便答應了。

這個士多恐怕是全世界最小的士多。這間小店的門面只有三扇門，室內擺滿了貨物，假使有三個顧客同時進來買東西，那店員祇有翹起腳跟來應付了。

這個小士多的招牌是「榮康商店」，既繁榮，又健康，用意深，名辭妥。股東有六人之多，各湊了幾百元，請准了賣香烟、罐頭食品、雜貨及化妝品的牌照，並兼賣文具，據說文具的利潤最大，可達四分利之多。

開張以後，生意也還興隆，尤其在頭一年舊曆年尾，門庭如市，家家放爆竹大團年，而我們幾家夫婦全體出動，冒着寒風，在店外招攬生意，在店內照應顧客，忙個不了，個個精神抖擻，迎接財神。大年初一，我還用灑金紅箋親自寫了一副「揮春」（春聯）貼在商店門口，聯云：「店如斗大，貨比山高！」好大氣魄！「巴閉」之至！

左先生年高德劭自然是店主，我們是股東兼店小二。香港稱店主為「東主」，亦稱「波士」，乃BOSS譯音。我們的「波士」初到香港閒得發慌，把全副精神集中這小店，經之營之，日夕不遑。店子太小，不能容納多量物品，那些玻璃瓶、洋鐵罐，堆滿了他的住室，有時半夜起牀親自查查點點，通宵難寐，還吟一兩首詩消遣。他既是店主，自然經常到店視察，但他的重要任務是跑街辦貨，他常常跑到遠遠的九龍閘市彌敦道選購一批貨物，大批花生瓜子和餅干一包包的坐着的士返回鑽石山，店員之間背後也有議論到：坐遠程的士運貨還不夠路費的開支呢。但是因為個個尊敬左先生，寧可虧本不可負友誼。其實我們做店員的也要負担些責任，我們不該在生意清淡時就隨便從玻璃瓶掏一兩把花生來吃，大嗑其瓜子，這在波士看來，也是不大順眼的。

至於店內的服務，有兩位湖南老鄉兼股東常川照應，這兩人都是以前農林部的科長。記賬的是左太太，兼負送飯送開水之責。我與拙荊既忝為股東，不便漠然無動於衷，於是有一個時期的記賬屬於我，冲開水屬於我的太太。小店如大家庭，生意雖漸冷淡，情緒倒還熱烈。

可是有一次演出了一幕微妙的滑稽劇：一個中年婦人的顧客走近我們商店門口準備買東西，不巧剛剛在這一瞬間，由於那兩位常川駐店的店員為着貨品發生爭執，一位正伏案寫信，不料一怒之下，把藍墨水瓶擲向正在整理貨架的另一位，那藍墨水瓶沒有眼睛却打到買貨的婦人臉上，立刻滿臉藍墨水，變成了水滸傳上的「青面獸」，連牙齒都染藍了，旗袍上斑斑點點，一片藍痕。那婦人一邊嚷着哭着破口大駡，衝入店內拚命，一時驚動滿街人士和左鄰右舍，齊來排解，釀成一次大風波。結果是：賠錢、道歉，再送新旗袍料兩件，幸而差人（警察）沒有來，不然，那個擲藍墨水瓶的店員一定捉將官裏去了。照香港的法律：如果兩人打架一齊帶到差館（警局），不分誰是誰非，誰打誰被打，一律罰錢，以警囂風。但如果像擲墨水瓶的「全武行」，則處罰就比較重得多了！

可憐我們這個小士多，波折重重，開了一年多便關門大吉，虧本是意料中事，所幸並不太多，且喜大家好來好去，小生意是小生意，老朋友還是老朋友。

可是在小士多這一時期却留下了一點紀念。開辦不久後，香港政府開始舉行人口登記，我和內子與舜老夫婦排隊魚貫進入登記處辦好手續—塡表、照相與打指模，領取身份証。登記人員把我們望了又望，最後問我們：「有沒有正當職業」？我答：「有」。再問：「什麼職業」？我指着舜老答道：「這位是榮康商店東主，我是夥計。」「OK！」

關店以後的種種感慨

我們的小士多終於「關門閉戶掩柴扉」了。關門的原因，還是由於時運不濟呢？還是由於當時香港市面一般不景氣呢？還是由於我們經營不得其法呢？三者必居其一。

我們具備了兩種資格：一、太重的書生習氣，二、太倔強的湖南人性格。關門就關門，有什麽可研究的？大家既然情願開店於前，又同時協議關門於後，好來好去，毫無怨言。所以對於以前在鑽石山開小士多的故事，幾乎令人漸漸淡然忘了。

偏偏我們的「波士」左舜老尚有餘戀，在關門以後，那些瓶瓶罐罐還捨不得丟，後來他的太太看穿了一切，經過幾番苦勸之後，才論斤論兩的一古腦兒賣給收舊貨的販子了。有幾個尚存有瓜子花生和芝麻餅的玻璃瓶便由「波士」分配給我們幾個夥計，作為永久的紀念。到如今，我的家裏還剩下當時一個玻璃瓶，我珍貴得好像一座毛公鼎。

雖然是淡淡的忘記了，但人類總是多情的，而且常常是懷舊的。偶然夢迴，有時也浮出一抹幽影，好像我仍然在低頭俯首在記榮康商店的賬。最令人感歎的是左舜老於去年在臺北病故了！我在臺北市立殯儀館參加了左先生的喪禮，寫了一副輓聯，以志哀悼，聯云：「篤交逾五十年，君姓左不左，我字左不左；奇才邁千萬輩，生享名成名，死垂名成名。」不過在這輓聯裏，似乎不便說到榮康商店關門的傷心史。

由於我們做書生的不善經營商業，不會做生意，此後便常存戒心。也許有人會責備我們：「你們這班書生眞是太沒有用了，連一個小士多都開不好，還談什麼治國平天下？」這一來，可把我們嚇呆了。可是回頭細心一想，開不好小士多

的人，不一定就不能夠治國平天下。試問古來立大功成大業的志士仁人英雄豪傑，那一個開過小士多？想到這裏，氣又爲之一壯！但至少我個人是再不願意經營商業了。

就在榮康商店關門不久，想到今後切身利害的生活問題。做小生意是不必了，但歲月催人，坐吃山空，如何是好？香港一個斗令都有用處，我們從何處找一個斗令？

在徬徨憂慮的時期，一天，同太太到郊外散步解悶，溜躂到了「黃大仙」，一處難民麕集的徙置區。

偶然想起黃大仙的小巷子裏，看相的和詳簽的雲集，生意都相當好，我何妨向他們看齊？往年我也看過一些相書如麻衣、柳莊之類，在鎭江時常和有名的相士袁樹珊來往，雖未得到他的秘傳，也曾經他指點，而且我曾用過「空谷山人」的筆名，假如掛一塊招牌，請張大千來代我題上：「空谷山人相天下士」，也許有點「苗頭」？再則，替人「詳簽」，以過去當國文老師的經驗，不致胡說霸道，黃大仙有靈，也當佑我。

可是，與太太熟議的結果，難符心願，原因是詳簽不會說廣東話，湖南官腔，聞者生厭。看相呢？只能說好話，「鐵嘴」無用。而且，假如顧客反問：「你自己流落到這步田地，還配替人看相嗎？」我將啞口無言。

有一個廣東老朋友探知我的隱情，便出主意。這個朋友和他的太太住在何文田徙置區一所屋子裏，過着艱苦的日子，但他並不灰心，好像對事業是有絕對把握的。因爲他在大陸時曾經發明了三件東西，而且聽說已經獲得政府的專利，那三件東西一是比電燈還亮的植物油燈，二是冷氣橡皮墊，三是粉牆器。據他說：這三大發明比之指南車、火藥與雕板，實無愧色，可惜逃到香港，沒有資本，不能製出樣品來，一旦樣品出現，一定風行全港，獲利百倍，其意欲與我合作。有一天，他約我到他家裏看他表演他所發明的粉牆器，還是由我和他的太太幫忙，勉强刷了半截牆，已經是氣喘如牛；再看他那個粉牆器與普通的刷子並沒有什麼大不同的地方，不過可以接着電流，刷得比較快而且比較均勻罷了。我最初也爲之心動，但因：一、手頭不便，二、士多之累，遂婉辭謝絕，愛莫能助。而這位朋友的「三大發明」，以後消息杳然，賢夫婦一籌莫展。

鑽石山一瞥　翁靈文攝

又有幾個外省籍朋友邀我參加他們的農場，向我遊說的理由倒不是担心我的生活問題，而是佩服我是一個「文章氣節之士」。他們大意說：「自古大學問家和大事業家無不從事生產，例如漢代大儒朱買臣的砍柴，公孫弘的牧猪，蘇武的牧羊，乃至曾國藩的治家八字，都離不開勞動生產。像你這樣的文化人，實有改絃更張之必要！」我亦以爲然。但，還是沒有參加，原因簡單：我一生最怕聞雞屎臭。再說，我沒有參加的那個農塲，也像我們的小士多一樣，開門未久，即關門大吉了。

在九龍城，有兩家廣東人開的小咖啡店，生意都很好；也在九龍城，有兩家上海人開的飲食店，總是頂來頂去。這是什麼道理呢？我曾作過這幾家的主顧，探望他們的情形。廣東人開的店子，售價比較便宜，抱着「薄利傾銷主義」，賺一毫子算一毫子，而且開支很小，塗脂抹粉的老板娘對進門的客人都笑臉相迎，一團和氣；而上海人開設的店子，不是沒有漂亮的老板娘，而總是一副冷冰冰的面孔，又因爲股東多，意見紛歧，開支大，不能節約，東西貴，難以競爭，便相形見絀了。

這僅是我一點接觸到的現實，來說明人類生存的正常道路是需要勤和儉。同是中國人，並非廣東人獨有三頭六臂，與他省人不同。廣東人所受西方文明比他省爲早，但廣東人保持中國固有的道德信條最篤，而又善於運用生活上的技術，就是跑到其他各省，廣東人也最合乎「適者生存」的條件。若像我們湖南人是根本難以趕上的。湖南人只會當兵，最不會做生意，最大的生意是鍋舖和傘舖，早已沒落了，不過湖南人還能保持一些勤儉的美德，從遠處說是受了陶侃運甓的影響；陶侃那份兒幹勁是在湖南表現的，從近處說是受了咸同諸老治學治事精神的感召，然而無論如何趕不上廣東人的苦幹和團結，尤其趕不上廣東人做生意。

因之，我們幾名湖南佬在鑽石山開小士多，不等到關門，早已注定「執笠」的命運了。

揚州畫派與華新羅

道載文

「揚州八怪」早已成爲歷史名詞，並亦成爲大家公認的通行稱謂，它的含義比較明確，時代也有固定，畫風接近一致，作爲一個畫派來講，似乎更加適當。凡屬與揚州有關的並時畫家，不論畫風如何，俱應列入揚州畫派之中。

「揚州八怪」一般認爲祇有金冬心、鄭板橋、李方膺、李復堂、高西唐、汪士愼、黃癭瓢、羅兩峯八人才算是「怪」，實則同時還有高南阜（鳳翰）、邊壽民、閔正齋（貞）、陳玉几（撰）和華新羅，都和揚州有關。例如新羅山人，雖然是福建上杭人，上杭在晉代爲新羅縣所在地，因自號新羅山人，却在揚州寄寓很久。以往在南京，曾經有過「揚州畫派」展覽，除了八怪之外，並有後列五位的作品在內。

揚州八怪作爲一個畫派來講，是完全符合畫派發展規律的。在乾隆年間，正是四王的全盛時代，在朝的有婁東派，王烟客、圓照、麓臺屬之，在野的有虞山派，吳漁山、王石谷便是代表人物，兩派分庭抗禮，平分天下，而在這兩派畫漸趨衰微之際，揚州八怪忽然間應運而生。這八怪不出在北京、蘇州、太倉、常熟、常州；以上都是當時出產名畫家的所在，而出在揚州，也是有由來的。

原來那時的揚州，正是經濟交通的中心，人材薈萃的地方，那些北方的官僚氣，江南的地主氣，在揚州都不大有，而新興的商業經濟，以及市民階層的發展，比較起來，反而有一些新興的氣象，因此也就成爲適合八怪滋長的土壤而繁榮茂盛起來了。

揚州畫派不畫工筆花卉，自然因爲在他們之前有惲南田、蔣南沙、鄒一桂；少畫山水，也因爲大家看慣了四王；但例外的如高西唐、羅兩峯、華新羅、高南阜都畫山水，而且別具蹊徑，突破四王樊籬，例如本期精印的新羅山人畫的八幅山水冊頁，就使人看了有一種脫俗出塵、清新可喜的感覺。

揚州畫派要想在刻板山水和工筆花卉之中，打出一個局面來是很困難的。因此他們另覓蹊徑，專畫梅蘭竹菊及寫意花鳥、人物，純屬出奇制勝，形成一種比較巧妙的戰畧，逐漸發展，成爲一派。但在生活上，他們一般還是很窮苦的，當然也都經過許多不同的堅苦奮鬥過程；而「八怪」這個名字，更具體說明他們是不爲時重的。例如汪鋆（研山）所著「揚州畫苑錄」上就說：

「同時並舉，另出偏師。怪以八名，畫非一體。似蘇張之捭闔，偭徐黃之遺規。率汰三筆五筆，覆醬嫌觕；胡謅五言七言，打油自喜。非無異趣，適赴歧途。示嶄新於一時，只盛行乎百里。」

可見八怪之受人排斥，不僅在其他地方，就在揚州本土，亦然如此。揚州當地人似乎是不喜歡山水畫的，在「揚州畫苑錄」中有一節記虞蟾的傳上說：揚州舊有畫謠云：「金開臉，銀花卉，要討飯，畫山水。」意中指畫人物最好，花卉次之，畫山水就難免凍餒，虞蟾就因爲畫山水而窮死的。八怪在揚州不大畫山水，多畫梅蘭竹菊及花鳥，就是新羅山人也是畫花鳥多於山水，所畫山水，多數兼有人物，與四王畫的「空山無人」，大異其趣。

揚州畫派所畫的題材，主要有如上述，華新羅近乎工筆，但仍採取了寫意的筆法。他們個性堅强，不受束縛，敢與向千篇一律、陳陳相因的山水和富麗庸俗、工整謹細的花鳥畫挑戰，雖然被蒙上了「八怪」的惡名，仍然堅持自己的藝術道路，而彼此之間，相互切磋，相互推崇，絕無文人相輕之弊。

揚州畫派的根源，可以一言以蔽之，就是「文人畫」，與院體畫截然不同。他們的作畫，多少帶有一些業餘的性質，他們高興就畫，不高興就不畫，在創作上保持了一定的自由，既不趨炎附勢，亦不唯利是圖；更難得的是他們的文藝修養，兼擅詩書畫，三者缺一不可，他們的畫既然稱「怪」，做的詩也很特別，寫的字也絕不是館閣體，例如新羅山人的題畫，自然而有風致，長短不一，而逸趣橫生。

新羅的畫，方面很廣，他的主要來源，遠宗唐伯虎，近法惲南田，山水、人物、花卉似乎都不超出唐、惲兩家以外。新羅早年學惲南田的花卉，不但畫得像，連字都一模一樣，這可能是他早年用功時候的作品。至於他畫的鳥，却是自己從元明工筆畫中變化出來的，善用禿筆乾墨來畫羽毛，使畫中鳥類，栩栩如生，既像寫意，又像工筆，既非寫意，又非工筆，可以說是介乎寫意與工筆之間的特殊創作。

揚州畫派對後人影響最深的有三方面，一是金冬心以金石作畫，在畫中加入金石古樸的氣味，厚重古拙，不取纖巧，這一點到了趙之謙、吳昌碩發揮到了極點。

二是李方膺、李復堂、黃癭瓢、高南阜的寫意花卉，也由四任（渭長、阜長、伯年、立凡）、吳昌碩、陳師曾、齊白石先後繼起。

三是華新羅的半工筆半寫意的花鳥，後來的北之王夢白、王雪濤，南之江寒汀、唐雲，也都承襲了他的傳統，各自成爲流派，因之揚州畫派對於後人的影響是相當巨大的。

棘路何時
翦投林興
未愜孤雲
封石戶嚶
鳥導松關
東園生

孤雲嚶鳥　新羅山人畫　定齋藏

幽人家住小東園老樹陰中敞不北軒一部
陶詩一壺酒或吟或飲戢晨昏

東園幽人　新羅山人畫　定齋藏

沫濺峰寒　新羅山人畫　定齋藏

柳下清風　新羅山人畫　定齋藏

狂墨嘯松　新羅山人畫　定齋藏

漁潭霧木　新羅山人畫　定齋藏

古寺鐘聲　新羅山人畫　定齋藏

窗前疎雨　新羅山人畫　定齋藏

新羅山人華嵒

此題目係新羅山人真蹟，筆意高古，本文作者為台北書畫月刊編輯。

・奇石・

華嵒字秋岳，號德嵩，別號新羅山人，又號白沙道人、東園生，福建上杭人。僑寓杭州、客揚州亦甚久。生於清康熙二十三年甲子（一六八四），卒於乾隆二十一年丙子（一七五六）。

他在幼年時讀過蒙館，不久即失學，因其父爲一造紙工，故他也曾入紙坊當過學徒。他自幼即好書畫，當他十九歲那年，里中興建一座華氏祠堂，有族人某因他能畫幾筆，主張請他爲祠堂作壁畫，但族長却因爲他出身貧賤而罷。於是他一氣之下決心遠走他鄉，臨行之夜，在祠壁上畫了「高山雲鶴」、「水國浮牛」、「青松懸崖」、「倚馬題詩」四幅壁畫，然後揹起行囊，悄然遠遊，在杭州一帶，以賣畫爲生。靠着他的天份和努力，終于漸漸的成名。後來鄉人又趕忙將他的壁畫重加修茸，保存起來，聽說至今猶存。清末羅嘉杰刊印新羅山人「離垢集」稱其畫跡云：「上杭華氏祠堂堊壁，至今墨跡猶存，蓋山人所作也，可想見當時振臂一揮，橫掃千軍氣槪，此中容或有鬼神呵護，不然胡歷刼弗磨耶？」可見後人對他的壁畫是如何的重視了。

根據畫史所載知道他善畫人物，花鳥，草虫

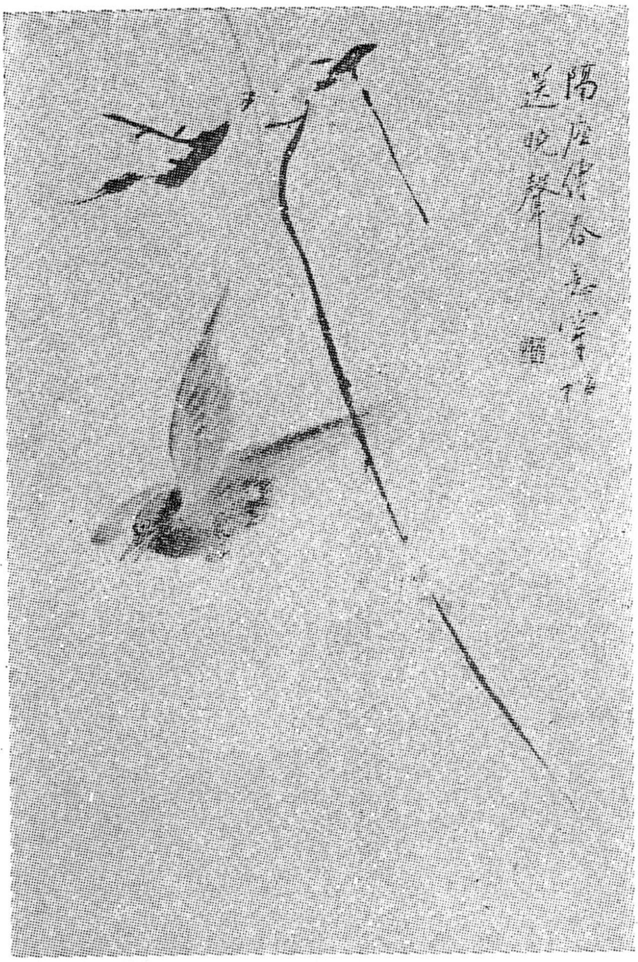

花鳥畫之一　新羅山人畫　（故宮博物院藏）

花鳥畫之二　新羅山人畫　（故宮博物院藏）

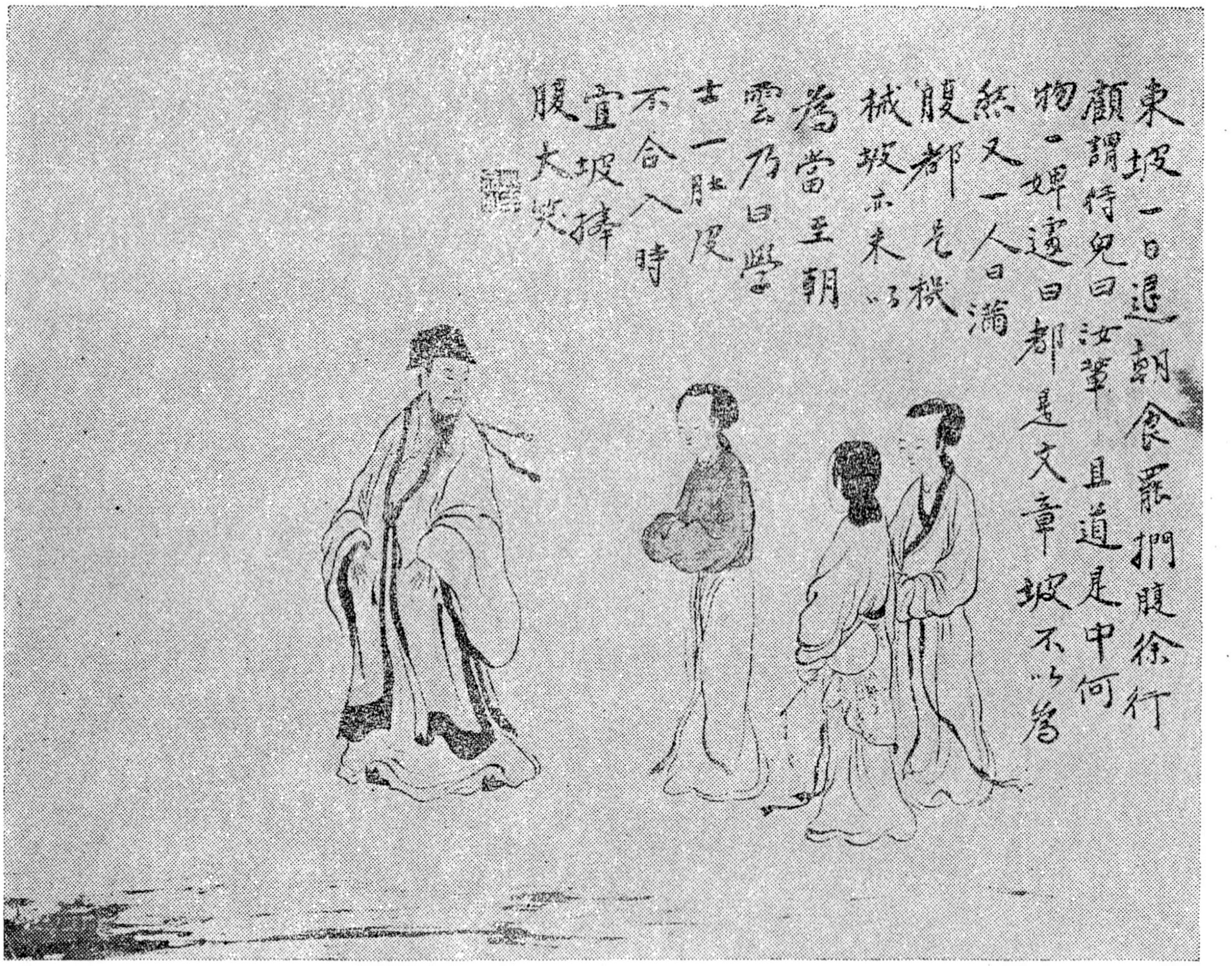
東坡一日退朝食罷捫腹徐行顧謂侍兒曰汝輩且道是中何物一婢遽曰都是文章坡不以為然又一人曰滿腹都是機械坡亦未以為當至朝雲乃曰學士一肚皮不合入時宜坡捧腹大笑

東坡捫腹圖　新羅山人畫　（上虞丁氏念聖樓藏）

，皆能脫去時習，力追古法，不求妍媚，誠為近代空谷足音。其詩云：「筆尖刷却世間塵，能使江山面目新！」可知他一心一意對畫道追求境界的抱負，是何等偉大！其次是他的花鳥畫，更能脫去時習，獨創一格，已故書畫鑑藏家丁念先在其所著的「清代美術」一書中曾說：「嵒於畫各體皆工，而花鳥尤為一代大家；影響清代中葉以後畫風甚大，蓋清代花鳥畫至嵒已窮其變，脫去時習，力追古法，標新立異，機趣自然。直可並駕南田，超越流輩。「桐蔭論畫」的作者秦祖永稱新羅山人之畫為『筆意縱逸駘宕，粉碎虛空，種種神趣，無不領取毫端，獨開生面。』書法鍾王，別具風神。工詩；著離垢集，評者謂『春空紫氛，層厓積雪，玉瑟彈秋，太阿出水。』足稱神品。」

關於他的詩，柴山老人徐逢吉也曾評謂：「天才英挺……壯年苦讀書，句多奇拔，近益好學，長歌短吟，無不入妙。」因之在他的作品上，往往題上他自己的詩句，能使詩畫相映成趣。如題鶴鳴圖絕句：「自惜羽毛清，逈立風塵上，老氣橫秋雲，一鳴天地響。」又題梅花詩：「關山玉留夜相催，忽帶羅浮月影來，亂後江南春信早，一枝還傍戰塲開。」

他也好畫動物，戛戛獨造，不同凡俗。喜畫馬，自題畫馬詩云：「少年好騎射，意氣自飛揚，于今愛畫馬，鬚眉成老蒼，但能用我法，孰與古人量，俯仰宇宙間，書生眞迂狂。」以馬喻人，可謂善於自況者。

他客揚州數十年，雖然畫譽日隆，但他一生仍在貧困中度過，所以有時也不免在書畫上發洩一下胸中的不平，如他題鍾馗詩長句中有：「虬髯拂拂怒不平，便欲白日搏妖精，吁嗟山精木魅動成把，便於掃盡人間藍面青。」在他當時所處的社會環境一直不好，生計困難，加上他一生貧困，所以不免有時借題發揮，一吐胸中的怨忿，他在「寄金江聲」一詩中云：「且說秋收罕有成，菱僵橘癩芋頭秔，稀逢苦菜未登市，那見新棉賣入城？米價漸騰鹽價起，晚潮不退早潮生，閑窗檢點家鄉事，鈔上籐箋寄阿兄。」由此可見其牢騷滿腹的一斑了。

近觀上虞念聖樓丁念先先生遺物展中，有華嵒畫冊，其中所畫東坡捫腹圖題句云：「東坡一日退朝食罷，捫腹徐行，顧謂侍兒曰：汝輩且道是中何物？一婢遽曰：都是文章，坡不以為然；又一人曰：滿腹都是機械，坡亦未以為當，至朝雲乃曰：學士一肚皮不合入時宜，坡捧腹大笑。」朝雲自是解人，新羅以畫自喻，由此亦可見他的懷抱了。

從日皇與后今秋訪歐談到

英國的爵位勳銜和獎章

司馬我

英日舊恨一筆勾銷　女王決定頒勳修好

日皇裕仁及后，將於今秋訪問歐洲。日本王室傳統，國王於在位期間，向不遠行。現任日皇裕仁，今年四月二十九日爲其七十大慶，王后也已達六十八歲高齡，五十年來從未出國一行。回溯日皇上次出國，時在一九二一年，他以太子身份，訪問過英法比義諸國，從此以後，就從未出過國門一步。所以今秋日皇偕后訪歐之行，在日本王室是打破千百年來傳統的一件大事，在日皇裕仁個人而言，也是他半世紀來第一次出國。

他們所訪問的國家，大致將包括比利時、西德、英國、荷蘭，原來是在過去若干年來，比利時皇夫婦，西德總統，英國的公主王子，以及荷蘭王室中的重要人物都會前往日本訪問，理應獲得首先考慮，至於其他歐美和亞洲國家，那只好留待下一次了。

據目前所悉，裕仁及后今秋出國旅行的時間，大概共爲兩星期，所訪問的國家將以英國爲首，逗留的日子也可能比其他國家多一兩天，屆時倫敦將有盛大歡迎。

第一次大戰以後，英日邦交向稱不惡。一九四一年，日本掀起太平洋戰爭，翻臉相向，雙方頓成敵國。然自戰事結束，和約簽訂以後，跟着國際局勢的演變，兩國邦交，日漸恢復，尤其是戰後日本之勢力與經濟發展，備受英國朝野人士的重視關懷，承認其對於亞洲甚至整個世界的影響力與安定作用，所以此次日皇夫婦訪問英國，英女皇與英國全國決以最崇高的國賓之禮相待，而令人分外注意的一個消息是，女王伊利莎白二世將親以英國最高勳銜，「嘉德爵位」The Order of Grand Garter 頒與日皇裕仁，以示崇敬。

嘉德勳銜榮譽最高　名列其間陣容堂堂

英國的爵位與勳銜之多，可謂洋洋大觀，而「嘉德勳章」則爲一切勳銜中最崇高的一種。獲有這種勳銜的，同一時期決不超過二十六人，必須其中一個故世，纔有一個新的遞補。他們全部由英國國君委授，無需政府審查干預或同意。在英國勳銜中，除嘉德勳位外，祇薊勳銜（薊爲蘇格蘭國花）、皇家維多利亞十字章方有此殊榮。

過去幾個朝代中，對於有功國家人士應否授勳的資格問題，英王與政府間亦曾意見參商，但對頒授嘉德勳銜，却從未有過困難。伊利莎白二世登極之初，即封邱吉爾爲嘉德爵士，一九五四年又授艾登以同一勳銜。但是屈指算來，獲授這樣崇高勳銜的政治家人數仍遠較軍人爲少，二次大戰以來的軍人，獲有該項勳銜的軍人，便有蒙哥馬利子爵，亞力山大伯爵，伊斯邁勳爵，和蒙巴頓伯爵等。此外獲有該項勳銜的名單中，尚有七個「特別爵士」，六個是歐洲國君，一個是伊索比亞國王塞拉西（就是一九三〇年時代莫索里尼說要用他的鬍鬚來刷軍靴的阿比西尼亞國王），今後再加多一個日皇裕仁，陣容愈見堂堂。

授勳儀式隆重壯嚴　宮廷舞會稗史佳話

去夏英王儲查理斯於威爾斯以威爾斯太子身份，由其母后伊利莎白二世親爲頒授嘉德爵士勳位。那天，女王身穿宮廷禮服，外披國君外套，頭戴插有三支鴕鳥羽毛的黑天絨帽，在紋章官員的隨從下，於典禮台上就位之後，傳召新爵士至其座前將勳帶扣在他的左腿之上，加上綵帶與星標，最後以斗蓬和勳領披在他身上，完成了隆重莊嚴的儀式。查理斯王子這時已有威爾斯王子身份，且爲英國未來國王，女王仍須授嘉德爵士勳銜，足見這個名位的份量之重。距今六十一年的一九一〇年時，今天的溫莎公爵年方十六，亦曾以威爾斯王子的資格，接受同樣殊榮，他當時的身份地位，正與今天的查理斯完全相同。「嘉德」Garter 一字原義，乃爲婦女所用之吊襪帶，首創此一勳銜的是英王愛德華三世，時在一三四八年。相傳當年舉行宮廷舞會，愛德華三世即席與疏利斯候爵夫人共舞。候爵夫人閨名瓊思（Joan），有「根德公主」（Maid of Kent）之稱。舞在中途，候爵夫人左足所御吊襪帶之一不愼滑失，愛德華三世親爲繫上，同時說：「以此爲邪惡者應自愧」（Shame to him who thinks evil of it）其後，愛德華三世創建嘉德勳銜，而且即以此語綉於勳帶上，所以這條勳帶是與衆不同的扣於左腿而非扣在肩上，流傳至今，歷時已六百餘年。但上述舞會傳說，並無佐證。

英國爵位共分九等　席履封厚生活優裕

趁此機會，不妨說說英國爵位，勳銜的等級及其頒授的情形，尤其是我們身居香港，每年元旦及女王誕辰，（政府規定女皇誕辰公衆假期每

年不同。今年是四月廿一）照例在報上可以看到一批政府官員與社會人士因功論賞，獲授勛銜者的名單，其間名目繁多，等級不同，若非一一加以鑑別說明，許多人便難免有菩薩太多，目迷五色之感。

英國的貴族爵位共分九等，以公侯伯子男爲首，最早，在東羅馬時代，「公爵」是對鎮轄一個軍區的將軍的稱謂，到七世紀以後，纔變爲世襲爵位。一三三七年，英王愛德華三世封「黑太子」爲康華爾公爵，這是英國有公爵爵位之始。侯爵的地位僅次於公爵，它的原義，也是鎮守邊區的將軍。英王查理二世於十四世紀封伯羅·德維雷爲都伯林侯爵，那是英國第一個侯爵。

伯爵位居第三，是英國貴族爵位中最老的一種。在愛德華三世封「黑太子」爲公爵前，伯爵在貴族中地位最高，但當時不稱「伯爵」，稱爲「顯貴」或「貴人」，權力可以掌管好幾個郡，「伯爵」的名稱是諾曼王朝時纔建立起來的。瑪格烈公主的丈夫安東尼·鍾斯於與公主結婚後便被冊封爲史曼頓伯爵，但對他太太說起來，單獨稱她爲瑪格烈公主，仍比稱她爲「史諾頓伯爵夫人」更加威光。

英國的子爵可以說是伯爵的副產品，這名詞本是用來稱呼替他伯爵管理事務的官員，法國則用子爵來稱呼伯爵的後裔。一四四〇年英國亨利六世開始封授子爵之位，其階級在男爵之上。男爵在英國最早僅指有封地的人，並無爵位，一三八七年英王查理二世首次封授男爵爵位，並決定其爲英國貴族中地位最低的一種爵位。

爵位是封建制度產物，受封的人不外兩種，一種是王親國戚，史諾頓伯爵便屬於這一類；另一種是對保衛國家建有戰功的人，由國王加以冊封，規定等級，地區權力，年俸等等。中世紀歐洲國家的爵爺大抵都有一座古堡的別墅爲其宅第，宅內美眷似花，僕從似雲，不事生產，享用國帑。爵位本有世襲與非世襲之分，但即使是非世襲的，許多年代以前的公爵伯爵的兒孫之輩，亦常以「小公爵」「小伯爵」自居，以迄於今。

英文中的「騎士」（knight）一字，具有「爵士」之意，古羅馬時代的騎士其身份地位在「元老」與「市民」之間，在社會上是特殊階級。古希臘時代，「騎士」是「騎馬階級的人」，有點像我們舊時所謂「坐轎子之人」，也是雅典的第二階級市民。在英國，它是公侯伯子男五個爵位下面的第六等爵位。近來英國所封的爵士，等級都是「騎士」，電影明星之獲得此種榮譽者有小范朋克，亞歷堅尼斯和勞倫斯奧立佛三人，他們的爵位都非世襲，披頭四亦然。

勛銜無數目迷五色 分門別類等級不同

現存英國勛銜，共有三十餘種，名位之高者，自係獲得嘉德勛章之人爲首。嘉德勛章英文原名爲 Order of the Grand Garter，受封者稱「嘉德爵士」，目前擁有該項最高尊榮者，有四位本來是公爵，薊勳位亦稱副榮勳位，地位僅次嘉德，近年來聲價與日俱增，依次爲「英帝國大十字章」Grand Cross of the British Empire，簡稱 G. B. E. 維多利亞王子章 Victoria Cross 簡稱 V. C. 授與著有異勛之人，爲數均不多。再次爲「英國武士勛章」Knight Command of the British Empire，簡稱爲K. B. E.。

近年以來，香港人士獲得較多的勛章則有下列諸項：

英帝國高級勛章 Commander of the order of British Empire 簡稱 C. B. E.。

聖喬治章 Companion of the Order of St. michael St. George. 簡稱C. M. B.。

帝國勛章 Order of the British Empire 簡稱 O. B. E.。

帝國服務勛章 Imperial Service Order，簡稱 I. S. O.。

帝國低級勛章 Member of the Order of British Empire，簡稱 M. B. E.。這種勛銜係一九一七年時由英王喬治五世設立，其格言曰：「上帝及英國設立這個勛銜的目的，是獎勵那些對國家及國王效忠及有特殊貢獻的人」。最初獲得這種勛章多數是軍人，但近年來，許多商人，公務員與球星都得到這種榮譽。

勛章銀行存貨充足 榮譽有價最廉一磅

英國的軍功獎，通常分由三軍當局頒發，海陸空軍當局各有勛章銀行設立，許多準備發給和等待領取的勛章都存放在裏面。海軍部的勛章銀行設在巴富市，陸軍部在窩遮斯德夏的杜萊威茲市，空軍部則在倫敦。頒發得最多的勛章是「陸軍獎章」，兩次世界大戰中，共頒十七萬枚。

此外發得較多的獎章有英皇喬治五世的銀禧紀念章，女皇伊利莎白二世的加冕紀念章，一九五三年時頒發的數目較此還要多些。另外一種名位雖非甚高但極受重視的勛章是「皇室長期服務獎章」，凡是在白金漢宮做滿二十五年的男女僕人，都可以從女王手中獲得一枚。

英國頒發勳章，主要在代表榮譽，獎章本身的物質與經濟價值都不高，但有些勛章持有者的後代，家道中落，也有些退役軍人，經濟困難，因被迫出售他們的「榮譽」，以維生活，它們的價值高下，亦視榮譽的大小而定。一九六五年時，有一枚在維多利亞女王時代的大十字章，在倫敦拍賣了八百八十鎊，這是歷來售出勛章的最高價格。這種勛章，於維多利亞女王於一八五六年開始頒發，至今共發出一千三百四十六枚，每枚普通價值爲五百鎊，英皇佐治六世所設佐治十字章，最高價值可能爲九十鎊。特殊行爲獎章與卓越服務獎章，價格無定，通常爲十鎊至三四十鎊。兩次世界大戰所頒發的陸軍獎章，因數目衆多，不大值錢，大約一鎊就可以買到一個。

珍寶鑲嵌 復活節蛋

——復活節的應時故事——

秋山

美麗的水晶吊燈發出閃爍的光芒，照射着俄國沙皇舉行的一個盛大宴會的嘉賓。一隊吉卜賽樂隊，奏出悅耳的音樂，在那巨大的餐廳裏，賓客們開懷地享受那豐盛可口的珍饈百味。

突然間，一位大公爵夫人，微向她的鄰座側身，低聲說：「法伯格先生，請你估計一下這顆綠寶石的價值，那是一位印度藩王從他的頭巾上取下來送給我的。當時我不過讚它的美麗可愛，他便慷慨相贈，為了紀念那位印度藩王的隆情厚意，我特地拿到你的店裏鑲成這件心口針的。」

那個她稱為法伯格先生的男子，長着一部鬍子，頭髮灰白，從她手裏接過那件寶物，端詳了一會，又用舌尖舐一下寶石，然後交還給她說：「夫人，我很抱歉使你掃興，這只是一顆玻璃假石，不過鑲工却是極精緻。」

這位大公爵夫人聽了雖然大為吃驚，但相信他所說的是事實，因為這位彼得・加爾・法伯格（Peter Carl Faberge），是俄國兩代沙皇的宮廷珠寶匠，相信自意大利的工匠賓芬紐托・薛利尼（Benvenuto Cellini）之後，他便是全世界最偉大的珠寶美術工藝家了。

法伯格是法蘭西人的子孫，可是於一八四六年在俄國誕生。當他年輕時，已經受過嚴格的訓練，成為一個出色金匠和鑲嵌珠寶藝人了。他的手藝是那麼高明，所以在二十四歲時便接替了他父親在聖彼得堡經營珠寶生意。但他那過人的才幹，不只限於鑲嵌手鐲、戒指、皇冠等飾物。他相信凡是美麗的東西都是有用的，於是他更發展他那創造的天才，用翠玉、水晶、瑪瑙、綠玉等製造烟盒、烟灰碟、時鐘、陽傘柄和裁紙刀，嵌上美麗珍貴的珠寶。不久，幾乎全歐洲的皇室和貴族人物，都以能把一件法伯格製造的工藝品出示他們的親友為榮。愛好時髦的富家子弟，在巴黎和倫敦法伯格經營的珠寶店搜購禮物。那些喜劇紅女伶，更喜歡用法伯格那鑲有珠寶的帽針扣着戴在頭上那種一九〇八年流行的帽子。

在工作中的法伯格

但這些成就還在其次，第一次使法伯格名聲遠播的是他為俄國皇室製造的那種令人驚奇的復活節蛋了。當時的俄國人，視復活節是一個盛大的節日，各人都交換禮物。法伯格既是宮廷珠寶匠，奉命為沙皇製造兩只不同的復活節蛋，一只是送給皇后的，另一只則送呈給皇太后。

沒有人知道當這兩枚用黃金和琺瑯製成的復活蛋打開時，裏面有什麼奇蹟出現，也許是一隻用白金製成的天鵝，在一個浮着用珍珠綴成蓮花的水族箱裏游來游去。或者是一輛黃金小車，裏面放着一張鋪着緞的小椅或是一隻能說話的鸚鵡，還有一個迦薩琳皇后的人像，扮作一個過路的婦人。當這兩枚復活蛋的工作順利地完成後，馬上包起，不讓任何人看到；一直要讓皇太后和皇后親自把它打開。

在二十三年內，法伯格為俄國皇室製造五十多枚復活蛋，蛋裏面全都藏有令人驚奇的東西，外面則飾以黃金和珠寶，每隻大約花去沙皇亞力山大三世和尼古拉斯二世五千英鎊。

一九〇〇年是法伯格事業全盛時期，在聖彼得斯堡他的工場，共僱有工匠七百名，才能應付顧客的需求，因為當時一般人喜歡購買他的精緻工藝品，作為贈送友好的最佳紀念品。

英王愛德華七世，定購一批法伯格的製品作為亞力山大王后生日的禮物，她是法伯格工藝品最大的收藏家之一，其中差不多包括了英皇室所有心愛的動物。這些是用與真動物顏色和斑點近乎相同而不太珍貴的寶石複製出來的，當然比真的縮小了許多，裏面有一匹是英王名駒波西蒙，一八九八年打比賽奪得冠軍，還有她最喜歡的愛犬凱撒。

百萬富翁里奧普德・第・魯斯芝爾（Leopold De Rothschild）向法伯格定製一個打火機，它的顏色要像他所豢養那匹出賽的名馬一樣作棕黃和黑色。另一件關於法伯格工藝品的趣事：外交官史丹尼斯拉斯・波克留斯基（Stanislas Poklewski），有一夜和英王愛德華七世玩牌大輸，到了終局之時，他所帶的現金輸光了，還欠一鎊。臨

別時，愛德華開玩笑地對他說：「波克留斯基，記住你還欠我一鎊呢。」波氏即以一個法伯格製的精緻小盒作抵償，盒蓋上正嵌有一個金幣。

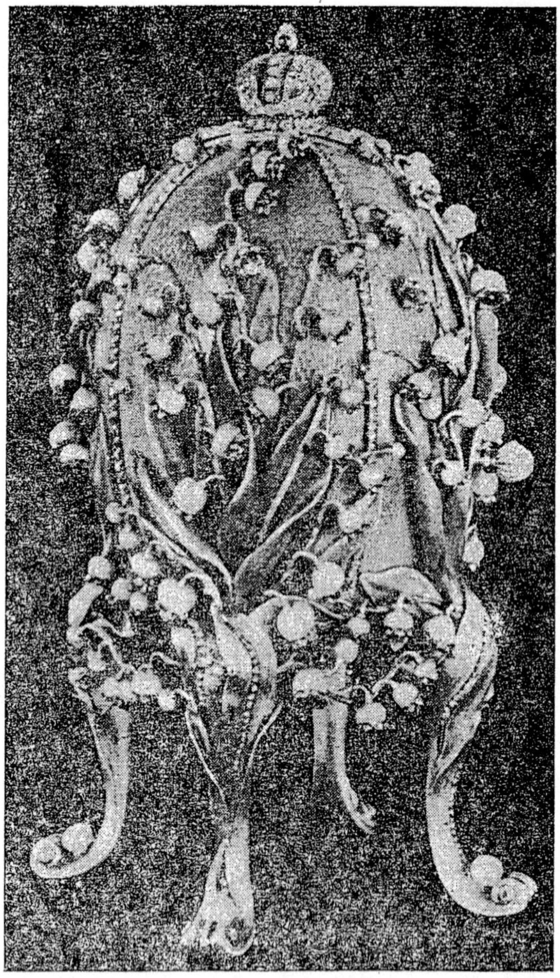

法伯格為沙皇尼古拉二世所特製的復活蛋

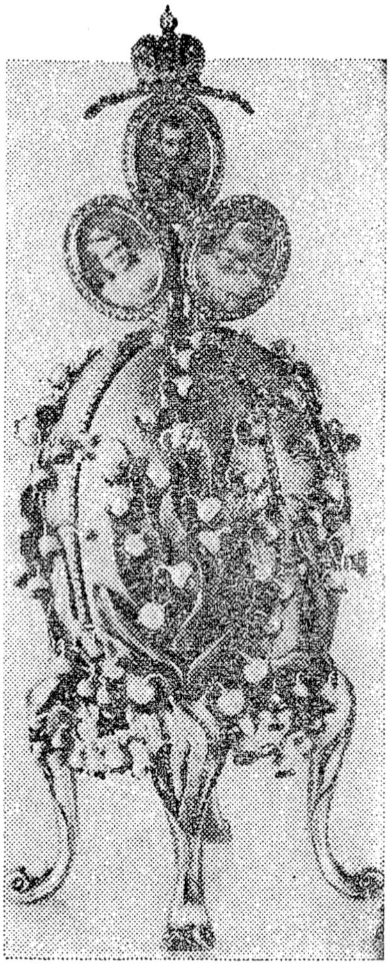

按鈕時，沙皇及其二子的肖像出現，再按一下，又縮回如右圖

在家中，法伯格有時可能是一個獨裁者。例如某夜他的太太盛裝赴宴，先向他徵詢關於她的新衣的意見？法伯格說他很喜歡，只是有一件事……接着，使他的太太驚愕的是他把她的新衣前面的鈕子完全割下來。下一個星期，一副周圍鑲了小鑽石的美麗白琺瑯鈕子，由法伯格的工場送到，代替了那些給她割下來的鈕子。

五十五年前，即是一九一六年，法伯格製造的復活節蛋，由沙皇之后把它打開，因為這一年，德國和俄國正捲入戰爭漩渦中。在作戰的環境下，這位偉大的匠人只好利用鋼鐵來製造復活蛋，蛋裏有一個也用鋼製成的小畫架，架上承着一張有沙皇和沙皇那個最小孩子的小型肖像。

第二年（一九一七年）法伯格雖然照舊接到製造復活蛋的使命，但沙皇一家沒有能接到。當一九一七年復活節清早，沙皇他們成為革命黨的囚犯，被囚在擦可錫羅（Tsark-oeselo）的亞力山大宮，他們不能再接受復活蛋的贈與了。

不久，法伯格也逃亡到安全的瑞士，他那龐大的生意完全崩潰，他所有的股票給俄國的政權充公了。一九二〇年，他懷着破碎的心，在洛桑（Lausanne）去世，享年七十四歲。

一位富有的西伯利亞牛油商，素慕法伯格之名，特地到聖彼得斯堡向他購一條珍珠頸鍊送給愛妻。

在要付出一萬英鎊珠鍊價之前，牛油商有點不放心，用懷疑的眼光望着這位偉大的匠人說：「聽說眞正的珍珠是打不破、輾不爛的。為了要證明這串珍珠是眞的，我想請閣下把它放在路上，讓停在你的店門口那架蒸汽滾路機從它的上面滾過。」

法伯格聽了毫不猶豫，便向滾路機的司機招手呼叫，他這種迅速的動作，堅定了牛油商對這串珍珠並非贋品的信心，他覺得這一萬英鎊沒有白花。結果這個試驗沒有做，牛油商也心甘情願的照付如儀。

復活節，西名（Easter），原出於日耳曼古語（Ostare），其意是春之神，神是一個女子，掌握着世界的光明，中國人俗稱此日為外國清明。又西俗稱復活日前一星期，曰聖靈週期（Holy Week），聖靈週期中最後一日，曰聖靈土曜（Holy Saturday），又曰復活夜（Easter Even）。

至於復活節蛋恰表示了一個新生命的復活，還含有生生不息的意義。

一八九八年法伯格為沙皇尼古拉二世製了一個送給他的皇后的復活蛋，蛋的高度為六吋，裏面藏着令人驚奇的東西是沙皇和他的兩個孩子的肖像，這些肖像的從蛋中進出，由一粒鑲着黃黃托子的珍珠鈕控制。

這枚七十三年前的復活節蛋，見上圖，價值也是五千英鎊。

Mauthe

西德開鐘

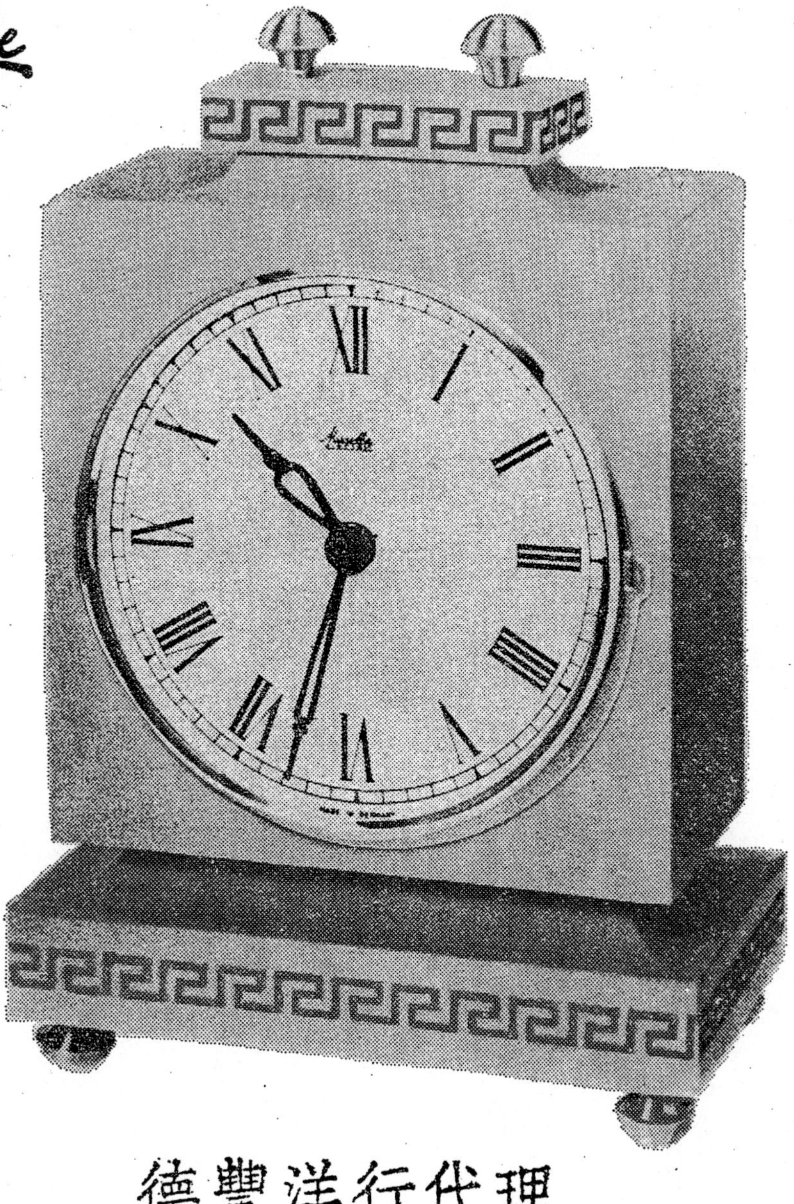

德豐洋行代理

大人公司 有售

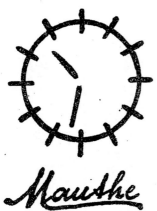

怕死的夏勞哀

何龍

夏勞哀（Harold Lloyd），一譯「神經六」，上海人稱他為「羅克」。據說夏勞哀是廣東譯音，筆者乃正宗廣府人，却認為「哀」字不合「Lloyd」音，應譯做夏勞萊或夏勞洛方合；可能因為四十多年前中國人發不出LL音，而把它錯讀成「哀」音的。

「路透社荷里活三月九日電：荷里活人士今天準備向默片時代最偉大明星之一夏勞哀作最後的告別。夏氏早年以他的角質黑色圓框眼鏡風靡全球，成為影城初期一個傑出的標誌。

夏勞哀昨天（三月八日）因癌逝世，享年七十七歲。他在比華利山他那座巨大的別墅中逝世，那幢大別墅，是荷里活黃金時代所興建的幾幢最豪華建築物之一。荷里活大明星雖多，但在比華利山擁有如此宏大面積物業的人，要以此君為第一人。

他的葬禮將於三月十一日上午十一時舉行，卜葬Mausolum墳場，那是大多數荷里活明星最後安息的地方。

夏勞哀之妻梅德麗戴維絲（Mildred Davis），已於兩年前去世，祗有個兒子小夏勞（Harold Tunior）及兩位已婚的女兒主持乃父的喪禮。」

夏勞哀（1893——1971）

正如差利卓別靈（滬譯：却利卓別林）一樣，夏勞哀是默片時代的喜劇演員，他像一個空中飛人似的，在摩天大廈窗戶邊沿跳來跳去的驚險鏡頭，迄今猶為人津津樂道。

他那角質黑圓框的眼鏡是沒有鏡片的，夏勞哀自認以七角半美金購回來，這對值七角半的眼鏡，不知為他賺了多少美金。

夏勞哀第一部受人注意之片名叫「孤獨的路加」（Lonesome Luke），從此以後，他便一帆風順，演了很多叫座的喜劇，包括：「害羞的女孩」（Girl Shy）「新生」（The Freshman）及「貓爪」（The Cat's Paw）等。

一九四七年，夏勞哀演他最後一部片，名叫「瘋狂的星期三」（Mad Wednesday），此後他便告別影壇。

夏勞哀熱愛攝影，喜歡聽唱片，是一個立體聲音樂迷，也喜愛戶外運動，在別墅裏有九個洞的高爾夫球場地及手球場。

十八個月前，夏勞哀知道自己患上癌症，便一直僕僕於醫院及別墅之間，主演過「不怕死」的夏勞哀，此時怕死極了！有時住醫院，有時住別墅，他住別墅是因為要聽他的立體聲音樂，結果，夏勞哀在別墅中逝世。

美國出版的「國際電影年鑑」（International Motion Picture Almanac）載有夏勞哀的小傳：「夏勞哀一八九三年四月二十日生於美國尼伯斯加州布爾查（Burchard），在加州聖地牙哥戲劇藝術學校就讀，十二歲便以職業演員身份演出舞台劇，一九一三年開始演影片，那時，他在加州聖地牙哥與愛迪生公司（Edison Co.）合作拍片事宜，此後，投身屬於荷里活八大公司之一的環球影片公司，後來又自行製片，自己演出，影片交八大公司發行，……」

據老一輩影迷說：默片時代的夏勞哀，以他的黑圓框眼鏡及一頂平頂草帽做「商標」，該帽子與四十年代舞王佛烈雅士提（Fred Astaire）演歌舞片所戴的帽子相似，夏勞哀被譽為荷里活最早期成功的喜劇演員，此後方有羅路、哈地；高腳七、矮冬瓜；謝利路易等，均以胡鬧取勝。當日，默片時代，因為每秒鐘映畫機只走畫十六格的關係，形成演員動作「紮紮跳」，因此，諸片演員動作能夠惹笑，這是可以理解的。

當年羅克（即夏勞哀）在上海有一部片叫做「不怕死」，其中辱華成份甚濃。惹得戲劇家洪深在大光明戲院看至中途，登台大聲疾呼，嚴斥美國片商，博得愛國人士一致好評，稱為「羅克不怕死」事件。當年轟動一時，此後，羅克之片，運滬日減，幾至絕迹！

洪深與「不怕死」

浩然

洪深（1894——1955）

一九三〇年（民國十九年）二月二十二日，上海大光明電影院開映羅克主演的有聲電影，戲名為「不怕死」，其中以美國唐人街作背景，描寫華僑的種種劣跡醜事。戲劇家洪深在此日兩點半一場之休息時間，登台當衆演說；當時上海電影院都在中場休息十分鐘，洪深說：「此等侮辱中國人的影片，我們不要看，應該向該院退票！」觀衆羣起和之，後來鬧到戲院經理室，洪深被拘去捕房。據洪深在事後呈請上海市黨部禁映該片的公文中敘述當時情形說：「……此時該院大股東兼經理高某，竟指使其雇用之西人經理，將深揪入經理室內，欲加禁閉，並動手揪毆，擊破深之嘴唇，奪去深之呢帽及圍巾，並指揮院中侍役及印捕西捕將深圍逼，該西人經理又用英語對英捕言：『吾欲拘捕此人！』即有兩三西捕將深揪入該院，一路揪至愛文義路捕房。到捕房後，該西捕謂此人係大光明戲院經理囑我拘捕者。深乃將經過情形說明，並據理與捕房力爭，計深自五點三十五分至捕房，至八點二十分走出，前後約有三小時。既無原告隨來負責控訴，又無正式罪名，無故拘留數小時，直至戲院人散，始行將深釋出，該高某亦可謂善用西人之勢矣。……」

文壇前輩包天笑先生也曾在他手錄的秋星閣日記中說及此事，今摘錄數節：「二月二十三日，今日各報皆載洪深大鬧大光明事，而大光明與光陸依然開演，觀衆反較昨日為多，因大家不知如何侮辱華僑之處，向來不看電影者，亦往一觀。洪深昨日此一鬧，反為該院作了宣傳。……」

「二月二十四日，今日各報均不登大光明及光陸之廣告，然亦無濟於事，『不怕死』仍映如故！租界中之審查電影片者關烱之亦其一人，於是有人去質問關，關謂審查影片，屬於工部局巡捕房，惟有對於疑難之處，則始由審查委員會審查。且中西各委員，均是義務性質，這些影片，我看也未看過！聞洪深已延請伍澄宇律師，預備與大光明之經理潮州人高鏡清，以法律起訴。……」

「二月二十五日，洪深被捕之時，巡捕房的西捕頭開導之曰：『你並不是廣東人，影片裏所描寫的華僑是廣東人，所說的話，是廣東話，你又不懂廣東話，何必要你出頭？』洪深瞠目道：『廣東人難道不是中國人嗎？』捕頭為之語塞。……」

由於洪深的大聲疾呼，大光明和光陸兩家戲院終於將「不怕死」停演，從此羅克的聲譽在中國一落千丈！

有人認為夏勞哀在影圈的成就，可比美差利卓別靈，這是不確的。卓別靈雖然出身於默片時期，也演喜劇，但他並不純以惹笑動作取勝，他的作品如：「大獨裁者」（The Great Dictator），敢於反抗希、墨兩魔；「淘金記」（Gold Rush）、「城市之光」（City Lights）及「摩登時代」（Modern Times）均有所諷示，加上卓別靈編、導及作曲俱能，因此，夏勞哀在影壇上的成就，無法與之相比。

本港電影業殷商江祖貽先生與夏勞哀相識有年，筆者曾走訪江氏，獲得第一手資料。

江氏為本港總統及國賓戲院東主，轄下安樂影片公司經營西片買賣事宜，因此與西方電影界人士常有來往。他還有物業在加拿大，暇時常飛美、加一遊，據渠稱：在本港華人中，可能是他與夏勞哀最熟稔。

江氏曾於十年前應邀至夏勞哀位於荷里活比華利山之別墅一遊，夏曾設宴招待，該別墅面積之大，汽車駛入別墅花園，要十餘分鐘才達正門，夏勞哀擁有穿制服的司機，專司各職的僕役多人，這一排場，在西方豪富中，身家如非千萬，也無人肯如此做法。當日江氏最深印像厥為夏勞哀花在傳眞音响設備（Hi Fi Eguipment）方面的錢，相信為數不貲，其時在十年以前，夏氏已擁有一套極完善的音响遙控設備。夏勞哀另一嗜好是收集各欵聖誕鈴鐺，他所擁有的各式聖誕鈴鐺，可使你目迷五色，大開眼界！這是江氏在夏的別墅中所親眼目睹的。

他描寫夏勞哀身高不超過五呎八吋，大概一百四十餘磅左右，不算肥，平易近人，表面並不看輕華人，那部辱華片可能是夏勞哀一生的錯誤。據說夏勞哀自一九四五年之後，以積蓄的金錢投資於股票上，財源廣進，因此能夠維持這樣豪華的排場。夏勞哀死後，留有遺產五百餘萬美元，遺囑把一百五十萬捐給美國電影史博物館，其餘除付稅、律師費外，分贈三子女及一羣僕人。

海盜張保仔傳奇

·范正儒·

香港故老相傳，總是喜歡談談一百八十多年前海洋大盜張保仔的故事。香港一帶的許多古廟，山洞和小島，往往都說與張保仔有關。特別是張保仔洞，距離香港南面約十里處的南丫島上，踏入了青林區後翻過山嶺，在距離海灘約一百碼的山腳下就發現了一個濶約十呎的大山洞，那就是盛傳已久的張保仔古洞。曾有不少人成羣結隊到這個古洞去探險尋寶，結果探險家們入洞之後，往往變成了「泥人」而歸。

稱霸珠江口的六幫海盜

關於張保仔的故事，傳說實在太多了，古者自閩浙兩廣直至越南東京灣海面，稱爲南海，素爲海盜出沒的區域。單說清代嘉慶年間，廣東珠江三角洲一帶，港岸縱橫，面臨海洋，盜賊如麻，他們各立堂口，訂出四海同堂照應約章。大致

赤柱張保仔巢穴附近的古鐘

分爲六個大隊，係由六個首領統率，他們所懸掛的旗幟共有六種，各用一種顏色來做代表，以便互相識別，並作信號之用。

這六個單位的大隊，所用的旗幟是紅、黃、青、藍、黑、白六種顏色，有鑲邊的，也有不鑲邊的。每一大隊之下又分爲數小隊，各有小首領，向大首領負責，每逢遭遇强敵當前，或是做重大的海上搶掠時，各小隊就集中在大首領之下活動。當時紅色三角旗之下，有個張保，小名保仔，英人稱爲「阿保仔」，他是新會江門人，十五歲隨父出海捕魚，被紅旗海賊鄭一擄去，因爲他爲人機警伶俐，鄭一派他當一個分隊的小頭目。

這些海盜幫在海洋上的刼掠行爲，據清代道光十四年（一八三四年）廣州出版的英文「中國海盜史」譯本的紀述：「所有在中國沿海行駛的商船，都有受到鄭一等人所領的海盜攻擊的可能，除非你向海盜的首領之一繳了保護費，他簽發一張通行證給你，這張通行證對於各幫旗幟不同的海盜都有效，同樣受着他們的保護。當時廣東沿海各鄉村市鎮最怕海盜登陸搶掠，寧願繳納若干保護費，以換取居住安寧。」

「這種保護費，據說村莊每半年要繳納一次，船隻每年繳納一次。假如海盜分隊的小首領，搶刼了一隻業已領有通行證的漁船，漁船主人向海盜大首領處去控訴，結果大首領判處那小首領發還被搶的漁船，並且賠償五百元的損失費。當一艘普通商船遭遇海盜騎刼時，如果船員不從事抵抗又不隱匿財物，那麽祗是搶掠了財物就完事，並不傷害人命。反之，船員曾經動手抵抗，這些人就要被屠殺或虐待。」

香港寶山道發現的古砲據考證爲張保仔時期之遺物

嘉慶重修的新安縣志提到當時海盜在南海活動頗詳：「嘉慶九年（一八〇二年），郭婆帶、鄭石二、鄭一等流刼海洋，擄掠居民，有財者勒贖，無財者迫之爲賊，聲勢日熾，大小匪船不下千餘艘，不特海面縱橫，即陸地亦遭焚刼。凡濱海村落，皆設立壯丁防守。邑屏山、固戍、榕樹

、灣下等處，俱被賊圍攻。」只此一端，就可見當年海盜活躍情形。

鄭一嫂當權 張保仔興起

再據中國海盜史所記：「當時南中國海盜最傑出的首領是鄭一，他逐漸聯合了各旗海盜幫，成爲他們的最大首領。他的上司和前輩就是鄭七，這人曾在安南的政變中露過頭角，原來鄭七在海上擁有夷艇二百艘，他協助安南王景盛恢復了一部份國土，但是由於驕橫和殘暴，鄭七又被他的政敵福映逐出安南，終於被殺。他的堂弟鄭一繼承了他的部隊，但是一再被擊敗，於是逃到南中國，從事海盜刧掠的活動。」

鄭一的野心是很大的，他的海盜活動範圍不僅限於廣東海面，還遠及安南、福建、浙江、甚至台灣，因此他頗想一嘗皇帝的滋味。可是在一八零七年的舊曆十月，一陣颶風過處，將鄭一本人和他的野心一同拋落海底，被水淹死了。於是紅旗賊黨改由鄭一的妻子石氏率領，大家叫她鄭一嫂。鄭一嫂既然當權，於是嗣子張保仔就亦乘機興起，林則徐的奏摺上說：「張保即張保仔，本係蛋戶，幼嗣鄭一爲子。」那麽鄭一嫂實在是張保仔的義母。

紅旗賊黨既以鄭一嫂爲新首領，她也有相當本事，所規定的制度就比較庇護女性：「凡自水上或岸上擄得的婦女，不得加以奸淫。婦女擄到船上之後，應先詢問其原籍、住址、家世，分別拘禁。年輕而面貌姣好者，留作許配同伴作妻妾，有願贖取者任其贖取。年老婦女則送回岸上。嚴禁奸淫婦女，任何人私自或强力加以奸淫者一律處死。」

張保仔洞之一：位於南丫島北段青林內

鄭一嫂又規定：「船上兵丁不得無故私自登岸，違者重罰。凡是獲得之財物，不論多寡，一律先行入賬，然後各船平均分攤，私藏隱匿不報者，處死刑。凡是獲得現銀，應先行繳給統領，有關者獲賞總數二成，其餘留作公用。凡向村民購買食物、用具及軍火者，必須公平給値，否則處以死刑。」由於這種嚴明規律，因此紅旗海盜的勢力也就日益坐大，搶掠的範圍也就越來越廣了。

由於張保仔和鄭一嫂是義母子關係，他可以事無鉅細，都稟告了義母而後去做。鄭一嫂石氏也賞識了張保仔的「賊公狀元才」，事事都予以支持，張保仔才爬上了大頭目的地位，滿清官書都說「保與鄭婦通。」在香港未割讓英國以前，張保仔縱橫海上，極其殘暴，當時由廣州出國華僑，受害最慘。他們離鄉背井，飄洋過海去做苦工。迨畧有積蓄買棹回鄉，被張保仔海盜截刧一空，枉費了半生辛勞！

祗有一位幸運者由悲而喜，成爲例外。這位華僑姓鄧名簡，中山人，在許多年前由廣州出國往舊金山當採礦工人，後來做了工頭，多年辛苦所得。積蓄了一箱黃金，搭着五枝桅的大帆船滿載而歸。在香港未開埠以前，海上還有一班紅旗海盜活動，他以一生所得黃金，寧可付諸東流，不願被奪去，乃將這箱黃金投入海中。張保仔刧掠後呼嘯而去，帆船泊岸，錨起時，那箱黃金的蔴繩却被錨尖勾實，居然物歸原主。

張保仔與中葡聯軍交戰

海盜張保仔開始强大時，就擁有大小賊船五百多艘，賊人二萬五千以上。到了全盛時期，增加到大船八百多隻，細船一千多隻，人手七萬多名，南中國海域，幾乎被他控制。據吳灞陵先生的考證：「它的帆船特別設計，比普通帆船走得快，相當靈活。大概由七十噸到一百五十噸左右。最大的船有二十五門大砲，又有刀槍各種武器，人手有二百名以上。每隻大船又有一隻細船，裝有六至八挺旋轉砲，所以官軍屢被打敗。」

張保仔幼時從父打漁爲生，沒有受過正式教育，他非常迷信，崇拜菩薩。每逢出動搶刧殺人，就在一個特設的神樓船上，召集大小頭目會議，即席求神問卜，凡是菩薩指示可以去的方向，縱使受挫也無怨言。他們又非常嗜好賭博，吸鴉片烟，岸上鄉村有些不法之徒，往往帶了錢到張保仔的船上來參加賭博，吸鴉片烟，成爲黑社會人物的淵藪。他們同時做了張保仔的眼線，所以勢力一天天的强大。

滿清的官軍雖想用武力來鎭壓他們，結果反而給張保仔擊得粉碎。例如：（一）嘉慶十三年在海戰中打死了虎門鎭林國良，同年在阿娘鞋擊敗參將林發。（二）嘉慶十四年廣東水師提督孫全謀，在番禺集中了各式各樣的戰船一百艘，但張保仔的海盜船隻却自前後向他夾攻，結果損失了十四艘戰船和大批人手，孫全謀差些被擒。（

三）在桅尖門打死了海門左翼總兵許廷桂，使他喪失了二十五艘戰船和大批官兵，事見清史稿。

在那個時期，英國東印度公司的貿易勢力還還不曾在廣東打定基礎，但葡萄牙人在澳門早已經營了二百多年，也受到張保仔海盜船的騷擾。。起初，澳門的葡萄牙三艘軍艦和一艘單桅船，會與廣東水師合作，在零丁洋圍剿過他們，這時海盜的黑旗郭婆帶和紅旗張保仔會合一起加以抵抗，中葡聯軍仍然不能戰勝。其後，中葡聯合艦隊改組，由九十三艘滿清戰船和六艘葡萄牙新式戰艦，擁有犀利砲火，和雙桅船單桅船各一艘構成。

紅黑兩幫內鬥黑幫投誠

在兩次交戰之後，張保仔的海盜船，抵不住新式砲火，實力大受損失。後來葡萄牙人又設計將中葡聯合的龐大艦隊誘至香山境外的淺水陣地加以圍困，使張保仔的海盜船不能行動，於是葡萄牙人出面勸降，一說：後來張保仔的崩潰，並非由於葡萄牙人的火力，也並非由於廣東水師的進剿，而是由於內部分裂，黑紅兩幫發生衝突磨擦，促成郭婆帶向官方投誠。

事緣郭婆帶與鄭一是同輩，而張保仔是後輩，但鄭一死後，張保仔成了鄭一嫂的親信，升了大頭目，與郭婆帶分庭抗禮，其後，張保仔的紅旗海盜船被中葡聯合艦隊包圍，他派人向附近的黑旗郭婆帶求援，郭婆帶坐視不理。虧得後來張保仔衝出重圍，郭婆帶怕張保仔報復，遂向官廳投誠，改了姓名叫郭學顯。新安縣志說：「十五年，制府招撫海盜郭婆帶等投誠，沿海居民遂無烽烟之警。」

清史稿亦有一節提到：「……命廣東巡撫韓崶兼署總督。十四年，密陳粵海形勢。……凡屬扼要礮台，宜簡煉精銳，嚴密防守，並令沿海紳衿耆董，督率丁壯，互相捍護，自衛身家，較為得力。百齡繼而為總督……逾年，海盜張保仔就撫，鄔石二、東海霸以次誅降。」清廷命滿人百齡來做兩廣總督專責處理張保仔事件，他首先採用封鎖海港斷絕接濟的政策，反而迫使海盜向陸上打家刧舍，對官軍的報復更為殘暴。

百齡招撫與張保仔投誠

於是，百齡總督改變封鎖為招撫，派嘉應知州劉廷枏親往說降。據養廬談屑載：「張保仔之寇於海也，自嘉慶初年始也，後與郭學顯（婆帶）內噬，學顯來降，保亦思歸義，首鼠進退。百齡欲遣使納降，嘉應知州劉廷枏請行。百齡曰：

馬灣天后廟相傳為張保仔所建據點之一

多與爾衛。辭曰：彼眞降，使者無害。其僞也，雖衛何益？從二僕掉小舟，夜縱海口，賊船數百艘，交刃成列，劉睨保曰：吾以汝為海上豪傑，乃效匹夫怒目恐人！」

「保立起，揖劉，即屏左右。因語之曰：十年來，粵中巨寇藍阿和、何阿常、鄭阿明之屬。海盜若姚阿麻、李崇玉輩，今有存者乎？保默然曰：無有！然今且奈何？崇玉以殺掠平民之故，尚伏天誅。况保庸愚，橫行海上十餘年，殺二總兵、一參將，三遊擊、罪在不逭，今棄衆自首，則魚肉耳。劉曰：汝何慮之淺也？朝廷並包海外，荒類萌生，削逆育順，以勸來者，猶懼不斷。若革面自效，不訾之慶也。學顯貸死，有明證矣！」

「且智莫大於知機，行莫虧於食言，禍莫酷於殺降己，汝視劉某乃豈誘人邀功者哉？吉之與凶，在此須臾！保再拜曰：謹受教！乃泣送劉歸。七日，而張保降。」嘉應知州劉廷枏的一席話，居然勾出了張保仔投誠的心事，但據「靖海氛記」所載：從中奔走，接洽投誠的是澳門中醫生蜀人周飛熊，後來獲得清廷的奬譽，賞賜孔雀花翎，成為一名中國官員，駐紮澳門多年。

關於張保仔投誠的經過，當中還有一段曲折。情因張保仔生怕被人出賣，要求兩廣總督百齡親自出面接納投誠，指定地點在虎門芙蓉沙，並且要單身不帶任何護衛。兩廣總督百齡坦然答應了，於嘉慶十五年（一八一〇年）四月三日，扁舟出虎門，鄭一嫂和張保仔率領大小頭目來到總督的船上，一齊向他下跪叩頭，繳出帆船二百七十艘，火炮一千二百門，刀槍七千把，部衆一萬六千名，婦孺五千名，太平餉銀四十萬。張保仔的請降文書上說：

「竊聞英雄之創業，原出處之不同。官吏之居心，有仁忍之各異。故梁山三刼國餉，蒙恩赦而竟作棟樑。瓦岡屢抗天兵，荷不誅而終作柱石。他如孔明七擒孟獲，關公三放曹操，馬援之窮

寇莫追，岳飛之降人不殺。是以四海豪傑，效命歸心，天下英雄，遠來近悅，事非一轍，願實相同。……」他把小說演義全發為文章了！

義母子投誠後結為夫婦

當時廣州官方表示：他的投誠部隊被允許保留私人財物，凡是願意協助官廳勦滅其他殘餘海盜的，都可以留下來繼續從軍效用。於是張保仔自告奮勇，跟官軍出海去殲滅殘留的各旗海盜幫，擒獲最大單位的藍旗鄔石二，黃旗的東海霸也隨之歸降，其餘青旗白旗亦宣告散夥，清廷賞百齡加太子少保銜，准戴雙眼花翎，他還請人寫了一冊「靖海氛記」，表彰功績。

再說張保仔投誠以後，投職為水師三品參將，改名張寶，戴紅頂花翎。鄭一嫂石氏在海盜時代與張保仔原有曖昧關係，這時才正式成為張寶繼室，並請得清廷誥封，成為「命婦」。其後於嘉靖二十四年（一八一九年），張寶升任福建閩安協副將，官至二品。那時江南道監察御史林則徐上疏：請限制投誠人員品位，不能再升總兵，並追奪再醮婦張寶繼室石氏誥封。（事見林則徐集奏稿）又之後，張寶於道光二年（一八二二年）死於任上，石氏遲幾年也死了。

關於鄭一嫂與張保仔有曖昧行為的傳說，不特曾任兩廣總督的林則徐採為故實，就是清人袁永綸靖海氛記亦云：「嘉靖十二年十月，颶風，鄭一溺死，石氏領其衆，賊謂之鄭一嫂。石氏與保通，使領一隊。蕭雲厂先生在鯉魚門海的寶藏一文也提到：「鄭一嫂有子英石、雄石兩人，不滿母親鄭一嫂私通乾兒保仔，操舟入海，永為漁戶。」張保仔和鄭一嫂投誠後結為夫婦，謀取誥封，可謂千古異聞。

香港有關張保仔的遺跡

照說，張保仔跟香港的關係，見於香港法例彙編附錄的香港沿革史：「……清嘉靖年間，有巨盜張保仔者，嘗據港島為巢穴，聚衆數千人，盜舟數百艘，四出刧掠，為患商旅。」在附錄的「防禦海盜事畧」上也提到：「島上高峯即今域多利亞山巔，為當日盜黨瞭望偵察之要地，遇有船舶往來經過，則通訊於山下營寨，派隊出海兜截，商旅鮮有倖免。」張保仔投降文書也說他「逗留海島」，在今日香港還留下有關張保仔的許多遺跡呢：

第一是西營盤：據魚樓先生香港初期海盜史上說：「張保仔曾於嘉靖初期，盤據赤柱一帶，官兵來勦，確不易近。而西營盤上，半山間，復架築炮壘，以資控制。今日香港一帶的漁民，其年事老邁者，仍能指出其炮壘的廢址，及飯灶、銅鼓、鐵鍋等物，據說是張保仔所遺留的。」

第二是太平山：香港心臟地帶有一座大山，叫扯旗山，又叫太平山，係因上環有一條太平山街，這一帶也就叫太平山。一說：早期香港區域為海盜世界，到一八一〇年張保仔投降，香港本島少數原始居民，認為今後太平無事，故稱太平山。直至一八四一年香港割讓於英，仍然沿用舊稱。

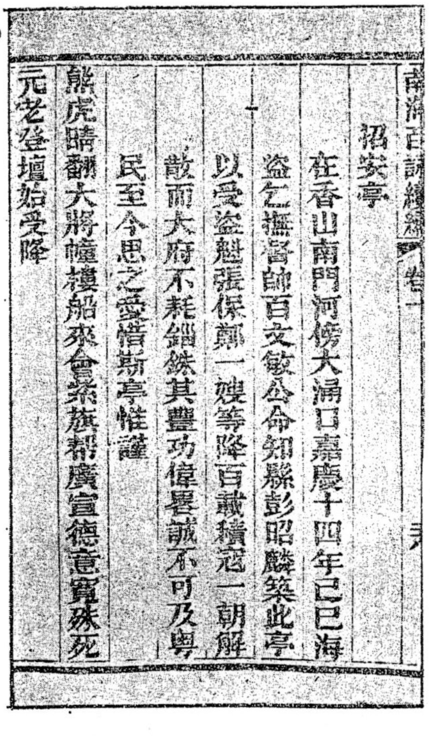
南海百詠續編 卷一

招安亭

在香山南門河傍大涌口嘉慶十四年已巳海盜乞撫督帥百文敏公命知縣彭昭麟築此亭以受盜魁張保鄭一嫂等降百載積寇一朝解散而大府不耗錙銖其豐功偉畧誠不可及粵民至今思之愛惜斯亭惟謹

熊虎睛翻大將幢樓船來會紮旗幫廣宣德意寬殊死元老登壇始受降

樊昆吾「南海百詠續編」載招安亭詩

第三是張保仔古道：是指扯旗山山腰尚有張保仔故壘和棧道的遺跡。它是由舊山頂道的梅道附近開始，有一條小路向西伸展，經克頓道瑪麗醫院上方，至薄扶林水塘道這一段，曾經是張保仔活動的主要交通。

第四是張保仔洞：傳說上有四處：（一）在赤柱半島的中磡角山上有張保仔岩洞，係當年張保仔暗設的巢穴，附近之廟有一個古鐘及鼓，為一百八十年前張保仔通風報訊的遺物。（二）在長洲島白鱲灣附近的石林，有張保仔藏寶洞。（三）位於香港南面南丫島北段青林的古洞，亦稱張保仔洞。（四）土瓜灣海心廟有保仔洞，是他的軍火庫。

第五是張保仔古炮及炮台：（一）香港寶山道，曾經發現古炮一尊，據考證係張保仔遺物。（二）在鴨脷洲西端有一座炮台痕跡，據說就是當年張保仔監視海上船隻的瞭望站。（三）在大嶼山東北的鼓嶺，也有一座張保仔瞭望台。

第六是馬灣天后廟：據說是張保仔當年暗設的秘密機關，用天后廟這形式來掩護，作為傳遞情報之處。另有一個銀灣，緊貼坪洲東面的一個無人小洲，據說是張保仔藏寶地方之一，又叫做金銀島。

但上述有關張保仔的遺跡，可能有的是眞實，有的是附會，按張保仔在南海珠江口稱霸時代，遠在鴉片戰爭以前，那時的香港還不成為香港，僅是一個荒僻的漁村。張保仔既從事海盜活動，搶刧商船，不能不依靠陸地為憑藉，以廣耳目，並補充給養，所以他在香港暗設秘密巢穴，自然不止一處。英葡史册，對張保仔的紀載頗多，中國書上亦有不少，已佔有澳門的葡萄牙人，且稱當時的香港為「賊巢島」，因此就產生了許多傳奇彩色的故事。

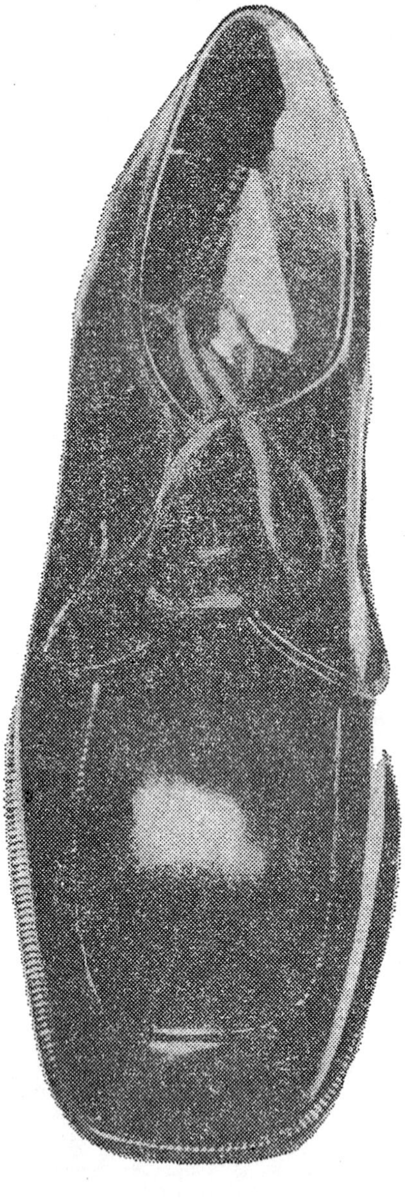

魯迅致郁達夫信件之一

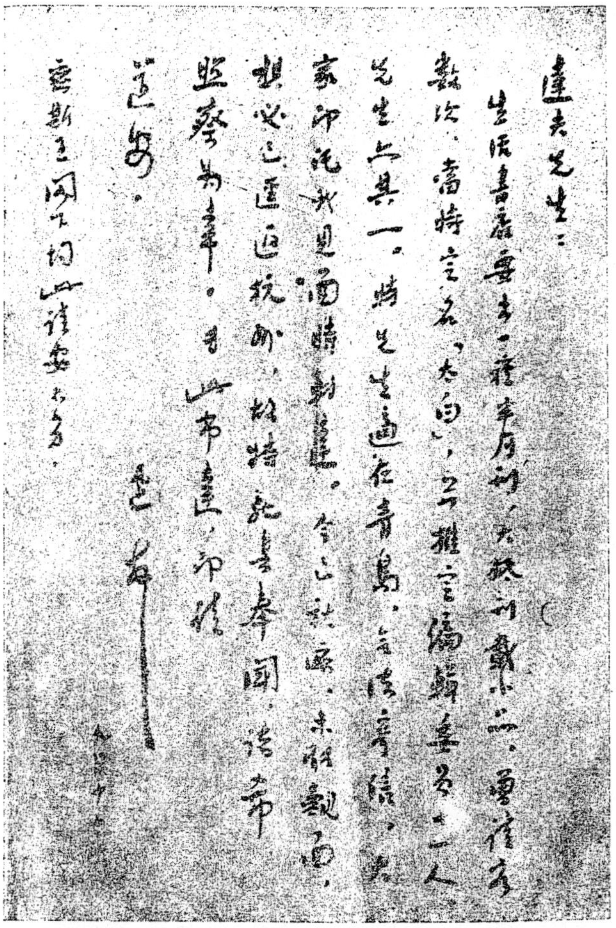

達夫先生：生活書店要出一種半月刊，大抵刊載小品，曾請客數次，當時定名「太白」，并推定編輯委員十一人，先生亦其一。時先生適在青島，無法寄信，大家即托我見面時轉達。今已秋深，未能覿面，想必已迴返杭州，故特馳書奉聞，諸希照察爲幸。專此布達，即請道安。迅頓首 九月十日
密斯王閣下均此請安不另

魯迅致郁達夫信件之二

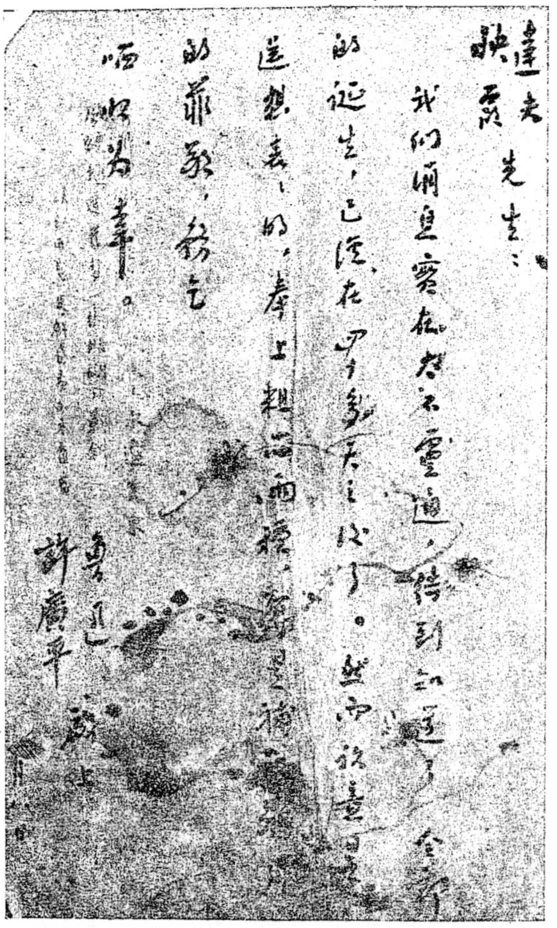

達夫 映霞 先生：我們消息實在太不靈通，待到知道了 令郎的誕生，已經在四十多天之後了。然而祝意是還想表表的，奉上粗品兩種，算是補祝彌月的菲敬，務乞哂收是幸。魯迅 許廣平 啓上

·魯迅筆下的密斯王·

·春水·

上列兩封信件，都是魯迅寫給郁達夫的。第一封中，魯迅稱王映霞爲「密斯王閣下」，第二封則並稱「達夫映霞先生」，下欵也由「魯迅許廣平」雙署名，因爲其時郁、王的令郎已經誕生，所以不再稱「密斯王」了！右下角爲當年一位速寫畫家筆下的「密斯王」倩影。

信件之一

達夫先生：

生活書店要出一種半月刊，大抵刊載小品，曾請客數次，當時定名「太白」，并推定編輯委員十一人，先生亦其一。時先生適在青島，無法寄信，大家即托我見面時轉達。今已秋深，未能覿面，想必已逕返杭州，故特馳書奉聞，諸希照察爲幸。專此布達，即請道安

迅頓首　九月十日

密斯王閣下均此請安不另

信件之二

達夫
映霞 先生：

我們消息實在太不靈通，待到知道了 令郎的誕生，已經在四十多天之後了。然而祝意是還想表表的，奉上粗品兩種，算是補祝彌月的菲敬，務乞哂收是幸。

魯迅
許廣平　啓上　四月八日

廣州四大酒家

·呂大呂·

四十年前，廣州有四大酒家。凡是講究飲食的人都知道有幾句最通俗的話就是所謂「生在蘇州，長在杭州，食在廣州，死在柳州。」寓意是蘇杭山明水秀，人文薈萃，廣州人最講究式飲式食，而柳州出產棺木，亦都盡人皆知了！

全國的菜，既以廣東爲第一，而廣東又以廣州爲盛。廣州的酒家真可以說是五步一樓，十步一閣，在「食在廣州」時代（現在極可能改稱食在香港），就有四間堪稱得上廣州「最高食府」的酒家，這四間酒家，被人稱爲「廣州四大酒家」。傳至今日，雖然風流雲散，但遺風尚存，四大酒家之名依然掛人齒頰，香港不少酒家都以具有當年廣州四大酒家作風是尚。四大酒家當年的「代表菜」至今還膾炙人口，由此而知這四大酒家當年的盛況。鑒于香港酒家以「正宗粵菜」爲號召的多，食家大不乏人，這裡不嫌求詳的且把當年這四大酒家的盛況寫下來，也可以算得是粵菜食經的一頁了。

盛于當時　傳于今日

廣州的四大酒家，是四間有歷史的酒家。它們都在民國以前創業，可以說是「未有民國，先有四大酒家」。不過在民國前，它們可沒有這四大酒家的稱號。幾時才被人稱爲四大酒家？始于李濟琛主粵之時，而盛于西南稱府的時候。在這時，廣州人和所有外來的人，無不知有四大酒家是廣州飲食業稱雄一時的「最高食府。」它們的「代表菜」，人人也懂得說。

四大酒家是那四間酒家？一是大三元，一是文園，一是南園，一是西園。大三元的地址在長堤大馬路。文園的地址在文昌巷（未闢馬路時的稱謂，開馬路後稱爲文昌路），南園在天字碼頭、八旗二馬路。西園在惠愛中路。所謂四大酒家除大三元外，南園和西園各具園林之勝，文園則亭台樓閣，還有一大蓮池，蓮池中間建有一亭，小橋曲折，亞字欄杆，踏橋進入亭中，那裏茶市可設十餘棹，酒席宴客，也可以擺上五六棹。盛暑中茶客都羣趨這一個池心亭中，那裏沒有座位，才會顧而之他。不過其他地方都富麗堂皇，活像富家宅第。

南園的地址是在南關，因以爲名。佔地很廣，裏面亭台樓閣，無論是品茗飲茶，小酌大宴，都置身亭台樓閣間，樹蔭花下，很有詩意。

西園的地址，設在一間大花園中，樹木多，遍植花草。其中最爲人爭看的是一株連理樹，這樣連理樹爲北方所無、廣東獨多的木棉。樹身又高又大，兩株連理，合成一株。凡是到西園的客人，都會指點參觀。

大三元雖然沒有亭台花木之盛，但佔地很廣，由一間鋪位擴充而爲兩間，後來又由兩間擴充而爲三間，而且是四大酒家中唯一有電梯的一間酒家。當大三元僅得一間鋪位時，生意容納不下，而隔壁一間名叫「壼天」的酒家，生意却遠不及大三元，暗中放盤，大三元當即出資頂受，由由此而多了一間鋪位。跟着左鄰的羊城置業公司又倒閉，大三元又把這鋪位承頂擴充。到此便一連三間鋪位，大事裝修，且安裝了一部電梯。南園、文園和西園是古色古香，大三元却以現代新的姿態出現，以別於南、西、文三園。這時候四大酒家之名已經大翅其響。爲的他們把握着他們的「代表菜」廣爲宣傳，而他們當時的「代表菜」，也確非別間酒家所可及。

代表菜式　膾炙人口

四大酒家的「代表菜」，人人又稱它爲「招牌菜。」一般豪客，他們設宴，總以在四大酒家爲夠排塲，更以各該酒家的代表菜爲酒席中的一個菜式爲豪。四大酒家的「代表菜」是：

大三元六十元大裙翅

當時的幣制，生活指數，一個菜而定價六十元，這是驚人的。以當時的上白米價來作推算，六十元大概可以買入十四担上白米，即等于一千四五百元吃一個菜。你說這驚人不驚人？但大三元發明這「六十元大翅」并不是故意提高價格，故作驚人，而是物有所值。他專爲這個翅而特製上湯來作爲「煀」翅之用。這些上湯還留下一個製法，熬這些上湯所用的材料是淨瘦肉十八斤，劏淨老鷄九斤，火腿三斤。用四十五斤水熬淨爲三十斤。上湯是以盤計的，這盤他們內行人稱爲「丹燒盤」，載滿一盤是三十斤。先把四十五斤水燒沸，然後在水沸後放下二十斤肉料，文火煎四個鐘頭有多才成。用這盤上湯把大裙翅「煀」了又「煀」，而這個大裙翅又是淨翅身用到四十八兩重之多，自然是成本相當貴，這才以六十元的高價來作爲這一個翅的號召，也因而成爲「代表菜」。

文園江南百花鷄

這個菜是文園發明的，在此之前，并沒有這一個菜式。粵菜對于鷄，不下一百種的製法。但製法

雖多，作爲四大酒家之一的文園，却不甘落人窠臼而發明了這一個江南百花鷄來。這個江南百花鷄是淨肉無骨，而所謂肉，却不是鷄的肉。它是把一隻鷄的肉和骨全褪了出來，只留下完完整整一隻鷄的鷄皮；當然頭翼腳這三部份可沒法子起肉去骨。除了腳斬去不要外，翼和頭都和全鷄的皮相連着。全鷄留皮，拿特製的蝦膠釀上去，所用蝦肉必須令到它絕對乾爽，十兩蝦肉，加入二兩肥肉一同琢爛，放在銅盤中來「撻」，千錘百煉才成，它的好處是爽而不膩，一切皆講功夫。

爲什麽這樣蝦膠釀鷄，便稱爲「百花鷄」？這又有異于今日的一般酒家，今日的酒家，凡是蝦膠便稱百花，這實在是對文園百花鷄的誤解。文園這個百花鷄，很清新巧妙，全部蝦膠釀好了全鷄的鷄皮後，隔水蒸熟它。然後切件，排成一隻鷄樣上碟，打上一個上湯「獻」，在上面放上一些可以吃的夜香花或是略一泡過的玉簪花。由于這些花，便因以爲名。與後來的酒家只要用蝦膠，便稱百花的，大有差別。

文園那位發明江南百花鷄的師傅，他的功夫眞是極其講究，他不用硼砂而能使蝦膠極爽，又在火候上掌握得好，不讓它蒸得過熟。原來這些厚達一寸的蝦膠，如果蒸得火候過老，便會有霉味，尤其是當年的文園百花鷄，他的蝦膠是不用硼砂的，因此文園這一個菜，便成一絕。

南園紅燒大網鮑片

紅燒鮑片一菜，凡是酒家都有，這個菜之所以使南園成爲他的「代表菜」的緣故，是爲了他確有獨到的功夫，即使在「食在廣州」時代的許多酒家中，也不會有一間酒家比得上他。南園的紅燒大網鮑片，每一片都是「糖心」的，也就是件件都作京柿色。這個很講功夫，原來乾貨的鮑魚，挑選最難，此中不會隻隻都是活的。活的鮑魚晒成乾貨，才會燒好之後「糖心」，如果死的鮑魚晒成乾貨，這便不祗味道不好，想把它燒成京柿色的「糖心」，任憑你「天關師傅」也做不來。南園擁有一位善看乾鮑的買手，因而他這個「招牌菜」，便件件鮑片都燒來「糖心」，吃時，不硬，不過于爛熟。最妙的是略帶「黐牙」，有咀嚼。更講究的是他那個「砧板師傅」，別家的「砧板師傅」把鮑魚「發」好後切片，「四個頭」的還可以切起來不會切爛，如果用到「三個頭」的大網鮑，便不容易一片一片的切來完整無缺了。就爲了這原故，南園的大網鮑片是用三個頭的大網鮑，別的酒家只能用四個頭，這已經無法比得上南園了。而南園這位後鑊大師傅燒這個菜尤有一絕，每一塊鮑片夾起，都沾滿了汁，等到鮑片全都吃完，碟子上面可就乾乾淨淨，一點汁也沒有，這下功夫眞不容易做到。

西園鼎湖上素

這是一個素菜，這鼎湖上素的名是不是西園創作出來可不知，但敢說是在粵菜才有。因爲鼎湖是廣東的地名，稱鼎湖山，山上不少禪院古寺。要說粵菜中的素菜，有羅漢齋，有溫公齋，有瓜菜會，西園這個鼎湖上素，也就是羅漢齋。一般酒家，對于一個羅漢齋會不夠號召，因而大都把羅漢齋加上肉食，像「羅漢扒鴨」，「羅漢扒鴨掌」，「羅漢鵪鶉蛋」之類。西園這個齋菜，齋菜便是齋菜，幷不倚仗肉食來輔助，在當時的酒家來說，可以說是前所未見。爲了這個緣故，西園便採用這「大氣磅礴」的名，稱之爲「鼎湖上素」了。以一個素菜來作爲「代表菜」，顯然他這個鼎湖上素，確有獨到之處，才會這樣架勢。

這個鼎湖上素，用料多，用料正。首先是「三菇六耳」齊全。什麽是「三菇」，一是蘑菇，二是鮮陳草菰，三是冬菇。什麽是「六耳」？是雪耳，榆耳，黃耳，石耳，雲耳，另外一樣是最名貴的桂花耳。「三菇六耳」齊全，再說到其他夏用鮮竹筍，冬用冬筍，有鮮蓮的時候用鮮蓮子。一樣少不得的竹笙，竹笙最講究，竹笙以新爲好，舊的竹笙，既黑色，也不好吃，西園可不會用。當然廣州最聞名的蕭崗菜心，也會用到，但必須條條也是第一度的菜薳了。除此之外，還有炸欖仁，白果。上菜的時候，菜的上面還得放上些夜香花。這是色香味兼顧的一個菜，不過千萬不要以爲這個菜眞的是素菜，如果你是個吃素人，你吃了，你便「打爛齋鉢」了。事實上西園這個鼎湖上素，是用上湯煨，上湯來燒成的。要不然，怎會這樣可口？但難得的是它雖然用上不少上湯而成，却吃來幷沒有肉味的感覺。

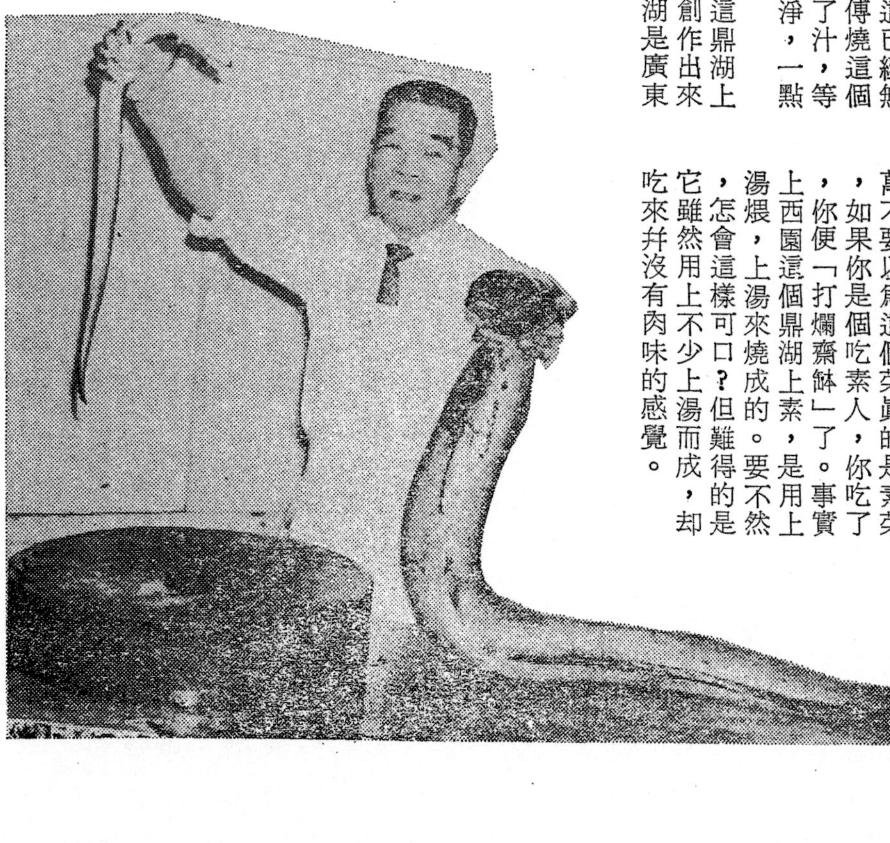

名廚吳鑾當年生宰花錦鱔王右手另執小鱔作爲大小對比

菜飯麵點　各擅勝場

上面所說的是廣州四大酒家的四個「代表菜」，除了這四個「代表菜」之外，還有好些拿手的菜式。例如：

大三元脆皮鷄

有個時候，大三元還未擴充至三間舖位的時候，生意弁不理想。那個六十元大翅，由于價錢太驚人了，光顧的大客很少很少。大三元便在這時候推出一個新菜來，這便是脆皮鷄。大三元這個脆皮鷄，名副其實，鷄皮是脆的，可以像掛爐鴨一樣片皮上。當時的粵菜，片皮上的就只有燒乳猪和掛爐鴨，大三元一出了這個脆皮鷄可以片皮上以後，便哄動一時，憑着這一個脆皮鷄，使到大三元的酒菜市很興旺。這時候，有一位醫生名喚許修五，他和越華報的社長陳柱亭辦了一份大華晚報。許修五最賞識大三元這個脆皮鷄，在大華晚報撰了一文來吹捧。此後大三元便一直蒸蒸日上，而至擴充到三間舖位，設置電梯，而這個六十元大翅也給人以信心，不少人來嘗試了。

南園白灼螺片

南園那個紅燒大網鮑片，定價是十五元。若以今日的市價來算，等於港幣四百多元，這也是驚人的。因之他們便又推出較紅燒大網鮑片爲平價的白灼螺片來。在這個菜未出之前，螺片的菜式只有鳳肝螺片和油泡螺片，白灼是沒有的，南園出了這個白灼螺片，便又使粵菜多了一個螺片的食譜了。另外南園在茶市中，還有一個鴨汁炒飯，也因別樹一幟而爲茶客所津津樂道的。

文園排骨麵

文園的茶市相當旺，在茶市中，有個排骨麵很獨到。它不是像普通館子的炸一塊猪排，放在麵上，也不是像今日一般酒樓茶館的切碎了排骨做成一個「排骨碼」。他這個排骨麵的排骨，切成二寸多長，兩隻手指般濶，是在熬上湯時畧畧熬過了的排骨，取起後用柱侯醬來炆過。另外用一隻八角的「小博古碗」載着，每碗都有很多的肉汁，排骨數量是三塊。茶客叫一碗排骨麵，好酒的可以拿來作下酒物，吃完了三塊排骨，便用肉汁倒下麵來吃。固然好吃，而又特別適合經濟原則，當時，他們的一碗排骨麵，無非是「四分八」錢。這個「四分八」相等于一角錢的三分二，因之到文園的茶客，這碗排骨麵幾乎少不得。

西園羅漢齋麵

由于西園的「代表菜」是一味鼎湖上素，他成爲廣州市素菜的第一家了。但鼎湖上素不易吃，第一是價錢不平，第二是份量不輕。而西園的茶市也不很旺，爲了這個，他便推出了一個羅漢齋麵來，有「碗頭」的湯麵，也有「碟頭」的辦麵。所以用羅漢齋而不用鼎湖上素的緣故，是不能降低鼎湖上素的聲價。却是他的鼎湖上素這樣有聲譽，自然羅漢齋也給茶客重視了，從此西園的茶市便又其門如市，這是一個羅漢齋麵之功。

四大廚師　人材鼎盛

造成廣州四大酒家雄視廣州飲食業的原故，這是實至名歸，弁非倖致的。主要當時四大酒家人材鼎盛，大司務都是超級的一流人材，其他如「砧板」，如「水枱」，都是奇材。四大酒家的廚師是：

大三元吳鑾

大三元創業，遠在民國前，過去用過不少廚師。由于那時候的大三元還沒有人稱它爲四大酒家之一，所以不說他了。大三元被稱爲四大酒家之一的全盛時期，那位大廚司是叫做吳鑾，他眼蓋上有㸃疤痕，因之又名「崩鷄鑾」；由于他是大廚師，便又給人稱爲師傅鑾。吳鑾不只是個了不起的大廚師，還是個飲食業的「政治家」。中興大三元的脆皮鷄是他發明的，使大三元擴充舖位，設電梯，也是他一手計劃的。當時的脆皮鷄，定價分爲二種，片皮上，每隻二元八角，斬件上，每隻二元四角。同業中認爲脆皮鷄的獲得食客喜用，和他的定價很有關係。他入主大三元時，上手已經出了這六十元大裙翅爲「招牌菜」了，但却弁不賣得。吳鑾接手，他使出了絕招，光顧六十元大翅，奉送名貴四熱葷。這樣一來，不少人注意，也不少人光顧。人們說起了飲食，都會說出一句「試過大三元的六十元大翅未？」在西南政府時候，大三元的六十元大裙翅，最高試過一天賣出六個，震驚飲食業全行。

南園邱生

南園的「代表菜」是紅燒大網鮑片，這個菜本來是間間大酒家也有的，但一切都比不上南園。南園的「買手」善挑選鮑魚，南園的「砧板師傅」刀法如神，切「三個頭」鮑魚不會切爛，因之便爲任何一間酒家所不及。而邱生這位大廚師却擅于「推獻」，能夠使一個鮑片在吃完後，碟上全沒有汁的就只有邱生能做得到。而發明白灼螺片，推出個鴨汁炒飯來，都是邱生當年的傑作。

西園八卦田

廣東的廚師，大都以「渾名」行，西園這位大師傅名八卦田，就是他的「渾名」，他是個老師傅，有三四十年的「班身」了。一味鼎湖上素，是他的「走偏鋒」之作，以羅漢齋麵做旺茶市，是他的迎合茶客心理，善于揣摩茶客心理之作。他在西園那裏，當了許久的廚師，始終爲東家所倚重。

文園妥當全

這位廚師也是以「渾名」行，文園的「代表菜」江南百花鷄是他發明的。這個菜，他很有研究，所用的鷄，必須用清遠來的鷄。原因清遠鷄的皮厚，皮下脂肪特多。整個菜以鷄爲名，而用的就只是鷄皮。爽的蝦膠之上是一塊鷄皮，如果蝦膠爽，鷄皮不爽，這便不好。他便是能夠使清遠鷄厚厚的鷄皮，其爽法和蝦膠一樣。飲食業對于他這傑作，無不交口稱譽。不過，他還有一個輔助之臣，尤其功不可沒。這輔助之臣在文園，只是當「水枱」，渾名「打更維」，「水枱」的工作是劏鷄殺鴨、劏海鮮的。當時文園這味江南百花鷄，每天

經常有百多隻賣出。把一隻鷄劏了，褪骨去肉起皮，這是不容易的事。打更維便有這天大的本領，他可以在五分鐘內起七八隻鷄，儘管文園一天要幾多鷄做江南百花鷄，有了他便應付裕如了。

四大酒家都有傑出人材，他們的「買手」好，「砧板」好，「水枱」也好，固然難得。而每間酒家的大廚師就不只烹調術超人，還一個個也有頭腦。就爲了這原故，才會使到大三元、文園、南園和西園有這四大酒家之名，享譽至今。

爭取主顧 各有擁躉

四大酒家最全盛，最爲聞名的時候，是在陳濟棠主粵的一段長時間。他們的茶市，酒菜市都旺極。大三元的顧客，大概是這六十元大裙翅的名聞遠近，他最能吸引外來的遊客，從別處來廣州的人，他們都是到大三元的多。南園的客，大都是軍政黨要人。文園的客則以銀錢業、殷商鉅賈和西關的富人爲多。西園却兼收並蓄，他會吸引遊客，是爲了那株連理樹；好些厭膏粱的人有時想吃吃素淸淡一下，便又成爲西園的顧客了。

但比較起來，還是以大三元顧客多，生意大，這不能不說是吳鑾這位師傅有頭腦的關係，當時的大三元既以驚人的六十元大翅傾動一時，又以片皮脆皮鷄邀譽，他的地方多，三面過，三個舖位，樓高三層而有現代化的電梯代步。更有一樣，這是文、南、西園所沒有，其他酒家也無的。他的山珍海錯特別多，經常養有花錦大鱔王，秋冬進補時，他經常生宰果子狸，生宰大黃麖，甚至金錢豹也有。這些山珍海錯的冷門名貴菜，別間酒家無而他獨有，如何不吸引顧客，所以居四大酒家之首，也是有來由的。

流風餘韻 滄海桑田

無可諱言，廣州四大酒家到了今日是不堪回首了，四大酒家的大廚師，除了吳鑾、鍾林外，餘人俱已作古。吳鑾今年已經六十八歲高年，雖然還很矍爍，但已經不「揸鑊鏟」而「揸算盤」，他是位德高望重的老行尊。

文園酒家有個時候，他的大廚師不是妥當金而是鍾林，鍾林現尙健在，但他也和吳鑾一樣，不再下廚做菜而總攬店務，且比吳鑾收山得更早。遠在多年前他在中環、北角都經營過酒樓，但他前時確是個名廚師。原來鍾家出名廚，在酒菜業同行，他們一個個都這樣說。從前最負時譽的廚師駝背鑾、豆皮棠、鍾權，都是鍾家的人全是鍾林的父兄叔伯。而現在的鍾林，這位酒樓業鉅子也垂垂老矣，數四大酒家廚師，元老派僅得吳鑾一人，稍後的也只得鍾林一人。老一輩的食家都不免有人事滄桑之感，只希望長江後浪推前浪，江山代有才人出而已。

百粵著名食家江孔殷太史手書對聯時年八十（珍寶大酒樓藏）

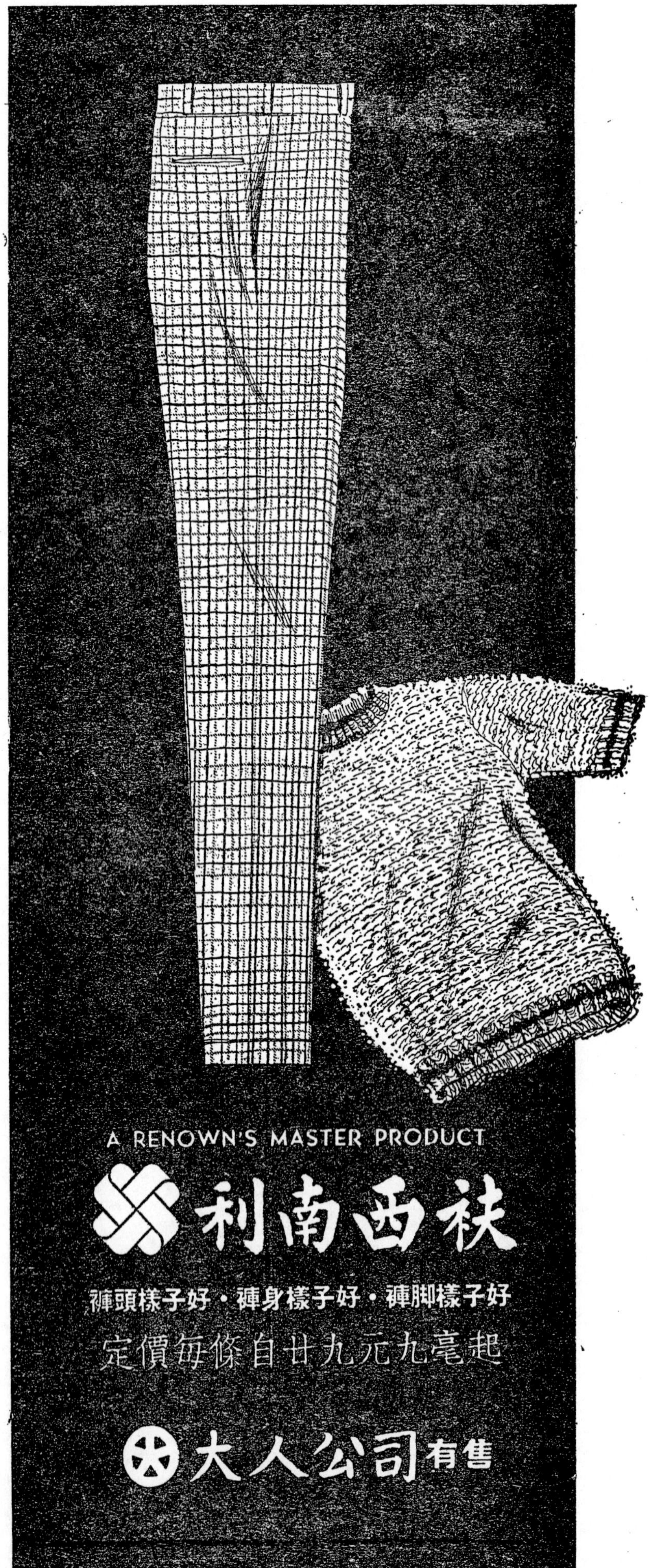
A RENOWN'S MASTER PRODUCT
利南西衭
褲頭樣子好・褲身樣子好・褲脚樣子好
定價每條自廿九元九毫起
大人公司有售

馬場三十年

老吉

上期結束戰前本文的花絮，最後提及當年兩位出類拔萃的老騎師，一位是李大星君，另一位是晏加那生君，晏君現在高齡已七十有餘，却不獨賽馬之日，連每晨早課之時，仍見他老人家優遊自在，風雨無阻，也可見他對賽馬方面，有獨特的嗜好。早起早睡，確乎是保養身心之道，但看晏君如此高年，依舊精神矍鑠，健步如飛，可見一斑。至於李大星君，則近況不明，如果他當年久居香港，那末與晏君兩人可說是騎師兩老了。

一九四一年十二月廿五日，日本兵攻下了香港，香港變成了日本的佔領地，他們設立了「香港佔領地總督部」，為了點綴昇平，對娛樂事業，當然他們認為是最重要恢復的，所以他們的報導部，（也即是現在的新名詞叫做「公共關係」，不過報導部是屬於總督部的，權威當然大於一切，可以講得一句，客氣一點是「請你」做，不客氣一點也即是「叫你」做），便先由部長和久田先「請」留在香港的各戲院高級辦事人和戲班、電影和歌舞劇團的主事人集會，陸續將各戲院上演戲班和歌舞，因為電影片是必須要經過檢查，所以壓後一步放映。而香港的賽馬，因為馬匹是現成的，一切設備未遭破壞，於是便由總督部獸醫官佐佐木少校担起一切責任了。

佐佐木一調查，原來當年的紅牌騎師郭子猷君是日本通，因為郭君根本是在日本出世，直到七八歲方來香港。於是乎他設法先找到了郭君，兩人一談，當然投機，而郭君為了馬房這麼多職員和工人生活關係，也樂意玉成恢復賽馬這一件大事。

佐佐木鄭重其事，先要聘請一位德高望重的中國人來做主席，而且這一位老人家一定要喜歡賽馬，然後夠資格、有號召力，想來想去，便想到了何東爵士的五介弟何甘棠老先生了。

佐佐木親自到何五叔（甘棠先生我們當時都尊他五叔）的大府「甘棠第」去探望何五叔，並且請他發起恢復賽馬。

何五叔一想，橫掂在香港走不掉，不如答允了他們，一方面可以維持馬會數百員工和家屬的生活，一方面他老人家原是一位愛好賽馬之人；何五叔原是戰前大馬主，他旗下的馬匹，都用尾一字「堂」(Hall)，記得他當年有一匹「大會堂」(City Hall)，曾贏過多次頭馬。因而何五叔在考慮之下，便毅然應允，於是何五叔便做了「香港佔領地總督管理」的「香港競馬會」主席了。

主席是「光桿」，一個人決辦不成功一個「競馬會」，何五叔於是乎要請人幫忙，他先請了胡伯明（胡君又名錦釗，他母夫人當年是九龍城戲院的院主，胡君雅好運動，舉凡汽車、電單車、射擊等，無一不精，他是香港後備警察，又是射擊會會員，而且當時還是馬會的紅牌騎師，與郭子猷是老友記）担任馬會經理，再請了葉鉅英担任馬會編班讓磅委員，同時由胡、葉兩位聘請一切重要部門人員，辦房高級職員則由胡君的令弟担任，馬會辦事處仍設在連卡佛大厦的連士德公司，亦即以前馬會的管理會計師樓。

人事方面

人事方面決定之後，第一點便是對山光道馬房的管理，因為賽馬最重要的是馬，馬匹弄不好還跑甚麼馬。當年馬房的最高權威者是獸醫兼任馬房經理羅拔臣君，他是英國人，日本人對英國人與印度人，都要關進集中營，但白俄、西洋人屬於例外，至於中國人當然不在其內，因為日本人當年打起的旗幟是所謂「大東亞共榮」，他們自然不會對在香港的中國人仇視的。西洋人與中國人之入英籍者，他們也查不了這許多，馬房當時的白俄練馬師，有刁家堅（後來入英籍改名譚雅士，也即是戰後加入馬會做騎師的小譚雅士的尊人），雷電諾夫（已退休，後來入了英籍改名為羅達尼），加斯諾夫（已逝世，即後來大家叫他「喼帽仔」，現在的馬評人董標，當年在他馬房中担任騎馬人），托麥考夫（已退休），李斯考夫（已退休），皮洛夫（現在仍任練馬師），美圖惠利（現在仍任練馬師）。華人練馬師中，現在仍任練馬師者，有王筱紅、趙阿毛、林雲亮三位，（至於現在馬會練馬師中的張學文、李殿林、朱寶明、譚文居、史秀和、歐錦洪、吳志霖、以及白俄籍的貝爾波夫各位，當年皆不是練馬師而是在馬房任職騎馬人或飼料人者），還有一位巴基士坦籍的練馬師叫「亞簡」，（花名嚤囉簡），至於當年任練馬師而已退休的，有王阿四、黎來福、林雲福、蔣名有、蕭寶義（已故）薛阿毛（已故）等，當時馬匹既有四百餘匹，練馬師又現成的，恢復賽馬，當然比較容易得多。

胡、葉兩位一上任之後，第一件大事，便是請馬房經理羅拔臣的助手劉榮君担任獸醫，因為劉君追隨羅拔臣有年，已有小醫生之名，担任此職，可收駕輕就熟之效，同時召集全體練馬師，告以賽馬即將恢復，要他們關照屬下人等安心辦事，食糧有配給，人工拿軍票，不必担心，第二件，便是整理馬匹了。

整理馬匹

一場戰事之後，當時的馬主們，多數沒有再養馬匹的興趣，因為，當年的養馬，體育精神是其一，個人興趣又其一；有錢有面子拉頭馬又其一，賭錢博彩根本擺在後面，何況又沒有「外圍」，因為賭博贏大錢不是重要問題，騎師個個都有本身職業，加上了銀紙值錢，自己有馬有機會贏，買一、兩場贏幾個便算數，所以對「蠱惑馬」這三個字，决不像現在要弄到警方拉騎師、馬伕與無牌醫生上法庭這種事件發生。因為不需要串同馬伕或馬房中人，以興奮藥或鎮靜藥來餵給馬匹吃，而致馬兒演出失常的。為了這個緣故，在恢復賽馬以前，必須要先將現存馬匹的馬主「攬怙」，因為馬匹的所有權，是在馬主手中的，如果以後恢復賽馬，他們的馬匹所有權的情願繼續與否，必須弄清楚。譬如：有的馬主不想留在香港而想歸鄉，或者有的馬主留在香港而不願再養馬匹；也有的馬主要留在香港而仍舊繼續養馬。這三點，必須弄清楚，至於英國人的送進了集中營而也是馬主的，他們的馬匹，當然視作敵產而任由日本人的馬會處置拍賣，這是當時必然的事件。同時，英文馬名一律要翻譯（音譯或意譯）成中文馬名，因為日本人打起了「大東亞」的旗號，英文的廢棄，中文的崛起，也屬必然之事也。

關於這幾件大事，足足籌備了兩三個月，在這期中，還舉行了舊會員從新登記和新會員的招收工作。

我在那時候，對何五叔、胡伯明與葉鉅英三位，原本一直相識，而且我已决定仍住香港，所以依舊登記，作為馬會會員之一。

個人處境

講起我之所以不能離開香港的理由，這裏也可以畧表說明一下。

競賽成績册
昭和十九年元月三十日至八月六日
總督部管理
香港競馬會發行

日軍佔領香港時代競馬會發行的競賽成績册

原來我在那時候，已有了兩男一女三個孩子，三女在戰前一年赴上海探親時，交給先母管養，大兒三歲，二兒兩歲，而內人在戰時已有了八個多月身孕。大砲一響，家中又寄居了幾位乘「怡生」船回上海而「怡生」在開到吳淞口時，忽然因風雲緊急却掉頭開回香港，我這幾位朋友上岸之後，祗得先寄居我家，不到三天，戰事發生，家中住滿了人，內子在這時候，又要招呼寄居各位的起居，又担心戰事不知如何了結，大砲天天在頭上飛來飛去，不免精神緊張到十分，因而在十二月十九晚上，產下我們的第三子，當天日本兵攻佔了九龍而在九龍架砲攻擊香港半山區英兵的陣地，同時，日本兵已在北角登陸而向保良局內的英兵襲擊，保良局在我家斜對面，我當時住在禮頓道九十一號地下，不一回，保良局內的英兵撤退，日兵佔了保良局便向利舞台方面放機關槍，子彈在我家窗下掠過，這聲音何等可怕！當時試問我如何出門請醫生，在不得已情況之下，祗得自任產科醫生，（我家裏住的都是男朋友，兩個女工人祗有二十歲左右，對產科經驗一些都沒有，因為她們都還沒有嫁人），好在內子已是第四胎，結果居然順利產下了小兒維正，他現在已廿八歲了，在美國攻讀學位，在這個時候，我妻子產後體弱，三個孩子這樣小，叫我如何能離開香港，因而我下了决心，祗能在香港做「順民」了，這是我們所以留港不走的理由。

馬會開場

香港競馬會一方面展開請求舊會員之不想離開香港的從復加入為會員，一方面儘量招收新會員加入馬會，戰前，加入香港賽馬會做會員並不難，祗要有兩位在馬會有名的會員簽名，便可加入，（我當初便由兩位股票有名經紀人「狄士打」及「鶴臣」（Tester & Hodgson）介紹加入的）。申請加入，不上一個星期，便可作為馬會會員，祗須付一年會費四十二元五角便得。不像現在，你想加入做馬會會員，要左求人，右託人，好容易拿到一張申請加入紙，然後還要請兩位有選舉權會員簽字介紹，等上一年兩年不定，然後馬會會來信請你到馬會諮詢委員會問話，好像查三代一般。問過話之後，滿意的方能接到馬會來信，准許你加入，除了年費之外，還要付一百五十元加入為會員費，方能取得會員權，加入之難，一至於此。試看今年東華三院的新總理履歷中，有一位竟然寫上了「香港賽馬會會員」一條，於此可見，香港馬會現在的「吃香」，與往時大大不同，無怪得有一班想做馬會會員的人話：「想進馬會做會員，比登天還要難。」這句話眞是一些都沒有「吹大砲」了。

當時，對於做馬會會員這一件事，比較容易辦，而對現存馬匹的所有問題，確乎困難得多，而且，舊有的馬匹，如果舊馬主不願再養，要尋新馬主，在這兵荒馬亂的時期，未必能每一匹都尋得到新人來養下去。

經何五叔、胡伯明、葉鉅英與佐佐木等商量之後，自然這通譯一職，免不了要請郭子猷担任

了，所得的結果是先舉行賽馬一次，馬匹如無舊主，屬於馬會財產，賽過之後，再舉行私人賣買與馬會拍賣。

決定之後，他們便選擇了一九四二年（昭和十七年）的四月廿五（星期六）與廿六（星期日）兩天，舉行「香港競馬會第一次賽馬」，每天賽九場，馬匹全都用中文名字，並且預早在四月十九日香港的華僑日報（獨立報紙）、香港日報（日方報紙）與南華日報（汪派報紙）三家刊登廣告。

戰前，星期日是從不跑馬的，但日本人喜歡星期日賽馬，所以香港便破天荒除了星期六有賽馬之外，接下去星期日也有賽馬。

會員門券，可由會員索取，不費分文，票的數目，看你與馬會各重要人物交情而定，公衆席門票每張軍票一元，那時候一元軍票值二元港紙，（港紙五百元大鈔值五七折，也即是二百八十五元，合軍票一百四十二元半，港紙一百元大鈔值八十元，也即是合軍票四十元，一元、五元、十元港紙不折價合軍票五毛、二元半、五元正），場內發售獨贏及位置票，每張軍票兩元半（也即時以前和現在港紙五元），因存有馬匹澳洲馬與中國馬有四百多匹，所以每天可賽九場，因中國馬少，所以由澳洲馬做主角，九場賽事中，祗有兩場中國馬賽而有七場澳洲馬賽事。

還記得第二天星期日，在兩點鐘開賽頭場時，天降大雨，連綿不止，兩場賽事以後，變成了大爛路。

騎師方面，除了英國人之外，中國和西洋騎師全部加入，一律用中文名字，西洋人則用譯名，出賽的記憶所得，大約有郭子猷、韋耀章、謝文玖、譚全賦、吳祥輝、招昌繁、招基繁、鄧文華、劉榮、鄧肇垣、楊永貴、楊必達、葉鉅英、李福輝、李世華、祁葛利（英籍葡人）、施貴雅（葡人）、莫慶垣、趙展、陳吉、胡伯耀、戴劍、梁天培、黃錦華、廖志雲等二十餘人。

路程方面，取消英文一哩，六化郎等名字，改爲「咪」，半哩一七〇碼改爲九百五十咪，六化郎改爲一千二百咪，一哩改爲一千六百咪，一哩一七一碼改爲一千七百五十咪，一哩二五改爲二千咪。

起初，澳洲馬頭馬獎金是軍票（也即是日元）五百元（¥），二馬獎金是三百元，三馬獎金是二百元。其後逐步增加，中國馬各等減少一百元，因爲當時的幣值還值錢，過了兩年，也即是將要無馬可跑的時候，日元無形貶值，物價高漲，獎金亦增加至澳洲馬頭馬獎金一千二百元，二馬五百元，三馬三百元。中國馬則爲頭馬六百元，二馬二百元，三馬一百五十元。同時，當年的馬匹也分爲甲、乙、丙、丁四級。甲、乙兩級獎金較多，丙、丁兩級獎金較少，不像現在，各班馬獎金（除了特別賽事之外），完全一樣，這是效法戰前香港賽馬會的辦法。

在四月廿五與廿六兩天之後，到五月三日下午三時起，那是一個星期日，馬會便舉行馬匹拍賣，當時，到場的會員和親友不少，拍賣的情況非常熱烈，而我也是其中的一份子。

我也買馬

我和老友洪仲豪兄都是喜歡賽馬的，戰前已時時同往馬場，老洪是邵氏公司屬下南洋影片公司的導演，而我則是邵氏公司香港的代表人，（專管買片、請粵劇大佬倌、舞女等赴新加坡邵氏各戲院、影院與舞廳等放映、演出和伴舞）所以平時多數在一起，飲食遊宴，更不必講了。

上文講過的報導部部長和久田，老早已在廣州多時，他在廣州，因職司報導，當然對香港方面的新聞、文化、游藝各界人物，調查得清清楚楚，等香港被佔領後，他便隨軍來港，而且奉委爲報導部長，他知道薛覺先與洪仲豪兩人，在粵劇與電影兩界，是吃得開的人物，所以一到香港，便立即拜訪薛老揸和洪老濟（仲豪原名洪濟，爲洪深之弟，）力請他們兩人出來，維持遊藝和電影兩界。老揸與老濟「推都推唔甩」，迫不得已，祗能聽他的話，所謂「官字兩個口」，「在人矮籬下，那敢不低頭」呢。

於是乎，和久田便請老揸與老濟兩位，担任報導部的「囑托」，（也即是顧問的意思），待以上賓之禮，要他們兩位，一個要管歌舞演出和電影片的編排，一個要管粵劇的演出，庶幾各間戲院，不致關門，點綴昇平，非如此不可也。

粵劇與歌舞是靠眞人登台的，沒有了人（赴澳門的赴澳門，歸鄉的歸鄉），戲便唱不成，所以後來薛覺先便假組班赴澳門演出爲名，往廣州灣一溜了事，但電影片是死的，報導部封存了幾百部影片，洪老濟雖然有了個幫手霍然，（當年大觀影片公司的導演），可是一樣走不脫，因此，洪老濟便與我商量、我們橫惦不能不留在香港，倒不如買幾匹馬來玩玩，志同道合，一拍即成，我與老濟便做起馬主來了。

我在馬場，當然認識幾個練馬師和馬房管理人，練馬師中，王阿四與我頗熟，刁家堅也時時談談，因爲這兩位，一位是中國練馬師前輩，一位是俄籍練馬師首腦，刁家堅的馬房管理人叫范阿根（此人現在是美圖惠利馬房的管理人），王阿四的馬房管理人叫王連熹（現在蠱惑馬案件中做証人王登平的父親，），又因爲認識了王阿四，便與他的外甥林雲亮（花名大痳皮，現在仍是馬會練馬師，王登平便是屬於他馬房中的），林雲福（花名小痳皮，他眞的是生過天花的，因他叫小痳皮，他哥哥便被稱爲大痳皮，其實，林雲亮並非痳皮，林雲福早已退休），以及現任練馬師趙阿毛、王筱紅等多數相熟，因此，便在那年五月三日馬會拍賣馬匹的那一天，我和老濟兩人，便到馬場中去，預備買幾匹馬玩玩了。

蠱惑馬案，現在正方興未艾，我們當時也不免有類此情事，不過方式不同，以後我當陸續在本文中，寫些出來。（十）

滑稽獨幕劇。

調查戶口

江笑笑文
王　澤圖

今年三月，本港政府舉行全面分區戶口統計，爲此學校放假一星期，其表格之精密，甚至有「外公可有妻子？」等問題。

當年上海一度流行的獨幕劇「調查戶口」，原名「半夜敲門」，是滑稽作家徐卓呆的創作，曾經灌過唱片，內容較爲簡單；後來經上海滑稽名家江笑笑加以改編，穿插在滑稽戲「火燒豆腐店」中，擴充爲一個精彩的諷刺劇。全劇只有兩個人，甲是一個警察，山東人，乙是一個老百姓，則屬上海人。

甲　（敲門）喂，開門，開門，開門！

乙　（打鼾）呼呼……

甲　開開門，（重敲）開門！

乙　好像有人叫門，半夜三更的，外面是誰？

甲　外面是我！

乙　裏邊是我！

甲　我又沒有問你，快起來開門！

乙　你是誰？

甲　我是警察。

乙　你找把尺？我們這裏沒有尺。

甲　你講什麼？開門！

乙　你來幹什麼？

甲　調查戶口！

乙　啊？掉匹府綢？我們這裏尺都沒有，哪裏還有府綢？喂，你是什麼地方來的？

甲　警察局來的！

乙　綢緞局來的？我跟你說，我們這裏不要買府綢。

甲　你攙些什麼！我是警察局來的，調查戶口！聽見嗎？

乙　哦！是來調查戶口的，今天太晚了，請你明天來吧！

甲　由你作主？快點兒，（敲門）開門，開門！

乙　我都睡了，半夜三更還要來調查戶口，那末你進來吧！

甲　門都沒有開，我怎麼進來？

乙　噢，那末你自己把門閂拔掉進來好啦。

甲　我在外面，門閂在裏面，叫我怎麼開？

乙　唉！造房子時候，木匠不好，是應當把門閂裝在外面的。

甲　門閂裝在外面變成牢監了，快起來！

乙　夜裏睡覺都沒有好睡！謝謝你，警察先生，明天來行嗎？

甲　我白天沒有空，我是當晚班的，快開門！

乙　來了！咦（驚奇）我的棉襖呢？怎麼一件棉襖忽然不見啦，喂，警察先生，你看見我的棉襖嗎？

甲　放屁！你的東西怎麼問起我來啦？

乙　你不是警察嗎？

甲　怎麼，我們警察會要你的東西嗎？

乙　那是不要客氣了，我是做小生意賣梨賣糖的，我的糖時常給你們警察吃掉的。有一次，我問他們要錢，他們就說我妨礙交通，連一箱子梨膏糖都給他們拿了去，等我去贖出來，箱子裏一些糖全給你們警察吃完了！

甲　我祗吃到一塊。

乙　是不是你也吃到的？

甲　（發覺失言）我吃的糖是別人的，不是你的。

乙　那末我的棉襖呢？我向你報告失竊！

甲　我不管的，你自己到局裡去報告。

乙　哦！不要報告了，棉襖在這裏了！

甲　在什麼地方？

乙　穿在身上。

甲　亂七八糟，快開門！

乙　噢，來了。喂！（開門後）你進來呀！

甲　你門都沒有開，我怎麼進來呀？

乙　我門不是開了，你人在什麼地方？

甲　我人在此地前門！

乙　啊呀！我開的是後門呀，怪不得不看見你的人！

甲　你這個傢伙，怎麼搞的，我叫前門你開後門有什麼用，快點開門！

乙　對不起，對不起。（開前門）害你等了半天。

甲　算我倒楣！碰到你，他奶奶！

乙　我碰到你，不見得交運。

甲　喂！把電燈開亮。

乙　對不起，電燈開不亮了。

甲　壞了？

乙　不是燈壞，是二房東不好，他把我的電線剪斷了。

甲　豈有此理，二房東爲什麼要剪你的電線？

乙　欠了房錢呀！

甲　就是欠房錢，也用不着剪電線！

乙　五點鐘通知繳費，六點鐘就來剪電線。

甲　爲什麼不付錢？

乙　付是想付的，賣糖生意清，賺下來錢去擠戶口米吃還不夠，那裏還有錢去付房租！

甲　誰管你這些，那我看不見怎麼辦呢？

乙　不要緊，房租你替我去付一付，電燈就好開了。
甲　我調查戶口來給你付房租！喂！蠟燭有嗎？
乙　蠟燭有的，你洋火有嗎？（去拿蜡燭）
甲　唉！調查戶口還要賠包洋火！（摸出洋火）
乙　哦！蠟燭沒有了。
甲　怎麽！一會兒蠟燭又沒有了？
乙　半根蠟燭給我小毛炒蛋炒飯吃掉了。
甲　怎麽！蠟燭油炒蛋炒飯？
乙　不瞞你警察先生說，我有個兒子叫小毛，一直想吃蛋炒飯，毛病都想出來了。實在我窮不過，沒有辦法，拿蠟燭油炒淡飯就算蛋炒飯，蠟燭所以吃掉了。
甲　味道怎麽樣？
乙　我們小毛吃不進去，你要吃嗎？
甲　我也吃不消！看不見怎麽辦？
乙　我有辦法，拿窗門打開，讓路燈光照進來，那就看得見了。
甲　嗯！馬馬虎虎！（翻開小簿子，拿出鋼筆）
乙　（睡着打鼾）

甲　（自言自語）算我倒楣，碰到你！（發覺已睡着，發怒）好極了！睡着了！（大聲地）喂！
乙　喔——唷！謝謝你，不要開玩笑好嗎？人家剛剛睡着。
甲　他奶奶！你這個傢伙倒眞有本事！站着怎麽能睡得着？
乙　賣了三天三晚梨膏糖，一塊也沒有賣掉，還不許我打瞌睡。你還要來攪什麽！
甲　我也沒有辦法！我也想睡覺的，上面死人不關，要我來查戶口，我不查行嗎？
乙　請你快些問好嗎？慢了我又要睡着的。
甲　喂！當家的在不在？
乙　當家的不在此地。
甲　在什麽地方？快叫他來。
乙　你還是叫靜安寺當家，還是叫城隍廟當家？
甲　叫和尚來做什麽？
乙　你自己講「當家的在不在？」
甲　我不是叫和尚，我是叫此地的當家的。
乙　我就是此地的當家！
甲　你就是，好吧，我問你，姓什麽？
乙　問誰？
甲　當然問你！
乙　不要客氣！
甲　誰和你客氣，姓什麽？
乙　「辛梅友」。
甲　你怎麽沒有姓？
乙　有的！
甲　姓什麽？
乙　「辛」呀！
甲　喂！我問你姓呀！
乙　對的，「辛」呀！
甲　喂！你趙、錢、孫、李的姓懂嗎？
乙　懂的。
甲　那麽你姓什麽？
乙　「辛」呀！
甲　（發怒）他奶奶的，我問你你不說，老子揍死你！（舉手欲打狀）
乙　哎，我不是老早就告訴你了，我姓辛。
甲　哦！攪了半天！你姓「辛」，有這種姓的？
乙　可以姓嗎？
甲　當然可以。叫什麽名字？
乙　梅友。
甲　喂！我講的話你懂嗎？
乙　我懂的，你在問我名字。
甲　懂就好了，叫什麽名字？
乙　梅友。
甲　怎麽！一個人會沒有名字？爲什麽你這個人沒有名字？
乙　有的！名字怎麽能沒有呢。
甲　叫什麽？
乙　梅友。
甲　（光火）他奶奶，（拉乙胸部）局裡去，關起來！你和我開玩笑。
乙　咦！什麽事？我又沒有犯法！誰吃飽了飯有空和你開玩笑。
甲　爲什麽問你名字有嗎？你說有的，問你叫什麽名字，你又說沒有？
乙　警察先生，你講道理嗎？你問我，我是在同答你呀！
甲　你再不老老實實說，我要揍你了，叫什麽名字？說！
乙　梅友！
甲　他奶奶！和你客氣你不懂！警察局去，罰你二千塊錢。
乙　什麽事呀！
甲　名字到底有嗎？
乙　有的。
甲　叫什麽？
乙　梅友。
甲　走！走！你還說沒有？
乙　你打死我，我還是梅友，是不是名字叫梅——友不可以的嗎？

甲 噢——原來你的名字叫梅友！
乙 我姓辛，名字叫梅友。一起講起來叫辛——梅——友。
甲 世界上有這種名字，倒沒有碰到過！
乙 今天給你碰到了。
甲 姓是什麽姓，怎麽寫？
乙 是喪良心的「心」（辛）。
甲 梅是什麽梅？
乙 梅是觸霉頭的「霉」（梅）。
甲 友是什麽友？
乙 是揩油的「油」（友）。
甲 你這是什麽名字？亂七八糟的，揩油！觸霉頭！喪良心！
乙 我這個名字很有意思的，一個人不要喪良心！你要揩油，將來一定要觸霉頭！
甲 去你的，我問你的姓怎麽寫的？
乙 我這個姓寫起來，你聽好，一點，一劃——
甲 哦！一點一劃，再說下去。（用本子記）
乙 再一點。
甲 再一點。
乙 還有一點。
甲 喂！你這個半吊子，我一點已經點在當中了，還有一點沒有地方了，你爲什麽不兩點一道講？
乙 我兩點一道講，你來不及寫的。
甲 哦！辛苦的辛。梅是什麽梅？
乙 木頭邊旁。
甲 哦！梅花的梅。友是不是朋友的友？
乙 對了！可是辛——梅——友。
甲 你今年幾歲了？
乙 你上個月不是已經來調查過啦？記憶力這麽不靈？
甲 這許多人家，我怎麽記得住？說！幾歲？
乙 比去年大一歲。
甲 嗯！去年幾歲？
乙 去年比今年小一歲。
甲 到底幾歲？
乙 到底末三十六七歲。
甲 要就三十六，要就三十七，怎麽有三十六七歲？
乙 警察先生，我是三十六七歲，因爲陰曆算是三十七，陽曆算是三十六歲。
甲 那麽就算三十六歲好了。
乙 不對的，過了復活節，應該算三十七歲。
甲 那末算三十七歲！照陽曆算。
乙 不行的，照陽曆算，陰曆要生氣的。
甲 那麽照陰曆算，三十六歲！
乙 陽曆可不答應的。
甲 那怎麽辦？照陽曆算吧，陰曆要生氣；照陰曆算吧，陽曆要不答應。那麽算幾歲呢？
乙 不要緊，也不照陽曆，也不照陰曆，三十六歲半，下面加一句：大家不吃虧。
甲 嘜！你這個法子好，三十六歲半，下面加一句：大家不吃虧。什麽地方人呀？
乙 東揚寧！
甲 啊！你是東洋人，不是中國人？
乙 誰說我不是中國人！
甲 既然是中國人，怎麽又是東洋人？
乙 是的，我是中國東揚寧。
甲 怎麽是中國東洋人？
乙 喏，我的母親是蘇州東山人。
甲 那就算是東山人？
乙 我爸爸是揚州人！
甲 那就算揚州人！
乙 我爸爸媽媽生我的時候在寧波，我自己是寧波人。
甲 那末算你是寧波人。
乙 我父母要生氣的，我怎麽能算寧波人呢？
甲 你既不能算東山人，又不能算揚州人，也不能算寧波人，到底算什麽地方人呢？
乙 三面都照顧到，三個地方放在一起，東山、揚州、寧波叫東揚寧。
甲 下面還要加一個人字。
乙 東揚寧人。
甲 對了。那你家裡幾個人？
乙 先生你問得這麽清楚幹什麽？是不是叫我去選舉議員？上次他們每人拿到一條毛巾！
甲 我也拿到半打毛巾，不過今天不是叫你去選舉議員！
乙 哦！那一定是選舉民意代表，每人好拿兩塊肥皂，對不對？
甲 也不對！
乙 哦！我想着了！政府看見我們這些老百姓實在窮得太苦了，來發戶口米了，對不對？
甲 嘿！（對乙看看冷笑）你真聰明！怎麽會給你想到的？
乙 不瞞你先生講！今年我們這班窮人全過不去，米缸裏空空如也，所以異想天開。
甲 對的，給你想着了，政府知道你們老百姓可憐，每人發一斗戶口米，有一個算一個。
乙 哈哈！眞會給我猜着的。警察先生，我家裡人很多很多！請你幫我用筆記一記。
甲 你說，我幫你記。
乙 一個我自己，馬上記下去。
甲 嗯，辛梅友。
乙 一個我老婆，（指床）睡在床上的。
甲 （看床）對的，辛梅友妻。（用筆記）
乙 一個我兒子叫小毛，也睡着啦。（指床）
甲 嗯。（看床記下）
乙 還有小毛的父親。
甲 （覺得有些不對）小毛還有父親？
乙 小毛沒有父親，他是那裏來的呢？
甲 嗯！（記下）你說。
乙 還有小毛的媽。
甲 小毛的媽。（記下）
乙 還有我老婆的丈夫。（記下）
甲 嗯！老婆的丈夫。
乙 我爸爸的兒子。（記下）

甲　嗯！爸爸的兒子。
乙　還有我丈人的女婿。
甲　丈人的女婿。（記下）
乙　（越講越快）我娘舅的外甥。
甲　嗯！（來不及記了）
乙　（更快）我兄弟的哥哥。
甲　嗯，兄弟……
乙　（更快）還有我兒子娘的男人。
甲　慢慢叫，嗯！（手忙脚亂）
乙　（更快）我老婆的兒子的爹，還有……
甲　我來不及寫了。喂！你家裏一共有多少人？
乙　算二十九個人吧！
甲　（懷疑地）有這麽多的人嗎？都住在此地？
乙　當然全住在此地。
甲　這麽小的房子住得下嗎？
乙　我們窮人住的房子，全像白鴿籠似的，住得下。怎麽住不下？
甲　我現在要點名，行嗎？
乙　你要點名？（硬硬頭皮）你點好了。
甲　（點名式）辛梅友？
乙　有！
甲　辛梅友妻？
乙　她，睡着啦！
甲　辛梅友子，小毛？
乙　也睡着啦。
甲　還有小毛的爹？
乙　有！
甲　怎麽小毛的爸爸又是你？
乙　小毛的爸爸不是我，難道是你？
甲　噯！對對對，還有小毛的娘？
乙　她！睡在床上。
甲　你老婆的男人？
乙　有！
甲　又是你？你爸爸的兒子？
乙　有！
甲　你丈人的女婿？
乙　有！
甲　娘舅的外甥？
乙　有！
甲　兄弟的哥哥？
乙　有！
甲　你兒子的爸爸？
乙　有！
甲　混蛋！都是你一個人？我越想越不對，丈人的女婿，老婆的男人！娘舅的外甥，兄弟的哥哥全是你！我問你，爲什麽說謊話？
乙　不瞞你說，我是賣梨膏糖的，現在人家連戶口米、六谷粉都吃不起，還有誰來買我的糖吃？我已經三天沒有吃飯了，聽說有戶口米好領，所以我想多報幾個人，請你拿戶口米發給我吧。
甲　發戶口米給你？連我這當警察的自己也領不到，告訴你，今天不是發戶口米來的。
乙　那末你來幹什麽？
甲　我呀！來收人頭捐的！一個人捐一千元，有一個算一個，你家裏一共二十九個人，共計

乙　兩萬九千元。
甲　哦！你是收人頭捐來的？警察先生，我家裏沒有這麽多人。我和你開玩笑的。你看這麽小一間灶披間，二十九人怎麽能住得下呢？
甲　誰跟你說笑話！不行！二萬九千元照算！
乙　我統統賣光也不夠一千元，情愿跟你去吃官司！
甲　看你可憐！算你三個人吧。
乙　祇有我一個人！怎麽能算三個人呢？
甲　好！我來跟你算，你老婆一個。
乙　我老婆不能算進去的，我養不起她，她明天出去做工人了，應該算到她東家那兒去的。
甲　哦！你的老婆明天不在此地了？好！就不算，那麽你的兒子小毛總要算了？
乙　小毛我養他不活，我明天送他到孤兒院去。
甲　那末你家裏一個人都沒有了？
乙　還有我！
甲　你明天可以到殯儀館去了，是不是一個都沒有了？
乙　那也好，就拿我算到殯儀館去吧！
甲　唉！你看我這本簿子上寫得亂七八糟的：辛——梅——友……喪良心……觸霉頭……揩油……三十六歲半大家不吃虧……中國東揚寧人……本來二十九個人，現在一個人都沒有了！我這本簿子交上去，局長一定要發脾氣，停我的生意，叫我怎麽辦呢？走！到局裡去，到局裡去。（拉乙胸口）
乙　我又沒有犯法！
甲　我知道你沒有犯法，可是總得讓我去交交差！走走走。
乙　好，再好也沒有！我跟你去。我在外面本來過不下去，跟你到裏面去，房租也可以不要付了，伙倉也用不着再開了，走走走！
甲　慢！你把我們警察局當旅館、飯館了，都像你這樣的人，叫我們這班人喝西北風？不要你去了！（對乙無可奈何）唉：我認得你！

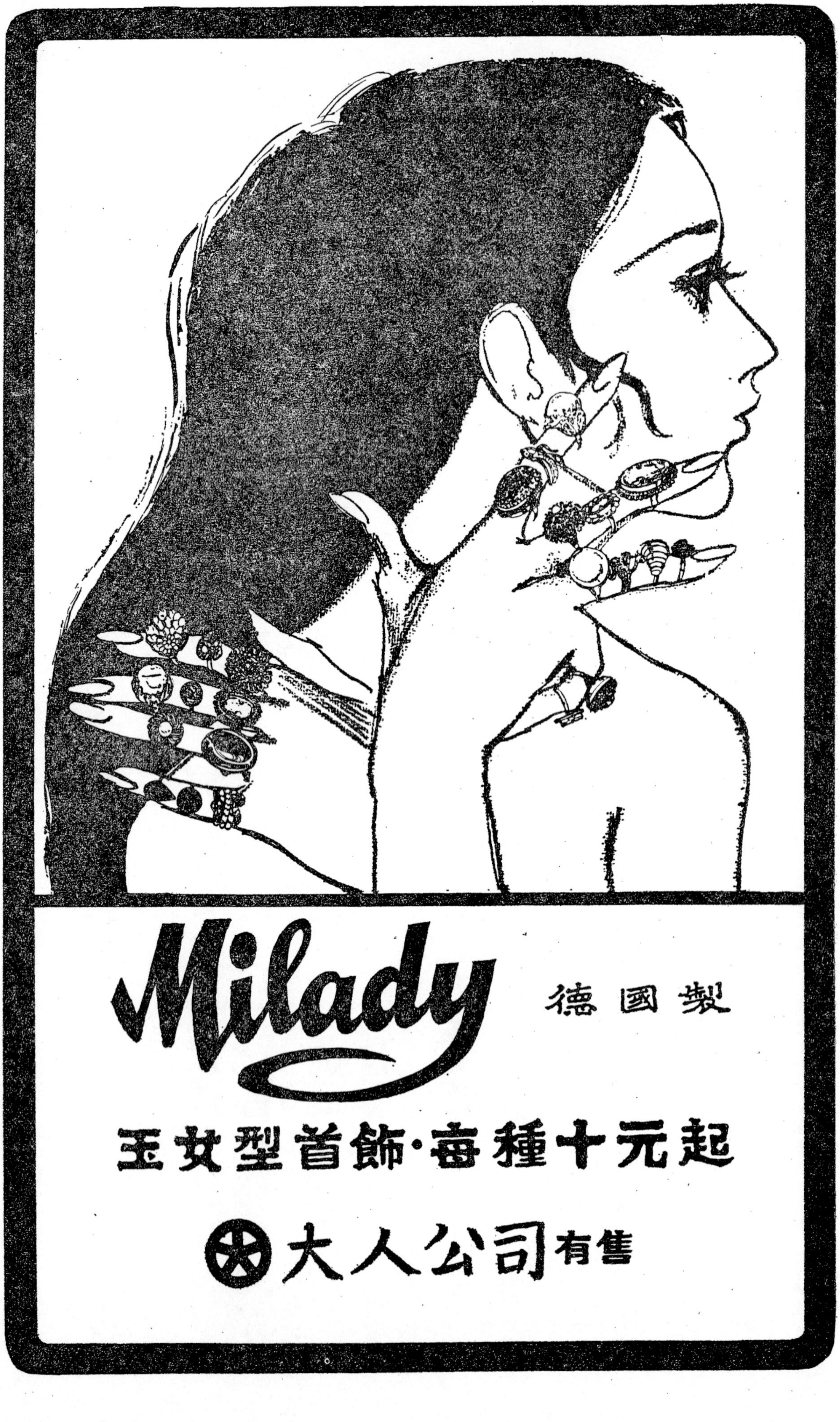
Milady
德國製
玉女型首飾·每種十元起
大人公司有售

綠牡丹 黃玉麟

・大方・

上圖為藝名綠牡丹之京劇名伶黃玉麟化粧日本婦女
右上角為黃玉麟本來面目

南方伶官世家，除張國泰一系外，還有一個戚家，他們的弟子，都是唱花旦的。張的弟子以幾盞燈為排行，最著名的，如「一盞燈張浣青」、「四盞燈周詠棠」、「七盞燈毛韻珂」、「十一盞燈劉玉琴」等。其間尤以毛韻珂多才多藝，走紅於上海劇界達數十年。戚氏的崛起，晷後於張氏，門下弟子男女兼收，都以牡丹為號。戚氏藝名為艷冰，聲望不及張國泰之盛，門徒方面，如紅牡丹、粉牡丹、金牡丹等，均為女性，才具也極普通，未能受人重視；却不道其間有一個男弟子綠牡丹，色藝雙絕，初陳色相，即紅極一時，足稱海上劇壇後起之秀。按在民元以後，南方伶工唱旦角之傑出人選，羣推馮子和、賈璧雲、毛韻珂、趙君玉四人，自上述四人老去後，江南名旦，即無優秀之繼起人物，綠牡丹之崛起劇壇，在紅氍毹上，着實走紅了一個時期，堪為南方劇壇放一異彩！惜乎好景不常，沒有好久，聲光即歸黯淡，未能長葆其光榮，使相識人士，莫不引為遺憾。

綠牡丹系出世家，黃姓，字端生，小名玉麟。據稱他父親做過知縣，後以家道中落，遂使其子從戚氏習劇藝，以綠牡丹為藝名。筆者初次看見他演戲，是在大新街亦舞台，掛的是三牌；大都唱花旦戲，如「花田錯」、「鴻鸞禧」等，偶然也演「晴雯撕扇」、「寶蟾送酒」等古裝戲，並無藉藉名。其後，忽然認識了民立中學的一位教員陸澹盦，愛其聰慧，捧之不遺餘力，陸氏是個英文教員，但多才多藝，不但舊文學根底好，對京劇也極富經驗，他本來是翻譯偵探小說的，自認識玉麟以後，便拋棄了做小說的工作，為黃玉麟編製了好幾部小本新戲，如「龍女牧羊」、「風塵三俠」等，再加報紙的極力鼓吹，再度演出，一砲而紅，奠定了他南方首席旦角的地位。

捧紅綠牡丹是陸澹盦，但揄揚綠牡丹文字的地盤，大部屬於「金鋼鑽報」。關於「金鋼鑽報」的創辦，和陸澹盦的發生關係，其間有着一段很長的故事。由於民元以後，上海的小型報，都屬於三日刊，組織並不健全，如「遊戲報」、「新遊戲報」等，所載均為娛樂消息，不為社會人士所重視。自「晶報」問世，延請名家執筆，選刊政治性和趣味性的文字，風格為之一變。故「晶報」之在社會人士目光中，具有相當地位。當時忽然有一位浦東人施濟羣，他是做中醫的，因以濟羣為號，可能由於附庸風雅，獨自創辦了一冊「新聲月刊」。施大夫並不長於文學，也並不精求醫理，生活所寄，是出賣他祖傳的一種「立退腳腫丸」。待到「新聲月刊」問世，「晶報」上忽然有人寫了一篇文章，對施開了一個很大的玩笑。因施本人並非作家，所有稿件都是親自登門向友好索取而來，登門索稿，是需要用兩足奔走的，遂為他起了一個「腳編輯」的外號；這已使施大夫氣得發昏章第十一，不想該稿最後又說，施大夫拚命奔跑，弄得腳腫，窮吃自製的腳腫丸，迄今仍未痊可，可知他的腳腫丸一些也不靈，完全是騙人的巴戲，勸讀者千萬不要上他的當云云。當時「晶報」主幹余大雄，亦有腳編輯之稱，但稱施為腳編輯，便成為謔而且虐之談了。

那一篇稿子的後一段，使施大夫看了氣得幾乎吐血，竭力尋思報復之道。他和陸澹盦交情不惡，便跑去和陸商量，計劃也創辦一張三日刊，以抵抗「晶報」。恰值陸澹盦正在捧綠牡丹狂熱的時代，也感到自己手上沒有一張報紙，不能暢所欲言，便很擁護他的計劃，再去拉攏了天台山農的外甥朱大可，糾集了一些股欵，那張報紙居然在短期中創辦起來，至於報名題曰「金鋼鑽」，是陸澹盦的提議，也是針對「晶報」而發。因晶是水晶，類類乎玻璃一種體質，金鋼鑽專破玻璃等物，是水晶的尅星，其中含義，自然不言可喻，有壓倒水晶之意在內。

那時的「晶報」，在文壇上有着唯我獨尊之勢，忽然發現了另一報紙，取名即具有火藥意味，自然大大的不高興。在文字中，自不免加以調

陸澹盦筆下的黃玉麟

記黃玉麟

陸澹盦

黃生玉麟，黔之安平人，名瓊，別署歐碧館主，初入樂籍時號綠牡丹。黃氏故黔世家，先世仕清爲顯宦，父吉人，嘗參贛督李烈鈞幕，嗣以賈傾其家。玉麟蒙家難，乃學爲優孟，執贄於伶人戚艷冰之門。艷冰殤，玉麟才十一齡，輒出奏藝，歷游南北諸巨部，所至有聲。歲庚申，應聘過滬，滬故聲色貨利所萃，鞠部繁盛甲天下，伶人以色藝負重名者，不勝指屈。玉麟一孺子，卓然自樹其間，一時文人學士婦女童稚，下至僻巷小夫，靡不知有名伶綠牡丹，相與咨嗟歎賞，顧不自持，可謂難矣。逾年，北游燕京，師老伶工王瑤卿，藝益孟晉。乙丑之夏，應日本帝國劇場聘，東渡至扶桑，每一登場，日人傾巷觀，視若天人，至今報章稱譽弗衰。已而又膺聘赴香港，亦載譽歸，我國藝人之揚聲域外者，生與梅蘭芳外，未之聞也。生天資穎敏，讀書識字，能作擘窠書，近頃求學尤劬，充其所極，詎有涯量，生其勉之哉！

侃，却不知道這一邊也正在俟機報復，對壘形勢，自然一觸即發，那時「晶報」的執筆者，有張丹斧、包天笑、畢倚虹、余大雄、馮叔鸞、馮小隱等人，「金鋼鑽」方面執筆者，則有陸澹盦、朱大可、施大夫本人、健碧斑紅館主等人，雖然陣容不若「晶報」堅强；但初生之犢不畏虎，攻勢居然相當凌厲，這一戰局，有許多人都是以化名出現，但明槍交戰的，則是畢倚虹和陸澹盦二人。一次，「金鋼鑽報」上有人刊載了以「畢三」爲題的一首律詩，對畢倚虹大肆謾罵，全詩筆者倒還記得，特爲照錄如下云：

『畢三忽上倚虹樓，飢似淞鷹飽即休，（註一）試做律師難振達，（註二）强充嫖客學風流。五元整夜同淫棍，（註三）一砲韓莊墮夾溝。（註四）到此娑婆生計絕，（註五）人間地獄恨悠悠。』（註六）

（註一）淞鷹卽畢之別號。（註二）畢曾營律務，稱畢振達律師。（註三）當時韓莊代價五元一夜，畢亦屬常客。（註四）適值齊魯之戰方啟，兩軍爭持於韓莊夾溝之間，畢化名為龍道人，寫「韓莊一砲記」，自述其風流遇合。鹹肉莊之稱韓莊，卽於此始。（註五）娑婆生亦畢之別署。（註六）人間地獄，為畢刊在「申報」自由談之長篇小說篇名。

這場戰局，雙方初起祗是意氣之爭，畢陸之間，亦無任何深仇宿怨，上面一首詩，本是朱大可做的，畢不知就裏，遷怒到陸的身上，於是由爭論而涉及私德，從罵陸澹盦而連帶罵到綠牡丹，說陸所以要窮捧綠牡丹，其企圖是在想吃燒餅云云。那時玉麟因感念陸之力捧，尊之爲師，但他一向受人捧塲慣了；一旦中了流彈，這口氣就出在陸的身上。陸去見他，他竟不加理會，並且表示這次被罵，都是由陸而起，今後，他既不要人捧，也不甘爲人所罵，請陸和他斷絕往來，以免遭到連累云云。陸澹盦一番心血，竟然遭到如此反應，當然大爲氣憤，但他對黃還不肯放棄，雖然弟子不再假以辭色，但老師仍追隨如故，捧角而成爲捧角迷者，陸澹盦可算得是鞠躬盡瘁的忠臣了。

男扮女裝的綠牡丹黃玉麟

筆者認識綠牡丹，也是陸君所介紹，那時筆者不到二十歲，綠牡丹比我小了幾歲，纔十七八歲。我們常在一起玩，每逢到「大世界」去打彈子，便有許多人來圍着看他。那時伶官們的打扮，大都是穿着長袍，罩以一字襟的馬甲，頭戴鴨舌頭帽，足下紅色的毡鞋上面，還綴着一個紅色絨球。加以綠長得白晳漂亮，骨肉停匀，男性中帶有一些女性美，眞是丈夫中的絕色，使人有看煞衛玠之感。不道他外型好看，脾氣却很壞，有時更會口出粗鄙之言。一天，發現圍着看他的人太多了，忽然拿彈棒一擲，大聲罵道：「我一樣是個男人，有什麽好看？」即刻拖着我，向人叢中一走了事。

又有一次鬧的笑話更大，在彈子房中，圍看他的圈子，因人數過衆，逾擠愈小，在打彈子時，慣例要拿腰彎起來，但一彎了腰，屁股勢必撅

起，這時恰巧有一個人不留意碰着了他的屁股，他認為有意侮辱，舉起彈棒，在那人頭上重打幾下；還連罵了幾聲「猪玀」！這人因為事出無心，不肯認錯，雙方鬧將起來，幾乎激起公憤，後由「大世界」的巡場人員，稱為稽查的到來相勸，纔和平了事。試想綠牡丹脾氣如此之壞，自然沒有敬師觀念，對陸澹盦，遂也時常欠缺禮貌，終於師生以不愉快的結果散場。

綠牡丹演唱不久，即改用其原名黃玉麟，在各地演唱，都享盛譽。這大概也是伶官們的一種公式，少年得意，中年便容易沒落，終於晚景淒涼，不幸綠牡丹也難逃這一覆轍。他在二十餘歲時，便為名妓艷秋老四所俘獲，艷秋是狗肉將軍張宗昌的下堂妾，富於手腕，更善用心機，雖然那時追逐綠牡丹的名妓很多，而她的年齡又較玉麟為大，但不知何故？黃玉麟竟和她賦了同居之愛，因之當時有人談起玉秋之戀，都說艷秋雖屬花國名妓，但當時情況，並非賣油郎獨佔花魁女，却是花魁女獨佔了賣油郎云。

黃玉麟和艷秋老四的結合，在婚姻上說，實在是不幸的。艷秋放蕩成性，雖然已號稱從良，成為黃門之婦，但她野性難馴，背着玉麟，和舊雨新知，仍時有交往，其間有一位黃玉麟的好友，和她的關係更為微妙。提起此人來頭甚大，他是周孝伯，南通世家子，娶了狀元張謇三兄張詧之女為妻，在學校中，即做着學生運動的領袖。年紀很輕，已懸牌為律師，人稱法律界小阿囡，老朋友遂都賜以律囡之號。孝伯不但丰神俊朗，宛如玉樹臨風，並且精於劇藝，雅擅聲歌，唱得一口言菊朋腔，也曾登台彩串，以博人喝采。走馬章台，更是揮金如土，他具有潘、鄧、小、閑種種條件，自然為歡場女性所歡迎，風流韻事，指不勝屈，老牌影后張織雲，即曾和他一度結合，後來不歡而散，以打官司解決，報間稱為律囡影后之訟。周孝伯和艷秋老四的結識，不知屬於新歡，抑係舊雨，眼前已記不清楚，但艷秋既做了朋友的夫人，縱係舊雨，也應斷絕往來，如果在艷秋嫁玉麟後再圖染指，則更對不起朋友。無如孝伯生平，有兩個最大毛病，那是好賭如命，好色亦如命。玉麟婚後，他和艷秋仍時常暗渡陳倉，這使玉麟精神受到打擊，不久兩人因意見不合，終告離異。玉麟改搭外埠班子，艷秋老四在會樂里重張艷幟，則已達狼虎年華，容光黯淡，非復當年，在酒樓餐館，我們常有看到她的機會。一位洋場才子某君，曾以見艷秋為題，做了幾首打油詩，其間有兩句云：「絕憐堂唱包車上，一朵秋花向晚垂！」充份寫出投老秋娘的憔悴之狀，自後艷秋便日漸走向下坡，這一代名花，和她的所歡一代名優黃玉麟一樣，同樣走上了淒涼的道路。

黃玉麟在日本東京帝國劇場演「浣花溪」下場

梨園子弟在成名以後，往往會走上一個險灘，由於那時上海北里中的蕩婦妖姬，最愛勾搭戲子，定力不堅者，往往為之誘惑，以至身敗名裂，玉麟也未能例外。他在盛年時，家中藏了一個尤物，又要應付一般外遇，漸感精力不支，為求振奮，便吸上了鴉片，一個名伶既為酒色所困，影響了他的藝事，聲譽漸告低沉。上海沒有人請教他；改在杭、嘉、湖一帶演唱，過着跑碼頭的生活。某次他在蘇州某戲院出演，恰值筆者也赴蘇州遊玩，便到那家戲院的後台去探望他。見後台擺着一塊木板，上置烟具，他唱完一場戲，便轉入後台，躺在木板上吸烟，忽然看見我，對我招招手，叫我陪他躺下，以便談話。我見他神情憔悴，與前判若兩人，很焦慮的對他說：「玉麟，你非立刻戒烟不可，再吸下去，不但會毁了你的漂亮面孔，也會毁滅了你的藝術前途，你要從速醒覺為是。」他聽了不作一語，顯見已是意志消沉，隔了好一會，歎口氣說：「戒烟，那有這麼容易？將來的事將來再談，老朋友久別重逢，不要說喪氣話，且躺下來香一筒，談談別後情況吧。」就在那次後台一別，至今三十餘年，筆者和他即無再見機會。聽說他在跑遍杭、嘉、湖之後，上海不能立足，便到平津去發展，但已不能登台唱戲，祇担任一些後台管事，和排戲等的任務，他的藝術生命，早在蘇州後台的木板上，即已顯示結束了。

筆者近年常去台北，和金牡丹小姐倒也常見，因見她以牡丹為名，便談起綠牡丹，她說綠是她的師哥，並問我師哥的近況，我也全乏消息，無從置答。但意料中，這一位盛年時紅遍江南的名旦，困於鐵幕，也許早已不在人間，其一些前塵影事，祇能供老朋友們筆下追憶的資料，寫完此文，不覺付之一歎！

銀海滄桑錄

老牌「影后」胡蝶

蝶衣

「九一八」事變前夕

在「九、一八」瀋陽事變的前夕，逗留在北平的明星影片公司外景隊人員，各人的實際行動大致如次：

張石川夫婦、洪深、程步高、董克毅、應電影院商之邀，相偕出外晚餐。

蕭英、王獻齋結伴，去往「東來順」吃涮羊肉，逛天橋。

譚志遠由高步霄作嚮導，到「耳朵眼」去吃餃子，「都一處」去吃炸三角，嘗試故都小吃。

龔稼農與張聿光相約，去廠甸逛書舖，賞鑑古玩。

胡蝶有親戚在北平，有一位長輩下午就接她「串門子」去了！

夏佩珍正患感冒，服藥後留在宿舍裏蒙頭大睡。

這就是「九、一八」前夕，「明星」外景隊人員的全部活動情形。

現居香港的前輩攝影師董克毅，証實了以上的情形，他是外景隊人員之一，曾經親歷其境。

事實上，胡蝶在北平的一段時期，不特未見過張學良一面，甚至張學良是否在北平？她也不知道。

然則這時候的少帥張學良，在不在北平呢？

答案是：在！他在協和醫院裏養病。

也就是爲了一場重病，把張學良困住了。否則這位素性脫畧的張少帥，對於浩浩蕩蕩的影片公司外景隊之來到北平，決不至於不聞不問；很可能會邀宴一番，與幾位電影明星打打交道的。

「翩翩蝴蝶最當行」的胡蝶

少帥臥病協和醫院

在「九·一八」事變前的四個月，即民國二十五年中旬，張學良還在南京，有一天應宋子文之邀，泛舟於玄武湖上，這一天恰逢陰雨，在濛濛細雨中的玄武湖，別有一番景色。

張、宋二氏在舟中，有說有笑，興致甚好。張學良並隨手在岸邊摘了幾顆櫻桃，一面說笑一面吃；大概是幾顆櫻桃帶有細菌，張學良回到北平就病倒了！那是五月十八日。

病勢來得突然，情況非常嚴重，醫生診斷之下，判定所患的是惡性傷寒，於是立即進入協和醫院治療。一直捱到九月初，方始脫離險境，但還沒有全愈。

「九·一八」事變發生之晚，張學良勉強扶病出院，宴請在平的將領宋哲元等人，舉行了一次有關時局的會商，然後賓主一行又同往前門外的中和戲院，看梅蘭芳主演的「宇宙鋒」。

由於病後體弱，張學良不耐久坐，看了一會即告辭先走，仍回協和醫院休憩。當東北邊防公署參謀長榮臻，從瀋陽打電話向張報告事變消息之時，張學良是在睡夢中被叫醒的。

張學良不僅在「九·一八」事變以前不認識胡蝶，以後也始終未曾謀面。

事變後兩年，塘沽協定簽訂，張學良出國考察，路過上海，有一位好事的相識者向張進言：「要不要和胡蝶見見面？」

這位少帥力阻不可，嚴肅地說：「這樣做，對我倒無所謂，可不能再害別人難堪了。」

事隔四十年，「莫須有」公案已成過去。如今胡蝶與張學良，一個已帶着中國電影從業員前輩的可貴典範，退隱於銀幕之後。一個則度着「西安事變」以後的著書生涯與懺悔歲月，也成了個安於淡泊的山中隱者。

馬君武的兩首「哀瀋陽」詩，是根據傳聞而寫；他不知道「更抱佳人舞幾回」的報道是出於日本通訊社之惡意中傷，因而上了大當。

不過，詩雖背離了事實，厚誣了胡蝶，畢竟也因此而留下了一段佳話，足使胡蝶的豔名垂千古而不朽的。

在胡蝶的生命史上，除了此「莫須有」公案

胡蝶（右）梅蘭芳（左）同舟赴俄攝於「北方號」輪上

之外，另一件大事便是他的遠征莫斯科與歐陸之遊了。

展開了一次長途旅行

民國二十四年，胡蝶曾展開了一次長途旅行，足跡遍及俄、德、法、英、瑞士諸國，歷時達四個多月之久，這是她初次出國，也是她生命史上的一件大事。

胡蝶這一次遠征，主要是爲了出席蘇俄在莫斯科舉行的國際電影展覽會。事先蘇俄會通過我國外交部提出正式邀請，希望我國電影界派遣一個代表團，携同近期出品前往莫斯科，參加二月二十一日開始，至三月二日結束，爲期共十天的電影節。

經過了數度會商之後，終於決定由「明星」「聯華」「藝華」「電通」四家公司，遴選了八部影片，由製片人、編劇、導演、攝影師、演員七人組織的代表團攜往莫斯科參與盛會，七位代表：「明星」製片人周劍雲，「聯華」製片人陶伯遜，「聯華」編劇余一淸，副導演黃謙，「明星」攝影師顏鶴鳴，「明星」演員胡蝶，此外還有一位担任翻譯工作的孫桂藉。

結果由於種種不同的因素，七人代表團並未會同出發，而是分作三批首途。

第一批首先出發的是陶伯遜、余一波、孫桂藉。

第二批繼之出發的是黃謙、顏鶴鳴。

第三批隨後出發的是周劍雲（夫人陳玉俊同行）、胡蝶。

參展的影片八部，是「明星」出品「姊妹花」、「空谷蘭」、「春蠶」與「重婚」，「聯華」出品「漁光曲」與「大路」，「藝華」出品「女人」，以及「電通」出品「桃李刼」。

周劍雲夫婦與胡蝶最遲出發的原因，當時外間盛傳因胡蝶置辦服裝需時，所以躭誤了日期。事實上是因爲決定之時已迫近農曆年關，周劍雲身負明星影片公司發行重任，有許多事務需要料理，同時胡蝶主演的「夜來香」一片尙未殺靑，正在趕拍，因此延至二月二十一日，始由上海乘輪出發。

「北方號」從上海啓碇

胡蝶與周劍雲夫婦所乘的是蘇俄派出的專輪「北方號」，這一艘郵船原是爲了迎接梅蘭芳劇團赴莫斯科演劇而駛抵上海的；同時我國駐俄大使顏惠慶正要返任，也準備附乘此輪出發；胡蝶與周劍雲夫婦便趁此機會「同舟共載」。

「北方號」郵船於二月二十一日下午二時，在濛濛細雨中駛離上海。事實上莫斯科的影展已於前一天揭開序幕。原定計劃是坐船到海參威，再換乘飛機去莫斯科，但因西伯利亞正值酷寒季節，飛行困難，只好遵循水陸交通線前往；計算日程，很難在爲期十天的影展閉幕之前趕到；不過，負責影展的蘇俄文化部，於代表團出發之前，已答應盡可能延長會期，等待胡蝶與周劍雲的蒞止。

在船上，胡蝶曾一度因暈浪而嘔吐，躺在牀上不敢進食。後來有個慣於航行的人獻議：只要讓肚子吃飽，不會暈浪嘔吐。胡蝶接受了這個辦法，在周劍雲夫婦照料之下，叫侍役把膳食送到房艙裏，飽餐了一頓，此法果然奏效，第三天便精神回復正常，不再感到航行之苦。

經過了七天的海航，於二十七日抵達海參威。爲了等候開往莫斯科的特別快車，胡蝶、周劍雲夫婦及顏大使、梅劇團，在海參威逗留了三日，下榻於砌留斯金旅館。到埠的第一天，顏大使與梅蘭芳會同拜會了當地的市長，次日市長到旅館答拜，並邀請晚宴；第三天由我國駐海參威領事設席回請；三天的光陰大半是在酬酢中度過。

三月二日下午六時，一行人乘特別快車出發。在車中一日三餐，胡蝶與顏大使的女公子同住一房，每次去往餐室進食，總要經過許多道車門；胡蝶好奇心起，有一天在去往餐室時從頭數了一數，原來共有十六道車門。精確地一算：每次從臥房到餐室，車門啓閉共需三十二次，回程又是三十二次，重疊計之就是六十四次；餐罷回到臥房，肚子裏的膳食也消化得差不多了。

在莫斯科受到盛大歡迎

車行十日，沿途所見盡是皚皚白雪，從窗內向外眺望，無論森林、平原，全都爲積雪所籠罩，變成了一片琉璃世界。

三月十二日早晨，車抵莫斯科站。來歡迎者有蘇俄外交人民委員會東方司副司長鮑樂衛、蘇俄對外文化協會藝術部主任却爾梁斯克、東方部主任林迪夫人、蘇俄作家特雷幾亞可夫、女影星奧格洛娃，以及我國駐俄大使館代辦吳南如，蘇俄駐華大使代表鄂山蔭等，此外還有許多記者及女攝影師，群集在車站上獵取團體行動或個別的鏡頭，情況十分熱鬧。

為了收拾行李，顏大使與梅劇團的人已經下了車而胡蝶還逗留在車中，旅俄多年的名報人戈公振其時也在歡迎行列之中，因不見胡蝶出現於人叢而大感詫異，亟亟上車找尋，纔發現胡蝶還在整理行裝，連忙把許多記者在站上等候拍照的情形告訴了她，她倉促之間也就只好放下了行李，由戈公振陪同下車。

在車站經過了一番攝影與寒暄之後，一行人分乘汽車多輛，直駛京都大飯店下榻。當日由戈公振邀請，到他寓居的大飯店同進午膳；下午五時又出席大使館的歡迎茶敘，喫的是炒麵、包子、餃子一類的中式點心。胡蝶與周劍雲夫人連吃了十幾天的西餐、麵包，這時突然吃到了故國風味的麵點，無不大快朵頤。

胡蝶與周劍雲夫婦抵達莫斯科之時，影展已在無法延期的情況之下，早於十天之前宣告閉幕；但蘇俄電影界仍然熱烈歡迎胡蝶與周劍雲夫婦的抵達；莫斯科的報紙均以重要地位刊出了胡蝶的照片及一切動態。十三日晚間，蘇俄對外文化協會並以盛宴欵待胡蝶及梅蘭芳，祝賀二人在藝術方面的成就。

胡蝶演說「男女平等」

胡蝶與周劍雲夫婦及先行到達的攝影師顏鶴鳴，在莫斯科與列寧格勒兩地，停留了月餘之久，原因是等候「姊妹花」「空谷蘭」兩部影片的排期公映。

由於到達已遲，「姊妹花」與「空谷蘭」不

蘇聯對外文化協會歡宴，胡蝶（左）與名導演愛森斯坦（右）中立者為蘇聯駐中國大使館參贊鄂山蔭

及參展，但蘇俄當局仍願舉行一次公開的觀摩，邀請各國代表（包括蘇俄代表及其他各國代表之未離去者）及蘇俄的電影界、藝術界人士共同欣賞。

按照習慣：大規模的讌集必須在一星期之前發出請柬，因之「姊妹花」一片直等到三月二十四日纔得公映。

此晚，由蘇俄電影事業總管理處處長蘇密支基、蘇俄對外影片貿易局局長烏善雅維區聯名設宴。蘇俄電影界名導演道夫任科與亞力山洛夫，也出席了此晚的盛會。

程序是先映「姊妹花」，映畢進餐，周劍雲在席間發表了演說，向主人道謝招待的熱忱。繼之，蘇密支基與道夫任科也先後起立致辭。

最後，由胡蝶起立致謝詞，她除了道謝招待的盛意之外，並講到了她在蘇俄所見的女子職業之印象，說出了「一個國家的進步，必須以男女平等為基礎」的感想。語畢，立即贏得了在座來賓的熱烈掌聲，甚至還間以歡呼。

胡蝶演講終了後，又放映了兩部蘇俄出品的短片，纔賓主盡歡而散。

在莫斯科的參觀活動

「姊妹花」的第二次公映，是在列寧格勒的電影廳。而「空谷蘭」則遲至四月二日，胡蝶與周劍雲夫婦重返莫斯科時，纔在當地的電影廳正式公映。

「空谷蘭」的公映，在莫斯科也算是一件大事，儀式相當隆重，電影廳為此而經過了一番佈置，大門上面懸有華文標語，寫着「蘇俄藝術創作人員向中國電影界工作人員致敬禮」字樣，入門沿扶梯兩旁掛着百餘張明星影片公司製作情況及男女演員的照片，胡蝶的個人巨型照片則掛在正中。

我國大使館館員及蘇俄外交部主要官員，以及名導演希萊德洛夫、蒲道夫全及男女演員數十人，都出席了這一次的首映禮。影片開映之前，女主角胡蝶被邀登台，由名導演希萊德洛夫致介紹詞，並以鮮花一束獻與胡蝶，表示敬意。

影片映畢後共進晚餐，蒲道夫全在席間發表演說，讚美胡蝶與其他演員的演技之卓越。最後仍由胡蝶致詞答謝；她在蘇俄公開發表的演詞或談話，一向都說國語，只有這一次是講的粵語，因為担任翻譯的是一位廣東人。

在蘇俄對外影片貿易局安排的招待日程中，

胡蝶、顏鶴鳴與周劍雲會參觀了莫斯科的製片廠及電影學校，欣賞了蘇俄著名影片「恰派也夫」（即在影展中膺選為「最佳影片」者）。此外，還看過國家第一藝術劇院演出的音樂舞蹈劇「巴黎之火」，以及梅蘭芳劇團演出的「汾河灣」。

關於我國平劇的男扮女裝習慣，頗引起一般外賓的疑惑，有一位外賓會向顏惠慶大使詢問：「我不明白貴國演戲，為何不像其他各國一樣由男扮男，由女扮女，却要由男子扮作女子？」

顏大使用外交口吻回答：「這是不足為奇的，譬如縫製衣服本是女子應做的事，但巧手的裁縫還是男人。又譬如烹飪也是女子應做的事，但高手的廚司還是男人。可見無論女子做什麽，總不如男人做得好，我國男扮女裝演戲，也是同一道理。」

當時胡蝶女士也在一起，顏大使作了如上解釋之後，立即回顧胡蝶，笑着對她說：「我這話妳聽了一定要不高興了！但妳演的戲，就比男人好得多。」

顏大使之嫻於辭令，不僅立即贏得了外賓的首肯，連到胡蝶也忍不住莞爾而笑了。

另一引起諧謔的是胡蝶的英文名字 Butterfly（蝴蝶），在俄文就是 Babachika，中文音譯來便變作了「爸爸吃糠」，聽來非常滑稽。而俄文的「祖母」稱呼則是 Babochika，用中文音譯是「爸婆吃糠」，與「蝴蝶」之音譯只差一字。胡蝶一次在演詞中笑着說：「我現在還是爸爸吃糠，將來就要成為爸婆吃糠了。」

從莫斯科到達柏林

西曆的一九三五年（即民國二十四年）無異是國際電影年。先是蘇俄為了慶祝電影事業創立十五週年，於二月二十一日起在莫斯科揭開了「第一屆國際電影展覽會」的序幕。繼之是歐洲的重要國家，為求提高電影水準並發展國際市場，亦有「國際電影會議」之召開，開會地點是德國的柏林，日期則是四月二十五日。再接下來，是比利時以發展農村經濟建設，表現農村淳樸生活與描寫農村綺麗風光為主的「農村電影國際競賽會」，定於七月間舉行。德國也準備繼比利時之後，於九月間在柏林舉行一個國民運動為中心的「運動影片國際競賽會」。

這一連串的國際性競賽消息，給了當時我國電影業以莫大的刺激。適值胡蝶與周劍雲夫婦在莫斯科的任務，業已告一段落，恰巧聽到柏林有召開電影會議的消息，於是經過了一番電訊往返的磋商之後，又打消了倦遊歸國的念頭，而續有德國之行，主要目的是觀光，順便也想探聽一下電影會議的情形。

胡蝶與周劍雲夫婦隨帶着「姊妹花」與「空谷蘭」的拷貝，離開了當時的紅都，坐上了駛往德國的火車，及時趕到了柏林。

「國際電影會議」如期舉行，前一晚，各國出席代表有一次聯歡聚餐，臨時有一位意大利女影星及德國男影星，相繼歌唱娛賓，以助清興。翌日正式揭幕，由大會主席史超而夫致開會辭，他說的是德語，但播音處立即有人翻譯成英、法各種語言，赴會各代表都戴着聽筒，（有如過去上海大光明戲院裝置的「譯意風」）可以聆聽而不致隔膜。

主席詞畢，再由其他各國代表相繼演說，旋即結束了開幕儀式；下午的主要節目是參觀。

會議前後舉行了一星期，每天分組進行，或討論研究，或參觀攝影場及名勝風景，與會者可隨意參加，不作硬性規定。臨時應邀與會的胡蝶與周劍雲，便選擇了參觀的一組。

德國最大的片場烏發公司，另一規模較小的吐別士公司，都是胡蝶與周劍雲參觀的目標。

胡蝶在德國柏林街頭

參觀「烏發」攝影場

胡蝶會兩次參觀了烏發公司，一次是由使館備函介紹，另一次就是參與會議代表的行列。

當第一次參觀烏發公司的時候，得悉該公司還兼營着代理發行美國片業務；胡蝶與周劍雲夫婦進入該公司配音室的時候，看到好多人正在為「金銀島」一片加配德語對白，童星賈克古柏（Jackie Cooper）在片中所說的話，係由另一德國小童代講德語。

烏發公司派出了幾位高級幹部，歡迎胡蝶、與周劍雲夫婦的蒞臨，參觀完畢後並以茶點招待，最後還請胡蝶講了話，以備在電台廣播；程序是由主事者發問，胡蝶作答，並由精通德文的曾垂祺譯成德語。

當錄音時，主事者所說的開場白大致如此：「今天，我們攝影場裏來了一位美麗的東方佳人。是誰？來自何處？告訴你們：她就是中國的葛萊泰嘉寶——電影明星胡蝶女士。」

這以下便是賓主的問答，問題當然離不開歐遊的印象，以及中國電影的概況之類。

最後主事者問胡蝶：「妳會說德語嗎？」

「會！」胡蝶答覆，她把剛學會不久的一句德國話說了出來，意思就是「謝謝！再見！」

吐別士公司則規模較小，大

部份營業是以代獨立製片機構拍片爲主，並無什麼特異之處。

孔雀島上孔雀開屏

胡蝶與周劍雲夫婦到達柏林的次日，就有許多新聞記者聞風而至，跑到旅館裏去訪問胡蝶，同時提出了是否將出席電影會議的詢問。

國際電影會議雖以「國際」爲名，實際上僅以歐洲爲主，這一個會議且純是專家討論性質，與一般性的影展不同，所以胡蝶與周劍雲夫婦抵達柏林後，並沒有參加會議的打算。可是消息一經報紙揭載後，國際電影會議就送出了請帖。在主會的盛意邀請之下，胡蝶與周劍雲抱着「求知」的心情，作了爲期七天的會內外周旋。

在開會期間，除了參觀片場之外，還會到過博物館、水族館、動物園、游藝場等處。

我國駐德公使劉崇傑的夫人，曾送了一只自動攝影機給胡蝶，胡蝶就在這一個時期學會了攝影術。過去，胡蝶一直是被獵取鏡頭的對象，現在她也能在游踪所到之處一試她自己攝影技術。

胡蝶所最感興趣的是逛了一次孔雀島，此島遠在柏林郊外，坐了兩次駁船及一次汽車，方始到達目的地。

孔雀島就像一個大花園，裏面豢養着許多孔雀，大大小小的不計其數。孔雀見了遊客，絲毫也不畏懼，遊客投以食物，孔雀便走近來啄食；開屏之時宛如展開了百十面錦繡畫屏，蔚爲奇觀。

胡蝶除了在孔雀開屏之前留影以外，她自己也拍了不少孔雀開屏的照片，宛然也是「雀屏中選」了。

孔雀爲胡蝶開屏

與梅蘭芳再度相逢

帶到柏林的「姊妹花」與「空谷蘭」兩部電影，結果在選擇之後，僅將「空谷蘭」一片推出公映。

首映禮是由中國留德學生會出面主辦，時期排在「國際電影會議」結束的一天晚上，電影院是租賃性質，當晚應邀莅場的來賓達三千餘人，首先由學生會主席登台致詞，然後介紹胡蝶女士與來賓相見，胡蝶約畧報告了一些國內建設及電影事業的概況，並向來賓致謝詞。

放映完畢後，許多久居海外的僑胞被劇情感動得流下了眼淚，也赢得了一般來賓的驚詫與讚美。

這時候，梅蘭芳也在莫斯科演畢而來到柏林小游，與胡蝶及周劍雲夫婦又在異域重逢。

胡蝶和梅蘭芳在柏林再度相逢，圖自右至左爲劉崇傑、胡蝶、劉夫人、梅蘭芳合影于駐德公使館

胡蝶在柏林逗留的一段時期，參觀、游覽之外最忙的就是簽名，所到之處不論是飯店或娛樂場所，都有人送上一本一本的嘉賓題名錄，請求胡蝶留名其上。形形色色都有，堪稱笑話百出。

（未完、待續）

Walker

獲架嘜
男裝涼鞋

大人公司 平價市場 人人百貨

大方公司 來路鞋公司有售

本刊已向香港政府登記

定價每冊港幣壹元

大人

大风堂女弟子以沅

論天下大事
談古今人物

第十三期

仙掌雲生圖　大千居士戊申年畫　定齋藏

大人 第十三期 目錄

一九七一年五月十五日出版

封面：張大千畫觀河圖　封面內頁：張大千畫仙掌雲生圖
鉅幅插頁：明杜瓊畫萬松山圖（定齋藏）

大人

每逢月之十五日出版

出版及發行者：**大人出版社有限公司**
督印人：**王朝平**
編輯者：**大人雜誌編輯委員會**
總編輯：**沈葦窗**
社址：九龍西洋菜街三號A
即彌敦道六一〇號後座
電話：K八五五七三〇
印刷者：**立信印刷公司**
九龍新蒲崗伍芳街緯綸大厦十一樓
總代理：**吳興記書報社**
香港租庇利街十一號二樓
電話：H四五〇五六一
H四五〇七六六
星馬代理：**遠東文化事業有限公司**
新加坡廈門街十九號
檳城咨田仔街一七一號
泰國代理：**集成圖書公司**
曼谷耀華力路二三三號
越南代理：**聯興書報社**
越南堤岸新行街二十二號
其他地區代理：
澳門：可大文具店　漢城：汎亞書籍公社
亞庇：利民公司　寮國：永珍圖書公司
千里達：中華公司　斗湖：光明書店
菲律賓：華安書局　菲律賓：玲瓏書局
倫敦：東寶公司　紐約：友聯圖書公司
芝加哥：杏林春　紐約：友方圖書公司
波士頓：中西公司　洛杉磯：永安堂
三藩市：新生圖書公司　檀香山：大元公司
三藩市：益智圖書公司　三藩市：文化商店
加拿大：香港商店　加拿大：新國華公司

懷念張大千兄

李璜

予与大千相識於三十年前蘇州網師園其時予姊夫張真如頗過上海真如与善子交厚因約予同赴吳門訪善子觀其畫虎時大千為其兄招待來客甚殷見予並不習与活生生之猛虎周旋於几案特約予出吃紅燒蹄肘惟味過甜殊不可口予謂他日過成都當以家製東坡肉享之　直至十年後大千在成都展其敦煌畫稿始得邀至予家茶餞其約大千飽食之餘令備紙筆予出所藏清宮長鋒狼穎大千得心應手為予寫竹窠長卷盖仿管夫人筆意工甚惜在成都危時倉皇出走壁間所懸大千傑作暨徐悲鴻之馬呂鳳子所畫之春色三分二分塵土一分流水三幅皆未及取下至今痛之　丁未之春大千再過香港予適病入醫院未及晤談聞已暢游歐美日本後歸巴

西經營園亭念之因於病中寄以小詩云鄉思新來切朋情別後長雲低春日薄海闊暮烟蒼奮翮三洲遍攤書斗室藏無心存去住野興樂耕桑人間來浩劫得失更何論聞大千先生患瞎多病身為累無求道自尊洲南聞苦雨葉大可圍村荊點竹窠卷長留勁節痕未久大千忽自巴西郵寄予一長四尺餘之山水直幅題曰可以橫斷峨眉峰意有以慰予之鄉思缺去年初春予再赴美聞大千寓加州名山杏花叢裏大有春雨江南之樂惟以休息不常至金山故予亦以交通十分艱難未得往聆聞大千喜聽京調自遣因將予所攜之霸王別姬與楊門女將兩錄音帶託胡君轉致之日昨大千復展其近作於大會堂老筆已臻化境大人雜誌囑書數言為述予與大千交情如右

張大千先生畫展觀後書感

大千先生法繪，獨步當世，此次在港展出其近作，盛況空前，在港諸書畫名家已先後讚譽。余於畫法，所知甚少，何敢再贊一詞；惟先生知友慫恿以一般忻覽者之見地，述其所感，爰贅數言，以諗大雅。余以謂無論民族與個人，其藝術天才之造詣，至登峯造極時，必然求變，惟變始能超越本身之成就，而另開一新方向、新境界，以發揮其天才，而促進藝術之進步，此無論古今中外文學與美術，皆是一理。舉中國文學與繪畫爲例，唐詩之後有宋詞，宋詞之後有元曲，元曲之後有近代之戲劇與小說。繪畫則由唐宋之寫眞狀實，變而爲後來之寫意傳神，西洋之畫法則由刻意求似之寫實派，變而爲印象抽象，以及各種新派，此皆由於原來宗派發展至極限，欲求超越，必開新境也。大千先生之畫，繼承中國八法傳統，並不以自限而自闢新蹊，早已超越前人，但其畫法發展至極度，又感極限不能作自我之超越，爰於近二十年來，漫游歐美，多歷名山大川，與舉世之名畫家游，觀摩作品，上下議論，於是其畫法再變，而其卓絕天才，復得發揮之新契機，而超越一切矣。其新作最近展覽於香港大會堂者，無論山水人物，花鳥蟲魚，其布局用筆與着色，均變原來作風而高標新格，不知者或疑爲大師亦趨鶩時尚，其實大千先生以天縱之才，不肯局限於成法而變化求新，另闢天地，乃循藝術發展之常軌，無可疑議也。尤爲難能者，綜觀先生之新作，元氣磅礴，彩墨淋漓，狀物寫景，脫略形迹，而愈見神似，其作風與氣魄，實睥睨古今中外一切畫派，獨立當世，允爲我中華民族及先生個人藝術天才最高之發揮與造詣。宜乎展覽新作之日，全港之文人學士，富商鉅賈，乃至委港市民，大衆奔走相告，麕集會堂，縱其觀賞，惟恐不及也，嗚乎盛矣！余於拜賞之餘，謹祝世界眼科醫術進步，使此不世出之大師，早復目力，更多創造，使世界藝壇更放光明，則不獨大千先生及其友好門人之私幸而已。

中華民國六十年初夏於奉安復升觀後敬書

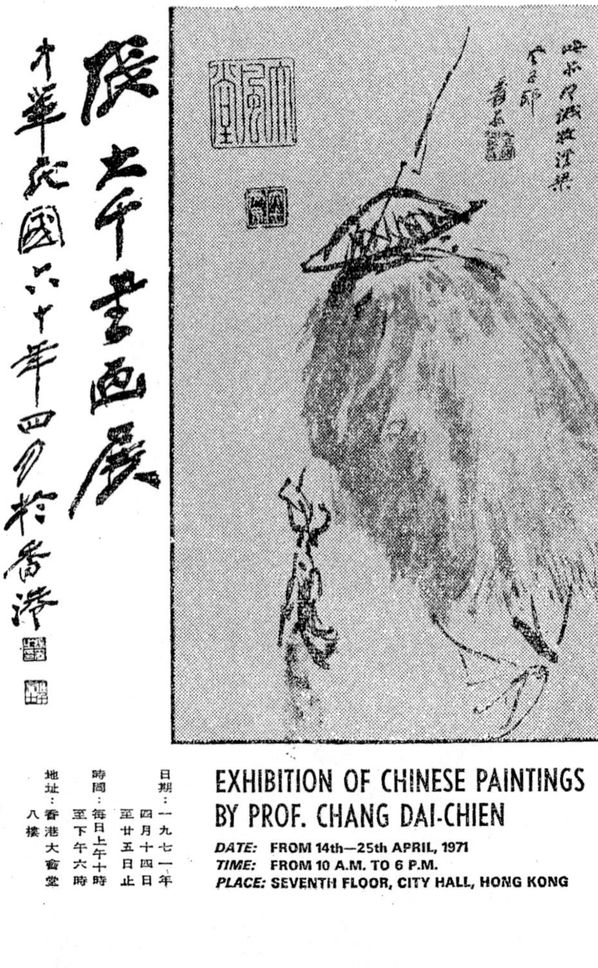
張大千畫展
中華民國六十年四月於香港
日期：一九七一年四月十四日至廿五日止
時間：每日上午十時至下午六時
地址：香港大會堂八樓
EXHIBITION OF CHINESE PAINTINGS
BY PROF. CHANG DAI-CHIEN
DATE: FROM 14th—25th APRIL, 1971
TIME: FROM 10 A.M. TO 6 P.M.
PLACE: SEVENTH FLOOR, CITY HALL, HONG KONG

張大千畫展海報、大受歡迎、爭購一空

大千畫展後記

·編者·

譽滿國際之名畫家張大千自本年四月十四日起，至四月二十五日止，假座香港大會堂八樓畫廳，舉行一連十二天之畫展。大千居士近年自病目以來，不能再如從前那樣作細筆畫，但他確能如張岳軍先生所說之「自出機杼，大筆淋漓，縱橫自如，筆到趣成，」由其至好李祖萊伉儷主持一切，弟子孫雲生由台來港，任度支收發之役，可謂「有事弟子服其勞」矣！

二十年來，大千居士之畫俱由麥泉裝幀，此次則分爲三部份，一部份由麥泉裝裱。一部份爲日本裝璜，連軸並畫，外裝木匣，並由大千親自在木匣外題簽，作爲標識，畫軸亦屬定製，上有「三千大千」字樣，裱畫之錦亦屬定織者。另有鏡框多件，宛然畫在玻璃之上，此等畫本屬畫在大冊頁上，覆以不反光玻璃，因此望之好似蒙上一層保護色，由華彰裝幀。

展出畫件見於特刊者共四十三件，由於第一日即售出十分之八，

大風堂女弟子侍師合影，時在中華民國三十五年丙戌十二月。後立者自右至左郁慕雲、郁慕蓮、郁慕娟、郁慕潔、侯碧漪、郁慕貞、葉名珮、吳浣蕙、張嘉德。傍大千居士而立者為李氏幼女。（費子彬夫人侯碧漪女士珍藏）

主持人乃臨時將前次星馬畫展中未及展出之畫件十二件加入，即席標價，亦復預訂一空，造成搶購現象，足爲本港畫壇生色。

顧青瑤大家昔爲上海女子書畫會重鎮，今爲香港書畫名教授，顧維鈞大使亦列門下。幾於間日即率女弟子輩到會，指點畫法，解釋畫理。並曰：此活的課本也！又曰：不意今日重見張大千畫展在上海時期之雄風，欣喜何如！

此次畫展，有藏家購畫者婉拒攝影，故會場內張貼「請勿攝影」字樣，若干拍友，大失所望！但因本港南華印刷公司將全部展出之畫彙成一冊，印刷精美，觀衆都人手一冊，會畢以後，尚餘少數畫冊，將由本刊總經銷吳興記書報社獨家經售。

畫展第七日，大千特從美國再寄到名作五幅，爲「黃山圖」、「芍藥」、「綠野行吟圖」、「峨嵋金頂」、「瑞士小景」，先後爲識家爭購。大千自長途電話中聞之，爲之掀髯大笑！

此次畫展中訂畫數字最高者爲劉香記夫人，被稱爲十二萬名畫「新晴」，即爲劉夫人所得。訂畫件數最多者爲定齋主人，計有「荷」、「春山細雨」、「紅蓮」、「仙掌雲生」、「嘉蔬」、「菌」等六幅，黃宏光先生並以「芍藥」一幅贈主人，共得七幅；其中「仙掌雲生」一幅，溶潑墨與工筆於一爐，色澤古雅，層次井然，請求轉讓者大有人在，與「紅蓮」圖，並爲全場突出之作。本期封面內頁，特爲選刊「仙掌雲生」圖，原畫神采奕奕，印件中祗能表示大概，固未能從此窺見其全盤精彩也。

畫展中之海報，選自畫冊第一號「歸漁圖」，隱寓漁翁得利之意，每幅五元，備受歡迎，畫展第十二日，全部售罄，有某君甚至要求購買張貼在大會堂公告欄中之一紙，比見大千畫藝受人愛好一斑。

胡惠春賞鑒家特定字幅一條，其中多着一「五」字，惠春指而笑曰：「此類乎錯體郵票也！」，此次畫展中，內家十九訂件，惠春而外，徐伯郊、王南屏、燕笙波諸君紛紛定件，或曰：「此內行捧場也，猶之梅蘭芳登台，不但前台滿座，後台亦站滿了內家一般無二。」

此次大千畫展，成績圓滿，應向主辦畫展之李祖萊伉儷致賀。賢夫婦不負老友所託，予病目之張大師以最大精神鼓勵，使大千知在香港尚有如許知音，喜愛其作品，任憑其有何疾病，均將一掃而空矣！

大人小事

陳存仁

張大千 鬍子雅謔

三十年前，張大千已經有美髯公之稱，鬍子長得很美，朋友們相聚宴飲，常把他的鬍子作爲談助。

有一天和許多藝術家聚晤，一位女畫家忽然說：「十個鬍子九個騷。」一位男畫家素有凸眼病則說：日本有一個畫伯，他的長鬚一直可以和下面相連接，這是長壽之徵。這樣的接一連二打趣鬍鬚，大千聽得不耐煩，就開口說，我也講一個故事。大家久仰大千講笑話是有名的，於是凝神而聽。大千說：「張飛和關公去世之後，張飛的兒子張苞，和關公的兒子關興，兩人常常互相爭執，張苞說我的父親勇冠三軍，在壩陵橋前眼睛一瞪，大喝一聲，連壩陵橋都被他喝斷。關興聽了，接着說我的父親，人稱爲美髯公，比你父祗會彈眼碌睛斯文得多，兩人正在爭吵不休時，關公在雲端裏聽到了，不覺大怒，立即顯聖在他們面前，怒斥他的兒子說：你何以不講講你老子當年斬顏良，誅文醜，過五關，斬六將的故事，如今祗講你老子的鬍子，眞是不肖之子。」大家聽了，回味一下，不覺啞然失笑。

被稱爲美髯公的張大千近影

孟心史 吃炒圈子

史學家孟森（心史）是近代傑出人材，他做過申報主筆，「東方雜誌」編輯，我因爲看到他寫的一篇短短的「董小宛考」，甚爲精警，他考証董小宛在襁褓之中，等到順治長大到十五歲時，董小宛已香消玉殞。所以這段故事，完全是民間傳說和戲劇故事的附會，這段小品文字，震動一時，我在東方雜誌補白中見到的。

孟心史常州人，和我的國學老師姚公鶴是同鄉，常在姚師家中躺在烟鋪上閒談，最喜歡談男女之私，而且時有妙論，他說優生學上最特出的傑作，就是私生子，中國的萬世師表是私生子，外國某一個宗教的偶像也是私生子。還有幾個開國之君，如秦始皇等，都是私生子。那時節胡蝶與梅蘭芳到莫斯科去，孟心史說：最好這兩人養一個私生子，便是上帝的傑作了！諸如此類的笑話，常常要談一兩小時，令到聽的人捧腹絕倒。

有一天，孟心史要我陪他到老正興（本地菜館）去吃飯，他點了「炒圈子」等三個菜，所謂「圈子」，即是猪的大腸，一段一段切成圈子形，加料炒成，是上海菜館中的名菜，他一面吃一面又說了許多笑話，他說：「存仁小老弟，你怎麽祗聽不講？不會講笑話，就失掉人生樂趣」。

我說：「有老前輩在座，那有我講話餘地，你既要我講，我就講一段笑話吧！」我就接着說：「上海有一個以賣咳嗽丸起家的人，名氣大得很，他有五個兒子，都學有專長，有一個女兒嫁給一位西醫黃益壽，生意清淡得很，無奈問計於岳父，有什麽方法能打開業務？岳父就對他說，做醫生應該有一門專長，祗要對某一項病症處理得好，就可以生意滔滔。你現在可以做一個專科，就是專割包皮（此間稱作外皮），這是若干男性的通病，你一面發廣告號召，一面要將割下來的包皮，浸存在大玻璃瓶，放在櫥窗內以廣招徠。割包皮是很簡單的手術，他一登廣告之後，居然有不少人聞風而至，竟然門庭若市。不久，他的診所中就放滿了一圈圈的包皮，用火酒浸了八個大玻璃瓶之多。

一天，黃益壽到上海菜館裏去吃飯，別人點了一個「炒圈子」，那請客的朋友就調笑着說：「這盤菜就是你的傑作，不妨試試，」黃益壽聽了大窘！我說到這個時候，恰巧孟心史夾了一塊圈子放進口中，聽了我這段笑話幾乎把圈子吐出來。他說：「你這個笑話，眞是惡作劇。」

劉半農 徵求國罵

五四運動以後，白話文有長足進展，北大教授劉半農（復）筆鋒最健，罵古文是死人的文學，白話文才是活人的文學。林琴南寫的小說，是桐城派文章的借屍還魂。這個說法，轟動一時。他提倡一種『俗文學』，認爲文字越通俗越好，而且在北京晨報副刊上，登了一段徵求『國罵』的啓事。先徵求全國各省各縣市的地方性『罵人』的語詞，然後蒐集起來選出一種最通行的語詞，稱作『地方罵』和『國罵』。

這種徵求方法很新奇，大家感到異常的興趣。當天語言學家趙元任博士跑到劉氏宿舍裡，進門就把桌子一碰，指着劉氏大罵『他媽的，你這個小子眞無聊透了！』接着就操着安徽話罵他『××××』，湖南話『××××』，四川話『××××

』，大罵了一陣，拂袖而去。接着周作人也來了，一口紹興話：『仰東入×』，罵得劉氏啞口無言。後來劉半農去上課，一個寧波學生也指着他罵「娘×匹」，一個廣東學生跟着就罵「丟那×」，劉半農覺得這事未免過火，深悔多此一舉。

事後胡適之勸他，現在國語運動剛剛展開，你來一個「俗文學」的罵人語彙，勢必騰笑士林，後果堪虞。劉半農這才偃旗息鼓，沒把徵求到的罵人語詞彙編成冊。

張競生

性史內幕

張競生算不得是文學家，那時節他在北大教書，藉藉無名，他認爲劉半農的徵求「國罵」很有趣，不覺技癢，也在晨報上刊出一個徵文啓事，徵求各人的性生活史料，名爲「性史」。這一個徵求，比劉半農徵求國罵，更爲轟動。胡適之已經反對，蔣夢麟更期期以爲不可。徵求的結果，得到稿件祇有三四十篇。有一個北大學生金滿成，化名爲小江平，應徵了一篇「董二嫂」，寫得最爲精彩，張競生不顧一切的印成一本三十二開的小冊子，約一百餘頁，當時祇印二千本，一掃而空。但是在北京的報紙上，讚的讚，罵的罵，已經遍傳各地。

那時節最初寄到上海的性史不過十本，出版家沈松泉拿到一冊，不管三七廿一的，就在上海翻版出售，初印五千冊，不過三四天，全部銷清，沈松泉於是和派克路光明印刷所約定，日夜趕印，我那時節正在辦「康健報」，向由光明承印，印刷所老板對我說，從現在起因爲要趕印一種書，所以將一切原有書報，完全停印，介紹我到別家印刷所去排印。後來我才知道趕印的就是「性史」。究竟一共印了多少冊我不知道，但是我約畧計算過，光明印刷所日夜開工連印一個月左右，機器才停下來，印數之大，可想而知。

上海商人翻印這本書發財的消息，不久傳進張競生耳裏，他聽了也呆了。不久，租界當局禁止出售性史，京滬報章紛紛攻擊北大有損校譽，蔣夢麟一怒而把張競生請走，張競生想北京既不能存身，若是到上海去一定可以發財，於是便到上海四馬路開設了一間「美的書店」，上海捕房一再對他控告搜查，實際上他非但沒有發財，而且欠下一身的債，住在法租界薩坡賽路豐裕里，我見過他幾次，覺得他憔悴不堪，而且還有隱疾，不久連妻子都和他離了婚。

後來他到杭州教書，又被浙江省教育廳趕走，於是回到福建某處去，多年沒有他的消息。

我在一九六七年買到一本內地出版的針灸書，是法國針灸家的原著，上面刊着「張競生譯」，我才想到張競生原是法國留學生，所以能譯法文書，由這本書看來，四年之前他還是活着，計算起來，這時他的年紀一定超過七十，可能接近八十歲了。

神經六

辱華真相

羅克，此間稱作「神經六」，二月前逝世，他留在中國人腦海中的印象，就是一部所謂辱華片「不怕死」。但是這部片子，是否辱華？許多人都不了解。我在洪深鬧事之前，被邀看過一次試片，正式放映看過一次，鬧事之後，又看過一次，辱華與不辱華？當是中國人的固執見解，認爲凡是片中有拖辮子的中國人，必然是辱華。至於映出中國人吃鴉片和綁票之類，認爲辱華更甚。實際上美國片也常描寫美國的强盜，美國人吸毒、販毒以及各種放蕩無度的性生活，何嘗不可以說是侮辱自己國家？至於英國片更多描寫盜劫，義大利片常常刻劃出荒淫無恥的鏡頭，大家看慣了，又何嘗說是侮辱呢？

最近楊傳廣在一部美國片中演出，扮演一個囚犯拖着一根辮子，在監獄中鬧事，我們看了，也已經見怪不怪了。

上海大光明戲院，是由高鏡清集資創辦，担任廣告宣傳的是小說家周瘦鵑，瘦鵑和我很熟，試片就是他邀我去看的，因爲這本戲全部劇情，是羅克有一個未婚妻，給車子撞斷了一根腳踝骨，送入一間醫院，醫生主張要把腳鋸掉，該女郎堅執不肯，有人告訴她，三藩市唐人街有一個姓黃的老中醫，擅長跌打骨科，斷骨可以接駁，不需要鋸掉條腿，所以羅克就陪了她由洛杉磯到三藩市就醫，那知道那位姓黃的老中醫，已被華人匪類綁架，羅克就以不怕死的精神，深入匪窟，這匪窟是在一間賭塲的地下室中，拖辮子的中國人就在賭窟中出現，同時還有些人一榻橫陳躺着吸鴉片，當然還有許多賭錢的背景，羅克就從這段經過中，演出許多滑稽驚險的動作，結果竟然把黃姓中醫救出，爲他的未婚妻醫好了腳骨，那女郎便和羅克結了婚。

這一段劇情，反映出中國醫學技術的高超，我認爲這本影片的命名，應該是用「中國醫學在美國的光榮」，瘦鵑說：「你的意思是對的，可以把發揚中國人醫術，來抵銷影片中華人匪幫的醜態。但是影片的名稱以三字至五字最爲適當，你這個戲名字數太多，而且沒有生意眼。」最後就由盧蒔白題了「不怕死」這三個字，意思是指羅克有深入匪窟的不怕死的精神。

後來洪深一鬧事之後，報紙也跟着猛烈的攻擊，認爲外國人以不怕死的精神來侮辱中國人，中國人就變成不怕死的陪葬者，瘦鵑也說這個名字題壞了，但已無法挽救了。

大光明戲院當局，並不因爲洪深的鬧事而停演，依然每日三塲放映，看的人擁擠得很，洪深這樣一鬧，反而爲這部電影做了反宣傳。

洪深鬧事後，出足風頭，結果還上公堂，被判罰欵一元，他的罪名是擾亂公共秩序。於是又引起各階層的愛國運動，抵制不再進入大光明戲院看電影，那時節上海特別市黨部主管文化宣傳的是陳德徵，他有權刪除報紙上的文字和廣告，結果把大光明的廣告列入「永不刊載」之列。於是大光明換片之後，廣告再也不能在各報刊出了。大光明戲院從此賣座一落千丈，半年之後，院主高鏡清抑鬱成病，不治逝世。

王貫之哀辭

錢穆

三月六日下午三時，香港來一電報，驚悉「人生」雜誌創辦人王道貫之逝世。我立刻通電話轉告恢子廓。他是「人生」初期萬分困難之際追隨貫之同嘗辛苦的一人。子廓來，我夫婦和他三人相與悲歎之餘，雜談貫之生平，以及「人生」前後各事，無大無小，迄晚始別去。

因念「人生」除港臺外，遍銷南洋各埠，以及歐美諸邦。貫之辦此刊物，以宣導中國文化為主旨。二十年來，凡讀「人生」者，無不於中國文化抱深情，於貫之個人致敬愛。我七年前去南洋，「人生」讀者，與貫之識與不識，無不和我談起。三年前遷居來臺，尤其是三十到四十的中年人，和我談起「人生」，談起貫之，並說他們為學做人，因讀「人生」而感發興起的，更非少數。我曾為「人生」寫過一篇以文會友的文章，我想港臺各地，關切貫之，為貫之精神上的朋友的人必多。他的哀耗，我無法遍為通知，因寫此哀辭，俾與關切貫之的朋友們同伸悼念。

貫之一生，自幼至老，嘗盡辛酸，備極艱困。而貫之始終奮鬥，抱志不懈。在民國四十七年九月，「人生」第十六卷第一八八、一八九兩期，貫之有一篇題名「隱痛」的長文，備述其前半生的經過。貫之的文章裏，曲折委婉，條訴縷述，真是一字一淚，一字一血。把淚血交灌，來寫述此人生稀有之悲慘，而寫出一篇最純淨的性情至文。

待到貫之十一歲，始進入鄉間的高初級小學。校長陳清如，貫之文章裏稱之為清師。自稱在他幼年，在清師身邊，始獲得了他心靈上的安慰，和心智上的啓發，那是他生命之轉捩點。

他進入中學，在畢業前一年，他聽受了清師勸告，未及領取畢業證書，便匆匆離去他家鄉永春。本要投考軍校未果，遂轉輾在軍隊黨部裏工作。以其間回了家七次，結婚了兩次。和他共同努力「人生」業務的醒園女士，那就是他的後妻。

以上他前半期的生命，則全寫在他那篇「隱痛」長文之內。他自離去大陸，曾去過菲律賓，轉到香港，我們始相識。貫之有意辦一刊物，梁寒操先生是他抗戰時期在重慶的老上司，其時在新亞義務授課，我因和他聯名亞洲基金會，為貫之請得了一筆津貼，「人生」雜誌由此開始。

貫之以極奮發的熱忱，來運用此極低微的津貼，他除每期必自撰稿外，編輯、校勘、印刷、發行一切事務，都由他夫婦兩人分擔。還有餘欵，不少當時的流亡智識份子，蒙邀約，參加工作，而獲得了救濟。貫之的全部精力和全部活動，則都放在「人生」一刊物上。無交際，無應酬，無娛樂，無休息。節衣縮食，過着最清苦的生活。他在「隱痛」文裏說：自他父母和清師的去世，對身外一切，就看得很淡。到四十歲以後，更漸漸省悟到身外一切，對於我之所以為我，實無甚增損。他寫「隱痛」一文時，已是五十歲。他說：駁雜的生命，已漸趨純淨而堅定了。他希望他自己，會更堅强，更有力，來擔任此一份任重道遠的人生擔子，時代擔子，與歷史擔子。

「人生」的津貼，延續了幾次，終於停止了。但貫之仍想繼續出刊，不少同情「人生」器愛貫之的人，遠自各地，不斷予以援助。如加拿大的詹勵吾先生，在美國的顧季高先生等，均絡續寄欵支持。直到最近，貫之已在病中，尚勉力為「人生」二十週年紀念出專刊。來信索稿，他知道我事冗有病，要我在正校對中的朱子新學案中抽一篇寄他。我勸他勿求急成，未寄稿去，而此期專刊已在本年二月十六日出版，貫之亦即在三月六日辭世，前後相隔只十八天。

他在此期專刊之首頁，寫了一詩，那應是他病中之絕筆。詩中有云：

文章性情，教化所在。會友輔仁，忠信敬愛。心所同然，聲應氣求。成非獨立，功仗羣謀。

這是他辦「人生」雜誌二十年來，常在心上、口上、乃至常常寫在紙上的幾句話。又說：

時有盛衰，道有顯幽，盡性至命，不怨不尤。

這是他二十年為「人生」一刊物歷盡艱辛後之自道心境。又說：

蓽路藍縷，我車不駕，任重道遠，敬待來者。

這也是他多年來常和我談及的一件心事。他此詩成，先以寄我，我雖知他有病，又疑心他病情不輕，但看他能吟此長詩，認為他神智清明，只戒其儘量作休息，而不料其遽此永訣。此詩末後這四語，則成了他的詩讖，及今再一追誦，真是感愴無已。

我和貫之，相識二十年。雖此幾年來，各別一方，但終是相聚時多，我不失為貫之後半期生命中一相識較深的人。及今回想貫之始終視我如師，而我並不曾直以弟子待貫之。此層迄今回想，轉成我對貫之一歉衷。在「人生」上，我雖亦有過不少文章，但究是專為「人生」而寫者並不多，多的是貫之日常注意來向我索取。此一層，又成我今天對貫之一歉衷。良朋云亡，追溯莫盡，我最後對貫之的這番歉疚不僅不能親告貫之，並亦不能在貫之畢生心愛的「人生」上發表，人生缺憾難補，嗚乎，悲哉悕矣，夫復何言。

隱痛

——追念生養我的父母——

王道

王道（貫之）先生是文化界的一位鬥士，在香港創辦「人生」雜誌，歷二十年，不幸病逝，同深悼念。本文爲其遺作，至情至性，特徵得王夫人醒園女士同意，全文刊載以紀念已經度過的母親節，和迎接未來的父親節。

（一）

我一生無可奈何的隱痛，是開始在我五歲時，我父母以一百元的身價，將我賣一半給同姓遠房的伯父母。貧而鬻子，在當時我的左右鄰鄉，並不算得一回事（註一），可是我的父親却因此而瘋了好多年，我的母親亦由此而終身唸佛。

我至今還記得很清楚：那是在我到伯母家裏不久，伯母常是神色驚惶地告訴我：「趕快躲起來，你的瘋父親又來了！」一面說，一面便慌慌張張地拖着我躲起來，有時匿在柴草堆中，有時蹲在穀倉裏，有時伏在床帳後面，接着聽見父親和伯母吵鬧。有一次，我聽見父親大聲叫喊：「我的兒子只賣給你一半，我要斫一半回去！」聲音凄厲，我在帳後怕得一直發抖，父親去後，我看見伯母也嚇出滿臉大汗，她說我父親似兇神般手裏拿着一把斧頭。

自從這一次之後，父親極少到伯母家裏。聽說被堂兄們把他鎖在房間裏，但父親却常是踢開門，或從窗口跳出去，跑到深山中露宿，有時二三日未曾回家，累得幾位堂兄遍山亂找，常發現他在荒塚中睡覺。聽說我母親日夜飲泣，我又吵着要回去看母親（這是我到伯母家初期常常哭鬧的事），伯母不肯，她說我父親會眞的把我斫成兩半。我要伯母去請母親來，伯母初時不答應，後來我哭鬧得很兇，不喫飯，伯母纔答應去請。不久，伯母回來了，我母親却不見同來，伯母對我說：「你母親並不怎樣關心你，叫你也不要記掛她，她很忙，一早起來，就要挑水、煑飯、洗衣服、做針線、還要照顧你的妹妹，整日忙不完，那得有空來看你，……她叫你要乖乖地聽伯母的話，不要一直想回去……」我聽了非常失望，一直哭到深夜。伯母百般溫慰，問我喜歡喫什麼糖餅，明天就託人到街上去買。

伯母待我，眞可說是珍愛疼惜到無以復加，除了不願意我和生身的父母親近，無論我開口說什麼都是千依百順，只要我喜歡喫什麼，凡是鄰右借得到的，市鎮上買得到的，無不千方百計去張羅得來。我記得當時最喜歡喫的東西，一是花生、糕餅、麥芽糖，這是要託人到近十里的蓬壺鎮去買的；二是冬筍（自己山上有），雞蛋（家中沒有，則向鄰家借），猪腰和精肉（每逢鄉裏宰猪時，就有我的份兒），這在別家的孩子們是除了過年過節，便很難喫得到的。因爲在我這一小鄉裏，絕大多數的人家都是貧苦不過，而且多數是兒女一大羣，每日三頓稀粥鹹菜尚顧不來，那有閒錢給孩子喫糖喫肉。所以伯叔嬸婆們都說我生得好命，小孩們更是對我羨慕不置。我也就這樣漸漸地安定下來，不再鬧着回去看母親。祇是心血來潮時，常會追問伯母：「我母（當時對父親覺得很懼怕）和哥哥妹妹，爲什麼不來看我？」

這樣過了一年多，伯母和鄰居們都不曾在我跟前談起我父親和家裏的事，我亦似乎淡忘了我的生身父母，淡忘了我所自出生的家，直到我七歲初進私塾時，纔聽說我父親，有一次瘋性大作，竟把古德院的佛像都毀壞了，這是四鄉五姓所公有所尊奉的古刹，毀了佛像，動了公憤，是比犯了人命案更爲嚴重幾多倍，害得我母親到處磕頭求饒，算是五姓的父老們同情瘋人，體諒我家貧窮，僅罰我家重塑一尊金身，其餘佛像係由五姓捐募公欵重塑。但就這樣，已把我一家大小七口所賴以度活的一點田地都賣光了還不夠，還要東借西湊，纔得塑造完工。如此一來，我家眞是到了貧無立錐之地！那時候，大哥在南洋臥病，很久沒寄錢回家，三哥僅十二歲（二哥在我四歲時已病故在南洋，四哥生纔幾個月就抱給城裏孫姓），家裏還有一位大嫂一個姪女和兩個妹妹，父親自發瘋後又不能耕作。到了我稍懂人事的時候，我眞不敢想像這一家大小七口當時是怎樣捱活過來。

我讀那間私塾，就在古德院。聽說過去有不少科甲中人都在這古德院讀過書，朱夫子和陳休齋也曾到過這裏（註二），朱夫子所寫的「鳶飛戾天，魚躍于淵」八個木刻大字的對聯已經損壞，董其昌的題字不知被什麼人偷去了，而今正殿上還掛有張瑞圖所書的橫匾「旃檀林」。我入塾不到幾天，有幾位年齡較大的同學，常常含着譏笑的神氣，叫我做「玉皇大帝的兒子」。我聽了莫名其妙，回家來問伯母，纔曉得我父親推倒古德院的佛像時，曾經高踞在佛殿上，自稱爲玉皇大帝、如來佛。這一樁事像蟲在

嚙着我的心靈，使我又非常想念我母親。有一天，未曾徵求得伯母的同意，藉着上學的機會，就偷偷地跑回家裏。

我生母的家在北山腰之竹林兜，伯母家則在南山之麓，相去不及半里，住在對山之人，有事時可以呼嘯相應。兩山之間的低凹處有梯田數十畝，梯田間有一條石徑，是東出鰲峯社，西下蓬壺鎮的通途。古德院在北山之麓，距石徑不過百餘步左右，右邊有一條小澗，前後有數十株參天古木。由古德院右側越過小澗，爬上一山嶺，穿過竹林，便到我生母的家。當時我很慌張，生怕給人看見，又怕碰到瘋父親，而此一條山嶺又高又陡，不知跌了多少次，弄得滿身大汗，膝蓋足趾手掌都碰出了血，直跑到我家厝角的山坡上，已經氣喘力竭，看到母親在門口水池裏洗菜，只叫得一聲「阿母」！便從小坡上直滾下去……

後來三哥告訴我：母親看見我從山坡上滾下來，急忙跑過來，抱着我就暈倒了，驚動了全屋人都圍攏來，由大嫂和幾位堂嫂把我們母子半抱半抬地放到床上餵開水，……那一天恰好父親在家，清醒得和正常人一樣，走進房裏，按按我的額頭，摸摸我的胸口，一下子抱住我嗚嗚地哭！三哥又說，自從我在古德院讀書後，父母時常走到竹林外的山坡上，默默地遠望着我從石徑上上學，或者從石徑上放學回家。

我只記得，當我醒來時，母親煮一個雞蛋給我喫，一面咽着眼淚對我說：「你伯母別無子女，把你愛惜得像心肝一樣，有好東西喫，有好衣服穿，不像我們家裏人口多，個個穿得破破爛爛，連番薯粥都喫不飽，你父母怕餓壞了你，所以忍心讓你伯母抱去養，你要乖乖聽伯母的話，勤讀書，孝順伯母，你父母只要看得見你長大成人，心裏就非常快樂了……」，接着便叫三哥送我回伯母家，我要求在家過一夜，母親眼淚一直滾，搖頭，過了好一陣，才像喘過氣來說：「伯母疼愛你，你要使伯母喜歡」，一面替我擦眼淚，一面摸摸我的手，摸摸我的頭髮，親親我的臉，叫我「乖乖聽話，你母親有空會來看你，你不聽話，母親就再不喜歡你了！」說罷，把我從懷中推給三哥，叫三哥即刻帶我回去。當我走出門口回過頭時，看見母親揑一串唸珠，閉着眼睛，坐在床前矮椅上，口裏默唸，眼角掛着淚珠……

（二）

我在古德院唸了兩年書，唸完了四書和幼學瓊林、千家詩。先生說我很聰明，只是太沉靜了，不喜和同學玩，亦不喜歡講話。又說我常是獃獃地對着佛像出神，心裏像在想些什麽。有些人背後議論，我伯父很躭心我或帶有多少父親的遺傳性。第三年伯父帶我到離家四五里的另一個鄉塾讀書，讀的是詩經書經和註解。那時候我已經十歲了，我父親的病也漸漸好了起來，聽說每年祗在春季裏神情惝恍了一段時間，其餘的日子則很正常地在耕田，到我十歲以後，就未曾再發作。在這三年中，我曾經回家幾次，母親不知在什麽時候起帶上老花眼鏡，臉上摺起許多皺紋，頭髮也白了好多，那時候我母親纔四十來歲，蒼老得像五六十歲的伯嬸婆。我每次回去，母親總要煮一兩個雞蛋給我喫，多數是向人家借的。我要分點給哥哥妹妹喫，母親好像很抱歉似的說：「家裏沒有什麽東西給你喫，難得你回來一次，這一點你自己喫吧，他們不喫。」哥哥和妹妹聽了也就跟着避開。母親常是一手牽着我，一手托起老花眼鏡在對我諦視，當母子眼光接觸時，每不禁一陣心酸，相抱抽噎……但接着催我回家，說免得伯母掛念。我父親呢，本來就生性沉默，很少說話，對于我，更像有一堵墻阻隔般的距離。每次我回家，看見父親時，只是我叫一聲，他應了一聲，便相對無語。父親的神情呆滯得像是失落了心魂的人，沒有見過他笑，亦不會聽見他嘆一口氣，常是淡淡地看我一眼，就走開了。

在我十一歲時，私塾裏幾個年紀比較大的同學都要出去幫助父兄們做活計，學生少了，請不起先生，我也跟着停學，有時上山拾柴和樹上掉下來的枯枝，鄉人的燃料多取給于此，有時下田幫着割草插秧。無事便到處借小說看，如說唐、三國演義、再生緣等，看得津津有味，常是廢寢忘餐。第二年，有位信讓叔，是讀過好幾年書，曾教過蒙童的，他對我伯母說我是一個讀書種子，停學可惜，並說他有一位朋友在侯龍鄉辦一間高初級小學，辦得很好，叫我可以到那邊去讀。伯母回答他：我們窮人家，孩子們能多認得幾個字就很好了，那敢希望眞正讀成書。過幾天，信讓叔又來了，他說那位當小學校長的朋友，亦是窮苦人家出身，聽說我書讀得很好，極願意盡力助我，學費可以免，書籍文具等由他供給，只要自己帶柴米鹹菜來就得了。起初伯母不贊成，但經不起信讓叔古道熱腸地多方勸喻，說了不少歷史上賢母教子成名的故事，伯母纔終于應允下來。又過數天，便由信讓叔帶我到那間學校去，我背了一個包袱，裏面包着幾件衣服和幾本書，伯父挑一担柴米，越過兩重山，走下一條很高很陡的石嶺才到達，離我家約有十里。

侯龍小學設在一間私人別墅裏，這別墅顏曰「桂軒」。軒中有一池塘，水面萍藻紛披，游魚倐然可數。池水從軒後溪澗中引來，水聲晝夜潺潺不絕。池上架有石橋，橋旁圍着石欄干，橋中建一小亭，擺着石几石凳，最宜于清晨臨眺，炎暑對奕，月夜清談。池的南面爲正門，東北三面爲花廳，花廳左右各有兩間小書房。西邊花廳外多一空庭，有大可合抱的桂樹一株，樹枝從庭牆伸出來，倒影橫斜水中，池魚恍若游于樹上。此外另有辛夷一株和幾盆花卉。東北兩面臨池的花廳，掛着不少楹聯，多係知名之士手筆。其中有陳韻蘭山長所寫朱子詩：「半畝方塘一鑑開，天光雲影共

徘徊，問渠那得清如許，爲有源頭活水來。」朱子此詩，眞像專爲此池亭此書齋而詠。陳校長名活水，字清如，亦應是受此詩此景之所啓發。

清師少孤，家貧好學，日間伴乃兄下田耕作，夜間則借書自修。弱冠歲時拜蒼亭先生爲師，在大鵬山讀書三年，沉潛宋明理學，言笑不苟，走起路來踱着方步，人目之爲道學先生。後來出任幾間小學的教員，侯龍鄉父老們聽說他書教得很好，便請他回鄉來創辦這一間小學。當我入校時，這裏有高小一班，初小三班，學生共有六七十人，在學校寄宿的，只有我和其他幾個從遠地來讀的學生。清師也住在校裏。清師房中右邊書架上是排着舊書，如宋元學案、明儒學案、皇清經解、顧亭林的日知錄、章實齋的文史通義、李光地的榕村集、姚惜抱的古文辭類纂、曾國藩的經史百家雜鈔、十八家詩鈔等，多數是從蒼師那裏借來。左邊書架則是新書，如魯迅、陳獨秀、胡適諸人的著作和創造社的文藝書籍，以及新式標點的水滸傳、紅樓夢、儒林外史等。清師常在課餘爲我們講述中國古代讀書人的故事，我至今印象猶很深刻的，是管寧和華歆的割席故事，范仲淹「斷齏劃粥」的故事，以及胡安定的「攻苦食淡，終夜不寢，一坐十年不歸，得家書，見上有平安二字，即投之澗中，不復展。」清師亦時常稱道「儒林外史」中的一聯一詩：

一聯是：讀書好，耕田好，做好便好；創業難，守成難，知難不難。

一詩是：不敢妄爲些子事，祇因曾讀數行書，嚴霜烈日都經過，次第春風到草廬。

而我自己閱讀儒林外史，所受感觸最深的，是下列這一段對話：

倪老爹道：「不瞞你說，我是六個兒子，死了一個，而今只得第六個小兒子在家裏，那四個……」說着，又忍着不說了。鮑文卿道：「那四個怎的？」倪老爹被他問急了，說道：「長兄，你不是外人，料想也不笑我。我不瞞你說，那四個兒子，我都因沒有得喫用，把他們賣在他州外府去了！」鮑文卿聽見這句話，忍不住眼裏流下淚來，說道：「這是個可憐了！」倪老爹垂淚道：「豈但那四個賣了！這一個小的，將來也留不住，也要賣與人去！」鮑文卿道：「老爹你和你家老太太怎的捨得？」倪老爹道：「只因衣食欠缺，留他在家，跟着餓死，不如放他一條生路！」……

（三）

那時候我父親因自己無田可耕，帶着三哥到五里街附近的埔頭鄉去替人家耕田，每當農暇回家，都必從我校門口那一條路經過。父親來來往往從未到學校來看我，他好像心中沒有我這個兒子似的，或者是覺得這個兒子已經於他無分，極力想忘記曾經生有我這個兒子。倒是三哥時常到學校裏，每一次來的時候，總幫我砍柴、淘米、燒飯，喫了一頓午飯回家。有一次，三哥到學校時已近傍晚，而且下着大雨，我留三哥在校裏過夜。在這風雨聯床的一晚，我一直追問過去的家庭情況和父親爲什麼會發瘋？三哥斷斷續續地對我說：

「我家歷代務農，到了祖父（秀水公）一代，在鄉裏算得是小康之家，每年收成的穀子除了一家食用外還有多少盈餘，但祖父生了五個兒子（我父行三），到了分別成立家室的時候，每人所分的田地就已無多，經過不斷的匪亂，屢次派餉勒索，我家就愈來愈困窮了。在你出生後不久，大哥二哥先後到南洋去做苦力，運氣不好，大哥因水土不服時常生病，二哥而且害病死了，這時一家八口，專靠父親一人耕種爲活，碰着一連兩三載的荒年歉收，家裏便窮得不能過日。到了無法再捱時，父親本想把我賣給人家，但想要孩子的人家都說要你不要我。父親有一次很盛氣地對來人說，我寧使全家餓死，都不賣這個兒子。因爲父母替你算過八字，算命的說你的命格很少見，要祖上有大積德纔養得活，還說要送到大地方去養。你自幼就比別人聰明伶俐，父母對你寶惜得勝過自己的生命，每餐都在大鍋稀粥快要熟時，先爲你撈起一碗飯粒來，有時借不到米來煮粥時，全家祇有喫番薯湯過頓，你不喜歡喫番薯，父母只要聽見你哭着說肚子餓了，便恨不得割下一塊肉來煑給你喫！那些日子，父親時常握拳頭痛打自已的頭，母親不斷心酸流淚。到你快近五歲時，你伯母來對父母說：你們把這個最小的兒子讓一半給我好了，我會愛惜得比你們親生父母還愛惜，我們住在對山，大聲一叫就聽到了，你們早晚都看得到他，還不是跟自己家裏一樣……你們既然疼愛他，留他在家裏捱餓也不是辦法……。起初父母不肯，後來不但米糧沒有地方借，凡平日所借欠的都來催討，父母迫到無路可走，祇好忍痛答應將你讓一半給你伯母。在決定之後，父母像失魂落魄似的，終日呆若木偶，當你伯母擇日要抱你進門的前幾天，父母夜夜坐在你床前偷聲飲泣，好幾天食不下咽！我直到如今還彷彿記得當時似曾在睡夢中聽見父母泣咽的聲音。起初父母隔幾天輪流去看你一次，看見伯母很愛你，喫得好，穿得好，心裏很安慰。但不到兩個月，你伯母就告訴母親，說你常吵着要回家，都因父母時常去看你的關係，要求父母此後少來往，免得擾亂你的心緒。父親聽了鬱鬱不樂，母親想盡話在多方勸解。有一次，家裏做忌辰，宰了一隻雞，父親要抱你回來喫，你伯母堅持不肯，和父親吵起來，還說：你們這麼捨不得，當初就不該賣他。父親氣極說：我只賣給你一半，並沒有整個賣給你！伯母亦盛氣回答：那麼你就斫一半回去好了，要整個抱回去不行！父親回來，一直說你伯母沒天良，想霸佔整個兒子。母親日夜勸慰並說：只要她能眞愛惜我們的孩子，只要我們能看到這孩子長大成人就好了，我們既無能力養，讓她抱去養了，一切只得由她

，不必跟她計較，而且這孩子生來命硬，讓他離開生身父母，也許更容易長大……但無論母親怎樣勸慰，父親總是氣不過，想不開，常在半夜裏握拳搥胸，過了不久，就發瘋了！……」

三哥敘述得很平靜，那時候的我，雖然還不能深刻體味父母內心的悲痛，但總禁不住聽一陣，哭一陣。三哥因爲白天操作很疲倦，講完後不久就睡着了，我則越想越覺心酸，眼淚如泉湧般汨汨不絕。眞可以說是「枕邊淚共階前雨，隔個窗兒滴到明。」我想到伯母因爲私心太重，造成我父母和我心靈上的無比創傷，心裏不覺起了很大反感。這年暑假回家，我對伯母的態度便大大地改變了。在過去，因爲伯母的溺性縱容，我常是恃愛撒嬌，無理取鬧；這次回來則多少帶有對抗性的意識，動不動就對伯母頂撞一番。伯母被我頂撞得非常氣惱，常向鄰居訴說我讀了書，愈來愈忤逆不孝，我聽了冒火，竟用責問的口吻說：「我父母並沒有把我整個賣給你，你爲什麼從小就不許我回家？……」這句話傷透了伯母的心，害她哭了整夜，第二天清早便跑去對我母親哭訴：「孩子是你生的……我白花了心血……我想還是讓他回來……我這苦命人，活着做老孤婆也沒意思！……」母親即刻叫娥妹來叫我回去，當着伯母面前對我義正詞嚴地申斥了一頓，伯母去後，母親又半勸導半責備地對我說：「你伯母非常愛你，你不能害她傷心，她也很可憐，從幼做童養媳，未曾成親，公婆和未婚夫就都過世了，到她年齡相當大的時候，纔招贅你伯父來。你伯父另有外遇，終年很少回家。她一生孤苦伶仃，又沒有生育，現在唯一寄望的就是你……你不過是借我的肚皮出世的，父母不中用，養你不起，你沒有伯母，那有今天，你讀了書，就要明理，你孝順伯母就是孝順父母，你忤逆伯母，就無異忤逆父母……」我被母親訓責得無話可說，想到自己的身世，不禁嚎啕大哭起來……母親跟着哭，大嫂和妹妹也跟着哭……

傍晚回家，我在路上想着伯母的身世，很後悔不該傷了她的心，但到了家裏，我還是抝着性子，不會依照母親的吩咐，向伯母賠不是，只叫了一聲伯母，就走入房中躺到床上去了。這一晚，伯母帶着諒解的心情，對我訴說她一生的艱苦辛酸，一切都是眞話。伯父很少回來，家事全由她一手支撐，挑水、檢柴、種菜、舂米、煑飯、洗衣服，以及應付人情世事，整日忙不停。自從爲了我，將田地賣了一百元，所剩下的田地僅得廿餘斤種，自己不會耕，與佃戶四六分收，每年所收的穀子不到一千斤左右，除了拿些去換油鹽米粉等年節所需的食品以外，剩下的還不夠母子兩人的口糧。通常每頓下鍋不到幾兩米，除了我一碗先撈起來的飯粒，約佔十分之六，餵豬飼雞又去了十分之三，伯母自己所喫的祗是清若游魚可數的米湯，配着番薯乾下肚而已。我的衣食和一些讀書費用，還是伯母拿山上的竹、筍和自己織草履所賣的錢去換取得來。

伯母訴說到傷心處，涕淚交流，我則在悽愴感泣之餘，開始體驗到人生滋味是如此酸苦！

（四）

在第二學期上學時，大概是因爲我的神情顯得很憂鬱，清師非常關心，常問我暑假中在家裏做些什麼，我總是信口支吾過去。有一天深夜裏，我獨自在課室伏案悲泣，被清師發現了，他問我什麼事，我擦了眼淚，搖搖頭，清師携着我，走到池亭上，問我：是否家裏不讓你繼續求學，或者連自備柴米都有困難？我一再搖頭。清師說：那你爲什麼哭？我看你近來的神色與往日大不相同，你有什麼難言之隱嗎？你把我當作自己的親哥哥好了，你對我說，我絕不會告訴別人……我受了清師如此的關切愛撫，覺得就是不可告人之事，也無有不可以告訴清師，但當清師再問我「究竟爲什麼事傷心？」我又禁不住一陣辛酸，伏在石几上儘哭……

後來，我在黯淡的月光中，訴述我這不祥生命所造成的慘痛身世，清師也陪着流淚，最後，他惻然地緊握着我的手說：這眞是無可奈何的遭遇！你只能安之若命，立志用自己的成就來安慰父母，報答父母……當你心裏難過時，不妨盡情痛哭一番，把心裏的抑鬱吐洩出來，但一擦乾眼淚，就要拋開一切，面對現實，應當讀書時就專心讀書，應當做事時就專心做事，不要讓身世悲痛侵蝕了心靈，擾亂了志向，妨害了學業……

清師本來就對我特別垂青，每向朋友們津津樂道。自此之後，眞把我當做自己的弟弟一樣，幾乎把大部份心力都放在我身上，在日常功課而外，常要我和他比賽背誦論說、古文，並在臨睡前對我講述歷代名人言行，以及孝養父母之道，如「無違」、「色難」、「幾諫」和「志養」、「祿養」等種種的道理。爲怕我太過沉靜，又每在講讀餘暇，誘導我打球、踢鍵、下棋，或帶我到山巔水涯去唱歌、誦詩，有時脫下鞋襪，捲起褲腳，即在溪澗中捉蝦回來煎麵粉同喫。

這是我生命史上的轉捩期，我之得遇清師，眞是不幸生命中之大幸。要不是清師在這一年多給我心靈上的撫慰，心智上的啟發，情志上的陶冶，我這孱弱的生命，必將會像那沒有陽光雨露的小草，在沙地上在石隙裏一天一天地枯萎！但可惜清師第二年就從軍去了，在他臨走前夕，一再叮嚀我務須刻苦讀書，無論如何，他每學期會寄來二三十元，做我的學費和書籍費，於是我就轉入育賢小學，接着升入省立第十二中學，一直捱到中學畢業。

在這幾年中的寒暑假，我很怕回家，每次回家，只要看見形神近于麻木的父親，便心如針刺！母親只在初見我的一剎那，浮露着欣悅之情，對鄰居們說我一年比一年長大，但是一轉眼便神情肅然，除了問問學校裏的

生活情形，吩咐我專心讀書和孝順伯父母之外，便很少談及家事。有時我問起我幼時的生活情狀，母親總是淡淡地一句話就帶過去了。我覺得五歲以前那一段生活，是我生命史上最珍貴的時期，亦是我享受最正常母愛的黃金時期，我渴望從那一串日子中檢回一點歡樂的記憶，總是被母親用理智來掩蓋了。母親掩蓋了我那一段幼年生活，無異是遮斷了我的生命之根，使我覺得自己的生命恍若浮掛在空中，和父母的生命接不上來……而當我對父母凝視時，我又髣髴看見父親母親的背後，有一片白茫茫的無邊無際的人生苦海！那時候大嫂已去世，三哥亦前往南洋謀生。至于伯母呢，雖然還是把我當作做六七歲的孩子，噓寒問煖，關切備至，但在天然情感上總不免有些隔膜。同時，因爲身世的隱痛，隨着年齡智識的增長在不斷加深，隨時隨處都很容易感觸到一種說不出的痛苦，所以在學校時雖很想回家看看，但回家不久，就又想離開，有好幾個寒暑假期，我都是在幾個要好的同學家中渡過，其中有個寒假，則是隨伯父在山谷間跑了好幾天。

自從我小學畢業後，伯父較常在家。那一年寒假，伯父說自己年老了，要趁此假期，帶我各處走走，把兩房（伯父亦是遠房同姓）所有山界田界和祖先墳地指點給我知道。那些極零碎的山段與田段，都是散處在不同地帶的高山深谷，一天看不到兩三個地方；伯父又是最迷信風水的，平日自己一個人帶着羅盤拿着鋤頭，到處尋覓勝地佳穴，認爲那裏風水好，常把祖先的骸骨移來安葬，後來發現有更好的，又復遷彼就此，因此兩房祖先的墳地只有他一人知道，甚至連他自已也記不清那一穴葬着祖父，那一穴葬着祖母。這一次，他叫我帶着羅盤，拿着一袋米和鹹菜，他自己則背着鋤頭、飯鍋、飯鍋內裝了兩副碗筷，彼此都穿着草鞋，戴着竹笠，爬坡過嶺，不知翻越了多少山頭，肚子餓了，就在山上拾柴澗中汲水來煑飯喫，天黑了就趕回家，路遠趕不回來，就在附近人家借宿。那時候，伯父雖僅五十多歲，但已老態龍鐘，走起路來佝僂着背，頭頸垂覆胸前，顯得十分喫力，爬起山嶺更是要不斷停下來喘息，但他爲着要對我這兩房香火的繼承者作一番交代，却興致十足，樂此不疲，這一點使我很受感動。他每坐下休息的時候，對我講述許多有關風水的故事，尤其談得最起勁的是關于未來的世運和劫數，他把劉伯溫的燒餅歌，袁天罡的推背圖，都背得滾瓜爛熟，談到這些地方，就眉飛色舞，好像是一個「前知五百年後知五百年」的先知者、預言家。我對這一切雖不感覺興趣，但爲着隨順老人家的意興，亦像聽得津津有味。我想伯父如果多識字，多看些醫卜星相的書籍，一定會成爲三教九流的人物。

有一次，伯母病得很重，我從學校趕回來。鄉下人治病的辦法，不是請道士驅邪，就求菩薩開藥方，我當時因爲有了點新思想，極力表示不贊成，但終於說不過伯父和鄰右嬸婆們那已根深蒂固的迷信觀念，結果竟然就由伯父扶乩所開的幾味草藥喫好了。我想此中應含有很大的偶然因素和心理作用。後來我對這些事作較深入的觀察，輒不禁心爲惻然：因爲鄉村既無醫藥，又無錢到城裏請醫生，所有至親的人臥病時，除了求神靈保佑，再無其他辦法，到了神靈醫不好，便只有歸之于命！雖屬迷信，此中實有一種不容已的天性至情。

另一個暑期，我常跑到五嬸家裏去玩。那屋子的所在地叫聖公坂，是我祖父舊居，在我四歲以前的日子，我父母也是住在那裏。那屋子建在傍山臨溪的石岩上，前進的四間樓房，裏邊靠着石壁，外邊則凌空架着木柱，最右邊的一間臨溪；比前進高一層的小正廳和左右廂房是實地，右側的廚房也是臨溪。溪的兩傍有幾株大可合抱的雜樹，枝柯交蔭，葛藤紛披，織成一片濃綠，一條佈滿青苔的石級，在綠蔭下蜿蜒曲折地通向後山，山上的溪流，到此恰好停蓄成爲上下兩窪的天然水池，爲附近人家汲水、洗菜、浣衣之處。五嬸告訴我，前進臨溪那間樓房，就是我幼年和父母共寢處的所在，並說我幼時最喜光着屁股坐在水池邊摶沙嬉水。我爲着尋覓幼年的痕迹，每來必在這一段溪澗旁低徊流連，有時在清泉中濯足，有時在沙堆上摩挲；有時仰臥在澗石上，讓日光從樹葉縫隙中篩照身上。在一個明月之夜，我還特地跑到五嬸家裏，在臨溪那間房中睡了一晚，聽水聲潺湲，好像從耳朵中流過，從床底下流過。在睡夢中又好像自己只是個三四歲的孩子，偎在母親的身旁。有一天，五嬸說我父親正在後山上種番薯，我沿溪邊小徑往上走，走到離我父親不遠的松蔭下，靜靜地站着，那時候，雖已近傍晚，陽光還是很强烈，父親頭戴竹笠，彎着腰在翻土，背膊裸露在陽光下，背上臂上滾着豆大的汗珠，父親有時拉下那纏在肩膀上的汗巾，（舊衣服撕下來的布條）往臉上一抹，直起身來噓一口氣，隨即在手心唾些口沫，（農民的手繭極粗，握着堅硬的鋤柄不甚貼實，並且較易震痛，故常用口沫來潤濕手繭。）繼續一鋤一鋤地往下翻掘。我想到父親像一頭牛般在終年辛勞，想到他因我所受的深重刺激，不禁胸膈間一陣酸痛，跑到石背後去吞聲掩泣……我很想跑上前和父親相抱痛哭一次，但又怕觸發父親心靈上的創傷！有幾次見面時，我想把多年來蘊蓄在心裏的話說出來……，結果都是吞咽下去，時間是否會衝淡人們內心的苦痛呢？我眞希望父母對過去的事會漸漸淡忘，也希望自己對過去的事能漸漸淡忘！

在我中學畢業的前一年，東路軍入閩，永春公開設了縣黨部，我被派爲學校黨部的籌備人，看了一些小冊子，腦子裏充滿了革命意識，到處寫貼「打倒土豪劣紳」的標語，率領同學請願，反對當地民軍和縣政府的苛捐雜稅，有一位同姓叔輩（亦民軍首領之一），曾對我談起前任黨部籌備人傅仁山被暗殺之事，以示警告，叫我不要多管閒事。那時候，清師在福州任新編軍連長，怕我在地方上招忌惹禍，來信勸我去投考軍校，於是我

在中學畢業時，未及待領畢業證書就匆匆離開了永春。

這是一陣時代的風，把我的身心吹向外馳，當時意氣昂揚，認爲革命青年，應當國爾忘家，公爾忘私，兩家父母也就暫被我拋置于腦後了。

（五）

我自民國十六年離開家鄉，到民國三十八年去國之前，總共回去過七次。

第一次是在民國十八年，那時我已廿一歲，伯母要替我說親，我跟伯母商量，先搭三四間房子，讓兩家父母共聚一堂，然後討一媳婦來侍奉兩家父母。這是我在中學時就已蘊蓄心中的計劃，我認爲只有如此，才能多少彌補此生的缺憾，來減輕我內心的痛苦；對於生養父母，我自知在內在情感上是不免會有程度上的差異，但在孝養之道上，我自信絕不會有所厚薄于其間。那時候，我父母所住的三間小房子偪仄得很，伯父母所住的兩間樓房亦已傾斜欲倒，事實上都不宜久住；而我這次回來，積有三四百元，屋子的材料可取諸自己山中，一切人工有堂兄弟及族人等會義務幫助，要搭三四間形式簡單、勉可居住的房子，還不算是頂大的困難。但結果因爲伯母的消極反對，此一希望遂終歸于幻滅。

當清師請軍部保送我投考軍校時，適值孫傳芳過江，龍潭大戰，我在南京流落了一短時期，藉投稿得來的錢買燒餅度活，後來同鄉鄭淑麟先生帶我回閩在新二師政治部工作（初任少校科長，每月有一百三十五元，繼任中校秘書，每月有一百八十元），那時候無甚生活上的嗜好，除了衣食零用和買書而外，很少有花錢的地方，最初對生養父母都按月寄錢，數目兩邊一樣，但時間不及半載，母親就寫信來叫我不要再寄錢，說家裏生活還過得去，叫我多寄些給伯母，好貯作他日結婚費用。我知道伯母的性格，一定因爲寄錢的問題，說了許多閒話，心裏非常懊惱！到了母親來信說最後一次所寄的錢已送交伯母，我就索性兩邊都不寄了。從那時候起，我學會了抽煙、喝酒、打牌等各種不良嗜好，但只能沉醉一時，事後便又深自咎悔！我寫信告訴清師，清師勸我回去一趟，希望我能用至誠去感動伯母，化除伯母的成見。那知道我伯母之對于我的佔有，竟直認爲是絕對不可分割，要嗎全爲己有，否則不如完全沒有。當我提出要搭幾間屋子讓生養父母共聚一堂的的意見時，我含淚懇述我不能置生身父母于不顧，我必須求得孝道兩全才能過得快活，伯母初亦未嘗不受感動，但過了一陣，她仍是帶着怫然的口氣說：我沒有那種福氣，你要蓋新房子，讓你父母來住好了，你要討媳婦來孝順你父母也由你，你不要顧及我這苦命的老叫化婆……接着便涕淚漣洏地哭訴她一生的辛苦是怎樣不値……

母親屢次勸我必須順從伯母的意思，她說自我五歲以後，父母不會在我身上操過一點心，我能長大成立，全是伯母的功勞，我今天會賺錢，應該寄回伯母家，對于生身父母，有我這點孝心就足夠了，而且錢寄到家裏，無論多少，都很容易花光，不像寄回伯母家裏，一個錢都不會用掉。母親又告訴我：凡我所寄給伯母的錢，伯母除了拿去贖回以前所賣的田地，就是積蓄起來說等我回來娶親，伯母從未在自己衣食上多用分文。這些情形，不待母親說我也知道。伯母可以說是爲我而活着，爲着這個家而活着，不是爲自己而活着。我自少至大，從未看見她在自己衣食上用過心。除了過年過節和出門時有兩件可以換洗的粗布衫外，日常所穿的都是東縫西補；除了我回家時殺一隻雞或兎，是燙了又燙，留給我一人做幾天享受，連他平日所喫的稀粥和番薯乾，都是時常分給寡獨無告的老嬸婆，而自己食不求飽。我知道伯母當前主要的願望，是娶媳婦、抱孫，再次就是求田問宅。這原可說是一般人的正常願望，是每一爲人子的所當順承親心，但我又怎能捨棄自己的生身父母而安于過着這種畸形的家庭生活呢？於是我又抱着更深的苦痛，再度離開了家鄉。

在這一時期，我甚喜閱讀蘇曼殊的那種筆致簡淨、情思哀惻的小說，在情操上頗受其影响，對其中所常提及的「身世有難言之痛」，尤覺觸刺特深！我覺得蘇曼殊的身世祗是父母中道仳離，以至范仲淹的身世亦祗是少孤隨母親出嫁，那都可以說是外在的；不像我，是由於自己這不祥生命所造成的生身父母和自己心靈上的無比創傷！而因伯母此種性格之使我不易求得兩全之道，更使此一內在創傷永無痊復之日。此時革命的情緒已日趨消沉，心境自覺苦悶，但不久即移情于交女朋友，談戀愛，心有所注，又復把家事暫置一傍。

我第二次回家是在民國廿一年，那是在福州和笑塵結婚後之第二年，帶着她回家省親。這一次回家，是借住瑞超叔的房子，一則兩家都無可下榻之處，二則無論住那一家裏，都覺不自在，三爲瑞超叔的房子較爲寬敞潔淨，較宜于應接父老昆仲們來坐談。我和笑塵有時在養父母家喫一頓午飯，有時在生父母家喫一頓午飯，很像遠方客人，生養父母亦好像把自己的兒媳當作遠客看待。那時候父親的神情雖已較前時清朗得多，但仍是沉默寡言，祗是在父老昆仲們圍坐聽我談外地風光時，他亦和伯父等坐在我旁靜聽，不像以前般和我疏遠。母親唸佛十餘年，她的心靈似乎已臻淨化之境，無甚兒女感情上的沾滯，在我快要離家的時候，她祗告訴我：你的伯父母年紀老了，要時常回來看看。而我伯母看到媳婦是外地人，回來不久又要相率離去，恍若心愛的鳥兒飛上天一樣，常露有不勝其失望、空虛之感，在我離家的前夜，哭得極其悽惶。……

民國廿二年，因爲地方派別關係，清師處境甚艱，在十九路軍入閩時，我又携眷回永。那時候，伯母已在樓房右側搭了一間房子，準備讓我回

來時居住。但我爲便于師友來往談晤，却住在附城。我要接兩家父母同住一短時期，母親以茹素唸佛不方便，勸我接伯母去讓伯母過一些清閒日子，報答她一生的辛勞。伯母因放不下家中的瑣瑣屑屑，住不到幾日便急于回家。父親和母親祗是偶然到我那裏喫二頓午飯而已，這一次我回家約有半載。

第四次回家是民國廿三年，那時候我由滬回閩，在第四區行政專員公署任參事，適値父母六十，我藉便回家爲父母祝壽。此行政區轄有興泉永三屬，各屬朋友頗多，蒲田張太史（琴）、晉江林進士（醒我）、惠安汪孝廉（照陸）等，還特撰送壽詩壽文，淸師和不少朋友均到我家拜壽，那是我第一次看見父親口邊浮出微笑，他那額上眼角皺紋也隨之加深，我母親則在慈祥愷惻的神情中飽含着歡悅的淚……這是我幾次回家，心情最感輕鬆愉快的一次。但伯母却爲此特感傷心。當伯父母六十歲時，我正在廣州落拓，事實上不能回來，她不知此中實情，難怪她心裏難過，我託嬸婆們婉轉勸解，心裏很想找一機會回來替伯父母補祝生日，但第二年專員公署合併，我離職携眷回家，祗能過着短時期「幽居無所營，空樽愁絕倒」的生活，到了年底便不能不隻身遄赴南京，作仰事俯蓄之謀。

民國廿五年夏初，我回家爲岳父（註三）及笑塵治喪，又聞淸師在我赴京後不久逝世，這對我生命的打擊太慘重了！我這不幸生命所賴以愛護和慰藉的師生知己與夫婦知己，天竟一旦盡奪而去，眞使我身心碎裂，生意盡絕！要不是「下有孤雛上老親，天意獨存憂患身」，恐不待後來之「落葉空山思托缽，含珠明月欲沉淵」，便先已在嘔血臥病中死亡了！在我臥病的三四月中，伯母一直悼嘆着「好人易過世，好針易斷鼻」，伯父一直勸說死者不能復生，徒悲無益。爲着三個孫子，伯父還私下商量爲我續娶。母親看我病得不成樣子，她那二十年修行唸佛所達致的寧謐心境完全被我破壞了，她每在撫摩我的頭面身手時，總是悲不自勝，我只要聽見母親在撫摩時說一聲「可憐的孩子！」便直覺酸痛交集，像是母親的手指接觸到我心靈創傷最深之處；隨後母親便勸我：爲着一家老幼，你要堅強起來！父親平日很少主動地對我說話，這一次他亦禁不住開口了，他所重複說的祗是：「人要認命！」這一句話，這是父親的人生觀。他自經過一番劇烈震盪之後，一切都安之若命，不哭，不笑，不怨嘆，亦不發一句牢騷；面對家庭的担子，人生的担子，他始終無聲無臭地挑起來，不覺得輕鬆，亦不覺得沉重，一直挑到生命完了爲止。這一點默默承當的樸厚氣質，我覺得不及父親的萬分之一，而且深愧自己太脆弱了。

這一年秋天，我將笑塵遺下的子女，大的兩個交伯父母養，最小的一個交父母養，自己重赴南京，翌年春來上海財政局任職，過一段很消極頽廢的生活。迨抗戰開始上海淪陷時，本擬由福建繞道赴漢口，嗣被友人留在閩北做事。在廿七年冬，接三哥來信說父母在十月初相繼去世，我辭職不准，便藉口醫病，棄職回家，到家時父母已安葬兩月有餘。三哥告訴我：父親先臥病數日，亦比母親早兩日過世。父母初臥床時，只覺昏倦不思飲食，後來父親有些哮喘，母親則始終神志淸明，只是說「日子快到了」，叫我準備後事。我要到城裏打電報給你，母親極力阻止，她說你不在家，喪事可以草草料理，你一回來，朋友多，費用大，你一向沒有積蓄，又得負債，這全無必要；而且你天性深厚，身體又不甚康健，經不起一再哀毁。她要我記着告訴你，父母知道你的孝心，父母生前無甚痛苦，死後也會很安樂的，叫你不要悲痛。母親說到這裏，父親眼角也流出些淚水在點頭。當晚父親便去世了，第三天母親也跟着去世了！……

三哥帶我到父母墓前，我只能叫出「爸！媽！」兩字，我要告訴一聲：「不孝的兒子回來了」，喉嚨已經哽塞，天地也昏黑了……此時我纔透澈體味到「哀哀父母！」「如可贖兮，人百其身！」這三句詩所蘊含的無底深痛！我跪倒在父母墳前，恍若置身在太古洪荒之宇宙中，經歷無數阿僧祗劫，遍覓不到父母的聲音笑貌，而懷抱此無窮宇宙和永恆深痛同其終古……

（六）

自父母棄養，我決定將自己殘餘的生命獻給抗戰，惜無能投效疆塲。鑒于地方政事之泄沓紛擾，舍本逐末，亦深覺未易負荷抗戰建國的重責。於是在福建籌辦青年團之始，認爲可誕育新生力量，便應邀參加工作。最幼的五歲孩子也隨帶身邊。廿九年外派到漳州服務，將孩子託交摯友陳石潮。三十年調訓赴渝，伯父即在我受訓期中逝世。卅一年回閩，和醒園結婚後又匆匆赴渝，直到勝利還都歸閩時，伯父的墓木已拱。伯父的家庭觀念較薄，平日在情感上交流互注的機會亦較少，而且時隔七年之久，故在伯父墓前，不復像在父母墓前之哀慟，祗是想及對伯父未嘗有一些報答，深愧子職有虧。直想到伯父在我讀書時爲我挑柴米，挑行李，聯想起豐子愷的漫畫（註四），纔深自咎責自己對伯父的不孝不敬，而悔痛無已！

自和醒園結婚後，我爲避免多所感觸愴懷，所有寫家信，寄家用，以及對兒女的教導，全交醒園料理。養成了習慣之後，我幾若置身事外，連家信都很少披閱。祗有一次，伯母病了，由族叔寫信來，說伯母已老邁不堪，病中不能無人服伺，擬由族中承繼一人做我的弟弟，來侍奉風燭殘年的伯母；我覆信極力贊成，但求此弟弟能代我孝順伯母，不但那一點產業全由他承受，俟我稍有能力，即當寄錢回去爲他娶親。我想到伯母的病中情況，念及公私塗炭，俯仰天地，悲不自勝，當時曾寫了「鄉書」一首：

父老致書言，汝母病在床，饔餐常不給，藥石安得嘗。兩兒失所倚，

涕泣呼爺娘，垢面蓬其首，見者爲惻傷。字字如刀鏃，廢置不敢讀，念此苦中兒，亡妻心上肉。念我病中母，自幼蒙劬育，十年報國心，俯仰愧事蓄。正大轉似迂，偪促轅下駒，向道求師友，風雪入巴渝。匡濟豈易語，奔走爲饑驅，月寄五百元，量米如量珠，煙酒今戒絕，後當戒買書。

鄉關六千里，東望白雲起，兩臂難爲飛，吾懷安得已。行拂亂所爲，隨分信投止，沉憂無由遣，殘忍得至理，人類淪浩劫，莫復問親子。

那是民國三十三年，抗戰正臨最艱困的階段，不久日兵進迫獨山。一般中下級公務員生活的窮苦，更不消說。我除了從軍那一段時期，尙有一股悲憤激昂的情緒，其餘的日子，心境雖漸趨于寧靜，但卻蘊藏着無盡隱憂，似乎人生的悲劇已經和時代的悲劇綰結在一起。此時家庭生活是：「

某父子（漫畫）　豐子愷作

四面寒風嘯竹樓，荆妻爨洗日蓬頭。書生無策全饑溺，負米挑柴祗自謀。」（黃沙溪雜詠之一）是「午夜瀟瀟雨，春寒逼草廬。時宜非所尙，生計我仍迂。下酒楊惲豆，臨池米芾書。淸光常入抱，一卷對妻孥。」（村居即事）而對國事的署一盡心，則爲「博得荆妻一笑歎，典衣縮食印傳單。平生僨事常如此，秋月高寒夜獨看。」（印建議書在六全大會分發）但不久即深深覺得「瓶水本無根，花命乃相託。憩息樹陰下，坐看浮雲逐。」並深深致慨于「叢雀淵魚事可悲，素餐忍讀伐檀詩。滿頭亂髮誰爲櫛，積歲沉痾久諱醫。政失萬方歸怨謗，時艱一着繫安危。傷心又聽流亡曲，東北陰雲入暮垂。」在江北任家花園居住一個時期，每寄情于詩酒博奕之間，不斷自責，亦復不斷自恕。自責是：在此中消耗時間精力和金錢，不但對不起父母和師友，亦且對不起自已；自恕是：心境一淸明，國事與家事便一齊湧上心頭，不知何以善處！到了抗戰勝利，中共的內亂又起。中共的包藏禍心，固爲有識者所共見，然因朝野許多不合理的現象以及國幣貶値、物價變動之直接威脅大多數國人的生活，政府亦顯已失去人心，無足以挽救維繫此已呈敗象之危局。我在三十六年還都時，到中山陵上讀庾子山之「哀江南賦」，自「大盜禍國，金陵瓦解」，讀到「天意人事，可以悽愴傷心者矣」，曾不禁在陵前放聲一哭！在南京住了兩個多月，一度參加革新會，隨即領取遣散費回閩，住在醒園家裏過幾個月閒居生活。此時的心境是「一卷臥江城，眞知道不行。孤懷逢季世，暇日慰勞生。雨雪春寒重，干戈野哭增。未能忘口腹，物價最關情。」是「說與時人總未宜，獨來古寺訪僧尼。聽經頓悟無盡劫，鐘鼓淵淵注大悲！」三十七年春末回到家裏，雖不至如杜甫的「入門聞號咷，幼子飢已卒」那麼慘，但「生還偶然遂」對着伯母、三哥、三個兒女和族中父老，實不勝感歎欷歔，有「相對如夢寐」之感。

這是我回家的第七次。帶醒園和兒女們到父母、伯父、岳父和笑塵墓上展拜，到處宿莽成堆，墓木已拱。咽淚呼喚，曾不知墓中人有知無知！頗想將此散處各山谷之至親骸骨，移近路旁之山麓合葬，並稍事修築，以便利後人祭掃，其奈有心無力。嗣到侯龍鄉，詢知淸師骸骨已移厝水田間，視墓地卑濕，深覺亟宜另卜塋域，然在此際，亦祗是「貧賤負此心，俯仰深自愧」而已。此次在家住約半月，便先挈帶兩個兒子返福州。伯母則到了秋收後，才帶孫女來福州共住。伯母不慣久居城市，每謂終日只看到牆壁，即房屋櫛比，看不見山和田，有時帶她到郊外看看山和田，她亦覺得不如家鄉的山與田是另有一種自然親切之感，因此時切歸念，雖勉強留她住了幾個月，在三十八年春時局很緊張時，只得讓她回去。到了八月間便在鄉間逝世，喪事由三哥幫同族人料理。那時候我正流亡在馬尼剌，面對此空前浩劫，覺得老人家早脫離塵世一日，原可以少受一日痛苦，然念

及自五歲至十八歲受伯母千辛萬苦之劬育，則不禁潸然淚下。憶自十九歲入社會服務，老是東奔西走，極少有膝下承歡之日，結婚後兒女日多，經濟上常是捉襟見肘，亦未能按時寄奉甘旨之需。每念伯母「水流下不流上」之言，（意即父母愛子女者多，子女孝順父母者少。）真不禁慚汗迸集，愧為人子！

（七）

我父母去世，今已整二十年。在此二十年中，我不但沒有勇氣回想過去的一切，沒有勇氣對家人和親友談及，就在年節致祭時，拈香垂揖，默叫一聲父母，便已情不自禁地泣不可仰。在重慶、在福州、以至今在九龍，凡附近有田野處，我每獨自在田野間漫步，看到老農彎着腰在埋頭耕作，我就想起我的父親，只要此老農的身形有點和我父親相像，我就愈凝視愈像，一直凝視到淚眼模糊時才悄然離開。凡看有雙鬢斑白而帶着老花眼鏡在做針線的老太婆，我每靜靜地立在她的身旁，希望從她身上去發現我母親的神情容貌。看有像我伯父母的，也同樣引起我佇立注視，只是內在情感所受引動的程度有不同罷了。好在此種悠閒的日子很少，屈指過去三十載，多是過着窮忙的生活，在窮忙的歲月中，很可使我淡忘自己的身世，或減輕自己的罪咎之感：因為窮就一切問題都不能解決（如替父母修墓之類），不能解決就把它放在一邊；為不辱先人而固窮不濫，亦自以為可告無愧于清師的所謂「志養」。再則忙就只能顧到當前須即處理和較易處理的公私小事，凡屬較重大之事非一時所能辦得到的，只好一再留待時間無盡而生命有涯的來日。同時因為父母的一生困苦，使我自然地安于貧窮，因為清師笑塵的早死，亦使我安于不遇。對身外的一切，如富貴利達以及榮辱得失等等，我自覺在父母和清師去世以後，就看得很淡。在四十歲以後，我更漸漸省悟到身外的一切，對于我之所以為我實無甚增損。但若出于非為身家謀的正大目的，而認為名譽地位有可用為輔世長民的舟楫，則亦絕不避好名好位之嫌。而今我自己已到了五十歲了，自四十八歲以後，駁雜的生命也漸趨于純淨而貞定了，藉這次說孝專號，把數十年來所深鐫于心中的身世隱痛移諸紙上，甚望對以往的一切會日幾于「所過者化」；在幾次深夜停筆，伏案涕泣之後，平日常感鬱悶滯塞的胸膈，亦頓覺寬舒輕鬆得好多。自今而後，我希望自己會更堅強有力，來承當一份任重道遠的——人生的担子，時代的担子，歷史的担子。

（註一）我鄉在永春西北角，與德化交界，山多田少，土地磽瘠，農民耕地不足，有的到外鄉外縣去替人耕田，有的替永德兩縣的商家挑貨，有的到南洋做苦力。民國初年，各地土匪蜂起，永德邊境，尤為土匪嘯聚之區，經常擄人勒贖，害得良民賣田鬻子，或直接拿小孩去賣錢，因此窮人家的出賣孩子，也就司空見慣不為怪了。

（註二）據永春縣誌載：朱子曾來吾永與陳休齋先生講學，（附城西北角山墩上之環翠亭，今尚有講學台遺址。）並曾遊覽吾永諸名勝古剎。據說休齋先生家貧，每饗朱子以薑茶麥飯，朱子有贈詩云：「薑茶麥飯兩相宜，薑補丹田麥補脾。莫道此中滋味淡，前村尚有未炊時。」

（註三）先岳姓薛，字雲卿，籍閩侯，無子，與笑塵相依為命。笑塵患鼠疫時，先岳日夕調護，亦受傳染，後笑塵十日辭世，葬于笑塵墓側。

（註四）豐子愷「又生畫集」中有一幅漫畫：畫一衣履整齊、神氣自若的青年在前面走，他父親像僕人般挑着行李跟在背後。

（註五）先父諱合，字信美，先母陳氏，同享壽六十四歲。先伯父諱康，字信矜，享壽七十一歲。先伯母張氏，享壽七十六歲。

「一個在極度艱苦狀況下掙扎的雜誌，停刊了一個時期又復刊了。正值慶祝它二十歲的生辰時，為它付了二十年心血的創刊人，却盡瘁而死了！」

——「傳記文學」五月號：王道與「人生」篇首——

人生　師友　新春　康樂

人生二十週年紀念

人生有言　直道正辭　天下權衡　方寸良知
文章性情　教化所在　會友輔仁　忠信敬愛
心所同然　聲應氣求　成非獨力　功仗羣謀
公是公非　合情合理　無適無莫　義之與比
志道據德　依仁游藝　明善誠身　闢邪解蔽
時有盛衰　道有顯幽　盡性至命　不怨不尤
天爵良貴　他非所慕　懼以終始　庶幾寡過
躬履諸艱　貞定不移　擇善固執　剝復之機
篳路藍縷　我車不濡　任重致遠　敬待來者

辛亥人日　王道敬題

人生

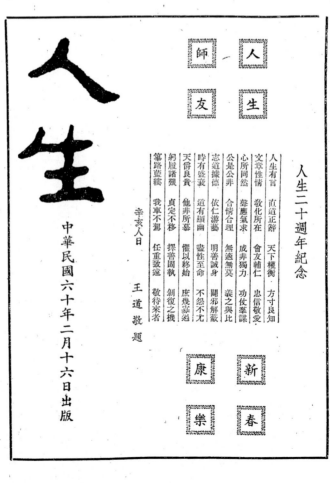

中華民國六十年二月十六日出版

大人小語

母親節

五月之第二星期日為母親節，六月之第三星期日為父親節，有人認為記憶頗不方便。

殊不知，這正是一種測驗，看做兒女的是否有心關注，如同有些父母，等待兒女是否記得他們的生日一樣。

拍的一下

美國乒乓隊員觀光大陸後，尼克遜意氣風發，作大獲全勝狀。

高呼欲去大陸，對方置若罔聞，這正像一記無聲的乒乓，拍的一下打在尼克遜臉上。

可一不可再

辛亥陰曆有閏五月，因此有兩個端午，換算陽曆，一為五月廿八日，一為六月廿七日。

可惜成本有關，這並不意味可以吃兩次粽子，看兩次龍舟，有兩次公衆假期。

中國醫生

「密勒醫生」以「美國公民」而稱「中國醫生」，本期本刊，有長文記述其事。

有些醫生，明明是華人，却要在中國病人之前，一面孔裝出自己是「外國醫生」。

守口似瓶

一部份政府機構，近已改為每週辦公五天，週六休息。

大部份其他機構不知其事，因為辦公五天之機構，全體同人均能守口似瓶。

時裝表演

有人喜歡看時裝表演，凡屬有此節目之場合，幾於無次不去。

或問其故：此有一看二得之妙；既可看時裝表演，又可以看表演時裝的人。

娛樂稅免收

古巴死囚審訊，入場旁聽者概收門票。

與電影院不同的是：席位無前座後座之分，亦不附徵娛樂稅百分之二十。

花甲壽禮

某先生六十榮慶，某畫家贈以名畫一幅。

紙上繪花兩株，題曰：『男人「三十」一枝花』。

旅館與家

有人以旅館為家，有人以家為旅館。

以前在上海，我們覺得是在家裏，在香港住了二十年，大家都覺得仍在作客。

預測之類

天文台天氣預測，時有不準。

天氣預測不準無所謂，狗馬貼士不準，那纔害人不淺。

先見之明

中區地價，每呎索價最高四千元。

古人「寸土必爭」，實有先見之明。

一舉兩得

香港水族館，將於三年後落成。

一九七四年前，香港仔的海鮮艇，可以權充水族館樣本。

總數不變

香港旅遊業忽然衰落，有關各項生意減少百分之三十。

他們的營業總額依然相等，因為物價也漲了百分之三十。

底事傷心？

羅馬法庭裁定，在公衆地方向美麗女郎吹口哨，作犯法論。

許多女人將因有人對她吹口哨而未判為傷心，因為這無異証明了她並不能夠吸引人。

人材濟濟

本年亞洲影展，中華民國代表團團員一百二十人，其中半數為影星。

若有時代曲國際比賽，中華民國代表團至少可有團員二百四十人。

三字經

英國機場，禁止空中小姐說「親愛的」三字稱呼搭客。

憑良心說，這三個字（原文僅一字）比諸粵語三字經，悅耳多矣！

教徒的等級

紐西蘭教會通過—離婚者准在教堂結婚，名曰：「二等基督徒」。

某居士常年吃齋，至今一妻三妾——這是幾等佛教徒？

康城影展

康城影展所頒獎項，多年來被認為有分贓嫌疑。

它與亞洲影展的主要不同是，即使分贓，也頗不易預測。

警察與小販

警察與小販之間，原告被告，形勢分明。

奇怪的是申請充任警察者，一年少於一年，而小販人數，却一年多於一年。

·上官大夫·

DIXIE PAPER CUPS

價格廉宜・使用便利

大人公司 有售

今日的星加坡

上官大夫

筆者近作南天之遊，在星加坡勾留凡二十日，所聞所見，着實不少，曾欲為文記之，以誌鴻爪，深感素材太多，書不勝書，而顧此失彼，又覺心有未甘。爰先以簡單偷懶之筆，寫其大概，見其輪廓，以後則信筆拈來，有話即長，無話即短，縱令前後倒置，輕重不分，均非所計矣！

前言

星加坡開埠於一八一九年，至一九五九年成立自治邦為止，先後歷時一百四十年，受英國統治。

一八一九至一八二六年，英國派官員駐在星加坡，受東印度公司管轄。第一任官員為法克哈少校，第二任是克羅弗氏。

一八二六年起，英國派總督駐星加坡，任期最少兩年，最多八年，一八二六年至一九五九年間，歷任總督廿五人。

總督代表英皇，為最高行政長官，也是殖民地海陸空三軍統帥。

一九五九年六月三日星加坡自治邦成立後，廢總督，而以一位在馬來亞出生的人士代替女皇充任駐星加坡代表，它的銜號稱作邦元首，由女皇經其政府勅任。邦元首亦即星加坡元首，此外，英政府另派代表一人駐星，稱聯合王國駐星專員，有權代表英政府行事，在初行新憲法的六個月過渡時期中，邦元首與專員兩職由一人兼任，而由第廿五任總督威廉·顧德出任。

一九五九年十二月一日，英女皇與星加坡自治邦政府同時鄭重宣佈委任尤索夫為第一位馬來亞人出任邦元首。

一九六三年九月十六日，星加坡加入馬來亞聯邦。同年十二月四日，馬來亞聯邦最高元首，依照星加坡政府之意見，任命尤索夫為星加坡州元首。

一九六五年八月九日，星加坡脫離馬來亞而成獨立共和國，尤索夫出任第一任總統。一九六八年十一月卅日，國會一致通過選舉尤索夫連任總統，由一九六八年十二月四日起，任期四年。尤索夫不幸於一九七〇年十一月廿三日病逝，在國會選出新總統前，由議長楊錦成醫生出任代總統。

星加坡國會於一九七〇年十二月卅一日，一致通過選舉薛爾思醫生為星加坡總統，一九七一年一月二日起正式履行總統職務。

星加坡的地理位置於赤道線之北七十七哩，北為馬來西亞，南為印尼。當印度洋與太平洋的馬六甲海峽南口，與蘇彝士、直布羅陀、巴拿馬有世界四大水道之稱。

它是世界上最小的獨立共和國之一，人口二百零八萬。廿歲以下青少年，佔全國人口六成。是英聯邦國家之一，也是聯合國的一員。

本身為一島嶼面積二二四·五平方哩，與馬來半島相連。

二二四·五平方哩的土地上，建築物與道路等等，佔六十二平方哩，農業用地五十三平方哩，沼澤地十八平方哩，森林保留地十五平方哩，其他地土七十八平方哩。

氣溫最高華氏八十七度，最低七十五度，夜晚甚涼，終年如此，所以星加坡電台節目中，無需天氣報告。

全境為一平原，最高的成吉智馬山，高五八一呎。

土地肥沃，雨量和陽光一樣充沛，無雨季，無颶風，全年雨量九十六吋。雨多陣雨，少頃即逝，無連綿不絕者。

境內最長河流為 Bukit Fimoh，長九哩。

二百餘萬人中，華人佔七四·四，馬來人一四·五，印度人與印尼人八·一，其他百分之三——包括歐亞混合種在內。

星加坡港口為世界第四大港，（前三位是鹿特丹、紐約、橫濱）海港地區面積，佔三十七方哩，機能方面具備轉口港、軍港、商港、客運港、修理港、停泊港、加煤港以及大漁港等性質和功能。

當地有輪船公司二百間，航空公司三十五間交通便利，平均十五分鐘有輪船一艘進口或出口，飛機兩小時到曼谷，三小時半到香港，八小時到東京。陸上有火車穿過馬來亞直達曼谷。

星加坡貿易一九七〇年輸入七，五三四百萬坡元，輸出四，七五五百萬坡元（上述數字並未包括對印尼貿易在內）。

全境共有旅館房七千間，設備服務之便，與東京、香港並駕齊驅。

汽車之多，居亞洲第二位，總數約三十萬輛，其中汽車十五萬輛，電單車十一萬輛，貨車三萬三千輛，的士四千輛。

政府努力建築廉價屋宇，平均每半小時落成一座，目前入住者五十萬人。四年後可再入住四

十萬人。

星加坡幣值與馬來亞同，兩地通用，為亞洲最高，每三元兌美元一元，每一元兌港幣二元，幣值十分穩定。國民所得與生活水準之高，居東南亞第一位，月入星幣五百元左右的單身者，都有能力以分期付欵方式購買汽車。

目前星加坡之最大工業為鍊油業與造船業，現有三十五間油公司以此為營業基地，各國均有船隻赴星修理。（最近香港定裝水警輪七艘，均由星加坡承造）。

星加坡有大學兩間，一為南洋大學，一為星加坡大學，與馬來亞大學鼎足而三，為南洋羣島三大高等學府。此外高等學府尚有義安學院，師訓學院，政府補助華文小學一百六十間，政府補助華文中學一百餘間。

星加坡出版之中英文報紙居南洋報紙之領袖地位，華文報紙最高銷數達二十五萬份，英文報紙達二十二萬份。

星加坡共有電影院七十二間，每日觀衆達八萬人。

星加坡獨立橋，為東南亞最長之橋梁，長二千八百呎。

星加坡之飛禽公園，內有各種珍禽異鳥八千頭，規模之大，設計之佳，世界第一。

計劃中之「體育中心」全部工程需欵六千萬元，其中一千七百萬元之露天體育舘在興建中，佔地四十畝，可容觀衆六萬人，明年九月完成。

以國家言，星加坡政治開明，注重効率，官員潔身自愛，不聞貪汚，人民安居樂業，埋頭苦幹。以市容言，星加坡風物都麗，景色優美，到處一片綠色，不見垃圾，前途繁華燦爛，光明無限。前者予人以東南亞進步「國家」之譽，後者使其有亞洲「花園城市」之稱，均能當之無愧。

× × ×

對於我說來，這是一次特別的旅行，既無工作使命，亦無其他目的，只是貪圖自己能忙裏抽暇，放開一切，暫離日夕盤桓之地，換換環境，會會老友，見識些新的事物，也想趁此機會，結交些新的朋友。住酒店，上飯館，原是出門免不了的事。我底旅行，當然比不上中了馬票遊埠，但是友情可貴，天天有人作伴同遊，尤其是星加坡曼谷兩地，有許多機會且可不上飯館，作客人家，分享主人家庭之樂，吃的是向所心愛的家常飯菜，談的是語出肺腑的人生小事，深夜殷殷話別，明晨電話又作，身心領受，眞比任何山珍海味還要富於營養。

這次旅程，原定先到曼谷，小遊淸邁，然後去檳城、而吉隆坡、而星加坡。但曼谷及馬來西亞簽證，遷延費時，不能久待，乃改變辦法，將全部行程，倒過頭來，先去星加坡，再到吉隆坡和檳城，最後方去曼谷。此行勾留以星加坡為最久，所見最多，印象亦最佳，以限於篇幅，本文所述，亦暫以星加坡為限。

舊地重臨　景物全非

我於二月二十七日，由香港搭馬來西亞航空公司班機出發，先抵吉隆坡，小停半小時，續飛星加坡，到時萬家燈火，接機者已為我在海景酒店定妥住房，安頓行李後，驅車同去晚餐。晚餐是在西區，由海景酒店前往，車行約廿五分鐘，經過兩千公尺的獨立橋，通常市區再往西區住宅地帶，市街整潔，風景幽美，汽車以三十哩的速度行駛，雖在夜晚，但因沿途照明設備之佳，看得出汽車轉彎抹角，像是在公園中穿過，所以在第一天晚上，已經看到了這個亞洲「花園城市」的約畧面目。一九四六之秋，星加坡我曾匆匆一遊，前後勾留僅三十六小時，時間隔了四分之一世紀，世事滄桑，面目全非，驅車疾行，看不出一點舊時景色，但舊地重遊，總是另有一番情懷，一晚飯後主人家人陪同驅車外出，瀏覽街頭景色，一個臨時動議的餘興節目是去花芭山酒店品茗冷飲。花芭為當地市區唯一小山，高出地面三百呎，燈色綺麗是夜遊勝地之一，在那兒，我喝到了濶別多時的原盅椰汁，再度體味了南國風情。

近年來的星加坡旅遊事業，蓬勃異常，政府於三年前成立旅遊促進協會，由邵仁枚主持其事，大力發展，成績斐然。目前星加坡旅館設備之佳，服務水準之高，與東京香港一字並肩，而在東南亞其他各地之上。筆者此次在星，觀光各處，並與旅遊協會高層人士接觸，獲得各項資料及統計數字，足以寫一篇當地旅館業的專文，本文祇能畧述其大概。

旅遊事業　蓬勃興旺

至今年二月底為止，星加坡共擁有二百間客房以上的旅館七家，一百間至二百間房的旅館八家，五十一間至一百間房的旅館七家，廿一間至五十間的旅館二十四家，二十間以下的旅館十六家。目前星加坡共有旅館房間六千個以上，另有新旅館十六間正在興建中。

筆者於三月中離星，同月二十七日，一間擁有廿一間套房的豪華大酒店開幕，聲勢非凡。這間旅館的與衆不同之處是它祇有豪華的套房而無普通的單人房或雙人房，日租至少一百美元，附設新聞閱覽室、日光浴室、按摩室、理髮室、美容室、花店、葯房、游泳池、餐廳、鷄尾酒廳、咖啡室——這種咖啡室都是每天廿四小時從不休息，為觀光酒店對於住客不可或缺的服務之一。

除了豪華大酒店之外，另一間新的「香格里拉大酒店」則於四月下旬開幕。該酒店擁有客房五二〇間，每房都有私人浴室及騎樓。其他附屬設備有游泳池、芬蘭蒸氣浴室、網球塲等、另有三所各有特色的餐廳，四個酒吧，可容一千四百人的會議廳，分為高低兩座的百貨店廊，以及一個據說足以令人「神魂顛倒」的「迷離天涯夜總會」。該酒店隸屬於西方國際酒店機構，客房之多，僅次於「帝國酒店」，帝國目前共有客房五六〇間。

但新旅館陸續興建，規模日鉅，帝國酒店也無法長久保持其房間數目之多名列第二的地位，

蓋另有一間即將開幕的馬可孛羅酒店，將有客房五八五個，再有一間定於明年內開幕的「新香港大酒店」，將有客房七七二間，而文華酒店於一九七二年年底開幕時，將擁有客房一千二百個之多。

我所下榻的海景酒店，座落東海岸加東區，環境十分幽美，共有四六〇個。頂層為中式酒樓而具西式佈置，專售平津菜，晚飯時有時代曲伴唱，飯後即為夜總會，音樂宵夜之外尚有其他表演節目，不久前舉行全市酒樓餐室裝飾佈置及衛生比賽中，名列第二。樓下有酒吧二，西餐室咖啡室各一。海景本有室外游泳池，我在時，擱置似在等待修理。房租單人房美金九元起至十四元，雙人房十三至十八元，我住的九一一號房，日租星幣四十二元，合美金十四元，因有人相熟，蒙八折優待。每晨清晨派贈英文「海峽晚報」一份，為時絕早。我習慣每日至少看中英各報多份，越早越好，侍役為我照辦，但深覺納罕。附設理髮室，設備新顯，一切自動化，躺下修面時，沙發椅靠背部份立即開始為客電動按摩，十分舒服。此行各地所住旅館，論熱水供應之佳星加坡之海景應推第一，曼谷之Rama無疑最差。有一點也想順帶一提的是許多一流酒店的大小客房，浴室多數沒有電話分機，鈴聲响時，令人頗感狼狽，這就不能不令人想到台北，即使是二流酒店，浴室也都有分機，確是方便多了。

港星兩地互有異同

香港與星加坡，談話中常被說在一起，蓋兩地相去非遙，交通方便，關係密切，兩地之間有許多相同之處。例如香港為一島嶼，政治上屬於英國，地理上依賴九龍半島與中國大陸。星加坡為一半島，地理上為馬來半島之一部份，政治上向來亦屬於英國。香港為東方良港之一，星加坡也是，而且位居亞洲十字路口，名列世界第四。香港人口，絕大多數為華人，佔百份之九八，星加坡的華人佔百份七四．四。

但時代進展，形勢變易，近年以來，兩地之間的不同，日見增加，而最大的變化是一九六五年起，星加坡已獨立而成一共和國，有他自己的總統，自己的國會，自己的憲法，自己的內閣，自己的軍隊，內政外交，全部自主。但香港地位，百年以來，始終未變，仍是「大英帝國」的東方殖民地之一，受英女王統治。

除了這點「大不同」之外，港星兩地的小不同，亦有不少。

中共口中，稱香港澳門的華人為「港澳同胞」，星加坡華人為星洲華僑，這一半固然是為了地理上的原因，一半也是政治上的看法。

星加坡人種複雜，通用語言亦多，英文、中文、馬來文、印度文四種語文都被承認為官式語文，不若香港華人居民佔壓倒又壓倒多數，而中國語文却為英文所壓倒而久不翻身。

星加坡的高樓大廈少於香港，普通住宅多為二樓或獨立平房，外有庭院花木，除極少地區外，處處綠色，空氣清新，街道整潔，不若香港住戶，習慣窗口門前，隨意拋擲廢物，以致大街小巷，垃圾堆積，污穢不堪。

星加坡的士每哩收費六角，以後每半哩收兩角，司機不索小賬，與香港的士司機完全不同。公共汽車人員態度甚佳，一切以方便搭客為原則。不若香港電車巴士，隨車人員禮貌較遜，且以虐待搭客為樂。

市區停車，亦需付費，有專人負責計時收費，所以吃角子的是「人」，而非號稱「老虎」的機器。

新式樓宇，以Flat為單位出租者，多附傢俬、冷氣機與風扇等，租費均係按件計值，吊扇一把，按月租金兩元，此種制度，亦為香港所無。

酒樓酒席，廉於香港約三分之一；女傭工資廉於香港約一半。露天或半露天的吃食攤位甚多，多係集中一處，且有相當設備，注意環境衛生，不若香港大牌檔座位侷促不潔，就食其間，有

（右）星加坡紅燈碼頭　（左）露天食檔

失體面。

星加坡麻將，與衆不同，「平胡」最難，「開槓」最値錢，即使你是胡家，如果胡的是普通小胡，還得向開槓之人，付出籌碼。

因天氣及民風樸實，星加坡華人，男士平時不穿整套西裝，婦女少穿旗袍，重要場合例外。

以上所述，僅爲記憶所及，雖或不足以代表，但至少可以小喻大，由大看小，領畧一二。

一飲一啄莫非前定

旅行的意思，不僅在於搭車趕路，住旅館，上飯店。最饒趣味的是在各種不同的場合，遇見各種人物，均屬前所未見，交談之下，却能趣味相投，從此成爲朋友。或者道別之後，決不再見，而一切記憶也能常在心頭。至於原有朋友，平日異地而居，公私栗六，音訊鮮通，僅於聖誕新歲，更換賀柬，一年一度，互報平安，今因旅途而獲把晤，此種機會，每覺倍見珍貴。

朋友本身有男女、老少、新舊、生熟之分，交情又有深淺與客氣及不必客氣之別，其見面也，或爲事前相約，或者專誠造訪，或屬順道一探，或則途中巧遇，心境情懷，各有不同。客中相見，歡敘一堂，一餐便飯，半日小坐，其樸質眞摯，意味甚長，我總覺得每在大張筵席、廣宴親朋的酬酢場面之上。

蓋飯是天天吃的，縱令山珍海饈，亦屬所在都有。不同的是，在此天涯海角，同席共座之人，或爲肝胆相交，或爲紅粉知己，籌觥交錯之中，別有滋味。尤其難得的是，因知心愛甜食，乃於隔夜燉好燕窩，清晨送來，相形之下，豈能不使我對酒店中每客星幣四元，小賬加一之所謂「特別早餐」不屑一顧。

雲游天下吃盡四方

我口福向來不錯，這次旅行，更像老和尚雲遊天下，吃盡四方。今日香港，每以集中國飲食之大成而自豪，但經此小遊，我個人對星加坡大小甜鹹食物之印象深刻，都一直念念不忘，星加坡大酒店中之西菜，與香港無大不同。中菜方面，則滬粵平津潮州海南福建四川各地菜色，不僅式式俱全，且均像模像樣，取價不高。當地人士多數嗜辣，馬來與印度咖啡，均能各行其道，但以「辣」而言，則馬來之「辣」與印度之辣，則似均不及川菜之辣得「高級」與有「學問」。沙爹爲星加坡之國吃，但此乃小食，不登大雅之堂，以 Raffles Village 一處，爲最佳。Raffles 是星加坡的創建人，星加坡全國，到處有他的名字、人像和史蹟，Raffles Village 在形式上畧爲保持星加坡原始鄉村風味的花園別墅，內有茅舍、牛車、餐廳，晚上有富於本地風光的歌舞表演。

專售海產食物的海鮮館，在星加坡相當普遍，魚蝦蟹之類，至少比香港廉宜一半，此種海鮮館常爲露天或半露天，東海岸一家，居星加坡海極東，食物新鮮而味美，海面開朗而空曠，極目遠望，據謂可以看到對岸的印尼。

有兩頓晚餐，印象特深，一次在友樂園，吃的是海鮮與牛肉鍋，在華氏八十度的氣候中吃火鍋，爲南洋風味之一，牛肉之佳，不讓神戶牛柳專美於前，魚蝦咖喱之外，四人連盡牛肉兩大盤，胃口之佳，由此可見。

另一次是在東郊章宜自度菴吃素齋，由主持釋慧平親自下厨，用料與色香味三者都有學問，高在不如一般素齋，本身已是素齋而仍借重鷄鴨魚肉之名，叫人聽來甚不舒服。同座南大黃昜吾教授、檳城蕭遙天先生，均甚激賞，慧平法師菴中藏書不少，佛事亦忙，培育孤兒，男女皆有，教以誦經禮佛外，並予現代教育，其中一人，將考南大。她本人研究素食，創製名菜數十種，擬共集百種，著成專書，座上黃太太聞之，自告奮勇，允爲助其出版，我則許爲撰述序言，就佛門護生戒殺及飲食營養衛生之道，解釋素食所以値得提倡的理由，將來售書所得，悉以助育孤兒。

星加坡爲一種族展覽櫥窗，食物花色之多，特別適宜供外來遊客逐一品賞。以我而言，則對以椰子爲主要原料而富於地方色彩之各種甜品小食，尤有偏愛。今天吃這，明天吃那，這次可以說是吃了個飽。

住香港三十年，飲食方面，從未做過之事有二，一爲喝涼茶，一爲坐大牌檔。這次在星加坡，上述兩例，同告打破。畧有不同的是喝的非涼茶而是內有椰子汁的冷飲，坐的不是大牌檔而是攤位聚集的 Bazzar。其中前所從未嘗試者有潮州風味的「肉骨頭茶」，畧似排骨湯而又與之不同，最佳的食法是佐以油條，食後飲鐵觀音茶兩小盅，有潤腸通氣之功。吆吆喳喳，則爲甜食中之佳品，凍熱均可，且可送到車上，一若泰京耀華力上之冰凍燕窩。小食攤上，鷄粥也好，鴨粥也好，都是有肉無骨。湯羮米粉，大小店舖，其味鮮美，均足使抗戰時名滿西南的「桂林米綫」「馬肉米粉」爲之失色。我初試海南鷄飯，係在二十年前之曼谷，香港亦有，但不感興趣。此番星洲重嘗，滋味又有不同。海南式之小飯店中，明窗淨几，冷氣適度，四人四碟鷄飯之交頭，滿盛一大碟，約合一隻鹽焗肥鷄的四分之三，加以乾煎蝦碌一盤，蒸魚一條，湯一味，吃得極爲適口。當我告訴主人，香港粵式酒家中，魚價不以一「尾」或一「斤」計，而係論「兩」計値，聞者無不咋舌。

當地報紙別具特色

星加坡的報紙，種類數目，遠較香港爲少。當地報紙，以日報爲主，晚報不受重視，銷行困難，不若香港銷數最多的一張報紙，竟是晚報。報紙讀者，無論個人或商店，多係長期定閱，零售甚少。報紙售價每份星幣兩角，以幣値計算，較香港貴出甚多。專業性、娛樂性、賭博性報紙如「股市」、「婦女報」、「電影報」、「馬經」等報絕無僅有。普通市民每天都祇看一份報紙，商店多定閱兩份，那便是「星洲日報」和「南洋商報」。「星洲」和「南洋商報」稱霸南洋，歷有年數，銷路不相上下，有「馬來亞版」當天

清早到達馬來亞各地。星洲日報全報自社論以至副刊一律採用簡體字，唯有廣告例外，其簡的程度與大陸報紙不相上下。許多年前，「南洋商報」與「星洲日報」左右分明，近年來「星洲」亦顯然採取左傾路線。

「星洲日報」與曼谷「星暹」，檳城「星檳」三位一體，屬於同一系統而與香港星系報紙完全分劃清楚，毫無關連，但後來我到檳城曼谷，卻發現「星檳」、「星暹」仍係百分之百親右，絕對支持越戰。相信此種情形必然與當地環境及營業大有關係，深悔在星加坡見胡蛟時未曾一問究竟，如能聽他親口解釋，當能獲益不少。

「星洲」與「南洋」兩報，內容形式各有千秋，新聞副刊，互有短長，「星洲」贈亞洲週報一冊，甚受歡迎，南洋副刊最近加以雜誌化，月釘一冊，亦甚新異。此外星加坡報紙還有幾點特色：一是報紙儘量刊載讀者來書，包括各種投訴和建議，如與公共事務有關，政府機關多能從善如流，覆函聲明，加以接受；二是各報對消息來源，不問其爲國際電訊，本埠新聞，前面莫不註明時日，讀時一目了然，知該事於何時何日發生，該消息又於何時得來，不稍含糊，此點我認爲値得本港報紙，加以參考；三是各報人情與應酬廣告特多，諸如父母生日、親友遠行、以及一切婚喪喜慶、結婚紀念、商店開張、學業成功、大病新愈，多喜登報揚名，以代送禮；四是副刊文章，重視雜文小品，知識趣味，及綜合性稿件。滿目均爲長篇連載之小說版，絕無僅有。作者則亦因當地報紙較少，地盤不多，其作品乃不夠在香港之可以大量生產，故其稿費收入，亦不能與香港之寫稿人相提並論。

國防內政今年分開

星加坡人口與以色列相等，星加坡政府之理想，爲將星加坡建設成一東方的以色列，軍事政治經濟方面，莫不皆然。

李光耀目前的外交政策，是「交友力求其多，樹敵力求其少」。本此原則，第一是要對南北貼隣印尼和大馬友好；第二是要對英、美、荷蘭、日本、澳、紐友好，第三是要對蘇聯友好，第四是對中共、北韓等共產國家並非不友好。

一九六五年起，星加坡開始有「內政與國防」一部之設立，一九七〇年，國防部門與內政劃分獨立。長期的國防計劃始於一九六五年，原則以建立陸軍爲先，由一以色列軍事顧問團協助進行。星加坡軍事訓練學校於一九六六年開學。年滿十八體格健全之青年，均須強迫服役，部隊中不分種族，混合編訓。

星加坡武裝部隊，現有實力一萬五千人，一九七〇——七一年的經費爲三三〇，〇〇〇，〇〇〇元，包括警察經費在內，但警察經費所佔比例極小。一九七一年後，國防經費和警察費用在預算方面即將分開。

駐星加坡之英軍，今年年底將全部撤退，屆時駐星外國軍隊，將祗有小量紐西蘭與澳洲部隊各一營，這兩營原屬第二十八聯邦旅，今年三月下旬，駐星英軍部隊一千餘人加入，撤銷聯邦旅而成立一新編制，由一英陸軍上校以准將銜統一

(上)星加坡的停車收費紀錄員

(中)星加坡與衆不同的三輪車

(下)本地風光表演的繡球舞

指揮，隸屬於五國聯防協定下。今年年底該指揮官將統率英軍回國，但可能返星任星加坡陸軍顧問，因爲他富有在馬來亞森林作戰經驗。

自從英軍宣佈西撤以來，美國曾一再透露英軍撤退之後，美國將不派軍隊塡補其所遺下的空缺，而星加坡當局則極希望美國接受英軍在星的皇家空軍基地。英國駐星空軍撤退後，將祗有北海空軍基地，尙有小隊的澳洲屐樓式噴射機駐守，星加坡本身尙無空軍，今年起開始訓練所謂「大學空軍」，全部受訓人士二十六名。

今年三月中旬，一批由美空軍後勤司令海里爾上將率領，內有空軍少將上校各二名准將一名的代表團抵星，訪問了星加坡的章宜、實里達、登嘉三空軍基地，並且詳細參觀了他們的設備，此舉曾引起廣泛推測與注目，尤其因爲當時英空軍司令不在星加坡。表面上的說法，是視察三間飛機庫和一間飛機工廠的商業用途，實際上可能不止於此，因爲不久以前，星加坡曾强調要求美國給予軍事援助。

目前東南亞非共國家與共產國家往還最密的，應推星加坡與蘇聯，這種交往，當非全無原因，主要可能是星加坡想用與蘇聯的關係，來抵消或者減少另一共產大國的威脅。蘇聯已於今年三月在星加坡正式設立使館，派駐大使，星加坡的相對行動，原亦可以隨時辦理，但對時間和人選，尙待考慮選擇，人選方面尤需斟酌。李光耀自已是華人，却感到委任一名華人出使莫斯科有所未便，馬來亞人似無適當人選，因此可能委任一名印人。據筆者估計，他也許已經胸有成竹，但因種種關係，不欲事先透露，時間則至早須在今秋星加坡國慶左右，甚至聯合國大會開會前後。

工業遲緩 商業發達

星加坡的工業化計劃進行遲緩，它的轉口貿易似亦較前衰退，因爲隣國馬來亞和印尼都在積極發展他們自己的進出口業。星加坡隣近地區採油業發達，對星加坡之運輸業與鍊油業大有裨益。美國在星投資目前逾六億美元，目前共有美國商家七百家，兩三內年將增加到十億元，但英國的兩億美元投資，可能在短期內陸續撤退。

星加坡政府廉價屋夜景

星加坡與台灣並無正式邦交，但中華民國在星設有商務專員辦事處，事實上，除商務外，還負責赴台護照簽証事宜。另一方面，星加坡與北京亦無邦交，持有北京護照者，不得入境，由星加坡赴大陸，政府也規定以年在三十二歲以下者爲限。

星加坡與台灣之間，去年貿易總額星幣一億五千萬元，較一九六九年增百分之七十六，上述數字中，星加坡與台灣的數字相差爲一與九之比。星加坡與中共貿易，並無確數可稽，但知一九七〇年之總數，較一九六九年畧減。

星加坡新開設的超級市塲與新型商塲與百貨公司，多若雨後春筍，設備之新，種類之多，較香港有過之而無不及。每一個超級市塲都有佈置得相當漂亮的餐廳咖啡室與停車塲，門口都有機動鐵馬與小汽車等以供兒童遊憩消遣，好讓帶他們來商塲的家長可以安心購物而無後顧之慮。許多百貨公司差不多專售大陸貨，祗有珍珠商塲有一間專售台灣產品的百貨公司，尙具規模。大人公司在星加坡有鶴鳴鞋帽商店、香港皮鞋公司、香港雜品公司、大人公司四個分支機構，我與一家百貨公司的董事經理同往其中之一的大人公司參觀，並且會晤了負責人戴南昌、沈炳雲兩君。戴君留居星加坡四十五年，當地舊事，如數家珍！沈君對百貨業情形亦甚熟諳。他畧述了港星兩地百貨公司的不同，對大人公司於百貨業中之能獨樹一幟，則歸功於公司當局之選貨獨到，宜傳適當，與用人得法，而三者之中，尤以最後一點最爲重要。

長期居留 頗爲不易

星加坡是東南亞最進步的城市之一，同時也是東南亞最小的國家之一。

國家一小，就比較容易施政治理，加之星馬向來一體，而星加坡又得天獨厚，爲整個星馬地區精華所在，先人的豐厚遺產加上後天的有利條件，新生的「星加坡國」乃似一個母體健康的嬰兒而又飲食得宜，營養豐富，珍攝週到，於是便成長得特別美好迅速。

以幣制言，星幣的幣值在東南亞爲最高，生活水準亦然。由於幣値穩定，物價極小動盪，數年來變化極少，因此大部份居民都能安居樂業，許多其他地區的人也想到那裏去謀生。但是星加坡面積極小，資源有限，勢難容納，所以政府對於外人移居，管制極爲嚴格。

星加坡年來提倡旅遊，對短期遊覽，極表歡迎，在任何地方辦理入境簽証，三天左右，必可如願以償，可是要獲准長期居住便大爲不易，據我所知，其困難程度，僅次於澳洲。

星加坡獨立以來，在李光耀政府政策下，久

（右）星加坡國家劇場　（左）海濱露天茶座

居的華人，多數已經成爲「星加坡公民。」李光耀常常提醒星加坡人中的中國血統說：『你們是「星加坡公民」，不是「華人」；你們講的是「華語」，不是「國語」。』他又示意爲風行一時的「國語時代曲」正名，稱之爲「華語流行歌曲」而非「國語」時代曲。爲了防止人口膨脹，非星加坡人而欲在星加坡常住實有許多困難。好些「華人」，在星加坡雖已居住多年，可是永久居住權仍未辦妥。他們在星加坡的居留時間限於半年，每六個月必須遵照法例手續外出旅行一次，然後重新回來。所以有許多星加坡居民，每六個月必須「出國」一次，前往馬來西亞的吉隆坡，在那裏住一個月重回星加坡，因爲吉隆坡距星加坡最近，旅費最省。多年以來，長期奔波於星加坡移民局與大馬駐星專員公署之間是件苦事，但是事實上必須如此，除此以外，別無辦法。這種情形兩地當局知道得相當清楚。但是他們也認爲這是唯一的權宜之計，祇好勉予通融。非星加坡公民而欲與家人長期在此居留，也有辦法，其中之一是斥欵星幣十萬元在當地自設小型工廠；工廠性質仍待批准，但規定投資人必須親自在該廠担任管理或工作；如果本人只做工廠「主人」，自己不在廠中工作而只任幕後管理者，則工廠規模必須較大，資本額須在星幣二十五萬元以上。至於非工廠投資者的僱員階級，則必須其爲月薪一千五百元以上技術人員或專家充份証明，方能申請長期居住。在星加坡，叻幣十萬元與二十五萬元不是一個小數目，月入一千五百元者也是高薪，具有此種條件資格者究竟不多，因此長期「暫住」尚有隙縫可鑽，合法居留就大爲不易了。

南大星大　各有千秋

星加坡有兩個大學，一爲南洋大學，一爲星加坡大學。我曾分別前往參觀，但因校址廣濶，而我每次時間都祇有一個上午，因此只能走馬看花，見其大概。參觀南大係由黃勗吾教授陪同，黃教授爲國學大師，除教職外兼任該校文物館主任，他一邊帶我看，一邊解說，因此瀏覽較多，了解也較深。若非如此，看到的東西，便將只知其一而不知其二。

據黃教授談稱，文物館着手籌辦後，即行開始接受各界的捐贈，張振通先生及其女婿林通英先生首先捐贈所珍藏的陶瓷四百多件，銅器二十多件，現闢一特室收藏。張先生爲東豐樹膠有限公司主席，日前曾於黃府晚飯席上見之，張君平時蒐集名貴陶瓷古玩甚豐，現也大部捐贈南大，以供同好觀賞及學術研究。

此外，殷商鄭鏡鴻先生也本熱心教育及愛護南大的熱誠，捐獻一萬元充文物館爲發展基金。馬來亞名畫家兼收藏家李家耀先生捐贈古今名人書畫、秦瓦、漢磚、碑帖、畫冊、金石、瓷器、古墨、玉雕、晶雕等珍貴文物二百二十三件，及簡編萬有文庫一千冊，另把他連年所作書畫一百件交南大義賣，所得欵項，都撥充該館基金。星馬著名書畫家，雕塑家也贈書畫及雕塑品百餘件。截至一九七〇年止，該館合計收得美術品九百二十三件，碑帖、畫冊、書刊一千二百三十三冊。其中張振通獨佔二八一件，林通英一七六件。

去春，黃勗吾教授受校方委任，到台灣參觀故宮博物院、歷史博物館和中央研究院等機構的各種設備，以資借鏡；購置文物，以充實設備。

在香港，由于機緣巧遇，黃教授只付出港幣一千餘元便購得漢魏六朝冢墓遺文圖錄三冊、北魏龍門二十品二冊、隋開皇曹子建碑一冊、清芬閣米帖十八冊、楷法溯源對鈎本二冊。到台北後，黃氏分別會見故宮博物院院長蔣復璁、歷史博物館館長王宇清，暨中央研究院研究教授屈萬里等。

黃教授台灣之行，可以說收獲豐富。他除了向歷史博物館，故宮博物院購得古銅器、陶瓷、書畫等仿製品多種之外，還接受歷史博物館、故宮博物院黃君璧教授，師範大學國文研究所所長林景伊教授，政治大學國文研究所所長高仲華教

授，蘇榮輝教授及藝文印書館經理嚴一萍先生等贈送書刊畫幅漆器多種。其後，黃教授再續航日本的大阪和東京。在那裏，他參觀了幾個公私立博物院，美術館，也到庋藏宋本特多的靜嘉堂文庫參觀，獲益極大。

文物館初期館址暫設在南大行政樓二樓左翼一巨室，因為不夠庋藏和陳列各方所贈的美術品，現已擴展到行政樓右翼，該處面積有三千餘呎，室內全部冷氣設備，預料半年後可全部運用，將更有利於亞洲研究所諸同學暨對亞洲美術文化具有興趣人士的共同研究。黃教授目前正在計劃編輯一本「南大文物」專刊，內有彩色黑白圖片，談及將在香港印刷製版排印，我向他推荐了兩家印刷公司，認為可於兩家中任擇其一。

繼參觀南大「語文中心」，會晤了該中心主任美國人勞勃・林克教授；再參觀圖書館與行政大廈，已經近午時分，黃教授邀我在南大「小飯廳」便飯，我以市區有約在先，必須及時趕往而謝却。

陪同參觀星加坡大學的是錢歌川教授和陳榮照講師，星加坡大學歷史較南大悠久，校園小於南大，藏書却較南大為多，線裝古籍中，不乏珍本，星加坡早期報紙，均有全套，若干名人真蹟，亦極名貴。可惜的是時值假期，大部份學生不在校內，因之學術空氣如何，窺測不深。

倦游歸來 念念不忘

我這次在星加坡，由於大馬簽証延遲及友情挽留，逗留達二十天之久，這二十天之內，我是朋友多，吃得多，看得多，玩得多，可以說沒有時間是浪費掉的，對於星加坡的認識，亦不僅「來此一遊」而已。三個晚上想不出如何消遣時，結果打了三塲「星加坡式」麻將。有一天參加莎菲女兒的生日派對，客人中有人問我來星加坡多久？我答「已經超過兩星期」，對方笑而問曰：「星加坡這樣好玩？」我無以為答，一笑置之。

一個地方之好玩與值得留戀與否，一半在地方本身如何，你對它有無好感，一半是你在這地方有些什麼朋友或同伴？莎菲由港來星，住了兩年，任某廠會計主任，對星加坡一直怨盡怨絕，好感全無，不知何故？依我看來，星加坡勝過香港之處甚多，物價穩定一也，市容整潔二也，風氣淳樸三也，氣候舒服四也，服裝簡單五也，居住寬敞六也，血淋帶滴的犯罪事件不多七也，人與人之間的勾心鬥角與爾虞我詐較少八也，有此八點，我願已足，所以若有同等機會給我選擇，我是寧可放棄居住已逾三十年、事實上已經成我第二故鄉的香港而取星加坡的。

有人謂我看星加坡似戴有色眼鏡，是耶非耶，不得而知。拉雜寫來，似已不少，最後寄語星加坡，我雖離去，猶屢屢回頭望汝也！

宋子文小故事

・談天說・

（上）宋子文在承德　（下）宋子文簽名式

財神與鷄

宋子文吃鷄是極平常的事，但因吃鷄而骾死，便成為新聞了。他是在一九七一年四月二十五日死在美國舊金山的一個宴會上的。

大筆一揮

許多人以為中央銀行、中國銀行的鈔票上，一定有宋子文的簽字，其實不然，鈔票上簽字人多屬宋的部下。一九四二年，二十六國聯合宣言，宋子文代表中國簽字，右圖即其簽名式。

命中尅鷄？

宋子文的年庚八字是甲午、乙亥、庚辰、己卯。星相家韋千里批宋的命是亥中食神得祿，午中正官得祿，卯中財星得祿。不知宋的命中是否尅鷄？

官樣文章

香港廣東銀行董事會為宋子文刊登巨幅報喪廣告，結尾用了「特此通告」四字，報喪而日通告，乃是標準的「官樣文章」。

車站擲帽

宋子文在上海北火車站遇刺，宋頭戴白色草帽，為避免注意，當塲將帽擲去，結果其秘書唐腴廬遇難，替死鬼也！

心照不宣

大業公司李祖永承印四省農民銀行鈔票，晉見財宋。宋問：印了多少鈔票？李曰：不知道。宋曰：莫怪你不知道，我身為財長，都不知道！

此乃國寶

宋子文乃弟宋子安，一九六九年死于香港，生前有集藏古畫之癖，宋子文來港主持喪禮後曾遍觀乃弟藏畫，並鄭重放入廣東銀行保險庫內，認為此乃國寶。

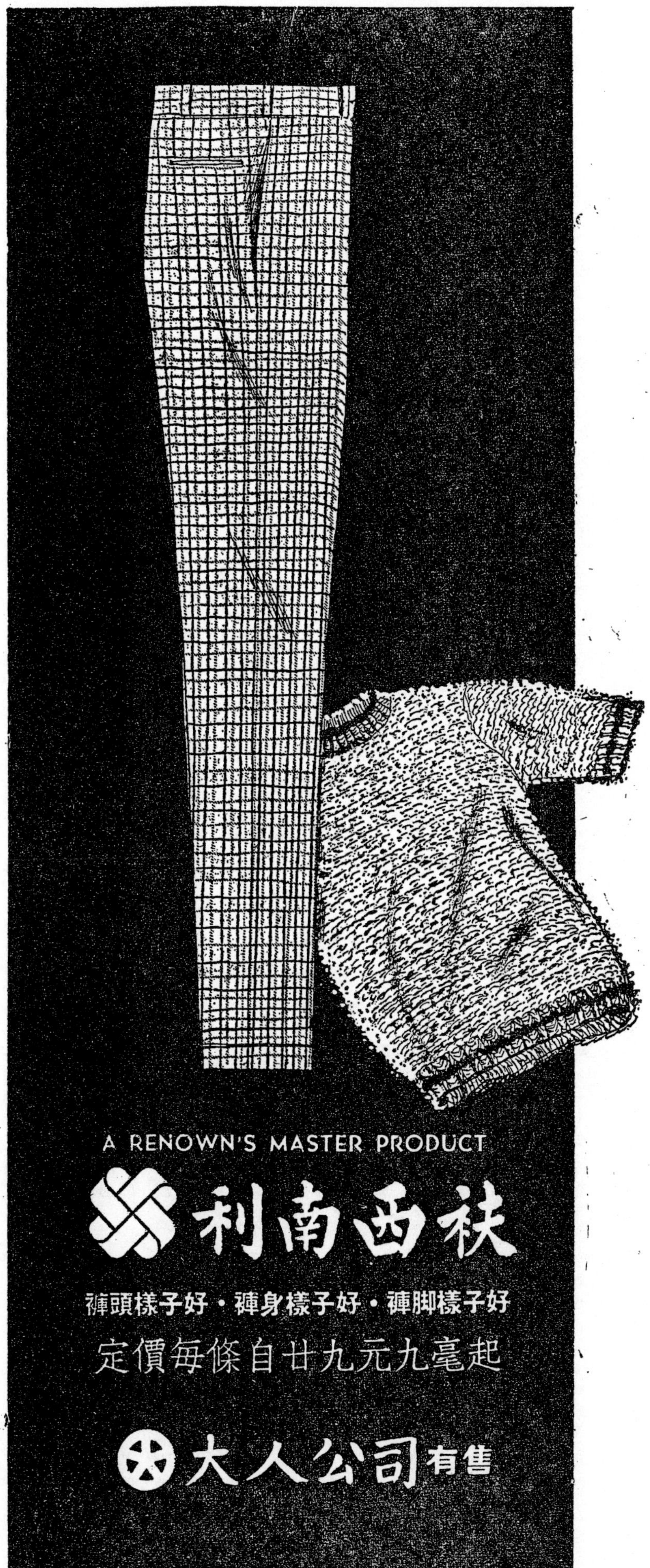
A RENOWN'S MASTER PRODUCT
利南西衭
褲頭樣子好・褲身樣子好・褲脚樣子好
定價每條自廿九元九毫起
大人公司有售

四個國民政府

馬五先生

中華民國國民政府開創於孫中山先生逝世之後，於一九二五年（民國十四年）七月一日在廣州正式成立。其後隨着革命軍北伐的進展，次年四月移到武漢；未幾，另有南京的國民政府設立，一九三〇年（民十九年）七月再有北平的國民政府出現；迨對日抗戰中期，被稱爲汪僞政權的國民政府，又在南京發號施令而名之曰「還都」。綜計自一九二五年至一九四六年的二十年間，在中國大陸上出現過四個國民政府，而且全係國民黨人的傑作，此中是非恩怨，錯綜複雜，到今日已成陳迹，我以白髮宮人談天寶遺事的心情，畧述「國民政府」滄桑史迹，藉作他日歷史家的考據資料，似乎并非毫無意義的事吧？

廣州國民政府首創時，國民黨和共產黨正在合作期間，蘇俄政治顧問鮑羅廷對黨政問題，具有無上權威，他的意見沒有人敢說第二句話。當時國府主席的人選，論資望和勞績應該以胡漢民最適合，——他是在位的代理大元帥。但胡的政治思想與共產黨人格格不入，爲鮑羅廷所不喜，鮑屬意於汪精衞，稱讚汪氏爲進步的左派領袖，一般共黨份子自然隨聲附和，表示擁護。汪在國民黨內暨社會上的人望，不及胡漢民、許崇智等遠甚，而在政治上亦標榜無政府主義，只做過一次廣東省教育會會長，此外就是代表孫總理赴北京、奉天跟北洋軍閥段祺瑞、張作霖之流，商洽國是而已。於今瞧着鮑顧問和共產黨人對他熱烈捧場，奉他爲國府主席，不覺喜出望外，欣然登台，而將胡漢民降格作外交部長，旋因廖仲愷被刺事件（一九二五年八月），胡且被遣赴莫斯科去「考察」了。

汪就任國府主席後與鮑顧問一鼻孔出氣，言行左傾，更受共黨歡迎。迨一九二六年三月，中山艦事變發生，黃埔軍校校長兼廣州衛戍司令蔣介石將艦長李之龍逮捕外，又將蘇俄軍事顧問住宅的衛隊繳械。汪大不滿，曾當面諷勸蔣離粵，蔣不從，汪即宣稱辭職，隱居私宅不問政事，亦不見客人。他以爲國府羣龍無首，廣州秩序即難維持，非他出來收拾不可，他即以蔣離粵爲先決條件。詎事實與汪的計劃相反，國府政務照常進行，社會各界亦安靜如常，主席職務由譚延闓代理，措置裕如。汪弄假成眞，只好悄然去國，到法國馬賽暫作寓公。這便種下了以後二十年間國民黨內部糾紛不歇的基本因素，對中國前途，關係滋大，未可忽視。

一九二六年七月，廣州的革命軍實行北伐，進展極速，很快就佔領了湘鄂贛各省區，國民政府亦由粵移至武漢。這時共產黨人認爲蔣的勢力日趨雄厚，甚不願意，乃策動黨政各界人士，高呼「擁護汪主席復職」的口號，形成一大運動，其勢甚張，旨在削弱蔣的政治地位，而以汪爲抵制蔣抬頭的盾牌。汪靜極思動，亦甘作共黨的工具，回到武漢復職，大呼「革命的向左來！」於是共產黨挾持汪主席，在兩湖實施赤化政策，開得天怒人怨。迨革命軍佔領上海南京後，國民黨中央監察委員吳稚暉等，咨請蔣總司令實行清黨。這時大多數的國民黨中委皆在滬寧，蔣即在南京重新成立中央黨部，同時組織國民政府，跟武漢的黨部和國府唱對台戲，國民政府基於容共與反共的政治立場，乃一分爲二了，時爲一九二七年四月間。

南京國府成立之初，舊有廣州國府的代理主席譚延闓尚在武漢，暫未新選主席，而由胡漢民、蔡元培、李烈鈞、于右任、汪精衞五人以常務委員名義，處理政務。就實際上，胡主持黨務，蔡綰領教育，于在西安，汪在武漢，眞正管事的只是李一人而已。爲什麽還要將汪列爲常委呢？用意在表示國民黨只是清除共黨份子，原非共黨的國民黨同志應該團結，且素知汪的政治慾很濃厚，所以給他留下一席之地，免他鋌而走險。這時候，反共最早的「西山會議」派一羣國民黨老同志如許崇智、張繼、鄒魯、謝持等大爲興奮，自動從上海到南京來表示團結合作，認爲義所應爾。不料他們一到南京，市面上又發現「打倒西山會議派」的標語，深感詫異，急忙趕返上海，而他們在法租界環龍路四十四號設置的國民黨黨部，亦由南京革命軍總部，電令上海駐軍予以查封了；執行查封命令的就是總部參謀長兼東路軍前敵總指揮白崇禧，這使西山會議這班老幹部大爲氣憤，然除却致函南京詰責外，亦無可如何也。爲什麽南京既實行清共，而又不容許反共的老同志來合作呢？這完全係私人權利之爭。如果這些資深望重的幹部都到南京來了，在黨政方面必佔有重要地位，特別是最高權力機構的中央黨部，若讓這班老同志置身其間，資望較淺的人要想作領袖來指揮他們，談何容易呢！此外就別無理由可以解釋了。

是年八月初，蔣忽然通電宣告辭職，前往日本，胡漢民、吳稚暉、張靜江等人亦相繼離開了南京，於是，原在上海的西山會議派人士再來合作，成立「特別委員會」代行中央黨部職權，而由蔡元培總其成。未幾，武漢國民政府亦實行清黨反共了，譚延闓、孫科已來南京，汪精衞先到上海倡言寧漢滬黨部合流，旨在爭取各方面的好感。三方面的中委在滬召集會議，決定黨政機構的主持人，結果汪未爲大衆所推戴，拒不去南京，又嗾使武漢和廣州的軍人唐生智、張發奎，先後以「護黨救國」名義，反對南京的「特別委員會」實行兵諫，旋被平息。汪潛居上海，又向蔣通聲氣，表示棄嫌合作，迨蔣由日本歸來，汪乃一馬當先，發出「擁護蔣總司令復職」的建議，

蔣至南京復職後，改組黨部與國民政府，因與胡漢民合作關係，汪又未能在黨政方面佔有重要職位，然寧漢兩個「國府」的對台戲，已告消散，二合爲一了。

南京國民政府成立時，我被任命爲機要秘書，譚延闓由武漢來寧後，仍任國府主席，我在作秘書期間，所見所聞的事情，有幾點值得一談。

一九二八年夏，在濟南被日本軍慘殺的我外交特派員蔡公時，江西人，原係國府常委李烈鈞的舊屬，他從北平到南京來向李求事，高不成，低不就，他表示非簡任職不幹，但一時沒有機會。一日，外交部長黃郛以革命軍二次北伐已經發動，山東收復在即，跟李談到派赴山東辦理外交事宜的人選問題，交涉員是由國府任命的簡任官，李即推薦蔡公時，黃欣然同意，迨語知蔡時，以向來未會幹過外交工作，又不諳日本語文，表示拒却。李謂這是簡任官，暫且幹了再說，將來改組山東省政府時，再保薦你作委員兼廳長亦不難，否則暫時不容易有適當的簡任官位置。蔡很勉强地接受任務，一入濟南，即把性命丟掉了，豈非命耶？

一九二七年十月，英國駐華公使朱爾典，曾由北平來南京公幹，時各國使節皆駐北京，此人能操流利華語。一日到國府晉謁譚主席，兩人在主席辦公室談話，朱問：國民政府決定奠都南京了嗎？答曰然。朱謂：果若是，將來關外的東三省，恐怕非貴國所有了！譚連說不會不會。當時我在隔壁房間辦公，中間有扇門與主席辦公室相通的，我恰好坐在門的旁邊，他們談話我聽得很清楚。事後證明朱爾典的見識比咱們中國人優越，可見英國一般職業外交官的眼光很利害。

一九二八年（民十七年）夏，南京市民舉行「討唐勝利慶祝大會」——即討伐武漢唐生智之役——繼以游行，羣衆走到復成橋之際，忽有人開槍擊斃一名游行行列中的學生。國府聞訊，嚴飭軍警機關查究，旋據報，國府秘書處職員陳某有主使嫌疑，常委李烈鈞震怒，一面下令拘捕陳某訊辦，同時飭副官處購置棺材一口，備作收殮陳某之用。結果陳幷未受到法律制裁，而李烈鈞後來却被指爲復成橋慘案的罪魁禍首，迨蔣總司令復職，改組國府時，李的委員地位亦告喪失，胡漢民說：政府不查辦李已算寬大了！實則復成橋畔的槍聲，係有重要人物暗中指使而發的，目的在反對「特別委員會」，故意造成慘案，藉作攻擊的口實。蓋「特委會」係代行中央黨部職權，主其事者多屬民黨中卓具聲望的老同志。若不將特委會推翻，今後的黨權，後起之士即不容易攫奪了。胡漢民與李烈鈞素來不睦，亦樂得藉此以排除他。先一年蔣下野時，胡與吳稚暉等皆離京，示與蔣同進退，然李獨留京如故，這亦是李烈鈞失意的一大因素。

越一九二九年革命軍統一了全國，東三省亦通電易幟，遵奉國民政府正朔。中樞乃召集各個集團軍總司令在南京舉行編遣會議，馮玉祥、閻錫山對中央擬定的編遣計劃認爲不公平，拒不同意。馮不俟會畢即遄返西安，閻與李宗仁亦快快不樂，先後各自回防，相激相盪，乃有一九三〇年的中原大戰發生。汪精衛以連年不得志於南京，又與閻、馮合作，在北平召開黨務擴大會議，決議另設國民政府於北平，推閻錫山爲主席，汪則主持黨務，跟南京唱對台戲，有如兩年前的南京國府與武漢國府對立狀態。

是役也，雙方敵對的兵力在百萬人以上，內戰規模之大，前所未有，閻馮軍作戰甚力，幷未失利，然不到三個月即自動潰敗了！原因是半路上殺出李逵來了，張學良在關外通電反對內戰，聲稱進軍關內，促進和平，閻馮以後路被截，祗好急忙將部隊撤赴晉陝，而北平的國民政府自然瓦解了！汪精衛的中央黨部更不用說，一哄而散，各奔前程。

在這場大戰期中，有兩件事情關係極鉅不可不知。一是南京方面的中央軍，經過兩月來的戰爭後，軍費奇絀，羅掘俱窮，勢將無法維持了。最後由上海四明銀行將其收回準備燬銷之庫存五元破舊鈔票，共計五百萬元，再行提出使用，以濟急需，中央軍藉此幸得渡過難關，維繫軍心於不墜。二是大戰發作後，雙方皆派遣大員赴關外游說張學良，爭取他的同情。南京代表張羣、吳鐵城，在瀋陽的活動費每月達百萬元以上，實報實銷；閻、馮的代表賈景德、薛篤弼，每月在關外的活動費只有五千元而已。成敗關鍵，實基於此！

汪精衛於一九三一年再與蔣合作，居行政院長之位。迨對日抗戰軍興，且被推爲國民黨副總裁兼中央會議主席，應該躊躇滿志了。但他的權力慾很强烈，認爲位雖高而無實權，深感不滿，同時對於抗戰前途亦沒有信心。一九三九年中央政府遷移武漢時，德國駐華公使陶德曼策動中日和談甚力，常與汪洽商，日方提出的和平條件，汪亦知悉，終以蔣不同意，汪亦未便公然主和，只好隨同政府前往重慶。

一九四〇年夏初，我與重慶西南日報社長汪觀之晉謁汪於其私邸，他很親切地留住我們長談，說是清閒無俚，談到國事，慨然道：「玩政治就像玩魔術一樣，蔣總裁是魔術師，我就願意做他那根玩魔術的棍子，可是他不要我！」說罷，他喝一口茶，繼續謂：「最近中央改組廣東省府，任命李漢魂爲主席，我是廣東人，又係中央政治會議主席，事前我完全不知道，在報紙上看到這項消息，纔曉得有這回事」。他侃侃而談，牢騷滿腹，我倆自不便揷嘴，辭別出來，我對汪觀之說，大概汪先生又要害政治病，或許赴馬賽養痾亦未可知也。

未幾，他果然乘蔣未在重慶的機會，前往昆明，轉向河內，竟與日人勾結，通電主和，終且在日寇卵翼之下，走到南京開府稱尊，號爲「國民政府」還都，又作起國府主席來了。這是第四個國民政府，也是最不榮譽的一個國民政府！

太太在屋頂上

易君左

搬來搬去如渡頭船

我在香港的初期，居住的地方攢來攢去攢不出鑽石山的範圍，好像前生和這地方結下了不解之緣。我自從和左舜生先生合股的小士多關門以後，就離開了鑽石山，左遷右遷，仍然在鑽石山附近：左遷到牛池灣，右遷到九龍城。我從大陸飛台灣，從台灣來香港本來是準備編印在大陸在台灣由我主編的「新希望周刊」的香港版，不料到香港之後，才發現由大陸逃來的人比到台灣的更多，也才知道在香港一個斗零賺來都不容易。我姓易，往年曾有「我原姓易不知難」的豪句，一到香港則取消了這句詩。我滿以爲當了小士多的股東漸漸可以走上康莊大道，又不料賠本了事，看來我的新希望並不多，因此漸漸感到苦惱。而我們士多的「波士」左舜老似乎也意興闌珊，和我一樣改而賣文爲活，同住年餘，又告分手。

距鑽石山很近的牛池灣有一座在高坡上建築的陳舊的園林屋宇叫做「宜園」，幾經滄桑落到一個建築商的手裡，這建築商倒也眼明手快，識時務者爲俊傑，看見由大陸湧來港九的人們一天天加多，必然要解決住的問題，于是大興土木把原有的大房間隔成許多小房間，多開窗口，成爲若干獨立的小家庭單位，平價租與這些苦難的人們，紅條貼出，住客紛來，我家也是其中之一。我家租的那間房，名爲兩間，實際上只是兩塊小豆腐干。此地背山面海，居高臨下，風景雖好而風勢頗大，我叫它做「風窩」，常常無緣無故一陣陣大風吹來，寒沁心脾。我當時大概是被天風海風吹動了靈感，掀起了文思，曾寫了一批小品，題爲「風窩散記」，投到星島日報發表，于是我同這家大報結下了文字因緣。在暑天我常在門前一株大白蘭花下大做其還京夢，故有「白蘭花下夢金陵」之句。而這個住處，自然環境雖美，但因人住得太多太雜，九流三敎，無所不包，談情打架，花樣百出；却也有少數飽學之士，如現居台灣的唐守培先生及現留九龍的劉茂華先生，即其例證。

即由于宜園的人事環境複雜，不久又使我們搬到九龍城的衙前圍道了。衙前圍道的房東夫婦對我們還客氣，可是房租逼得很緊，遲一天，租條就從門縫裡揷進來了；電燈更限制用四十支光，因此我的眼睛愈陷于近視。

搬來搬去總不是辦法。其實，流浪生活就是這樣。但如果眞能減少流亡的苦惱，就是說：如果能夠得到一次比較安定的生活，不再搬來搬去如渡頭船，又何樂而不爲呢？于是我和太太又在動腦筋。

決定蓋一小型石屋

我的太太出主意了。她總覺得，每月担負沉重的房租太不合算，不如把準備一兩年的租金自己蓋一棟房子，不但每月房租可省下來，而且可以廉價分租給朋友一間或兩間。這樣，我們的本錢就可以漸漸的撈回，而房子依然存在。主意既定，決定蓋一所小型石屋。這石屋，在當時是比木屋高一級，比寨窩高二級的。

蓋屋的地址，想來想去，選來選去，還是鑽石山最爲適宜。可是照當時的物價指數，建一座比較像樣的石屋，也得三五千元港紙。這筆欵子從何籌措呢？也有點傷腦筋。我硬着頭皮向星島日報當局「情商」，預借了二千元稿費，分期攤還，這種借錢法和還債法也是「史無前例」。我不過是一個投稿者，那時我還不是星島日報的正式工作人員，星島日報當局是儘可以不睬的，但就由于一種人情味，而這種人情味純粹基于我在過去有些浮名，同時和當時任星島日報社長的林靄民先生以前在大陸就相熟識，所以他放心的借給我，知道我不會騙債，果然這筆借欵分期還清了。話又說回頭：假使這個風氣展開，每個投稿者都向投稿的報館借錢修屋，報館如何應付得了啊！而我之所以得到幫助，除開上述兩種情形外，還有一個理由就是由于在牛池灣「風窩」中替他們寫了不少的稿子，我還得感謝「風窩」。

既向星島日報借了一筆建屋的錢，一方面換了太太的一點首飾，凑合了一筆整數，錢可以勉强應付了，地呢？無意中找到了難民羣裏一個潮州人的「土工程師」，介紹買了一塊小地皮在鑽石山麓，並承包建築，由我自己設計繪藍圖，儼然一廳三房，外加厨房雜屋三小間，外牆用石，內牆用磚，上蓋石棉瓦，總共三千七百五十元包修，就動工起來，不到半個月，新屋落成。但有一點總不放心，即那塊荒地在香港政府眼中叫做

「霸王地」，在「霸王地」建築的屋叫做「霸王屋」，隨時可以被政府沒收的。我們也不管這一套，因爲當時難民們建「霸王屋」的非常多，要拆也不是我一家的問題，要拆大家拆，所以我們決定修了再說，住了再說，一切聽天由命。

翻開日記 字字辛酸

今天翻開我的民國四十一年即一九五二年的日記看看，好像當年在鑽石山修屋是一種奇蹟，又似一場幻夢。其中有關于購地建築的記載不妨節錄一點，像燕兒營巢一般的辛酸情景。例如：

一月一日陰，上午同慧（我太太的名字）赴鑽石山後，經孫女士介紹一地皮在坡上，可望海而坐南向北，因公地故廉，計七百五十尺，索價三百元，尚未下定。一月二日晴寒有風，上午與慧赴鑽石山一帶看地皮，有一塊將成而被阻，遂另至山麓講成一地皮，約九百尺，索價三百五十元，已付定洋三十元。一月三日晴寒，午飯後赴鑽石山交涉地皮事，于一破木屋中辦妥手續，付洋三百五十元。另與二處洽建屋。又今日曾往旺角分行提取僅餘一點之欵子，受盡「洋奴」面孔，感慨非常，取欵即付地價。香港他事尚好，惟中國人之洋奴化者爲最可恨！一月四日晴寒，下午到鑽石山商建築事，視察購地。建屋後，每月可省二百元房租，並擬留一屋租人，月可得六七十元，如此則甚合算矣。一月五日晴，爲建屋事，與二處詳談，包價皆在四五千以上，難成就。一月六日晴和，晨，陳記包工（按：就是上文所說的那個潮州人土工程師）來，談一上午，始將合約訂好，蓋舖保（按：可惜我們辦的榮康小士多關門了，不然是一間很好的舖保），包工及材料全部共三千七百五十元，連購地三百五十元，合計四千一百元。余所剩者，全部用于此矣。一月七日晴寒，上午過海到上海銀行提取僅存之五百元，到底是中國人而未洋化者的態度。到外國的銀行動輒半小時以上，到中國的銀行數分鐘耳。又到星島日報發稿，因修屋少二千元，今日汗顏向林社長靄民啓齒，借至明年舊歷元月內還清，而林社長畧無難色，囑我隨時去領，連借據也不要。下午付建築費五百元，共付一千五百元矣。一月八日晴寒，上午借慧赴鑽石山視察建屋工程，嫌緩。一月九日晴稍暖，函月溪上人，擬求贈晦思園之梅數株植新屋。上午過海，借報欵，並取稿費。下午四時餘，赴新村（按：當時鑽石山腳一帶已有破破落落零零星星的一些霸王屋，而這一帶却裝上一個美麗的名字，叫做鑽石山新村）視察工程，許久暢晴，忽下雨，一似天公看我起屋而故惡作劇者，一生坎坷如此。一月十日陰，幸未雨而上午竟未開工。今日又付一千元，錢已付二分之一强，工尚未完成四分之一，爲之担心。一月十一日晴，下午三時借慧赴新址看造屋。今日聞人傳言：復興銀號停業，衛立煌一人即損失達一百數十萬元，而吾輩文人書生，連數千元營造費而不易得。有錢者必爲錢累，無錢者心境泰然。

再繼續摘錄我的日記一部分：一月十二日晴。下午編稿後始赴鑽石山看築屋，外牆已完成。一月十三日悶晴，下午赴新屋視察，溪山野趣，亦一樂也。一月十四日晴，下午五時半借慧赴鑽石山，暮色蒼茫中歸九龍城。一月十六日薄晴爽陣雨，影響築屋。一月十七日晴，晨編稿完畢，借慧赴新屋視察，見工程疲緩。即午同慧在八妹之蓆屋前小坐聽泉，並午餐，偶得一詩云：「築室傍溪山，城郊一往還。目隨飛鳥盡，心與白雲閒。大道通今古，中原感破殘。隔林呼稚子，煎韭佐新餐。」八妹夫婦及其一羣兒女所住之陋室乃用破蓆繞成，較木屋尤下一等，見我築石屋非常驚羡。一月十八日陰，報載港府將頒新例，嚴禁建霸王屋，余適逢其會，生成鄙運，亦只得一笑置之。上午，過港發稿，購稿紙一束，回九龍，赴新居，已完成十分之九，但甚潦草，築成擬貼一春聯云：「新歲夢魂蜂釀蜜，小居心影燕營巢」。一月二十日晴和，下午赴新築之石屋，見工作潦草，如張旭作狂草，而陳姓反說虧本，請余加錢，不憑良心已極。一月二十二日晴，上午同慧到新屋，當將最後一筆三百元交清，即點收屋宇，做得太馬虎，囑八妹夫婦先搬入看屋，余擬過了舊年即搬入。一月二十三日晴和，不類歲暮。下午赴新屋盤桓至暮始歸，籬邊已種野花矣。一月三十一日陰欲雨。下午，編稿及清理物件甚忙，決明日遷入鑽石山新屋。世事茫茫，春愁似海，人生草草，舊夢如煙，誠不知此身應着何處？清夜聞鐘，尤感慨系之。

以上摘錄我搬入鑽石山石屋前一個月的日記，這一個月把全副心力集中在鑽石山修石屋。在這片段的記載裡，可以補充說明的有幾點：一、這個時候我已住在九龍城的衙前圍道，老友來訪的知名人士有梁寒操、沈怡、張大千等。他們聽說我正在鑽石山風景區建築新居，非常高興，預備大大慶祝一番；及至我告訴他們以十分簡陋的情形，還不相信。二、在這一個月間，幾乎天天同太太去看看築屋的實際進度，而每看一次總是失望，因建築工作太過敷衍；不過有一點却放心，硬磚硬石大概不會倒下來。三、一月二十六日即舊曆辛卯年除夕，在衙前圍道寓所過年，總算過得還熱烈。一月二十七日即壬辰年元旦，親友來拜年者川流不息，我同太太抱着在牛池灣宜園中所生的幼子也向親友各處拜年。一月二十八日渡海到星島日報舉行我所主編的副刊新春作者聯歡大會，這已說明我在衙前圍道時已開始主編星島日報的一個副刊了。四、一月二十一日我沒有去看新屋，因過海參加星系報業公司老板胡文虎先生的生日宴會，今年是他六十九歲的誕辰，也就是七十大慶。林社長特別通知我和另一常川替星島寫稿的朱省齋兄，同往虎豹別墅。我們兩人準六時趕到，向胡翁致賀。我們見胡翁雙耳垂肩，眞有福相。胡翁問我與省齋爲何如此之瘦？我們礙難答復，因爲我們若能如胡翁之富則自然不瘦矣。復參觀胡翁住宅全部，金碧輝煌，無異古

帝王之居，以視我的鑽石山石屋，眞有天淵之別。五、但我並不羨慕，因爲富貴于我如浮雲。顏子居陋巷簞食瓢飲而其樂自在其中，我的石屋若比顏子所居尙勝一籌。杜甫流浪成都修一座草堂，美其名曰「草堂」，實際上就是「茅屋」，杜甫的茅屋更比不上我的石屋。茅屋常會被秋風所拔，石屋則任何大風都吹不倒。杜甫建茅屋還是基于他的表弟的資助，那表弟王十二「携錢過小橋」也相當辛苦，而我的王十二則是星島日報，比杜甫建屋的後台結實，差堪自慰。

如今再順序說出這棟鑽石山石屋的情景。

表弟疑我 金屋藏嬌

新屋落成後，看看快過舊曆年了。那位「土工程師」突然在新屋上貼了一個金色紅字大福字，表示祝賀，實際上雖是「打秋風」，也虧他有此一番好意。也好，我和太太便于舊曆新春「喬遷」，請了幾位同鄉的難胞和八妹夫婦搬運行李書籍等件，七手八腳，居然草草成家。

這消息傳到朋友們的耳裡都有點驚奇，還帶些妬羨。台灣方面喊我「歸隊」的朋友不再喊了，說我已在香港蓋了一棟大洋樓，美奐美輪，花園洋房，在半山區，有了錢，他還回自由祖國的懷抱嗎？連久居華盛頓的表弟黃中也寫信託親戚轉來，因爲我的新屋並無門牌號碼，沒有告訴他以詳細的地址，也懷疑我有甚麽秘密，可能是「金屋藏嬌」。

住在港九的朋友也哄動了。頭一個聽到我置新屋的國畫大師張大千先生，託我在鑽石山一帶物色五十畝的廣大地皮以便修築一所中國庭園式的房子以終老，那時他正住在九龍亞皆老街一棟花園洋樓養猴子，我有時和朱省齋兄跑到他那裏看看猴子翻筋斗，及至他親到我新屋來查勘地形和風景環境，發現這一帶全是高高低低崎嶇不平之地和不毛之地，而我築的是這麽一棟蹩腳房子，就冷了半截腰，抬頭一望，沒有天花板，縱目四顧，只有爛泥巴，搖搖頭，喝杯茶就要走，我拉住了他，笑着說：「慢着，你既然光臨，便請替我畫一張畫做紀念，好吧？」大千掀髯一笑說：「你這個新居叫啥子名字呀？」我說：「我打算叫做『雙溪書屋』，因爲山前山後圍繞着兩條清溪。」大千連說：「好好！我就替你畫一幅雙溪書屋圖。」接着看我新屋的是梁寒操先生和他的太太黎劍虹女士，梁太太心怦怦然動，却想照蓋一棟比較講究一點的，及至聽到這裏盡是「霸王地」，也就一笑作罷。梁先生也沒有甚麽表情。其他留港諸友如陳孝威將軍伉儷、阮毅成、鄭水心、毛以亨，黃宇人等，都來看過一番，不加批評。

搬進新屋第三天，梁先生就贈我一副大對聯和一塊大橫額，是特別寫送我的，盛情可感。那副對聯是：「山綠娛魂，溪聲淨念；巡檐覓句，閉戶著書。」橫額是：「雙溪書屋」。如前所述，這個「雅號」是我自己所取的，因爲這屋子正夾在兩條大溪中間，前面叫做鳳凰溪，後面不知叫甚麽，這兩條終年不斷的溪水，不但點綴了鑽石山一帶的風光，而且爲一般小市民和窮苦人的飲料的來源，不受香港常常「制水」的影響。不久，張大千先生替我畫的一幅「雙溪書屋圖」也送來了，非常名貴，看那山光溪影修竹低簷中，奇石一堆，小屋數椽，還畫了我的太太，伴着我靜靜的讀書，眞是風雅已極。我自己寫了一副春聯貼在門口：「一角溪山容小住，百年家國費長吟」。鄭水心先生說我這副春聯可以加上一個尾巴，他笑說：「一角溪山容小住，住一天，算一天；百年家國費長吟，吟幾首，是幾首。」相與拊掌大笑。

那裡料到，「住一天算一天」的打算，竟成語讖。搬進新屋不久，過路的人紛紛帶着鄙夷的笑容指摘：「那是一棟標準的霸王屋」前面說過，凡是不合法，即未呈准政府而擅自建築的屋，不管蓆屋、木屋、磚屋、石屋、乃至洋樓，一律叫做「霸王屋」，這名辭是多麽難聽，何況還說是「標準的」。我往年遊徐州，弔項王故居的「霸王樓」，猶想見其英雄氣概，如今到香港一聽到「霸王」二字就有點胆寒。這種房子是具備「霸王」資格的，隨時隨地有「徙置」的可能，好在不止我一家，鑽石山乃至全港九的「霸王屋」多着呢，何必「杞人憂天」呢？不過我最不服氣的是：爲甚麽單獨的指我的屋爲「標準的」霸王屋？

新屋造是造成了，可是，住進去問題也就多了。那個難民型的「工程師」的工程常識和我差不多，甚至比我還不如；他蓋屋頂太不夠斜度，幾乎是平頂，一下雨就漏。從搬進一直到搬出，我的太太經常在屋頂上工作着。石棉瓦上加桐油石灰，還是漏；桐油石灰上再加柏油，還是漏；柏油上面再舖英坭，還是漏；英坭上面再舖柏油，還是漏；柏油上面再舖桐油石灰，還是漏。每加一次，太太上屋一次，隔壁的貓兒陪着上屋一次。大漏大補，小漏小補，不漏更補，補了更漏。房客夏老先生自動熱心贊助，大告奮勇，打起赤膊，也上屋頂糊坭，百般努力，終歸無效。我那天不在家，恰巧名小說家南宮搏先生來訪，走進屋前先喊我，沒有應聲，再喊「易太太！」喊了幾次，有應聲了，這應聲却非由屋內傳出來，內子急急答道：「在這裡，在這裡！」南宮搏甚是懷疑，抬頭一望，原來太太在屋頂上！他回去以後，就寫了一篇小品散文，登在星島晚報，題目就是：「太太在屋頂上」。

春雨綿綿，屋頂又大漏特漏起來，名詩人鄭水心先生來訪，却看見我們忙亂一團，原來又正在補漏。四壁的水從屋頂上直淌下來，兼有黃河長江的洶湧姿態。我踉蹌出屋招待水心，笑着對他說：「正因爲你的名字，所以把我們圍困在水心」。水心大笑說：「易君，左矣！」

水心去後，當晚我成了一首「漏室歌」，這首詩是當時現實生活的記錄，也反映了時代的悽

苦，所以特錄于此，以見易君並不左。詩曰：

「黑雲壓山山壓屋，頓使一家惶惶然。
辛勤築室燕營巢，風雨無情相熬煎。
偷工減料瓦遍漏，忍心榨取貧士錢。
貸自報館幸免息，省租乃建屋一椽。
獅峯近挹雙溪澗，龍城暫別萬人煙。
頗愛環境甚幽靜，亦喜景色尚清妍。
杜陵草堂顏陋巷，何期今日我能兼。
壬辰歲首家遷入，同文紛紛賀詩篇。
行人駐足賞花圃，鄰翁拱手贈春聯。
方謂讀書能養性，門無五柳亦陶潛。
一派溪聲容小住，二分春色值輕憐。
太平山下平民居，流離人值亂離年。
朝看晴霞懸錦幔，夜燃明燈鋪瑤箋。
買菘煎韮近蔬畦，小窗自酌飄欲仙。
忽然昨夜大風雨，平地滾滾成流川。
風號雨嘯山震撼，擁衾竟夕未成眠。
室人蜷縮長歎息，滿腔悲憤橫眉尖。
黎明下牀涉水渡，四壁如睹淚潺湲。
牽蘿空谷有佳人，而我竟無蘿可牽。
人窮世變何足怪？安之若素道心堅。
雨中偏遇水心訪，乍驚匡廬三疊泉。
旁爲大溪前大海，遂將斗室化深淵。
茫茫天地更何之？仰屋興嗟頭爲偏。
轉思木屋萬千棟，而我尚用石與磚。
乾坤一觸火花發，久矣白骨堆河邊。
我能苟安謀旦夕，若非庸福定奇緣。
相偕室人登屋頂，奮以英坭鋪石棉。
北風虎虎難轉晴，下屋烹食縮頭編。」

除屋漏外，問題還多着呢。出路太壞，又曲折，又不平。小雨飄絲，即成滔滔流水；幽燈暗照，頓感昏昏勞人。我又是一名深度近視眼，夜間摸東摸西，出入不便，偶爾不慎，墜入溪中，不是開玩笑的。還有一點，即是左鄰右舍，常常發生盜竊事件，每次都在深夜。一家有警，衆家紛出，大呼捉賊，聲震山谷。太太聞聲即披衣捲袖而起，揹着門槓，衝出大門，勇氣尤爲可驚！爲着防盜，家中設計，一應俱全：窗台上滿置香煙缸、玻璃杯、墨水瓶之類，大門每晚上鐵鎖、門木槓、抵面盆、放痰盂，倘有響聲，即知是賊。幸虧「樑上君子」沒有光臨，然已提心吊膽。

仰觀星斗　俯聽溪聲

社會環境雖不好，自然環境卻不壞。房屋設備雖簡陋，此中自有小天地。搬進去不過兩個月，我和太太把屋前一塊小小的餘地，種了一些花草，竹籬下面，栽了牽牛花和野藤。向大延先生送我的湖南絲瓜種子，生長得最快。買了幾包外國花種，也有幾種生出來，開着各色的小花朵。特別是牽牛花繁殖得最快，已是滿籬滿壁，爬到鄰家的窗子上去了。沙田晦思園老和尙月溪法師送我一盆長春草、一盆菊花。鑽石山的朋友余也魯先生送我兩盆吊蘭，掛在簷下搖曳生姿。因爲屋向西南有點西晒，搭了一個竹棚，棚下築一座水坭方桌，四個水坭小櫈，以便下棋，閒坐賞玩，清風徐來，綠陰如水。

我每天清早和黃昏，總撥出一點時間靜靜的坐在院子裏。屋子外的一位最要好的朋友就是有名的獅子山，從我這裏望去是一個最美麗的角度。那座高挿天外峯巒起伏的獅子山，絕似一隻駱駝或一隻獅子，常常有雲霧環繞着，斜陽返照，蒼翠之中帶金黃色；有時整個山頂被白雲掩住，微微露出一點薄薄的山容，縹緲空靈，令人有飄欲仙之感。雨後月夜，人聲漸寂，仰觀星斗，俯聽溪聲，心情淡淡然，忘記了塵世的煩惱。入暮，就可以望見海濱和對海的燈火，燦若繁星，明如烈炬，別是一番情調。

我這個鑽石山的家，促進了我的文章生產、詩歌創作、和繪畫温習。搬進去以後，寫了五六十萬字稿子，做了一兩百首詩詞，畫了三四十幅山水人物。我靠寫文章吃飯，靠吟詩消遣，靠寫字畫養活，我靠這個家。

可是，住了不過半年多，爲甚麼造屋又賣屋呢？理由很簡單：人事環境太不好。我在星島晚報登出一條小廣告，即有人紛紛來看房子，最後一位從廣州逃難來的胡先生看中了，正式交讓。我一共爲這棟小石屋花了約五千元，賣價有三千八百元。除去自己的免租白住和兩家房客的租錢，也就沒有什麼損失。我是一名最戀舊的人，又是一名窮書生和流亡者。當置房子時，喜得流出了眼淚；當出賣房子時，又悲得流出了眼淚。搬出以後，有時還偷偷的去看看我那所小屋。那些花草藤蔓都伸出頭來望我，斜陽照得我臉飛紅，溪流奏着別離的情曲。一直到今天寫到這裏，我的心還是酸不溜丟的難過呢！

鑽石山下的左舜生先生舊居　　翁靈文攝

杜瓊的詩與畫

道載文

明杜瓊（一三九六——一四七四），字用嘉，江蘇吳縣人，家在西城樂圃里的東原，以此自號，吳人都尊他爲東原先生，喜以鹿皮爲冠，又號鹿皮道人。他生下後一個月就死了父親，全仗母親顧氏把他撫育成人，年事稍長，從陳繼（嗣初）讀書，博通古今。天性純孝，曾經割股奉母；敬事長姊，孝友聞於鄉里。地方官累次荐他出仕，都以母老無人侍奉爲辭。布衣高隱，與陳孟賢輩吟詩作文，授徒自給，成化十年卒，年七十九，三吳之士會葬者數千人，私謚淵孝。

杜瓊長於詩文，擅書畫，山水遠宗董源（北苑），近紹王紱（孟端），爲吳派之大家，沈石田和其父恒吉父子都是杜的及門弟子。他的詩平正暢達，沉着高古，文章和平醇實，必本於理。杜瓊謝世後，其詩文都散佚，由其次子啓彙集遺稿，請同縣王鏊（濟之）刪定，並爲之作序刋行，唯後世無傳。正德中張習復據王氏本重編，四庫總目存目所著錄者，即爲張氏重編本。

杜氏生平備見於沈石田所撰年譜，及吳寬所撰墓表。墓表原載匏翁家藏集卷七十二。年譜舊未刋行，上虞羅振玉得沈氏稿本並增補之，刋入雪堂叢刻。其時爲民國四年（乙卯）六月，羅振玉方寄寓日本東山僑舍之赫連泉館。

杜東原的詩感情洋溢，如輓況鍾詩曰：「天產英豪弼聖君，又來吳下福吳民，十年威令能移俗，百道封章不顧身，生受國恩期作相，死當廟食定爲神，蘇臺重見羊公石，未讀遺文淚滿襟！」詩中這位況太守，便是戲劇「十五貫」中的況青天。

又母親忌日七絕曰：「諱日端臨不盡悲，音容已遠竟離追，一筵香饌朝來供，淸淚涓涓漬墨纏。」情見乎詞。

又古松蒼鹿歌壽陳孟賢曰：「虬髯怒張枝屈鐵，蟠根迸出山石裂，風雷掣天撼不起，千古萬古藏巖穴。濯濯斑龍顏色別，霜毛淺帶靑蒼纈，日來松下食松花，不覺通身點香雪。靑牛本是松精花，爾亦長生尤可詫，十洲三島踏云霞，騰驤屢逐祥麟駕。綠水名園聚德星，松醪滿貯黃金罍，酒酣愛聽呦呦鳴，主翁瞠目酒未醒。嵩山望連靑冥，手招義山謁羨門，相逢一笑三千春。」

杜東原畫山水而外，尤喜畫松，在他的詩集中，多題畫松詩。「萬松山圖」作于永樂二十年壬寅，見郭味渠製「宋元明淸書畫家年表」。此年杜瓊二十七歲，是他少年時經心之作。永樂十九年春二月，杜東原妻陸氏病卒，其時杜瓊寄情書畫，專心凝志，暇時小游名勝古迹，但以親老，都不出吳城範圍，見山草堂即在本城，這幅「萬松山圖」畫得疏密有致，纖毫畢現，經之營之，十日乃成，那是杜在畫中自己說明的。王穀祥（祿之）題曰：「聖居先生筆意矯健拔俗，庸史未可及也，觀此卷益信。」王穀祥長州人，嘉靖進士，改庶吉士，歷官吏部員外郎，忤尙書汪鋐，左遷眞定通判歸。穀祥工書畫，持躬峻潔，有淸望，亦唯他方能爲此圖作題跋也。

杜東原先生墓表

吳寬譔

先生諱瓊，字用嘉，姓杜氏，蘇之吳縣人，以成化十年十月二十六日卒。葬既十年，其里，諸生吳寬始克表其墓曰：先生今世之隱君子也，學不在于爲文而已，行修家庭，而倫理藹然以厚；敎不止于授徒而已，化及鄉閭，而風旨超然以高。色淸而夷，凡賢愚不齊之人，皆可與語，然爲塾師，以其僕一言之慢，即日歸家而不可留，其守道也甚介。行和而易，凡巉絕難繼之事，有所不爲，然母病醫葯弗愈，則刲股作糜以進，其爲孝也甚烈。姊老而敬事之不衰，有類於燎須，師歿而哀慕之無替，必爲之制服。孩提不苟取，故囊無不義之物，白首猶愼交，故坐有必端之友；至於地侵于鄰而不爭，金盜于僕而不問，又其事之瑣瑣者。蓋當宣德正統年間，天下承平，求賢詔下，士之有一行一藝者，皆得荐于守令，先生顧以母老力辭，守令問知其所欲也，卒用旌其母之節而不敢强其仕，遂以隱終身，所謂隱不違親、貞不絕俗者，先生其近之，故東海徐太史以中行之士與之者以此，則先生不謂之君子哉。惟昔東漢之世，仕者固不暇論矣，若危言激論以貶人刺世者，每不得全其身，至深藏遠引而食力養親者，亦足以遂其志；故郭泰雖賢于范滂，不免近乎俠，周燮若亞於黃憲，終不失于高，後之論先生者，其必有以識之矣。先生得宋朱長文樂圃而家其旁，自號東原，吳人因稱東原先生，卒年七十有九。三子能世其儒業，其登鄉貢者曰啓。寬辱先生愛，慨先生之後而不可作也，用表其墓，且以慰吳人之思云爾。

（吳郡名賢圖傳贊先生痛父早亡，從母問其容儀，至形諸夢寐，遂肖貎之。此事不見譜中，墓表亦不及，補識於此，羅振玉記。）

杜瓊畫萬松山圖　定齋藏

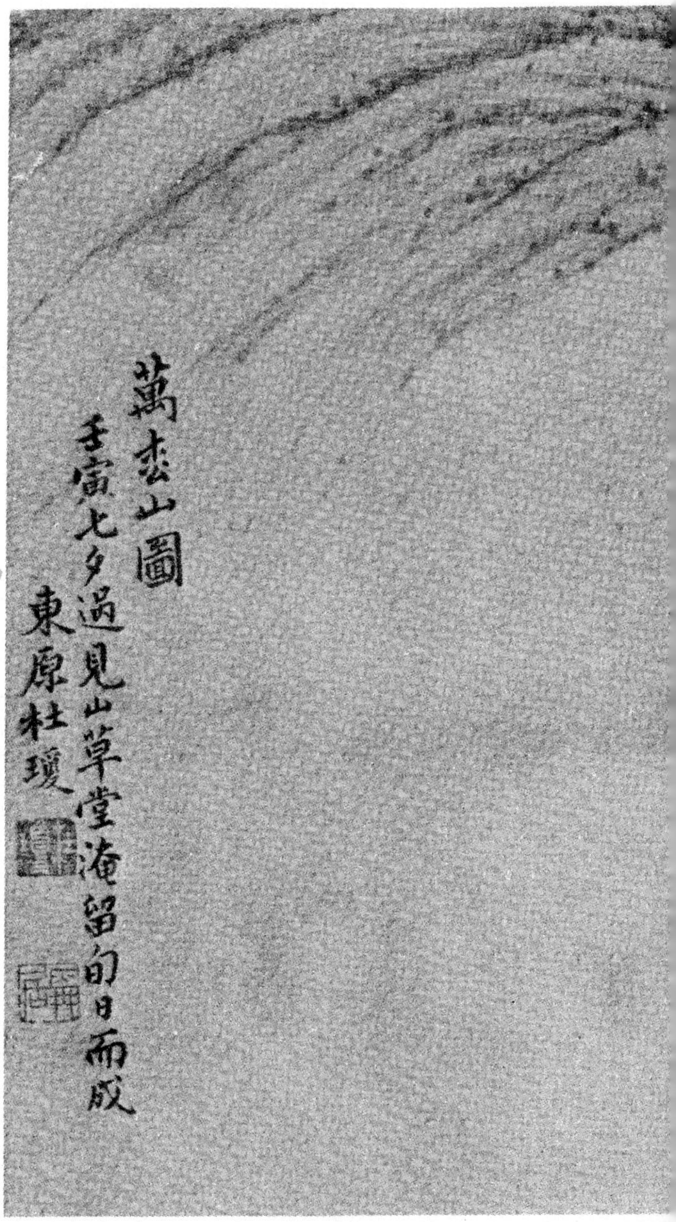
萬巒山圖
壬寅七夕過見山草堂淹留旬日而成
東原杜瓊

六十年來在華行醫的「中國醫生」密勒

·范基平·

謹以此文献與密勒醫生，以及憑其學術良知在港行醫的有牌與無牌醫生。

圓型醫院·遠東第一　設備完善·器材新穎

遠在五年前，我已從密勒醫生處知道他底教會即將在司徒拔道開辦一間新醫院的消息。本月四日，這間遠東區第一座圓形建築的現代化醫院「香港療養院」已正式開幕，由醫務總監蔡永業主持揭幕禮。這座依照最新醫學建築學原理設計的醫院位於香港東部山區司徒拔道，環境優美，風景佳勝，開山鑿石，闢地而建，工程浩大，部份最新的建築材料乃專由美國運港，內部裝修精美，設備完善。

該院是美國基督復臨安息日會在港辦理的第二間醫院，七年前該會在荃灣開辦有一百五十張病床的醫院一間，新的圓型醫院建築耗時四年，建築及設備近一千萬元港幣，除由外國教會撥欵外，本港各界人士多有捐欵。

該院設有病床一百六十張，全院中央系統冷暖氣調節並由供應中心敷設氧氣輸送管，以達各病房、手術室備供急救之用，大型外科手術室兩個，小外科手術室一個，手術後康復特別護理病房一個，產科手術室一個，牙科手術室四個，五百MA及三百MA的X光兩座，牙科小型X光一座，物理治療室一個，所有醫療器械以至消毒設備，全屬由美國直接運港的新式器材。病房不分等級，全為單人及雙人房，另在每層設五張病床之大房一個，屬慈善性質，以照顧赤貧。

這座新型的醫院，即由世界馳名的米勒耳博士主持，預算有七位駐院醫生，全部由美國、澳洲、加拿大各地教會派遣來港服務，另特聘本港若干專家為顧問醫生，病者須由該院門診或各顧問醫生收容進院，此外該院的醫護技術人員，亦多從外國聘請來港。

基督復臨安息日會為世界性宗教組織，在全球辦有醫院一百三十八間，診療所一百四十三間，該會加强對香港市民的醫藥服務，在這座新型醫院完成後，將再籌欵五百萬以加强和擴充，在病床缺乏聲中，這個有地位的基督教團體的工作，實足為港人鼓舞，該會除醫藥工作外，亦致力于教育事業，在港辦有四家「三育中學」，亦具成績。

密勒醫生·名滿天下　五年以前·初識其人

我識密勒醫生於五年前，一九六五年十二月初，美國基督教復臨安息日教會的遠東區假座九龍總統酒店舉行一項頒獎禮，受獎人是「中國醫生」密勒，目的在對他於六十年前所辦的「時兆日報」表示紀念與敬意。時兆日報（現已改為月刊）於一九〇五年在中國創辦，一九六五年正是該月刊的花甲大慶，我是該刊的老讀者，也已久聞密勒醫生之名，聽到他在香港我便託人安排了一個機會和他會晤，第一次即作了一小時以上的長談。

密勒醫生接見我的地方，是荃灣療養院駐在香港萬宜大厦所設的市區診所，那時他年已八十六歲，但是從精神與體力看來，好像還衹七十出頭。

在中國住了六十多年，他早已會講中國國語，但因年事日高，而講的機會日少，故已逐漸淡忘。那次長談中，他和我談起了當時來華以及六十年來在中國治病經過。早一年一九六四年曾返美一行，專門研究素食營養，提倡以菜蔬代替肉類，和興建司徒拔道圓形醫院的計劃。

他至今不肯退休而繼續要為大衆服務，是為了他自承年事雖老，但尚未到不能工作的地步，而更重要的是今日香港的貧病大衆，就像當年中國大陸的貧病大衆一樣需要他，至於他個人健康仍能維持，則是為了他一生不抽烟，不喝酒以及注重飲食衛生之故。

密勒醫生及其前妻穆蒂於一九〇三年在華北穿中國服裝留影。穆蒂於三年後以鵝口瘡病逝，該病係由營養不足引起，因此促使密勒於日後大力研究飲食營養。

事後他又送我一本「China Doctor」一書，扉頁上附上欵及其親筆簽名，時在一九六五年十月廿六星期二，他在司徒拔道四十號他底寓所，也就是現在新醫院的院址。該書作者為Raymond S. Moore，那是一本密勒醫生的傳記，全書對于密勒醫生的生平事蹟紀述甚詳。根據那次與他會談以及該書內容，我寫過一篇兩千字的小文，刊於一九六五年十二月十六日出版的「今日世界」，但因篇幅關係，未能暢所欲言。

密勒醫生為中國貧病大衆服務，其一生事蹟，可紀與值得流傳者甚大甚多，但以為張學良戒毒一事最為突出。

生平大事·屈指難數
少帥戒毒·最負盛名

這位「中國醫生」其實是美國人，原名哈里·韋廉士·密勒（Harry Willis Miller），今年已達九十二歲高齡。其中有六十年以上係在中國服務，濟助貧病，受到無數人的歌頌敬愛，可是其中有許多人連他的姓名也弄不清楚，異口同聲地稱之為「中國醫生」。

密勒醫生的生平事跡值得報導的實在太多，舉其較大者，至少應有下述十項：

（一）他於廿四歲開始行醫，不久即來中國上海，又去漢口與內地。

（二）來中國後，為基督復臨安息日教會負責醫療工作，在中國內地，與貧病大衆生活在一起，為他們忠誠服務。

（三）創刊「時兆日報」，並自任編輯。

（四）設法籌欵，在中國各地興建醫院，前後共達十五間之多。

（五）返美期間歷任塔虎脫、威爾遜兩總統醫藥顧問。

（六）放棄二十五萬美元遺產，重來中國。

（七）在上海戒除了張學良的毒癮。

（八）首創以大荳製造豆乳，代替牛奶，使營養不足之人得到適當營養。

（九）迭遇盜賊、戰爭、饑饉之險。因其聲名遠播，獲得舉世尊敬，故於對日戰爭中，日軍特許我軍傷兵在其醫院中獲得庇護。

（十）一九五七年，獲得蔣介石總統頒賜藍星寶麗勛章，在台服務後又來香港。

蓄志行醫·早年來華
大豆製乳·首先發明

密氏於一八七九年七月一日生於俄亥俄州魯特羅瀑布地方一農民家中，中學畢業後，入美國教會醫藥學院就讀，畢業時成績優異，對解剖一科尤有擅長，不久懸牌行醫，但仍繼續研究外科手術與食物營養學。

一九〇三年，他忽發奇想，欲來中國，因為他久聞中國貧困，缺乏醫葯治療，基督復臨安息日教會嘉其濟世宏願，助之成行，並行文通知各地教會予以各種協助，他便搭上「印度皇后」輪啓程東來。「印度皇后」噸位不大，設備簡陋，航程中顛簸不堪，連好好的飯也沒有吃過一餐。自從啓程以來，第一頓舒適的晚餐是在日本橫濱吃的，東道主是從前醫學院的一位同學洛伍德夫人。密勒醫生說他永遠不會忘記這頓晚餐，不僅為了友情溫暖，烹飪精美，更為他第一次知道了一種特殊的東方食品——大豆。

那晚的菜單裏有一樣東西叫作「豆腐」，主人告訴他是用大豆做成的。豆腐的價廉物美以及它的營養價值，引起了以後密勒醫生對於大豆詳加研究的興趣。後來他終於發明以大豆製成現代化豆乳，用以代替牛奶，每一公分的豆乳，含有蛋白質五三·四公分，脂肪二六·四六公分，它所含的熱量也比雞蛋、牛奶為高。據密勒醫生回憶說，船過日本，便到中國，那時對於中國可謂一無所知，只知道中國當時有兩個大城：北京和上海。密勒醫生先到上海，教會已有人相迎，勾留數日，即去漢口，由一位瑞典牧師帶他前往中國內地。

自編報紙·旅行各地
放棄遺產·為華服務

從此以後，他便在中國內地開始了行醫，並且出版「時兆日報」（Sign of Time），自任編輯、校對及推銷之職。他的足跡遍及長沙、開封、北京、西安、蘭州、西康、察哈爾、瀋陽、哈爾濱、福州、汕頭、廣州各地，造福貧病，並且和他們生活在一起。為了促進了解，他學習中國語言，主要是普通的北方話，因為他在中國北方的時間遠比南方為多。他也改穿了中裝，這倒並不是故意要把自己扮成中國化，而是為了他所穿的西式襯衫和硬領在鄉村僻壤無法洗熨。因為據他在美國所聞所見，旅美華僑中以經營洗衣和飲食兩業者為最多，可是他萬萬想不到，在面積廣大的中國內地，却連一間洗衣舖也找不到。

由於中國內地生活困苦，他在美國的雙親一

一九〇八年密勒醫生與其續絃夫人瑪麗艾薇蘇合照

再來信叫他回去，但是他都拒絕了，因為他覺得在中國，有更大的使命等待完成。一九一一年時，密勒一度因病回國，愈後有人請他留在美國任教，他答應了，但只担任了一個短時期。此外，他又曾任塔虎脫與威爾遜兩總統的醫葯顧問，但他對於這些職位與名譽都不甚留戀。最後，他終於又放棄承繼一位有錢姑母的遺產，重來中國。因為他覺得為貧病的大衆治療，比什麼都重要和實際。

重來上海·創辦醫院 戒毒一事·與此有關

密勒重來中國，最先仍到上海，時為中華民國十四年。未幾，北伐成功，全國氣象，為之一新。這時密勒醫生在中國的艱苦奮鬥與服務，已為美國國內所週知，各方對他竭力支持，使他在上海建立了他在中國的第一間醫院——上海療養院。

密勒醫生一生中最大安慰是為張學良戒毒成功，但這件事情曾使密勒醫生費盡心力，因為當時張學良中毒之深，將近不救，非有靈丹鐵腕二者並進，無法成功，主要是張學良原有所請的私人醫生都寧可他永不戒絕，因為必須如此，他們才能從張學良身上獲得鉅利，所以名為替他戒毒，實際上陽奉陰違，只是治標而非治本。密勒醫生當時下決心要替張學良把毒癮戒掉，無形中違反許多人的利益，因而他的困難也就可想而知。

要談密勒醫生替張學良戒毒，得先從基督安息日教會在上海所辦的上海療養院談起。上海療養院係在密勒醫生努力下於一九二八年開幕。那時張學良尚在瀋陽，他聽說上海療養院的設備和服務出色，希望瀋陽也能開一間這樣的醫院出來。在張學良的腦筋中，錢有的是，成為問題者是配置醫院的人事和設備。

張羣親函·介紹少帥 初去目的·原在捐欵

上海方面聽到這個消息，密勒夫人瑪麗和她的一位女友奧斯太太便自告奮勇的奔到瀋陽去見張學良，向他要求撥贈一筆欵項在東北開設醫院。她們兩人帶有一封當時上海市長張羣寫給張學良的一封為密勒醫生介紹的親筆信，張學良立予接見。

其時張學良毒癮已深，密勒夫人和奧斯太太看見張學良面色蒼白，孱弱無力，頗感訝異，因此對於此行目的，遲遲不敢啓齒，結果還是張學良向她們提出問題：「你們要我做些甚麼？」張學良的問話加强了她們的勇氣，於是她們便說：「基督安息日教會中國分會希望在東北作些醫葯服務，我們想在瀋陽之北一百五十哩附近開設一間醫院，因為瀋陽已經有一個臨時診療所。不知你能否告訴我們，有些什麼人可能對於此事感覺興趣，冒險投資？」

「你們需要多少錢？」張學良直截痛快的問密勒夫人和奧斯太太。

「我們希望有三萬元。」她們回答。

「在東北開醫院，這點錢是不夠的。」張氏的口氣說得很切實。「東北地方很大，不必想法求任何人，我給你們十萬元開辦好了。」

這答覆完全出乎兩位外國太太的意外，他們當場簡直不知如何是好。她們只說：「這樣好極了！這樣好極了！要馬上回上海去和主持人商量一下。」

「和誰商量？誰是主持人？」張學良接着追問。

「密勒太太的丈夫和教會裏面的其他人。」奧斯太太代為回答。

「妳們去請密勒醫生來這裏。」張學良的語氣含有命令的意味。

數日後，密勒醫生抵達瀋陽。據密勒醫生回憶說：「張學良提出下述建議：他要把醫院開在瀋陽。設備一定要最好的，他不僅給我們十萬元，並且答應在市區最佳地段的公園裏面，給我們一幅地作為院址。」

「在此以前，那公園裏是不准造房子的，這次却獲例外。」不久，密勒醫生便造了一間療養院，一間醫院，以及醫生與護士的宿舍，全部費用由張學良一人負担。

端納造訪·要求戒毒 密勒提出·三項條件

憑這一段淵源，一九三三年的某一天，張學良的澳洲籍顧問端納（W. H. Dorald），訪問了密勒醫生。端納熟諳東方事務，他和另一位靠得住的金融家埃爾特（James Elder）一同來到上海療養院密勒醫生的辦公室，在他對面坐下來。

「密勒醫生！」端納開口說：「現在時機已至，我們要替少帥的毒癮想想辦法。蔣總司令和宋子文業已同意，少帥自己也渴望治療。」當時宋子文任財政部長，和張學良私交頗篤。密勒醫生早已知道，張學良的毒癮，曾在瀋陽和北平兩度試戒，均未成功。

那幾年中張學良的中毒情況愈來愈嚴重，在會議或私人會談中，他的私人醫生每隔十五分或二十分鐘便要用强烈性葯物替他注射一次。他完全依賴注射才能睡覺和休息，而更壞的是，他底兩位夫人也都連帶上了毒癮。

端納接着又說：「聽說你曾為人戒毒獲得成

功，現在希望你盡力為我們的少帥設法。目前中國國內情形複雜，少帥之毒不戒，將使時局發生其他變化，眼前日本軍閥和共產黨，正從北面和西面兩面加緊壓迫，實在無法承當。」

密勒醫生深知當時時局嚴重，政府要員常假上海療養院舉行會議，有時，蔣總司令也親自出席，由內至外，滿佈警衛人員。

「我這裏的工作使我不能跑開。」密勒醫生答覆道：「我願担任此一治療工作，但是有三個條件：第一、少帥及其親隨人員必須前來上海療養院；第二、他的兩位夫人（註：于鳳至與趙四小姐）必須與他一同治療；第三、他的副官長譚海將軍，應該知道，在少帥治愈以前，我對少帥及其隨從與護衛人員掌有全權。」

密勒醫生這三個條件，却有其難行之處，雖然譚將軍是沒有問題的，因為譚海也曾請密勒醫生看過病，承認密勒醫生對他有救命之恩。但要替少帥及其隨從人員在療養院裏準備一切，確實大有困難。於是，雙方同意治療工作改於與療養院相去不遠的一座巨邸內進行。張學良和他的隨從人員全體安頓於此，那座巨厦在上海福煦路一百八十一號。

少帥御醫．會晤密勒　心存不良．志在金錢

密勒醫生於約定開始戒毒的第一天起，便帶了幾名護士前往那座巨邸去診治他的病人，但是等到超過他所認為應該等候的時間，仍未見到張學良，而張學良原來所有醫生之一却來會客室中，和密勒醫生攀談。

「有什麼事我能幫你的忙嗎？」那人以目中無人的神氣問密勒醫生。

「我來此是應少帥之請，」密勒醫生回答：「準備替他治療吸毒。」

「你打算怎樣醫法？」那人問。

「我們的辦法已經決定，」密勒醫生以極有分寸的忍耐回答說：「我認為沒有詳談內容的必要。」

密勒醫生當然不能把他的辦法告訴此人，因為他估計那醫生一定是假替張學良戒毒而在他身上刮龍的醫生之一。

並且密勒醫生當時計劃中的治療方法，可能會引起同業者的不良批評。因為他意圖用一種一般叫作「西班牙蒼蠅」的藥物，這種藥物與治療吸毒並無直接關係，但在有毒癮的人身上使用此藥，目的在渙散病人的痛苦感覺。把該藥塗在皮膚上面，這塊皮膚附近便起水泡，於是，密勒醫生便在防腐情形之下，注射這個泡的血清，使病人以為打了什麼藥針，而覺得精神為之一爽，這種心理治療作用相當有效。

由於吸毒者的精神組織已被軟化，許多「戒」鴉片的人都無法持久澈底，但是密勒醫生却認為少帥毅力堅強，倘若環境適合，必有優異成績。至此那位醫生又問道：「你想先醫那一個？」

「先從少帥開始，如果見效，再醫他的夫人。」密勒醫生回答。

「但我們以為你該先醫他的夫人，如果她們的情形好，再醫少帥。」那醫生的口氣簡直是代表原來所有的全體醫生在說話，此時密勒醫生有些忍不住了。「我們將先醫少帥，已經決定了。」他堅決地回答，說罷回身就走。

遣走衆人．獨自治療　要求全權．一一獲准

大約過了幾點鐘，少帥請密勒醫生再去，密勒應召即往，却又碰到那同一個醫生，又照樣的嘮叨不已，他十分不快，於是，他不見少帥，又立刻回到上海療養院。但他預料少帥一定會再來找他的。不出密勒醫生所料，端納顧問果然來找他了，並且問他何以遲遲還不開始治療。

「我要等少帥身旁那些醫生完全走開，我來時不再有人和我嚕囌時才開始治療。」

密勒醫生在中國大陸先後創設醫院十五間，上海療養院為其中之第一間，建立於一九二八年。

端納回報少帥，立允照辦，於是一切不再躭擱，馬上開始。但當密勒醫生被引見張學良時，他對於這個病人的治療希望，自己也發生了疑問。還有少帥的元配夫人（指于鳳至），身體孱弱之至，體重只有八十四磅，她有希望嗎？至於趙四小姐，她因年紀較輕，健康亦較佳，情形畧有不同。

「少帥！」密勒醫生小心地對張學良說：「我以同樣方法，曾醫好過許多人，現在我將十分鄭重的來治療你。我將盡我所能，跟你在一起，親自照顧你。但我希望大家了解，我在此應獲有全權，對於你的侍衛、隨從以及私人醫生概不例外。你要命令他們將唯我之命是聽，不聽你的命

令，也不聽任何他人的命令。沒有保留，沒有例外，不管你在任何情形之下，說甚麽話，我都有全權作安排。你若同意這辦法，治療一定可以成功；如果不同意，根本就沒有開始的必要。」密勒醫生所以要說清楚這一點，完全是依據以前的許多經驗，他早知道治療這一類病人所能遇到的困難與痲煩。密勒一說完，張學良不稍遲疑，隨即召來他的副官長譚海對他說：「從現在起，你須一切聽命於密勒醫生，在我治療期中，他對這屋宇的一切掌握全權，他要什麽就給他什麽，他要怎樣便怎樣。祇聽他一人的話，服從他一人指揮和囑咐，這是我給你的命令。」

說完，回頭過來對密勒醫生道：「我已把我自己全部交托給你。」密勒醫生認爲滿意，也立即開始治療。

病床之上．發現藥物
太太愛人．同受治療

他先替張學良灌腸，然後授予痲醉葯使之熟睡。就在這時候，張學良所睡的床換了一張病床，密勒醫生的助手和看護人員在原來那張床上的床單、枕頭、被褥間，到處發現有許多葯片，這些葯片都是張學良的私人醫生事先塞在那裏，讓張學良在毒發時抵癮的。密勒醫生對於這一發現，一點也不覺得意外，因爲他早已洞悉一切。

當張學良的治療開始數小時後，張學良夫人問密勒醫生對於她的治療何以尚未開始？她是在怕，怕不久之後，張學良已經醫好，而她仍繼續染有毒癮。

「我們想先醫少帥好些，再看情形。」密勒醫生安慰張夫人說。的確，他是想等少帥的情形有了進步之後再醫夫人，因爲她的健康實在太壞，不敢輕於冒險。

「但我要你今天便對我開始治療。」她相當堅持。終於因了她的急切之情，說服了密勒醫生，使他決定馬上動手。

張學良戒毒後二年與密勒醫生在武漢機場合影其時為一九三五年，圖後為張學良之波音式私人運輸機，當年特准密勒醫生隨時使用。

至於那位趙四小姐，本來並不急於治療。但是她也知道，等他們兩夫婦戒除之後，她決不能單獨沉湎黑籍，所以她也鼓起勇氣，接受治療，不過趙四小姐在戒毒時底合作情形要比較差些。

在最初兩天，密勒醫生以鎮靜葯劑注入他們的脉管，但這些葯劑已不是可以抵癮的鴉片。第三天，護士在密勒醫生指導下，減少了鎮靜葯劑的注射，爲了恐怕會引起戒毒者的痢疾，嘔吐，痙攣和筋肉疼痛等症，乃採用熱布綁紮以及其他方法，盡量減少病人肉體上的痛苦。再過幾天，到了完全停止使用鎮靜葯劑時，病人便不至感到更大的痛苦與不舒適。

病人三名．反應不同
私家醫生．意圖破壞

張夫人于鳳至在治療過程中勇氣甚佳，經過極好。趙四小姐則有些熬不住，但最糟的還是少帥，最後他竟拒絕從口腔輸入任何飲食，而被迫以膠管輸入。他曾大聲喊叫着：「美國醫生虐待我！」聲達全厦。

就在此時，密勒醫生發現張學良的私人醫生們正設法阻撓療養院的醫務人員進入巨邸，希望破壞治療。

密勒醫生在此千鈞一髮之際，唯有就商於副官長譚海將軍，他兩手緊撐在桌面說：「事到今天，事情十分明顯，少帥的三名私人醫生，決定要破壞治療。你要知道少帥的毒癮，會使他們大有所獲，爲了他們自己的利益，所以他們必須把我和護士去掉。」

說至此，密勒醫生將手掌向桌上使勁一拍，接着向譚海說：「把這幾個傢伙和他們的同黨趕走！一定要他們走！」聲音裏面充滿了對於少帥的關懷。

譚將軍以萬分沉鬱的心情，決定執行這項命令，隔了一會，譚即回來說：「他們都走了！」對於譚將軍處理此事之迅速，密勒醫生感到既驚奇又感激，他問譚處理的經過。

譚回覆道：「事情簡單得很。我對他們說，少帥被人矇騙了，他現在還以爲一定會有人偷偷送給他毒物過癮的，但這將使戒毒之舉，前功盡棄。假使有人這樣做的話，那麽密勒醫生將會疑心是你們做的，因爲祇有你們有葯物。我已接到

宋子文部長的命令，如有人干涉密勒醫生的治療行動或私遞藥物，立即槍斃！你們既不會做這樣的事，我也不願意槍斃你們，但如被密勒醫生所疑，報告政府，那可並不好玩，因為他有全權，我非服從他的命令不可，所以我以為你們還是不要逗留在這裏的好，結果他們都嚇跑了。」

痛苦經驗．難以置信　少帥毒癮．終獲根治

譚副官長弄走了那幾個醫生之後，密勒全心全意地繼續其治療工作，再過兩天，危機到了！由於受不了肉體上的痛苦，張學良的脾氣變得暴燥異常，幾乎成為狂人，密勒醫生亦下定決心不再給他注射鎮靜劑以致延緩治療，在那些天裏，他簡直與張學良發生多次類似摔角的掙扎，直到張學良精疲力盡時，繼之以哭，他仍然守候着執行他的任務，這確是一個令人難以憑信的事。

在一九三三年六月的一個夏天，他和張學良少帥一室對晤，看他像一個孩子似的哭泣，當時，少帥就告訴了他一個久鎖在心頭的故事：「我的父親是個軍人，他要我（因為我是他的長子）繼承他的一切，我不想做什麼將軍，我要受普通教育，從事一項職業，但我為中國家庭傳統所迫必須繼承父業。在戰爭中，我目覩軍隊殺人如麻，使我十分難過，不知如何是好，我替無辜的人民抱寃，因為他們有活下去的權利。」

「有時，在某種情況下，我要判處人們的死刑，這也使我心裏不安和恐懼，於是我開始吸食鴉片，藉以麻醉，不久我的妻子也跟着上了癮，後來趙小姐也染上了，吸毒使全家的人像害了重病，對於你的治療，雖受一時痛苦，但我內心是萬分感謝的！」

出國之前．鄭重致謝　五萬贈欵．涓滴歸公

由於治療方法能澈底執行，加上病人的合作，沒有好久，張學良的毒癮居然全部戒除了。當時因為「九一八」事件的波浪未已，乃由上海療養院中的一位醫生卡爾佛（Read Calvert）和端納顧問陪同少帥及其家人前往歐洲旅行，並作休養。在其上船出國之頃，張學良以一頗不尋常的方法，向密勒醫生表示他的感激。

密勒醫生被張學良請到他的房裏，請他在床畔坐下，對他說：

「密勒醫生，醫院裏的帳單我已全部付清，這裏對我的一切幫忙，也已答謝，現在我要對你個人表示一些謝意。跟着他當着Calvert醫生面前遞給密勒醫生一個信封，對他說：「弄一架飛機或者屋宇，不管什麼都好，這是給你個人的。」

密勒醫生接來謝過，放入衣袋，事後拆閱，原以為那大概是為數一千元至五千元的一張支票，那當然是件很好的私人禮物，但看到那是一張五萬元的支票時，他禁不住唬到呆了。

他認為由他獨自來領受這筆鉅欵是不對的。他說：「我們現在有兩百個人在中國地區工作，各盡其責，與我無異。經過討論之後，我決定把這筆錢存入銀行，在蘭州開設一家醫院，以供廣大西北地區人民之需。這樣，少帥就等於除了瀋陽療養院之外，又在蘭州送了我們一間醫院。」

陪同張學良去歐洲的人員中有一位唐納先生W. H. Donald，後來向密勒醫生講述旅途中事，他告訴密勒醫生說，他已從少帥的步履中看得出他健康恢復，活力充沛。張學良說：「我對密勒醫生十分感謝，但這也是上帝的意旨。」因為治療期間，密勒醫生對張學良說過，「祇要你對上帝有信心，奇蹟自會產生。」

過了些時候，唐納又在密勒醫生的上海辦公室中出現，說道：「少帥叫我來看你，你猜他有何事？」

「我一點也猜不出，少帥近况如何？」密勒醫生問他。

「他很好，非常好。他要你在漢口再開一間療養院，像上海這間一樣。」

密勒不知怎樣回答才好，但他想到漢口正急需一間，接着說：

「現在我們正在廣州建一間醫院，察哈爾也在開一間，東北的一間正開業未久。建醫院是一件事，僱用人員和配備用品是另一件事，而每一件事都需要錢。」

「這根本不成問題，」唐納保証地對他說：「問題在你肯不肯負責聘用人員和管理，少帥會給你撥地撥欵，用以建院，並將私人津貼其經常費用。」

數星期之後經過密勒醫生與武漢區教會負責人、工程師及其他教會領袖商討後，他們打了一個電報去華盛頓總部請示，要求接受張學良的捐獻。密勒醫生非常興奮的說：「幾個月之後武漢療養院即在武昌動工，蔣介石也捐欵十萬元，以示贊助。蔣夫人則另以兩萬元於院址建一屋宇，以備有時前來居住治病。」

中國醫生．橘井流芳　原著命題．意味深長

「中國醫生」一書，前有董顯光序及作者自序，均一九六一年所作。原來董顯光夫人曾教密勒夫人的姑母。上海方言。

這本「中國醫生」，係在紐約出版，十六開二一五頁。全書二十七章，本文所述戒毒部份佔全書篇幅二十分之一弱。

上述二一五頁，尚未包括該書之目錄、地圖、照片等在內。此外前有扉頁，後有索引，包書紙內外有讀者文摘編者簡短書評，及出版該書之出版公司所列舉之「密勒醫生大事記」。

原書作者在扉頁上書曰：「謹以此書獻與有意鼓勵使人成為『偉大』的導師，以及一心使人健康完整的醫生。」本文作者，謹以此文獻與密勒醫生以及憑其學術良知在港行醫的有牌與無牌醫生。

鄭孝胥其人其字

曾克耑

書法是中國唯一特殊的美術，外國人也有把名人學者的手迹當作紀念品來保存的，但絕對沒有把它當作美術品，和畫相提並論的。至於我們中國人的看法就絕對不同了，不管是商店也好，農人也好，新年總得掛兩付對子點綴點綴，這一方面是表示喜慶的意思，一方面還是對於寫字是當作美術品的眼光來看的。字與畫雖然同是美術，但這兩種藝術比較起來，難易却大大的不同。我曾問過許多朋友說：「寫字容易呢，繪畫容易呢？」他們都異口同聲的說：寫字比畫畫難多了。你不看我們的孩子一進學堂門，那一個不學寫字，但是寫到老了，有成的有幾個人？畫却不同了，雖然學畫的比寫字的來得少，但是你只要有志去學，少則三五年，遲則十年八年，總會有點規模的。因爲畫的描繪物象，在學的和看的兩方面，都比較容易得着興趣，只要你畫貓像貓，畫狗像狗，那就差不多了。但是提到字呢，你一開筆，便保不定你寫貓字是個貓，寫狗字是個狗，因爲畫是可以先打輪廓的，一筆不對，可以再描的，再加上顏色來遮蓋的。字却不然，不許先畫輪廓的，無從上顏色的，所以一下筆便定了好壞，一出手就判了優劣，所以比較難得多。

甚麽叫做書家呢？當然是他們的字寫的好，自具一種與別不同的面目，所以成了專家。字怎樣判別好不好呢？當然是根據字的美不美。怎樣才能做到「美」的階段呢？那便是這「雅」和「俗」兩個字，這便是字的美不美極重要的區別點分水嶺，也可以說是生死關頭，如果寫字的人們得着這「雅」字，那便可登「大雅之堂」，就譬如學道的人服了換骨金丹，馬上可以羽化登仙，學佛的人得了三藐三菩提，馬上可成佛作祖的，你在書壇便能夠站住了一個優越穩定的地位。但是我們用甚麽方法來判別雅俗呢？從那一種觀點來斷定雅俗呢？這可很難講了。我們判定雅俗是在字筆畫的粗細上面分麽？是在結體的整齊和散亂上面分麽？是在用筆的草率和光潤上面分麽？是外形的漂亮和醜怪上面分麽？或是像古人不像古人來區別麽？不是不是，絕對不是，這一切都是寫字求外表，而不是作書者精神意態氣韻味道的表現啊！

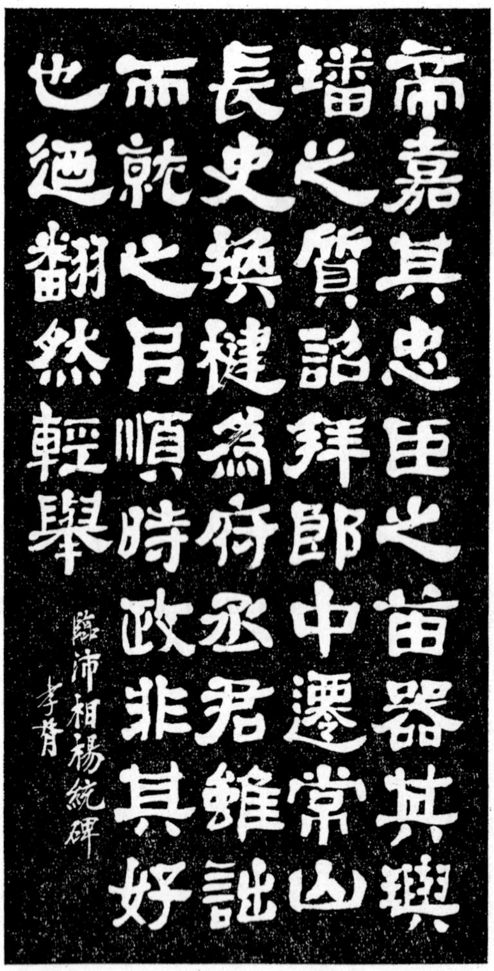
帝嘉其忠臣之苗器其擧
瑨之質詔拜郎中遷常山
長史換犍爲府丞君雖詘
而就之月順時政非其好
也迺翻然輕擧
臨沛相楊統碑
孝胥

鄭孝胥臨沛相楊統碑隸書字屏

字這件東西，是相當奇怪的，它可以把每一個人的性情、意態、胸襟、精神、品質、氣度、人生的一切一切表現出來；甚至於似乎人的富貴貧賤窮通壽夭，都可在你筆下看出來；這種奇特的道理，不是用科學方法可以馬上分析說明的。然而中國人寫了二千多年的字，在這裏頭便產生了許多玩意，許多證驗，不由得你不相信，因爲字是表現人生的，所以字要寫得好，便要在你做人上面下功夫。我們怎樣學會做人，那就非讀書不可，簡括說來，如果一個人學寫字，只是在臨帖摹碑上用功夫，而不講究做人，那縱然你學得很像，摹顏像顏，摹柳像柳，也不過成爲一個字匠罷了，不會在書壇占有地位的。如果一個人他是學者詩人富有學問，或者是忠臣義士英雄豪傑，縱然他讀的書並不像學者詩人多，但他們的作品，是必爲一般內行所寶貴的。不用說歷來書法大家，都是富有學問的人，就是歷代名人學者如歐陽文忠、朱文公、司馬文正、王陽明、岳武穆諸公，他們的字也都是富有書卷氣，英雄氣，儒者氣的。不用說這些正人君子，就是向來爲人們所指摘的亂臣賊子，如像曹操、蔡京、嚴嵩、阮大鋮這一般人，那一個的字不是氣概雄偉，筆力嶄絕

的，這是甚麽道理呢？

就是我前面所說的字可以表現人生。大凡一個人能做大奸大忠大惡大仁的，他的胸襟意度一定是不凡的；他在字裏表現，也是不凡的。既然是不凡的，那還能說他不好麽？我記得前人曾說朱夫子的字是學曹操的。蔡京的字，我們在清宮收藏裏還可以看到，至於嚴嵩寫的北京「六必居」「西鶴年堂」的匾額，這是凡到過北京，無論他是考古家，書法家，是必然看見過的。阮大鬍子的字極富北魏意味，葉遐庵家有收藏，我在詠懷堂詩集前面，曾見過銅版攝印葉氏收藏的墨跡，眞是氣魄大極了。

我嘗說凡是要想拿寫字成名的，一定要在讀書上用工夫。人的氣概胸襟，固然是天生的，但是古書上不會說過嗎？「讀書可以變化氣質」，氣質都能變化，你可想到讀書的功用了。就是氣質不能化，只要有了讀書人的氣度，這也就可以了。所以我勸人，讀書要緊，做人更要緊。

鄭孝胥先生是位「殷勤函札待雲鬟」的風流才子，他和沈子培先生都是張文襄幕府裏知名之士，同是同光體詩派的領袖。他們交情是相當的厚，唱和的詩也是相當的多，而在字學上面，却各有他各人的面目，自開一宗的。

鄭先生名孝胥，字蘇戡，又號太夷，福建閩縣人，孝字是他家的排行，胥字是因爲他生時在蘇州胥門，所以他太爺便用這個胥字來作名字。他生平好談政治，以爲天下事一舉手便可弄好，但對於人情世故，歷史成敗，世界潮流，可以說完全不懂得；可以說是毫無智識亂出主意的急功近名之士而已。你說他忠於清室嗎？他第一炮主張鐵路國有，便把大清國送掉了；第二炮主張溥儀出關依附日本，便把愛新覺羅的種子斬絕了。你說他是漢奸嗎？我以爲他恐怕連這兩字的解釋，還弄不清楚。你罵他漢奸，他還自以爲是滿臣呢。他在清末雖是一們負有盛名的人物，我恐怕他對於國家和民族的概念是絕對沒有的。

我記得從前我的同學潘伯鷹和陳弢庵先生談天，陳先生忽然問伯鷹道：「你以爲蘇戡是那一種人？」伯鷹答道：「大概是戰國的策士罷？」弢庵笑道：「我恐怕他連策士還不夠呢！」我起初以爲這是憤激之談，後來想到戰國策士如蘇秦、張儀這批人，雖然是急功近名之士，但他們對於歷史成敗，當時各國情形，是瞭如指掌的，那有像他這樣蒙住頭腦，塞起耳朶，閉起眼睛，拍起胸脯來談政治的呢？

他在政治上是絕對失敗了，但是他的詩和字是絕成功的。這也像前人說過的，宋徽宗李後主這般人，如果不做皇帝，只做藝術家、詞章家，那裏會弄到亡國，並且嘗到亡國的慘痛呢？他早年的字，是從柳而蘇而黃的，他五十歲以前的字並不算好，雖然有筆力，但是瘦得可憐，尤其是轉折的地方，一定要突出一塊東西，就好像鴉片鬼聳着肩膀似的，眞是怪難看的。後來他學張遷碑，又寫北魏裏像李超墓志等碑這一變可大大的成功了。我曾在上海四馬路小有天看見他用張遷碑碑陰的筆法寫的一付五言大對聯，眞力彌滿，淳古樸逸，並世寫隸書的人們，是不能和他競賽的。他用碑體所寫的碑誌墓銘榜書等，都寫得遒美峭拔，眞是獨出冠時，我以爲比張廉卿好得多了。他的行書，完全在行氣，整幅看起來眞是一片神韻，一氣呵成，無處不好，若一筆一筆拆開來看看，簡直沒有一筆要得的。至於他草書禮部韻畧，還是用他寫行書的筆法，簡直可以說是門外漢，要不得。我們對一個有名氣的書家，縱然崇拜他，但是他那一種字好，那一種不高明，也還要弄弄明白，不能一味胡捧，也不可一味胡罵的。好就是好，壞就是壞。

他生平對於寫字，十分用功，也很自負。他每天早上四點鐘便起來，所以自稱夜起翁，起來便自己動手磨墨寫字，天亮以後，才替人寫屏聯等。他所作的海藏樓詩集裏，關於論書的詩很多，可以綜合起來寫一篇文章的。我聽說他有一次把他寫的字，請他同年河南書家秦右衡先生批評。秦先生對他說：「你寫的字夠得上明朝人的字，你是破法的，我是守法的，我們各行其是罷了。」

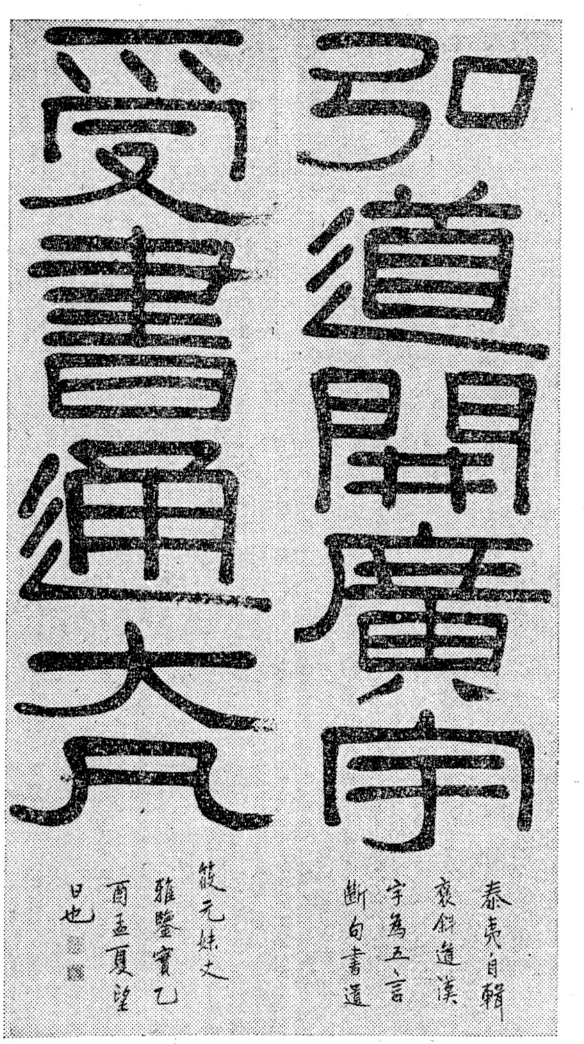

鄭孝胥隸書五言對聯精品

不可思議的夢與籤

·劉太希·

偶憶蘇東坡的文集，內有「讀歐公黃牛廟詩後記」內容大畧記一有趣的故事說：歐陽修和他的同年友王元珍供職于京師。王做推官、歐作翰苑校勘。有一天王說做了一夢、夢中王和歐二人同坐小船，泛游川鄂之間的三峽。經過一廟，二人入內，向神漠拜。拜時王在前，歐在後，神忽然起立答禮，並招手請歐上神位耳語久之。王心想歐是翰苑貴人，難道神也有趨炎附勢的俗情嗎？拜後出廟門，見有一馬缺了一耳。這夢說過也就不以爲異。不料王氏不久被調爲峽州判官，歐也謫貶爲夷陵縣令（即宜昌），這二位同年又在一起了，也還未想到前次的夢兆。有一天二人忽發雅興，駕一小舟溯江而上，過黃牛廟，入廟遊覽，則廟中一切與夢中所見皆同，即門外石馬，也是缺少一耳的。回想夢境，不勝驚奇，而夢中禮神，王在前是因王的官階比縣令稍高。因此覺得世上萬事，好像都早已有主宰安排好似的，遂作了這篇記，題在歐公黃牛廟詩之後。

我又記得王陽明先生有兩首詩說「四十年前夢裏詩，此行天定豈人爲」。這是因爲他四十年前做過一夢，夢到西南方的馬援廟。四十年後，他謫貶到龍場，中途經過馬援廟，恍惚這地方，就是他以前夢中曾到過的所在，於是他寫下了詩來記載他的感想。

以前所見書本上類似此種夢兆的故事還很多，但所記載的人，有些或者是故神其說，不過蘇、王二位，我們總不應該懷疑他們記述的眞實性吧。

關於近代夢的故事，可以談談徐樹錚。他是皖派段祺瑞的心腹，軍人而兼政客，也算得是文武兼資的人物。民國十四年，他去各國考察軍事政治回國。先在上海南京停留，應南通張狀元季直的邀請，往南通游了幾天，和張氏談得很投機。徐急於想到北平，張勸他多住些時，說北方情況很混亂，不如在南通稍作勾留，徐結果還是走了。不料徐去後第二天晚上，張氏夢見徐氏，面色黯淡，吟出了一首詩來。張氏記的很清楚，驚醒之後，生怕忘記，立即起床將徐所吟的詩筆記下來。那詩是這樣的：「與公生別幾何時，明暗分途悔已遲，戎馬書生終誤我，江濤澎湃恨誰知。」張氏越看越覺得不祥，說：「樹錚必定要出事」。晨起看報，報上頭條新聞，就刊出徐氏專車經過天津廊房被馮玉祥的部下槍殺的報道。這事是在張季子九錄記載的，張氏輓徐的對聯，也提到這夢兆，錄如下：

夢讖無端，聽大江東去歌殘，忽然感流不盡英雄血；邊才正亟，歎蒲海西顧事大，更何處再得此龍虎人。

張氏此聯，頭一句就提到了前一晚的夢兆，大江東去歌殘是因爲徐氏在南通宴會中唱了一曲「刀會」，徐是對崑曲有研究的。下聯「邊才」是指外蒙和蘇俄的交涉有很好的表現，也表達了張氏爲國惜才的深意，由此使人感覺這夢是多麼地不可思議。

抗戰時期，錢宗澤任隴海鐵路局長，經常到重慶商洽軍運，周俊彥任軍委會經理處長。有一晚錢氏夢與周氏同坐一條船，遭遇風險，二人同時落水。驚醒之後談起來還笑說日本飛機轟炸的時候，我們兩人不要同在一個防空洞避難。隔不多久，周氏病故於重慶。開吊那天，錢去弔喪，對靈堂行禮以後，信步走到旁邊的小廳，赫然看到廳中又有一具棺材，驚奇不已。詢問之下，才知道錢家購棺回來的同時，官方贈送的棺木也送到了，所以將另一具空棺放置客廳。錢氏經此一嚇，便感不適，重慶的房屋，多是依山建造，錢氏的座車停在坡下，他由周宅下坡，只覺心跳氣急，走到汽車傍邊，已經不支倒下。司機惶急地將他載入，送到醫院時，已氣絕身死。當時自然有很多親友包括周家的人在場，無巧不成書，周家那一具空棺，恰好派上用場，爲錢氏殮葬之用，這又是多麼奇異的夢兆故事。

再來談談求籤，民國初年，江西同鄉王平秋，和他的哥哥王有蘭，由日本歸國，同客廣州。他們兄弟都是同盟份子，後來有蘭曾任國會議員及江西省議會議長，平秋曾任江西民政廳長。民初在廣州閒住無聊，一天和江西省長謝遠涵，同遊曲江名勝南華寺，此寺爲六祖慧能出家之所，寺內有有六祖肉身像。他們是當時新人物、東洋留學生，當然沒有迷信觀念。看見很多人求籤，平秋用扇柄敲敲六祖的肉身像，他說枯了的骨頭，不信他有何神通。謝氏說：你不妨抽一枝籤試試看，平秋也就好玩地抽了一枝。不料那籤文說：「來意不誠，罰燈油三斤」，平秋說：奇怪，他怎麼知道我來意不誠，我就姑且受罰一次，於是取出一元錢交與和尚，說是作爲買香油之用，再誠心另求一枝。他在廣州閑久了，不免向神禱告，想做廣東的縣長，請神指示。一看所求的籤上說：「若逢冷雨秋風至，依然恢復舊生涯」。他以前曾經代理一次大埔縣長。此時是夏天，心想秋天到了，或者會如神的指示，亦未可知。不料秋盡冬來，毫無消息，他也以爲神話不靈了。第二年春天，冷遹奉命爲廣東省長，冷的別號叫「禦秋」，他和冷氏原是同學，所以發表平秋作番禺縣長。這才了然於神的指示「冷雨秋」者是人名，而不是指時令。王有蘭前年病故於台北，年八十餘矣。此段故事，是他親口說給我聽的。

郁達夫對王映霞懷疑的時候，曾到西湖某廟去求了一支籤。那籤文上居然指出「鵲巢鳩占」的話，以上所述許多不可思議的夢與籤，都可以說是科學無法解答的問題。

望平街懷舊

申報與史量才

胡憨珠

申報館自從在望平街建立新厦以來，添置了新式印報機，業務大有進展，此時史量才認為申報股東衆多，雖然他們對館務不聞不問，但將來報館飛黃騰達，這些股東全是知名人物，難保沒有麻煩，乃說申報眼前危機四伏，股東負有無限賠償責任，股東中以張季直為首，首先退股，改用史量才名義發出興隆票，換取合股契約，一一銷毀了事。

話說申報館自從遷入新大厦，安裝好新的印刷機器以後，對於編輯報紙的時間，便可從容應付，對於國內外的政事電訊，不管英美法日等各國通訊社的外稿也好，也不管本館特派記者，或特約記者的緊要電訊和長篇通訊的特稿也好，都可以寬放等待時間，和展緩截稿時刻。只要等待到最後的截稿時，電報局與郵政局常有意想不到的特殊消息、時鮮新聞的稿件送來，而且有足夠編排的工作時間，爭先刊登發表。這就是因有輪轉印報機的印報快速關係，從此決無再有出版遲緩，以致影响發行的事情發現。所以當時的申報把過去所遭受因截稿時早，消息落後，新聞失時的種種恨事，為之掃除一空。

須知道經營報業一事，首重報紙的內容實質，如同普通的商品一樣，第一要爭取買主的喜愛。所謂內容實質就是要編排清新，版樣美化，消息靈通，報導快速。至於新聞務求其完整無缺，記載必盡其翔實不虛，分門別類，文筆優秀。必也一份報紙在手，版版能使讀者一目了然，篇篇教閱者非看不可，當此時的申報經營已經達到了報業首先重要的自然目標，發行銷數，日見增多，從而帶起了廣告業務的旺盛。本來任何一家報館，對廣告費與銷報數量為經營報業收入財源的兩大主流，而且兩者有相互為助的連鎖作用。換句話說，銷報的數額越多，廣告的效力越大，於是廣告客戶爭相刊登廣告，自然也隨之越多了。此時史量才眼看他申報的前途遠景，正是一片光明，非但感覺躊躇滿志，而且啓發了統一主權、自立為王的野心。

雖然，史量才自從接辦申報之後，一向以來，舉世皆知他為申報館的老闆，也都知他為集大權於一身的申報館總理。名義實權，獨操掌握，對於眞正湊集資本的那幾位老闆極少人知。因為他們當時都有身份地位關係，是以於組合之初，無不自願退居幕後，尤其對申報業務的盛衰起落，賺錢蝕本，從不加以過問，一任史量才便宜行事，但史量才並不以此為滿足。在他總認為有一張合夥議單的契約文件，在各個投資人手中，定必遺留有日後禍患。所以一直以來，他念念不忘那些老闆終歸是老闆，自有老闆的主權在手，隨時隨地可以施行出老闆的主權。同時也想到他們之所以從不過問，只因歷年間來，申報館幾無日不處於風雨飄搖之中。賺錢固未獲見，而不愉快的糾紛事件却迭有發生，况且，所發生的糾紛事件，大至於和席子佩的打官司，小至於被袁姓大房東的趕搬場，每一事件發生，無不來勢兇惡，驚險萬分，這幾位老闆都被嚇破了胆，誰都不敢加以過問。

史量才從來凡申報遭遇着任何重大的糾紛事件，只與陳景韓、張竹坪這兩位左輔右弼之人，商量辦法，决不向各股東老闆面前吐露一點兒為難情形，就是對投資三千兩銀子、一位最小股份老闆的沈信卿也不例外。沈信卿當時還在申報館裏担任教育版的主任編輯，但對一切館中的重大事情，全被史量才輕輕瞞過，不予告知。是以當時申報館的那幾位股東老闆們，無不對史量才發生特殊好感，認為他的行為漂亮，不使老闆增加麻煩。縱或有人於事後，偶爾相聚一起時，對他的力任艱鉅，忍受辛勞，免不得致以一番慰勉之語。他則總是若無其事，作輕描淡寫的回說：「承蒙你們諸位授權給我時，說要負責經營申報。想我既然受命負責，總該負責到底，何必多說多話，徒然引起無謂的煩惱呢？所以不來奉告，這是我的責任份內之事，全由我來負責處理了。」

試思史量才以這番婉委動聽的說話作答覆，怎不贏得老闆們對他一致的好感，有誰知他正在

運用他一生行爲所抱負的「準，等，狠」三大方策呢？這裏所謂「準」，那是他看準足了這經營出版新聞報紙的業務，爲一種名利雙收的社會事業。他知道國勢越强盛，教育越普及，這出版報紙的業務越發達，名成利就，莫善於此。所以在往昔當他聽到黃公續想要接盤席子佩的申報消息之後，驚喜欲狂，終因遭黃氏財產監護人謝綸輝的反對而作罷。於是，史量才只得使用「等」的方策，作爲自我安慰，總算他這一「等」爲時不久，終於等待到了辛亥革命前夕，乃由張謇、熊希齡、應季中、趙竹君等這班場面上人物凑集資本，接盤申報。並且公推他做申報館的出面老闆，全權負責主持，他的宿願，方始獲償。不過這些年來，還在履行他「等」的方策，直到此時，才知道應用「狠」的方策時際已來臨了。

史量才意念中所謂「狠」的方策，就是他要把他們各股東的所有股權，全部以蠶食鯨吞的方法，收爲己有，俾能實現秦併六國，成功統一主權的局面。因爲他自己知道此時申報經濟的自然基礎，已經建立完成，形勢相當穩固。此後申報的前途發展，只會欣欣向榮，決不會有一蹶不振的情況發生。現在趁各股東對申報經濟的實際情形，尚未十分明瞭以前，正好進行收回合夥議單這項工作。如果延遲時日，恐怕申報經濟的實際情況，給股東老闆們了解清楚以後，要想收回合夥議單，那就非要化費鉅大的代價不可了。於是他就立即依次進行，使用了各個擊破的方法，結果全部很順利的解決。大家把合夥議單交出，當場焚化燬滅，另換一張史量才親筆書寫的借據。所借銀子數額，倒是依據合夥議單上所寫明的數目，分毫無缺，只不過歸還的日期，却是「君問歸期，未有期」。原來他所出立的那是一張俗稱爲「興隆票」的借據，據上寫明這筆借欵，須要等到史量才興隆發財，方始歸還。歸期固然無定，利息亦告免付，大家只有安心等待，等待他有朝一日興隆發財的日子到來，才有如數收回的機會。

怕吃官司股東求退職

史量才這份欠債本領，堪稱是一位人傑。其難能可貴的一點，就是他欠了人家的債，人家不但不怨恨他歸還無日，還感激他義薄雲天呢。試想他只憑一張空口，幾句說話，不曾化去分文，竟將議單燬滅，這且不言。同時，把這家規模宏偉、雄冠全國的申報館，就歸史量才個人所有的事業。於是，在人不知、鬼不覺中，望平街的申報，正正式式的成爲史氏的獨家資本，統一主權。這個局面的蛻變快速，說出來眞令人有難以置信之感。但是却係事實，毫不虛假，據說當時史量才對各股東老闆發動此一秘密工作，連陳景韓、張竹坪兩人也被瞞過。直到各股東老闆手中的合夥議單，全部收回，予以焚化燬滅，所更換給他們的那是他所出立興隆票的借據，於是申報館的統一主權問題，才算大功告成以後，他就在館中的總經理室，很秘密的召集了陳景韓、張竹坪、張蘊和、王堯欽四人，開了一次座談會。在座上他方始宣佈此事詳細的經過情形，並且說明已把合夥議單，當面焚化以示了清手續。眼前換文工作，早已完全辦妥，報館主權，亦已全部收復，從此，這申報屬於我們的了云云。

最後，史量才還對他們四人說：「從今天開始，這份申報乃屬於我們五人所共有的合作事業，回想申報初期在接盤過來，由我們着手經營，於過去的近十年中。多虧你們四位大事幫助，任勞任怨，才把申報幹辦得有目前的美好成績。不過今後的申報，那是我們五個人所共同的合有事業，是我毋需多說，極其相信你們四位自會辦理得更美好、更改進的成績表現。但我却希望請你們四位也對我相信自會有極完善的、極公平的安排，作爲你們工作辛勞的相等酬報。」當時史量才在五人座談會上宣佈這番說話之後，着實發生鼓勵的作用，和誘導的效果。因此，事實果然，他們四人把申報館的經（理）編（輯）兩部，各本崗位，努力工作，把這張申報辦得精采繽紛，成績美善。至於史量才親口對他們四人所說「你們工作辛勞的相等酬報」的這句話，却始終不見他作出如何安排來，大有上海人所謂「只聽樓梯响，不見人下來」之概。

雖然，史量才於每歲之中，對「申報是我們共同的合有事業」以及「自會安排你們工作辛勞的相等酬報」這兩句說話，並未完全遺忘。有時偶爾還會提起一兩次，但不過提說此項說話的時候，總是對四人中的某一人，有特殊的工作辛勞，或者有難得的功績表現，作爲他口頭的獎勵嘉許之詞。久而久之，成爲慣例，只因他口惠雖多，而其實不至的關係，於是各懷怨望，漸萌二心，遂於民國十八年以後，發生了張竹坪、陳景韓兩人先後離去的不愉快的事情。當時張竹坪之去，自己組織「協記公司」的銀團接盤時事新報，重打天下。而陳景韓之去，他就想從政治舞台上去別尋其幽興逸趣了。要知所以促成他們兩人的去志之堅，與求去之速，其重要關鍵，還在於史量才對申報有組織總管理處的計劃施行，並且按照組織法所定的章則，處置經編兩部隸屬於總管理處之下，而安置此總管理處主任一席，就是黃炎培（任之）其人。無奈編輯部同人却憑藉團結堅强的力量，一致以杯葛政策相饗，都不理會黃炎培，這是民國十九年發生的事，暫且不提。

現在回轉筆頭，追記當年史量才如何使用他的能言善辯，說服幾位申報的投資老闆，個個爲之胆戰心寒，他們爲了確保身價，爲了怕吃官司，乖乖地情願交出合夥議單，予以焚化燬滅。一致的要求把他們申報館股東老闆的職位和名義，一概予以退出，不留片紙隻字。原來史量才對他投資申報的幾位合夥股東老闆們是這樣說的：「申報經營到目前爲止，共要負債八十多萬兩銀子。所有債權人計（一）爲欠公平洋行報館館址的地產買價，房屋建築等費，約共三十多萬兩銀子。（二）爲欠新昌洋行的捲筒輪轉印報機，連同

各種附屬配件機器共計價銀二十萬兩銀子。（三）爲欠中國興業銀行等共計三十萬元，該項欵銀係償還普益紗廠徐靜仁所代墊給席子佩的申報百福堂欠欵。現在這三注欠債都向我追討甚急，且已到了最後的限期。他們說如再不還清理楚，那只有延聘律師進行向新衙門訴訟，控告你們申報的幾位老闆了。」

史量才所舉說這三注欠債，約共爲八十多萬兩銀子，數目一點都不錯，而且亦爲如所周知的事實。但是公平洋行與新昌洋行的兩注欠債，乃係在訂定期限的放欠期中，毋需付欵。必須於放欠期滿之後，方始按月分期拔還。至於徐靜仁所墊付席子佩的百福堂欠欵，則由史量才辦理義會、舉債還債早告清償。現在他把這三注債務，一律變成十萬火急，且以控告申報的幾位老闆作爲要挾。好在申報與公平、新昌兩家洋行所簽訂的先租後買，先用後付的兩張合約，那申報的幾位老闆從未過目，就是史量才的舉債還債，化整爲零，清償徐靜仁的代繳墊欵之事，他亦從未說給幾位老闆聽，總而言之，這一切都是史量才的運用權術，預事安排即作爲今日燬滅合夥議單，迫使老闆退職的張本。試想他的權術運用得高明不高明？他的預謀安排得周密不周密？

爲保身家首先換票據

當時通行的法律，對於商業債務的糾紛案件，分成兩種條例。（一）是如果該商業機構，其組織按照有限公司組織法規組合而成，一旦失敗，宣告破產閉歇爲止。股東老闆除掉所投資本全部蕩然以外，可以毋需再負清償猶未了楚的其餘欠債之責。（二）是如係按照舊式的合夥議單組合而成，那末所有股東老闆不但需負欠人人欠的無限責任，而且還要負股東間的連環責任。亦即是說債權人只要於債戶的股東之中選擇一名較有豐富財產的對他進行追討欠債的訴訟，定必獲判得直，清償債欵。所以現代商人凡經商規模較大範圍較廣的商業機構。其發起組織時必然採取有限公司的組織法規，決不再用舊式的合夥議單，就是爲此緣故。當年他們湊集資本，接盤申報，爲要避免共和黨「黨報」的名義和色彩。因此他們幾位投資的股東老闆，情願退居幕後。盡量閃躲，惟恐人知，自然組織法就採用了舊式的合夥議單，這是申報先天帶來的最大弱點。

史量才就利用這個最大弱點，使行權術，要把申報主權完成統一，佔爲已有。所以他此項吞併計劃，一經展開，第一個先去拜訪的就是張（謇）季直。因爲張氏投資申報的數目對外號稱一萬元，因此在股東之中還佔了領袖的重要地位。原來他在清廷政府時代，雖然是出身科甲的狀元，但是始終未曾官居顯職。就離開北京，回歸南通故鄉，矢志創辦實業，且以建設「新南通」自任。一直以來，他在南通興辦墾殖、開設紗廠等事業，任做着江蘇省的偶像紳士，一切凡地方行政與革運動他都能發生帶頭作用。不過對於經濟方面，却並不十分富庶，所以辛亥革命的前夕，共和黨黨人熊希齡、應季中、趙竹君等秘密發起想要接辦申報的時候，他就以立憲黨的黨人身份，被熊希齡等拉他參加投資，接盤申報。據他當時對人說是索悉斂賦，僅得五千元的餘資，於是他慨當以慷地做投資申報的資本了云云。言爲心聲，可見張氏對人如此的坦白說詞，其經濟狀況實非若何富裕。但他自中華民國元年的新政府成立時，被邀出任工商部總長後的不久，便即休致南歸，仍然致力於他所經營的實業。數年間來，所辦實業無不大獲成就，他的大生紗廠在南通的天生港口，於一廠二廠次第成立以外，時已發展到鄰縣啓東的三和港內興辦第三廠了。

俗諺有云：「起碼白相人有了一條破棉被，就要保他的身家了。」以當年當時的身家之大、名望之盛，在幾位申報的股東老闆之中，有誰能及南通的張季直。他如何不想要確保他的身家和名望，究竟被人控訴衙門、對簿公庭，自然是一件非常丟臉的事。是以他一聽到史量才的報告說申報要欠債八十多萬兩銀子，而債權人且有向申報的股東老闆進行訴訟，追索欠債之說。他即想着申報的組織却係合夥議單，身爲申報股東老闆的不但要負申報的無限責任，還要負股東間的連帶責任。一念及此，便覺得這次申報欠債官司，首當其衝的却是自已本人，內心不無凛然。因此，就問史量才對於申報的欠債，準備如何料理，史量才說出他唯一對付申報債權人的辦法，首先該把接辦申報所訂立的合夥議單，全部燬滅，洗刷清楚你們幾位完全與申報無絲毫關係。其次，把所有申報欠債責任，全由我個人挺身而出，承認負責拔還他們就是。至於你們諸位所投資的股欵，也歸我個人完全承担，不過把股欵照數改成爲免息的借欵，自當出立借據，依次償還，決不短少分文，也不會拖欠太久。

當下張季直聽史量才的這樣話說：不再要他負担償還欠債的責任，認爲非常滿意。所以便把他所貯存那份申報的合夥議單檢取出來，隨手交給史量才用火焚化。史量才也忙寫了一張五千元的借據，雙手奉給張季直收執，以便日後備欵贖回借據。雙方就是這樣的交換票據，總算暫時告一段落，了清手續。從此以後，張季直不再是申報館有關的老闆身份，祗是史量才私人的債主而已。就因有張季直的前例可援，所以史量才很順利的把熊希齡、應季中、趙竹君三人的申報合夥議單，收回燬滅，一一掉換了他私人的借據。其實這三位過去煊赫一時的宦海人物，都因時移勢遷，人事滄桑，就中以趙竹君的脫離政治生活較早，遠在清末時代的張之洞去兩湖總督職，他已來上海做寓公了。應季中則爲了民初發行八厘公債問題，還被袁世凱密令馮國璋扣留在南京的督軍公署裏，形勢相當凶險，後經陳陶遺營救得脫，不過他的政治生命從此永告斷絕。熊希齡於民國以來，一直浮沉在北洋政府的宦海之中，只是在某一任的內閣總理下台後已無復有東山再起的

希望。是以他們三人所有的一點宦囊餘資，足夠在上海做寓公日常的生活開支。因此，一聽到史量才要他們負責償還申報大數額的欠債，無不為之大驚失色。於是，大家自知無能與現行法律抗爭，祇得乖乖地步武張季直的後塵，做他們申報館的退職老闆，坐使史量才不費吹灰之力，完成他統一申報主權的局面。

終因申報在起初組織時期，以趙竹君與應季中兩人的主張最堅，出力最大，而出錢投資也最多，始得實現向席子佩手中，把申報接盤過來，從而使史量才獲遂主持辦理出版報紙的心願。如今他爭取得全部主權，擁有統一局面的申報以後可說是有志竟成，不過總算他吃飯尚未忘記種田人，於是他就把趙竹君的兒子趙尊嶽（叔雍）與應季中的兒子朱應鵬，（按：應季中娶杭州朱御史之女，當說親時，議定係兼祧朱應兩姓，凡頭生之子必須為朱氏香火的繼祀人，此即應季中長子命名朱應鵬的原由）全被汲引進入申報編輯部做事。他們兩人都是所謂名父之子，亦各才華清茂，文采斐然。惟趙叔雍的賦性則聰穎敏慧，行為却冲和靈活，而朱應鵬恰恰反之，他的生性則樸實無華，脾氣却固執不化。是以史量才對此兩個故人之子，稍稍存有一點愛憎的偏見觀念。便也因此，他對趙應兩家那筆立據的借欵，趙叔雍需要用欵時，立索即可立得如數。朱應鵬需要用欵時，則屢索無着，故他常為此事感覺氣惱而在編輯室中，大發脾氣。據說後來直到民國十六年，國民革命軍的勢力從珠江流域達到長江流域，朱應鵬是地下的革命同志，一躍而出任上海市黨部委員，對史量才這筆由股欵變借欵的欠債方始收清云。

鄭耀南因申報發小財

一般在望平街吃飯的人們，大概多知道鄭耀南是申報館的駢枝機構「聯合廣告公司」的經理，不過由申報館經理張竹坪所主動發起組織聯合廣告公司之事，已在民國十五年以後，但這個浙江平湖人鄭耀南，早在四馬路與山東路的轉角那一條太和里之內，開設着一家「耀南廣告公司」了。傳說中鄭耀南的原始職業，那是上海公共租界電力公司的抄表員，這是該公司一種外勤職員。其薪給待遇，雖非若何優厚，但其工作却極自由閒散不受督促約束。最好的一點，就是空餘時間頗多，只要脫去抄表員的西式制服，儘管可以自由自在。當其時，正在清末民初年間的這段時期，鄭耀南有一位名叫陳冷僧的鄉親，嘗隨于右任、戴季陶等一班革命黨人贊同辦理出版的民呼報、民吁報、民權報等革命報紙，要知辦報最需要的是廣告，此為一項正當收入，以事支出的挹注。於是陳冷僧就叫鄭耀南在空閒時間，兼做那些報館跑兜廣告的職務。並對他說：只要兜得大小不等的廣告，都可賺取一個折扣佣金的外快，作為生活的補助。這也是一種無本錢的生意，鄭耀南便是這樣的被陳冷僧導致，兼做了廣告生意。

事有湊巧，鄭耀南被電力公司所派定每月排日抄表的區域，正是租界市中區商業最繁盛的所在。他便於乘抄表之便，對相熟悉的商業店舖兜攬廣告，或者請他們介紹些廣告生意。出於意外他的廣告業務頗多成就，大有收穫。後來還有人要託他刊登其他報館的廣告，如申報、新聞報、時報之類，鄭耀南都肯接受，代為送登，而且還給予客戶一個細小折扣的優待，和欠放日子的方便。本來各報館所定的廣告刊例，凡報館直接的廣告客戶，親送廣告上門，不但不折不扣，且要收現金。惟有廣告公司的經紀人經手，却有折扣佣金之外，還有月底結賬的拖欠日期。此時鄭耀南已經成立廣告公司，而他的耀南廣告公司對客戶又有此折扣優待和放賬方便的辦法，爭取得客戶們的好感。更因其經營多年，所以擁有客戶不少，在當年當時無形之中，鄭耀南隱隱然已被人視為上海報業廣告中的大王了。

因為鄭耀南的廣告客戶，不僅僅是一班中外的商業機構，還有許多中外的政府機關。上海交涉使公署也就是他的客戶之一，凡該公署所有發給各大報所刊登的公告，和啓事等廣告，概由耀南廣告公司經手代發。這上海交涉使公署的署址，就在靜安寺路「斜橋總會」的斜對面，亦即是「盛（杏蓀）公館」的西比鄰。在清廷政府時代，自關設租界以後，這個專管辦理各國在上海的外交事宜的機關，早已設置。不過機關名稱，叫做「洋務局」，衙門雖有，但不委任首長官員處理其事，蓋即所謂「洋務局長」一席，一向以來，概由上海道台親自兼任。是以歷任道台幾於每日下午，必定離衙出城，乘坐馬車，北去洋務局視事，並且每夜總是深宵始歸。故道台衙門的三班胥吏，六房皂役的「排導子」，就在小東門外的吊橋畔，作為他們對本官道台老爺來接去送的侍候站。及至辛亥革命成功之後，國家政體固然變更，官制組織亦為改易，於是，洋務局也變更成為「上海交涉使公署」了。

上海交涉使公署因係繼承洋務局的沿革關係，公署所在的那塊地產，那是英租界中永遠保留主權的中國土地，亦即為上海縣所有的公產。其情形性質，恰同鐵馬路橋（按：即河南路橋）下的天妃宮一樣，以因有中國政府的主權關係，租界警務處不能在該土地上，行使一切職權的。何以會有如此畸形情況呢？料想必是租界當局早歲越界築路，侵佔中國土地，總覺得不好意思要自有土地主權的國家，拿出一筆租買錢來吧。且說上海的交涉使一職，其任務原是在租界地區與各國駐滬領事辦理國與國間，或民與民的糾紛事件的交涉之事。推情度理，任担此項職務之人，該由外交部遴選外交專才人員，任命其職。但以當年北洋軍閥政府時代，對此種外交人員的任命，必須選擇與當地軍閥稍有關係淵源方可，甚至出自當地軍閥所舉薦而後任命亦有之，蓋非如此實有難安於位之感。

當民國九年的前後年間，時任做上海交涉使

的爲姚文龢。姚與現任的江蘇督軍李純，有相當淵源關係，惜乎他這個交涉使，可說是「交」道無方，也可說他「涉」世未深，公然委託鄭耀南向「申報」致送津貼，每月二千元，不過最後的結果，却帶給史量才一所大洋房，和一條大財路。其事實的經過情形，相當曲折有趣，現在約畧記述如下。

有一天，鄭耀南突然接得上海交涉使公署的電話，要他立刻就去公署，說是姚交涉使有事和他商量。他自然應招前往，及見面之後，姚文龢就對他說：「鄭先生，我們的江蘇督軍自從李純將軍因爲南北和議未告成功，心憂國是，憤而自殺之後，現已由他的參謀長齊燮元將軍繼任其職。只因齊督軍就任伊始，遠處南京，兼之他的職務繁身，軍書旁午，實在無法分身到上海來和你們新聞界人士，謀取相識相親的機會。而以他對貴報的申報懷念，尤爲殷切，倍見好感。所以命兄弟在上海要多多與貴報聯絡，培養感情，增厚友誼。因此，兄弟不惴冒昧，欲藉杯酒的聯歡，以遂識荊的願望。遺憾的是兄弟往日未曾見解及此，對貴報竟無一個相識的朋友。差幸與尊駕已有多年交往，是以要請閣下代爲介紹幾位貴報的重要人物，給兄弟一個相識相親的機會。」

鄭耀南萬萬意想不到，眼前這位上海交涉使姚文龢，竟會提出這樣難題目的要求。可是他又不便解釋自己與申報實是風馬牛的不相及，只是報館與廣告經紀人的一些生意交往關係而已。因爲自己每天所發的廣告，比較衆多，是以申報的經理張竹坪爲示意結好起見，特在營業部裏安放一隻寫字枱子，專供本人接洽廣告，分發稿樣的辦公所在。外人不察，往往錯認本人爲申報的一個重要職員，眼前的姚交涉使即是個錯認之人。至於他要介紹申報的重要人物成相識朋友，他實不知道史量才的昂首天外、眼高於頂。陳景韓的崖岸自高、目無餘子。張竹坪的人雖温和圓活，人却極其忙碌，爲因他要拉攏中西商業的大廣告，幾於天天自己設讌請客做主人。總編輯張蘊和是個著名的忠厚長者，端方君子。他從清代光緒十年留學日本歸來，即由青浦金劍花的汲引，進入申報担任斯職，向來與人拒絕宴飲，擯棄酬酢。所以當時鄭耀南實覺偌大申報館中的重要人物眞正的無有一人可以代爲邀請赴讌，介紹予姚文龢交涉使相識成友。同時，也感自己的資格淺薄，地位卑小，對於上述申報館的四巨頭大有高不可攀之慨。

禮查飯店演出了佳期

後來，終於給鄭耀南想着一個人，這人倒可以對姚文龢做個搪塞的介紹對象，也可敷衍當前的交代。其人就是申報館的協理，而兼總務主任的王堯欽，若論他地位身份屬於申報館巨頭中的第五位。但他却與鄭耀南的私交頗篤，這是他們兩人每日相處，時常見面的關係。原來王堯欽到報館每天辦公的場所，就在該館中地面層的營業部裏，不像其他四大巨頭的辦公專室，都高高設置在樓上的。即與鄭耀南偶然有接觸的談話機會，這四大巨頭中亦祗有張竹坪一人而已。但大部份爲了廣告事情，有所商談，還是由王堯欽與鄭耀南兩人直接接觸。要知人與人之間，接觸越密，談話越多，自會發生感情，增强友誼。所以鄭耀南便想着王堯欽可以隨意利用一次，况且他們兩人也不時到四馬路的豫豐泰、王寶和這兩家紹興酒店去覓醉的。於是，他就對姚文龢說明申報館的重要當權人物，共有五位。如史量才、陳景韓、張竹坪、張蘊和等四位，平日之間他們對外極少應酬，多數代表與社會各階層人士往來周旋的便是王堯欽。

鄭耀南當下爲要表示王堯欽在申報館中所佔的身份地位，如何的重要關係。自然免不得爲之大大的誇張一番，總結他扼要的幾句動人之話。他說申報館的史量才老闆對陳景韓、張竹坪、張蘊和三人，祗託以輔弼之任；惟獨對王堯欽一人寄以心腹重責，所以他在史老闆身邊實是個最爲重要、最有力量的中堅份子。鄭耀南這一番說話，極獲得姚文龢的深信不疑，認爲既然邀請不到全體，就祗請王堯欽一人算了。只因鄭耀南是原介紹人，當然要請他作陪客，好使到時替雙方做介紹。所以該公署的總務科長便寫好了兩張請柬，雙手奉給鄭耀南收起，那柬上寫明着請客之期就是明天的晚上，而請客的地方却使鄭耀南看了心頭爲之一楞，因爲他們請的是西餐。可是所請這家西餐館却是上海最出名、最高貴的禮查飯店，他想着自己和王堯欽對禮查飯店之門，從未踏進去過，這次該是破題兒的第一遭了。

原來姚文龢對於準備讌請申報館的幾個巨頭人物，爲一件相當敬崇的優禮周備之事。一向以來，他接受各國領事以及高級外國人們的往來招讌，總是在這裏少數幾家外國高貴的西餐館裏。當年一般富貴階層的中國人，患着一種幼稚心理而不可理喻的通病，就是認爲洋氣十足的外國餐館，請客讌飲，纔算得做主人的體面，對客人的尊敬。至於化去多少寃錢而做了「洋盤」，却是毫不足惜。此姚文龢所以要在禮查飯店請客，就是他患了這種病的心理表現，因爲他今夜所請的賓客，祗有王堯欽、鄭耀南兩人，其他外客，又不便邀請。不過他是一位堂堂正正的上海交涉使以交涉使之尊，只請兩個客人，未免有失體面，所以姚文龢特地邀了自己手下的科長、秘書以及三數重要職員與讌，勉强湊成了十二人之數，但還是形成客少主人多的局面。

屆時鄭耀南便陪同王堯欽到禮查飯店前來赴讌，倒是受到姚文龢的極誠意的招待，此時的王堯欽，已非在蠶桑女學做庶務員時代可比，十餘年來，一直跟隨史量才身邊做事，對於處理事情，應對進退，都有了長足的進展。不過他的本質和個性，却生得老實規矩，因此，他今夜隨同鄭耀南前來赴讌，有點像西廂記「佳期」戲齣中的崔鶯鶯一樣，一任調皮靈巧、伶俐活潑似紅娘般的

鄭耀南，爲之左右牽引隨意擺佈。鄭耀南給他們兩人介紹成相見相識以後，姚文黼便一直與王堯欽欵欵交談，但不過他們所交談的無非是一般望平街上的報業狀況，各報情形，以及申報的沿革歷史，發展過程。

所以他們主客全體自入座開讌起，直到讌罷離座爲止，在席間樽前，只見主人姚文黼與王堯欽的歡飲言笑，此足以覘知這位姚交涉使，如何的要想傾心結交這個申報館的重要人物了。不過他始終也不說什麼話，祇是對王堯欽說：「王先生，往後的日子，我們希望要多多聯絡，同時，也請王先生多多指教，多多幫忙。我們兩人成個知己朋友，王先生請飲酒哪，我們爲友誼永恒而乾杯。」姚文黼這樣的一番說詞，可說是極平常、極普通的一篇「社交詞令」。既沒有什麼請託的事情，也沒有什麼干求的意念，更沒有對申報方面的一點關係。所以王堯欽覺得鄭耀南邀請他來赴讌時所說之話，一點不錯，只是請吃一餐飯，雙方做個相識朋友罷了。大概他們交涉使公署所發的公告廣告，想要在申報上刋登地位，把它劃廣告樣子時，劃排得地位顯明一些而已，因此，他也含含糊糊地對姚文黼回說：「姚交涉使先生以後有啥吩咐之事，要叫兄弟幹做，一切請關照一聲我們耀南兄就是。」他和鄭耀南兩人便是這樣的一再向姚文黼道謝，他豐富的賜讌，和熱忱的招待，就此告辭別去。

誰知第二天的下午，上海交涉使公署的總務科長和鄭耀南於電話約定，就到「耀南廣告公司」來看訪鄭耀南。當見面以後，該科長便向懷中揣出一張二千元的支票，雙手奉給鄭耀南。並說：「這張支票那是我們的姚交涉使，奉南京齊燮元督軍之命，送給你們申報館的津貼費，往後按月就由我們代爲致送。只因我們交涉使向不認識申報館的主要負責人，恐怕誤事，不敢胡亂投贈，所以要請你鄭先生介紹。多蒙昨夜介紹認識了王堯欽先生之後，我們交涉使對王先生的印象，非常良好，認爲是個老誠持重的規矩人。因爲這種無憑無據的報館津貼之費，轉輾經手人實非要選擇規矩老實人不可。所以他開出支票，就着我送給你鄭先生收取，費你的心就請你鄭先生代爲轉致王堯欽先生罷。」那個上海交涉公署的總務科長，既不要收條，也不要回單。把支票奉遞給鄭耀南之後，認爲任務完成，道說了幾句謝詞，自管自走了。

接受津貼從中竟鯨吞

不料鄭耀南收下這張二千元的支票以後，却如上海白相人常掛在嘴上：「光棍起了洋盤心」的那句口語。所以他既不照例將支票轉交給王堯欽，也不越例將支票送給史量才。老實不客氣地一聲不響，就把這筆錢作了鯨吞，全部吞沒在他自己的荷包裏了。他之所以胆敢如此幹做，不無兩種因素導致而成，（一）是在民國九年的冬季時期，幣制價值非常高，生活程度相當低。這二千元實不是個小數目，誘惑的力量太於巨大。況且他已知道這樣二千元的外快財香，不止眼前的一次，往後按月自會送來，如水長流，源源不絕，這是一筆大數字的橫財。俗語說得好，馬無野草不肥，人無橫財不富，從今而後，橫財滾滾，不出數年，發財可期。（二）是這筆錢是齊燮元所致送給申報館的，說得好聽一點那是政治津貼，說得壞聽一點何嘗不是賄賂，可是史量才是否接受，尚不可知，不如由我收用，反而直截了當，樂得袋袋平安。

因爲鄭耀南並不是史量才什麼嫡系部屬，也不是什麼的親信人物，他在申報館裏只是廣告經紀人與報館的一點主客關係。只以他的客戶衆多，張竹坪爲要拉攏他的廣告生意，特別替他在申報館的營業部裏，安放一張寫字枱子座位，作爲他來申報館時的息足治事之所。若要說鄭耀南當時與史量才實在談不上什麼關係感情，更不瞭解史量才的什麼個性行爲。何況在鄭耀南眼中的史量才，覺得是個非常難相與之人，眼高於頂，目無餘子。尤其申報館搬入新大樓以後，他的氣燄更屬高張，所以鄭耀南不知他是隸屬於那個政黨呢？不知他對於齊燮元的政治津貼收領不收領呢？不知他會不會誤認我是假借申報名義，在外活動替申報任做政治津貼的掮客呢？不知他對這按月二千元的政治津貼滿意不滿意呢？覺得凡此種種，都成問題，欲求解決，大不易爲。於是鄭耀南他就想着方才交涉使公署的總務科長之話，這授受政治津貼那是件無憑無據的事情。準此而言，那自己對於這筆錢作爲撈獲外快的受領享有，當然也是無憑無據的一回事了。如此這般，這張二千元支票的政治津貼，便也輕易的落入於鄭耀南的荷包中去了。

但是事實也屬果然，齊燮元對申報館的這筆政治津貼，却是按月由上海交涉公署的總務科長親自送支票交給鄭耀南之手。幾乎做到祗差時辰不差日子的標準守信，實爲民國時代，官場中少有得見。而鄭耀南本人也認爲撈摸這筆外快，感覺得有撈得不生痱子不長瘡的安樂快感。所以三個月來，就是這樣的無憑無據安安樂樂的照收如儀，不知是他的實命不佑呢？還是他的財富福薄？突然之間，發生疾病，而他的病源那是肺出血。這大概是他的舊病吧？所以鄭耀南在年輕時代，一向生得瘦怯伶伶，面白淨淨地像個文弱書生。這次他的舊病復發，發得口吐狂血，來勢洶洶得非常險惡可怕。後經醫生的診斷，非要教他遠離都市，摒棄人事，去到環境清新的山林地區休養數月不可。於是終經他家人的商議決定，護送鄭耀南到杭州莫干山去療治休養。自然，這個上山療養方法，對於他所患的病情，自有極良好的進展，但不過對於他所處的事情，却有極不安的殷憂。其事非他，就是齊燮元所致送第四個月份的政治津貼，這收取支票日期已經到來了，就因爲此事被王堯欽向史量才舉發，從而使史量才獲得一條大財路。

（下期續刊）

外表當然要靚
質地更加要靚
S
Sanlat
仙麗牌底衫底袜
大人公司有售

滑稽相声

唯有乒乓高

賈波士文　嚴以敬图

乙　天子重英豪，
甲　文章教兒曹，
乙　萬般皆下品，
甲　唯有「乒乓」高！
乙　（糾正）唯有讀書高，
甲　讀書有什麼用？乒乓萬能，無往而不利！
　　（作打乒乓狀）
乙　原來他成乒乓迷啦，請問你打乒乓有穿大褂的嗎？
甲　（充耳不聞）要是不打乒乓，你把球台子擺在這兒幹什麼？
乙　這是球台子？這是桌子！
甲　在桌子上打？功夫不小哇！
乙　哪兒呀，我們這是表演呢！
甲　（誤會）表演賽，那更精彩了。
乙　嗐！
甲　是三局兩勝，是五局三勝呀？
乙　一局不局。
甲　就打一局？那也好哇。
乙　誰打呀？
甲　沒人哪？我來呀，我跟你對付一盤兒。
乙　行了，行了，打不了。
甲　可別小看人，還讓你先開球。
乙　開球？？
甲　我給你擋回去！
乙　我得接得着哇！
甲　接不着，那算出界，你先輸一分。
乙　這就一分呀！我碰上球迷了，你先等等吧。
甲　等可不行，球過去了，你等，球又出去了，又輸一分。
乙　嘿！這主兒怎麼讓我碰上了！
甲　碰上了？那叫碰網不過，又輸一分。
乙　瞧我倒霉！你吃錯葯了！
甲　吃球？得，又一分，……二十一比零，你算先輸一局。
乙　這就一局呀，我碰上球迷了。
甲　來來來，拿拍子，咱倆打打。
乙　別打了，來勸架的了。
甲　打架呀！打球。
乙　朋友，我這兒說相聲呢，沒工夫跟您打球。
甲　噢，您這表演相聲呢？
乙　啊！
甲　你倒說清楚了哇，我還以為要比賽一場呢。
乙　這都是哪兒的事呀！
甲　我是最喜歡打乒乓球。
乙　各有所好嘛。
甲　哪天咱們比賽比賽。
乙　比賽可不行，有時間我跟您學習學習。
甲　太好了，我收你個小徒弟。
乙　（對觀衆）……這位怎麼一點不客氣呀！
甲　那客氣什麼，眞有技術哇！在我們隊裏，你打聽打聽大肚子健將，沒有不知道的。
乙　大肚子健將？打乒乓，大肚子，那準輸！
甲　輸給他們那是我故意；為了練球，能計較輸贏嗎！現在你再打聽打聽，誰也不敢跟我打呀！
乙　您打得太好了。
甲　不是，他們怕揀球。
乙　還是不怎麼樣！
甲　不怎麼樣？我是有能耐不露。眞人不露相。
乙　您不用說我了，連我媽都能對付兩下子。
甲　老太太多大歲數了？
乙　五十八了。
甲　那麼大歲數還打乒乓呢？

萬般皆下品，唯有乒乓高！

甲　天天是拍不離手、手不離拍，到哪兒哪兒打。人到那兒，拍都跟着。
乙　啊，打球？
甲　不，打蒼蠅。
乙　拍蒼蠅啊？
甲　我母親喜歡看乒乓球。
乙　看哪！老太太喜歡看乒乓球，也不簡單。
甲　我們這一家子，上自我媽，下至我們孩子，沒有不喜歡的。
乙　都喜歡。
甲　而且都能打，我那大孩子經常參加學校比賽，還眞打得不錯！
乙　嗬！
甲　我老婆打得也不錯，我們這一家子全行，就是，我們那小三差點兒。

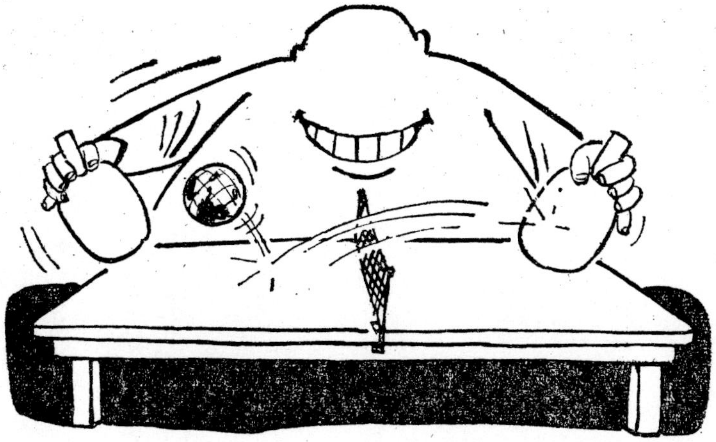
一副笑臉，兩塊波板，竟能玩世界於掌握之間

乙　他幾歲了？
甲　還沒滿月。
乙　那怎麼打呀！
甲　反正都行。
乙　你打得怎麼樣？
甲　我也不是跟你吹，我打球，就跟莊則棟似的那麼勇猛，動作跟李富榮似的那麼靈活，技術跟周蘭蓀似的那麼全面，扣球跟徐寅生似的那麼準狠，削球跟張燮林似的那麼穩健，總而言之，……
乙　您說的有點太誇張了！您打得這麼好，這次世界乒乓球錦標賽，您怎麼沒參加呢？
甲　參加了，一場沒落空呀。
乙　參加比賽？
甲　參加看球。
乙　看哪！
甲　要是不看，我這技術怎麼提高？要是不提高，下屆我還去不去了？
乙　你哪兒去呀？
甲　不……這麼好的球我能不看嗎？
乙　噢，全看了？
甲　由頭至尾，由開幕式到最後閉幕。
乙　一場沒落？
甲　我把行李都搬去了。
乙　啊！……
甲　人家不叫在那兒睡，又搬回來了。
乙　多新鮮哪，都住那兒就麻煩了。
甲　眞有在那兒睡的。
乙　啊？
甲　等着買票。
乙　嗬，爲了買票搬那兒睡去。
甲　這球誰不想看哪！世界乒乓球賽自從公布了三月二十八號開幕這天起，我好幾宵都沒睡好覺。
乙　怎麼了？
甲　我恨不能趕緊到哇！每天看月份牌，眞有心一天多撕兩張。那天我一急，嗆！撕下一疊來，後來一想沒用，又貼上了。
乙　多新鮮呀！
甲　這一天我一看月份牌，二十八號。
乙　到了。
甲　「還不買票去！」我恨不得一步到了球場。
乙　你有那麼長腿嗎？
甲　到了球場一看，哎呀……
乙　比賽開始了吧？
甲　一個人也沒有。
乙　怎麼沒人哪？
甲　是沒有人，二月二十八號。
乙　去早了。
甲　早去了一個月。
乙　那就回來吧。
甲　是啊，不回來我在那兒等一個月。
乙　那爲什麼！
甲　幾時賣票了，幾時再去。等到了賣票那天，不到兩小時票就賣完了。
乙　你買了幾張？
甲　一張沒買着。
乙　起五更趕了個晚集。
甲　當時我一聽票沒了，差點沒得腦充血。
乙　那也不至于。
甲　不至于？這場球我要是不看，我……我怎麼辦！
乙　我知道你怎麼辦！
甲　我怎麼進去呀，……有了，在門口等退票的吧。
乙　那哪兒有哇！
甲　萬一有急事來不了的呢？
乙　想的還眞周到。
甲　我一看哪，就是有退票的也不好買。
乙　怎麼？
甲　門口有好幾百位，都等着退票的呢。

乙　嗬！

甲　我拿着錢，倆眼瞪得跟包子似的，專找退票的。

乙　多大癮頭。

甲　「哪位有富餘票？哪位有票？要有可千萬賣給我呀，哪位有票？哪位發揮一下互助精神，好不好？」

乙　嗬！

甲　「票、票、票！」我這兒正喊着哪，跑過一位來。

乙　行了。

甲　把我給樂的，我說：「謝謝，您有幾張？」「哎呀朋友，我就買一張，您有幾張呀？」「啊！」

乙　他也是買票的！

甲　我剛要說「我有票我還買嗎」，剛說到「我有票」，還沒說完呢，忽然過來三四十位，這個說我買，那個說我要，這個說我跟您定好了，大夥兒一擠，我腳一滑，我躺在地下了。

乙　嘿！

甲　我說：「起來！誰有票呀？有票我還買呢！」「那您手裏拿着的……」「這是錢呀！」嗐，也怨我，早張手不就沒這事了嗎。

乙　嗐，拿鈔票當球票了。

甲　我腰也扭了，錢差點沒丟，再一看，我鞋呢？我的鞋呢？

乙　鞋也丟了！

甲　「鞋，鞋！……哎，朋友您有票嗎？」

乙　還沒忘了買票呀！

甲　有了！

乙　票？

甲　鞋。

乙　鞋呀？

甲　我一想，等退票是等不着了，門口想想辦法吧！

「將就點吧，現在是乒乓世界呀！」

乙　還不死心呢！

甲　剛到門口，正巧，有一位等人沒來，把票給我了。我是如獲珍寶一般。到裏邊往那兒一坐，那就別提多美了！（作狀）

乙　瞧這美勁兒！

甲　不大工夫，大會開始了。我一看，來自五大洲三十多個國家的數百名運動員，雄赳赳地走進了會場，全場觀衆響起了熱烈掌聲。

乙　嘿，好！

甲　開幕式之後，首先開始的是團體賽。有中國隊、匈牙利隊、西德隊、捷克隊、南斯拉夫隊、英國隊、美國隊、加拿大隊、澳大利亞隊、尼日利亞隊還有得過世界冠軍的日本隊，都在施展自己的絕技，爭奪這屆冠軍。我一看呀，說實在的，打得都比我強。

乙　多新鮮呀！

甲　這場球看得別提多過癮了。出了球場，還想着剛才那幾場球呢。一上電車我想起莊則棟，剛才右腳往後一墊步，大拍扣殺多帶勁。（動作）

乙　光說就別比劃了。

甲　我這一比劃，正好後邊有個老頭兒，正踹在老頭兒腿上。

乙　瞧瞧！

甲　把老頭兒嚇一跳，「喲嗬！小夥子在這兒練上啦？」我說：「老大爺，對不起，我想起莊則棟來了。」「是呀，你要再想起李富榮來，我腿就折了！」

乙　嗐！

甲　我說：「您看莊則棟那一個球打得多好哇！」（動作）

乙　行了行了，小球迷碰上老球迷了。

甲　我跟老頭兒越說越近情，我說：「老大爺，您有明天富餘的球票嗎？」

乙　還沒忘了買票哇！

甲　「哪兒有哇，這不就一張嗎，來的時候，我老伴還吵起來了，她非要來，在家看電視多好。」嘿！給我提醒了，買不着票可以在家看電視呀。

乙　電視轉播。

甲　在家看電視。只要電視一開，我們家比戲院還熱鬧。

乙　啊！

甲　電視機一開，我媽就佈置上了：「別鬧，要開始了。小柱爸坐這，小柱坐那，把小三抱過來，叫他好好學學，長大了好打去。」

乙　那他懂嗎！

甲　我媽看球有個特點。
乙　什麽特點？
甲　只要看咱們隊員贏一個球，她是連說帶笑；要是輸了一個球，別人說話都不行，「別說了！都是你打攪他情緒，你看輸了不是！」
乙　這挨得上嗎！
甲　想當年那一屆，在徐寅生對日本的星野那一場的時候，一上來星野輸了一局，一比零，我媽這個高興呀！第二局徐寅生輸了，我媽急得在屋裏直轉。
乙　嘛！
甲　我說：「媽，您不用着急，不要緊，您先喝杯茶。」「我還喝茶呢？你沒看見嗎，都一比一啦！不喝！不喝！」
乙　連茶都不喝了！
甲　第三局一開始，徐寅生連得好幾分，我媽高興了，「兒子，贏了！拿茶來。」

「今天的課程表是一堂橫板，一堂直板，一堂膠板，一堂海綿板……」

乙　這才喝茶。
甲　我媽端起杯來剛要喝，忽然星野放了一個旋轉性的高球，我媽嚇了一跳，徐寅生給扣回去了，「這球怎麽打呀！」就聽啪的一聲，徐寅生給扣回去了，
甲　我媽端起杯來剛要喝，忽然星野放了一個旋轉性的高球，我媽嚇了一跳，「這球怎麽打呀！」就聽啪的一聲，徐寅生給扣回去了，「好扣！喲，又回來啦！」啪，又扣上啦，星野是連着放高球，徐寅生是啪、啪地連着扣，我媽說：「小柱爸爸，你數着，扣多少下了？」「九拍，十拍，十一拍，十二拍，好！」
乙　好，力扣十二大板麽！
甲　十二拍完了，我就聽「啪」！這個聲音特別大，我說：「又一拍。」我媽急了，「哪兒呀，我把茶杯摔了！」
乙　好麽，精神太集中啦！
甲　我說：「媽，行了，咱們贏了！」我媽說：「嗯，是得贏，幹嘛來的！我準知道灶王爺伸手，穩拿糖瓜！」
乙　她驕傲上了。
甲　徐寅生力扣十二大板，打敗了星野，給咱們團體賽爭奪冠軍打下了良好基礎。
乙　太棒了！
甲　再說這次中日兩强的男子决賽。
乙　那場你也看了？
甲　怎麽能不看呀？
乙　哪兒來的票呀？
甲　我有辦法。看得我直拍人家大腿。
乙　拍人家大腿幹嘛？
甲　那球打得太好了。
乙　拍你自己腿呀。
甲　我不是連自己都找不着了嗎？
乙　啊？連自己腿都找不着了？
甲　太好了，看得我一個勁兒拍傍邊那位的大腿，傍邊這位不知道怎麽意思呀，「哎，這人怎麽啦？」我說：「對不起，哎！……老大爺您好？」「啊，喲！小夥子你呀！」
乙　認識？
甲　就是上回電車上那老頭兒。
乙　這又碰上了！
甲　老頭兒說：「哎呀，我這腿是倒霉，連踢帶打受不了呀！」我說：「老大爺，對不起。」老頭兒說：「小伙子，你看今兒這球打得多熱鬧呀！」我一聽，外行呀，什麽叫「熱鬧」呀！再一瞧那倆人的打法，我明白了。
乙　明白什麽了？
甲　莊則棟和日本世界個人冠軍伊藤繁榮，一上來都想用强攻壓住對方，爭取主動，這時候誰一胆怯，誰就算被動。小莊發球，伊藤就是一大板扣殺，又準又狠。這個球你說接不接？
乙　接呀！
甲　一接就陷于被動。
乙　那就不接。
甲　不接就看着輸。
乙　那怎麽辦呢？
甲　小莊是毫不猶疑，迎着頭，啪！又給抽回去了。伊藤一楞：喲嗬！你也抽？剛一發楞，球落地，小莊取得一分。伊藤眞是有經驗，別看輸了一分，緊緊地頂住小莊了，你一扣他就抽，你一抽他就扣，倆人是對抽對扣，小球跟一條白線似的，來回穿梭。
乙　棋逢敵手，將遇良才！
甲　聽全場裏吧，「好，好，好！」我眼都直了，「好！眞快！過去了！喲！又回來了！嗬！好球！又過去了！又回來了！」好是好，就是費脖子。
乙　誰叫你亂動了！
甲　倆人越打離台子越遠，忽然莊則棟放了個小球。
乙　什麽叫「小球」？
甲　球剛過網子，廣東人叫短球，上海人叫矮子球，伊藤一個箭步，唠，就給擋回去了。
乙　眞快！

甲　我一看這球好哇，再看小莊，「抽！哎呀！好球！」

乙　怎麽啦，怪嚇人的？

甲　這個球可太好了！伊藤把球擋回來了，小莊掄拍就要抽，伊藤一看不好，趕緊往後退，準備接球，可小莊又把拍縮回來了；伊藤一看，以爲他要放小球呢，跟着又往前跑，剛到台子前邊，小莊一掄胳膊，嘣！又給抽回去了！我說的慢，當時動作可是快，小莊掄拍要抽，一恍他，又要放小球，一看他過來啦，嘣！抽過去了！伊藤再想回去接球，來不及了。

乙　眞是智勇雙全。

甲　結果伊藤招架不暇，步子一亂，莊則棟乘勝猛攻，結果以二比一勝了伊藤。

乙　打得太棒了。

甲　莊則棟這個球打得既機智又勇猛，打得非常出色。爲什麽打得這麽出色，你知道嗎？

乙　人家勤學苦練才打得好呀。

甲　不……就因爲我去了。這是莊則棟他自己說的。

乙　多咱說的？

甲　那天他打完這場球，我找他去了。我說：「小莊，太好了，我祝賀你的勝利！」

乙　他說什麽？

甲　「哎呀，您捧場，我打不好，我是初學。」

乙　人家是謙虛！

甲　我說：「您能不能把您的秘訣告訴告訴我？我看看您的球拍子。」

乙　看人家拍子幹嘛？

甲　我看看他這球拍子跟別人的一樣不一樣。

乙　拍子都一樣。

甲　我一看，他這拍子有特別的地方。

乙　哪點特別？

甲　它有把兒，把兒上還有字。

乙　拍子上還寫字？

甲　他爲了隨時提醒自己爭取主動，他在拍子把上刻了這麽四個字：「使勁快打。」

乙　嘿！

甲　看完了他回家以後，把我那拍子上也刻了四個字。

乙　也是「使勁快打」？

甲　不，「留神摔交」！

乙　噢，淨摔跟頭哇！

甲　通過這次看世界乒乓錦標賽，給我的影響和教育很大。我們的乒乓球運動員取得了這麽大成績，就是因爲他們勤學苦練，敢想敢幹；臨危不亂，不怕困難；敢于勝利，眞是好漢。整個比賽之中，動人的鏡頭，精彩的場面，直到今天，如在目前。

乙　精彩場面太多了。

甲　像小將李景光在團體賽的中日決賽中，個人獨得三分，還以二十一比三，二十一比六的比數打敗上屆世界冠軍伊藤繁榮；還有林慧卿得到女子團體、女子雙打，和混合雙打的三冠軍，結果我也奪得了冠軍盃……

乙　哎，您等等，誰把冠軍杯奪走了？

甲　我呀！

乙　呸！你別不害臊了誰不知道是莊則棟、李景光、鄒恩庭；還有林慧卿、鄭敏之他們立下了汗馬功勞。

甲　你說的是哪兒呀？多咱的事。

乙　就是這次世界乒乓球錦標賽。

甲　我說的是在我們家裏那場比賽，我得冠軍。

乙　啊！你們家裏的冠軍？

甲　我榮獲了玻璃杯。

乙　嗐！玻璃杯呀！

甲　家庭比賽，不也就玻璃杯嗎！

乙　對呀。怎麽家裏賽上了？

甲　那是這麽回事：現在原子時代過去了，我們要迎接乒乓時代，你看吧，哪兒哪兒都打，我們那幾個孩子沒事就把鋪板架上了。中間立一溜磚，這就打上了。

乙　嘿！這倒簡便省事。

甲　你還不能說，你一問他，他還有理，「我們要向莊則棟、李富榮他們學習，將來我也當冠軍。」

乙　嘿！說得對！

甲　我說：「行了，行了，還當冠軍呢！」

乙　你可別小看人。

甲　我這一說，我老婆不樂意了，「怎麽了？當不了冠軍也比你打得强呀，就你那兩下子，一打球，大蝦米炒鷄爪，抽筋帶彎腰！」

乙　兩口子開上玩笑了！

甲　「我告訴你，你還別不服氣，不服跟你比兩盤，信嗎？」

乙　嘿，要贏你兩盤。

甲　我一聽，「贏我兩盤？這打起來，連球你也開不來哇！」「哪天比賽比賽？」

乙　這就要比劃。

甲　我們孩子一聽，「爸爸媽媽要比賽，我也參加。」我媽也接過來了，「好，你們比賽也有我一個。」

乙　老太太還打球呢？

甲　我能含糊嗎！結果在一個星期日的早晨，第一屆家庭乒乓球玻璃杯錦標賽開始了。

乙　你就別提這玻璃杯了！

甲　你別瞧我老婆打得不錯，我們孩子也常在學校打，結果，我不費吹灰之力把冠軍奪過來了。

乙　就你？

甲　閉着眼就把他們贏了。

乙　啊？

甲　連拍都沒動。

乙　那怎麽贏的？

甲　那天我們孩子參加學校運動會，沒有來；我老婆做飯，沒參加；我媽棄權了。

乙　那是你贏了！（觀衆鼓掌，甲，乙鞠躬下）

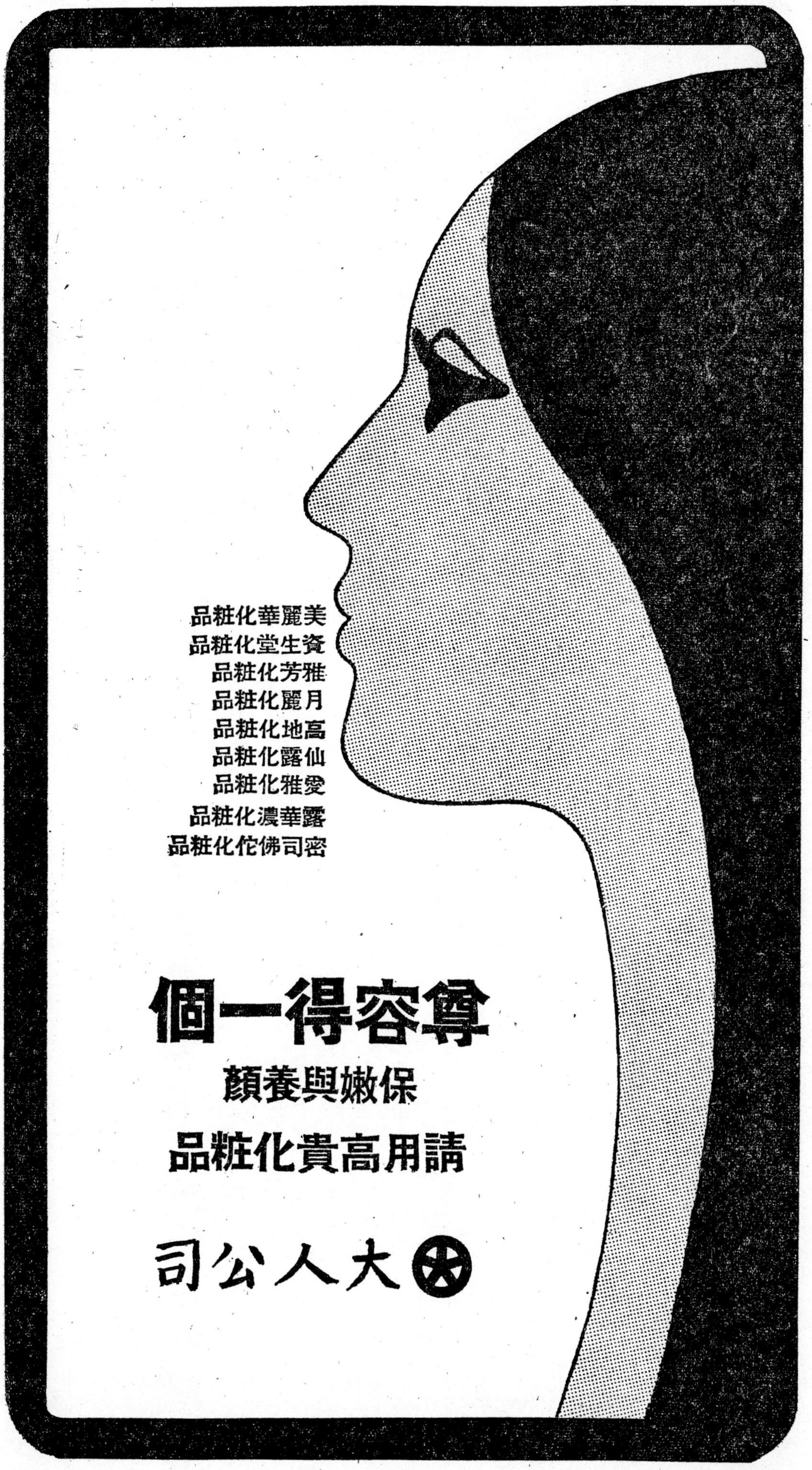
美麗華化粧品
資生堂化粧品
雅芳化粧品
月麗化粧品
高地化粧品
仙露化粧品
愛雅化粧品
露華濃化粧品
密司佛佗化粧品
尊容得一個
保嫩與養顏
請用高貴化粧品
大人公司

廣州十大茶室

・呂大呂・

廣州有四大酒家，以菜擅長，雖然也有茶市，點心粉麵也值得稱道。但比起了專營茶市沒有酒菜市的茶室，顯然有着很大的分別和距離。廣州茶室當年作風，食制，完全和酒家有別，更和茶樓不同。在當時，它是別樹一幟的，而在今日，却可以說是已經湮沒無存。無論是省、港、澳，也沒有一處「飲茶」的地方還保存着當年廣州茶室這種作風、這種食制和風味了。事實上當年廣州的茶室也不多，不會超過二十間。但所有的茶室都各擅勝塲，各自擁有不少茶客和食家。就中最爲人所樂道，剛好就有十間，這是廣州、香港和澳門的人無不知道的廣州十大茶室。由于這類茶室，在今日已經不會見到，或見到而名存實亡，當年盛況，記憶猶新，寫將出來，想亦爲喜歡研究食經的人所樂聞歟！

十大茶室的名稱

廣州的十大茶室，爲樂山泉、在山泉、樂山、龍泉、味腴、半甌、菩薩、蘭苑、談天和茶香室。其中一間菩薩，一間茶香室，在茶室中可有多少不同。菩薩有晨早及第粥賣，茶香室却兼營酒菜。但菩薩的招牌，確是大書特書「菩薩茶室」的，而茶香室便是「娥姐粉果」的發明人。粉果是茶室中不可少的點心，因此它雖然兼營酒菜，也不能不算它是茶室，它就憑一味「娥姐粉果」，而得參與十大茶室之列。

茶室的作風特別

無論是茶樓、茶居、酒樓的茶市，它們的點心都是捧着來叫賣，也就是所有的點心都一批一批的製好，製好後由夥計捧着，穿插茶客間，讓茶客喚取。這樣的售賣點心，第一是大批先製，賣時不夠新鮮，第二是叫賣點心的人口沫橫飛，使點心會沾染不潔，第三是喧聲嘈雜。茶室首先就來改善這個；他的點心，隨叫隨製，和酒菜一樣，有單入到厨房才動手。茶室的點心分鹹甜兩大類，列明印好了一疊單，放在棹上，茶客喜歡那樣點心，可在單上點妥，交由夥計，夥計送到厨房去，要炸即炸，要煎即煎，要蒸的也即蒸。弄好了，然後拿出來，根據單的號碼，放在你的面前。這樣一來，賣點心的嘈雜聲沒有了，新鮮了，潔淨了。另外當時的酒館茶樓，人客會鈔，是由夥記大聲叫數的。茶室却另有辦法，夥記只對掌櫃說出你是幾號枱的客，掌櫃的便會根據你所用點心粉麵的登記數目，計算妥當，讓你付賬，數目決不弄錯。

茶室的食制精研

茶室的主要食品是點心，其次是粉麵飯。它的點心稱爲「星期美點」，每星期更換一次，每次印就點心的名稱，除了其中一項「常備點心」外，其餘統統都是每一星期更換一次，每個星期的鹹甜點心也不同。而點心的更換，完全適合時令，絕對符合「不時不食」的一句話。因之茶樓酒館的點心，就和茶室的點心不同。茶樓酒館的點心無非包餃燒賣之類，一成不變。茶室點心就一個月改換四次，每一次改換都是依着時令的。

茶室的營業時間

茶樓的茶市是早午晚三市，酒家的茶市是早午兩市。當時的茶樓幷沒有酒菜生意，因此他們的茶市就得一天三市。酒家在午茶市過後，便經營酒菜，因此午後便沒有茶市。却是茶室的營業時間既沒有早市，也沒有夜市。他的營業時間很短暫，只做一頓午茶便收市了。它的營業時間是由十二時至四時，每天就做四個鐘頭生意，可以說是所有食肆中只有茶室才會這樣，憑四個鐘頭的生意來維持一天的皮費，這種生意倒很少有。

茶室點心的新奇

茶室的星期美點，可以說得上是出神入化。最名貴的料子他會選用，最合時的料子，他也會依時推出。好些點心會令人感到詫異，意想不到會有這樣的新奇。它不只會迎合大衆食家的心理；還會迎合「冷門食家」的心理。什麽叫做冷門食家？有些人有着特別的癖嗜，他們喜歡吃的東西，好些人不會吃。他們所喜愛的東西是冷門的，但他們是食家，因此他們便可以說是冷門食家。作爲一個冷門食家，他們在食肆中不會容易得到他們所喜歡吃的食品，爲的一般食肆未必會迎合他們的心理，只有當年廣州的茶室却不然，他們對每一類茶客都統籌兼顧，連這些爲其他茶客所視爲畏途、冷門食家所偏愛的食品也有，這類食品，這裏舉出一二，以見其新奇一斑。

大家都知道臘鴨是最爲人所喜吃的東西，廣東的南安臘鴨，尤其爲廣東人所喜，但臘鴨尾巴却有些人簡直望而生畏，他們怕它那股特有的味，這種味廣東人稱爲「騷」。但另一種人就正以臘鴨尾有這種味，最爲難得，最爲喜吃。在正常情形下，這類「情有獨鍾」的食客，任何食肆也必然不會拿臘鴨尾來作爲食品，而且必須割掉，以免那股「騷」味影響正常的食客。偏偏茶室却把這種大衆所怕、少數所喜的臘鴨尾來製成點心

。每當臘鴨合時令的時候，他們却有兩種臘鴨尾點心製造出來。一是「臘鴨尾粉果」，一是「臘鴨尾酥盒」。兩種點心都是迎合喜歡吃臘鴨尾的人的，他們不惜爲了這兩種點心而特別用另一套蒸籠和焗爐，以免影响其他食品，使其他茶客聞而却步。

廣東食品中有「龍虱」和「桂花蟬」，這兩様東西都別有一種風味，這種味，又是有人特別喜歡，有人望而生畏。桂花蟬的腦部，有一種說不出的强烈味，是辛辣不是辛辣，吃進口裏，那股味會直攅入鼻，另有一種刺激。打個譬喻，這種桂花蟬腦的味，有點像「鼻烟」。廣東人形容這桂花蟬腦的味是「攻鼻辣刷」。像這種味當然有人怕，偏偏也有人特別喜愛。茶室的新奇而又精巧的點心中，就曾有一種點心稱爲「桂花蟬批」，專爲愛好桂花蟬腦的人而設。這是當年廣州茶室中的獨特大胆之作，除此之外，當然所有的點心都是品必精研，味皆卓絕的了。

十大茶室的發明

廣州的十大茶室，他們每天只做四個鐘頭的午茶市，因而他們對于點心一道，每家都勾心鬥角，各出奇謀。今日香港所吃到的點心，不少是當年廣州十大茶室所發明，或是他們的巧手點心。像這裏常年累月都有的「糯米鷄」，這是「在山泉」茶室所發明的。但他不會經年有售，只在秋冬之間才有。爲的糯米製成的食品，他們是認爲春夏兩季所不宜吃的。又例如蟹黃灌湯包是「半甌」茶室所特長，去半甌的茶客，這個點心可少不得，它蟹黃多，湯多，一個包放進小碗裏，戮破它，會有滿滿一小碗湯，黃澄澄的蟹黃也滿碗可見。例如「味腴」茶室的「熨麵餃」是味腴所發明，而且是獨有，許多茶室都沒法子仿效，至今更成絕唱。當時的點心，售價每碟一角，味腴這個熨麵餃却以超級的價錢賣出，便是每碟二角半。當時的一碟炒麵也無非是二角錢，它這熨麵餃竟然以點心而貴過一碟炒麵。更妙的可以有半碟奉客。半碟是一角半，取價貴于一碟之半價，但單身茶客却喜歡叫半碟。茶香室却發明了「玻璃粉果」，所謂「玻璃」是粉果的皮半透明，可見到粉果的餡。這是薄的關係，難得是薄而韌，不會在取吃時皮爛餡脫。不過茶香室對于這「玻璃粉果」可不以這一個名爲號召，而是以「娥姐粉果」爲號召，這是當年哄動一時的事，至今還膾炙人口。

茶香室娥姐粉果

茶香室位在十八甫的清馨橋腳，地下是舖面，樓上才是茶座。他這個「娥姐粉果」的「娥姐」便是在樓下當衆來製作的。那位娥姐是一個俏傭婦，名阿娥，徐娘半老，風韻猶存。據說她在一處世家傭工，以善製玻璃粉果稱。茶香室初聘她來專製一味粉果，這便稱爲「娥姐粉果」。她在舖面來開粉果皮，包粉果，當衆表演，因而特別引動人注意。事實上，「娥姐粉果」確有獨到之處，它的皮薄到透明，可以見到粉果的餡，粉果餡深得「乾、爽、細」之勝。因而茶香室便以一味「娥姐粉果」而擠于十大茶室之列，但它幷不是完全茶室作風，爲的它是兼售酒菜的。

半甌茶別樹一幟

「半甌」茶室最初是在西關，後來却遷入老城的財廳前，它除了一味「蟹黃灌湯包」馳譽外，對于茶，可以說是在茶室中別樹一幟，無論是清茶紅茶，它都加入一些花在裏面。清茶是用玳玳花，紅茶是用原朶的玫瑰花。自然茶的本身就特別講究，而每茶必有花，倒是別的茶樓酒館以至于茶室所未有的。因此不特使喜歡吃茶室點心的客人去作爲他的座上客，還能招徠好些喜歡對茶有研究的客人。它之所以由西關遷入老城的原故，是爲了西關茶室多，十大茶室佔了多家是在西關的。一遷去老城，它便在老城成爲「首席茶室」了，當時的老城就只得蘭苑和隨園兩家茶室，但一切都比不上半甌。

點心可任客指定

廣州的茶室，作風確有許多獨特之處：它只售點心粉麵飯，這是一；它每天只經營一個午茶市，營業時間只得四個鐘頭，這是二；它的點心即叫即製，永沒有預先製備，更沒有「翻蒸」、「回籠」之弊。這是三；它沒有叫賣點心和會鈔叫數的嘈吵，這是四。另外有一樣，更是空前絕後的，所謂空前，是未有茶室之前所沒有，所謂絕後，是今日已經沒有人可以做得到，沒有這個辦法存在了，這便是所有點心的製法，都可以任客指定，任客變更。一樣點心，它本來是炸的，但是客人怕「熱氣」，可以叫它改爲蒸，又或者需要不炸不蒸，可以叫它改爲煎。有些却喜歡「香口」的茶客，他又可以把本來蒸的點心改爲煎、炸。只要你開聲指定，廚房便照辦。例如包子，你可以叫他把蒸熟的包子再下油窩來炸。一味糯米鷄，你可以叫他加上一隻蛋來煎。一味「春餅」，就常常有客人要煎要炸或是要蒸的。別的館子，點心由廚房指定，只有茶室才會點心由客人指定、更改。這樣顧客至上，加上他們對點心的精研，推陳出新，眞是使茶客滿足了口腹之欲。可惜這種作風，這種食制的茶室，今已無存。事實上在今日的香港來說，租錢昂貴，生活緊張，如何叫他們可以每天營業四小時便「夠皮」？如何叫他們即叫即製而又任客指定、改變呢？寫到此處，不由人想起了茶室的應時食制之妙，他眞是能滿足茶客之欲。像二三月間的「禮雲子」上市，這是最精品的可口東西。茶室却會把一味「禮雲子」在這時候推出，像「禮雲子」燒賣、「禮雲子」粉果、「禮雲子」辦麵、「禮雲子」炒飯，無一不備。你想一碗「禮雲子」炒飯，端上來時，整碗飯成紅色，何等的引人食慾，然而這些食品，都祇有供我們追憶回想了！

馬場三十年

老吉

上期講到日本人佔領香港之後，爲了點綴昇平起見，恢復賽馬，由獸醫官日本人佐佐木少校負起大任，請到了何東爵士的介弟何甘棠五叔擔任主席。在他老人家號召之下，居然在一九四二年的四月廿五、廿六兩天作第一次在日本人統治下的香港賽馬。賽完了這兩天，過了一個禮拜到五月三日的下午，更舉行馬匹拍賣，因爲當時英國人的馬匹已作敵產看待，還有很多的中國馬主不願養馬，也將之讓出，所以，那一天臨場參加拍賣的人不少，我和老友洪仲豪兄，也到那裏去看看熱鬧。

我和洪仲豪兩個人到了馬會，在從前的A沙圈欄干四面，圍滿了許多不預備離開香港的同胞，原來想做馬主的人還眞不少啊！

我們一到那裏，老練馬師刁家堅，（後來入了英籍，改名譚雅士，他的兒子小譚雅士，戰後破例由馬會主席摩士批准加入馬會爲騎師，因爲馬會條例，練馬師的子弟不可能充任騎師，老譚雅士因服務馬會前後卅餘年，平素爲人忠實可靠，更是俄籍練馬師的首腦，所以他的兒子便破例成爲騎師），和他的助手馬房管理人，一見我們便迎上前來，寒喧了幾句之後，便開門見山問我們是否想買馬？當然也希望我們購進的馬匹，養在他的馬廐中，同時華籍老練馬師王阿四和他的助手王連熹也雙雙前來和我打招呼，自然也希望我們如果購得馬匹，也歸阿四的馬廐管理。老洪對馬會中人，不及我熟識，於是一切便由我作主決定，因爲他好馬而想過一下馬主癮，更希望日後可以拉拉馬頭，同時，他當時是報導部的囑托，管理港九各電影院排片放映事宜，非常忙碌，而我却遵守着「民以食爲天」的信條，家中食指浩繁，便與朋友合股開了一家小米店，在亂世時間，抱着至少認識的人都有飯吃的宗旨，因而比老洪空閒得多，所以老洪關於馬匹的一切，便交由我全權管理了。

當時，軍票的價格是一元對兩元港幣，同時，港幣並未禁止流通，却已有了限期不准流通的消息，可是，人民的信心是不可能改變的，所以不少人仍舊持有港幣，也不願到日本銀行和橫濱正金銀行掉換，後來限期一過，總督部還曾通告如有私藏港幣者，一經查出，依軍法從事的嚴例，可是人們一樣私藏，否則，到了一九四五年八月卅一日日本軍正式投降之後，香港市面上，那裏還會忽然出現了大量港幣，有的一股焗宿味，更有的一股泥土味，也可見當時香港的人民，雖然因種種緣故不能離開，但人心是早料到和知道窮兵黷武者，終必成爲日本人的郵船——遲早丸（完）的。

可是爲了軍票當時提高價格，拍賣馬匹是以軍票作單位的，一千日元合二千港幣，二千日元是四千港幣，所以那天看熱鬧的多買馬的少，不過當然不會完全沒有，我在塲看了半天，結果先買了一匹澳洲馬「朝雲」，化了一千日元，寄養在王阿四馬房，他的管理人便是現在有機會升練馬師王登平的父親好好先生王連熹，講起王連熹，他現在是近清水灣（西貢）邵氏馬房的管理人，前幾天早上，我由馬塲飲完茶回家，在禮頓道近利舞台那裏，忽然遇見了他，我與他是在日本人統治香港時代每天見面的老朋友，距今將近三十年，可是近十年以來却極少會面，那天早上兩個人遇見了，眞是說不出的親熱，他有二十多年沒有到我家裏坐坐了，我邀他去談談，他因爲要趕回西貢馬房，我們未能暢談，連熹仍是這樣精神抖擻，我看見了開心得不得了，他還向我道謝，說我在大人雜誌上講得他太好了，原來現在的馬房中人，有很多老友記，每期都讀我這篇東拉西扯的燕文呢。

後來又買了匹「金雞」，那是中國馬，化了八百日元，因爲「朝雲」交給了王阿四馬房，所以「金雞」便交給刁家堅馬房，才能兩面不得罪，同時我養馬的宗旨，是不喜歡集中在一個馬房中，理由是馬匹分散在各馬房，對各馬房裏的正副手和小馬伕等，可以比較熟悉，同時，對各馬房馬匹的情形也能夠知道得清楚一些，到自己的馬出賽時，如果有同馬房別人的馬匹也同塲出賽，那末，至少就可以知道其他馬匹的狀態多一些，加上了自己的練馬師和副手等，當然不會騙我，而實講那一匹馬比較有希望，所謂「知己知彼，百戰百勝」是也。

因爲那一天我們買了兩匹馬，對馬會中辦事的各位老友，以及圈中人當然會對我和老洪注意起來，而且，他們都知道老洪是不管馬匹而由我管理的，於是乎有幾位老友記平時不大見面的，却因大家中意馬匹，便時時聚在一起了。

現在，我先講講一位當時的紅牌騎師岑德鄰君，也是我的老友記。

岑君是廣西人，他的老太爺是大名鼎鼎的岑春煊，他是岑春煊的小兒子，小少爺住在香港，喜歡就是跑馬，因而自己也投考爲紅牌騎師，須知，當年騎馬，因有中國馬，危險也沒有這樣大，所以考紅牌生的條例，也沒有現在這樣的嚴格

，更何況當年的賽馬，其熱鬧情形與賭注的巨大，和現在相差不可以道里計，當年做騎師是消遣性質的人多，不比現在好像做了騎師便有發財的機會，所以那時岑德鄰的騎馬，即屬賭錢事小，消遣事大之類。

我認識岑德鄰君，是因爲我先認識他的太太張細女士，張女士四十年前在上海，是有名的歌星，她的妹妹名張綺，是上海梅花歌舞團的台柱，因爲認識張細，便由她介紹她的先生岑德鄰和我相識。

岑德鄰君是一位老實人，講話期期艾艾，不善辭令，他由他太太介紹了我之後，便對我說：「孖江」（也即是戰前「STAR」「星」字馬的大馬主江氏兄弟）有一匹中國馬「壽星」，顏色是「灰」色，年齡祗有七歲，而且是雄馬，他們想出賣，（因爲江大馬主不想繼續養馬），而且價錢不貴，祗要五百日元，若還價，四百五十日元可以成交，據岑君講此馬鬥志極旺，這匹馬是買得過的，因爲「壽星」（戰前取名 Hopeful Star 後來譯名「壽星」）尚未出賽過，所以便約岑君一同上馬房去看一看，當時上馬房並不需向馬房主任領許可証，祗要是馬主，不必出示証件，可以隨便進去，因爲每天的上下午喂料之前，每一個馬房，都有值日馬夫在山光道進大門後的兩邊馬房大門口等候，而且每馬房不止一兩個馬伕，所以馬主們上馬房，馬伕老早已看見，便迎入馬房，有時剛剛在溜馬，所謂溜馬，即是馬匹踱步，馬房中，闢有小圈，上鋪黑沙，馬匹每天在上午和下午，都分排時間由小馬伕溜馬，一批溜完，第二批繼之，溜好之後，然後喂料，因爲日本人統治香港時代，除了軍部和總督部的重要人物之外，平民百姓，早沒有汽車代步，我們走上馬房，山光道這一條斜路，後腳力不夠一點的，恐怕未必能一口氣走得到，後來，我漸漸養馬養得多了，幾乎達到十六匹以上的時候，每天上馬房兩次，也即是上斜路兩次，我現在雖然已近古稀之年，加上了前三年不慎跌斷了左膝蓋而誤於庸醫，變成現在不能跑步，可是要我快步走路，我還能應付，事實上在當年一連兩年多，天天上斜路練腳骨，確乎大有道理的。馬主進了馬房，便隨便談談，自己馬房的管理人，有時搬一兩張籐椅出來，就坐在椅上看看溜馬，溜完馬後，再進馬房看自己的馬匹。馬房中，更隨時預備新鮮肥草，馬伕交給你喂給自己的馬兒吃，這是馬主上馬房的一般普通情形。

中華民國三十二年二月十四日，香港競馬會十九次大賽，路程一千二百咪達，「壽星」獲冠軍，騎師謝文玖，牽馬頭者爲本文作者夫婦。右上角爲終點情形

我和岑德鄰到了馬房門口，范阿根和王連熹兩位，早已迎上前來，岑君便對范、王兩位說想看那匹「壽星」，阿根立即走過對面馬房，將管理「壽星」的練馬師叫出來和我們見面，却原來這位練馬師是個巴基司坦的黑炭頭，名字叫亞簡（KHAN），綽號「嚤囉簡」，亞簡一見我們，非常客氣，便帶領我們到他的馬房中，參觀這匹「壽星」。這匹灰馬，肥肥胖胖，生相非常配合，而且神氣頗好，原來養中國馬，第一要肥胖，當然不能太肥，有的腹大如牛，一樣跑得快，這是和澳洲馬不同之處，小馬伕拿了新鮮青草過來給我喂「壽星」，這匹好馬，好像知道我是牠將來的主人，非常馴服的吃草，吃完之後，更加左搖右擺，令我一看便歡喜了牠。岑德鄰能講廣西話，他和小馬伕一談話，原來是位漢口人，一開口便「吾家，吾家」，問他的名字？他說「叫我老王便可以」，岑君介紹我和「亞簡」及「老王」認識之後，我便問老王，因爲我也能講漢口話，兩人便以漢口話問答。原來老王綽號「老湖北」，在馬房中，已有二十多年的歷史，一直管理馬匹，據他對我說，「壽星」這匹馬，鬥志好，試閘時出閘快，當年是用繩作閘網的，而且性情馴良，憑他看馬多年的經驗，一定是匹好馬，他並且對我說：「老板如果有意思養馬，這匹『壽星』買得過」，我給他如此一講，更因爲見他誠實爽快，便決心買入此馬。

由岑德鄰君向「孖江」方面討價還價，結果以四百五十日元購入了「壽星」，這匹灰馬老洪

不想合股，我便獨自買下，馬主是我和我太太，「馬簿」上的馬主芳名用了內子的名字「林鶯」兩字。

我何以對「壽星」講了長長大篇呢？當然有個緣故，原來講句迷信話，這匹「壽星」好像前世欠了我的債而今世來還債的，所以說「來生變犬馬，結草銜環」這句話，一點不錯。「壽星」後來在我和我太太的名下，一共出了十二場賽事，其中，得了七次第一，三次第二，兩次第三，跑第二，第三是負磅太重兼加讓路，從未跑過第四，獲得獎金不少之外，更得了「中國馬冠軍暨一週年紀念杯」，那次是本港著名紳商李世華兄騎的，後來也請謝文玖君騎，此馬後期更以十倍以上於原價四千八百日元的高價由葉鉅英君介紹賣出，可是賣出之後，「壽星」却從未贏過一次頭馬，也可說是一件奇事了。

其時，我與老洪合股，有「朝雲」和「金雞」兩駒而我自己和太太更有了「壽星」，此時已經有了三匹馬了。

因爲我們想買馬的消息傳出去得很快，於是有幾位留港的騎師和馬主，便在早上馬會餐廳中，紛紛與我接洽出賣馬匹的事情。

當時，大馬主之一楊永康老兄，他名下有兩匹新從澳洲運來的馬匹，一匹叫做「民望」（National Hope），另外一匹叫做「民權」（National Power），因爲楊兄預備離開香港，所以希望能將此兩匹馬出讓給喜愛養馬的朋友，他老人家自己不出面，由他的老弟楊永貴與楊永新兩位作主出售。我聽見了這個消息，即刻和刁家堅商量，刁家堅認爲「民望」這匹純種馬，有頂班資格，所謂頂班，即是第一班，因爲是純棗色，混身並無白毛，而且生得四平八正，頭尾勻配，在他來港之後，已經傳遍馬場，有贏澳洲馬「打比」資格，所以既然楊氏兄弟肯出讓，買下來是不會沒有好成績的，却不知道開價如何耳。

我聽了刁家堅的意見，既屬好馬焉有不想到手之理，便即刻和楊永貴永新昆仲二位談論。永貴兄現在仍在香港，他的花名叫「木叔」，他們倆並不「吊起來買。」一開口便說：「民望」賣一千六百元港幣不是軍票，連帶奉送另一匹低班「打比」馬「民權」。

這樣便宜的價錢，我那有不中意之理，所以我也不問老洪，便將這兩匹馬買了下來。

我們買「朝雲」沒有換馬房，買「金雞」也沒有換馬房，買「壽星」，也沒有換馬房，等到買「民望」與「民權」，老洪便對我說：這兩匹既是好馬，而且當時我與董阿林不甚熟悉，後來，我才知道阿林忠誠老實，眞是一等一的好練馬師，可是當時與他却並不相熟，不如轉到刁家堅馬房中，因是老刁認爲「民望」是頭等好馬，當然有他的道理，何況又是他勸我們買的。因此，我們買了這兩匹馬之後，便轉到刁家堅馬房中，記得轉馬房這一晚上，老刁與范阿根兩位，還請我在老刁的家中，亦即當時馬會爲練馬師特設的住宅中，介紹老刁的太太、兒子、（後來便是小譚雅士）和女兒和我相見，除了吃俄羅斯大餐之外，還大飲其「伏特加」酒，當時離香港給日本人佔領祗有七八個月，他們的「伏特加」酒，還有存貨，後來，老刁還請了托麥考夫、羅達尼、美圖惠利、李斯考夫等幾位練馬師來，同飲幾杯，這大約是他們都知道「民望」是一匹好馬，現在到了老刁廐中，當然也是他的榮譽，値得高興同晉一觴的。

馬匹已買了，上陣時的彩衣也要決定，於是我們採用了我與老洪合股的馬匹，用大紅衫，前後綠葵花，大紅帽，取其顏色鮮明，不用望遠鏡，跑到任何一方面都可以一目了然，而我自己的「壽星」，則用紫紅衫，黃袖，紫紅帽，也是一看就容易辨明的。

這些都整齊之後，便要聘請騎師了。

當年的大師傅之留港者，其時郭子猷雖然精通日語還是紅牌生身份，此中以韋耀章老兄最有名氣，謝文玖老弟最老實，我已屢次提及謝文玖，這裏也不必再多費贅詞，可是老韋與林俊璋先生，（已故，是戰前的大馬主，捷順船務公司的東主，他老人家在先幾年逝世，他的大公子林錦堃君，現在是「中發白」的馬主。）交情深厚，林先生一家，其時都不打算離開香港，依舊豢養了幾匹良駒，而且有一匹第一班好馬「藍鳥」，也由老韋主騎，我想請老韋主持我們的馬匹，就怕一旦「民望」與「藍鳥」同場，老韋爲了與林老先生的交情，當然不會騎我們的「民望」，所以我便不能請老韋主持我的馬匹，退而求其次，惟有請謝文玖老弟了。

謝老弟爲人，忠忠實實，而且我以爲騎師中從來都沒有像他這樣容易講話的人，所以一拍即合，「壽星」與「民望」，一匹第一班中國馬，一匹第一班澳洲馬，鞍上騎師此時都已有着落了。

兩駒決定騎師之後，便輪到「金雞」與「民權」了。

「金雞」原本是中國馬中的首屈一指者，可是牠却患了馬匹頂不幸的「脹筋」病，而且買下來之後，還在由老刁和獸醫劉榮兄診治之中，可是老刁叫我們買進，當然有他的理由，如果醫不好，他也不會要我們白費軍票買的。所以，老刁的意思是「金雞」再請當時另一位有名的老師傅張和生兄爲它執繮，我們當然無可無不可，張和生老兄是寧波人，也喜歡喝酒，我們一介紹成了老友，現在張兄離港多年，（戰後他還騎了差不多五六年的馬），消息全無，原因是戰後營商失敗，講老實話，張君爲人忠實爽快，但做生意却非其所長。

至於「朝雲」，由王阿四老練馬師介紹一位老實的西洋人施貴雅君爲牠操練和上陣，而「民權」則由老刁介紹老師傅梁祥成兄主騎，梁君現在仍在香港，但早已脫離騎馬生涯了。

想想眞是奇特，養了五匹馬，却分別請了五位騎師，你說笑話不笑話。（十二）

常春恒與「貍貓換太子」

跑龍套

民國十八年（一九二九）農曆正月元宵午夜，南方名伶常春恒在上海四馬路丹桂第一台戲院門前，被兩名暴徒開鎗暗殺，彈中兩處要害，不治殞命。筆者當時擔任採訪工作，對本案前因後果，頗多獨得之秘，爰為追憶寫出，以饗戲迷同好。

常春恒的父親是常國泰，應行武生，常春恒是他第二個兒子。常國泰演戲並不太紅，但在內行中很有地位，能戲頗多，常春恒就是他父親一手教出來的，原本以老生應行，但有極好的武工底子，初出茅廬時期，藝名蓋申童，及年事稍長，方才恢復本名，改應文武老生；更有一點特出的長處，和人合演一戲，他決不搶演主角，而喜以配角自居，但其演出成績，結果良好，甚至反客為主，爭得莫大風光。當他在民國十三年搭班亦舞台之時，同台的有武生蓋叫天、花衫小楊月樓，排了一齣「七擒孟獲」的新戲，蓋叫天演孟獲，小楊月樓演祝融夫人，而常春恒呢，却在戲裡演諸葛亮帳下的馬岱。觀衆對常春恒表演的馬岱，認為唱做俱佳，一致公認他為「活馬岱」。

七擒孟獲三大特色

亦舞台演「七擒孟獲」，飽受觀衆歡迎，綜合起來，有三大特色，其一是美化音樂，當時上海盛行所謂「五音聯彈」，常春恒變本加厲，再加上笙和簫兩種樂器，名之曰「七音聯彈」，凡樂器齊奏，必然動聽，因之後來各戲院甚至發展到「九音聯彈」，其始作俑者便是常春恒。其二是加插粵曲，丑角孟鴻茂演的帶來洞主，屬於苗傜民族之長，不知怎樣被常春恒想出來，要孟鴻茂在戲中加唱粵曲，孟鴻茂就到虹口找到一位賣廣東橄欖小販，原來此人正是一位不走時的粵劇伶工，流落滬濱，以賣橄欖為生，家居上海，能說幾句廣東上海話，所以和孟鴻茂一拍即合，教孟幾句廣東戲，什麼二王、滾花，都讓孟鴻茂畧諳皮毛，穿插在劇中帶來洞主調兵遣將的一場，可以算得是京劇粵劇交流的先知先覺。其三是西式跳舞，小楊月樓演的祝融夫人當筵歌舞，小楊月樓本是男性，却教他身穿西式舞衣，加上義乳，宛如真的西洋

常春恒（陳琳）劉筱衡（寇珠）合演長篇連台本戲頭本「貍貓換太子」九曲橋抱妝盒的一幕，場上由九名丑角扮演土地神作為全劇的主要陪襯

美女一般，載歌載舞。觀衆認為新奇，亦舞台天天滿座，而這齣「七擒孟獲」的設計排演者便是常春恒。

挖角過班附帶條件

亦舞台天天客滿，引起了天蟾舞台的眼紅，天蟾當時的老板是江北大亨顧竹軒，向來邀請京朝派名角輪流演出，苦於包銀鉅大，賺錢不易，眼見亦舞台天天關鐵門，晚晚上下客滿，就想到亦舞台現在所以能夠賣錢，完全在常春恒身上，於是顧竹軒就和常春恒當面談判，要請常春恒過班。向來開戲舘挖角兒的辦法，祇有不二法門，就是加包銀，而常春恒在加包銀之外，還有兩個附帶條件，一是要把常春恒的老兄常云恒，帶到天蟾去，担任編劇。二是和他配戲的青衣，指定要劉筱衡，因為劉筱衡的父親劉永春本是著名淨角，現在常春恒過班天蟾，打算演出的連台新戲，就是劉永春所收藏的清宮昇平署秘本——狸貓換太子。天蟾舞台原有二路老生于振廷担任編劇，此人戲路廣，增加一個常雲恒，不過多支一份包銀而已。而常春恒的對手旦角，能請到由常春恒自己指定的劉筱衡，顧竹軒亦何樂而不為，顧竹軒當時祇求常春恒可以到天蟾舞台演出，總之什麼條件都可以接受，因之對常春恒所提出這兩個附帶條件，一一如命，但後來事實證明，這部「狸貓換太子」，大為走紅，一直演了兩年多，幫顧竹軒賺了不少錢。談者謂劉永春唱了一世的包公戲沒有走紅，萬萬想不到他兒子劉筱衡却和常春恒唱紅了這齣「狸貓換太子」，代老子揚眉吐氣，亦可謂「時也運也」了！

海上戲院狸貓天下

劉永春所藏的劇本，原名「抱妝盒」，劇中李宸妃因被劉妃、郭槐陷害，用狸貓換取太子，被打入冷宮，含冤十八年，後經包公認明冤枉，故事才發展到「打龍袍」迎接李后回朝。常春恒進天蟾舞台之前，早就擁有此一劇本，而且靈機一動，改戲名為「狸貓換太子」，經他一唱而紅，其他戲院紛紛排演此戲，當時的京戲劇本尚無版權所有的專利，於是三馬路大舞台、四馬路丹桂第一台一窩風的排演此戲，天蟾舞台以「抱妝盒」改編，由常春恒主演，大舞台以「包公案」、「七俠五義」作藍本，由小達子主演，丹桂第一台以「萬花樓」、「狄青招親」為基礎，由麒麟童主演，戲名都用「狸貓換太子」，但內容不同，故事各異，一時上海戲院，竟變成狸貓天下，不但成為「雙包案」，而且成了「三包案」，常春恒、小達子、麒麟童都扮上了黑面孔的包公，做了趙玄壇，幫戲院的老班運財。就中以常春恒的天蟾舞台，幫老班顧竹軒賺得最多，一因天蟾舞台的戲院大、座位多，二是首創第一家，若論「狸貓換太子」一戲，任你小達子、麒麟童大紅特紅，還要讓常春恒三分，因為此戲由他首創，看戲的人還有些認明老牌，庶不致誤的心理在內也。

評話資料魔術道具

當年上海戲院的所謂連台本戲是有連續性的，新排一本戲，先演出半個月、二十天，再接着排第二本，例如「狸貓換太子」，由於營業鼎盛，二年有餘的時間中，竟排到二十六本之多，蔚為大觀。一方面是常春恒在頭本「狸貓換太子」中演的太監陳琳，有特殊的演出，例如在「拷打寇承御」的一場之中，陳琳表演耍佛珠，常春恒在頸項之中，將佛珠旋轉自如，霎時之間，運用頸部力量，朝上一聳，祇見那串佛珠猛然離開他的頸項，向頭頂上直昇飛去，盤旋空中，而後漸漸盤旋下降，仍然套入他的頸項間，繼續旋轉不停，這番工夫，使觀衆見到無不贊美。但常春恒的「狸貓換太子」祇有頭本、二本的材料，其中場子剪裁，增益首尾，還要依仗天蟾舞台原有的編劇人于振庭，原來于振庭對任何戲劇都曾涉獵，南腔北調，件件精通。為了要增加「狸貓換太子」的素材，特地向顧竹軒建議，聘請蘇州光裕社評話名家楊蓮青到顧家來說長堂會，顧竹軒和于振庭一榻橫陳，聽楊蓮青把這部「狸貓換太子」從頭細說，然後才由于振庭擷取評話中的精華，來充實這部連台本戲的內容。

還有一點也可以說是于振庭的長處，那就擅于利用角兒的特長，譬如劉筱衡最拿手「跑圓場」，他就在「抱妝盒」一場，布置了一個九曲橋的佈景，戲班裡有句俗語說得好：「戲不夠，神仙湊！」他就在這場戲裡，安上了九位土地化身，在九曲橋的橋洞中出現，跟隨在劉筱衡扮的寇珠後面，表示妝盒中的太子，有百神祐護，這場戲的排場，因此平添十分熱鬧，使得觀衆看得趣味盎然！

該戲更利用了魔術道具，幫助劇情發展，這是兩只粧盒，寇承御妝盒中裝的是太子，陳琳妝盒中裝的是蟠桃，劇中陳琳因聽得宮女寇珠哭泣，起下了救主忠心，才和寇珠把妝盒對掉，把內藏太子的妝盒捧到手中，恰巧遇到奸臣郭槐經過，要陳琳把妝盒打開，實行搜檢，此時把場上九位土地，急得倉皇失措，那知揭開妝盒，盒中仍是蟠桃，觀衆無不為之捏一把汗，等到陳琳下場前再度打開妝盒，其中仍屬太子，這是變魔術者的所謂「交待」，而這兩只妝盒的製作人，便是上海著名的魔術家莫悟奇。

一齣本戲取材於評話，益以編劇穿插、機關佈景、魔術道具，焉有不成功之理，但大家一致歸功於常春恒，因為這齣戲是他的提調，主角又是他，於是常春恒在上海紅得發紫，此時的上海劇壇，幾已成為他常春恒一人之天下了！

角兒走紅女色隨之

常春恒幫顧竹軒賺錢，紅遍上海，其時凡有鄉下人到上海，第一件事便是看「狸貓換太子」，所謂「內外看門道，外行看熱鬧！」常春恒在

台上演得精神飽滿，博得內外行觀衆一致贊美，同時也吸引了無數蕩婦妖姬，紛紛來向常春恒示好獻媚。其中有位別號「眼鏡」的女性，走了案目小楊二的路線，約請常春恒到「大西洋」吃宵夜，這位別號「眼鏡」的女性，是一位浙江劉姓富翁的姨太太，寵擅專房，過了不久，常春恒手上便添了一只大鑽戒，爲時未幾，常春恒在舞台上漸漸顯得精力不繼，沒有像從前那樣賣力，於是戲班中就傳出了「常老二搭上眼鏡壳子」的流言。又過了幾時，劉姨太太更把常春恒明目張胆帶到她所住的寓所中去。事有湊巧，劉富翁恰於此日也到寓所中撞個正着，劉姨太太就乘此機會向劉富翁大開談判，說我本來打算請你來談談關於我們的事，我做姨太太已經做得怨盡怨絕，我現在要堂堂正正的嫁人，嫁的就是這位大名鼎鼎的常春恒、常老板，請你讓我下堂，兩個兒子一齊帶走。劉富翁之所以寵愛這位侍妾，就因爲她生下了兩個兒子，現在聽說她要把兒子帶走，如何使得，當下就開始談判，講明條件，兒子歸劉富翁，每個兒子貼肚痛費十萬元，劉姨太太下堂從此脫離關係，又是十萬元，一共三十萬元，另外致送北山西路七浦路口住宅一所，衣服首飾盡歸劉姨太太帶走。從此常春恒就住進了北山西路住宅，與「眼鏡」成爲名正言順的夫婦了！

劇藝退化見異思遷

常春恒住了洋房，繼之又買了輛汽車，和他那位眼鏡夫人過着雙宿雙飛的生活，除了上館子唱戲以外，長日無聊，便以吸食鴉片作爲消遣，時隔兩年，竟然夫婦雙雙都成了癮君子，常春恒衣食住行，都由他這位眼鏡夫人管理，連上天蟾舞台領取包銀，都成爲眼鏡夫人的例行公事！其間，常春恒還因爲夏天歇暑，曾到杭州西湖鳳舞台演過一個短期，戲班中稱爲「打野鷄」，又傳出了一件桃色新聞，眼鏡夫人鬧得天翻地覆！其時，常春恒大約已經交進一步霉運，他所主演的「狸貓換太子」叫座力量，大非昔比，其時已排到二十六本，也即是他所演的最末一本，編劇人于振庭的噱頭已經賣完，機關佈景亦已變無可變，常春恒本身劇藝退化，大段唱工，往往力不從心，因此天蟾舞台的賣座直線下降，顧竹軒天天在戲院前台用他的江北話大罵山門，恰巧事有湊巧，眼鏡夫人去代常春恒領取包銀，那天顧竹軒自然面色難看，出言不遜，而且還把常春恒的包銀打了折扣付給，使得眼鏡夫人當塲雖然敢怒而不敢言，但回到家裡，便免不得要眉頭一縐，計上心來了！

眼鏡夫人回家以後，便在常春恒面前，力數顧竹軒的不是，並表示合則留不合則去，要常春恒向天蟾舞台辭班，更表示此處不留人，自有留人處，大不了自己開一家戲院，何必長期躭在天蟾舞台，受顧竹軒的氣，挨顧竹軒的罵呢！

常春恒不願因爲包銀打了折扣，立時辭班，還遷延了些日子，直到農曆十月朔那天，方才向顧竹軒提出辭呈，聲明唱到月底爲止，並另外替老板唱臨別紀念戲一星期，幫前後台同人唱三天，這也是他們梨園行的規矩，顧竹軒當下聽說常春恒要辭班，頓時口出惡言，罵聲不絕，常春恒抱定宗旨，我要辭班，照例幫忙，笑罵由他笑罵，準備到期來一個「將軍不下馬，各自奔前程」等十天幫忙戲唱完，已是民國十七年農曆十一月的中旬了！

另租戲院開天闢地

常春恒辭班之後，就和劉筱衡合作投資盤進四馬路大新街口的丹桂第一台，常春恒佔股權百分之八十，劉筱衡佔股權百分之二十，由眼鏡夫人担任前台經理，常春恒的老兄常雲恒担任後台經理，編排連台本戲「開天闢地」。準備民國十八年農曆元旦開鑼，先演老戲，然後上新戲，由于從正月初一到十五，必須每天日夜兩工，演的都是一齣齣的折子老戲，從正月十六開始，方才開演新戲，這也是彼時的戲院舊例，在常春恒來說，做慣了角兒，一旦當上了戲館老板，也大有「開天闢地」的精神。常春恒、劉筱衡都是內行，選擇配角都是第一流的，其時丹桂第一台正在進行修理粉刷，距離新年開鑼，尚有四五十天眞空時間，於是由常雲恒與四馬路大新舞台王佐良接洽，租他的戲院由常春恒與劉筱衡，加上明春丹桂第一台的全體新角，唱一個月老戲，作爲一種考驗，前後台四六分賬，後台採取共和班制度，按份分配，結果每人所得都超過包銀數額，轉過年來，丹桂第一台新年新角，又是天天滿座，皆大歡喜，唯有一個人不大歡喜，那就是常春恒的舊東家，天蟾舞台老板顧竹軒啦。

一代名伶暗殺殞命

民國十八年農曆元宵午夜一時許，常春恒從丹桂第一台後台出來，繞道到前台去看戲院門前的廣告牌，突然遭到兇手狙擊，連中兩鎗，兇手起先伏匿於戲院東邊的萬云樓京菜館門外，在開鎗行兇後，即向大新街一條小弄堂中逃去，該弄直通石路，當時大家急於救護常春恒，無人追縱兇手，以致兇手得以從容逃逸。常春恒在抬進同濟醫院急救室時，尚未氣絕，中西探員馳赴病榻錄取口供，問常春恒有無寃家仇人？常春恒就在斷續聲中說出了顧竹軒的名字，於是顧竹軒也因爲常春恒之死而被捕，捉將官裏去。

狙擊常春恒的兇手喬某後來爲老閘捕房華探長馮志銘所拘捕，喬某在捕房中的口供，亦稱顧爲主使犯，使顧無法自白，後乃獲某律師設計，以厚幣賄賂喬某家族，向法庭翻供，顧竹軒在庭上聲稱，絕不識喬某其人，及下次開庭，庭上出現類似顧竹軒之大個兒四個，並顧竹軒在內，一共五人，使喬某指出何人爲顧竹軒？喬某已有默契，當下胡亂訛指一人，於是顧竹軒遂獲無罪釋放。眼鏡夫人另獲武生白玉崑作了新歡，常春恒之死，從此沉寃海底，永無伸雪之日了！

銀海滄桑錄

老牌「影后」胡蝶

蝶衣

旅行護照不斷添補

蝴蝶中有一種叫做旅行蝶，旅行蝶喜歡旅行，常常從甲地飛至乙地，又由乙地飛至丙地，過着流徙無定的生活。

這時候，中國電影史上的第一屆「電影皇后」胡蝶女士，也像蝴蝶中的旅行蝶一樣，從莫斯科到了柏林之後，逗留了二十七天，又展開了她的旅程，續有法國首都巴黎之行。

當胡蝶與周劍雲夫婦還在莫斯科肩負着「電影使節」任務的時候，留法學生會與駐法公使館就打去了邀請的電報。胡蝶到達柏林後，原定計劃僅擬逗留一星期，結果却多耽了二十天。最有趣的是胡蝶的旅行護照，上面的日期每一地區都是一展再展，護照上添補了許多後來黏上的紙張，倒好像是一叠一叠的賬單。

民國二十四年（西曆一九三五年）五月十七日，胡蝶與周劍雲夫婦帶着旅德僑胞及德國電影的祝福與依依惜別之情，離開柏林，轉赴巴黎訪問。

由柏林赴巴黎的旅程中，恰巧有一位姓劉的留學生，由巴黎到柏林遊覽，是日亦同車回巴黎，沿途得到他的照料，獲得了不少方便。

胡蝶應柏林雜誌社之請特攝此影

車行約十三小時，於一片燈暈中抵達巴黎，下車後接受了姓劉的學生的建議，雇車直駛第五區（即拉丁區），尋覓下榻的旅舍。這一區有許多中國飯館，中國留學生也多數住在這裏，與唐人街的情況相差無幾。

到達巴黎後之次日，首先拜訪了駐法公使館，其時顧維鈞公使回國未返，由蕭代辦代表接見。辭出後又轉赴領事館，拜訪總領事林晶，亦即國府主席林森的姪兒。

巴黎掀起歡迎熱潮

胡蝶女士的巴黎之行，雖屬私人性質，但由於電訊早有傳播，旅法僑胞都知道第一位祖國女明星即將蒞臨巴黎，因之在她翩然而至以後，便連續不斷的掀起了歡迎的熱潮。

十八日下午三時，胡蝶即被留法僑胞歡迎大會的負責人簇擁着，出席了在「中國學生會」會場舉行的盛大歡迎會，與鵠候已久的留法僑胞們相見。

胡蝶在熱烈的掌聲中，報告了參加影展的經過，宣示了政府對海外僑胞的殷切關懷，使在塲的數百僑胞深受感動，一致認爲胡蝶女士的銀幕下之風采，能在海外獲得瞻仰的機會，是僑胞們的莫大光榮。

「姊妹花」與「空谷蘭」兩部影片，於十九、二十三日兩天，租賃了一家電影院，分別放映給僑胞們觀賞。爲了彌補戲院的租金支出，當時曾發售入塲券，票價是五個法郎。放映的時間雖在上午，但僑胞們多聞風而至，塞滿了整個戲院，走廊裏也站滿了許多從未看過國語電影的人羣，其中並有許多法國的新聞記者在內，塲面十分熱鬧。

「姊妹花」首映完畢後，僑胞們邀請胡蝶與周劍雲夫婦至「萬花樓」同進午膳。餐畢爲了要攝影留念，而飯館裏的光線不夠明亮，於是一行人又簇擁着，去往附近的盧森堡公園一遊。

盧森堡公園是巴黎最著名也最寬敞的一座公園，一行人抵達之後，在園中閒逛的其他遊人，便立刻被胡蝶的豔麗所吸引，大約有三百多人圍繞着她亦步亦趨；有些甚至跑上去與胡蝶握手，有些忙着爲她拍照，有些則要求簽名，並因有如此麗質天生的中國女明星到來訪問而向僑胞們致祝賀之詞。

梅蘭芳亦接踵而至

「姊妹花」與「空谷蘭」次第公映，給予了僑胞們以欣賞的機會之後，又特別將「空谷蘭」放映了一塲，招待巴黎的新聞界、電影界、文化

界人士參觀。映畢並在申江樓設宴，與彼邦人士交換意見。

梅蘭芳其時也從柏林接踵而至，到了巴黎；又在花都會面。經由蕭代辦的邀請，大家在一家貴族化的咖啡店裏，作了一次短暫的歡叙。

參加這一次歡叙的，除了蕭代辦、胡蝶、周劍雲夫婦與梅蘭芳之外，還有余上沅、熊式一兩位戲劇家。

巴黎的時裝與街邊咖啡座，都是舉世聞名的。胡蝶遊覽巴黎的兩大心願，便是對此二者想一開眼界、一嘗風味。但幾次要去往時裝公司參觀時裝表演，都已過了時間，結果只得廢然而返。

這一次的咖啡店之行，却兩種願望都達到了。咖啡店中嘉賓滿座，其中就有不少靚妝刻飾的

胡蝶與周劍雲夫婦等在巴黎鐵塔下

法國女郎，她們的服裝式樣，簡直是五花八門，無所不有。

這一家咖啡店兼有舞廳設備，共有兩班樂隊輪流伴奏，法國女郎在舞池中翩翩起舞，便無異百數十對穿花蝴蝶，與時裝表演沒有什麽兩樣。

至於咖啡，則店中與街邊之情況雖有所不同，但風味畢竟也相差無幾。

花都十日忙於遊覽

胡蝶的「花都十日」之遊，一方面爲了達成宣慰僑胞的任務而忙碌，一方面遊踪所至，巴黎的名勝風景，亦能飽覽無遺。主要的如凱旋門，巴黎鐵塔，凡爾賽宮，盧森堡博物院，臘像陳列館，拿破崙墓等等，胡蝶都曾瞻顧徘徊於其間，留下了她的處處屐痕。

此外，她又看了戲院中演出的裸舞，國家第一藝術劇院的芭蕾舞表演；並參觀了巴黎攝影塲、百代公司攝影塲、高蒙影片公司分廠等幾個電影機構，並在巴黎影塲的試映室中接受招待，看了一部「無家之人」聲片的試映。

在巴黎逗留時期，除了僑胞們的邀宴之外，還有一對僑居巴黎的比利時夫婦（太太是美國人），曾在寓所欵待胡蝶及周劍雲夫婦。主人酷慕東方文物，是一位中國古玩的收藏家，不僅宅中擺設了許多名貴的美術古董，甚至宴客時所用的杯盤碗匙，以及果盤、洗手盆之類，都刻上了康熙、雍正等年代。飯後並會搬出了不少瓷器古玩，給客人們鑑賞。

這一天應邀與宴的，還有我國駐英大使郭泰祺夫婦，郭大使剛從日內瓦來到巴黎，正要遄返倫敦。席間告訴胡蝶：倫敦大使館已定於二十八日這一天舉行茶會，歡迎梅蘭芳及胡蝶、周劍雲夫婦，當面向三位銀色使節表達了「請移玉趾」的期望。

歡迎會既已擇定於二十八日舉行，胡蝶與周劍雲夫婦便决定在二十七日離法赴英。無奈早些時辦妥了的旅英護照，已因客中循而誤期，非到英使館去重辦簽証手續不可，結果二十七日動不了身，延至二十八日清晨，方始匆匆趕到車站，趁上了去倫敦的火車。幸而駐英大使館的茶會是在下午五時舉行，啓程雖是匆促了一點，總算還能夠及時趕到，並未誤卯。

伶王影后倫敦重逢

去往倫敦的火車，於早晨八時五十分開出，中午十二時已抵法國邊境，照例下車後再改乘渡輪過海峽，換乘英國火車一直駛往倫敦。到了下午三時左右，胡蝶與周劍雲夫婦便在另一個國家出現了。

駐英大使館預知電影使節將到，火車抵達時已派遣專員在站迎接，當下即僱車載赴蘭金大飯店，房間已由大使館代爲定妥，畧事休息後即趕往大使館出席歡迎茶會，郭泰祺大使夫婦早在客廳外恭候嘉賓光臨。胡蝶與周劍雲夫婦進入客廳時，梅蘭芳已先在，他握着胡蝶女士的手說：「我們又見面了！」

這一天的茶會頗不平凡，簡直可以說是中西俊彥之大集合。因爲出席此次宴會的除了胡蝶、梅蘭芳之外，還有許多英國文化、藝術界的名人，以及在荷理活享名甚盛的黃柳霜，俱在被邀之列。

胡蝶與黃柳霜，兩位東西華籍女明星，這一次是初會面。胡蝶後來追述當時的會面印象說：「黃女士身材很高大，面搽黃粉，口唇塗得很紅。穿的是一件五色斑爛、袖子很濶的衣服；頭戴一頂紅黑色的草帽，帽子的式樣與滿清兵士所戴的一樣。見面之後，我用廣州話和她叙了幾句應酬話，隨後再和她叙話時，她大概廣州話不怎麽流利，只會講台山的土語，因之便沒有再深談下去。」

這一次電影使節作英倫之遊，並沒有把「姊妹花」與「空谷蘭」影片帶在行囊之中，原因是

胡蝶、周劍雲夫婦在柏林的時候，已買好了「康脫羅梭號」的船票，必須趁着船期回國；同時上海的明星影片公司，也頻頻去電促歸，是以到了倫敦之後，不擬逗留太多的時日，「姊妹花」與「空谷蘭」兩部影片的拷貝，已應駐瑞士公使胡世澤的電約，從柏林寄去了日內瓦。

「中國年」獨缺電影

倫敦的僑胞得悉兩部影片的拷貝並未攜與俱行，就此失去了觀賞的機會，無不大感失望，郭泰祺大使也連稱「可惜！可惜！」

原來這一年的倫敦，對中國無形中正在掀起一種狂熱。不久以前，倫敦剛行過「中國書畫展覽會」，另一個「中國古物展覽會」亦在籌備之中，將於稍後的一二個月內正式展幕；而梅蘭芳的遠道而來，也成了英國戲劇界的高潮；如果在這期間，有一部中國影片在倫敦公開放映，當然更能引起各方面的矚目了！

惜乎拷貝已寄去了日內瓦，胡蝶與周劍雲只得對客人們連聲表示歉意。一位當地華僑在宴會中說：『如果有我們的電影在這裏放映，當能使我們的「中國年」生色不少。』

會見了麗琳哈蕙

逗留在倫敦的短短三天時間內，參觀影片公司攝影場成了最主要的任務。

在高蒙公司的攝影場裏，胡蝶初次看到女主角有「替身」，在打光的時候，代替女主角「站位置」。

參觀大英國際攝影場裏，胡蝶會見了鼎鼎大名的麗琳哈蕙（Lillian Harvey），和她一起拍了照。後來胡蝶追叙這一次的會見說：『她身體不很高大，很瘦削，腰部極小，面上的皺紋很多，顯然是年紀很大，遠不如我們在電影中所看到的年輕。不過她面部塗了極厚的粉，所以在銀幕上還不容易看出來。我和她作了簡單的談話，向她致景慕之意。當我告訴她說中國有許多電影觀衆對她很歡迎時，她覺得非常驚訝，她好像想不到中國有她的電影放映，更想不到中國的電影觀衆不僅認識她，而且還喜歡她。』

此外，胡蝶與周劍雲夫婦也參觀了著名的惠斯敏尼士特禮拜堂與倫敦博物館，又忙裏偸閒逛了一次植物園。

去往植物園時有梅蘭芳與熊式一、余上沅等同行。當天晚上並由郭泰祺大使陪同，參觀了使館樓上孫中山先生的蒙難處。

在倫敦的最後一天下午，參觀了就在蘭金大飯店對面的BBC無線電廣播台，晚上又趕往「小戲院」（Little Theatre）赴熊式一之約，看他譯作的「王寶川」英語劇之演出，梅蘭芳與余上沅亦在座一同觀賞。

胡蝶與麗琳哈蕙合攝于倫敦大英國際攝影場內

散場後，由熊式一導往後台，介紹幾位貴賓與飾演王寶川的英國女演員相見，胡蝶特地向她祝賀演出的成功。

這一天，是「王寶川」一劇的第二百次公演紀念日。

在日內瓦觀光四天

在倫敦觀光三天，之後又回到巴黎，休息了兩天再上旅程，這一次的目的地是日內瓦，到達日內瓦那天是六月一日，時間是晚上十時許。

中國國際圖書館館長胡天石，事先接得電報，帶着夫人在車站迎接，此後便成了胡蝶與周劍雲夫婦在日內瓦的嚮導者。

次日中午，「國際聯盟」中國代表胡世澤公使，在使館中設宴欵待，宴畢由胡天石夫婦作伴，坐了纜車遊覽柏萊塢山，在山頂飲茶，俯瞰下臨萬仞的湖山勝景。之後又參觀了湖濱的中國國際圖書館，館中藏有不少中國歷代名人的書畫。

在日內瓦僅逗留了四天，當「空谷蘭」影片公開放映的時候，胡蝶與周劍雲夫婦已離開了這個名聞世界的瑞士風景之都，轉往意大利去，度他們的羅馬假期。

從倫敦至日內瓦的旅程中，胡蝶經常攜帶着一冊英國出版的「電影週刊」，這是胡蝶離開倫敦的前一刻，一位駐英大使館的職員趕到旅舍，專誠贈給胡蝶，作爲紀念的。

「電影週刊」刊有一篇報道胡蝶訪

英的專文，文中對這位中國第一位女明星的訪英經過，有着詳盡的記述。除了對她的優美華貴風度着意揄揚之外，同時並借題發揮，對美國電影之動輒塑造華人的不良形象，作了正義的抨擊，指斥他們對中國人的觀念之膚淺，幽默地譏刺了一番。

胡蝶女士初次出國訪問，她的使人着迷的嫻雅風度，留給英國電影界的印象十分深刻。

胡蝶主演「空谷蘭」在德國公映時的說明書

海上航行遊星到港

在羅馬，胡蝶與周劍雲夫婦有較寬裕的兩星期時間之逗留。儘可能利用了這兩星期的時間，拜會了駐意大使劉文島，參觀了羅馬噴泉、鬥獸塲、無名英雄墓、聖彼得教堂，遊覽了海濱浴塲。此時的羅馬已進入夏令，海濱浴塲到處擠滿了人羣，游泳季節開始了。遊興未盡，船期將到，羅馬假期只得宣告結束。

「康脫羅梭號」郵船在一個喚作白林迪斯的新闢小埠傍了岸，胡蝶與周劍雲夫婦相偕登輪，開始了回國的海上航行。

出蘇彝士運河，入紅海，經印度洋，到了星加坡，時在中午，登岸後受到了影片商、新聞記者及僑胞們的歡迎，出席了南天酒樓的公宴，六時左右回船。

在匆促的五六小時之內，胡蝶與周劍雲夫婦僅能同乘一車，在市區裏兜一個圈子，就算「觀光」完畢。

但，旅行蝶留給星加坡歡迎人羣的印象，却一樣是深遠的。

七月四日凌晨二時，香港正下着大雨，「康脫羅梭號」在雨陣包圍中，駛抵了太平山下。

為了礙於規例，一直守候到早上纔得登岸。香港華威公司經理馮其良，以及從上海趕來的卞毓英、鄭超凡，香港電影界代表等當時都在歡迎的行列之中；自然也少不了各報的採訪記者。

歡迎小輪「民興號」把胡蝶、周劍雲夫婦載上了岸，然後登上汽車，駛抵那時香港最高貴的告羅士打酒店下榻。

（下期續完）

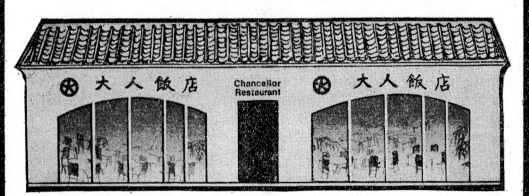

本刊已向香港政府登記

定價每冊港幣壹元

大人

論天下大事

談古今人物

第十四期

史量才親筆手稿（「最近五十年之中國」序言）

自序

人生進化無日不在過渡之中過去事蹟無一不有繫於心黯紛紜迫之五十年何為而作乎蓋為申報而作也申報今年五十年耳創始於前清同治十一年生活於帝制威權之下跼蹐而不能展舒者三十有九年民國肇始我與申報偶然作合時民氣方張輿論界之精神為之一振申報亦奮其老馬千里之志願為民國馳驅未幾而袁氏稱帝歐戰勃興國內外之秩序暴繼而大亂乃有動外飢寄存之五十年不過於酣甜大夢中忽忽一小夢耳夢中說夢又何足道哉不見乎五十年來我報界之消長起落忽滄為雲如激蕩勝滄桑之變雖然事無大小物無新舊苟有結構加之以奮鬥之精神主義而不為感情所衝動事實而不為虛榮所轉移力爭自存而不任自殺充天地四大之力能變化之而不能消磨之心未嘗近之五十年之所由作也

民國十一年冬

史量才

本期起本刊發行足五萬冊，內容並擬陸續擴充至一百頁，而定價仍維持每冊一元。

大人 第十四期 目錄

一九七一年六月十五日出版

大人 每逢月之十五日出版

出版及發行者：大人出版社有限公司
督印人：王朝平
編輯者：大人雜誌編輯委員會
總編輯：沈葦窗
社址：九龍西洋菜街三號A 即彌敦道六一〇號後座
電話：K八五五七三〇
印刷者：立信印刷公司 九龍新蒲崗伍芳街緯綸大廈十一樓
總代理：吳興記書報社 香港租庇利街十一號二樓 電話：H四五五六一 H四五〇七六六
星馬代理：遠東文化事業有限公司 新加坡廈門街十九號 檳城沓田仔街一七一號
泰國代理：集成圖書公司 曼谷耀華力路二三三號
越南代理：聯興書報社 越南堤岸新行街二十二號
其他地區代理：
澳門：可大文具店　漢城：汎亞書籍公社
亞庇：利民公司　寮國：永珍圖書公司
千里達：中華公司　斗湖：光明書店
菲律賓：華安書局　菲律賓：玲瓏書局
倫敦：東寶公司　紐約：友聯圖書公司
芝加哥：杏林春　紐約：友方圖書公司
波士頓：中西公司　洛杉磯：永安堂
三藩市：新生圖書公司　檀香山：大元公司
三藩市：益智圖書公司　三藩市：文化商店
加拿大：香港商店　加拿大：新國華公司

西安事變與宋子文

馬五先生

一九三六年（民國廿五年）十二月十二日張學良、楊虎城策動的西安事變經過情形，若干年來，官方與民間皆有紀述，但對於促發事變的基本因素，以及最後演變的戲劇化的結局之所以然，或以顧忌現實，或以見聞未週，付之缺疑。筆者根據個人陸續訪察所得，分別叙次，聊備史家參証云爾。

遠因

筆者曾在日本東京旅遊中，晤及西安事變時担任張學良機要秘書的苗劍秋氏，叩以事變的裏因安在？他說出兩點：

一是「九．一八」事變發生後，除却原在關內的奉軍外，許多反對日本帝國主義的東北智識份子，亦紛紛潛入關內求生存。當時南京中央當局通知張少帥，所有來到關內的東北軍政界人士，政府必予照顧，不愁失業，然事實上十九皆未兌現。這班人有如喪家之犬，流落江湖，靡所瞻依，只好投奔奉軍各部隊中，兌戍餓莩，對中央當局乃滋生反感，憤憤不平，因而影响軍心。

西安事變之前的張學良

一九三三年冬，張學良戒煙後出國，與送行者杜月笙（中）吳鐵城（左）合影

西安事變之年的張學良

一九三六年，張學良之妻于鳳至拜宋子文之母爲義母，與蔣宋伉儷、孔宋藹齡合影

二是奉軍初由平津奉調至鄂豫皖地區勦匪後，再調往陜西勦匪，在長期作戰中，自多損失，然中央未予補充。迨陝北紫羅鎮之役，奉軍兩師人完全覆沒，中樞即把這兩個師的番號亦撤消，氣得張少帥通令全軍報繳剩餘槍枝，自行補充，自籌軍餉，結果補充了一師人，而全軍官兵聞訊更爲憤激。此時共黨一面揭出「一致抗日」、「打回老家去」、「中國人不打中國人」這類口號，向前綫奉軍大事宣傳；一面又將俘虜去的奉軍中下級幹部，經過一番洗腦工作後，陸續釋放，這些人回到軍中，亦倡述一致抗日，打回老家的理論，振振有詞。於是，全軍官兵對於勦匪事宜，皆存厭倦之心，表示不願從事內戰了。

張學良早已洞悉軍心不穩固的情況，他以爲共黨號召一致抗日或許是出於愛國的誠意。這時候，日軍正在進攻百靈廟，全國人士皆主張抗拒日本帝國主義侵畧，他曾經晤與共黨派在上海的地下工作人員聯繫，希望毛共密遣代表來滬跟他晤談抗日問題，共方即派李克農前來，但張學良一見之下，覺得李克農這名字很生疏，認爲不夠份量，他對李表示，最好跟周恩來談談，共方立即同意，約定在陝北洛川的奉軍騎兵首長，王以哲軍部與周見面（註一），周恩來對張鼓其如簧之舌，加以慷慨激昂的詞色表演，使張氏大爲感動，決意一致抗日，拯國難，雪家仇。乃乘蔣委員長五旬壽誕機會，親到洛陽祝壽，晉謁委座，要求停止勦匪工作，讓奉軍北上抗日。蔣認爲是違背了攘外必先安內的國策，責學良不明大義，嚴詞訓誨之後，並告學良云：「奉軍若遵從國策，繼續勦匪，即協同楊虎城的部隊開赴渭河以北地區，奉命作戰。否則你可率部前往安徽戍屯，楊部亦可調

赴福建，陜北剿匪任務，即完全由中央軍担負可也。」這時蔣鼎文、樊崧甫的部隊已進駐潼關，樊部且已到了距西安三十華里的地方。可見蔣委員長對於奉軍不穩的情況，并非不知道，但相信張學良決不會有其他的軌外行動，所以度過壽辰之後，即赴西安坐鎭。據聞奉軍騎兵首長王以哲，曾密電蔣公暫勿前往西安，後來王被奉軍少壯派份子戕殺，即以此故。

在洛陽祝壽期間，有一段關於西安事變的揷曲，亦值得一述。青年黨人鈕先銘，原在西安的奉軍幹部訓練班担任敎官，他洞悉奉軍不穩情形，乃密報該黨領袖曾琦，曾氏認為關係重大，即派李幼椿（璜）氏以代表青年黨祝壽為名，馳往洛陽晋謁蔣公密陳前情。某日午後五時左右，李氏正與蔣公談話間，尚未進入本題，蔣忽然起身立正，態度很嚴肅，李以為這是主人表示送客，不待詞畢即行辭出，心裏頗不愉快。次日把經過情形告訴陳布雷，陳謂委員長對友黨人士素來客氣，何致如此呢？繼而問是在什麼時間，答以下午五時，陳恍然道：「你誤會了！委員長在辦公廳中，每聞早晚升降國旗的號音，必立正表示尊敬之禮。你和委員長談話之際，恰是行營吹起降旗號的時間，以致有此誤會也」。（註二）陳囑李改日再謁見，李因急於回滬，未遑等候約談日期，匆匆離洛；曾琦付託他的使命，因而未能達成。

近因

張學良懷着滿腹抑鬱而沮喪的情緒，回到西安後，悶悶不樂，旋聞蔣委員長即將來臨，他還要作最後的幾諫，然結果仍遭譴責，次日，他走到楊虎城的「十七路軍」總部，見着楊後就問道：「你有不有長繩子？」楊謂要繩子幹嗎？張謂：「我要用繩子把奉軍各級幹部細起來，送給委員長究處。」張說這些話時，尚有楊虎城的總參議趙壽山亦在座。於是，即將他在洛陽挨罵和在華清池又被責的經過情節，以及他要北上抗日的理由，從頭到尾叙述一番，表示憤懣不平，并謂蔣已準備把奉軍調赴安徽，將十七路軍調往福建，如果命令下來，咱們怎麼辦？楊虎城對中樞免去了他的陝西省主席職務，又將他的部隊較精銳的馮欽哉師別調，早感不滿，認為自已遲早會被消滅，乃對張表示同情共鳴，主張協謀自全之道。

蔣委員長西安蒙難處，又名虎叛石

蔣公到達西安後，張學良準備召集奉軍的團長以上幹部，請委員長訓話，并聽聽大家的意見，蔣公亦認可，張且囑咐各軍師長，對於出席聽訓人員務須特別告誡，不許對委員長有冒犯的言語。正在進行間，據報委員長的專車已升火待發，即將離陝，張甚惶急，即找楊虎城問計，最後決定先把委員長接來西安城內，阻其離陝再說。所以，十二日午間張聽說西安各校學生齊往華清池向委員長請願抗日，他就急忙趕至中途，對學生聲言他可以代表委員長聽取學生們的意見，予以答覆，當場將學生們勸回來。他已經密令旅長唐君堯，率領衛隊旅孫鳴九的士兵，實行兵諫計劃，深恐學生們到了華清池鬧出軌外行動，妨害他的大計，而震驚全球的「西安事變」，即於當夜發作了！事變發生後，延安的共黨即派周恩來到達西安，共黨認為這是他們得免於潰滅的大好機會，表示可派兵協同張楊抵抗中央軍之進攻，萬一失敗，即挾持蔣來作「人質」，向甘、新地帶進發，再與中央談條件。所以，張楊通電全國的八項主張，全係照抄毛共的舊文章，了無新義。但張學良并無戕害蔣之心，他以蔣住在西安新城楊虎城的防區內，或有意外之虞，急請蔣移住舊城方面他的勢力範圍內，以策安全。

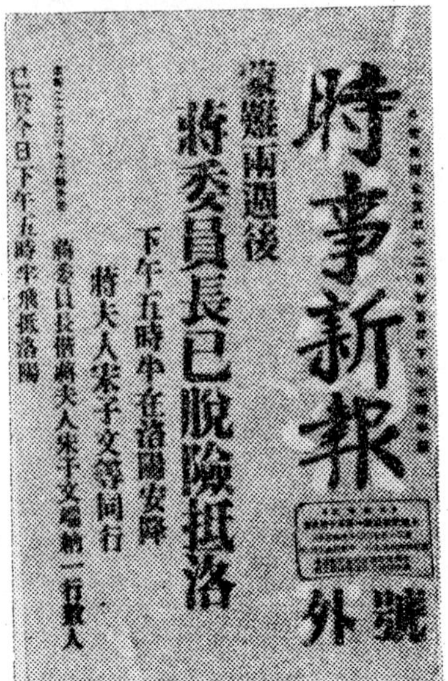
時事新報 號外

蒙難兩週後

蔣委員長已脫險抵洛

下午五時半在洛陽安降

蔣夫人宋子文等同行

上海時事新報於脫險之日下午出版號外

亂子既已鬧出，共黨當然助桀為虐，唯恐天下不亂，楊虎城亦樂得乘機觀變，有以自全，張學良就感覺騎虎難下，不知何以善後。這次事變原係他跟楊虎城和毛共方面協謀而產生的，他又不便單獨作主，半途妥協。至於促成戲劇化演變的主要因素，并不是全國的輿論，亦不是中樞的武力，而是來自莫斯科的一紙公文書。

事變何以戲劇化？

據當時的中共中央委員兼副主席張國燾，後來在香港對筆者談到這回事變的經過內幕說：『事變發生之初，毛共主張殊激烈，派周

恩來到西安策劃一切。經過一星期後，莫斯科第三國際有一道命令式的文書送給毛共，內容分三大段敘述：第一段指出國際形勢爲法西斯集團與人民陣綫對立鬥爭，法西斯德、意、日軸心的攻擊目標就是蘇聯，而以日本爲急先鋒；第二段說明日本法西斯軍在進攻蘇聯之前，必先侵佔中國，利用中國的人力物力以與蘇聯作戰，可望立於不敗之地。爲着爭取人民陣綫鬥爭的最後勝利設想，必須中國人能夠抵抗日本的侵畧，使蘇聯得以從容準備，纔是上上之計；最後申述第三國際盱衡中國當代人物，具有領導全民以反抗日本侵畧的聲望和能力的，只有蔣委員長，認爲西安的兵諫行爲殊屬失策，影响國際「人民陣綫」前途甚鉅，盼望毛共從中盡力斡旋，使蔣委員長安返南京云。這文書係由第三國際書記署名發出的，沒有史大林的名字，然爲史大林所指使無疑，毛共此時專靠史大林支持，對此自應奉命唯謹。張學良本無謀害領袖之心，經周恩來游說後，當然願意下台。楊虎城實力不如張學良遠甚，毛共既與張氏一致，他就孤掌難鳴，祇好表示同意了。當時奉軍在西安的少壯份子，聞悉這項消息，甚恨周恩來反覆失信，曾集會邀周出席說明，勢將對他不利，周不敢不去，憑着他痛哭流涕擅長表演的技倆，把大家說服，幸免危難。』我曾笑謂國熹：「史大林不是跟蔣委員長有歷史上很深的嫌怨嗎？他何以不落井下石，逞快報復，反而從中緩頰呢？」國熹謂：「人家是理智用事，不講私人感情好惡的！」我說「這就是史大林的厲害之處，離怪托洛斯基鬥不過他，連羅斯福亦上了他的大當呢！」相與拊掌大笑。

宋子文隱衷難言！

西安事變發生後，南京方面的要人，首先到西安活動的是宋子文。他跟張學良素具深交，到達之日，張楊跟他晤談，他的開塲白很得體，說是：「南京方面對這次事變最關心的，當然是我們幾個親戚。但蔣委員長今日的地位，係全國許多人的血汗造成的，全國人士亦關切此事，希望諸位不要以蔣先生的親戚關係來衡量我！」張楊皆點頭無異言。嗣後不知宋氏對張學良個人有何諾言或默契，當張到南京接受軍法審判，再由國府下令，將張氏交給軍事委員會管束時，宋氏適染病在家高臥，聞訊語其親信朋友曰：「法令固應如此，但個人的人格與信用亦應顧全」，言下似有無限隱衷難以聲述。往後他跟親信朋友談到張學良的事，即謂「我的精神負担很重」，却不說出其所以然。於今宋氏溘然逝世，他之所謂「精神負担」究竟是什麽，便永遠成爲一個猜不出的謎了。

宋子文一九六九年時在香港中西保鑣衛護叅與乃弟喪禮

（註一）張學良：「西安事變懺悔錄」第十四款「當此之時，甘泉自動解圍，共匪表示，不敵視東北軍之誠意，王以哲來電言，共匪派來負責代表一人，到彼軍部，請良親爲接見，此時良憶及昔年左文襄收撫馬化龍之故事，同時心中已早存有上述種種，遂飛洛川，會見該人。彼自稱爲李克農，良當時不悉李克農爲共黨中何等人物，談判之下，所提之請求，要與後來共黨所提之條件大致相似，良答覆如彼等真誠，可以容納轉陳，但彼之地位，是否可能代表該黨，表示懷疑，促其首領毛澤東、周恩來輩來見。彼答以共黨所提諸事，曾經其全體表決者，如良誠信，彼可商請毛、周來見，彼立即北返。得其答覆，周恩來願同來會見，請約地點和時日，良本先對李克農之約，諒彼等未必真敢前來，待周答覆至，良衷心忐忑，本一動扣留之念，再一尋思，偶起『豈有酖人羊叔子哉』之句。彼既卒然敢來，余當磊落光明，既然彼等聲言爲國，聲言抗日，何不推誠相見，余前已自動向彼方探索真意，今其自來，如能化敵爲友，豈不正合余之心意。如能將此一羣強悍，爲國家收撫，從事抗日，自以爲對國家、對領袖爲無上之供獻。並可實現，良一往心中諸幻想。即毅然答覆，約周來見，囑周師長福成妥爲欵待。」

（註二）有關此一掌故，曾由本刊編者向李璜先生求證，指出本文所述全屬事實。左舜生先生有「壽介公總統八十」一文，亦述及此事，謂「這件事我以前未曾談過，現在事過境遷，已成陳跡，我想公開亦不妨了！」

左宗棠趣事軼聞

王覺初

左宗棠（一八一二——一八八五）

清朝的中興名臣，以曾、胡、左、李爲著。胡林翼撫鄂七載，咸豐十一年即已去世，不及見太平天國之滅亡，然功勳甚著，廣攬人才，實爲清室中興，消滅洪楊奠定基礎。曾國藩於平定太平天國後，明哲保身，同治九年逝世于兩江總督任內。李鴻章年輩較晚，足以繼承曾國藩的衣鉢，享壽最高，任事亦最久，一直到光緒二十七年才去世。左的年輩，雖與曾、胡相等，而不得意於科場，個性又耿介峭直，才氣雖高，却不適合于仕途。幸由胡林翼的極力推荐，曾國藩的不時提携，不數年間，綰領兵符，簡授方面，功名竟與曾氏相埒。不但在洪楊之役中卓著勳績，且在戡定回匪之亂後，建議朝廷把新疆設爲行省，抵制俄國侵畧之陰謀，可說自漢唐以來，鞏固西北邊防的民族英雄。

左氏當年讀書，即留心濟世之學，不似一般舉子，專精八股，左氏所讀的書，都是別人所不愛讀的，如「武侯全集」，「新舊唐書」，戚繼光的「紀効新書」，顧祖禹的「方輿紀要」，顧亭林的「天下郡國利病書」，齊道南的「水道提要」……等等，嘗在書齋懸一聯以自況曰：「身無半畝，心憂天下；讀破萬卷，神交古人。」口氣不凡，大有孟子舍我其誰之概。

左氏的家境很窮，沒有足夠的錢買書，向人家借讀，亦有不便。但由于這副對聯，遍傳遐邇，竟傳到了長沙城南書院山長賀熙齡的耳中，賀覺得這位少年書生言大而誇，倒要試試他的眞實學問，因便時常找他談話。左氏意氣豪邁，全不謙卑，古往今來，縱論無忌，賀熙齡大加青睞，介紹左往見他的哥哥賀長齡。賀長齡別字藕庚，曾任雲貴總督，因被吏議罷職，家居賦閒，藏書既富，亦頗愛護人才，獎拔後進，一見之下，便以大器期之，所有書籍，任由左氏隨意選讀，尤以國故朝章，獲益不少。後來長齡逝世，左氏已位居顯達，感懷知遇，不惜干犯體例，居然上疏，請求開復賀長齡生前的一切處分，優予褒邮，疏中並歷陳長齡對他的私誼，以高年碩德，下交鄉里孺子，每次借書，必親自架梯樓閣，抽查檢取。結果，不但未蒙朝廷接納，反被朝廷斥爲荒謬昏忽，擅爲負罪去職人員瀆請邮典，這些地方，足見左氏是個富于血性的人，雖做了十幾年的大官，全不理會政治場中的積習和體例。

道光十二年，左氏在鄉試中，中了第十八名舉人，他的哥哥宗植，則高中第一名。清制，鄉試放榜，先自第六名唱起，唱畢，再從第五名唱至第一名，故左宗棠的捷報先到鄉間，他的臉上，不免有得意之色，宗植譏之曰：「中一舉人，有甚麽稀奇，値得如此高興。」未幾捷報又至，宗植中了解元，賀者愈多，時宗植已解衣就寢，聞報急忙起來着襪，不覺二襪同着一足，其他一隻，遍尋不得，連呼宗棠代尋，左氏見而大笑，反唇相譏道：「中了解元，便忙得兩襪着在一足，若是中了狀元，恐怕要忙得兩隻鞋子都頂在頭上了！」賀客聽了，莫不失笑！

左宗棠的家境窮困，可是他的夫人，却是湘潭周姓富家淑女，周家鍾愛女兒，不願她在左家操勞受苦，因于結婚後，硬要他們遷到岳家同住，這在一般人看來，似乎是件失面子的事，左宗棠當然不肯，周夫人心生一計，誇說她家有許多藏書，是左氏生平沒有看過的，這樣才把左宗棠打動了。

湖南的習俗，新夫婦到了岳家，必須抄查箱底，或者還要分一些禮物給人，以顯體面，誰知一抄之下，左宗棠除了幾件隨身衣服及書籍外，別無長物，那些伶牙俐嘴的娘兒們便你一句，我一句，把左氏奚落了一頓，惹得左氏大爲光火，認爲不堪忍受，連聲嚷着回去，虧得周夫人委婉解釋，「這些小事，與你們男人何干？原是使女人過不去的，我不生氣，你何犯着同她們計較呢？明天，我自會買十幾件東西，分送她們，便中說一句長途旅行不便携帶的話就罷了。」總算把左氏留住了。

到了舊曆除夕，周家弟妹們照例向姐姐和姐夫辭歲，宗棠給他們的壓歲紅包，每人僅十文制錢，孩子們毫不客氣，將錢摔在地上，一哄而散，說道：「我們的姐夫，眞太小器了。」這一下，使左氏的臉上，登時一陣紅，一陣白，向周夫人大吵大鬧道：「這樣的人家，再也住不下去了，非得馬上回去不可。」周夫人只得權時答應，向他提出三點：一、必須向岳父母拜了年再走，二、吃了午飯再走，三、雇好了船再走，總算暫時把他的脾氣，按捺了下來。

次日，周夫人一方面催着家人，裝作雇船的樣子，新姑爺思家心切，一方面催着要在

今天起到湘陰，向老太太拜年。試想，在正月初一大家都要拜年的日子，自然雇不到船的，周夫人屋前屋後跑着，罵那些家人太不中用，自己要冒着風雪，撑着雨傘，前往河邊雇船，這倒使左宗棠感着不安了，反而自己來轉圜，勸止周夫人，說是這樣的大雪天，又是正月初一，就是你去也雇不到船的，何必急在一時，留待明後天再說吧！於是周夫人在雨傘遮蓋下，掩着嘴巴，嗤的一笑了事。

等到晚上，周夫人看見左宗棠的火氣消了，備了一些酒菜，與他圍爐對飲，悠閒地打趣他道：「人家都說你是才子，誰知才子竟無容人之量，弟妹們無知無識，開了句玩笑，便這麼認眞起來，將來大敵當前，小不如意，不知要怎樣張皇失措呢？你常自負讀破萬卷，神交古人，難道還不知漢朝的賈誼，是因不能容忍而失敗，韓信是因胯下受辱，才能夠成功，這些例子，你應該不會忘記罷！」說得左宗棠啞口無言，只有對着這位賢淑的失人，感激無地。

左宗棠曾在二十二歲、二十四歲、二十七歲，接連三次赴京應試，均不得售，他在舟次洞庭君山，登岸遊覽之時，一時興起，寫了一副洞庭君廟的對聯，聯曰：

「迢遙旅路三千，我原過客；
管領重湖八百，君亦書生。」

這對聯語傑作，至今還用金字鐫刻懸掛，我想，這大概是左氏功成名就的時候，才蒙到他們重視的，當時的人，未必會那樣賞識他吧？

相傳左氏第三次赴京會試那天，午睡甚酣，忽覺身爲大將，受命西征，途中山川形勢，險要重關，歷歷如畫，及一覺醒來，已經超過時間，不能入闈應考，由是深悟功名富貴，自有數定，不必過于强求，因即襆被出都，不再作題名金榜之想了。後來左氏以陝甘總督出征回匪，沿途所見，果與夢中情況，一一相符，始信班侯祿命，早已兆于三十年以前矣。

左氏自西征凱旋，即內調爲協辦大學士，並特賜進士出身，這是漢人前所未有的異數，因爲清朝的大學士，漢人必須由進士出身，以顯示其清貴，左氏膺此殊榮，不自覺地忘起形來，對他的幕僚們說道：「當今之世，竟然翰林不如舉人。」不意一幕僚却說：「這也算不得甚麼，還有舉人不如秀才的，像陝撫劉蓉，不是連舉人也沒有中過麼？」左宗棠爲之赧然氣結。又有一次，他悻悻然對幕僚問道：「爲甚麼他們總是稱曾左不稱左曾呢？」座中一客答道：「曾公眼中常有左公，左公眼中却沒有曾公，此世之所以稱曾左而不稱左曾也。」左宗棠默然良久，改容謝之。

關於曾左交惡，固然是左宗棠好勝心盛，但亦不如外傳之甚，左宗棠心中，究竟對曾國藩還存有敬意，看他輓曾國藩的聯語，便可知大概了。他們每逢站在國家的大問題，是很能互相推重互相提携的，厥後左氏請辭江督，疏中曾力荐曾國荃、曾紀澤，堪爲繼任人選，朝庭終于採納他的意見，派曾國荃接替他。

不過，清朝自左氏後，漢人入閣拜相的，也不再受那種限制了。如劉坤一、袁世凱，都不是科甲正途出身。左氏可算是首破其例罷了。

左宗棠喜以諸葛亮自喻，寫信給友人函尾自署曰今亮。一日，與幕客談論諸葛亮的歷史，一幕客冷笑曰：「祭東風，破曹操，此諸葛之所以爲亮也，失街亭，斬馬謖，此葛亮之所以爲豬也。」左氏聽了這兩句話後，從此不用「今亮」這兩個字了。有一青年花匠，瞧破了左氏的心情，一天傍晚，看見左氏走來樹蔭下散步，他便故意翻看三國演義，左氏從容地問他：「你看三國何人似三爹？」（宗棠三兄弟，他居末，湘人名滿。）花匠答道：「並無一人似三爹。」左氏進問其故，花匠續曰：「三國人才，以諸葛亮爲第一，然六出祁山，無不失敗，其才也就有限，那裏能及三爹戰無不勝，攻無不取，既能治兵，又能治民，別說三國時無三爹，三國後也無三爹。」說得左宗棠心花怒放，把他不次拔擢，敎他學習武藝，學習詩文，那花匠也能不負栽培，成爲善戰有名的將領。

左氏最愛圍棋，以爲幕中僚友，都不是他的敵手。一天微服閒游，見一老者懸一招牌，自稱天下第一棋手。左氏請與對奕，老者連遭敗北，左氏笑謂之曰：「你那個招牌，應當取下來了。」老者依言取下，一揖而去。及左氏平定新疆回來，重經舊地，仍見老者掛起那塊招牌，心裏很不舒服，因再與之交手，不料三戰三北，次日試之，亦然，左氏驚問其故？老者曰：「當日知公有大任在身，故讓之以成其功，今功既成，故不敢多讓也。」左氏唯有付之一笑而已。

左氏脾氣雖然剛傲，但也有服善如流的雅量，他有一個余姓幕僚，擅長奏議及詩古文辭，平時辦事，極爲認眞不苟，左氏對他亦甚倚重。余氏每逢生辰，必向左氏告假，閉戶吃齋，紀念母親產育之艱，這一天他已向左氏循例告假，忽有軍機急件要辦，左催余氏擬稿，余不肯，左氏親往說明，余竟怒目相向曰：「我既向你請准了假，這一天便是我是自己的，誰也不能干擾，」左氏無奈，只好自己動筆，次日，余氏又來一函，已捲起包袱自動辭職了。左氏不禁慨然道，「人說我的脾氣大，若比起余師爺來，簡直是小巫之見大巫呢！」

西征勝利凱旋之夕，左氏在宴會上不覺躊躇滿志，帶了幾分醉意道：「我這裏好像一個染缸，許多頂子都染紅了。」有位幕友李某馬上接道：「朝廷爵祿，以獎有功，非一人所得而私也，只見個人，不見朝廷，頂子雖紅，實非國家之福。」左氏聞言大窘，次日酒醒，問李某曰：「卿何故當衆辱我？」李某答：「假使昨天我不說話，即此大批紅頂子，將來誰能管束？」左氏爲之心折，連聲稱善。

湖南地方紳士倡修省志，要左氏把他的奏疏整理寄來，以便給他鋪張歌頌，左氏復書謝絕，

左宗棠七言聯　（胡金銓先生藏）

以爲託衆人之力，獲貪天之功，國家酬庸之典，已過于所望，自省不遑，何敢以遼東之豕，妄自炫耀。可見他並不是那種好標榜、務虛名的人。

他在軍中，閒散無事的時候，常到北山平原牧羊，有一回，肚子餓了，與一牧童在一小店吃了幾碗泡飯，忘記身上沒有帶錢，正急得不得了，幸喜牧童想出一條主意，叫他權充父親，以子與羊作質，他大汗淋漓，趕回營中，派人把錢送去，牧童與羊方得自由。

左宗棠的肚腹很大，嘗自摩其腹，問那個牧童說：「你知道這裏面是些甚麼東西？」那個牧童故作癡語曰：「大帥這裏面是一肚子屎。」左宗棠傲然大笑道：「傻孩子！這裏面是滿腹經綸啊！」

他最喜歡吃魚，在總督署後，建了一座望河樓，每日傍晚，徘徊其上，遠看日落，俯着釣魚，若是釣了大魚，便快樂無比，有說有笑，若釣而復失，或空簍而歸，便大感失望，頓足不已，釣魚的人，知道他的脾氣，有時先擺好了大魚在水邊，準備他來發問。

「老鄉，今天又釣了一隻貓魚吧？」

釣魚的人，便從水中提出那條魚來，說道：「十隻貓兒還吃不完呢！」

於是漁翁笑了，左公也笑了，他急忙忙地走告幕僚們說：「今天晚餐且慢開，有好消息啊！」每天晚餐後，他常與幕僚講故事說笑話，有時還引吭高歌，一口湘陰士腔，使許多人聽了，捧腹不止。

道光二十七年林則徐任雲貴總督，至二十九年七月，始以病體未痊引退。胡林翼曾薦左宗棠於林則徐，以林則徐告病未及用之，等林則徐回閩過湘之時，乃招左宗棠到他到船上暢談，一直談到天亮。後來左宗棠之經營新疆，得到林則徐的啓示很多。

道光三十年九月，林則徐奉命以欽差大臣赴桂剿太平軍，行至潮州，以疾發不治，卒於普寧行館，其時爲道光三十年十月十九日。

左宗棠聞林則徐去世，以一聯輓之、聯曰：

附公者不皆君子，間公者必是小人，憂國如家，二百餘年遺直在；

廟堂倚之爲長城，草野望之若時雨，出師未捷，八千里路大星頹。

言簡意賅，大致可以概括林則徐的一生。

同治壬申，曾國藩逝世於兩江總督衙署，據薛福成撰庸盦筆記云：：百日之內，遠近吊者，絡繹前來，殆無虛日，各省鉅公名流，輓聯紛至，美不勝收，要以左宗棠一聯爲最眞摯，聯云：

謀國之忠，知人之明，自愧不如元輔；

同心若金，攻錯若石，相期無負平生！

左宗棠與曾國藩，係姻親而又友善，惟因克復金陵時，曾國藩聞洪秀全之後洪福瑱已死亂軍中，及太平軍殘部入浙；左宗棠知洪福瑱未死，遂督兵往攻，並入告朝廷。曾國藩則以浙師張皇，具疏詆之，左宗棠疏辨亦於曾國藩有微辭，從此齟齬，不通函問者九年之久。此聯措辭，既合分際，又加推崇，想左宗棠爲此聯，煞費心機，絕非普通酬應文字也。

obermain

西德製男裝"奥比馬"皮鞋

大人公司 平價市場 人人百貨 大方公司 來路鞋公司有售

專載

「銀元時代」生活史

——六十年來的物價追想——

陳存仁

我童年時，是使用銀元的時代。

每一個銀元，是用白銀七錢三分鑄成，銀質最標準的是墨西哥鑄成的銀元，上面有一隻『鷹』，所以稱爲『鷹洋』，這是由外洋運來的，文人筆下稱爲『番餅』，民間稱作洋鈿。一部份文人甚至把一塊錢稱作『番佛一尊』。足見當時一般人對銀元的重視。

鷹洋在清朝已普遍流行，大清帝國因此也鑄造了一種銀元，上面有一條龍，稱爲『龍洋』。到了民國初年，袁世凱秉政，又鑄造了一種銀元，上面有很大一個袁世凱的頭顱，所以後來民間對這種銀元稱爲『袁大頭』，簡稱『大頭』。上述數種銀元，在同一時期等價使用。

銀元之下，還有兩種輔幣，第一級是『銀角子』，南方稱『毫子』；第二級是『銅元』，俗稱『銅板』。這二種輔幣，並不是十進制，是要跟着銀價銅價的上落而定，所以又稱『小洋』，兌換店天天有市價牌子掛出，一元能換銅板多少？那時市價沒有多大上落，銀元一枚，約可換銅元一百二十八枚左右。

在我們日常生活中，購取日用品，或是蔬菜雜物，多數以銅元論值，貴的東西，才用到銀角子，除非較大的買賣，方始會使用銀元。

銀元時代的生活，講起來，眞有一番滄桑史。我就依據自己在這個時代的往事作爲出發點，寫成本文，藉以反映近六十年來物價的變遷。

在我稚齡時期，一切都不甚了了，每天祇知道向父母要一個銅元。當時一個銅元，用處極大，可以買糖十粒八粒，可以買大餅油條各一件，或是買生梨一二枚、馬蹄一串。記得小時候，到城隍廟去遊玩，一個銅元可以買一塊百草梨膏糖，孩子們一面吃，一面聽賣糖的人（俗呼小熱昏）唱着各種各式的歌詞。城隍廟的酒釀圓子，是每碗銅元二枚，吃一碗肉麵是四個銅元，一塊肉又大又厚。汽水稱爲荷蘭水，每瓶二個銅元。鷄蛋一塊錢可以買到一百五十餘隻，已經算是很貴的了。

龍洋（右）與袁頭（左）

我六歲前，絕少機會可以看到一塊銀元，新年中到九姑母處拜年，姑丈號稱巨富，開設典當七家，姑母見到我非常高興，給我一塊錢作爲『壓歲錢』，我拿着銀元回來，覺得飄飄然已成爲有錢人了。我拿到的那塊壓歲錢，又經過我姑母剪了一個紅紙『喜』字，牢牢的貼在上面。我明知這一塊錢可以兌到一百多枚銅元使用，但這是我最初得到的財富，無論如何不肯兌換，常常放在袋中，玩弄不已，有時還拿出來炫耀於人，自鳴得意。

同伴一言　深印心坎

我的家庭環境，在幼年時代，是上海縣城內的世家。我的父親子晉公合了五房弟兄，在縣城大東門大街，開設一家陳大亨衣莊，一家陳錦章衣莊、又開了陳榮茂、陳大升兩家綢緞局。早年租界尚未十分繁榮，上海的縣城，以大東門爲第一條馬路，最大的商店是裘天寶銀樓、祥大布莊、程裕新茶棧等等，我們的店舖陳大升綢緞局開設在大東門外，其餘都開在大東門內，當時上海城裏的商業大機構大致是如此而已。

我的叔父常常誇耀我家的財富，他說：『郭半城，朱一角，陳家兩頭摸』，意思是說姓郭的地產佔到半個城，姓朱的佔一隻角，姓陳的家宅與店舖由城內開到城外，沾沾自喜，自以爲了不起。其實這個時期，我家已瀕臨破產邊緣，我的叔父還蒙在鼓裏，我那時年紀小更不知道。

我們綢緞局的總店，除了舖面之外，裏面還有很大的住宅，佔地約二畝半，我就是出生在這所住宅中。我有同胞兄弟三人，大哥承淇（小名阿興），我名承沅（小字阿沅），弟弟其時還沒有出世，只有我常常在綢緞舖中玩耍，我和店中一個姓章的學徒最爲相得。一天，我口袋裏懷着着一塊錢，抓在手中反覆把玩，對他不時賣弄。

那學徒看得呆了，因爲他沒有工資，每月祇領月規錢小洋二角，這種月規錢是專供學徒洗浴理髮以及購置鞋襪之用。他見了我的一塊錢，也拿去放在手中把玩不已，他講出綢緞舖中薪金最高的掌櫃先生，每月的薪水不過八元；普通的職員，不過六元、四元，剛滿師的學徒每月祇有一元。你拜一個年，就拿到一塊錢，眞令人艷羡，你要好好的保存起來。

我聽了他的話，隱隱然流露出一種驕傲的姿態。姓章的學徒有些看不上眼，就反唇相譏的說：『小開！你不要得意，我滿師之後，努力做事，也會發達，到時我的錢一定比你多，而且要買一輛包車（即私家兩輪人力車），那時節我高高的坐在包車上。你這種小開一些沒有用處，可能已做乞丐，祇能幫我推車，向我伸手要一個銅板呢！』我聽了他的話，氣得了不得，但是他這幾句話却深深的印在我心坎，知道一個人沒有本領，將來是會成爲乞丐的。這個章姓的學徒，名榮初，果然在三十年後開了兩家織布廠，又和劉鴻生合設章華呢絨廠，是國產呢絨第一家，成爲上海有數的大實業家。

富有紀念性的一塊銀元

民國三年（一九一四），我六歲，南市縣城商業日益衰落，裘天寶銀樓搬到小東門，我們也跟着在小東門開設了一家很大的綢緞舖，其實這是孤注一擲之計，我家的命運就靠此一着，不料祇開了一個短時期，就宣告破產。從前的商業機構最重信用，雖已破產，一切欠債，仍要全數還淸，祇有倒出，沒有倒進，所以在還淸欠債之後，每一房的家中，便一無所有了。

慘遭逆境　家破父喪

從前沒有幼稚園的，我初時在緒綸公所的學塾中，接受私塾教育，請一位塾師是秀才，月薪十二元。繼而進大東門育才小學，這家小學開設在王家祠堂中，老師都是知名之士，其中職員有史量才、曹汝霖、黃炎培等。（按現在留在香港的銀行家徐大統兄，製衣業鉅子朱敬文兄說起來都和我是先後同學）一天，我從學校中放學回家，見到父親與母親都在流淚，說是不久我們就要遷出這個大宅，將來你也不能再在育才讀書，因爲育才小學每學期學費三元，以後負担不起了。我很天眞的說：『我還有一塊錢，你們拿去用好了』，我的父母聽了，破涕爲笑說：『我們儘管窮，不會用你這一塊錢的。』

我家店舖倒閉後，父親鬱鬱寡歡，認爲來日大難，於是不做老板做夥計，到一家大綢緞舖去當總賬房，月薪十元，他覺得環境大非昔比。有一天，他叫着我的小名說：『阿沅，我帶你到夷塲上去吃大菜，今天姑且作樂一下。』（按上海縣城中人稱租界爲夷塲）我就跟着父親搭電車到英租界大馬路，在石路口一家很簡陋的粵式西餐館進餐，我記得電車到法租界是收費銅元一枚，由法租界進入英租界的電車又是銅元一枚，西餐是每客小洋二角，我第一次吃到牛油麵包和炸猪排。父親告訴我，牛油和麵包是不要錢的，我就吃了很多，覺得塗了牛油滑潤異常，極爲可口，吃完之後，父親又帶我到一家髦兒戲館去看戲，每客收銅元十枚，兒童是不要錢的。那時節上海南市居民有一種風氣，到租界上去一定要吃大菜、看戲、坐馬車，成爲三部曲。我嚷着要坐馬車，父親說馬車是私家設備，出租的馬車，要到跑馬廳旁馬車行去租，每租半天，需化小洋六角，太浪費了，於是仍然坐電車回家。

這般的歡樂時光，祇過了一天，次日父親以銅元二枚，購醬猪肉二塊，吃了之後，患上了嚴重的痢疾，來勢凶險，一日數變，請西醫治理，醫生一味搖頭，病勢日益嚴重，經過了七天，他老人家就溘然長逝，臨終時，有氣無力的說：『阿興要出洋，阿沅要做醫生』，斷斷續續的重復說了幾次，這是我父親對我們兄弟倆的期望，其時我父親祇得三十七歲。

我的父親雖有這樣的期望，可是那時我們家中盡其所有祇得三十六枚銀元，連後事都無法料理，興哥拿出了他的積蓄五塊錢交給母親，我也把一塊壓歲錢拿了出來，母親號啕大哭起來，大家也跟着淚如雨下。

我的一塊錢，母親沒有接過去，一邊哭，一邊將我的手推開。我手中的一塊錢，本來上邊貼有一個紅色的喜字，受到淚水的浸潤，成爲血液般的紅色，母親以爲我流了血，哭到暈厥過去，我却以爲家中又死了一人，痛哭失聲。待她醒了之後，她囑我將銀元藏好，免得引起更多傷感。這些情況，以後我每逢發寒熱做惡夢時，總是呈現出這一幕悲劇。

接着我的四伯父匆匆趕到，進門便大哭，哭到嘶不成聲，又看到我的大姊年僅十六歲，興哥十歲，我六歲，幼妹二歲，都在童年，而且母親還懷有三個月的身孕，就是後來遺腹而生的士範弟弟。

四伯父看了這般凄凉情景，他安慰我母親說：『一切身後的事，由我來安排。』這天，大家祇是哭，但是我母親意志堅强，她說：『天下事無不了之局，我也會負起這個重任。』親友們都暗暗着急，如何料理善後；誰也知道這是不可想像的困難大事。

母親在送四伯父出門時說了幾句話，把如何處理的辦法，表達了她的意見。從前南市世家的風氣，辦喪事都有一個經辦各家紅白大事的人，叫作『賬房』，還有一種專管派送訃告或報喪條

的人，叫作『執事』。這種職務是對許多世家常年而流動性的服務，往往世襲二代三代的傳下來，對各家親友關係熟識得很。四伯父一出門，立刻去請他們來幫忙，由一個執事星夜分派報喪條，大部份的名單都由四伯父開出，執事對各家的地址也了然於胸。四伯父對這個執事暗示：此次喪事經濟拮据，非同往日，希望你口頭上通知大家要送現錢。

當時上海的習俗，喪事送禮，都是蠟燭一對，香兩股，錫箔一塊，或是長錠兩串，代價不過小洋三四角；比較接近的親友，加送一副白竹布的輓聯，代價也不超過二角錢。這次喪儀，親友們因得到暗示，紛紛改送賻儀，有些送一元，有些送二元，有幾家豪富的竟送十元，這數目在當時算是很驚人，所以這次的總數收到一百多元，殯葬的問題，都可以解決了。

那位臨時的賬房先生，和我家有數代交誼，他說：『陳家如今雖然情況不好，但是世家的喪儀不能顯得太寒酸，可以把已閉歇的綢緞舖中全部陳設搬在一邊，由貰器店佈置靈堂，要有三道靈門，才夠氣派。』貰器店也是三代相熟，講定租賃器材全盡義務，祗化工料兩塊錢就夠了。我們就照他的意思辦理，這一場殯儀，總算做得還很體面。

從前舊家，都是大家庭制度，逢到紅白大事，無論你做得怎樣好，必然有人說長道短，妄加批評，特別是一些長輩老太太們閒話最多。我母親因爲這次父親的突然死亡，一定要焚化一份「六斤四兩」。所謂六斤四兩，即是錫箔總重份量一百兩，是代表白銀一百兩的象徵物。當時上海的錫箔都由紹興運來，用純錫打成，價值不菲，通常人家焚化錫箔，不過用一刀兩刀，每刀重約半兩，大約小洋二角，可以摺成紙錠一大簍。六斤四兩就可以摺成數十簍，由親友女眷們，日以繼夜的幫忙摺成。這種焚化錫箔的習俗，意思是使身故的人在九泉之下不致於經濟困難；也表示

九十年前之上海的所謂夷場

活着的人對死者身後的關懷。

在各親友幫忙摺錫箔時，有位老太太說：『子晋公生前吃慣用慣，六斤四兩是省不來的。』也有一位老伯母認爲：『現在家境如此困難，可省即省，不應這般浪費，化這麽多錢，買這些錫箔。』衆說紛紜，都十分刺耳。

我的大姐那時已很懂事，聽了這些閒言閒語，一時氣惱，便到後房箱底中取出一串『康熙銅錢』，這種銅錢，既厚且重，每一百個制錢，用紅線紮成一條，每十條名爲一串，這是我母親嫁時的壓箱錢，一向不肯化用。大姊把康熙銅錢給大家看，並說：『這六斤四兩錫箔是用我母親的壓箱錢買的，現在還有多餘的幾串，請大家看看。我母親不會浪費銀錢；化無用之物以表哀思，這是應該的。』一位妯娌又插一句嘴說：『這眞所謂窮歸窮，家裏還有三担銅』，這句俗語，是含有諷刺性的，我的大姐聽了就哭起來，母親不出一聲，祗是暗暗拭淚而已。

殯儀分三天舉行，外面的事情都由叔叔伯伯們照料，『知賓酒席』每席二元，有四大盆六大碗之多，一切都辦得很得體。當時南市的民風淳樸，在開弔之日，有一位方老伯（即後來上海商界聞人方椒伯之尊翁），他親自來祭，臨行時

對我四伯父誠誠懇懇的說：『你們這一次受到經濟上的大災禍，最主要的就是你們有一塊地產押給我，我催促着你們來贖，料不到你們始終沒有力量來贖，消息一傳開來，存戶紛紛來提欵（按舊時商店，都接受親友存欵收息的），存戶一擠提，店舖週轉不靈便站不住了，所以子晋公的早夭，我不無內疚。』說罷之後，拿出莊票一張，數目達八百四十元。他說：『這筆欵子是我歷年計算你們利息太厚，現在我就拿這筆錢來作爲賻儀，以贖前愆。』四伯父深深作揖，接受了他的厚賻，等方老先生走了之後，就把莊票移交給我母親。

喪事完畢後，我們一家人扶柩到安亭祖坟下葬。安亭距離上海約一百里左右，火車可以直達，我家祖坟地區廣大，穴位排列五級，能葬五代子孫。有一個祠堂，相當宏偉，堂外有祭田百畝，租與農家耕耘，將租米作爲祭祀及修葺祠堂之用。在安亭墓祠時，我的叔叔說：『你們一家六口，應遷入祠堂居住，以維永久，而省開支。』我母堅持不允說：『孩子們居住鄉間，將來的教育，便不堪想像。』我的叔叔是一個讀書人，他說：『安亭是一代宗儒顧亭林的故里，讀書是不成問題的。』我母認爲這種見解太不合時，所以在葬儀完畢，就毅然決然的拖了兒女回到上海，集合親友說：『我決計在上海教養兒女，將姓方的八百多銀元分存三家綢緞舖，以十五年爲期，取本又收息，十五年中子女們的教育與生活就不成問題了。』親友們對我母的主張都認爲有見解，要是我母沒有這種決心和毅力，那末我們弟兄姊妹，都成了鄉下人，我們日後每人的歷史也要重寫了。

本文作者之慈母

不久，家中又發生一件悲慘的事，就是大姊素體羸弱，突遭家難，一病即倒，與世永訣。下葬安亭，耗銀元二十餘元。這一事又使我母親傷心不已。這許多事情，我當時年紀還小，不甚了了，母親在我長大之後，總是嘮嘮叨叨的講個不休，令我深印心坎，永遠難忘。

遷出舊宅　生活艱辛

父親喪事完畢後，我們搬離綢緞莊後面的舊宅，但要找一個新居，問題極大。當時各處的房租，小宅一處月租都要十元、八元，到處託人代覓，幸虧有一個老親戚說：『我在薛家浜有一個巨宅，內有四間大屋，假使你們去住，每月祇收租金二元』我母親就携帶我們欣然入住。

那知道，這座房屋雖然很雄偉，後面却有一條其臭不堪的河浜，浜的另一面有七八十家猪棚，上海一部份的猪肉都取給於是。我們住在那裏，一天到晚，鼻子聞到的都是猪隻的臭味，聽到的都是猪隻的叫聲，推開後窗一望，見到的都是劏猪的情景，不但滿地是血腥，而且叫聲淒厲。還加上蒼蠅蚊子，成羣結隊的向人襲擊，有時蒼蠅的脚上還帶着細小的猪血漬，這般情況，怎樣也住不下去，但是我母爲了節省開支，祇有咬緊牙關忍着住下去，也住了三年之久。

這三年中，我家的伙食，老是粗米淡飯，米價每担三元六角，每天佐膳食品限定四個銅元，以一個銅元買青菜一大盆，一個銅元購豆腐豆芽之類，二個銅元購『東洋魚』一塊。所謂東洋魚，是紅色的海產魚乾，又稱薩門魚，由日本運來，價廉味鹹而耐食。這般的膳食，常年不變，五天吃一次蛋，每月難得吃到一次『炒肉絲』，即使有肉，肉絲也不過寥寥可數的十幾條。如此清寒生活，就養成了我後來見到青菜就厭，見到魚堅決不吃，一心祇想吃猪肉，可是很難吃得到。

當時我們一家人，身上穿的衣服都是舊的，三年五年從不添一件新衣裳，我穿的是一件竹布長衫，脚上是布鞋布襪，都是我母親一針一針做成的。搬到薛家浜之後，因爲育才小學距離遠，學費貴，所以就改進馬家廠浦東中學附屬小學繼續攻讀。從前小學校中，讀的課本祇有國文、修身、英文、算術、地理、歷史六本書，名爲『共和國小學教科書』，每冊售八分錢，都是商務印書館出版的。

那時讀書，着重國文算術，這兩科成績在九十分以上，就可以跳班。我因爲在私塾中讀過一個時期，所以國文不成問題，算術考試時，大約出四題，祇要算得對總是一百分，所以我每一學期能跳一次班，祇有四個學期，小學就畢業了。

在初進浦東小學時，我和母親有一個爭執，就是不肯穿布襪，布襪土裏土氣，難看極了，一定要改穿洋襪，洋襪是洋紗織成的，比較好看。母親就勉强的答應了，其實那時節的洋襪不過五個銅元一雙，但是穿不到半個月就破了。鞋子是布鞋，布鞋也不過穿半個月，同學之中，祇有一個人穿皮鞋，他是校主楊斯盛的孫子，簡直令全校同學羨慕不已。其實那時一雙兒童皮鞋，最貴的達一元左右。我在畢業禮的前夕，一定要母親買一雙皮鞋，母親堅持不肯，我想把自己的私蓄一塊錢拿去買，但是考慮了幾天，還是作罷。誠如俗語所謂：『一塊銀元像圓枱面一樣大。』

小學畢業典禮舉行之前一週，母親爲我在箱

底取出『熟羅』綢裁做長衫一件，並且向親戚家借到一雙皮鞋，到了畢業禮那天早晨，先到理髮店理髮，那時理髮一次，祗收銅元八枚，理好了髮，我囘去穿了新長衫和皮鞋，囊中袋了一塊錢，欣欣然到學校接受証書，同學們見到我週身煥然一新，都對我刮目相看。

到了下午三時典禮完畢，國文老師送了我一張戲票，令我到陸家浜中華職業教育社大禮堂看錢劍秋女士主演的愛美劇『少奶奶的扇子』，這齣戲是根據英國文學家王爾德的名著改編的，這是話劇運動早期演出的一齣名劇。

散戲後，中華職業教育社散發傳單，招收半工讀學生，同時還有人領導我們去參觀他們的實習工場，有一個爐灶，是專門製造琺瑯招牌的，所謂琺瑯，即是現在的搪磁。入學的人不但不收學費，每月還可以領到二塊錢津貼，我看了很是心動。

那天下午七時，四伯父要我到他家吃飯，我穿了那雙皮鞋，來來往往都是步行，很不習慣，好像腳上釘了馬蹄鐵一般。四伯父見到我拿了畢業証書，極爲高興。吃飯時，我表達自己的意思說：『想投考中華職業教育社的琺瑯班，可以賺些錢貼補家用。』四伯父不以爲然，說：『我家家世代讀書和經商，你却要去做工，須知做工的同伴不良，往往染上賭博習氣，你千萬不可參加，你如果遵從父親的遺命學醫，一切由我負担，但是也要中學畢業之後，才能進入醫學院。』我聽了四伯父的話祗有遵從。按現在香港的搪瓷工業的廠主，多數是由這個搪瓷班出身的；有些成了廠主，在非洲開廠，每年有極大盈餘。

我小學畢業後，即考入民立中學，學費每學期十六元，校長是蘇穎傑（綽號蘇白眼），學校辦理很好，有學生一千人，每年都有盈餘，我眞不懂，當時每人十六元的學費如何能支持下去？今我寫這篇文稿時見到報載，香港的私立學校，今年學費每學期是三百元至一千五百元，而且今年還有九十家學校宣告倒閉，足見從前的十六塊錢，價值是很高的。

民立中學的學制是四年，祗要成績好，一樣可以『跳班』，我得到國文教師陸澹盦先生（即是擅長編劇力捧綠牡丹黃玉麟的人）的幫助，祗讀了三年即告畢業。

民立中學畢業後，我決心學醫，最初投考小南門裏南洋醫科大學（即東南醫學院前身）是幾位留日學醫的人創辦的，內中有一位教師是德國留學生，所以這間醫校，可稱是德日派，因爲是私人所辦，規模不大，學生也不過二百多人，學費每學期收四十元，和一般學校來比較，這學費已算得很貴，我的學費全由我四伯父負担。

在南洋醫科大學，苦讀一年，對醫學基礎，漸有認識。不幸在暑假中我患上了傷寒症，就請大學中一位教師治療，但是西醫治傷寒並無對症藥物，祗是要我靜臥四星期，吃葡萄糖和維他命C而已，不料病勢越來越嚴重，後來家人力勸就診於孟河丁甘仁先生，祗連服了五天中藥，熱度竟然退清了，四伯父就對我說：『你學西醫，而西醫不能治愈你的病，現在中醫把你的病看好了，你不如改學中醫。還有一個理由，你將來學成西醫之後，開業時節，各項設備，這是一筆很大的數目，恐怕我都負担不起，你就做不成醫生了。』那時節恰好丁甘仁先生創辦『上海中醫專門學校』，自任校主，延請謝利恒先生爲校長，四伯父代我轉託王一亭、朱福田兩位世伯寫了一封介紹信，投考『中醫專門學校』；當時投考學校，這封介紹信就等於保證書一樣，經過考試後即被錄取。

『上海中醫專門學校』的學費，每學期是二十四元，四伯父的負担就減輕了許多，我進了這間學校之後，一心攻讀中醫舊籍，進步很快，我覺得中醫舊籍，都是很深的文言文，常有費解之處，因而又百般設法拜一位國文教師，補習國文。恰好有一位常州名儒姚公鶴先生（曾任申報主筆，商務印書館編輯），正在辦理一個法政講習所，我雖然沒有意思去學法律，但是介紹人說：『姚老師要請一個膽寫鋼板和油印的人才，你大可趁此機會跟他做這種工作，那末補習國文的學費可以完全免收。』我聽見能免學費，就很高興的去做這項工作，姚老師對我也很滿意。後來我再拜章太炎先生爲師，也是從姚公鶴老師方面發展出來的。

爲師服務　漸知物價

我從姚公鶴老師之後，不但國文大有進步，而對社會關係的接觸，收獲更大，因爲他的烟榻之旁，每晚都有不少名儒學者相聚傾談，如孟心史、蔣竹莊、莊俞、董康、胡樸安、陸爾奎、葉楚傖、戴季陶、陳冷血、陳布雷、唐駝等等。他們所談的或是批評時事，或是臧否人物，都有很豐富的處世經驗，所有談話資料，也有極高深的學問，由此我智識頓開，見聞大增，對做人的道理懂得不少，覺得這許多學問都是書本上所沒有的。

舊時做門生，老師的事什麽都要做，從倒痰盂、掃地、整理烟榻、迎送賓客之外，還要幫他購買一切雜物，因此我對物價才漸漸明瞭起來。記得其時的物價，又不同於幾年之前了，記得『老大房』的燻魚，小洋兩角可以買到六七塊；『邵萬生』的熟火腿每一包也是兩角，這是最高貴的佐食品。其他如臭豆腐干，銅元一枚可買二塊，棕子糖銅元一枚可購五粒，品海香烟每盒銅元三枚，强盜牌香烟每包也是銅元三枚，小白錫包每包小洋二角，大白錫包每包小洋二角半，惟有茄力克，每罐售價九角，開罐出售每十枝小洋兩角。

米價日益高漲，每担達四元二角，大家覺得「米珠薪桂」這件話，正是一點不錯。

上海人飲酒，以紹興酒爲最普遍，本色每斤一角，花彫每斤一角二分半。飲洋酒的人較少，

三星白蘭地最昂貴，每瓶要銀元四塊，祗有少數富家和妓院中才備有。

我師姚公鶴是吸鴉片的，當時文人雅士多數有烟霞癖，因爲並不犯禁，鴉片烟亦公開發售，當時上海最有名的一家批發商是鄭洽記，零售而規模最大的是石路上的一家『老延齡』，舖面好像銀行一般寬濶，門口有濶而且大的紅木櫃面，我常常奉命到附近一家小的零售舖去買烟，其時每一小罐是小洋兩角，鴉片的淨重是一錢。又有一種是香港來的『公烟』，有黃銅製成的小盒，每盒也是小洋二角，重量記不清了。祗記得姚老師處，夜夜高朋滿座，要燒掉好幾盒。

我當時已經歡喜買書，可是一走進書店，總要翻上十本書才買一本，普通書薄薄一本祗售五分、八分、林琴南的『紅礁畫槳錄』和『茶花女』，要賣到大洋四角，我雖歡喜，但覺得價昂，無力購買。

初次賺錢　意興甚豪

我在中醫專門學校讀書的時節，每月由四伯父給我零用錢三元，包括鞋襪及膳費車費，那時一頓午餐，吃得省儉一些是銅元八枚，就可以解決。要是吃得豐富一些，要小洋二角。我所能節省出來的祗是車費，每天走來走去，很少搭電車，其實那時的電車費，經過華界、法租界到英租界三段，不過銅元五枚而已。

我常常想到『錢』的重要，一定要想辦法利用課餘時間賺一些錢。恰好購到丁福保先生所辦的『中西醫學雜誌』，篇末有一則招請抄寫和剪貼工作職員的小廣告，我就跑去應徵。那時丁福保先生聲譽卓著，與衛生家伍廷芳齊名。我見他面色紅潤，一把銀白色的鬍鬚，接待時笑容可掬，令人如坐春風。我說明來意之後，他看了我履歷上寫的國文教師是章太炎、姚公鶴，醫學教師是丁甘仁，他即刻就錄取了我，但是我聲明，每天祗能在下午四時至六時兩個鐘頭來做工作，初時丁福保認爲時間太短，後來我對他的工作，貢獻了若干意見，他認爲尚有可取，於是破格錄用，議定月薪銀元六枚。

就從此時起，我開始自己賺錢，精神上的愉快簡直無法形容，辛辛苦苦的做了一個月，才拿到一個月的薪水，丁福保先生對我的工作很滿意，臨時加我兩元，更令我喜出望外。

我對丁福保先生的工作，很感興趣，對他既有幫助，對我自己也有相當進步。他那時正在編輯一部『古錢大辭典』，書的內容是將古今的錢譜，以及藏家的拓本，詳註年代和藏者姓名。凡是『著錄』的古錢，都列入這部書中，洋洋大觀，美不勝收。

我對這部書的工作，有二種貢獻，一是代爲收集日本的古錢圖錄，二是古錢的圖式，儘量不採用臨本，一律要用拓本。由於當時的印刷是石印，用拓本可以保存眞相。這兩點意見，丁氏很感滿意。

我雖然每月祗得薪金八元，但袋中常有鏗鏘的銀元撞擊聲，氣慨爲之一壯。內心有說不出的的快樂，外表上也覺得飄飄然，因爲當時八塊錢是有很多東西可買的，我除了添置衣衫鞋襪之外，還陪母親和弟妹上菜館去吃了一餐，記得那時的『和菜』，四菜一湯是一塊錢。第一個月，吃過用過，口袋中還餘五塊錢。

第二個月開始，丁福保先生要我助編『說文解字詁林』，這部書他已出版發行，但是他發覺有不少錯誤，要我把這部書送到章太炎老師處，請他加以評述，章老師原是『小學』專家，他指點要怎樣搜集資料，怎樣改編，他開列出許多有關小學的古籍名目，從此我就天天到舊書舖搜集資料，埋頭工作，丁福保先生處雖有好多位舊學人才，但是搜集資料的能力還不如我，因此更受丁氏的激賞。

丁福保先生倡導素食，來往的朋友，是另外一批人物，最接近的一位就是李石曾先生。有一天，丁氏坐了自備汽車，着我陪他到金神父路花園坊去訪問一個老友，進門時由一個長鬚老人親自開門，祗見那老人家容光煥發，丰神飄逸，我一看就知道他是國民政府主席林森（子超），經過介見之後，林主席對我非常客氣，親自倒了杯茶給我，我見到客廳中，祗有四張藤椅和一張圓形的藤桌，內室祗有一張行軍床（即帆布床），原來這個屋子是他的嗣子承租的，他祗是到上海時作爲居停之用，儉樸如此，出人意外。

林主席喜歡搜集小擺設和古錢，和丁氏欵欵深談，逸興遄飛，忽然間林主席說：『我爲了調解國事糾紛，要到福建去走一次，這是一個艱巨的任務，有被扣留的可能。』丁福保先生說：『何不到此間著名測字名家丁太炎處去測一個字，再定去留。』林主席縱聲大笑，認爲測一個字，雖也不妨；但這時局勢有劇變模樣，他的行踪惹人矚目，便說：『可不可以把這位測字先生請來家中一談。』丁福保說：『不必，自有辦法』。說罷，就請林主席口占一字，林主席就說了一個『福』字，同時丁福保也說了一個『放』字，叫我坐了汽車到新閘路鴻慶里丁太炎處。

一般人認爲丁太炎的『太炎』兩字，是沾章太炎師的光，其實丁太炎的成名，還在章太炎師之前。他在清朝光緒末年，當過北京的欽天監，慈禧太后病亟時，李蓮英到他那裏去測一個字，他斷然的說：那字是『兩龍賓天』之兆，李蓮英認爲荒唐，消息傳了開來，丁太炎被拘入獄，不久，果然光緒與慈禧先後駕崩，攝政王執政後，才把他釋放，丁太炎也就逃到上海以測字爲業。

我到了丁太炎的府上，見到他烟容滿面，形神消瘦，祗是兩目烱烱生光，望上去顯得很精明，那時客廳中坐了十多個人等待占卜測字，他好像老吏斷獄一般，對每一人祗說幾句話，問卜質疑的人都唯唯而去。

輪到我占卜時，依例要焚香跪拜，默禱之後拈一個字卷。我說：『我已經有兩個字帶來，祗

要請先生解釋一下。』丁太炎就對我說：『當壇卜字是一元二角，自帶字來要收兩元。』我說：『照辦』。

丁太炎先看了『福』字，問我要占何事？我答：『出門遠行』，他見我站在他的右面，他就說：『福字半面是示字，加上右字，是一個「祐」字，可見鴻福齊天而有神明保祐，要是到福州去的話，更是順利；要是到福州莆田的話，那末田字是累字的頭，有些麻煩。』我再問：『有無生命危險？』他說：『沒有』。

接着他又看『放』字，他照例問：『所占何事』？我說：『不知道』。他說：『這個放字的一點是代表一字，下面是簡筆的萬字，旁邊是一個文字，大約是有一筆錢要想放出去，占這個字的人，是一位有心人，要是他眞的想放息的話，放心去做可也』。

我覺得他講的話，簡單明瞭，不覺心動起來，我說：『我也想占卜測字，能不能衹付半費？』丁太炎望了我一眼說：『占卜一字必須照我的潤例付錢，不如把你的生辰八字說出來，我替你簡單的算一個命』。我就說出：『我的生辰是光緒三十四年二月十四日寅時生』。經過他一算之下他問我要問何事？我說：『問前程？』他說：『你的前程好極了，將來定是一個千萬富翁』，我就笑起來說：『上海富翁能有百萬的人已經不得了，丁先生大約不知道上海的情況，租界上首富是地皮大王程霖生，綽號程麻皮，也談不上千萬富翁，後來程麻皮爲了標金五百枰的投機差額，把全部地產契據押在天主堂，他竟然倒下來了。那時黃金十兩爲一條，七條爲一枰，以此來計算程麻皮的家產也不過爾爾，至於上海最大的民營銀行，是陳光甫先生創辦的上海商業儲蓄銀行，資本最初不過十萬元，勸工銀行、女子銀行，創辦資本不過三四萬元而已。所以你說我將來有千萬家私，我不敢相信。』丁太炎似眞似假的笑了一陣說：『說不說由我，信不信由你。』說罷，我就告辭了。（按：我當然自忖不會成爲千萬富翁，但是照敵僞時代後期儲備票的情形下來計算一下，倒眞有千萬元收入，勉强的解說，也可以說是應驗的。）

我對相面、算命、測字、並不相信，倒是丁福保先生對這件事看得很重，因爲見到林主席拈鬚微笑，點頭不已。至於丁福保對這個『放』字的解釋，口頭上不說對與不對，但是觀察他的神情，似乎也道中了他的心意。

次日，我正在工作，丁福保先生對我說：『你明天早上，先行沐浴理髮，並預備水果四式，事誠的送給我，我準備把理財的秘訣傳授給你，』我說：『好極了。』

翌晨，我帶了水果禮物，到了丁家，丁福保先生叫我進入內室，那間房間的佈置，是日本式的塌塌米，兩人盤膝對面坐下，几上焚了三枝線香，丁先生正襟危坐，欵欵而談，說是：

『一個人讀了一些書，往往對錢財看得很輕，認爲是阿堵物，提到錢就俗了，這是不對的，所以文人往往不知理財爲何事？一生潦倒，所謂百無一用是書生，其實，一個人的生存是脫不了錢的，不善理財一世苦。

理財的方法，從來都是老生常談，人人都知道，要是知而不行，等於「無知」。要是能夠按照我說的話去做，人人可以致富。所以我要傳授你幾個秘訣：

一，擇業要向大衆方面着想，選中一個行業，要專心致力的去「做」，絕對不能改行，祇要努力，行行可以出狀元。

二，一個人不可以懶，一懶百事休，「勤」要勤到比衆不同的勤力，觸類旁通，必然會出人頭地，錢財一定追求不息，但是不正當的錢，一文也不能妄取的。

三，賺到了錢之後，一定要懂得「節」，賺十文，最少要節三文，等到所業有成，那末賺到十文可能祇用二三文，把積下來的錢，籌備更大的計劃，因爲『由錢生錢』更爲容易。

四，賺錢不易，管錢更難，祇會賺，不會「管」，仍舊不懂得理財的道理。能夠理財之後，還要會「用」，會用比會管更難，用得不得當是浪費，用得有意義，才算得是理財家。』

這些話講明之後，他又舉出許多當代成功人的故事。我聽了大爲感動，我說：『我也明白，林琴南翻譯的却爾司廸根斯著的「苦海孤雛」裏面有一句名言：賺十個先令，用八個，一生一世快樂；賺八仙令要用十個先令，一生一世苦惱。』丁氏頷首稱是。

賺錢不易　更防誘惑

先時，我曾經和一位表兄同遊半淞園，門票每張爲小洋一角，遊船一小時爲銅元六枚，兩人一面划船，一面吃花生瓜子，在河中豪興大發，相互『言志』，我的表兄終身願望，祇希望能夠在洋行中賺到三十元，那時他可以供應一家開支之外，還可以有一輛鋼絲包車，連車夫的工資都在內了。

我說：我的志願，希望將來做醫生，每月能賺四十大元，已經很滿足了，要是醫生不走運的話，祇有進善堂做一個主診醫生，薪水雖不過三十元，也可以維持家庭。

申報附刊常識編輯沈思孚

這是兩人讀書時代的願望，深深的印在腦海之間，足見那時賺錢不易，任何人不敢存什麼奢望。

我在讀書時能夠賺幾塊錢，眞是得來不易，但是生活上又非再多賺幾塊錢不可，於是我苦心積慮的想出一個辦法來。當時上海的『申報』，天天有一個附刊，叫作『常識』。刊出後每篇稿酬一元，我就開始投稿，專門寫一些驗方，連續的寄出稿件二十多篇，但是稿件寄出之後，音訊全無如同石沉大海，可是我並不氣餒，祇怪自己寫得不好，還是繼續不斷的寫，不料在三個月之後，忽然登出一篇『疥瘡驗方』，這是我的文字第一次在報上見到，領稿費時，祇見稿費單上附註了『着投稿人來與編者沈恩孚一談』幾個字，我知道沈恩孚就是沈信卿，是一位江蘇省教育界前輩。

沈恩孚見到我穿了青布長衫，如學生模樣，態度極和藹，他問我的學歷之後，便說：『我手臂上有一堆多年的老疥瘡，看了你的稿件，就到藥店買成藥「一掃光」來擦，祇費了兩個銅元，把多年的頑病就醫好了，所以要見見你。』我就很誠摯的道謝他，接着他又問我的境況，我也依實相告，他說『好』。你的稿件儘管不斷寄來，我規定每月登出八篇，以助你求學時的需要，我稱謝而歸。

這次領到的一元稿費，也是我生平用文字換錢的第一次，當天意興豪發，拉了六七位同學到邑廟『春風得意樓』去吃茶，茶資是銅元八枚，各種小吃，如生煎饅頭、蟹殼黃等，又吃掉了銅元二十餘枚，在那幾位同學看來，簡直是一件豪舉。

隔了幾天，我把會見沈恩孚的事告訴姚公鶴老師，姚老師說：『報館的投稿人，向來是各有地盤，外邊的人是不容易投入的，你能打入這個圈子，以後你的稿子讓我先替你潤飾一下，一定還要好。』

六十年前的春風得意樓九曲橋尚係木製欄杆

姚老師有一個兒子姚建初，是交通大學學生會中的領袖人物，五卅鬧風潮他是其中主角之一，他與某黨的組織有關，常教我抄寫文稿或油印文件，我看在老師面上，每次都唯命是從。他聽到我說及投稿經過，約我到另一房中，偷偷的對我說：『你不必如此辛苦賺錢，我有一個地方，需要一位油印工作的人，每月可以給你二十五塊錢，但是你先要經過三個月的思想訓練，你便可以成爲C．Y份子，將來還有很大的前途。』我聽了這番話，雖然二十五元的吸引力極大，但是我想到君子羣而不黨，堅決的謝絕了他，還是我行我素，繼續投稿。

不久，姚建初被租界當局通緝，華界也要捉他，他貧夜逃亡。隔了十年之後，他又潛回上海，姚師已經身故，他來看我，那時他年紀不過三十餘歲，骨瘦如柴，兩鬢已蒼，他說：『我歷盡滄桑，幸虧你從前沒有跟着我做事，現在黨外要捉我，黨內又說我是托派，令到我求死不得，求生不能，吃黨飯是「生命的濃縮」，現在重回上海，眞是感慨萬千。』這位姚建初回到上海，任何人不敢招待，在上海過了三個月的流浪生活，貧病交迫而死。

否極泰來　進入鴻運

在中醫學校肄業的最後一年，就在校主丁甘仁老師處開藥方，謝利恒老師特別爲我吹噓，說我的字清秀而迅速，所以別的同學都做錄方的工作，祇有我一進丁老師的診所，就爲他寫藥方，寫了三個月，丁老師很是滿意。一天，有一個病人拿了藥方到拋球塲京都達仁堂去配藥，不料達仁堂的伙計看了我寫的藥方，說藥的份量寫得不明白，拒絕配方，病家打電話來質問，丁老師頗有慍色，要我即刻到藥舖去察看一下，到底錯在那裏？

我到了達仁堂，那個伙計指着藥方說：你們上海醫生寫三錢二錢的『錢』字，都不像錢字。我回說：『這是我們南方中醫傳統的簡寫法。』他聽了我的話，就說：『我們不識，所以不配。』於是我就和那位伙記爭執起來，我說：『你們雖是北京的老藥舖，現在到上海來做買賣，也應入境隨俗，該把上海醫生習用的簡筆字學習一下。』那伙計竟然倔强得很，把藥方一推，岸然不理。於是我就振振有詞的罵了他一頓，我說：『你們要是不聽我的話，全上海的中醫，都不會向你們配藥。』那伙計還是說：『我們不在乎幾張藥方，我們是靠出售藥丸的。』

正在爭執之際，東主樂篤周帶着笑容由裏面

走出來，很客氣的問我尊姓大名，我見他態度溫和，氣惱就消了許多。才把這件事情說明，樂篤周說：『你來得正好，我想請你把所有簡筆的字碼，對我們全體伙計解釋一下，以免下次再有這種事情發生。』我見他態度很誠懇，於是就把『錢』『両』『錢半』『両半』等簡筆字，寫了一張示範的清單，樂氏就說：『怪不得我們配方的生意寥寥無幾，今後完全要把這些簡筆字學習明白。』說完他就送我一份『樂家老舖』四字的拓本，原來這四個字是明朝權相嚴嵩所寫的。

我拿到這個拓本，很是高興，我又把他們的藥丸仿單加以評述，我說：『你們這種仿單如果不加修正，在上海是行不通的。』樂篤周很虛心的請我進入內室，問我：『這種仿單由明代沿用到現在，是刻了木板印成的，何以在此地行不通？』我說：『仿單原文語句陳舊不明，而且對病名証名分得不清楚，教人怎樣能看得懂？』樂氏恍然若有所得，打躬作揖送我出門，而且說：『明天要來拜會丁老師表示道歉之意。』

次日，樂篤周果然來見丁老師，隨帶百元面額莊票一張，並說：『你們的陳師兄光臨小店，經他一番指示，茅塞頓開，所以我除了親來道歉之外，奉上此區區之數，希望老師請一個人來爲我們把全部丸散仿單修改一下。』那時病人很多，丁老師匆匆的接過了莊票便對我說：『既然你主張要他們修改仿單，那末就由你去做好了。』在那時一百元，已是可觀的一個數目，我接收了這筆錢，不覺頭部有些暈起來。

丁老師把這事交待清楚之後，又在百忙之中，親自送樂篤周出門，這是很難得的事。我正在奇怪，丁老師說：『樂篤周家私百萬，是北京的首富，你以後該對他要多多聯絡，他們北方人是最講禮貌的。』

我把達仁堂的丸散仿單修改補充，又經醫界名宿余繼鴻老先生潤飾之後，工工整整的謄寫成冊，送給樂篤周，樂氏一邊看，一邊讚說：『陳師兄，你能不能再幫一個忙？我想請一桌酒，邀請幾位上海名醫，你可否爲我做一番聯絡工作？』我說：『丁甘仁老師向不應酬，人家發請帖，至多到一到就走，決不會坐下來吃到席終。不過我有一個辦法，這一次我平空受到你一筆墨金，應該由我來出面，而且要預備上好烟土，那末丁老師自會欣然光降。』樂篤周大喜說：『就由你出面好了，到時我另備法國名酒和雲南小隻「馬蹄土」。至於在那家菜館，和請那幾位名醫作陪，都由你安排。』

那時節上海的北方菜館，會賓樓、大雅樓，一席酒是銀元十元。廣東菜館在虹口有會元樓，每席是十一元，在法大馬路有一家鴻運樓，全席是八元，但是要用魚翅的話，就要加四元，因爲他們的白汁排翅是馳譽全上海的。

鴻運樓向不講究裝修，恰好這時他們剛油漆一新，老闆在內室有一間烟房，專供自己吸烟的，因爲他們有這個設備，所以就訂下了鴻運樓。鴻運樓主人知道我要借用他的烟房，初時頗有難色，後來聽到我備了「馬蹄土」饗客，他也垂涎欲滴的說：『烟房儘管借給你，不過我也想香一筒』。我說：『可以』。

所謂「馬蹄土」，形狀就像一個馬的足蹄，是印度產的最上品烟土，價格最貴的時期，一兩馬蹄土相等於白銀五兩，不是豪富階級是吃不起的，而且出產不多，物以稀爲貴，更抬高了它的身價。

丁甘仁老師聽到我要宴客，他也很高興，再聽到有馬蹄土饗客，他更是歡喜，他說：『這個土一定要拿到我這裏來熬煑』，姚公鶴老師聽到這個消息，也要參與其盛。還有謝利恒老師、惲鐵樵先生、徐小圃先生等都在被邀之列。

到了宴客那天，樂篤周盛裝而來，見到當時上海的名醫，一個個應邀而來，他更高興，每人送吉林人參一兩，當時這種參的售價每両是銀元十二元。（按一九七一年五月香港的市價，吉林參每両爲港幣一萬三千元，而且看來還有直線上升之勢。）

這一次在鴻運樓的宴會，是我第一次請客，幾位前輩在席散之後，大家魚貫而入內室，吞雲吐霧，談笑風生，直到深夜，我所費的不過十二元幾角，樂篤周的烟土和洋酒所費比我還多，但在他覺得收穫很大。

這次宴會之後，我自己計算一下，我在銀行中的積蓄，已經有了兩百元以上，這個數目，在當時已是很可觀了，這是我後來實行創業計劃的基礎，隔不到幾年，境況完全變遷，都是從這兩百塊銀元開始的，所以我對鴻運樓這次宴會，認爲是我否極泰來，進入鴻運的一個轉捩點。

（一一）

南張北溥與黃庭經

訥夫

張大千為本文作者所臨黃庭經書題跋

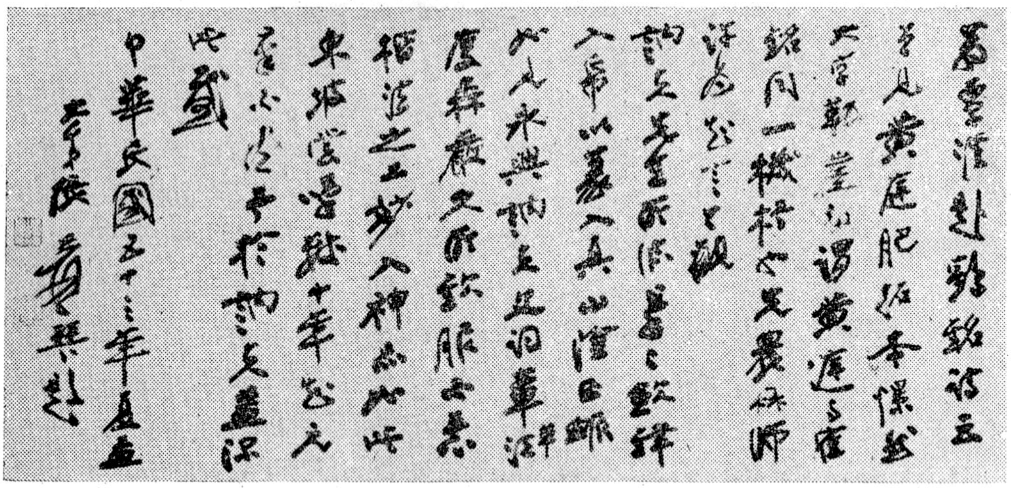

兒時學書，父親督責綦嚴，寒冬炎暑不得間斷，每晨必令習小楷兩頁大楷五頁，小楷要用羊毫筆寫在夾宣紙的白摺子上，當然是自己磨墨，過淡則墨水四溢，一片模糊，太濃則筆澀不下，使轉欠靈，夏天寫小楷二頁後，眞有汗流浹背之感，嚴冬則手僵指硬，筆鋒乾結，個中滋味，非過來人不能領畧。不過，像這樣的習字方法，雖然不爲孩童歡迎，但作爲練字基礎工夫，倒有一番意義。今天，自顧拙於此道，並無成就，可是，寫起小楷還可以不用打格子，也一樣有些行氣，老眼雖已昏花，手指還不至顫抖，相信與少時經過幾易寒暑的習字基本訓練，不無有關。

記得最初臨摹的字帖，大楷從顏柳入手，小楷則爲鍾王的宣示表、樂毅論與玉版十三行和黃庭經。摹寫是用薄蠟紙覆在帖上，每個字一點一畫都不能馬虎，經過一段摹寫時間，然後才用宣紙白摺子臨寫，也要筆筆不苟，而且要講求行氣，一字跟一字，上下照應，左右距離平均，大小一樣整齊，還要摹仿原帖神韻，即所謂不逾風格，寫鍾太傅要學拙厚，寫王羲之、獻之要得遒勁秀逸，這樣天天臨摹兼施，偶而稍有進步，便沾沾自喜，以爲總可寫出一點面目，可是一經呈上父親批改，却仍不免滿紙「紅槓」，不是說用筆不對，就是行氣不夠，到了寫好行列整齊，字字端正，却又嫌不夠秀氣，這是學寫小楷的艱辛之處。

爲甚麼學寫小楷要揀鍾、王兩家入手呢？據說是取法乎上、收效乎中的方法，鍾太傅的宣示表、薦季直表，和墓田丙舍表，三者結構並不一致。宣示表平直端方，薦季直表樸拙有致，丙舍表則秀麗清逸。王羲之的樂毅論與傳爲王書的曹娥碑，也具有鍾書同樣的神韻，在這幾本字帖中，我最喜歡臨摹的還是王羲之的黃庭經。

黃庭經是王書中最爲完整的一本字帖。相傳王與山陰道士交，羲之愛鵝成癖，見道士所豢白鵝喜之，便寫了一卷字帖與道士交換。這是千古以來藝壇動人佳話，究竟是否眞有此擧，實難考據，但從這個故事反映出晉代藝術家的灑脫態度，寫字換鵝倒是異常風趣。

不過，也有人說：王羲之的換鵝書不是黃庭經，而是道德經。年代湮遠，不易証實，總之這兩本字帖都是王羲之正書的有名筆蹟，遠溯至六朝陶弘景始，即有黃庭與樂毅並稱爲右軍正書。到了唐開元五年，得右軍正書三卷，亦以黃庭爲第一。函關失守，內庫法書散落民間，事平後四出尋訪，都找不到黃庭眞蹟的下落。據傳原蹟爲張通儒避亂幽州時隨身携帶，以後則不知去處。

這樣說來，王書黃庭經自唐朝中葉即散失已久，後人摹刻的不知是依從何本，都難稽考。

寒齋藏有宋搨「黃庭」一本，字字清晰，神采鋒稜，頗爲精妙。此本骨不勝肉，拖沓之處，如經膏沐，即所謂肥本黃庭是也。歷來書家多謂宋搨本類皆端正謹飭，有失王書機局，此本獨能以肥拙見勝，風神健旺，用筆伸縮，結體變幻，不可捉摸，深得王書妙趣。

黃庭經是歷代書家尊崇的法帖。據清初書法家方士庶云：「唐初諸大家未有不學黃庭者，虞世南得其圓勁，褚遂良得其夭矯，歐陽信本得其巉峭，具體而微，遂足千古。黃庭胎息虛無，孕育萬有，爲天地之寶，世間流傳本，拘執樸陋，正不可耐，獨肥本則不同凡响。」由此可見學王書的好處。

溥心畬為本文作者所臨黃庭經書引首

十年前，朋友送我舊藏高麗髮箋數張，紙質幼滑，色白如乳，據說是我國出使漢城某大使所贈的李朝製箋，十分名貴。雨窗多暇，不禁見紙心喜，因展五紙臨黃庭經全卷，長達六呎，字作寸楷，每行十三字，不設行格，自覺腕力尚能應付，而於端坐凝氣走筆書寫之間，一種謹敬不苟的神態，依稀猶憶五十年前初學黃庭的心情。書成，覺無錯漏，乃付裝池，聊以自娛。翌年秋，溥心畬先生自台北來港吃蟹和籌開畫展，住在九龍樂斯酒店，各方友好紛紛折柬邀宴，文酒之會一時熱鬧非常，我們二三朋友幾乎每天陪他出外應酬，散席後再回到酒店暢談，溥老對我愛寫字是早已知道了的，我們書札往還都是用毛筆寫在仿古箋上，多作行草。一天晚上他問我還寫不寫正書？我說除了受人所託寫些朱柏廬治家格言之類的條幅以外，自己剛寫好一卷黃庭經，正想請他老人家題幾個字指導指導，溥老叫我拿給他看看。第二天我就送去，他看完了卷子以後，便在書首題了「山陰墨法」四個大字，而且簽上「溥儒」正名，不寫題畫常用的「心畬」兩字。隨後還說了很多批評的話，推許備至，使我汗顏不已。

第二年，張大千先生也從巴西來港，我們一班朋友二十年前經常在界限街他家裏吃他親製的魚翅和川菜名饌，此番重逢，自有一番愉快。一天，我和朋友談起前年溥心老題字的事，他還記起那一卷黃庭經，便慫恿我請大千先生也題上幾字，這樣，那一卷字便集「南張北溥」二人的題跋了，我想也是一段文字因緣，便送了過去，過了半月，大千先生也題好了，展讀之下，不禁驚喜不置，跋語如下：「翁覃溪題鶴銘詩云：曾見黃庭肥拓本，憬然大字勒崖，初謂黃庭與鶴銘同一機杼也。先農髯師許爲知言。今觀訥夫先生所臨，筆筆斂鋒入紙，以篆入眞，山陰正脈，如見永興。訥夫文詞章草，法度森嚴，久所欽服，不意楷法之工，妙入神品如此。東坡嘗嘆數十年知元章不盡，予於訥夫，益深此感。

中華民國五十三年夏孟、大千弟張爰拜題。」

大千先生在跋語裏指出肥本黃庭的妙處，更引証他老師曾農髯先生的意見，可見這位畫名滿天下的大家，書法造詣之深，至於跋中對余獎飾之辭，當爲勉勵之意，敢不拜嘉。

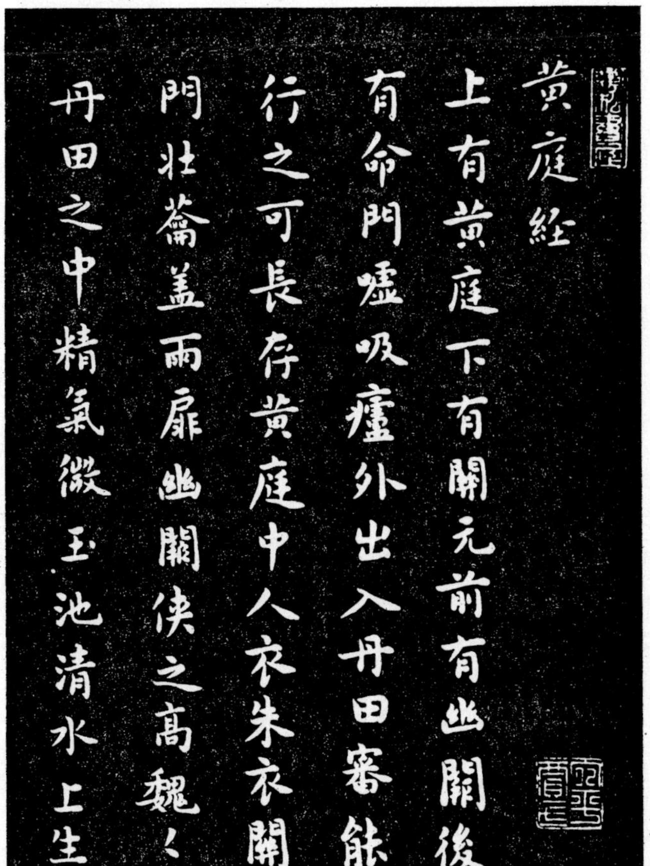
黃庭經
上有黃庭下有關元前有幽闕後
有命門噓吸廬外出入丹田審能
行之可長存黃庭中人衣朱衣關
門壯籥蓋兩扉幽闕俠之高巍巍
丹田之中精氣微玉池清水上生

本文作者所臨黃庭經之起首部份

大人小語

·上官大夫·

一撈永逸

有一句成語，叫作「一勞永逸」。

時代不同，環境變易，昔之「一勞永逸」，現在已變成「一撈永逸」。

壓路機與電唱機

有人批評水費漲價，政府鎮壓民意，有若壓路機。

至於報紙輿論則像電唱機，唱不唱由你，聽不聽由我！

捲土重來

販賣鴉片之人，三次被捕。「捲土重來」，當之無愧。

三妻之恨

失業男子，娶有三妻。因娶三妻而失業，或因失業而娶三妻，都有可能。

毫無疑問

英國一作家，以十年時間寫成一部小說。有一點毫無疑問：他一定不等稿費。

香港風情

聯合國統計，世界各大城市，香港名列第十。

高樓之多，有若紐約；窮人之多，則似孟買。

腰痛良方

美國一醫生曰：婦女腰痛，祗需搖身擺臀，其痛自止。

所以常穿高跟鞋使蓮腰欵擺，實有防止腰痛之作用在焉。

會員何往？

西報載稱：香港四百萬市民，兩百萬為街坊會會員。

據我看來，這裏好像祗有「街坊會首長」，而從來不見街坊會會員。

聰明極點

犯罪三十九項，其中三十八項每罪入獄一年，同期執行。

首創「同期執行」之人，其頭腦聰明，堪稱天下無雙。

新潮舞蹈

新潮舞蹈，花色繁多，精彩百出。其姿態，或似賽拳，或似摔角，或似雙人瑜伽，就是不像跳舞。

抽象的極致

一九七一年室內設計，廳堂傢俬趨向抽象化。

抽象的極致，是根本無需傢俬。

五分鐘之差

英國某工廠下午飲茶時間由十五分鐘減為十分鐘，引起軒然大波。

某洋行大班規定職工如厠不得超過五分鐘，寧不豈有此理！

眞正平等

日本民意測驗，多數女人，來生不願再作女人。

人類的眞正平等是：今世作女人者，來生均作男人，今世為男人者，來世均作女人。

太太之福

男子壽命，平均比女人短三年。

有錢的丈夫早死，是太太之福；丈夫窮而太太先死，也是太太之福。

並非虐畜

德國法庭裁定，在馬背上表演脫衣舞，並不構成虐畜罪行。

不錯，受虐待的是那個脫衣的「人」，不是「馬」。

馬氏宗親

馬氏宗親會，徵求會員。不姓「馬」而對賽馬深感興趣者，亦可加入。

有益衛生

世界衛生組織發表，唇膏具有防癌作用。

由此觀之，一日三餐之外，一日三吻亦屬有益衛生。

諸葛亮到

香港電視台，明年可能增為三個。

三個即使都是臭皮匠，也已等於一個諸葛亮。

精彩節目

單車載貨五百磅，罰欵二百五十元。

如能載重一千磅，可以參加馬戲班演出，且為一精彩節目。

馬來西亞

走馬看花記

·上官大夫·

從星加坡到吉隆坡

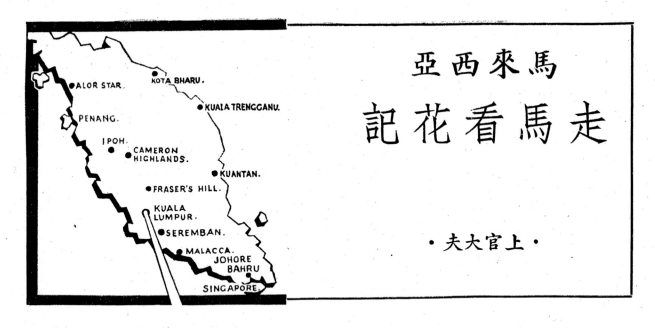

此次南遊行程，原定先泰馬而後星加坡，後因簽証關係，變成了先星加坡而後馬、泰。關於大馬簽証手續，我認爲值得多提一筆，以供有意前往馬來西亞旅行者參考。

至今爲止，大馬在港尚無簽証機構，短期間聞將成立專員公署，而由本港移民局代辦，填寫申請書時，必須塡明當地担保人之姓名職業地址等等，然後囑令靜候佳音。我在香港遞入申請書後等了一個多月，杳無消息，因無法久等，乃先去星加坡。

到了星加坡，由友人介紹，託百代旅行社周君代辦大馬簽証手續，耗時不多，收費亦極合理。過程是把申請書送進大馬駐星專員公署之後，託吉隆坡担保人向移民局不斷接觸，取得批准號碼，以長途電話通知星加坡申請者本人，即憑此再往大馬專員辦事處出示號碼，請其以長途電話向吉隆坡移民局查詢證實，立即辦妥簽証手續。

代我辦手續的百代旅行社周奕民君與大馬專員公署辦事處人事關係頗佳，我在吉隆坡的担保人在當地政府機構服務，這兩點可能是使我一切進行較爲順利的原因，但從全盤情形看來，大馬簽証即使稽延時日，主要原因，似乎仍在政治及安全理由，對華人不敢輕於批准入境，以及公文旅行往返費時所致，此外並無其他原因，不若×國之有意留難，目的乃在等待「滴油」鋪路也。

友人李君在港申請旅行吉隆坡簽証，比我在港申請還早，歷時三月，不見下文，最近再往探詢，得到的答覆是NO，由此可見由港赴馬，確屬不易，以後如果想去馬來西亞，不妨一試我的辦法，先到星加坡，然後向大馬專員公署申請，不過最要緊的是，必須先把吉隆坡的担保人安排妥當，否則仍是徒然。

地理位置政治體制

許多人對於「馬來西亞」、「大馬聯邦」、「馬來亞」、「西馬來西亞」、「東馬來西亞」這幾個名詞混淆不清，其實各有其肯定的含義，在此我想把這個亞洲新興國家的地理位置，民族系統，政治體制以及各種有關情形扼要一述，以增了解。「馬來西亞」爲一政治上的名稱，「馬來亞」爲一種族上的名稱。今日之馬來西亞，地理上明顯地包括兩個地區，一是從泰國邊境西南伸展的「馬來半島」，一是婆羅洲島北部與西部沿海地區，包括沙巴（前稱北婆羅洲）與砂勝越，婆羅洲島之國境有九百哩與印尼相接壤。目前上述兩個地區，前者稱爲「西馬來西亞」，後者稱爲「東馬來西亞」，兩個地區於數年前合併，組成今日之「大馬聯邦」，亦稱「馬來西亞」。

馬來西亞共分十三個州，每州各有一蘇丹爲統治者，各州蘇丹間互選一人爲最高元首，每任爲期五年。

馬來西亞國會有上下兩院，上院議員六十名，其中二十八人以選舉方式產生，三十二人由最高元首委任，議員中自選正副議長各一人。下議院議員一四四人均由選舉產生，馬來亞之十三州佔一〇四人，沙巴二十四人，砂勝越十四人，每五年舉行大選一次。

馬來西亞政府的內閣由最高元首任命，以總理爲首，閣員人數無定，但均爲國會議員。總理必須爲在馬來亞出生之馬來居民，閣員由總理推薦任命，每星期舉行會議一次。

馬來西亞全國面積十三萬平方哩，人口據一九六七年統計超過一千一百萬，其中馬來人四，三五一，〇二一人，華人三，一五七，四二三人，印度與巴基斯坦人九五七，九四四人，餘數爲其他民族，近年來有增加。聯邦國語爲馬來語，法定語文爲英語，華人社會中多講白話（廣州話）。當地物產以樹膠、錫、木材、鐵礦爲最大資源。年來積極改進關稅制度，提倡現代化工業及建設現代化城市，旅遊事業近亦大有起色，新型酒店興建甚大，英、美、比利時、丹麥、芬蘭、

西德、意大利、挪威、瑞士、瑞典遊客，毋需簽証，可以入境。

大馬首都氣象不凡

星加坡至馬來亞，有鐵道可通，經柔佛、吉隆坡、怡保而至檳城。一九六五年時，星馬一體，星加坡獨立後「星」「馬」分家，這條鐵路便跨越了兩個國家，但絕大部份係在馬來亞境內，所以火車自星加坡駛出，不久即行「出國」。

我從香港到星加坡的飛機，曾於吉隆坡小停，當時暮色蒼茫，機場景色極爲模糊，第二次由星抵隆，時在下午四時，所見自然不同。吉隆坡爲大馬首都，也是馬來亞第一大城，機場建築，壯麗堂皇，從飛機上下來經過那廻旋塔步入機場大厦，印像深刻，公路平直，建築雄偉，首都氣象，畢竟不凡。

此次抵隆入境担保手續係託楊際光兄代辦，他移居吉隆坡已有多時，任職馬來西亞廣播電台，與之不見者達十五年。我在等待檢查行李時，從大玻璃窗外望，見他已在人叢中相候，出後握手相見，歲月雖不饒人，仍覺丰采依然。闊別重晤，一切不知從何談起，我急於問他已有幾個兒女？他則急於知道香港一般老友近況。遂即由其駕車先回家中，讓我見了我還沒有見過的嫂夫人，楊太太也在電台任報告員之職，一片清脆流利的國語，聽時有若置身平津，夫婦同業，其快可知。

我在星加坡致際光兄函中曾問及劉問渠、張冰子兩兄，據云冰子兄向在吉隆坡，問渠兄向居檳城，三個月前方來吉隆坡，現分任「中國報」總主筆及總編輯，該報爲當地唯一華文大報，銷行全馬各地，印數達八萬份。

楊府小坐片刻，即去旅館安頓行李並冲凉休息。我在吉隆坡熟人不多，第一頓晚飯的東道主自非楊兄伉儷莫屬。那晚去的是一家露天花園飯店，吃的是客家菜，魚蝦之外，當然有鹽焗鷄，其味道之鮮美，較之香港任何一家客家菜館，不稍遜色。

吉隆坡華僑，多操廣州語，與星加坡之盛行閩語與潮汕語，又有不同，這對我是一大方便。當地華僑習於勤樸，民風淳厚，不僅非香港花花世界可比，即與星加坡也有顯著分別，這是吉隆坡給我的第一個印象。飯後楊君夫婦送我回旅店，問渠兄亦來樓下咖啡室小坐晤談，約於明日午餐。

酒店之夜名勝風光

吉隆坡著名旅館有聯邦、美輪、馬來亞、馬來西亞等諸家。我住馬來亞，房間日租叻幣二十八元，合美金九元餘，較星加坡稍廉，且無加一小費。

現代標準的旅館中，日夜廿四小時不斷營業的「全時候」咖啡室列爲「必須」，因爲住在裏面的旅客，說不定隨時有人想喝一杯咖啡與吃一客三文治，習慣上，這種咖啡室一定沒有別的招牌或名稱而逕名 Coffee Shop，而且一定設在旅館地下。

這是我離開星加坡的第一晚，有關星加坡的一切，縈繞腦際，轉輾反覆，不能成寐，因又重新披衣下樓。出電梯，一樓夜總會傳出熱情樂聲，頗想入內小坐，但探首一看，燈光黯淡而又烟霧迷漫，違我心意，祇能仍往咖啡室小坐。頗想不叫咖啡而叫一杯酒，但不會喝酒又不想喝咖啡，結果要了一杯牛肉茶，藉此一盞，在胡椒香味中，消磨了子夜時分的二十分鐘，登樓上床，開亮了房間裏的全部燈光，結果在翻閱遊覽圖文中沉沉睡去。

第二天的約會由中午開始，上午一大段時間全部空白，爲了不甘無端浪費，決定參加專車遊覽，並且選定了三條遊程中的第一條。同車者四人，司機兼响導而外，另外兩名遊客是一對澳洲夫婦。

（右）國家英雄紀念碑　（左）吉隆坡火車站

全程到達地點凡十二處，包括婆羅乃蘇丹皇宮，銀鑛工塲，樹膠園，印度神廟，肯尼山住宅區，國會大厦，國家紀念碑，湖園，國立回教寺等，司機講述沿途風景，口齒伶俐，甚有內容。樹膠與錫爲馬來亞最主要資源，產品輸出，佔輸出總額比率甚高。馬來亞人民崇奉回教者甚多，蘇丹皇宮爲一回教式建築，落成後，蘇丹本人從未居住。國立回教寺是東南亞規模最大的回教寺院，建築費達叻幣一千六百萬元，遊客入內參觀須換穿拖鞋，加披黑色袈裟，氣氛肅穆莊嚴而有神秘性，令人聯想到阿拉伯皇宮和天方夜譚式的故事來。

肯尼山是吉隆坡的高貴住宅區，整個區域建於斜坡之上，廻旋高下，曲折有致，花木扶疏，風物宜人，不啻爲一花園。住戶非達官貴人即洋商鉅戶，車行經大馬總理居邸，景色尤爲不凡，旅遊業稱之爲「吉隆坡的比佛里山」，以之與好萊塢的明星住宅區相提並論，列爲名勝風景，亦屬導遊節目之一。

印度神廟是在山上一個石洞裏面，有石梯二七二級可登，洞頂高離地面四百呎，我只在石級下的地面，瞻仰了高不可攀的雄奇風光。

會議中心文化生活

大馬政府當局有一雄圖，希望把它的首都吉隆坡建成一「東南亞會議中心」，讓許許多多東南亞地區的國際性集會，都在吉隆坡舉行。

爲紀念前大馬總理東姑拉曼而建築的「拉曼紀念堂」，內有座位四五〇個，每一個座位都有譯意風設備，可於同一時間內選擇聆聽四種語言。哥崙布計劃會議、亞洲廣播會議都曾在此舉行，會場設備之佳，在東南亞堪稱數一數二。

吉隆坡市政廳有座位四三八個，英國文化委員會會議廳有座位三百個，內部且可一分爲三。「語言中心」有座位五百個，Pustaka 大厦有座位九〇〇個，內部音响設備特佳。最大的當然是落成未久的馬來大學大禮堂，設有二五〇〇個座位和三種語言的翻譯設備，都可以借出作爲會議之用。另外一個 Chinwoo Auditorium，座位也有五百個，但無空氣調節設備，因此多作運動比賽和各種展覽之用。

英文「海峽時報」，中文「星洲日報」和「南洋商報」在大馬全境各地均甚暢銷，這三張原本都是以星加坡爲基地在星加坡出版的「外國報紙」，但是他們的大馬「聯邦版」却係在吉隆坡編印，一若馬來亞出版之本地報紙，不僅消息靈通，報導快捷，社論也能與局勢迅速配合。香港出版的定期刊物，在此亦有銷路，似以軟性刊物及電影畫報之類爲多。

當地上映電影，華語片約佔百分四十，此一比率正與人口比率相等。學校有英語教學、馬來語教學和華語教學之分，儘管政府提倡英語，華僑子弟自己還是非讀中文不可。電台節目也有英語、華語與馬來語之分，大馬當局近成立一委員會，從事研究如何將電視中之非馬來語節目逐漸減少，其終極目的是將非馬來語節目全部取消。這裏所謂「非馬來語」主要是指「華語」。華人在馬來亞人口衆多，歷史悠久，深入社會各階層，所以大馬當局即使有意對馬來語與華語分別看待，但要把華語節目全部取消，恐怕還要一個相當長的時間。「國語時代曲」馬來亞叫作「華語流行歌曲」，而且在吉隆坡市上相當流行，夜總會常倚之爲主要表演節目之一，唱片銷路亦暢，姚蘇蓉之名無人不知，在這種情形下，要把電視廣播的華語節目取消，豈屬易事？

建於山腰石洞中梯高二百七十二級的印度神廟

豐澤園中群賢畢至

這次專車遊覽一共費了三小時多的時間，看到的地方着實不少，同樣的遊程若由朋友陪同或臨時決定路線，便非要多化一倍時間或減少一半節目不可，甚至把非去不可的地方反而漏掉，這便是旅行社預作安排規定行程的好處。當然我所選的三條路線，並未把吉隆坡名勝風景一網打盡，但我已知道其餘若干景物都在市區附近，可能另有機會擇要觀光。

遊畢回酒店，冲涼至半，際光兄伉儷與問渠兄先後而來，同去豐澤園吃上海菜。問渠兄告我，他已另外約了幾位新聞界朋友和冰子兄，在豐澤園相候。

豐澤園在馬來西亞酒店底層，售京滬名菜，問渠兄是北方人，我是上海人，吃京滬菜色，當然比廣東菜更配胃口。我等到時，冰子兄等已先我而至，此外同座者有中國報經理伍澤源，中央社特派員王勳

，新聞局辦事處主任郭湘章諸君，相與談港星報壇近事，老友近況，意興甚濃。我從星加坡來，他們的話題也從星加坡鍾苓文兄問起，一直問到香港，徐訏、卜少夫、黃綿齡、劉以鬯、鄺蔭泉、高嶺梅及其公子仲奇、彭成慧、董品珍、梁風夫婦、陳錫楨、楊彥岐及其夫人周綠雲，沈葦窗、莊元庸夫婦，美國新聞處的賴獻廷，以及刻在台灣的鄧樹勛。告以上述諸君，近況均屬佳勝，甚以爲慰，我也允爲返港後，必爲一一轉述。

我們的話題並無中心，也可以說是無所不談，從越南戰局，星馬近聞，當地政府的國策立場，海外華僑的生活思想，各地報紙，以至當地物價和風俗習慣等。各人的想法看法，或有不同，但思念祖國之情，初無異致，結果不能不共嘆不知何日可以歸去？至於今天在吉隆坡，雖然人人有屋有車，生活安定，但究竟這是異鄉客地，跡近寄居，殊非落葉歸根理想之所。

他們又談到大馬人口，總數華人雖僅佔百分之四十，但吉隆坡市內，華人數目比馬來人多，但街道路牌，常只有英文而無華文。總之華文在社會中構成比例甚高，居大馬軍職高位者，亦屬不少，但無一手握兵權，大馬政府對於華人之看法與提防，亦由此可見。

豐澤園菜色不惡，那味「紅燒划水」足與香港「大人飯店」及「雪園」媲美，這一半是由於廚師烹飪手段，一半應歸功於問渠兄點菜得當。

旋轉餐廳高空暢談

餐畢，冰子兄即席留言，明天午餐由他作東，地點决定爲馬來亞大酒店頂樓吉隆坡酒家。在豐澤園門前與諸人暫時道別，冰子兄則陪我同去聯邦酒店頂層旋轉餐廳小坐。

各地的旋轉餐廳格局都差不多，四周都是厚玻璃，一小時作一次三百六十度旋轉，坐在裏面，全市景色一覽無遺。聯邦酒店的旋轉餐廳，面積寬敞而佈置堂皇，至少比九龍那間漂亮得多。從高空下覽，我看到了遠遠的國會大厦、回教寺、獨立紀念圓形體育場、馬來亞大學、博物館、監獄……並且不顧距離光線，把它們一一攝入了鏡頭，以便與昨晚在酒店裏所買的彩色風景明信片對照。

冰子兄相當健談，談到了他對馬星前途與南洋華僑本身前途的看法，以及他所預見的不可避免的變化，喟然曰：「我們只能在此作客，以待其變。」

他談到馬來亞華僑的處境，以及當地華僑自然與生活條件與馬來人之不能相比。他說：馬來亞嬰兒一出世，政府便有土地配給，華僑即使自己出錢購地，置業手續也不簡單。許多商店業務必須由馬來人領取牌照出面經營，華人在後面胼手胝足，勤苦操作，馬來人則坐享其成。人們只知道「東南亞華僑富甲一方」，事實上他們每一文錢都靠辛苦得來，而積貯每一文錢又得另費心血，表面看來，馬來亞華僑生活優裕，可是他們生活辛酸痛苦的一面，却從未有人加以設想體味。以前，他們之中，有的想積多些錢，最後終有一天可以回到唐山。有的想，世世代代即在當地住下做做金山伯也不錯。但是今天他們對於這兩個願望都已失去了信心，發生動搖，回首祖國，他們不知那一天可以重返故鄉。仰問蒼天，又不知道在吉隆坡或馬來亞可以再住多久。那些話，都是事實而非牢騷。談到他本人，他認爲在吉隆坡辦報，亦非久計，他想到南洋一帶有一項生意可做，資本已有着落，囑我返港後代爲物色技術及經營人材，赴隆合作，聞後深以爲然，目前接洽已有相當眉目，不日當以佳音相告。

吉隆坡與星加坡之比

吉隆坡是馬來亞最現代化的城市，但是和星加坡相比，它還是有些「土」氣，以前星馬一體時如此，現在星馬分家後，亦復如此。

楊際光太太把它與澳門相比擬，她說：如果星加坡像香港，那麽吉隆坡便有點像澳門。我認爲這比喻還不夠。

我以前曾列舉中國六大城市，指出它們可以列爲三組，而這三組城市之間，各有其相似之處——那三組城市是上海與南京，天津與北平，香港與廣州。這三組城市，可以說已把中國的大城市一網打盡，上海與南京，天津與北平，香港與廣州，他們之間地理上的距離相若，氣質亦相若，更難得的是他們之間的不同也相若。上海，天津都有租界，香港等於全是租界，因之生活方面吃的看的玩的，一切比較洋化。南京，北平，廣州都是華界，因之泥土氣息較重。以前每逢週末，南京的人到上海玩，北平的人到天津玩，廣州的人到香港玩，說得澈底一些，他們之到上海，天津，香港，都是爲了要領畧洋場風光。這次到吉隆坡，感覺到星加坡與吉隆坡之間的不同，就有點當年上海與南京，天津與北平，香港與廣州的味道。這是我個人對吉隆坡走馬看花得來的印象，不知他人以爲如何？

吉隆坡在百年前祗是一個撮爾小鎮，因附近產錫，吸引了第一批八十七名的採錫鑛工人至此開發，使這個小城逐漸繁榮長大，而終成爲馬來亞的首邑，以及今日大馬聯邦的首都、政治文化的中心。目前，全國唯一的大學、博物館、體育場、動物園、最大的回教寺、最大的公園、最大的美術館、最大的銀行、最大的百貨公司、最大的超級市場莫不集中於此，看到了吉隆坡，無異看到了馬來西亞政治經濟文化的櫥窗。

吉隆坡最偉大的建築物是十八層高的國會大厦，內有國會辦公處、圖書館、會議廳、宴會廳、餐廳。國會休會期間，可以申請領取派司，入內參觀其公開部份。但我所最感興趣的建築物却是當地鐵路大厦與雪蘭莪州政府秘書大厦，前者全部由無數回教式的圓頂，旋轉式的樓梯，圓柱，小尖塔構成，美麗悅目，而富於地方色彩。後者建築古色古香，大部份政府機構，集中於此辦

公，中有鐘樓，前有廣塲，另有一番莊嚴典麗的氣象。近年來，新建高樓大厦，不可勝計，國會大厦，睥睨一切，尤有鶴立鷄群之概，但是這座富於歷史意義與觀瞻價值的「大鐘樓」，它在吉隆坡地平線上的特殊地位，却永遠不會搖動。

華巫衝突談虎色變

在吉隆坡我只有兩天的逗留，好些地方都不能去，最可惜的是未去馬來亞大學。在星加坡，南洋和星加坡兩大學都去過，到吉隆坡而不去馬大，現在想起來不免有點後悔。

當地之所謂「中國城」，則祇是幾條開滿了中國小店的橫街小巷，與星加坡的「牛車水」不相上下，有見面不如聞名之感，但我沒有忽畧它的歷史背景，這些狹窄的街巷，一定就是當年華僑初到集居與發跡之所。

臨走一天，冰子兄午餐作東，地點就在我所住的馬來亞大酒店頂樓吉隆坡酒家。這間粵式酒樓，大概因附設於觀光酒店之故，設備佈置比大部份香港的粵式酒樓還要好，菜式色香味均夠標準，點心也很精緻，和星加坡的金蓮花酒家不相上下。香港的粵式點心在星馬名氣很响，並且都以香港名厨爲號召。這些從香港應邀而去的厨司，屬於星馬薪水階級中待遇最高的一個階級，祇要賓主相處不惡，去了就不想回家。

赴檳班機三點起飛，午餐於兩時前結束，爲了不敢勞師動衆，我只接受了張冰子兄一人駕車相送。從市區到機場着實有一段距離，在車上冰子兄兼作導遊，講述沿途風光。在將到機場前的一段路上，他告訴我這裏就是年前華巫兩族衝突時華人被殺最多之處，實際死亡的人數遠逾報載，至今思之，難免談虎色變。事實上，大馬這個國家，由馬來人與華人構成，難分難解，形同骨肉，它的團結强盛，有賴於兩大民族各除私見，全力合作猶恐弗及，豈能互相猜忌仇視，自取滅亡。目前國際風雲險惡，大馬所處地位，形勢微妙，立國不易，而奮發圖强，自以消弭內部紛岐爲第一要務，希望大馬政府及當地人民，均能注意及之。

檳城之名比美香港

久聞檳城之名，它是馬來半島最美麗的城市，而且與香港相似之處甚多，所以當我決定將作馬來亞之行時，檳城即被列爲非去不可的目的地之一。馬來亞的目的地，原有四處，即吉隆坡、怡保、金馬崙高原與檳城。吉隆坡是大馬首都，怡保是魚米文物之鄉，金馬崙高原爲名勝風景之區，檳城是馬來亞歷史名城，也是整個馬來半島西海岸的大門，美麗、悠閑、古色古香而又富於人情味。它與香港同有「東方之珠」的美譽，但是得名比香港早得多，此外它還有「印度洋的翡翠島」之稱，至於它早期另外還有一個名稱則作「威爾斯王子島」，那是因爲英國人喜歡這個地方而叫出來的一個名字，流行不廣，用不着在此替它虛張聲勢。當我計算時日，確知上述四處地方只能去兩處時，我便只好放棄怡保與金馬崙高原，而選擇了吉隆坡與檳城。

爲欲了解檳城，事前我翻了不少書刊，閱讀有關檳城的一切，以便到了檳城之後，將所見所聞，與從文字中閱讀所知及腦海中的想像相對照，各人的觀感看法不同，親眼看到的一個地方，或多或少，與書中所讀到和心中所想的必然有異，將三種印象互相參照比擬而發掘其異同，正是旅行中最大樂趣之一，坐在從吉隆坡飛往檳城之間兩萬呎高空的噴射客機中，我心中所想的，便是此一樂趣即將兌現的喜悅。

向來聽說，從星加坡到檳城，吉隆坡適居其中，但飛行時間告訴我，從吉隆坡到檳城，要比從吉隆坡到星加坡近不少，因爲吉隆坡飛檳城，三十五分鐘即可到，而星加坡飛吉隆坡差不多要一小時。三十五分鐘的時間，差不多就是在座位上綁好皮帶，解開皮帶，喝一杯咖啡，再綁一次皮帶，接着又把它解開的時間。搭客是從吉隆坡來的，海關檢查十分簡單，而在檢查行李的時候，我已經望見了玻璃門外的蕭遙天先生。

蕭先生原籍潮州，移居檳城已十餘年，以辦學教書，著作自遣。我這次是在星加坡由友人介紹，和他以及他底刻在南大任文學院院長的令姪蕭慶威先生同屬初識。一談之下，發現我們大家認識的朋友着實不少，包括易君左、高嶺梅、張大千、彭成慧、徐訏，以及原在檳城最近遷居吉隆坡的劉問渠，刻在檳城的郭璠蓀、胡榆芳等，由於談得投機，加上星加坡友人的囑託，對我這個初到貴地者的响導責任，便落到了他身上。

人蛇共處相安無事

大概是張冰子兄在吉隆坡送我到機塲回家的同時，我所乘搭的班機亦於檳城機塲降落。蕭兄說他已等我幾天，杳無消息，直到我飛吉隆坡，他才接到星加坡的長途電話，告以班機號碼及到達時日。坐上他的車子，他第一句問我的話：「在此就擱幾天？」當我答以「祇有一晚，明天即飛曼谷。」他禁不住縐起眉頭。又問「飛機何時起飛？」我說：「下午六點。」他便說「六點飛要比中午飛好得多。好吧，祇有一天，就作一天的打算吧！」

他底計劃是從飛機塲先去他家裏休息一下，會見他的太太，然後一同送我去旅館，讓我冲涼，他們兩夫婦帶孩子在市區蹓躂一下，再接我吃晚飯，其節目程序，與吉隆坡楊際光兄第一晚所安排的完全相同。

從機塲出去，車行不久，蕭君即命司機停車，順便參觀「蛇廟」。「蛇廟」爲檳城名勝之一，無論廟以蛇名，或者蛇以廟名，檳城這座「蛇廟」可謂舉世無雙，旅客抵此，非遊不可。廟已古舊，我們到時已下午五時，進香之人，三兩不絕。那眞是前所未見的奇景，活生生的蛇，一條條盤纏在廟內各處神壇、香爐、花瓶、簷下、牆

舉世無雙的檳城蛇廟，到處是蛇

角以及庭院花木之上，蠕蠕而動，緩緩而行，抱人不犯我，我不犯人之旨。牠們友善和平的態度，使人們見了牠們既不驚懼，也不敵視，和睦相處，平安無事，胆大的遊客甚至接受廟中人員的建議，或者把蛇拿在手裏，或者繞在頸間，攝影留念。星加坡馬來土風表演節目中有印度人弄蛇，曼谷有毒蛇醫院，加上檳城的蛇廟，這幾件有關於蛇的著名事物，我總算都已一一寓目。印度人弄蛇是江湖雜技，曼谷毒蛇醫院是科學研究，對以前未曾見過的人只可以說是「新」而不「奇」，可是像檳城蛇廟那樣人蛇相處，各以君子之禮相待，秋毫無犯，和平共處，確實跡近神奇。可是我們也無從推測，這究竟是人類有靈？蛇類有靈？或是廟裏的菩薩有靈？

蕭君寓所的路名作牛車路，事實上他的汽車可以逕駛寓所大門之內。和星加坡一樣，檳城的住宅都是一座座的小洋房，鐵門之內，客廳之外，例有小小庭院，署植花木，點綴景色，一廳數房，他個人自有書房之外，還有一間作爲他所辦的「教與學」月刊的辦公室與編輯室。屋係新置，這樣一層一千幾百呎的四房一廳樓宇，若在本港便非港幣十萬元以上不可，而在檳城只是叻幣三萬元而已。

檳城給我的第一眼印象相當不錯，喝茶時，蕭君搖了兩個電話給郭璠蓀與胡瑜芳，他們都出去了，未能通話，於是放棄原有計劃，決定今天晚上吃一餐簡單的本地風光的便飯。

酒店林立露天進餐

檳城的新式旅館都是這幾年之內新開的，由於此間旅遊業頗有前途，投資者乃不乏其人。新開的旅館較具規模而著名的文華、美輪、五洲、國聯等酒店，都在市區。文華酒店中英文名稱都和香港文華同名，但並不屬於同一系統；美輪是因爲在星加坡先開的同名酒店賺了錢，同一機構即在檳城又開一家；五洲爲「Island Group」旅業機構成員之一，國聯則是其中最新的一家。這四家酒店，在當地都算第一流。蕭君介紹我住五洲，位居市區中心檳榔路，與美輪僅有一街之隔。五洲共有房一百二十間，電話均可直通，不必駁線，頂樓「天宮樓」，設有中西餐廳、酒吧及夜總會，外望全市景色，一覽無遺，此外咖啡室、美容室、郵電銀行服務、商場一應俱全，停車場高三層，汽車可逕駛入內，由內部進入川堂。我住的房間日租叻幣二十八元，無加一小帳，且有八五折優待，咖啡室茶食小餐，收費亦不貴。

檳城的吃大致和「星」「隆」兩地差不多，中西印馬各菜，應有盡有，沙爹在這裏也是「國喫」，但是馬來食品中著名的「喇沙」則以此地爲特佳。

晚飯前，蕭君徵詢意見，上甚麼館子？吃些甚麼？對於地方，我建議不上大酒樓，不進室內餐廳；對於食物，我建議不吃西餐，不吃上海菜，也不吃廣東菜。根據這兩點，蕭氏夫婦商量之下，決定去海邊「好萊塢」，吃海鮮和馬來喫喱等當地食物。

好萊塢是海邊的郊外食店，其地名丹絨武雅，露天而有野趣，可以看到晚色蒼茫中的海景。我們都不喝酒，點了些魚蝦雞肉喫喱之類，我則照例要幼稚飲品可樂一支。這是頓眞正的便飯小吃，隨吃隨談，有無需客氣之快。蕭君談到許多人物故事，其中我所相識者亦有多人，張競生先生即爲其中之一。不過蕭張兩人是潮汕同鄉，少年相交，我則識張競生於上海，僅曾與其及彭兆良君共飯兩次，當然不可能太熟。他說，他對於張競生爲人，認識甚深，於張競生生平趣事，知之亦多，閒來擬筆之於文，作爲「大人」雜誌所記張競生一文的補充資料，當即代爲表示歡迎，並且希望他能將大作早日寄下。

海濱夜坐松園聽濤

好萊塢餐室，距市區約八九哩，飯後主人一定再要帶我去更遠四五哩處喝咖啡，汽車沿海而行，曲曲彎彎，就有點像香港新界沙田大埔公路的味道，車中外望，風物幽美，夜色似畫。沿途數不清的酒店，點綴着彩色燈光，一一在前面路邊突然出現，跟着又急忙退向後方。這種酒店、小巧玲瓏，富有鄉村別墅風味，都是靜渡週末和小小蜜月理想所在。

我們所到一家，名曰「松園」，地名峇株丁宜，車自路邊右手折入，裏面別有天地。其時晚飯時間已過，我們穿過餐廳，直向外面露天部份走去，面海擇位而坐。這露天部份大概是該處命名「松園」之由來，沒有花而矗立着無數株松樹，蒼翠樸實，毫無普通所謂花園例有的濃艷之氣。園中放着幾十張白木無漆的方桌，客來則鋪上枱布，燃起蜡燭，無人則聽其空着，無燈無光、

客人以歐美人士爲多，看來一部份是酒店住客，有的喝啤酒，有的飲冷飲，我則要了一杯咖啡。

我們不僅面海而坐，而且是眞正的坐在海邊。天空無星，海面上也是黑沉沉的，前面桌上有燭，背後則有餐室燈光，自玻璃窗中射出。這裏的咖啡並不特別好，一切設備，比淺水灣酒店相差甚遠，但情調之美，則屬少有。客人不多，枱子擺得疏疏落落，進來的一對對男女，總是喜歡選擇另外一個單獨的無人之處坐下，結果大家都是可望而不可見，語聲可聞而不可辨。松風簌簌，海濤輕拍，這是最原始的音樂，也是最好聽的聲音，可以使你墜入回憶深思，沉沉欲睡，浸沉於一片無言無事之美中。向海上極目遠望，不能有所見，但在這遠的那方便是印度洋。遙天兄說：數年前，高嶺梅兄伉儷曾經來此小游，嶺梅兄是祗覺其好，嶺梅夫人則流連忘返，不肯歸去，結果把行李搬來，一連住了好幾天。

以十多年老檳城所知，蕭君爲我暢談檳城事物。他健談好友，交遊天下，在當地更是桃李滿城。他教書，辦學校，辦雜誌，數十年樂此不倦，但不久前忽下決心，棄學從商。談及他有一座別墅，位居檳城山上，也是上下兩段纜車中站所在，依山爲屋，層次分明，形勢優美，各種設備，一應俱全，他計劃把它改建成一座小型酒店，招待遊客。在星加坡時我已看到了他底計劃書，構思不惡，邀我明天實地一觀。纜車登山，在檳城遊覽節目中原屬不可或缺，再加上參觀他未來酒店這一層關係，自然更是非去不可，倘若他的計劃成功，我必將設法於明夏作金馬崙之遊，實現多年來的夢想，而到了檳城，即在他底酒店作一星期的幽居。

長堤觀美爭妍鬥麗

餐畢回來的路上，車子未走原路而取道長堤，目的是讓我看看著名的長堤夜色。長堤之名曰關仔角，汽車沿堤而行，需時凡六七分鐘，蕭君告訴我，每年有兩晚（彷彿是正月十五，九月初九），檳城的少女都盛裝華服，來此爭妍鬥麗，於月色中在長堤一帶，散步流連，深夜不歸，這種風俗，使本來已以風景著稱的長堤更爲名滿遐邇，而「長堤觀美」之名符其實，比諸美國的長堤亦不遑多讓。

返旅店後，蕭君約於明晨九時來邀，同去坐山頂纜車並遊覽馬來半島最大叢林之一極樂寺。夜已十時在旅館房裏坐了一回，仍無睡意，而我對夜總會與酒吧都沒有興趣，乃去 Merlin 酒店的旋轉餐廳，以熱檸檬水一杯消磨了半小時的時間。

這間旋轉餐廳有一特色，就是外有天台，可以從旋轉餐廳開門出去瀏覽風景。檳城夜生活患冷感症，街上一片靜寂，像香港夜半三時，却有一股難得的清新之氣。天台上有兩對情侶分佔四個角落中的兩個，我不欲久留，仍回原坐，少頃即返。

登山纜車與港不同

次晨醒來，先看報紙，關於星馬報紙，我一直忘提兩點：其一是星馬各地觀光酒店，對每一客房例必贈閱英文報紙一份，派送極早，但中文報需自購。我以看報爲「業」，行踪所至，每天看報，至少五六份；其二是星馬報紙，不論外埠電訊或本市消息，新聞正文前必註明發稿時日，例如：「三月十四日星加坡訊」或「三月二十四日本市消息」，時日分明，不若香港報紙對發稿時間無交代，所謂本報訊者，讀者無法辨別其爲隔日消息或當日新聞，因此可能引起錯覺甚至誤會，此一註明時日之辦法，我以爲本港報紙大可學習採用。

檳城當地，大報僅「星檳日報」一份，負責人胡楡芳先生，我曾在上海香港各地永安堂，屢次見面，一別至今，亦有廿年，原定爲檳城必晤人物之一，昨晚因電話不通，未能與之聯絡。

早晨起來的一頓早餐是西瓜一塊，菠蘿兩片，早餐後出外散步，順便補充攝影底片，見星檳報社原來離我所住五洲酒店極近，早知如此，昨晚根本不用通什麼電話，祗要下樓出街，拐一個彎即可見面。事後蕭君來信，述及胡君知我到過檳城，亦以未能一晤爲憾，並囑代爲致意，希望下次再去檳城時重作快叙，但公私栗六，此一機會，不知何日方能到來。

九點半，蕭君與太太抵酒店，隨即出發。今天的節目是先坐纜車登山，參觀他的別墅和未來酒店，然後參觀極樂寺，午餐則郭瑤蓀兄已約定作東，屆時赴利華銀行郭君治事處同去，蕭君告我，郭君在此，公務之外，酬酢亦忙，我今天晚上已不在檳城，因此祗能於中午一晤。

未來酒店曲徑通幽

檳城地勢，沿海平坦，入內稍高，中部有山，最高者名「西山」，高二七二二呎，有纜車可登的是檳榔山，纜車高度達二二七〇呎，約比香港纜車終點高一倍，但設備較香港古舊落後，整潔也遠爲弗如，票價却比香港較貴。

與香港纜車不同的是，這二二七〇呎的纜車行程於半山間一截爲二，不僅要分段購票，而且要落車重登。蕭先生的未來酒店就緊貼纜車中間站的左方，從車站出走只要拐一個彎，就可以看到一片花園景色，一條曲折有緻的小橋，直通彼端，遠處有一個中國式的亭子，過了亭子看到一座建於石級上面的建築物，門前有「檳光學校」四字，那就是蕭君的別墅而一度改爲他所辦的學校所在，計劃中的未來酒店即在此處，一路進去，就有點像通過花園一樣。

離開纜車站如此之近，環境如此之美，一切遠較我所想的更美更好。蕭君說：學校已經停辦了一個時期，空着相當可惜，近來有時間或有教會等團體旅行人士，來此小住，但目前只有水電床位，其他行李等等均須自備。

屋宇依山而建，由斜坡石級緩步而上，共分四層。整座建築位居山腰，住在裏面，別有洞天，只要有一架電話與外面時通消息便有「樂不思蜀」之概。蕭君的計劃是把客廳，飯廳，厨房以及浴厠等衛生設備好好重加佈置，闢設大小客房二十個，配以現代化的設備，租金每日美金五元至十餘元不等，以私人酒店方式加以妥善經營，可能吸引一批不願困居市廛而寧可幽居於山中的遊客，而對於退休渡假，蜜月小住，自然更是理想不過。

原爲蕭君辦公室的一間，現在是一間現成的小客廳，突出於二樓前方，三面單邊，有若山谷空間伸出的一個亭閣，開窗則凉風習習，似在天上，遠望則雲樹一片，全城均在腳下。屋中目下只留一人看守打掃，他爲我們沖茶取杯，殷勤侍奉，看得出他對蕭君計劃中這間未來酒店，也抱有一番美麗幻想。纜車終站山頂，目前已有兩間酒店，但因地勢太高，往返費時，營業平平，我相信這間半山酒店若經營得法，定能大有前途，因爲目前檳城酒店，沒有一家具備着類似的條件。在香港乘纜車到過扯旗山頂的人，一定也想像得出檳城山頂的大概情形，爲節省時間，我們在檳光學校上下左右流連一下，又沿着那條小路木橋出來，不再登山而下山，逕去極樂寺。

極樂古寺最大叢林

極樂寺是馬來半島佛教最大叢林，享名之盛，風景之佳，不下杭州靈隱。寺在山上，有七級浮屠，遠望矗立晴空，雄偉壯麗，近觀畫棟雕樑，金壁輝煌。廟外通道長達一里，兩面攤位林立，舊日春遊杭州所見，彷彿重現眼前，不同的是當年攤位，所售多爲香燭元寶，食物土產，而這裏所見到的則自打火機，眼鏡，女裝手袋，化裝用品，以及各種日用百貨，紀念神物，無不應有盡有，主顧對象也不是進香的善男信女而是外來遊客。

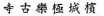

檳城政府大廈

檳城極樂古寺

極樂寺歷史悠久，內部幅員廣闊，穿過頤和園式的走廊，到處假山水池，點綴風景，名人墨蹟，美不勝收，由下而上，曲徑通幽，所經亭臺樓閣，不計其數，經過一個廳堂，又是一個廳堂，過了一個院子，又是一個院子。止於塔前，俯首下望，氣象萬千，寺中大部份建築，似均新經修葺，這筆費用，勢必十分可觀，可見若非寺中主持積蓄豐盈，手面闊綽，或者善信衆多，不吝捐獻，不克致此。作爲檳城三大名勝之一，以我個人而言最感興趣的當爲極樂寺，因而所攝相片，亦以此處爲最多，流連似猶未久，不覺已逾午刻。

廿載濶別異地重晤

下山出寺，隨蕭兄同至利華銀行，赴郭璠蓀君之約。郭君原籍潮州而久居上海，有「潮州上海人」之稱，我於二十年前初到曼谷時識於陳宗煒家中。其時永華公司稱霸香港影壇，陳是永華公司泰國代表，我去曼谷前，李祖永爲我與胡好於其深水灣寓邸設宴餞行，特以陳宗煒君相介紹，所以他是我們到曼谷的第一個上海朋友。陳君居湄公河邊霜水橋之畔，家中座客常滿，以後我在曼谷所交滬籍友好，大部份係出入陳府之嘉賓。閒來雀敍，我忝爲常務委員之一，以連輸二十九場之紀錄，獲「最佳常務委員」之稱。

郭君爲樂天派人物，多年未見，風度依然，現任利華銀行經理，交際應酬，比曼谷任中國銀行營業主任時更忙。與談當年舊事。我即以湯美（宗煒之英文名）近況相詢，以便前往曼谷時相訪，郭君不勝嘆息曰：「已於兩年前自盡。」我以千里之外，至今方知，聞之黯然。

郭君本人，還是談笑風生，一似往昔，問我在檳有幾天勾留？是否還可以再打一場麻將？及聞我言「今天下午六時即飛曼谷。」搖頭不已！問及嫂夫人近況？則謂下午經已約定牌局，兩點開場，我飯後若去他家中，當可讓我亦打四圈。

由利華銀行到文華酒店午餐處，車行五分鐘即至，吃的是粵式菜點，原由郭君相邀，結果由文華酒店董事經理謝丞美君喧賓奪主，作了東道。

滿枱甜品重憶舊事

文華酒店的中國餐廳樓下，售的是廣東菜，中午亦有茶市，粵式點心勢力在南洋各地的伸張，給我印象很深，其他屬於地方性的點心如潮式閩式當然也有，但多零零星星，絕不蔚然成市，至於小籠饅頭、湯包等上海點心更是絕無僅有。據郭君說，出色的上海菜，在檳城一樣受歡迎，只是聘請名廚不易，首因香港廚師對於檳城情形比較隔膜，不敢輕舉妄動，次因大馬入境簽証手續廝煩，住了幾個月必須離境，對賓主雙方，均不化算。雖然如此，謝、郭兩君依然托我便中，在港代為物色適當庖厨，滬菜粵菜，均所歡迎。

檳城這頓粵菜，較吉隆坡酒家似有弗逮，雖然同樣都是點菜小吃，但一湯一炒之間，工夫顯有高下，這或者就是主持人意圖另聘名師的原因。但飯後甜品之多，却使我大快朶頤，這倒不是由於該酒家所備甜品特多或者與衆不同，而是因為我無意中漏了一句「喜歡甜食」，主人便吩咐把所有甜品，無論湯的乾的，統統拿來，以便一一嘗試。這不能不令我想到廿年前一件曼谷舊事，那時我常往陳、馬兩家打牌吃飯，飯後衆人例必大吃水果，我却除了西瓜之外，從不一嘗。曼谷水果品種最多，價廉物美，他們認為我到泰國而不吃當地水果，無異是入寶山而空手回，未免太不值得。於是在我臨走前夕，晚飯之後，特備各色水果，滿滿的擺了一枱，其中包括芒菓、天竺、紅牡丹以及見其形而不知其名的東西，不下一二十種之多。主人馬陳兩對夫婦發出命令，說不管是「賞」是「罰」，要我每種必啖一口，不可有違。恭敬不如從命，在一桌嘉賓目光炯炯的環伺之下，我於每種各嘗一口之餘，只能以苦笑之表情搖頭稱謝，結果仍只吃了一片西瓜。這是一餐別有風味的餞別宴，五對夫婦請我一個光棍，郭璠蓀君夫婦當時也一起在場。

別矣檳城後會有期

午飯後，郭君與我先回利華，然後囑司機送我赴其寓所探訪嫂夫人，小坐五分鐘而辭。郭夫人從牌桌上出來招待，小坐即去，所謂「陪你另打十六圈」，只好待之來日了。回利華郭君辦公室，遇檳城「花車小姐」葉素纓。去年「花車小姐」選舉，係檳城扶輪社主辦，郭君為扶輪社社長，正在和她談「花車小姐」訪問東京、台北、香港三地事宜，計算囘程，抵港約在四月中。葉小姐初次遠行，這三個城市都未到過，因此好像有點胆怯。郭君囑我於她抵達時予以招待，事實上，招待一事，各地扶輪社負責有人，無此必要，但我答應她如果要個當地熟人作伴，陪她購買東西之類，則我的女兒茜茜麗亞，和她年齡相若，言語可通，不妨權充响導。後來她到香港，報載下榻百樂酒店，打過一次電話來我家裏，我適不在，回電百樂却謂不住該處。據報紙報導，她在香港，一切由扶輪社代為安排，節目繁多，忙碌不堪，其後她未有再來電話，因此未有見面，僅將在郭君辦公室中所攝他們兩人的照片各一，寄往百樂，也不知她有無收到？

由於當天下午我即飛曼谷，趁此最後機會與郭君畧談曼谷舊事，由於年代悠久，許多事情都已模糊不清。我們談到陳恒奎，朱先生和朱太太，鄭亮蔭先生夫婦，和他們的一對雙胞胎兒子，一位李先生和他當年情侶某小姐……世事滄桑，變化當然甚多。不變而情況佳勝的是兩對馬氏夫婦，Herry馬的太太是「麻將皇后」，Johnson馬的太太以「ＡＡ」著名，這兩對夫婦夫唱婦隨，數十年如一日。兩位馬先生一瘦一肥，有人戲稱之為「勞萊哈地」，他們仍經營珠寶鑽石，後者設門市於 Rama 酒店商場，即以「ＡＡ」為招牌，在曼谷相當有名，我原定於到了曼谷之後住 Rama，屆時自能見到。郭兄則殷懃致意，下次赴檳，必須於其俱樂部中，多住數日。

我底班機六點正起飛，蕭君約我於四點半到酒店以車相送，今天送機的時間，也就是昨天接機的時間，廿四小時小遊，足足忙了他一整天。

檳城機場規模設備，不如星加坡與吉隆坡，馬航公司的機場女職員面呈笑容，以為她和靄可親，却硬說我行李過重，必須補繳叻幣廿元，而過磅時都未予通知，全憑她一人獨斷獨行，殊屬無禮。

這次旅行，所到各地，逗留時間以檳城最為匆促，所見的也可能最為浮面，但當地一股樸實清新之氣，却確為別處所無。以前我對於檳城概念不明，這次親蒞其地，才知道人口雖僅三十萬，却是馬來亞的第二大城。

說它像香港，大概是指地理上的形勢和也有登山纜車這兩點而言，此外雷同之處，依我看來不多。或謂星加坡宜經商，吉隆坡宜住家，那末，以檳城之幽靜悠閒，它應該特別適宜於退休養老。對於這一點蕭兄和我均有同感。不過最近大馬宣佈關檳城為自由貿易區，實有與星加坡爭一日短長之意，假以時日，貿易發達情形自將大為不同。（完）

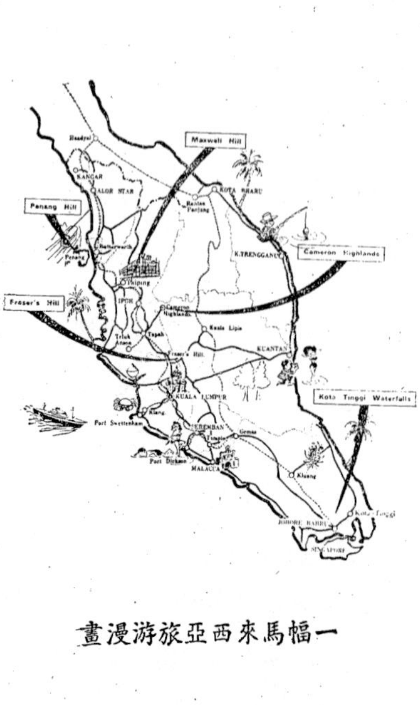

一幅馬來西亞旅游漫畫

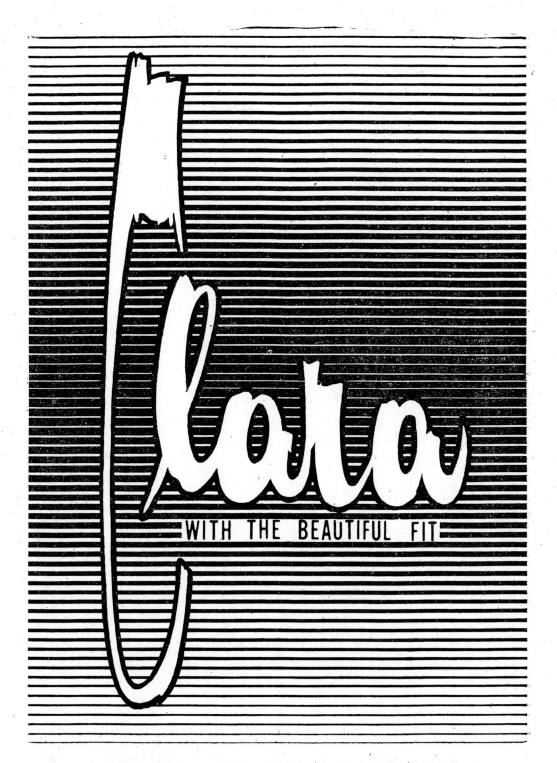

記幾次香港詩酒之會

易君左

我們在香港的一羣詩友，在度舊曆佳節的時候，往往舉行文酒之會，同時也得到遊覽之樂。而且，雖然同住港九，各人事忙，見面的機會並不太多，因此藉這樣一個消閑機會，大家握手言歡，也是一件有益的事情。

下面是我追憶以前在香港的幾次詩酒之會，參加的人物，許多是讀者所知道的，不過，轉瞬十餘年，有的是作古了（如陳方、張一渠、王道等），不作古也老了，又有的離開香港了（如熊式輝、梁寒操等），但是大多數都還健存，而且仍在香港。

惟有詩人憔悴

癸巳（民四十二．一九五三）的上已修禊是在星期四，大家沒有功夫，于是延到星期日才到青山道上的容龍別墅舉行。

我們也知道，在這個兵慌馬亂的亂離時代還有功夫有興趣去做一般人認為「閒事」和「雅事」的修禊，不但是多餘的，而且是夠挨罵的資格了，但如果對中國歷史和民間習俗稍為有一點認識的話，則對于古人為什麽提倡修禊的道理，應該沒有反對的理由。至少，它的氣氛就等于基督教徒在星期日這天去做禮拜，是一樣有精神上的涵義的。

流亡到香港的中國詩人們曾經在這個上巳佳節有兩年，接着在九龍荔園修禊，因為修禊照古義一定要在水邊，使身心和靈魂都潔淨起來。荔園山環水抱的環境確值得留連，但是今年我們却選定了海邊的容龍別墅。

這座美麗的郊外小築每逢星期天或休假日，這裏的遊人是很多的，也不一定都是私家車階級。我們這一次，借了朋友的幾輛自用車，在一個微露着陽光而仍然飄幾點小雨的春寒天氣，電掣風馳四十餘分鐘便到達了。

海水的顏色淡綠得像內地的湖，清明如鏡，有些漁船的倒影靜靜的映着，幾隻白鷗悠閒的飛翔。遠近的山，披着淺藍的衣裳，一朵朵白雲盪漾而迷離着山頂。郊外並沒有撲面的風，路旁幾株山花迎人而媚笑，畢竟是春深了。

汽車停在容龍別墅的廣場裏。我們一行幽幽的拾級上去，看見許多小紅欄干正在那裏迎人。野葵和芙蓉爬滿了籬架，彩色的傘豎立綠草如茵的小坪中，那裏是一排茶座，我們就坐下來，清談片刻，便開始默默的做詩鐘、寫詩，全不管鶯兒穿柳般的遊侶羣，也聽不到嘈雜的笑語，連侍役帶着好奇心站在我們背後也彷彿沒有看見。

在各人的運思下，詩鐘紛紛脫稿了。我當時選了十聯鈔下來，作為這次修禊的紀念。鐘題是「曲水流觴」雜碎格，就是把這四個字任意穿插在句子裏，可對不可連，參差顛倒都可以。

這十聯是：蒼翠欲流迷二曲，水雲如畫醉千觴。（均默）哀曲似流心裏淚，麗人猶縱水邊觴。（均默）一灣綠水傳觴易，九曲黃流掛席難。（水心）海上流亡聊蠖曲，水邊觴詠且嚶鳴。（敬羣）一曲朱欄臨淺水，滿觴綠酒醉流霞。（史劍）曲徑通幽分水竹，流泉列坐暢壺觴。（荊鴻）勝友流連觴詠日，危亭曲折水雲鄉。（貫之）曲徑盤紆通暗水，芳辰觴詠感流人。（太一）洛水風流耆老會，曲江觴詠麗人行。（一渠）流人楫擊江中水，仙客觴飛曲裏山。（君左）

我坐在一處碧陰之下，即席寫成了一首古風。我們是拈韻，每人隨意摸一個紙捲，而我所拈的韻是太險了，竟是一個「而」字；不久就成詩，有一位朋友讀了我的詩，笑着說：「你眞是化險為夷了。」我的詩如次：

癸巳香江容龍別墅修禊，以顏延年三月三日曲水詩序：「排鳳闕以高遊，開爵園而廣宴」分韻，得「而」字。

一飄一笠香江側，三年三度逢佳節，
袒劉翻成漢逸民，椎秦空作韓逋客。
遼東烽火忽傳和，紅旗席捲海南波，
何處妖言來託管？可憐歷史負開羅。
我生滴應憂時淚，埋愁又恐為愁戲，
永和而後二千年，惟有詩人最憔悴。
行吟澤畔屈靈均，乞食門前杜少陵，
天涯海角一浪跡，斜陽十二闌干憑。
今年今日春寒峭，萬感之中雜歡笑，
雲浮日蔽赤嵌城，風馳電掣青山道。
草草芳人亦已而，容龍小築倚花枝，
碧波帆影空濛意，古木山光冷落思。
曲江流觴衣帶耳，何似汪洋大海水，
滌盡人間萬斛愁，賓主東南如此美。
君不見，蘭亭作序王羲之、千古文章

不勝悲，但憑一楫渡江去，莫任雙柑載酒隨。

朋友們和我的鐘聯和詩中都充滿着愛國憂時的濃情厚意，可見我們決不是單純的遊山玩水，而每逢佳節的高詠，適足爲山川增色。詩成鐘成便午餐，美酒佳肴，談笑風生。在淡淡斜陽中，漫遊了園林勝蹟，看了千年龜、孔雀和猴子，打了乒乓，攝了幾張照片，然後從容的別了容龍。以前蘭亭的詩人們看不見大海，只好在小溝小溪裏發洩胸中塊壘，而我們今天遠接海天，上巳的意義又是以淨潔和芬芳來美化人生，然則我們這班人雖處亂世，雖作流人，其豪情逸興，尚邁昔賢以上。歸車中一位朋友感歎的說：「假使我們能回到浙江山陰的蘭亭修禊，那就好了。」我說：「不，我們最理想修禊的地方是貝加爾湖！」

甲午修禊留影，自左至右曾克耑、馬彬夫人、陳玉泉、梁寒操夫人、劉太希、陳荆鴻、王震、鄭水心、王道、梁寒操、王道夫人、易君左夫人等。

姓氏暫作酒令

民國四十三年，農曆爲甲午年，清明上巳兩個佳節同在三月初三這一天，巧極了。我們留在香港一部份喜歡寫詩的朋友，四年來，每逢上巳便依照古人水邊修禊的故事，找一處近水的地方，舉行一次詩會，曾經兩次在荔園，一次在容龍別墅。這年由梁均默（寒操）先生商借陳玉泉老先生的別墅，就在容龍緊鄰，又舉行了一次修禊佳會。

這次集合還有一個意義，因爲均默先生就要到臺灣去了，大家都有點依依之情，春水綠波、黯然銷魂，藉着修禊餞別。我們在上午分乘三車前往，夕陽西下，才回九龍。這一天，除拈韻成詩外，又敲了詩鐘，行了酒令，最後聯句。

拈韻分成修禊詩的題目是：甲午上巳九龍青山禊集，暨送均默先生赴臺，以沈休文三日詩：「麗日屬元巳，年芳俱在斯，開花已匝樹，流嚶復滿枝」，分韻得×字。我拈的是一個「流」字，首先交卷，如次：

今年甲午三月三，清明上巳一日涵，
禊會喜有羣賢集，郊遊何妨春陰曇。
海隅流浪幾人耳，漫言十子七八子，
主靜長懷陳白沙，反攻最憶張蒼水。
去年盛會憶容龍，今年盛會謝陳翁，
乾坤一擲悲板蕩，我髮飄飄飛秋蓬。
世事紛紛而愈下，大國皇帝何爲者？
青雲突出天外峯，昏霧低迷日內瓦。
陸沉何日起神州？萬里江山一覽收，
蘭亭久已絕人迹，永和而後無風流。
驪歌忽起青山路，隔海蒼茫接雲樹，
好將彩筆寫中興，共送梁侯入臺去。

即席交卷的還有王道（貫之）先生，拈得「花」字：「所南不用畫蘭花，舊物終仍返漢家，難得清明逢上巳，離樽共酌水之涯。」

馬彬（史劍即南宮搏）先生憑着樓闌，遙望孤帆遠影，詩興忽發，也交了卷，拈得一個「滿」字：「每逢芳菲節，鄉淚濕春腕，吳雲望悠悠，道途豺虎滿。甲午一周期，無情苦衰晚。白骨盈郊野，吾京猶未反。移突豈無方？焦頭計自短。霖雨念蒼生，哦詩有永歎。斗酒酬芳筆，明年佳會纘。」

王震先生拈得一個「元」字，寫成一詩：「清明逢上巳，聚醉鳳凰罇。擊楫羣賢集，臥薪一劍存。尋芳依古渡，斬棘靖中原。傑士當歸國，河山還我元。」

詩鐘呢，是「青山」兩字晦明格：兩句中要點出一個青字或山字，另一未點出的字則用分詠。詩鐘是限定即席交卷的，我選錄一部份如次：夢縈西蜀千鬟翠，魂斷中原一髮青。（均默）出塞獨吟青海外，尋幽始得永州西。（荆鴻）斷雲巫峽迷神女，一水青溪憶小姑。（克耑）恬魂北角雙鬟翠，極目中原一髮青。（水心）愁如大海三危老，望裏中原一髮青。（史劍）悠然最喜開門見，偶爾曾逢入眼青。（貫之）無邊山色看難了，一對芒鞋踏得來。（王震）我也成了三聯，其中二聯：琵琶絕塞留孤塚，環珮千秋響萬山。原係「芳」塚，水心代易「孤」字，改得好。大將漢家原姓衛，雄文庾子本名山。水心代易「至言賈子本名山」，也換得好。

我們在海邊買了些活魚蝦，帶來了一瓶美酒，陳老先生殷勤招待，情眞意親，酒三巡，發起酒令，先說了一些比較容易的字如春、花、杯、

酒等，很快的通過了，虧得馬彬想出一種新花樣來：限每人說一句有自己姓的詩，說慢或說不出的就罰酒，輪流說下去。大家推梁先生說。梁先生就說：「海燕雙棲玳瑁梁」，坐在旁邊的梁夫人黎劍虹女士聽了微笑着。接着是克耑（曾履川），他說：「客歲何曾着」。接着是劉太希，他說：「前度劉郎今又來」。王貫之接着說：「莫非王土」。白髮的王震搶着說：「王師北定中原日」，受着大家的喝彩。于是陳荆鴻引王漁洋詩說：「不見閉門陳正字」。輪到我，我衝口而出：「風蕭蕭兮易水寒」。最後是馬彬說：「芳草有情終礙馬」。梁均默一笑又說：「王師北定中原日，海燕雙棲玳瑁梁」，博得熱烈的掌聲。

最後的聯句是：上巳復清明（荆鴻）山青更海平。微陽籠細雨（君左），晝閣接雕甍。日永花初睡（水心），天高霧未晴。虎門窺隱約（均默），鯨浪試縱橫。揮手情同劫（克耑），乘風氣自凌。言通天下志（貫之），意是玉關情。把酒酬清話（史劍），鑿詩戀別旌。容龍孤墅邇（太希）萬衆競春明。一曲驪歌罷（王震）鯤溟奮遠程（荆鴻）。

老子甘拜下風

癸巳（民四十二．一九五三）端午佳節，留港一部份詩友「遊河」，到香港仔舉行了一次午會，紀念屈原。

梁均默先生借了朋友一隻快艇，可容十四五人，事先約好了一部份朋友，在端節那天早晨齊集尖沙咀出發。

我和秋慧在九龍城上巴士時，恰遇着黃宇人夫婦，一同上車。落車後，就看見鄭水心先生站在那裏等候，說是人全到齊了，只有馬彬夫婦尚未來，大概作家高臥，起不了牀。

這是一隻雪白的汽艇，泊在海水碧波上，就像一位凌波仙子。太太小孩們坐在艙內，我們環坐艙面，迎着海風，破浪前進，漸漸駛入海天空濶的一帶，景色蒼茫。坐在我旁邊的張一渠先生望見一隻尖帆，詩興勃發，對我說：「海天空濶一帆尖」，妙在這個「尖」字。我想了一想，便對着：「人物清高孤艇靚」，這個「靚」字也很別緻。于是寫下來傳給坐在對面的曾克耑先生，以便大家湊成一首七律。由克耑寫了首句，依次傳遞均默寫了第二句，我寫的算第三句，一渠寫的算是第四句，太希寫第五句，貫之寫第六句，水心寫第七句，荆鴻寫第八句，合成一律如次：

「靈均哀怨知何記？盍向飛濤一賞瞻。人物清高孤艇靚，海天空濶一帆尖。敢言忠信橫流塞，誰識聖狂吾道兼。喚返詩魂終不逝，要從陽九起龍潛。」

十四鹽的韻很窄，不好押。大家成句後，經過推敲。例如第六句的「聖狂」，本是「人天」，梁先生說：全部屈原思想，只是人天的道理。但如果用「人天」，就要把第四句的「海天」改變，有人提議爲「海雲遼濶」或「海雲幽杳」，一渠不同意，我也主張保持原句的境界，因海天的空濶才顯得出一帆尖的意象，大家也覺得有理，便由梁先生提出「聖狂」二字通過了。我的一句中，有人建議把「清高」改爲「清狂」，我也同意，但又與「聖狂」衝突，結果仍保留原字。一直到香港仔吃完飯後，水心還把原來的「喚起」改爲「喚返」，荆鴻將原句「且隨衆醉對青帘」索性取銷，改爲「要從陽九起龍潛」，這樣就比較有意義了。

梁均默興趣最濃，他摸到一枝原子筆就在帶來的一本雜誌上寫下他最近所作的「屈原」詩：「低昂千古成奇痛，歌哭晨昏有至文，博大眞人非李耳，嘉名吾欲錫靈均。」另一首是：「責還天地吾何愧？力柱江山代有人，一躍奮身歸去也，神州從此赫詩魂。」大家都說這個「赫」字好。原來錢穆先生最近發表一篇文章說：老子是一位「博大眞人」，現在梁寒操先生說屈子才夠這一個崇高的稱號。

水心坐在船頭，把眼光向我們掃射一番後，笑着說：我來作一首「舟中即事」的竹枝詞吧，于是朗吟道：「揮毫對客梁均默，挈婦將雛王貫之，却笑憑闌飄短髮，詩人之子又吟詩。」最後二句當然是指我。往年我在上海，名金石家鄧糞翁特別替我刻了一顆閒章：「詩人之子」，因爲誰也知道我父親實甫公是近代一位大詩人。我既是「詩人之子」，所有我的朋友都是「詩人之子之友」，宇人和貫之的太太便是「詩人之子之友之妻」了。

海上景色無邊壯麗，遠遠的島嶼，層層疊疊，在陽光的懷抱下，像有一種朦朧的霧，作爲輕紗般的披着；紫色灰色白色的尖帆吞沒浮沉在海濶天空的大懷抱中，白鳥幾雙翱翔于碧空彩雲裏，轉一彎，就看見香港仔了。

一到香港仔就發現熱烈的龍舟競渡，于是我們再作柏梁體的聯吟：「端陽海上同扁舟（敬羣）天風吹衣何飂飂（荆鴻），白雲青山來我眸（均默）放懷容與夫中流（貫之），有如擊楫祖豫州（君左），金鼓雷動飄龍遊（水心），怒濤驚飛湧萬頭（一渠），把臂相登太白樓（太希），一洗萬古之牢愁（克耑）！」從這首詩，可以看出內地的江上龍舟競渡與海島的作風不同，所謂「怒濤驚飛」，只在海上可以看到，江上無此奇景。

這次詩鐘的題目爲「端午節」鼎峙格，選記幾聯：端有殷憂來甲午，可無奇節降庚寅。（克耑）平生大節期三不，午夜無眠感萬端。（水心）端賴乘時標大節，但能近午必中天。（君左）時當日午憐鋤苦，節屆春元重履端。（荆鴻）端酒臨江同過節，賽舟傍午一吟詩。（貫之）大家不但做得好，而且做得快。

在太白樓華麗的海艇上吃過海鮮後，下午三時，解纜囘舟，衝風破浪，盡興而歸。我們每次旅遊的用費是公攤的，這樣，每人負担有限而玩得舒舒服服。梁先生返程中，一枕高臥，不管天風怒號，海浪山立，深得「博大眞人」之旨，老子和屈原一齊甘拜下風。

猜謎別有情趣

我應了香港潮商互助社友人的邀約，乘船同到梅窩即銀鑛灣一次。船頭設有一個「謎壇」，佈置得十分熱鬧，猜謎的人已很擁擠。這個謎壇是由潮商互助社的燈謎組組長許超然先生主持的。這位自稱「隻手老人」的許先生從事謎學，數十年如一日，樂此不疲，同我另一友人黃夢華先生一樣。我在人潮中靜靜的坐着，欣賞潮州同胞猜燈謎的富有風趣和節奏的方法。

猜謎的人照例是五部進行曲：主持謎壇的許先生特製一樣道具：一面鼓上掛着一面鑼。下面就是我聽到的節奏：一、隻手老人！「鼕！」（鼓一擊）二、猜那一條謎？「鼕！」（鼓一擊）三、謎面是什麼？「鼕！」（鼓一擊）四、謎底是什麼？「鼕！」（鼓一擊）五、爲什麼要這樣猜？「鼕鼕鼕！」（鼓三擊）「鐺！」（鑼一敲）敲鑼便是表示猜中了，隨即發獎品。

這次猜中的謎很多，比較爲我所喜歡的是：羅浮春夢，射粵曲名一：月明林下美人來。三代名賢，射古人名一：孫秀。畧採管見，射粵語片明星一：容小意。婚姻條件，射古文一句：匹夫匹婦之所共知也。王侯第宅皆新主，射粵曲名一：朱門怨。

在小鑼小鼓聲中，專輪于下午三時餘抵達梅窩。梅窩是一個深的海灣，三面環着碧綠的小山，一面吞着汪洋的大海。海水是這樣清的，清得幾乎像可照影的鏡子。那種嬌綠的水色是非常可愛的，像翡翠一般的晶瑩。七月間的海風帶來了盛夏却消去了溽暑，吹着海面的微波小浪，拍向曲渚淺灘，一片銀沙，閃鑠在驕人的日光裏，留着泳客和遊人的足印。殘遺的貝殼，晶晶如粒粒珍珠。

海面上，靜靜的停着幾艘吐着裊裊輕煙的輪船。許多小舟、漁艇像魚兒的遊來遊去，又像白鷗的飛來飛去。密集水中的泳兒，男的用粗壯的臂膀打起雪樣的浪花，女的緊裹着薄薄的泳裝花花綠綠像一條水蛇。在日光、空氣、風浪、海水的鍛鍊下，人們堅强得像一座山，奔放得像一羣鳥；而各人的美妙的心境，又燦爛得像一朵雪，芬芳得像一朵花，這不是大自然的恩賜，而是人類向大自然的提鍊。

辛卯重九登高青山留影自左至右江樹聲、熊式輝、易君左、劉太希、鄭水心、馬彬夫人，王桐庵。

我眞健羡嶺南的兒女們。我們這一隻船載滿了一百數十人的泳客，船剛剛停泊着，撲通撲通的一齊跳下水，在碧波裏表演各種游泳的姿式。剩下來的只有我和夢華沒有帶浴衣，而不甘落後的「謎壇壇主」也脫下了文縐縐的長衫，套上了一個游泳帶，搶着下水，老當益壯。

梅窩之遊，使我想起在香港許多年來我製了不少的謎語。例如香港筆會開園遊會，基督教文社開季會，浸會學院開聯歡會，像這一類的交際塲合，大家都請我製作一組新謎，作爲開會時的餘興節目。現在我就所能記出的寫下一點點：我嘗以長恨歌中兩句「天生麗質難自棄，一朝選在君王側」射當代一個新國家的名：「以色列」，我自己認爲滿意。又嘗以「蒙塵」射國名一：「埃及」，也還好。在人名方面，如「無路入山東」；射現代世界名人一：「杜魯門」。「喜歡人家奉承」，射現代世界名人一：「戴高樂」。「西湖月下老人祠」，射現代世界影星一：「卜合」。因許多青年男女常在杭州西湖月下老人祠卜卦，以求婚姻的美滿，所以祠門一副對聯是：「願天下有情人都成爲眷屬，是前生註定事莫錯過姻緣。」我又出過一個謎：「囘也聞一以知十」射香港影星一：「尤敏」。「事無不可對人言」射香港影星一：「白光」。筆會園遊會中，我出了射會員名字的謎，如「龜兎競賽」射留港名作家一：「徐速」。「將曙」射留港名作家一：「徐亮之」。在其他塲合中所出的人名謎，如太公八十遇文王」射香港已故名人：「周壽臣」。「春花結伴開」射香港教育界聞人一：「李會桃」。而最爲左舜生先生欣賞的一條，謎面是「一樹梨花壓海棠」，射香港市招一，謎底是「老正興」，則似乎有點近于謔了。

如果說人生如謎，猜謎也是一種靈感。謎語一名燈謎，是象徵人生搖曳如燈影。謎語一名文虎，是鼓勵人生勇敢如射虎。所以猜謎不止是茶餘酒後的消閒，而且可以助長文思，尋求眞理。廣而言之，文學有什麼內涵？讓大家猜猜。人生有什麼奧妙？也讓大家猜猜。所以我雖非研究謎學的專家，倒是對于燈謎感到濃厚的興趣，有時助興也製出一些新謎，供朋友欣賞，與大家同樂。

重九登高青山

民國四十年（辛卯・一九五三）是我初到香港不久窮忙得最厲害的一年，搬了家，害小病。入秋以來，身體一直很不舒服，傷風、咳嗽，一鬧就是幾星期。默念古人重陽避災的故事，很想到郊外閒散一下積鬱的心情，也許得以稍

解霉運。就在重九前夕，我過海回家，忽然看見桌上留有兩張名片，知道是江樹聲先生奉了熊雪松（式輝）先生之命前來，兩次都未會到我，是約我們幾人明天登高青山，並寫明上午十時在青山寺會合。當晚，我便去約水心、史劍、太希、諸友，定了一輛汽車。天氣是這樣燥熱，大家想：明天可能下雨，重陽是少不了一點風雨的，但雪松先生傳言：風雨無阻。

一睡起牀，麗日和風，天清如洗。上午十時頃，我們的汽車抵達青山碼頭。還未下車，船孃便把車團團的圍住，像一羣黑螞蟻擁有一隻綠色的螳螂。水心是廣東人，便請他下車應付。那些船孃東拉西扯，任是三拳兩掌，也打不開，只得索性下了船，解纜而渡，雙槳揚波，青山迎面。每人渡資規定是五角，今天重陽佳節，便多給了一點。

從山麓登山，路程並不遠，坡度平，山路寬，不費氣力。半山間，叢林裏，有小亭，可休息。此山之易爬，有史劍夫人的高跟鞋做鐵證。一輛山轎想勒索她，也無可如何，一直跟着她空抬上山腰，嗒然而返。

上山途中，我發現有幾棵很美的松樹，一株竟似黃山迎客松。幽幽小立松林下，欣賞大海風帆的畫面，靜到不聞呼吸；只有微微的山風，響着松籟的一片清涼。

寺門外刻着一副大對聯映在眼前了：「十里松杉藏古寺，百重雲水遶青山」，倒還不俗，字也寫得好。使我想起往年遊常熟的虞山，高山上寺門有一聯：「山中藏古寺，門外盡勞人」，令人頓悟而猛省。每遊名山，輒感浮生困頓，貪嗔癡愛，終苦無由解脫。

水心作了導遊，東穿西跑，古蹟名勝，一一指點。有兩個似洞非洞的懸岩：一名龍骨，供石一方，恐係魚骨；一名杯渡，供奉六朝時駐錫青山的名僧杯渡禪師，香火尚盛。青山充滿這位老禪師的神話，反映漁民的希冀與要求，說來話長。杯渡巖旁横碑一方，刻「高山第一」四字，爲韓愈所書，顯然已經多次翻刻。昌黎先生赴潮州時，阻風于此，登山漫遊，題字紀念，見其遺集。我們廻環曲折，上至海月亭，亭廢而址存，登高望遠，境界蒼莽。風並不大，香港人不戴帽子，自無落帽風之可言。

史劍的眼光最敏銳，能從海月亭上古樹枝間遠遠的俯瞰到雪松先生一行上山來了，某人穿什麽衣，某人正在談話，等等動態。果然，當我們趨下時，雪松先生已站在大殿的石闌干畔，于是相偕步入一座大涼棚內休息，就在這裏素餐，談談笑笑，飲酒賦詩。詩題是：「辛卯九日青山聯句」：九日無風雨（水心），秋陽勢尚驕。驅車臨海嶠（桐庵），呼艇動蘭橈。水碧濃如染（君左），峯青淡若描。鑑輿盤蹬上（史劍），石檻隔林抬。大浸傳杯渡（太希），荒碑惜蘚消。巖空龍骨在（雪松），藤老虎鬚搖。送酒衣非白（樹聲），簪花鬢未凋。詩心何蕩蕩（水心），客意轉蕭蕭。俯仰終陳迹（君左），江山自寂寥（雪松）。神州沉百感（史劍），叢菊剩孤標。斷續鐘聲晚（雪松），蒼茫暮色饒（史劍）。明年笳鼓競（水心），同望霍驃姚（君左）

也許凡人無雅俗，大家對于清齋，並不感興趣，包括主催雪松先生在內。左一碟豆腐皮，右一盆豆腐絲，煎豆腐，煑豆腐。當日杜甫的「盤餐市遠無兼味」，也不至於只有豆腐一項，假令杜甫同我們吃豆腐，也必定詩興蕩然。最後我們想炒點雞蛋吃，也不可得。而今日白衣送酒者，却是緇衣之老僧。

遊人漸漸散盡，我們才慢慢下山。遠嶼沙汀，片帆落照，海天景象，如此蒼茫。記得五年前的重九，我還同這次同遊的史劍諸友登高江蘇崑山，有「十二三人花影裏，滿腔詩思怒如潮」之句；今年重九我所寫的詩詞，便只有悽清而無浩蕩，缺乏豪情而空餘蒼莽，棋局已非，吾人已老。明年登高何處？只有托懷抱寄期望於我們聯句中收韻的「霍驃姚」了。（霍驃姚是漢大將霍去病的封號）

但是我那首調寄「貂裘換酒」的重九述懷詞，仍不妨寫下來：

「漸覺秋寒峭，又重陽，清清冷冷，百般休了。海角天涯長作客，贏得幾聲孤嘯？還讓我一聲狂叫，處處烽煙聞鬼哭，待功成萬骨都枯槁。金甌缺，朱顏老。

登高有約青山道，任逍遙，疎鐘古寺，芒鞋破帽。不羨黃花多嫵媚，但願霜枝常傲。縱消瘦何妨一笑？肝膽照人情義重，更先憂後樂同懷抱。佳節記，歲辛卯。」

金拱北仿古山水

道載文

清末民初的北京，人文薈萃，畫家輩出，其中尤以金拱北的作品，工力深邃，爲純粹畫家之畫。

金城（一八七八—一九二六），原名紹城，字鞏伯，號拱北，別號北樓，一字藕湖，浙江吳興人。自小愛好美術，並無師承，臨摹名賢古跡，足以亂眞。少年時，留學英國鏗司大學，課餘不廢繪事，假期中，遍游各大美術博物館，考察中西藝術之異同。畢業後返國前，周游歐洲，參觀其古蹟美術。光緒三十一年，以精通英文，担任上海會審公堂的襄讞委員。時有四川官眷廣東婦人黎黃氏攜帶女孩十五名，行李一百餘件，乘鄱陽輪赴滬，租界捕房誣爲拐匪，逮捕入獄，金與關烱之同爲讞員，以事關國體，據理力爭，外人不允。後來滬上各界，响應金、關，以全體罷市表示民意，外人自知理屈，乃向我國道歉，衆怒始平。此轟動一時的大鬧會審公堂案，爲國人擁護法權的表現，後人但知有關烱之，而不知有後爲名畫家的金紹城，實非事理之平。

金自會審公堂案後，即辭職離上海赴北京，致力藝事，研究書畫。民國以後，歷任衆議院議員、國務院秘書、蒙藏院參事、內務部顧問等。在內務部時，創議設立古物陳列所，即被任爲監建。他參考各國博物院成規，訂立各種章程，古物陳列所乃得早日成立。他又以陳列所中珍品如歷代帝皇像等，幅數既多，面積較大，陳列日久，易爲風、日所蝕，一經損壞，即無法修復。故主張聘請畫家，縮臨副本二份，一份陳列所中，一份藏之外埠，以備不虞，原本則永久珍藏，當局亦以爲然，曾聘員從事臨摹，可惜後來因事中輟，未能完工。金又鑒於我國畫法，自乾嘉以後，日趨簡易，古人精意，日就湮滅，乃於民國九年春，與周肇祥籌創中國畫學研究會，推周爲會長，自任副會長，會員兩百餘人，定期集會，商討畫法，行之期年，極有成績。他又以爲近代日本畫，一方面保存南宗畫的固有精神，一方面又吸收西洋畫的構圖色彩諸優點，融會貫通，獨創一派，這一條途徑，是值得作他山之助的，因聯合日本畫家渡邊晨畝等，議開中日繪畫聯合展覽會。民國十年十一月，在北平歐美同學會，開第一次聯合展覽會，十一年開第二次會於東京，十三年開第三次會於北平及上海，十五年開第四次會於東京大阪，第二、第四兩次展覽，金先生復親自東渡日本，主持會務，但在第四次會畢回到上海時，突然患病，不幸於十五年九月六日歿於上海，年僅四十八歲。歿後三月，其子開藩、開華，與其門弟子數十人，創立湖社以紀念他，並發行湖社半月刊，後改爲湖社月刊，出版到一百多期，至七七事變方告停頓。

本期插頁，精印金拱北的八幅仿古山水，依年齒論序爲：

陸包山	一四九六—一五七六
竹嬾（李日華）	一五六五—一六三五
傅青主	一六〇七—一六八四
鷹阿山樵（戴本孝）	一六二一—一六九一
王麓臺	一六四二—一七一五
董邦達	一六九九—一七六九
錢竹初	一七三九—一八〇六
黃小松	一七四四—一八〇一

據已故書畫鑑賞家朱省齋先生回憶說：他的浸淫皮黃，愛好字畫，都是受金拱北的影响。朱省齋留學歸國後，即在北京的麥加利洋行任職，當時金拱北即任麥加利洋行北京分行買辦，省齋曾隨金拱北赴梅蘭芳宅，看金拱北教梅蘭芳學畫，關於金的畫學造詣，可惜語焉不詳，恨不能起省齋於地下以一問究竟。

又據孟河世醫費子彬先生說：金拱北的臨摹古畫，設計特製道具，玻璃板下，裝設電燈，以紙覆在畫上，勾勒之時，顯得異常清楚，他可以算得是利用儀器、輔助繪畫工作的先知先覺。

金拱北所畫山水，以仿古爲最勝，或屬南宗筆法，或似北宗邱壑，包含宋元，無分南北，系以小詩，極饒風致。

金拱北在前輩中，最推崇黃小松（易）拳拳服膺，凡有以黃小松精品求售者，無不斥資購取，自稱爲黃易千古知己。

當年舊京畫壇，門戶之見極深，既有京朝派與海派之分，京朝派中也分爲保守、創造二派。當年北洋畫報主編童軒蓀幼年時，愛好東塗西抹，好其尊人告之曰：「不要成天東串西串，還是我領你拜金拱北先生爲師，好好由工筆入手吧。」果然童父牽子到錢糧胡同金宅，說明來意。金拱北就問：「他會畫嗎？」童父回說：「他時常亂畫，學起齊白石來，我要他循規蹈矩來向你請教。」金拱北即說：「令郎既已學上齊白石，就不必到我這裏來學了！」也是當年舊京畫壇逸事之一。

金拱北一門風雅，所居曰墨榮閣，有妹名章，小字陶陶，擅畫工筆金魚，子開藩、字潛盦，姪孔彰、勤伯俱擅畫事。

湖社弟子中，人才輩出，他們的別號中，都着一「湖」字，如馬晉之仿郎世寧畫馬，陳緣督、吳光宇、陳少梅之仿費曉樓、改七薌仕女與陳老蓮佛像，吳熙曾之仿王石谷山水，李鶴籌之仿惲南田花鳥，皆其中佼佼者，後來也都成爲名畫家。

清　金拱北摹古山水

其一　仿陸包山高嶺嵯峨圖　定齋藏

其二　臨竹嬾溪山入夢圖　定齋藏

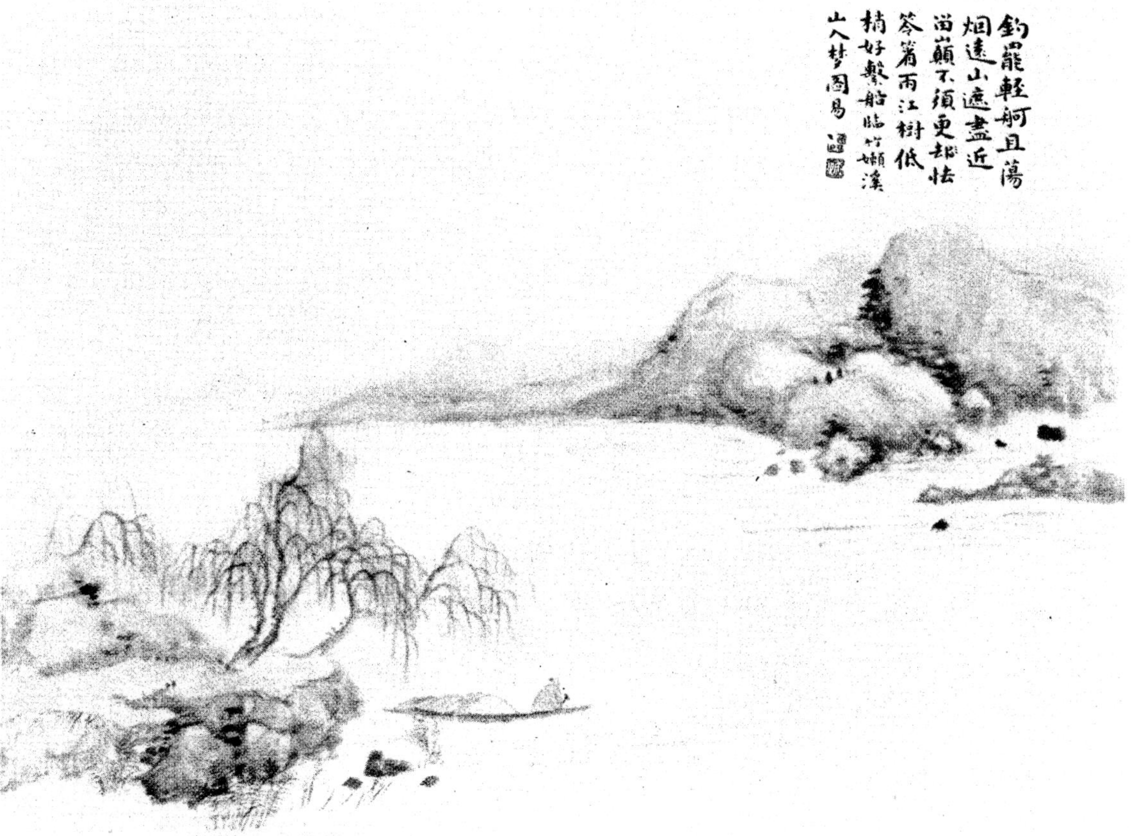

門前萬里崑崙水千點桃
花尺半魚、仿傅青主作黃易

其三　仿傅青主千點桃花圖　定齋藏

卓哉黃寉翁
邈矣趙學士豈有
賢渭陽翻以侶為
恥渴筆貌孱顏千
秋寄仰止
臨鷹阿山樵
筆意易

其四　臨鷹阿山樵千秋仰止圖　定齋藏

仿王司農麓臺仲
黄易

其五　仿王司農麓臺山水圖　定齋藏

一抹秋山淡遠天斜陽影裏
度鳴泉水亭留得詩人在隔
樹吟聲答暮蟬臨董文恪公

其六　臨董文恪一抹秋山圖　定齋藏

誰家林檏近溪灣高樹扶疎出石
間落葉盡隨溪雨去只留秋色滿空山
臨錢竹初便面易

其七　臨錢竹初溪灣高樹圖　定齋藏

早起看山色微
茫一半遮幽人
無俗事釣艇是
浮家　黃易

其八　仿黃小松早起看山圖　定齋藏

金拱北與王夢白

梅蘭芳述　許姬傳記

金拱北、王夢白二位畫家，都是梅蘭芳當年學習繪畫的老師。金城（拱北）生於一八七八年（光緒四年），卒於一九二六年（民國十五年），享年四十有九。王雲（夢白）生於一八八八年（光緒十四年），卒於一九三四年（民國二十三年），享年四十有七，都未能享大年。

一九一五年前後，我二十幾歲的時候，兩次從上海回到北京，交游就漸漸的廣了，朋友當中有幾位是對鑑賞、收藏古物有興趣的，我在業餘的時候、常常和他們來往。看到他們收藏的古今書畫、山水人物，翎毛花卉，眞是琳瑯滿目，美不勝收。從這些畫裏，我感覺到色彩的調和，佈局的完密，對于戲曲藝術有聲息相通之處；因爲中國戲劇在服裝、道具、化裝、表演上綜合起來可以說是一幅活動的彩墨畫。我很想從繪畫中吸取一些對戲劇有幫助的養料。我對繪畫越來越發生興趣了，空閑時候，就把家裏存着的一些畫稿、畫譜尋出來；我祖父和父親都能畫幾筆，所以有這些東西，不時地加以臨摹。但我對用墨調色以及佈局章法等，並沒有獲得門徑，只是隨筆塗抹而已。

有一天，羅癭公先生到我家裡來，看見我正在書房裏學畫，他對我說：「你對于繪畫的興致這麼高，何不請一位先生來指點指點？」我說：「請您給介紹一位吧！」後來，他就特地爲我介紹了王夢白先生來教我學畫。王夢白先生的畫取法新羅山人，他筆下生動，機趣百出，最有天籟。據他說，在南方，他與名畫師程瑤笙是畫友，兩人常常一起關門對坐揮毫，一畫就是一天。他每星期一、三、五來教，我在學戲之外，又添了這一門業餘功課。王先生的教法是他當着我的面畫給我看，叫我注意下筆的方法和如何使用腕力，畫好了一張，就拿畫釘按在牆上，讓我對臨，他再從旁指點。他認爲：學畫要留心揣摩別人作畫，如何佈局、下筆、用墨、調色，日子一長，對自己作畫也會有幫助。王夢白先生講的揣摩別人的佈局、下筆、用墨、調色的道理，指的雖是繪畫，但對戲曲演員來講也很有啓發。我們演員既從自己的勤學苦煉中來鍛鍊自己，又常常通過相互觀摩，從旁人的表演中去觀察，借鑑別人如何在舞台上刻劃人物。

從很多畫家觀察生活現象進行藝術創造的經驗中，也使我受益不少。王夢白先生作畫，並不完全依靠臨摹，由于他最愛畫翎毛，所以在家裏用大籠子養了許多種不同樣兒的小鳥，時常琢磨他們的神態；有時拿一塊土疙疸往籠子裏一打，趁着鳥兒一驚，去看它起飛、迴翔、並翅、張翼的種種姿勢，作爲他寫生的資料。畫昆蟲之類，他也一定要捉了活的螳螂、蟋蟀、蜜蜂……來看個仔細，一毫一髮，從不馬虎。記得有一次我們許多人去游香山，我們只是游山玩景而已，而王先生却不然，他每到一處，不論近覽遠眺，山水草木，都要凝神流連，有時捉過一只螳螂或是蚰蜒，在一旁反覆端詳。這種對生活現象的仔細觀察，不斷通過生活的體驗，來積累創作素材，我想是值得戲曲演員參考的。

在隨王夢白先生學畫時期，前後我又認識了許多名畫家，如陳師曾、金拱北、姚茫父、汪藹士、陳半丁、齊白石等。從與這麽多位名畫家的交往中，使我增加了不少繪畫方面的知識。他們有時在我家裏聚在一起，幾個人合作畫一張畫，我在一邊看，他們一邊畫一邊商量，這種機會確是對我有益。

我學畫佛興趣最濃的時候，老友許伯明要我畫一張佛像送他做生日禮，這是一九二一（辛酉）年的秋天，那時我的佛像畫得并不太好。一天下午，我把家藏明代以畫佛著名的丁南羽（云鵬）的一幅羅漢像作爲參考。這張畫上畫着羅漢倚松，坐在石上，剛畫了一半，陳師曾、羅癭公、姚茫父、金拱北諸位名畫家都來了，我說：「諸位來得正好，請來指點指點。」我凝神斂氣的畫完了這張佛像，幾位老師都說我畫佛有進步。金拱北老師說：「我要挑一個眼，這張畫上的羅漢，應該穿上草鞋。」我說：「您挑得對，但是羅漢已經畫成，無法修改了，那可怎麽辦？」金先生說：「我來替你補上草鞋。」他拿起筆來，在羅漢身後添了一根禪杖，一雙草鞋掛在禪杖上，還補了一束經卷。大家都說補得好，金先生畫完了還在畫上寫了幾句跋語：

畹華畫佛，忘却草鞋，余爲補之，并添經杖，免得方外諸公饒舌。

許伯明那天也在我家，看我畫完就拿走了，裱好後，還請大家題咏一番，陳師曾先生題曰：

掛却草鞋，游行自在，不聽箏琶，但聽松籟，朽者說偈，諸君莫怪。

姚茫父先生題了一首五言絕句：

芒鞋何處去，踏破祇尋常。此心如此脚，本來兩光光。

樊山老人的題跋，最有意思，借這張羅漢諷刺當時的議員，他說：

今參衆兩院議郎凡八百，人遂目爲羅漢，蘭芳此畫，西方之羅漢歟？中國之羅漢歟？腦滿腸肥，其酒肉和尚歟？面目獰惡，其地獄變相歟？北樓添畫草鞋，豈欲促其行歟？耳大如此，作偈者謂其不聽箏琶，彼將何以娛情歟？羅漢日如有箏琶可聽，即永廢議事日程，如促吾行，則二十圓之出席費誰肯犧牲？縱使詈我有民，毆我有兵，我神聖不可侵犯之羅漢，但覺寵辱不驚，并不覺坐臥不寧，蘭芳此畫誠所謂畫鷄畫毛難畫鷄內金，畫人畫面難畫不可測度之人心者也。

樊山老人沒有署名，後來羅癭公在旁邊加了兩句跋語：

吾爲伯明丐樊山翁題此幀，以玩世語多，故不署名，伯明復屬吾加跋証明之。

樊山老人題跋裏連當時所謂文明國家的議員，也借題發揮，一起罵了個淋漓盡致，可謂大快人心。事隔三十餘年，一九五八年的歲暮，我應外文出版社的邀請，在國會街二十六號爲他們演出『宇宙鋒』，我知道這個禮堂，當年就是國會議場，當我在台上大罵秦二世的時候，忽然想起那些議員們曾經在這裏墨匣橫飛，老拳奉敬的神態，又想到了我畫的這張羅漢和樊山老人的跋語，眞是感慨系之。

梅蘭芳畫佛金拱北補草鞋禪杖經卷　（一九二一年合作）

有一次，王夢白、金拱北兩位談到作畫的風格，王先生對金先生說：「你的畫畫，好比一個裁縫，三尺三就是三尺三，怎麽裁的，你就怎麽做。」因爲金先生對于臨摹古人名迹、宋元院本、樓台界畫、工細人物，最爲擅長，所以王夢白先生這樣講，他又拿自己作譬喻說：「我的畫畫，好像是個鐵匠，假如我要打個釘子，要長就長，要短就短，不合適回爐再重來，我是用腦子來畫的。」金先生聽了，笑着回答他說：「畫畫不能只靠天才，學力也應該并重的，我們幾千年來前人留下多少有名的作品，這已經是取之不盡、用之不竭了。你說我是裁縫，不錯，就算我是裁縫，可是我做的衣服是稱體合身的。」他們這樣開門見山的批評，有說有笑，眞是有意思。

過一天，陳師曾先生對我講：「拿王夢白先生的天才，金拱北先生的學歷，把他們兩方面的特長，融合在一起，彼此的成就更有可觀了。」陳先生的話，確是說明他對王、金兩位有深切的了解。繪畫藝術與戲曲藝術一樣，都共同有一個繼承傳統、發展創造的問題，既要繼承，又要發展，既要認眞向前人學習，又要大胆進行創造革新。譬如我這兩位繪畫老師，金拱北先生屬於前者，而王夢白先生便屬於後者，算得是各有千秋，無分彼此。

我繪畫的興趣越來越濃，興之所至，看見什麽都想動筆。那時我正養了許多鴿子，揀好的名種我打算把它們都寫照下來。我開始畫了兩三幅的時候，有一位老朋友對我提出警告說：「你學畫的目的，不過是想從繪畫裏給演劇找些幫助，是你演劇之外的課程，應當有一個限度才對。」我聽了這話，憬然有悟，從從此對于繪畫，只拿來作爲研究戲劇上的一種幫助，或是調劑精神，作爲消遣，再不像以前那樣廢寢忘餐的着迷了。

一九五八年一月

「父親節」和我的父親

·范基平·

五月裏的第二個星期日是母親節，六月裏的第三個星期日是父親節，今年父親節的準確日期是六月二十日。「孝」是我國民族數千年來傳統美德，我們在小學時代，就聽兒老師把外國兒子結婚之後，父親來訪時不留他吃飯的故事當作笑話來講給我們聽，但是很奇怪，首創「母親節」與「父親節」的却都是美國人。

父親節的起源，據資料指出是由美國紐約約翰保斯杜德夫人在一九一〇年所發起的，時至今日，已有六十一年的歷史！

美國南北戰爭後，有一個名叫杜德的鄉下人，與妻子及八名兒女，在農村過着澹泊的生活，一家十口，勤儉過日，不料杜德的太太一病身故，遺下八名兒女，長者不過十三歲，幼者尚在襁褓之中。

杜德雖然中年喪偶，但誓不續娶，白天上班辦公，放工回家後，便負起無微不至的教養責任，甚至寢席不安。他不續絃的原因，為的是紀念亡妻，同時又恐怕繼室虐待其幼小無依的兒女，因而自願兼司母職，這種偉大的父愛實非普通人所能做到。

全賴杜德的悉心教導，八名兒女終於長大成人，杜德經過十餘年的辛苦折磨，業已精疲力竭，然而他這種肉體精神所受到的痛苦，在看到兒女相繼長大時，早已被內心的安慰所蓋沒，他那種自我犧牲培育兒女輩而結果如願以償的極度興奮，非局外人所能領畧。

杜德去世後，他的女兒約翰保斯杜德夫人，為了紀念這位偉大的父親，於一九一〇年六月的第三個星期日在教堂舉行父親節慶祝會來推崇全世界父愛的偉大，並建議凡父親健在者，在慶祝會內戴紅玫瑰花以示敬愛，假若父親去世者，則戴白玫瑰花以示哀悼。

她之所以要父親節在六月份慶祝，據說是因為六月裏的太陽熱力是一年四季中最溫暖的，兒女得到父親的教養恩德，正像萬物得到陽光才能滋長一般，寓意深長。

自約翰保斯杜德夫人創了父親節後，含義雖然不錯，但當年在美國遵行父親節的人却不多，直到一九二四年，美國總統柯力芝才頒定六月第三個星期日為父親節，並呼籲國人在這天大事慶祝，來表揚父親的偉大。

每個人都有父親，却未必每人都有「父親節」。二十五年前，中國人不知「父親節」為何物，我就是這樣的中國人之一。我底父親和我於抗戰勝利那一年分手，至今已有二十六年。等到我知道「父親節」時，我已身為兒女九人之父，而自己却已沒有父親。

家父的童年時代是一個孤兒，原籍松江，寄養於上海徐家滙天主教堂，從意大利神父學畫，結果以繪畫為業，署名詠青。少年時便入贅徐氏，不姓范而姓徐，後來纔重建范氏家庭恢復范姓。他是中國畫家中習西洋水彩畫的第一人，先後任職商務印書館、時報，及普益地產公司，徐悲鴻曾以弟子禮相事。但是由於幼年生活的影响，既缺乏藝術家的氣質，也沒有商場上的經驗，孤芳自賞，不與世俗相往來，因而限制了他在藝術與商業方面的發展。謝之光、杭穉英、金梅生等均曾正式列入門牆，他們後來都向商業性繪畫市場發展，成為一九三〇年代前後盛極一時的「月份牌」繪畫的名家。他治家甚嚴，我與兒弟三人，畏之似虎，由於不敢與之親近，家庭中乃有一種缺乏溫暖之感。他主張兒童刻苦第一，提倡穿布衣，不着皮鞋，即使釘鞋的售價和皮鞋相差無幾，也堅持我們必須穿釘鞋去上學。

大概為了他自己童年的生活過於冷酷之故，他的性格中充滿了叛逆的成份。他從小受天主教洗禮，青少年時期也由天主教堂養育長大，居於教會，食於教會，但是他却背叛天主，不做禮拜，而且結婚兩次。他不懂政治，但愛國心重，民國十五年革命軍初抵上海，他率領了當地一批羣衆前往龍華把革命軍歡迎到徐家滙，使當地天主教堂的神父及其他人士，為之側目。八一三前，他即來香港，設館授徒，馬慈航、甘長霖等均拜其門下。他生平不繪漫畫，對日抗戰爆發後，他想盡方法在純藝術的畫件中滲入反日宣傳色彩，來發洩他愛國的熱忱。

他一生做事小心翼翼，重視金錢，也重視享受。因為他深知享受必須從金錢得來，而金錢必須藉平時節蓄的存貯，他常身懷千元，而不肯浪費一個「斗零」。

抗戰勝利，我與家母及全家都從重慶重回香港，他去青島，終老於是。家父故後，我為他借當時我所辦的「四海」畫報封裏全幅，編了一個特輯，發表了他底幾幅水彩畫的風景遺作，並以四百字寫了一篇關於他的小傳。除此以外，我只是於每年他底生日和每年陽曆六月第三個星期日這兩天，寄以無言的追思。

OLYMPIAD

COMFORTABLE

LONG-WEARING

五環嘜男鞋

大人公司 有售

申報與史量才

望平街憶舊

胡憨珠

史量才發現鄭耀南吞沒了江蘇督軍齊燮元委託交涉使姚文黼致送給申報的按月津貼二千元，當下聲色不動，逕自與江蘇省教育會會長黃炎培去商量。原來黃炎培此時，早已成為齊燮元的智囊，齊燮元對他言聽計從，因此經黃炎培親自到南京去面見齊燮元，憑他三寸不爛之舌，說得齊燮元自動的要為史量才興建一座巍巍華屋，送請笑納。

鄭耀南原是個極工心機之人，任何事情，深藏心底，喜怒哀樂，少形於色。這次對齊燮元的政治津貼之事，他不但瞞了王堯欽，也瞞了家裏人。如今臥病在莫干山上，料知支票送來之日，收受無人，勢必會轉送到王堯欽的手上。因為他知道王堯欽是眞正史量才的不二家臣。其對史氏的忠心耿耿，服膺拳拳，仿之古人的義僕忠臣，未遑多讓。所以對他隻字不提，就是怕他畧有所知，即去向史量才舉發告密的緣故。可是後來的事實發展，與該事件的最後結果，果然不出於鄭耀南之所料。原來該交涉使公署的總務科長送支票到耀南廣告公司去時，方知道鄭耀南在莫干山養病，無法將支票留下。該科長只得囘去向交涉使請示以後，再行遵命辦理。畢竟姚文黼歷涉宦海有年，認為送支票到申報館去給王堯欽，覺得有所未便。因為報館人多，衆目昭彰，難免引起傍人的注意。所以他親自打電話給王堯欽，在電話中問明白了王堯欽囘家去的時間，隨後再說明當派他總務科長踵門造訪，有事請教。

王堯欽與姚文黼約定了囘家時間，該科長果然來訪。見面後，即揣出一張支票，雙手奉給王堯欽，請為收下。王堯欽接過支票，一看票面上填寫所支數字，為二千元，不由得他為之錯愕詫異，訝問此欵何來？這位科長便說了幾句簡單扼要之話，作為答覆。他就說明：「這張支票的錢，那是南京齊燮元督軍致送給申報館的津貼之費。前幾個月都是送到耀南廣告公司裏去的，當今天送去時，據說鄭耀南先生在莫干山養病，所以敝署姚交涉使着兄弟送到你王先生這裏來了。」這時的王堯欽聽了此話，倒是神態自若，毫無異色。對於前幾個月齊燮元的政治津貼，明明知道已經給鄭耀南撈了外快去了，但他對此筆申報館的政治津貼，既不承認收到，也不否認不收到。卻是淡淡然的「哦」了一聲，接着說了一句：「是麽？那是這樣的麽？」王堯欽作出了這麽一個輕鬆的表示，正是他處理此事的聰明持重之處。如果他忙作緊急聲明，當塲否認收到所有政治津貼，第一使鄭耀南的面子難堪，徒然給姚文黼等瞧不起。其次，申報館內部組織的不健全與管理督察不嚴密，所以有這樣的事情發生。自己協理兼總務主任的職位，未免要負失察無能之責，惟有這麽含含糊糊的應付處理，方能矇混過去。

再說王堯欽此時送走交涉使公署的總務科長離去之後，忙即打電話到報館去找史量才。這夜史氏在外恰巧有幾處應酬，都以赴讌的時間尚早，便在總經理室和張竹坪兩人談話。所以王堯欽卻能一索即得，就在電話機中，據實告訴有一件秘密作弊的緊要之事要當面報告。每個做老闆的最喜歡聆聽屬下舉發同事間秘密作弊的事情，史量才亦不例外。只因張竹坪在座，所以他在電話機上不便多說什麽話，只是含糊着說：「你就來罷，我在報館裏等候你來。」王堯欽趕到報館，張竹坪已經走了，此時總經理室裏祗有史量才一人在那裏等候。當他看見王堯欽推門進來，便即向他問道：「堯欽，啥事體值得你這樣的緊張，你人都已囘去了，還要再趕出來，留到明天告訴我，不是一樣麽？倒底是啥人幹的事情啊？」王堯欽當下並不答話，只管自向懷中揣摸，當他懷中掏摸出一張支票，順手遞交給史量才之後，方才開口說話。

王堯欽說：「量才先生，這張支票是上海交涉使姚文黼派遣科長剛纔親自送給我的。據說這是南京齊燮元督軍送給我們申報的津貼費，以前幾個月都送給了鄭耀南收領，只因今天送去，知道鄭耀南在莫干山養病，便送到我家裏來了。現在，我要問你一句話，幾個月來，鄭耀南有沒有

把這一筆齊燮元的津貼送給你？有則也罷，如若沒有，這便是鄭耀南秘密作弊的揩了油啦。那怎麼辦？」當時史量才於乍聽之下，面上確屬現出有些不豫的神色，但不過只像陣風片雲，一掠而過，便接口道：「堯欽，你還不知道麼？想我接辦申報業已整整十年了，從未收過各黨各派分文的政治津貼。可是我們的報館裏是否有人在接受人家的政治津貼，這可不知道了。如今你說齊燮元有政治津貼給我們申報，倒可說是破天荒的第一次。但料不想一經開始，却給鄭耀南先下手爲强，中途截取吞沒了去。這是無可奈何的事，因爲這條財路路線是屬於他的。所以堯欽你可不要把這件事耿耿於心，過去幾個月他吞沒了，就讓他過去算了，不必再提了。」

接着史量才加重語氣的說：「不過鄭耀南有天病體養好，恢復健康之後，仍然會回轉上海來。相信這筆政治津貼，姚文黼也必定仍會把它送到鄭耀南的手上，所以我在想非要從今以後永遠直接送到我們手上才好。只是變更接受這政治津貼的經手人，我却不想去對姚文黼方面作接洽，非要向掏出這政治津貼的人齊燮元去關說不可。我們這樣的變更了辦法，不但使姚文黼知曉我們申報自有政治路線，更教鄭耀南有所警覺，往後日子遇到有政治津貼的機會，不敢再做出這種瞞天過海、從中揩油的事情來。關於去向齊燮元聯絡關說的，我自有人，毋須耿心。堯欽，你等着瞧罷。」

黃炎培縱談斂財方畧

史量才於第二天的晨間，就親自與黃炎培接通電話，他倆在電話裏不作他語，只是約定午刻在一枝春西餐社同進午餐。怎爲史量才對於齊燮元所致送申報的這筆政治津貼，爲了要使上海交涉使姚文黼更易遞送收受人的問題，却要鄭重其事與黃炎培作商量呢？因爲他知道近來黃炎培和齊燮元的私交彌篤，不但可以談商公事，而且可以任說私話。其次是他銀錢固然需要，但更珍惜面子，像現在要想爭回接受齊燮元的政治津貼，若要他叫王堯欽去和姚文黼交涉解釋，總覺得有些損傷了他平日之間他那種對人嚴肅傲慢的氣概。所以對他最心腹之人的王堯欽，亦不宣佈，並不肯說明這辦法須要仰仗黃炎培。

時屆午刻，史量才和黃炎培已在一枝春西餐社的小精室裏，碰頭見面了。因爲在這種僻靜精幽所在，正是他們兩人暢談肺腑之地，所以邊吃邊談。史量才就把王堯欽所告訴他的話，從頭到尾，敘說一遍，最後却說在理我可以向鄭耀南澈究追查，取回此欵。不過我不想這樣做，爲的是要保持雙方情感，留存見面餘地。一則因他耀南廣告公司的客戶很多，深怕得罪了他，往後對申報每天所刋登的廣告，會受到他減少和減發的影响。再有報館接受軍政界人物的政治津貼，總覺得不是件風光體面的事情，萬一張揚出來，申報和我的聲譽上就要受到沉重的打擊。

史量才敘述至此，便更加强語氣着說：「任之先生，因爲齊督軍所致送申報的政治津貼，對報館和我，都有這點聲譽和環境的切身利害關係，實在不敢，也不願收受。本想把現今所收到二千元的一張銀行支票，仍然送還姚交涉使，作爲原璧歸趙。繼而一想，只覺得又不能這樣做，我相信齊督軍的一片熱忱，每月撥津貼貲二千元，幫助申報，可能他洞察我們申報的經濟狀況，未臻穩固。不瞞你任之先生說，一直以來，申報長期困頓於捉襟見肘的艱苦階段之間。雖然，我們申報的近年來營業情形，不論報紙的銷數，廣告的收入，都已有了起色。但不過在以往的十年間來，虧蝕太多，負債不少。總覺得此身如陷泥淖，難有清償舊欠債務的一天。因此一念，認爲齊督軍的這一筆津貼，就感到大有用處，湊合起來，足以了清一點零星急債。爲此，便決意收受，只是我眞正不願意此欵從第三者，或第四者輾轉交到我的手上。因爲深怕會把申報接受齊燮元的政治津貼一事，張揚出去。這對於齊督軍的令譽，會受着收買輿論的影響，而我個人對申報館內外人士的威信，也會受着暗被輕視的打擊。所以思考至再，祗有使用釜底抽薪之法。就是由南京督軍署的經手人，將此欵支票直接函寄申報館，待我親自收受。若經這樣改變遞寄方式，這對上海交涉使姚文黼的辦事不週，耀南廣告公司鄭耀南的暗地冒收，那種種錯誤的過失，大家都矇混過去了。但是這件事情，非要請你任之先生大力幫忙不可，因爲齊督軍那裏，祗有請你任之先生去關照說明一聲，就可解決。如此這般，既極保密，也極安全，更不致使齊督軍蒙受收買輿論的口實了。」

黃炎培忙即回說：「量才兄，兄弟覺得這件事情輕便之極，自問叫我去向齊撫萬進言遊說的一點力量，可以應付裕如，不會差到那裏。準定由我負責替你即去進行辦理，料必能如願以償，相信不會有辱使命的，你請放心就是。」黃炎培說完此話，接着强調語氣，對史量才似感不解其意，而作出疑惑地神情向他問說：「量才兄，我對你眞有些猜想不通，怎爲你對齊撫萬的要求欲望，會這樣的微小菲薄。對他月撥申報二千元的津貼，看你的神情語氣，似乎已感十分滿足，這正教我百思而不得其解。該知道你們的申報在全中國實爲首屈一指的一份權威報紙，論創辦歷史再沒有比它久遠，論爭取讀者再沒有像它廣溥，就在邊陲僻邑的地區，只要話說起上海的申報他們都會知道，同時只要看見印有字跡的任何地方報紙他們都會說這是張申報紙啊。試思把這麽有力量有名氣的一份申報，量才兄，爲什麽竟以微小的代價出賣了，正像把金鋼鑽當作碎玻璃賣，那豈不可惜麽？」

史量才錯認黃炎培誤會他已把申報出賣給齊燮元做機關報了。因此忙作聲辯道：「任之先生，我並沒有把申報出賣給齊督軍呀，就是他月給申報二千元的政治津貼，這也等於交一個朋友而

已，你說的『出賣』二字，未免言重了！」黃炎培接着就說：「量才兄，你不要認為齊撫萬的政治津貼，可以永遠享受下去，這是說變就會變的。因為入民國以後，北京政府屬下的文武官員，他們的政治生命，無不短促得像鏡花水月，他的江蘇督軍任期能有多久，不可測知，所以我勸你應該以大刀濶斧的方式，大大的弄他一筆，才是辦法。」

當下黃炎培又繼續的對史量才說道：「齊撫萬這位原籍山東老鄉，對我却正是一片至誠，少見少有。我因避嫌疑不肯做他督軍公署最高顧問的差事，因此他就向我提出兩個條件，一是愛護桑梓，隨時進言，二是不居名義，收受顧問費，此外，他還自動有兩種作為，也是令人覺得他的慷慨疏財，氣度恢宏。一是他撥給一萬元作為上海江蘇省教育會的經費，並說將來貴會經費發生不濟時當再會撥給。另一種也是一萬元，要我代為分贈給省教育會的會員，作為他們膏火之費。是我一秉至公，把他的一萬元，作了平均分配，所以這一次所有教育界人士，都用着齊撫萬的錢，這也是我被人罵為學閥原因之一；而且各地方的社會間，凡談說起前江蘇督軍李純之死，可能死於齊燮元之手，就地那班教育界人士自會引證報紙的新聞記載，力說江蘇督軍李純憂國自殺的，這無異大家替齊撫萬奪權殺人的流言，做了無形的辯證人，可見他這一萬塊錢並沒有白化。」

齊燮元慷慨贈地餽屋

江蘇督軍李純自殺身死，以幫辦齊燮元繼任，這是李純在遺書中所推荐的，黃炎培就是覷準這一點的破綻弱點，認為報上所發表李純的遺書，必非親筆眞蹟，可能有人偽造。是以他料定此項遺書所言，若要實現此事，當今的北洋政府主持人，自要左右為難，大傷腦筋。蓋事因直皖戰後，大局形勢，雖告平定。但相繼其後的却有直奉兩系在長江流域方面，發生擴展勢力，爭奪地盤的戰爭情勢，正在醞釀中。將來江蘇省的統治者屬於直系的人，還是屬於奉系的人，實在未知之數。須看直奉兩系的頭子，橫臥在烟舖上的口頭爭奪戰，誰佔優勢，即誰勝利，所以黃炎培就是靜觀其變。只是事實果然如此，那位以忠厚老實見稱的曹錕，有天與張作霖在烟舖上，談及江蘇督軍出缺之事。他就力持李純在蘇督任中，因他的資深望重，與情素孚，是以數年間來，儘能穩坐石頭城中，一時不虞他會疾病纏身，困擾至於吞鎗自殺。他更强調着說：「不過李純這個人賦性仁厚，責任心重。他於臨死之前，不願他數年來的治蘇心血，輕付東流，深怕累及他死後聲名。為駕輕就熟，事半功倍之計，所以他遺書上致中央政府，要請任命齊撫萬實署繼職。」

不料張作霖便接口說：「三哥，你難道忘了麼？齊撫萬是李秀山的參謀長呀。參謀長不能代理主管，這是咱們政府所定的規例，誰都不能破壞。所以江蘇督軍一職的後繼人，待俺與三哥再作商量，必要研究一個最妥當夠資格的朋友，任當此職。」曹錕對張作霖眼白翻了兩翻，現出疑訝而錯愕的神情道：「大哥，是你大概遠在關外的緣故，未曾聽見過齊撫萬當民國二年的湖口戰役。於一夜之間，他把李烈鈞（協和）手下的第一名勇將林虎打垮，當時的撫萬正任第六師的參謀長兼第一旅的旅長，料不想林虎縱勇難敵其智。就因他佔領湖口的先聲奪人，那李協和江西獨立的局面，只得不顧而去。所以李秀山統率所部，得以兵不血刃，平平安安地在九江登陸，長驅直入南昌，做了江西督軍。因此若論齊撫萬這個人，實是戰鬥和參謀『兩門抱』的角色，現在他的主管突告出缺，理宜由他代理。這對法例民情，面面俱能顧到，咱們哥兒倆何必定要用腦苦想個不相干的人去做江蘇督軍呢，大哥，算了罷。就是齊燮元算了！」

曹錕在烟舖上據理力爭，果然他以口舌戰勝了張作霖。使江蘇省的地盤和勢力，仍得為直系軍人所佔據、統治，而齊燮元的督蘇之夢，也得如願以償。且說當年的黃炎培確是一位心靈計巧見機而作的了不起人才。在上海各報章上讀到「江蘇督軍李純憂國自殺」的要聞以後，他的腦筋就立即動用着「準、等、狠」三部曲的謀財斂錢計劃出來。這裏所謂「準」，那是他看準了這是一條有生化的財路事件，但不過必須先要搭上死人關係的路線。於是他以江蘇紳士、社會聞人的身份，再輔以江蘇教育會會長的名義。寫了一通快郵代電，唁慰李氏家屬的電文，付郵寄去南京督署。那通電文大意約畧聲言他與秀帥生前，數年交往，心旨相孚，一旦死別，惻惻曷極，倒是篇情文並茂的弔唁文章，只是不過一片謊言假語而已，好在他知道李秀山決不會從挺屍的板門上，爬坐起來做辯證人的。

但是他對於李純之死，却發生極大的疑猜，總認為李秀山的富貴榮華已達頂點，何至於要走上自殺之路。這不應死而死，不該亡而亡，那他的死亡便覺有死亡得離奇之感，於是便使用了三部曲的第二個「等」字。這裏所謂等，那是他要等看各報對李純之死，所作更進一步新聞的詳細報導。到了第二天的上海各報，雖然看到詳細報導的通訊記述，但不過都把昨天簡單扼要的電訊，作了詳叙細述而已，至於新的消息，也無非報導治喪情形，看不出有若何的特殊之處。及到第三天的各報上，却都刊載着煌煌然一大長篇有圖有文的南京通訊，報導李純死後的新聞續誌。那些圖片當然是李氏在自殺前所作的全部遺書，大概督軍公署的治喪辦事人員，恐怕遺書眞蹟，製版影印報紙上，發生模糊不清的情況，特別將四封遺書，一字不漏的全部抄錄，附載在新聞裏邊，越顯出這篇南京通訊，所佔篇幅的既長且大。

黃炎培細看今天各報的南京通訊，經他發現了一個新聞之眼。就是李純的遺書中有一封說：「江蘇督軍職務，以齊幫辦燮元代理，懇候中央特簡實授」之語。而且另一封的遺書裏亦一再發

現「齊幫辦」字樣，這便是引導黃炎培眼中所發現是他認爲「血路」的新聞之眼。因爲他從來不會聽見江蘇督軍公署有齊「幫辦」燮元，祇知道有參謀長的齊燮元，他也知道參謀長不能代理主管。李秀山所留薦賢自代的遺書，認定不可能獲得中央的閣議通過，同時，也認定李秀山是篤謹守法之人，決不會於自殺之前，出此亂命，故意給個「幫辦」職銜以便爲自代的藉口。這可能於李秀山死後，齊燮元主謀所僞造的遺書，以求達到僭越權位的目的。不過仍須要等，等到中央閣議是否通過而定，在他意念上，認爲此案在內閣會議因爲條例不合，難獲有通過的希望。

誰知時不一週，黃炎培看到報載內閣會議發表的消息，竟有通過齊燮元由代理江蘇督軍燮成實授的任命。這使他大爲高興，認爲這一等果然等到機會來了，覺得自己所料不虛。於是忙即擬就快郵代電，去向齊燮元實任蘇督致賀，大獻殷勤，那篇電文極盡其吹拍之能事。齊燮元當時雖奉命就任江蘇督軍，但惴惴不安於心的一事，便是畏怕蘇人羣起反對。爲因擺在眼前一個威脅巨大的難題，就是江浙聯省自治的醞釀聲浪，大有響遏行雲之勢。他正害怕江蘇省的名流縉紳，社會聞人，以及上海的各社團等，即乘此作爲廢督運動的藉口。是以黃炎培快郵代電的賀電寄到之日，齊燮元經閱以後，欣喜欲狂，快慰無比。因爲他已經閱讀過他對李故督的弔唁電文，知道蘇紳羣中，乃有黃炎培其人。更因爲他是蘇省教育會的會長，認定對蘇省教育界必具有領導作用的力量，因此，即刻去電邀請他到南京謀面晤叙。兩人一經接觸，果然情投意合，於是，黃炎培便要運用三部曲末一字的「狠」字了。

往昔有人作譏笑陳眉公的奔走權門之詩，曾有「翩然一隻雲間鶴，飛去飛來宰相家」的詩句。有誰知黃炎培自結識齊燮元以後，其奔走權門的辛勤情形，固不下於陳眉公當年，只見他來來去去於南京督軍公署的衙門之中。按之實際，他所主持的江蘇省教育會，就在上海老西門外將近林蔭路的電車路邊那所矮平房子裏。說眞的除了門前所懸一塊長方型的銅製招牌，令人有輝煌耀眼之感以外，會中所僱傭的也祇有一書記，一小斷外，別無他人。這省教育會會務清淡，會所冷落，倒像一所香火久絕的枯廟，這種內幕情況，齊燮元怎會知道。總覺得他以省教育會的會長之尊，會務紛集的繁劇之身，還時相過從，暢談國是。是以他對黃炎培的感情，不僅引爲知己，而且視成心腹，寵信之處，到達言聽計從的地步。原來此時的黃炎培已狠狠的把齊燮元之心緊緊抓住在他的掌握中了。便也因此，他可以今日對史量才二千元的政治津貼，認爲所欲不大，要求太低，反而他自己豪爽非凡的慨然承允，由他負責去向齊燮元爭取一注大數目的津貼費來。但事實果然，他去了南京不滿三天，已經趕回上海來了。史量才於當天下午，就接到黃炎培的電話。但聽他很愉快的口氣說：「量才兄，此行幸不辱命，接洽圓滿，結果大好。他已慷慨答應要我代爲辦理，替你購買一塊地皮，建造一所像樣的住宅房屋，贈送給你作爲朋友結交的紀念物。詳細的經過情形，待今晚上，我們在老地方吃飯見面時，全部告訴你聽罷。」

史公館傳言凶宅之謎

黃炎培不能不讚說是個傑出人才，他的口才便給，能言善辯，只因他的心地有欠端正，愛好貨財，又是過於熱中，不甘寂寞，爲求滿塡他名利思想的欲壑，往往對人行事，會有不擇手段的行爲做出來。但他此次代史量才去向齊燮元進言遊說，博取巨額的政治津貼，就顯出他有說話藝術的超人才能。據說他與齊燮元見面，談話之初，並不談及姚文黼致送申報二千元的政治津貼之事，似乎他不知有此事情。只談現代的政治人物和上海報紙的密切關係，於是，他就從張季直、熊希齡、程德全、應季中、趙竹君等秘密接盤申報說起。也說到袁世凱爲了想做洪憲皇帝，他的籌備機關，北京「籌安會」特別派了一名北方報界名人薛大可，南來上海出版一份『旭』報。黃炎培把申報和旭報成敗興替的經過事實，扼要而周詳的話說給齊燮元聽。他說：「他們這班人都懂得政治與報紙的密切關係，也懂得辦報不易的內幕關鍵，爲要避免共和黨人所辦的黨報，給人知道。所以他們全部退居幕後，公推史量才任做出面老闆和總理。史量才寫得一手好字，他的字就學的張謇，他把申報辦理得有聲有色，成爲全中國歷史最久，聲譽最盛的一份報紙。

可是在民初期間，張季直的出任工商總長，程德全的江蘇都督，應季中的江蘇財政廳長，以及熊希齡的內閣總理等等。他們無不受着申報暗中的支持助力與獲收政治宣傳的效率。但是旭報的結果却悽慘之極了，因爲它人人皆知是由袁世凱出資所辦的報紙，是以出報只有八天，就被人拋擲炸彈，不但毀了旭報館的門面屋宇，威迫得當天就宣告停止出版。而且還禍延旭報館比鄰馬敦和帽店的玻璃櫃窗，被炸彈震到粉碎。望平街上吃炸彈的報館，這旭報實爲開紀錄的第一家。」接着黃炎培强調的繼續說道：「每個聰明的政治主要人物，該有一份報紙在手，作爲自己的宣傳機關。更聰明的是出資辦報，最好不要出面聲張，只知出錢，不居名義，對於這一點必須要遵行奉守的定例。我們但看申報與旭報的結果，這是最正確，最現實的辯證。」

聽得齊燮元只是點頭稱然，不過此時他却也按捺不住了，逼得自動開口。連連說道：「這點，我知道，我知道獨立的政府機構，該有一張自己宣傳的機關報紙，也知道政治與報紙的密切關係。所以上海交涉使姚文黼來南京時，我們談及對於上海各報的政治津貼問題。姚交涉使爲對各報的一視同仁起見，他主張那是每家報館一概致送二千元貼費，歸由他去負責辦理。」黃炎培很自然道：「上海的報館是有大小的，報紙的銷數

是有多少的。難道像申報館這樣的規模宏大，銷報數多，也只有二千元的貼費麽？那未免太少了，太少了，少到有近於侮辱性的意思。」齊燮元聽到這樣說話，也覺得姚文黼的平等主張，一律致送二千元，確屬是件大錯誤事。所以他忙即說道：「任之先生，姚交涉使對各報一視同仁的主張，實在委屈了申報館，請你代爲設策如何？我想應該把我們過去錯誤的過失，挽救過來，最緊要的一着，必須使申報館和江蘇督軍公署的感情增厚，秘密的作爲我們的宣傳機關。」

黃炎培答說：「挽救錯誤，增厚感情，致使申報在一點不露形式下成爲我們江蘇督軍公署的宣傳機關報，辦法正是有的是。現在待我先說一個辦法出來，請撫帥予以考慮可行不可行，化算不化算，以便定奪施行。因爲經營出版報紙，是一種可爲而不易爲的事業，因爲虧蝕容易，賺錢煩難，尤其經辦到像申報這樣的一張好報紙，更非輕便易爲之事。所以十年間來，申報館的史量才先生正是刻苦耐勞，慘淡經營，直落到今日之下，還是寄人籬下，沒有他自己的住宅房屋。我認爲撫帥送得他多，似乎覺得有點不化算，倘使送的少，恐怕他瞧不起會拒不受領，總必須要惠而不費，更要使他非受不可，我想倒不如贈送他一所稱心如意、堂皇富麗的公館房子。這是一宗有永久紀念性的禮物，更足以使史量才食宿其間，漫說他每飯不忘，簡直要日夜想念，至於這筆購地建屋之費，在起初支付時際，固然感覺浩繁鉅大，但只要經過三年五載以後，已經全部收回來了，從此可以不名一錢，申報永爲我用。因爲從眼前開始，對於申報的政治津貼，通知姚交涉使此後毋須再送，也不必告訴他不送的理由，做個無聲無臭、不了而了就是。撫帥，你認爲這一辦法可行嗎？齊燮元畧作盤算，實在覺得便宜而便利，原來在他心意所定，對申報的政治津貼，本想增加到月致五千之數的，因此，便立即答應，接受黃炎培所提的辦法，並將此購地建屋之事，也全交他全權辦理。

所以當史量才與黃炎培電話機上所約定，會面吃飯老地方在四馬路河南路口的一枝春西菜社，雙方見面坐定以後。黃炎培就把前邊所敘述的，是他和齊燮元所商量對於申報的津貼費，由化零爲整的談話經過，詳詳細細的講說一遍，隨後即說：「量才兄，是我覺得你長住在巨籟達路胡二梅家裏，終非善策。你已是申報館統一的獨資老闆，應該要有一所像模像樣的公館房屋，才能配合身份。所以我對齊撫萬說出購地建屋作爲送禮的辦法，覺得比向他要求增加貼費都好。似乎既不失身份，也容易開口，而所得的並不會少。現在只要你說出喜歡住在那裏，我就到那裏去尋購地皮，經你認可之後，便可招來建築公司，打樣建造，不必管他代價費用多少，有我在此全權辦理，即使多化點錢，也不怕齊撫萬不乖乖地承担。因爲刺一針出血，同割一刀出血，其呼痛的聲音是一樣的，趁此機會，若不狠狠地斬他一刀，還待何時。」

史量才笑道：「任之先生，眞有你的本領，我只有記在心上，容後圖報了。不過，對於造屋的地皮，已經有了座落在靜安寺路傍近哈同路的兩塊地產。（筆者按：其中一塊係辛亥革命鎮江人陶晋葆就地起義，自封鎮江都督。是他乘機搏亂，將其同鄉富翁李盛鐸（木齊）綁架而來、以火刺燒，逼令交出財物以外，並上海地皮三畝的方單一張。因李除在鎮江開設義善源、大慶元兩家錢莊以外，在上海後馬路還有兩家錢莊，固以多財產稱於時。及陶在上海被滬軍都督明正典刑而死，該方單即落在秋水夫人手中。爲因上海租界地產賣買，方單不及道契吃香，後來史氏曾以方單轉道契之事，委託黃伯惠辦理。黃以事忙，就囑史氏備具五百兩銀子支票與方單，只要託由張竹坪直接送交新瑞和洋行去經辦，這轉換道契手續，非常迅速而妥當。史如其言，故此一塊地皮的所有權屬於戶名沈慧芝的秋水夫人。）因爲這兩塊地皮，聯不到一起，是以建築住屋之事，一再蹉跎下來，未曾舉辦。現在既承任之先生幫忙，就請在該地四周的相聯處去謀求空地罷。」

黃炎培獲得史量才的指示以後，第二天就親自趕去靜安寺路與哈同路的四周，作了一次巡禮視察。在靜安寺路上，果見有竹籬四圍的一塊空地，料定必是史量才所說他佔地不多的現有地產。沿路向西走去，經過了中華書局廠外通路的弄口，即爲上海地皮大王程霖生、貽澤叔姪的住宅房子。及轉入赫德路，在程麻皮的公館背後，果然見有空地一處，諒這也就是史量才所有的產業。再向東轉，折入南陽路，走過中華書局廠後，發現一塊大空地，此地恰恰與史量才的地產前後相聯，他這個發現感到高興，不過橫度比較短些，因爲在東邊傍近哈同路處，有兩間陳舊的矮平房，佔去了一個轉角地位。不過他感到這個遺憾並不重大，容易彌補，祇要多出些代價就可買它下來。於是，他便走向矮平房的屋去，與屋主人談話，接談之後，知道李姓，那是此間本地人。現在西摩路小菜塲裏，擺攤販賣菜蔬爲生，這兩間老屋都是他祖上留傳下來的產業。因爲英租界工部局前後開闢南陽路和哈同路兩條馬路，他家僅有不多的一點地皮，怎禁得起工部局的東割西削呢。眼前祇存留下這兩間老屋了，本想出賣，搬到鄉下去居住，別謀營生。但買主都嫌他地皮太小，一畝地也不到，所以買主出價少得要命。現在八千元一畝的地皮市價，買主最多只肯出到五千五百元，這分明有錢人在欺侮他們窮人，所以他咬咬牙齒，緊緊褲帶，決定不出賣了。

黃炎培何等的心靈計巧，認爲眼前的大好機會，不能錯過，他就和屋主人講東話西，隨後再牽引到買屋論價上去，就在五千五百元最多的還價之上，再增加了幾百元，買定下來。即付出一點定銀，講好於明天午刻，叫他邀請幾個朋友做中證人的，同到五馬路復興園吃飯以後，再寫賣絕契約。但是在兩間老屋之南的沿哈同路上，尚

有一塊狹長的空地，經黃炎培向李姓屋主人探詢之下，知道爲中華書局所有，覺得此事更屬容易解決，只要去向中華書局總經理陸費伯鴻接洽，把史量才的地皮交換對掉，料想必可以立刻成功。他認爲這種以地易地，那是件最公平的交易，多還少補，又屬雙方兩不吃虧。縱然憑黃炎培的會說會話，心機靈巧，識人衆多，但對於此次購買地產之事，還破費了兩星期之久的工夫，方始完全辦好。原來有關秋水夫人所有地產的一塊空地產權，那是一位張姓的富人所擁有，據說這個富人的性格，生得慳吝而鄙嗇，精刮而昏庸，對於他這塊地產，橫說還價太小，豎說地價要漲，逼得黃炎培日趨其門，仰望鼻息，商討地價。後來雖告成交，究竟出價多少，亦無一人知曉，因爲黃炎培對於地價情形，從來不說，史量才也不便開口詢問，能知眞實的地價，祇有他的肚裏明白，這便是他「狠」字的表現了。

關於史量才建築住宅地皮的完整問題，經黃炎培的辛勞奔走，四出活動，已告解決成功。其次一步的工作步驟，那是屋宇的打樣和建築，即須着手進行，而這次承包全部建築工程的則爲豐盛實業公司。因爲該豐盛實業公司的買辦，係史量才的朋友，所以沽價比較克己，計爲四萬六千元，包括打樣費在內。本來史量才的原定計劃，就全部地理形勢，建築一座前廳後堂的一層樓房屋。及到了要測量地皮，商量屋樣的時候，他突然的變更計劃。把前邊秋水夫人產權所擁有的地皮，全部改建爲網球場，至於住屋的建築地盤，就限在由齊燮元所贈送及與中華書局交換得的自有地皮。史氏臨時突然的變更計劃，此時望平街上的報業同行間便有二種流言傳播。一、是說史量才和秋水夫人的情感，恰恰發生一些些不和諧的陰影裂痕，這突變純然爲了賭氣。二、是說史量才賦性規矩穩健，而有遠見。認爲這塊地產，雖已方單轉成道契，戶名亦改，究竟來路不正。方單的原持有人的鎮江富翁李盛鐸，仍復健在，頤養故鄉。萬一他前來興師問罪，追究此事，總不可能拆屋還地，因此建造網球場，要交還時極其便當。

豐盛實業公司所經營的業務，於建築營造工程之外，還兼營室內裝璜、傢具木器等承辦製造。據說該公司裏聘請一名叫貲德高，一名叫賀士勞的兩名德國人打樣工程師，專門爲顧客設計劃樣，定製品件以供所需。因爲齊燮元曾與黃炎培商議定的，於買地建屋，贈送史量才安居享樂以外，還對他房間裏的裝璜佈置，木器傢具，一概定製附贈，黃炎培爲了代替齊燮元的實踐諾言，也爲了他自己的完成使命，所以就向豐盛實業公司定製，全是西式木器，外國傢私，其式樣無不出之於這兩個德國籍工程師之手，其富麗堂皇，可以想知。一般去過史公館而參觀過各室內佈置裝璜的人們說，若處身在史公館裏，使人測想東西洋國家元首的宮苑內室，當不是過罷？不過話雖有點過份誇張，可是，所付代價確也不小，據說付給該豐盛實業公司，這筆室內佈置的傢具木器費，連同四萬六千元的建築費，共付十四萬五千元。在民國十年的生活程度，低小得驚人，聽說出此高代價，誰不爲之咋舌難已。

因此，史量才的五十壽辰，就在自己家裏舉行慶祝，遍請他舊日朋友，社會名流，至少有一點富貴不忘故交的炫耀意思。是以往昔之年育才學堂的校長，現任南洋中學校長的上海著名教育家王培蓀，曾親往史公館赴讌作賀客時，便與同去的朋友李平書等二三人，隨喜遍看室內外的裝璜佈置，覺得豪華一片，矞煌萬千。王培蓀因此無限感慨地說：「這都是江蘇人的民脂民膏呀。」李平書在傍便即接口道：「這樣也好，總算江蘇人的民脂民膏，眼前這裏已由史量才索取回一點來了。譬之齊燮元刼走牽去一隻耕牛，而量才却拔得一條耕牛的尾巴，慰情慰痛，聊勝於無而已。」因爲王培蓀和李平書都是當年史量才未發迹時期，而會有汲引提携的助力朋友，所以史氏對他們兩人毫不隱瞞地老老實實告訴齊燮元對他購地建屋、慷慨貽贈的事情，便也引出這兩位老友的沉重慨喟之語。

傳說中這幾位史量才的老朋友，他們隨喜參觀，當觀看到傍向哈同路方面的樓下耳廳後部，那裏特別闢作史量才臥室的所在。他們對於該臥室中的佈置陳飾，尤爲傾倒備至，艷羨萬分。原來在那裏所陳列擺放的傢具裝飾，不論眠床案几，椅子沙發，總而言之，一切的一切。無一樣不是式樣時新，坐臥舒適，無一物不是色澤明艷，勾人遐思。據說這幾位老人賴在史量才的這間寢室，談談說說，看看笑笑，不願起身離去，話說出來，令人難以置信的，這樣一間人見人愛，美奐美輪的精雅之極的一處寢室，却是非常不吉利的凶屋，因爲當年史量才自舉家遷徙，入居這座新屋以來，竟沒有在此間寢室裏，個人睡眠過一夜，連之晝寢都不敢。原來他於入屋的第一夕，便就進此心愛異常的寢室，圖享夢魂的安適之樂。誰知上床猶未入睡，那種兇惡可怕的現象，不斷的在他眼前的出現，只嚇得他不敢睡眠，倉皇奪門而出，仍上樓去與他秋水夫人安賦同夢。但究竟此寢室中所見兇惡可怕的現象，兇到哪般？惡到怎樣？是他對人從未講說出過如何如何，怎麼怎麼，是以無人知道，却成了凶宅之謎。不過他對這間寢室，視爲凶屋，從此不再進去留宿一夕，却是眞實不虛的事實。若要他進入此室，獲得安安定定的竟夜睡眠，須在十五年以後，却原來就是史量才在滬杭公路上的翁家埠地方，慘遭不幸，猝遇暴徒狙擊，他身中數彈而死。當他的遺蛻運回上海，即送入這間心愛的寢室，作着無思無慮、無牽無碍的長夢中人。因他的不能安寢室中一夕於生前，却獲長眠此間寢室於死後。難道是前世命中註定的麽？前賢有云：一飲一啄，莫非前定。觀乎史氏哈同路的住宅，宅爲凶宅，室爲凶室，更參以其生前與死後的事實情形，其然，豈其然乎？

（下期續刊）

LEGENDARY LOVE LONGEVITY LIP
A lot of nice words begin with the letter 'L'....
A lot of nice things begin with
Mister L.
杜白莉
各大分銷處
均有代售
神秘爵士男士用品
LAY LATENT LOGIC LUCKY LAD
WARNER-LAMBERT (HONG KONG) LTD. TEL:H-622211

陳儀其人其事

·野鶴·

對日抗戰勝利後，首任台灣行政長官，又在台灣明正典刑之浙人陳儀，字公俠，清末留學日本士官學校，娶一日婦偕歸祖國，投身北洋軍閥治下的軍旅間，因緣時會，升任至浙軍師長，而於一九二七年（民國十六年）國民革命軍進入浙境時，首義響應，深受當局器重。迨國民政府奠都南京，先後担任軍政部次長暨訓練總監部總監有年，喧赫一時。

對日抗戰軍興，中央政府播遷巴蜀時，陳一度受任行政院秘書長，院長係蔣委員長，由孔祥熙兼代，某次行政院會議，孔報告奉蔣兼院長手令，各機關應實施「行政三聯制」——即設計、執行、考核三者並重——希望在座各部會首長悉心研討，以收實効。陳急起發言，指摘孔代院長，謂領袖的命令，豈可妄事討論，詞色嚴厲。當場引起預會諸公不平，首由軍政部長何應欽提出詰詢，以秘書長既未兼任政務委員，即係行政院院長的幕僚地位，在院務會議中，似無自由發言資格，更不應該對院長公然訾議。經濟院長翁文灝亦與何同一論調，對陳表示譴責，餘人和之，使陳大感難堪。旋由孔作結論，謂吾人對領袖的行政計劃，自可各抒所見，備供參考，使執行順利，這樣纔是忠誠事上的道理，陳秘書長一片忠心，固然值得讚許，但愚忠的心情，對實際政治似不適宜，今天這種不愉快的場面，實係行政院成立以來的創見，亦盼望今後不復再見云。散會後，孔邀各部首長赴私邸便餐，陳裹足不前，孔又以電話向之促駕，時人以孔休休有容，有足稱者。

陳由此不安於位，請辭秘書長職，蔣對之寵愛未衰，改派為新成立的「經濟會議」主任委員，為着用人職權，又與副主任賀耀組鬧得積不相能，不久，經濟會議撤消。其時已是抗戰末期，中樞基於開羅會議宣言，為儲備將來接收台灣的行政幹部起見，特設「台灣行政人員訓練班」，派陳儀為主任，訓練完畢後，先命陳主持福建省政，俾便就近接長台灣軍民兩政，對其倚畀之殷，可謂舉世無匹。

一九四六年日本宣告無條件投降，依照開羅會議宣言，台灣由中華民國受降接收，即任陳儀為台灣行政長官，等於日本人統治時期的「總督」。陳由福建轉進台北，乃以原有日本駐台總督府為行政公署，把過去在重慶訓練的行政人員帶去，一切措施皆不遵照中央法令，比過去日本的總督權力還大，形成「獨立王國」，貨幣只通用台灣銀行發行的台幣，禁止法幣流行，大陸上各個公私立銀行，一律不許在台灣設立分行，賦稅制度亦另是一套。總之，除却國防軍事與外交，所有政務皆別樹一幟。例如煙酒糖鹽皆實行專賣制，而其稅則特重，商民若按照規定的稅率經營，即未有不蝕本者（煙酒稅為百分之五十）。又如民生必需品的米糧，在日本人統治時代實施配給制，米價甚穩定，而陳儀竟反其道而行之，改為自由買賣，於是糧價逐日騰昂，奸商操縱居奇，民衆怨聲載道，與論為之譁然。日本人曾把台灣各地的流氓地痞，一律送至台東的海中小島——「火燒島」集中管訓，陳儀接任後，乃將這些流氓釋回，同時又令各縣市捉捕流氓地痞，送來台北勞動營集訓，使新舊的流痞們乘機結合，暗中組織黑社會幫口，分為「蜘蛛黨」與「鴨子寮」兩大股，黑勢力反而大增了，這是日本人統治時代所未有的。日本統治台灣時的警察採用「分散制」，派出所遍佈林立，戶口調查嚴密，警察的待遇亦優，民間發生竊盜案，派出所立即設法破案，決不因循。陳儀的治術却異是，警務人員但知接收各地警官的公廨和洋房住宅，力求生活舒服，而曠棄職務，對於民衆具報竊盜事件根本不理，且責被害人家自不小心，聲明無法查究，而戶口更不調查，警察待遇又低，遇事即向人民伸手要錢，給民間的印象十分惡劣。陳儀在台灣除設置煙酒鹽糖專賣局外，又設立貿易局，凡屬禁止進口的一切貨物，皆由貿易局包辦販運，然價格特貴，眞所謂「只准州官放火，不許百姓點燈」，民怨那有不沸騰之理呢？基於上述各項施政的影响，相激相盪，乃釀成一九四七年（民國三十六年）二月廿八日的民衆大暴動，內地與各省人士死難者以千計，連內地人的婦女小孩亦被殺害不少！

所謂「二・二八」事變的起因，就是為着香煙緝私。由於煙稅過重之故，必然發生走私的流弊，而台島四面環海，外來香煙走私亦容易。是月廿七日下午，煙酒專賣局據報在距台北不遠的淡水河上。發現走私香煙的船隻，經派人實地偵查，僅見空船而已。當時認定走私貨業已化整為零，運入都市中了，即由專賣局派出緝私人員六名，另帶警察四名，乘坐一部卡車，馳至台北市內最繁盛的「西門町」附近查緝，見一林姓婦人的煙攤上，擺着若干未納稅的香煙，照章予以沒收，那婦人當然不甘損失，初則哀求，繼則糾纏，最後大呼「搶切」，附近居民和街上的行人，圍觀者愈

聚愈多，在人聲鼎沸中，有喊打的，緝私人員見情勢不妙，唯有突圍而逃，然羣衆一面阻攔，齊聲喊打，緝私人員乃開放手槍，當塲擊斃了一名觀衆（台灣人）。於是，羣情憤激，鳴鑼聚衆，一面焚燬緝私人員的卡車，一面追打緝私員警，旋即包圍台北市警察局，要求把剛纔走入警局的三個緝私人員槍斃，否則必不甘休。警局以事態嚴重，無法處理，即將三名緝私人員移送憲兵隊，羣衆又將憲兵隊包圍住，提出同樣要求，一直鬧到深宵四時，羣衆漸漸散去，憲兵隊乃將三個緝私人員送至警備總司令部，聽候發落。

事情鬧上了半天，陳儀早已知道。這時駐在全台灣地區的國軍只有一團，駐在台北市的憲兵只有一連人，警察沒有武器，而且十分之九都是台灣人，他們皆袖手旁觀。市面已然發生這樣嚴重的變故，陳儀反而躲在公署內毫無作爲，聽由民衆譁變，而潛伏在台灣的共諜即起而煽動民衆，擴大事變，從二十八日起，暴民到處打殺外省人，婦孺亦無倖免。台北的殺機肇啓後，全省各縣市聞風相繼響應，暴民且組織「二·二八事件處理委員會」，向陳儀提出許多要求，如停止徵兵，取消師團管區制，裁撤警備總部，收繳國軍武器，釋放一切政治犯等，不一而足，蓋已有野心份子從中操縱，成爲有計劃的政治陰謀了。又曾聚衆萬人，包圍陳儀長官公署，陳除飭衛兵不許開槍外，既不敢對民衆直接講話，亦沒有應付辦法，只是急電福建上海各方面派兵前來平亂。從二月廿八日到三月八日援兵到達止，任由暴民刼掠公私財物，戕害外省人士，最可悲的是三月一日有一艘「中興輪」由上海航行至基隆，許多乘客不知台北發生了暴動情事，相率携帶行李登陸前來台北，沿途即被暴民殺害，行李盡被刼去，死得不明不白！迨國軍到來，將亂事平息後，中央派遣國防部長白崇禧到台省巡察，白向民衆傳達中央意旨，對此次事變採寬大政策，不再追究，并告誡在台省服務的公職人員要以德報怨，人心方告安定。

就政治紀綱而言，守土牧民有責的陳儀，無論他有無激起民變的措施，亦應該予以行政處分的，何况他在台省的一切特殊作風，實係間接釀成民變的原素呢！然當局對陳信任如故，曾在國府紀念週講話，認爲陳儀在台灣沒有錯，民衆暴動事件與陳無關。旋由白崇禧建議，另派文人主持台灣省政，乃以魏道明接任台省主席，而調陳儀爲浙江主席，衣錦還鄉，更加榮耀。

浙江人湯恩伯，於民國十年間赴日本留學，初入該國「鐵道學校」，加入了國民黨。及民國十三年國民黨東京支部擬通過廣州中央黨部，保送六位同志進入日本士官學校，湯恩伯亦在其列。筆者此時担任民黨東京支部執行委員，關於此案的文件往還，親預其役，知之甚詳。士官學校的修業期限爲一年半（半年入聯隊練習術科，一年在學校講習學科）。湯由士官畢業歸國，即投入陳儀所領的浙軍某師部爲參謀，甚獲陳青睞，多所提拔，湯且拜陳爲義父，公私情誼皆逾尋常。迨民十六年國民革命軍入浙，陳儀首義响應後，湯已升任爲團長，嗣後陳將所部交由中央整編，奉命至南京担任軍政部次長暨陸軍訓練總監部總監各職，對湯恩伯多所拔擢，由團長而旅長、師長，到對日抗戰初期，湯以台兒莊之役作戰有功，晉升爲軍長，後來再升爲集團軍總司令。這其間，陳儀在中樞爲湯吹噓揄揚，甚爲出力，所以，湯對陳感恩知己，情同家人父子，過從甚密。

一九四九年春間，湯受命統率大軍保衛大上海。時蔣總統引退住在溪口，亦曾到杭州憩息，與陳儀聯袂遨遊西湖，入「樓外樓」餐叙。湯恩伯隨時往來於杭州溪口間，跟陳儀頻頻晤面，請教防衛上海的軍事計劃，詎陳暗示湯以大勢已去，無可挽救，不妨別謀出路，湯雖不謂然，亦未表示意見。既而蔣由溪口蒞臨復興島，督導上海保衛戰役，陳儀竟密遣親信，持其親筆函面交湯恩伯，囑湯見機而作，「起義」投共。湯驚詫莫名，即將陳函轉呈蔣氏，請示如何應付？蔣赫然震怒，下令將陳逮捕究處，另電行政院長何應欽改組浙江省府。迨上海戰役結束，再將陳遞解至台灣，經由軍法會審，以陳儀叛國有據，無可寬宥，判處極刑，於民國卅九年某日，押赴台北郊外，槍决示衆。時人謂陳儀曾在台灣激起「二·二八」事變，使數以千計的無辜人士，枉遭非命，結果他自己亦在台灣明正典刑，可謂報應不爽也。

記得一九六五年（民國五十四年）春間，筆者在台北榮民總醫院養病時，老友朱家驊（騮先）亦在院檢查身體，居室與我隔壁，騮先於夜裏常入我房內聊天。一夕，談到陳公俠，他說：對日抗戰初期，希特勒應日本要求，將原來派在我國服務的德國軍事顧問團長某將軍（朱把名字告訴我了，現已忘記）召回，另由團員法根霍森繼任。某將軍臨歸國之前，密語朱氏，謂據他在中國服務期間，跟國府一般軍政大員交往觀察結果，認爲陳儀此人最不可靠，希望我方注意云云。朱係留德學生，德國顧問團在南京一切公私事宜，皆由朱負責接洽招待，因而那位將軍於臨別時對朱作此密談。我問騮先曾否據情幃幄上奏？他說，這種關係重大的話，又無證據，怎好上達天聽呢？我謂「你當時如果轉達了德國顧問這項機密情報的話，或許陳儀這條老命不致送在台灣」，朱說那亦未必吧？即此可見外國客卿對於吾國政治要人的觀察甚精密而有特識，眞是旁觀者清。蓋陳儀平時對人表演効忠領袖的詞色，比一般達官顯宦尤爲淋漓盡致，試看他在行政院會議席上那股愚忠，即可概見。

陳儀容顏與言談粗俗鄙陋，一無可取，唯一特長就是對上貌爲愚忠，然臨難乃率先變節。侯嬴有言：「人固未易知，知人亦未易也」，古今一轍，豈勝慨歎！

有不為齋談薈

閒話：世界小姐

・余不惑・

選美是資本主義社會中一項玩意，主要是由男性舉辦，以各種方式，鼓勵及吸引一批自願以其天生麗質獻諸於世的女性參加，然後加以品評，於其中選出他們所認爲最美的（或者最喜愛的）的一個或幾個，封之以「××皇后」，「××小姐」，「××美人」的榮銜，贈以獎金，予以華服，使其旅遊各地，藉供衆覽，而美其名曰提倡女性健美，促進文化交流，俾能加深國際了解，有益世界和平云云。

選美的規模可大可小，名目繁多，不勝枚舉。據我所知，全球性的以國家爲單位的選美大會共有三個：

（一）「環球小姐」選舉 Miss Unevirse Contest，

（二）「國際美人」選舉，International Beauty Contest，

（三）「世界小姐」選舉 Miss World Contest。

上述三大選舉，主辦機構、舉行地點、當選名銜各不同，但大部份人對其背景歷史，混淆不清，祇有一律稱之爲「世界小姐」選舉了。

其中「環球小姐」選舉始於一九五二年，歷史最久，最初在美國長堤舉行，第一屆當選「環球小姐」者爲「芬蘭小姐」，「香港小姐」但茱迪名列第四，是爲香港選派代表正式參加國際性選美大會之始，也是當年香港盛事之一。

後因「環球小姐」大會主辦者方面與長堤市政當局局意見不合，發生爭執，「環球小姐」選舉決定遷地爲良，改在邁阿密舉行。長堤當局不甘寂寞，乃另辦「國際美人」選舉，以與邁阿密及「環球小姐」爭一日之短長。本年度之「國際美人」選舉，參加者達四十九國家單位，四月二十七日決賽結果，年方十九，體高五呎八吋的「紐西蘭小姐」珍漢遜，壓倒羣芳，榮膺冠軍，以次而下的第二三四五名爲泰國小姐、菲律賓小姐、美國小姐和芬蘭小姐。「世界小姐」係倫敦選美會所主辦，歷史較上述兩者爲短，「中國小姐」李秀英曾膺選亞軍，這是中國佳麗在國際選美中所獲得的最高榮譽。去年「世界小姐」選舉舉行時，因大會當局措置失當，引起參加選舉者之不滿，報紙尤多批評。主辦人聲譽大受打擊，事後宣佈今後將不再舉辦，今年果未見有何動靜。

三大國際選美大會，已如上述，人所共知，除了上述三者而外，以地區國家爲名的選美，實亦無處無之。規模最大者允推「美國小姐」與「歐洲小姐」選舉，此外，香港有「香港小姐」選舉，泰國有「泰國小姐」選舉，台灣有「中國美人」選舉，菲洲有「菲洲美女」選舉，印度也有「印度美女」選舉，而美國各地華僑社會，則每年都有「華埠小姐」選出，而且選出之後照例必東來台灣、香港兩地作爲友好訪問。

以地區國家爲名之選美大會外，亦有以「花」爲名的美女選舉。抗戰期間的重慶，有「五月花皇后」選舉，第一任當選者爲刻在香港之著名聲樂家與歌唱家楊羅娜，當時年方十五，不知選美爲何物，因慕名「慈善」而參加當選。

十二三年前，香港也舉辦過一次「五月花皇后」選舉，因係慈善性質，公開標明每票港幣若干元，由得票最多者當選，結果一位印度美人得票最多，登上了「皇后」寶座，此種慈善性質的選美，其勝負得失，不決定於姿容顏色儀態風度而決定於捧場人與捐欵多少，實亦不可厚非。抗戰勝利後的「上海小姐」、「上海歌后」、「上海舞后」都是這樣選出來，而對於冬令救災作出了貢獻。夏威夷的「水仙花皇后」選舉，於每年農曆元旦時舉行，事後照例與當地僑領商人，組團旅行訪問各地，熱鬧一番。星加坡有「蘭花小姐」選舉，其中一人，曾來香港。

職業亦可分類，則如「棉花小姐」，「旅遊小姐」，「打字小姐」，「工展小姐」，「平安小姐」，「國貨皇后」分門別類不一而足，扶輪社有「扶輪小姐」，就差獅子會沒有「獅子小姐」，大概因爲「獅子」兩字不便與小姐」聯在一起，以免令人聯想到「河東獅吼」之故。此外如酒家女侍，電梯女郎，百貨公司職員，也各有其雖然未經正式選舉與冊封而被一般人所公認的「皇后」。以前上海的「康克令皇后」談雪青，「湯糰西施」沈惠靜，「國貨皇后」莊月英，當年都是名重一時的人物，而「荳腐西施」得與「國大之花」齊名，更是「女性美」受到世人重視與推崇的一大証明。

資本寫到此處，我必須再度申述女人之被選爲「皇后」或者「美人」，其最重要的資本仍推體態容貌，是以參加競選之人，必須先行具備動人的美麗與身材。近代生活方式之一是着重分類精細，男人對於女人的鑑賞亦然。任何人若能從頭髮梢美起一直美到腳跟當然最好，否則祇要她全身中有某一部份特別出衆，也一樣值得欣賞讚美，甚至使她因而成名。所以美於髮者，可以選之爲「美髮皇后」，美於目者，可以選之爲「媚眼皇后」，美於齒者，可以選之爲「美齒皇后」。此外或美於胸，或美於臀，或美於腰，或美於腿，無不可以分門別類，各得其所。抑又進者，如果不美於體態中的某一部份，而抽象的美於丰度，或者擅於交際，也自有其脫穎而出的機會。例如好萊塢女星亞娃嘉娜，有「最美麗的動物」之稱，也就未必眞因爲她是世界上最美麗的動物，而是因爲說不出她究竟美於何處，所

倫敦選美會主辦「世界小姐」，右第二人為中國小姐李秀英

以祗好替她胡亂取個花名以亂天下耳目。至於粵語中的「生藕皇后」，却往往貨眞價實，大槪因爲她非但善抛生藕，而且每能抛得確到好處，才有人肯賜此嘉名。

然而不論大小，一登龍門，却常能身價十倍。當選者的實際好處有二：（一）爲易於獲得一份較佳工作或職位，（二）爲易於獲得一個較佳的夫婿，至於獎金獎品之類，却都反居次要。因爲「皇后」「小姐」雖是一種空虛的名銜，却是一個眞正有效的廣告，當廣告發生效力時，商品也就容易脫手。一個其名不見經傳的黃毛丫頭，於當選「××皇后」，「××小姐」後，往往不出數月，便被人量珠聘去，此等前例，我等見之多矣，這也就是許多女性樂於參加各種選美的原因之一。

落第是參加選美唯一難堪的事，對於自尊心特重的少女尤甚。一九五六年的一次香港小姐選舉中，有人因爲落選而意圖自殺。也有過一位身爲女作家兼婦女問題專家的母親，因爲女兒參加香港小姐選舉落選，特開記者招待會要求主持公道，這也不是他們非當選不可，而是因爲心裏有一口氣非出不可。事實上，每次選舉，冠軍祗有一個，大多數人勢必落選，想得穿些，豈可太過認眞，如同買了馬票，一定要非中頭獎不可？意想不到的是有些「美女」，他們雖然名落孫山，却因爲參加競選而被人看中，由此而得到如意郎君，終身吃着無憂。

從「世界小姐」到「××小姐」，諸如此類的選舉，舉辦已有多年，每年當選者，和每一個「××小姐」當選者的體態身材各有不同，然則到底須具備何種條件，才能算是世界上最「美」最「標準」的美人呢？

標準尺寸，應當感謝科學萬能，美國加州阿拉漢研究所的學者和科學家，他們利用電子計算機把古今一切美人的尺度加以計算，終於求得了一個「美人」的標準尺度，予以發表，稱之爲「世界最美女性的條件」，其標準尺度，大致如下：

身長：一六七・六公分　體重：五二・一六公斤
頸圍：三〇・四八公分　胸圍：九一・四四公分
腰圍：六一・九六公分　臀圍：九一・四四公分
足踝：二〇・三二公分

應該順便在此一提的是：我們的度量衡制，以前常用英美制，以英呎來計算長度，以磅來計算重量。目前國際通行的度量衡標準，多以公分與公斤計算，二者之間，折合比率爲一呎等於三〇・四公分，一公斤等於二・二〇四磅。

長頭髮狂想曲

（漫畫）

·嚴以敬作·

為免雌雄難辨，有此立例必要！

「有冇攪錯？」

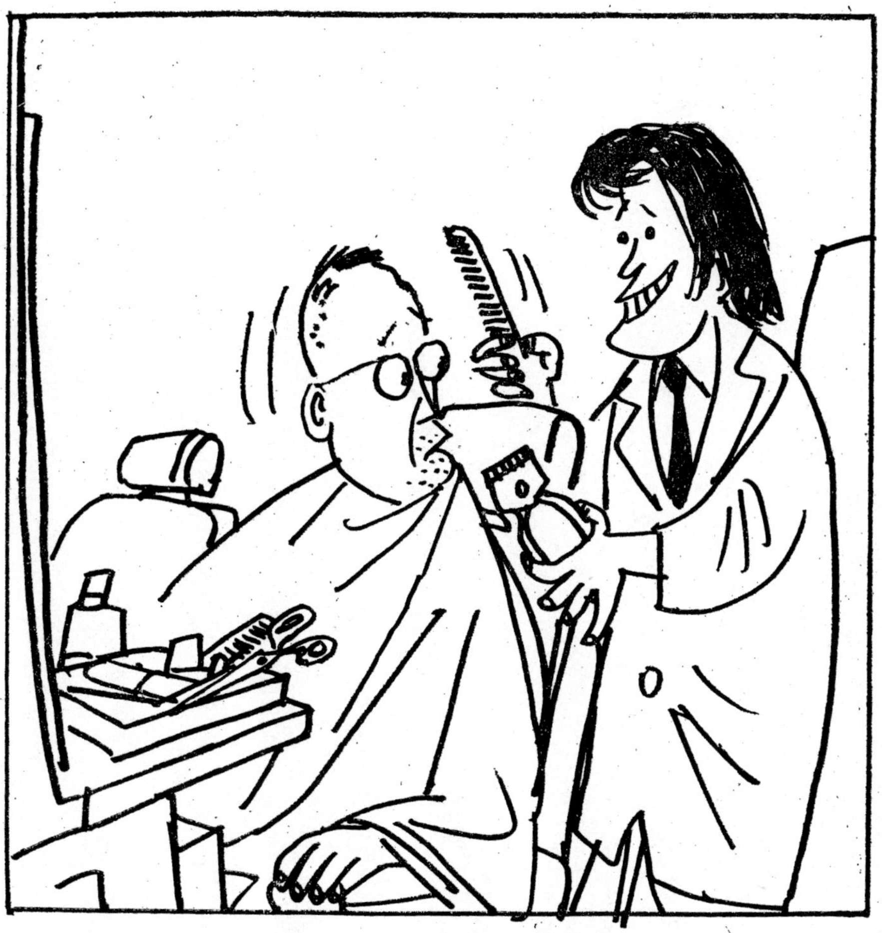

先生，要不要留點鬚？

天理循環？

馬場三十年

老吉

上期講到我和洪仲豪兄，居然想一過馬主癮，因而陸續買了幾匹馬。其中，澳洲馬和中國馬都有，而且騎師方面，也請了幾位，中國與西洋籍的都有。後來又認識了岑春煊的幼子岑德鄰，他當時是馬會的紅牌騎師，由他介紹，我個人也買了馬，其中一匹叫「壽星」，在我名下，出場十二次，沒有一次不打進前三名。年半之後，我以高價出售，牠在新馬主名下，竟從未贏過一次頭馬，也可以說得是馬場奇蹟了。

這個時候賽馬，中國馬不多，大約能夠賽跑的，祇有不到二十匹；其餘都是澳洲馬，則有三百多匹，因爲中國馬的來源漸少，而且運輸困難，從前沒有澳洲馬，馬主及馬會購買中國馬，要由青島裝船，開到香港上岸，路途遙遠，而且不是大船，多數用二三千噸的輪船，風浪大，中國馬雖然吃得起苦，這樣的長程水路也不容易捱。等馬會在戰前的一九三五年起，由澳洲購馬運港，水路雖然差不多，接洽起來却比較容易得多。澳洲原是產馬之地，不愁無來路，而且運馬是用七八千噸的大輪船，到底經得起風浪，因而馬會在闢了澳洲這條「馬」路之後，對購買中國馬的興趣，逐步減少，所以一九四一年日本軍隊佔領香港之後，佐佐木少校第一次參觀馬房，見中國馬這樣少而澳洲馬這樣多，問起情由，纔知道原來如此。

佐佐木對賽馬是內行，他對香港賽馬這個草圈，認爲太小，對澳洲大馬，未必能適合。後來纔知道，原來香港賽馬會辦來的澳洲馬，尺寸頂高是十四掌三，不超過十五掌，其實就是澳洲小馬，並不是澳洲大馬，因而令他釋了疑團。（按：近十年來澳洲小馬愈產愈少，因而澳洲方面對香港，不完全供給十四掌三及以下的澳洲小馬，於是本港馬會方面，也不能不放寬尺度，因而馬匹的高度，也逐步由十四掌三一路放寬到十六掌。）七一年度新馬中的「神戶」、「太白金星」、「豪傑女」三駒，便是十六掌高度。這個高度，馬會在六〇年度曾有過一匹「巨人」。（馬主是地產珠寶商鄭裕彤，因爲此馬當年特大，所以取名「巨人」，不過，此馬雖大，却不是標靑貨色，起初三四年尚能在第三四班站住，後來便一蹶不振，由四班降至九班，在六七年五月十七日退休，共獲得獎金四萬七千七百五十元正，上陣六季，也總算對得住馬主了。）

當時，中國馬如此之少，因而每次祇能跑一塲中國馬，其餘七至八塲，則由澳洲馬担任。

我們買進了五匹之後，我再繼續看有適宜價格的馬匹，設法買入，當然，要就不養馬，一養馬總想能養多幾匹的，而且那時馬主養馬是全無限制的。

岑德鄰又介紹我買了兩匹馬，一匹叫做「深水」，是澳洲馬，由他和我一人一半股份，但對於馬匹的一切全部由他作主，而且出賽時由他上陣，這一點，我是並不堅持的。另一匹中國馬叫「寶灣」，是一匹並未閹過的雄馬，一切由我作主，因爲岑德鄰並不合股，我於是將牠轉在亞簡馬房中，「寶灣」英文是（Mount Hope Bay），馬主原是以前養過「自由灣」的，我以爲這位老馬主選馬一定有眼光，却原來這位老馬主對這匹馬，別具隻眼，因此便鬧出笑話來。

「寶灣」既是雄馬而未經閹過，鬧笑話就是在未經閹過這一點上，因爲我買進此馬，知道牠是短途健將，在戰前曾經贏過短途半哩一七〇碼的，因而出賽時希望牠在短途建功，却不料此馬一直早操很好，而上正塲時總無法跑進位置，而且出閘飛快，放了不到三化郎便自動慢了下來，換了幾個騎師，一樣無用，問岑德鄰，德鄰未悉其故，問亞簡，亞簡說力度未足，我總覺得疑心，自己上馬房看看，也看不出毛病來，我愈想愈奇。有一天，一個人偷偷上馬房，乘大家不注意，我溜進了亞簡馬房中，纔給我揭穿了一個雄馬的秘密。

原來「寶灣」這匹未閹過的雄馬，是有「自瀆」惡習的。

因爲我在馬廐中，看見「寶灣」的腹部戴了一頂像帽子似的東西，用鐵絲織成，內部有刺，且是向上的，這頂鐵絲帽子，罩住了「寶灣」的雄具，兩邊用皮帶，好似袴帶一樣，繫在馬背上，用來防牠自瀆，不料這匹「寶灣」，實在精靈得很，牠靠在牆上，將皮帶磨歪位置，牠的雄具便可以在鐵絲帽子傍邊垂了出來，一樣仍可自瀆，馬房中沒有人，却給我無意中撞見了。

第二天早上，我便對亞簡說明，問他何以不對我早講，據他說雄馬時時有這毛病，鐵絲帽子

也不是他發明的，各馬房都有，下一次將皮帶緊多一個孔，紮得緊一點，希望牠不再作怪，我說：這一點小馬伕也要多留神一下，否則，這匹「寶灣」永無前途了。

後來「寶灣」始終祇能跑第二、三，而從未贏過第一。

戰後，香港馬會運來的馬匹，一定要全部閹過的，因而從此不再聽見馬匹有自瀆的事情發生，因爲牠們都已成爲「太監」了。

不過也有例外，在一九五三年時，已故大馬主孫麟方兄執到一匹栗色雄馬，編號T69，體高十四掌三，來的時候祇有三歲，不知道澳洲馬販一時大意，此馬運港之時，竟是一匹未閹的雄馬，當年馬會的獸醫是羅拔君(R.H. Robertson)，而且是一位有OBE銜的醫生，因澳洲馬販疏忽，便對孫兄說：此馬（孫兄當時替牠取名「沙城」，英文名字是「Harleroi」）必須運到上水馬會去由他閹割，否則恐要出事，孫兄當然無話可說，聽說，閹割的時候，流了幾乎兩鉛桶的血，休息了三個多月上陣，却全無勁力，（當時由劉家麟兄執轡），但出閘飛快，倒是牠的傑作，第二季贏了一次慢時間的六化郎，出了兩場便提前休息，第三季在第五班出半哩一七〇碼，一騎絕塵，負一五五磅，贏得輕易，讓磅員肥佬蘇沙，將牠跳升到第二班，連升三級，再出此程，負一五九磅，又是易勝，再出公開賽沙宣杯六化郎，又負一五九磅，放了五化郎之後乏力，大熱門倒了台，從此知道，此馬一經閹割，傷了元氣，祇能在短途半哩一七〇碼做工夫，長一些便不夠力了。

在一九五七年三月卅日，「沙城」在第一班中，負一三五磅，由前法國駐港副領事戴維藝君，戴君現在法度假，不久返任東京，（Mr. A. Travert.）執轡，贏過一場半哩一七〇碼，時間是五十八秒二，勝二馬「拔萃」五乘，創出了此程本港的時間新紀錄，這個紀錄，保持了兩年多，方爲梁耀君的「從心所欲」（陳杰君騎）負一四九磅，以五十七秒二打破，現在保持此程紀錄者，是六八年十一月九日梅道登騎「獲利山」所創，時間五十六秒四，負磅一四七，這個紀錄，今後恐怕還有一個時期可以保持，在香港這樣的小馬圈，能做進五十七秒時間，跑畢此程，確乎不容易得很。

「寶灣」事件是我養馬史中可以一寫的事件之一，因爲以前不知道，戰後馬匹都要閹過方能在港出賽，「沙城」事件，令到孫麟方兄一直搖頭嘆息，因爲如果牠在澳洲被閹，手術一定比香港好，此馬生成台型雄偉，擺明是第一班馬，如果到港後已經閹好，至少在第一班中，不至祇能跑最短的一種路程，在香港失了兩桶血，是馬房中人，個個皆知的事實也。

後來，我又陸續自己個人與和人合股，買了好多馬匹，澳洲馬中，有「慧星」、「飛浪」、「故鄉」、「富吉」、「異獅」、「光明」、「好運」、「閃星」等以及中國馬「飛天」、「朝陽」等，一時也記不清有多少匹，（大約有十六七匹），不過總記得在日本人統治香港時期恢復賽馬的第一年下半年及第二年上半年，每一次賽馬我和內人總是贏了馬要請朋友夫婦拉頭馬，因爲起初養馬，有馬贏了總是想拉頭馬，後來拉得多了，便覺得厭煩了，而家中客廳和走廊掛的頭馬照片，掛得也太多了，所以便不想再拉頭馬和我合股買馬的洪仲豪兄也是如此。同時，當年我個人的包廂是在現在一哩路閘廂的對面二樓，（當時還是舊會員席，祇有三層樓，不像現在有五樓這樣高），離拉馬頭的沙圈路太遠，內人在廂房中，等贏了馬之後，走到沙圈口也嫌路長，所以，有時候贏了馬變成無人拉馬頭，因爲我早已和謝文玖老弟講好，如果無人拉就請他拉，除非他同場也有馬騎，纔由我或者請朋友拉，因此我的馬匹贏了進大門時總有人拉馬頭的。

記得有一次，有一場中國馬跑六化郎，在出賽之時，七匹報名馬中祇有四匹上陣，而剛剛這四匹上陣馬，都是屬於我們夫婦倆的。在未賽之前，因爲四駒之中，祇有兩匹馬能爭第一與第二，而其餘兩駒是無法一爭的，於是乎騎這兩匹可可以競爭者的張和生（金鷄）與謝文玖（壽星）兩位騎師，便來問我？兩者之中，那一匹去贏馬？還有兩匹是岑德鄰騎的「寶灣」與楊必達騎的「飛天」，我便對他們話「一於跑眞馬」，結果「壽星」因爲磅重，敗於「金鷄」一乘，可是買獨贏票的，「壽星」比「金鷄」多，所以派彩「金鷄」也有八元半可得，可是位置派彩慘了，因爲兩匹熱門入圍，馬會又要抽佣，記得祇是五元三與五元二而已！

四匹馬進大門之時，內人拉頭二馬，人在兩駒之中，一手拉一匹，我拉三，四馬，也是一樣，可惜這張不可多得的拉頭馬相片，我尋來尋去尋不到，否則也可以製版刊出，博諸君一粲的。

還有一匹「富吉」，這匹馬兒，尺寸小極，祇有十四掌一，說是澳洲馬，其實同中國馬差不多，我因爲牠的名字叫「富吉」，於是在拍賣時也將牠買了下來，因爲祇有七百軍票也，當時名騎師趙連壁兄也在香港，他見我買下「富吉」，便好意地對我話，這是一匹小馬，也是一匹永遠跑不過人家的馬，化七百日元買下來，眞是浪費金錢，他的一片好心，其實他不知道我的意思，買進「富吉」，並不想牠跑第一，買牠的理由是因爲牠名字對我有些迷信，還有我已養了許多馬，對「富吉」的養馬費，未必一定要我掏腰包拿出來，因爲每月的頭、二、三馬獎金，收入不小，又何在乎多養一匹呢，於是我將「富吉」，作爲「白相馬」用，每天早晨，由小馬伕爲我配好鞍轡，我自己也全副騎馬裝，騎上「富吉」，踱步或小溜一兩圈，當作練習强身運動之用。後來，過了一年，馬匹有減無加，葉鉅英兄當時正管理編班讓磅，便要我將「富吉」報名出賽，我看見馬兒日少，「富吉」出賽，當然必有獎金可取

，於是便將此馬報名，並請施貴雅君執轡。

巧得很，那一場報名馬中，祗有兩駒上陣，一匹叫做「飛霞」，騎師是葉鉅賢兄，（他即是現在瑞泰洋行的華經理，星社副社長葉觀炎兄，他在那時候用「鉅賢」正名，葉鉅英兄便是他的哥哥），還有一匹便是「富吉」。

因爲「富吉」從來沒有上過陣，馬雖小，大家都不知牠究竟如何，同時，我在賽前一早便傳出「富吉」必勝「飛霞」的說話，因而不要說馬迷，連騎師室中各位，也是「烏懵懵」。

觀炎兄在賽前問我，「兩匹馬跑，不是我便是你」，我說「富吉」必勝「飛霞」，觀炎兄不服，便對我說：「跑過先至睇」。

我知道他此賽拚命，在上馬時便對施貴雅道：『我地買左「飛霞」，你一路跟住佢返來，至緊唔好贏佢。』

施貴雅與我是老拍擋，此賽跑六化郎，鬧開「飛霞」一馬當先，「富吉」緊跟第二，就此一前一後跑到了終點。

兩駒的負票「飛霞」多一些，但多不了多少，結果派彩七元多，我們園內下注「飛霞」獨贏五千元，贏了兩千多元，施貴雅當然有份。

後來葉鉅英和觀炎昆仲，知道了這一件事，都說我太精了。

其實，「富吉」從未出賽，實力如何，與其和「飛霞」力拚，不如買落「飛霞」，省力得多。何況葉觀炎兄鬥志如虹，大有不勝無歸之勢，我要施貴雅跟「飛霞」跑，慳水慳力，不必担心，既可鐵定領「飛霞」的獨贏彩金，又可向馬會得「富吉」跑第二的獎金，一舉兩得，又何樂而不爲耶。

要說賽馬古惑，昔已有之，不過於今爲烈，我那時着了先鞭，還要被人譏爲精靈呢！

仲豪兄養馬之時，還介紹了一位電影界老友從前上海白虹影片公司的老板戚文華兄給我，戚兄有意學騎師，我們有的是馬匹，戚兄便每早全副戎裝到馬場試馬，足足也有練了三四個月，然後申請紅牌。當時考紅牌，比現在之難天差地遠，講句笑話，祗要我講一句，無有不准之理，戚兄居然騎「壽星」上陣，本來可以贏馬的，他却跑了第三，這一件事，令他十分灰心，我勸他不必介意，但是戚兄爲人耿直，再加上了他體重一百四十多磅，又不能騎輕磅馬，他跑過這一次之後，便不再騎馬，這也可以說得是我養馬的插曲之一，戚兄現在聽說在耶加達經商，近狀如何，因未通訊者多年，對於這位老友，祗有遙祝他一切順利了。

當年香港人口，疏散了不少，而且港九祗有七十多萬居民，但是每星期日馬塲賽馬，會員及公衆席人數不少，而且下注反比戰前爲多，推求其故，馬名用中文之故也。

當時的馬名，頗多日本化，譬如中國馬中的「松竹」、「朝陽」、「東亞」等，澳洲馬中的「日光」、「飛浪」、「日出」、「春花」、「淺水」、「花光」、「白雲」、「松風」、「曉風」等，而在賽馬的第二年，（也即一九四四年初），還從日本本土運到了十六匹日本馬，全部名字，當然完全日本化，在這十六匹日本馬中，還有一匹是盲了一隻眼的，名字叫做「浦風」。

講起日本本土運馬來香港，這件事可說是一件慘事。

原來佐佐木少校在接收馬會之後幾個月，早已想到馬匹的來源，因爲，以往賽馬，馬會每年都有新馬補充，如果沒有補充，可能變成馬匹愈跑愈少，因而佐佐木已算到這一着，也一早便和日本賽馬會方面連絡，預備在香港賽馬六個月之後，便由日本本土航運日本馬來港，作爲補充。

須知道，在日本偷襲珍珠港之後的一年中，美國人喘息稍定之後，便立即反攻，因而太平洋上，日本船一直受到攻擊，連巡洋艦、航空母艦都靠不住，不要說是商船了。

所以，想從日本運馬到香港來，你話何等困難呢？

其實在一九四四年這十六匹日本馬運到香港，可說是倖運之至，因爲，在四三年一年之中，日本不知道運了幾次馬匹來港，但都逃不過美國的飛機和戰艦，我們往往聽到可能有新馬運到了，等等却連消息都沒有了，這就是說，日本艦隊，在太平洋上，已受到了美國艦隊所攻擊，以至於每一次運來的馬匹，連運馬船都沉下海底，不要說馬匹了。

所以，在一九四四年初，由日本運到香港的十六匹日本馬，可以說是千萬之幸了。

這十六匹日本馬的名字是：「昭榮」、「高砂」、「菊水」、「白藤」、「旗風」、「奮進」、「金時」、「雪風」、「浦風」、「雙葉」、「浪勝」、「榮光」、「義勇」、「香峯」、「勝嵐」、「勝戰」。

當年香港的澳洲馬，運來時初初量度，都是十四掌二至三之間，後來過了一年兩年，年輕馬當然會長大一些，但大約至多也不過十五掌一二之間耳。

可是日本馬則不同了，最低的「義勇」「雙葉」等有十五掌，「勝嵐」則有十六掌，實在澳洲小馬而尺寸低至十四掌二、三的，不要說澳洲多，連日本在那時候也是一樣，又何況今日。

所以今後香港的馬匹，愈來愈高，小尺寸的馬匹與大尺寸的馬同跑，你跑三步，牠祗有兩步，因而尺寸高馬匹，似乎要佔很多便宜。

這一批日本馬能運得到香港，令到日本人大大的高興；其實據當時我所知，在這一批日本馬運到之前，已經有三四批沉至海底了。

在當時的騎師羣中，郭子猷君從紅牌生升到黑牌大師傅，再從大師傅變爲當紅大騎師，其中情形，等我下期詳詳細細的寫出來，須知郭子猷君之在戰後能紅遍馬場二十餘年，迄今不衰，寶刀未老，並非倖致。這中間是有許多故事可以和馬迷同好談談的。

（十三）

老千世界

·大方·

五十年前，上海已號稱花花世界，所有人物，品流不齊，許多罪惡事件，都在花花世界中產生，許多罪惡人物，也都在這繁華的都市中集合，這其間有一種不操干戈的罪惡人物，便是所謂騙徒，其所仗害人利器，便是騙局。

事實上人心不古早不自今日始，政治舞台，爾虞我詐，商業競爭，鈎心鬥角，這世界本來是個欺騙世界，在這世界上生存着的自然也充滿騙徒，因之騙子的發現，由來已久，人不分中外，地不分南北，都散播着騙徒的種子，不過方法各異，名目不同，筆者最早得知騙徒故事，開始於閱讀聊齋誌異，其間便記載着一篇「念秧」，所述都是設局騙人離奇情節。「念秧」二字，初乏解釋，參考舊籍，惟曰：『「北人稱局騙爲「念秧」，聊齋有云：隨機設阱，情狀不一，俗以其言詞浸潤，名曰念秧，今北途多有之，』聊齋作者蒲留仙，係清初人，証以此事，可知騙局在清初已大行其道，祇是還沒有什麽派系和組織而已。

筆者二十歲左右，初涉社會，那時上海流行一種黑幕小說，以揭發犯罪者秘密爲目標，彼時，社會間最顯著的罪惡人物，謂之拆白黨，黨徒有男女之別，其實亦即是騙徒變相，對方爲男子，以女子誘之，對方爲女性，則以男子誘之，當時流行之長篇小說如海上說夢人之「歇浦潮」，海上漱石生之「海上繁華夢」，漱六山房主人之「九尾龜」等，其間都曾載有拆白黨事。凡屬遇到女黨徒而遭其欺騙者，謂之「仙人跳」，由此類推，今日香港人有呼騙局爲「天仙局」者，或即由仙人跳所引起。

五十年前的上海已屬罪惡淵藪，離奇事件，層出不窮，不圖變起倉卒，局勢改觀，大量人士，南棲香港，使香港這個彈丸之地，頓時熱鬧起來，二十年光景，人口數字，自一百萬增至四百餘萬，地小人多，生活遂愈臻於尖銳化，在謀生不易的原則之下，作事遂多不擇手段，同時，就外表來說，香港號稱東方之珠，商業興旺，更是所謂冒險者的樂園，憑此口號，令到其他地區的三山五嶽人物，都齊集到香港來，香港便成爲人海的萬花筒，尤其是各地著名的騙子，聞風畢集，我們如果稱今日的香港爲大千世界，亦可稱之爲「老千」世界。

根據此中人語，騙徒開始盛行於清雍正時代，距今已將三百年，他們沒有組織，也沒有幫會，都是各自爲政。精於此道的，有所謂「八大將」，分號曰：正、提、反、脫、風、火、謠、徐，這些都是一些不學之徒，以故他們的術語也屬於似通非通，易解費解的一類，此中人加以分析，正將是精於牌局的一類，例如：麻將、挖花、大小牌九等等，俗呼他們爲牌九師傅，也稱麻將郎中。提將則是從事所謂天仙局的，集合十餘人，佈成陷阱，誘人上鈎，在八將中，以提將的人材最多，資力雄厚，所造成的罪惡也最大。反脫二將，則是從事商業上的騙局，我們常可在報上看到的一種新聞，指稱某之被人用「脫將」手法，騙去若干財物云云，便是所謂着了他們的道兒，至於脫將手法，採的是何種方式，則我非騙徒，殊不瞭解，最近台北有一家公司，用石塊冒充膠鞋出口，意圖騙取銀行的信用狀，事敗潛逃，即是屬於反脫之類。下面所列風火謠徐四將，則包括了醫卜星相、堪輿等等的江湖術士在內，雖也屬於危害人群，但其危害性不嚴重，遠不及正提二將爲烈，八將的性質既如上述，這裏且來談談關於正提二將的一些秘密。

筆者年輕時候，國內的麻將、牌九已大行其道，於是麻將郎中，和牌九師傅也隨着產生，不過這兩項職業，均由一人承之，即是擅牌九者，也必精於麻將，那時候的賭具，用的都是竹牌，因之，學習這種賭術，必需自幼年開始練習目力，竹牌背後，都有紋路，謂之亂筋，賭徒們的目力研習有素，一副麻將，略搓數次後，他們便可自牌背的亂筋上，認出裏面是那一張牌，從而施其手腳。往昔麻將規例，以做莊爲雙倍，故賭徒們必在做莊時出術，同時且能控制骰子，取得大牌，其於牌九，也是如此，這是從小練就的硬功夫，非短時期可致，到此火候，便有所謂「一吃三」的把握，等而下之的，則需兩個人搭擋，以口令或手令，顯示被此需要之牌，而便於取勝，術語謂之「抬轎子」，被騙的另外二人，則謂之「坐轎子」。筆者少年出入花叢，揮金買笑，結交了一般狎友，不知坐過了多少次轎子，日子久了，竟和其間兩個高手，結成朋友，他們是兄弟二人，屬於麻將、牌九一腳踢的健者，對外自稱姓劉，有時姓裘，有時則姓牛，總不出十一尤的範圍以內，我時常罵他們爲笨蛋，我說：爲什麽一定要姓牛和裘，姓張姓李不是一樣嗎？他們却笑而不加置辯，這兩位仁兄，和我結成朋友，目標是要我介紹他們一些生意，他們告訴我，他們常在一樂天茶館飲茶，如要人手，可到一樂天去找他，如遇他們無暇，也可像拆頭寸那樣，另拆別人代爲應付，遺憾的是筆者生平最討厭這種人物，因此雖他們獻盡殷勤，我一次也沒有作成過他們的生意。

自從西方的撲克牌流入中國後，正將項下，大都兼習撲克之術，由撲克擴展到十三張與沙蟹，於是撲克老千也隨着產生，此中高手，有所謂北吳南李，現在也早就風流雲散了！

騙徒中，流毒最烈的屬於「提將」，也即是所謂天仙局，他們是先用商業獲利爲餌，逐漸引你到賭博方面，多年前，漢口有一個著名提將，運用智畧，騙去了某地巨富二十餘萬元，當時的二十餘萬銀元，眞是一個驚人數字，因之流傳遠近，資爲談助，共認這位提將有着通天本領，其

實說穿了。那位提將所用也祇是人所共知一種名叫「倒脫靴」的老手法，巨商貪利而上鈎，毛病還是出在一個「貪」字上。

一般通病，凡屬富翁無不吝嗇，也無不貪圖小利，那位提將摸準了富翁心理，設法接近那個富翁，他探得富翁每天在一家烟館吸鴉片，他便扮成貴公子模樣，也到那烟館吸烟，坐於富翁對面，用一切豪華舉動，引起對方注意。一次富翁見他穿的是一襲最高貴的狐裝，簇新的錦緞面子，忽然他的烟籤子髒了，急切間沒有揩抹之物，便順手撈起袍角，拿袍襟揩個乾淨，結果籤子是擦亮了，但一件皮袍面子却沒用了，富翁見了義正辭嚴地，對這位少年人，提出一番教訓和勸告，指他家裏即使有錢，也不應這樣浪費，少年居然接受，兩人既成相識後，便併在一張榻上吸烟，富翁吸的是雲土，而少年吸的則是大土，他有一個習慣，每一筒烟，如果裝得不好，便挖下來丟了另外裝了再吸。富翁認爲他丟了的烟棄之可惜，便老實不客氣的取來自己吸，表面上是代他珍惜物資，實際上則是自己過癮，那少年均不以爲意，處處顯得大方，每遇出外費用，都由少年支付，不要他化一個錢，未幾雙方便成爲好友，再經過了一番週旋，少年認爲時機成熟，便施用「倒脫靴」的手法，騙了富翁一筆巨欵，逃去無蹤。

關於「倒脫靴」事件，係騙徒們所用最古老的手法，却也是最有效的手法，民初流行的「九尾龜」小說內，即曾有很詳細的記載，他的方法是先從一做生意開始，覓取一個對象，然後由局中人扮演一個狂嫖濫賭的少年，故意幾次讓對方看到那少年輸去巨欵，最後騙徒便提議說這少年的財產，遲早一定要輸完，與其輸給別人，何不讓他輸給我們自己人，將來還可以對他加以救濟，他表示這事見者有份，在座者均可參加，惟每人需出一份資本，當時他又弄來一種賭具，給做莊人使用，用這賭具，要開一二三四中的那一門，都可由莊家控制，至是騙徒提議，使對象出資五萬元，由他來作莊，對象認爲墊欵五萬元，彈指之間，便可賺十萬元，一時利令智昏，便慨然應允，但是這一局的結果，出乎意外，最後一注，那少年將所有剩餘的錢，都押在三上，莊家準備開的是四，方在暗暗高興，這一次將吃他個乾淨，不想開出來，赫然竟是三寶，於是少年大喜若狂，反敗爲勝，取了所贏的錢，揚長而去，這時莊家，遭此突變，呆若木鷄，座上合夥的人，群起鼓噪，指他心慌弄錯，使大家蒙此損失，全部欵項要他一人賠償，做莊者禁不起大衆圍攻，背頭轉向，不知所措，轉由那個主持者出來打圓塲，說事已至此，吵鬧也非上策，不如暫時散去休息，再籌良策，以圖補救，衆人衝主持者的面子便一哄而散，被騙人在清醒以後，再三思索，覺得事有蹊蹺，待到恍然大悟，再去找尋這一批人，早已不知去向，始信遇騙，但屬自願上鈎的，說出去也不光榮，不便報警處理，祇有像啞巴吃黃連，有苦無說處，這本是一套最陳舊的手法，誰又想到在七十年代的香港，騙徒們所用的，依然是這一套老手法，也依然有人上鈎，眞有些不可思議，謂余不信，請看三年前的一則舊事，筆者有一位做珠綉的同業。幾乎捲入騙徒們的漩渦，使筆者也間接受到影响，問他們所用也使是那種倒脫靴的老手法，茲述經過情形如下。

筆者那位同業，原是位程派坤票，我們姑且稱她爲朱太太，她過去在珠繡業賺了數十萬元，因之遭到騙徒覬覦。一天，經由一位同鄉的介紹，要她到香港銅鑼灣百德新街某號，去接洽一樁生意，對方代表是個上海籍的矮子老人，大家叫他做娘舅，這位娘舅表示，他有個外甥在美國逝世，遺產頗多，傳給了外甥媳婦，她住在澳門，閒居無事，想做些生意，開一家珠繡貨品的門市店，以遣寂寥，娘舅認爲香港壞人多，而這位外甥媳婦，又缺乏社會經驗，恐受別人欺騙，便自告奮勇，幫她照料業務，開門市店或經營出口，都要先看一些樣版，再定採購，娘舅便先呼朱太拿些樣版去，以便選擇，那時朱太因爲自己樣版不夠，便向筆者方面取了一部份樣版拿去，並聲明將來如有生意，由我們兩家承辦，這原是極平常的事，同時一個多金的寡婦，想做珠綉生意，說來也極順利成章，因之朱太很高興的將樣版送去，那些樣版，共值一千餘金，自此朱太常赴百德新街，聆取消息，不想她每次去時，常看到娘舅那裏設有賭局，一個少年人身懷巨欵，轉眼輸得一乾二淨，娘舅對這少年人祇是搖頭歎息，說這傢伙一定要把家產輸完會做乞丐，自己何以對亡友於地下，朱太從旁詢問，藉知這少年是娘舅的晚輩，家財豪富，性愛賭博，父親死後，已經給他輸去了不少錢，眼看在不久的將來，會將家產輸個乾淨，娘舅爲欲挽救這一少年財產起見，便約期設宴召集了幾位朋友開一會議，商量挽救少年之道，會議中有人提議，與其讓他輸給別人，不如輸給我們，將來也可對他加以救濟，這人便更說出佈置的辦法，也使的是「九尾龜」中那一套最老的花樣，那次宴叙恰巧朱太也在塲，提議人認爲這是一種救濟工作，那是好事，勸朱太也參加一份，如出資五萬，轉瞬即可變十萬元，將來你是否肯救濟這少年，由你自己决定，朱太聞言，怦然心動，當時即應允，合資五萬元，在第二天送去。

翌日，朱太命她的女秘書開一五萬元支票，開好後，發現秘書在支票上劃了綫，朱太叫她重開一張，不要劃橫綫。秘書詫異說，何種用塲，要這許多現鈔，並且支票不劃橫綫，失落了是無法補救的，要她千萬小心提防，可能是朱太命中不該破財，聽了女秘書之言，突然淸醒，覺得裏面許多疑點，躊躇之下，當天未將支票送去，晚上前途即有電話來催，並且連催數次，前途電話催得愈緊，愈啓了朱太懷疑，愈不敢將支票送去，一連數日足不出戶，甚至連電話也不敢聽，直到對方認爲絕無希望，纔不再打電話來，這件案

子也不了自了，朱太面臨破財邊緣，以女秘書的一言而悟覺，眞是不幸中之大幸。

上述事件，朱太雖僥倖沒有破財，却也嚇得她不敢向前途索回樣版，一晃兩月餘，筆者追究那筆生意，認爲前途既無交易，便應將樣版交還，朱太首先支吾其詞，後來被迫不過，始將經過情形和盤托出，筆者不甘平白損失這一千餘元的樣版貨品，便託了一個在幫會中較有面子的朋友，去摸他們的根底，經朋友調查之後，得悉這一個騙徒結合，是潮州人的後台，規模很大，但那個自稱娘舅的矮老頭，在上海也是外面跑跑的人物，提起來，彼此竟還是相識的。憑此一點，朋友答應我可以取回樣版，當他初次和娘舅接觸時，娘舅怪他此舉迹近斷人財路，朋友便提出了筆者的名字，並說既是朋友，便應圓滿解決，交還樣版，彼此好來好散，一了百了，決無下文。經娘舅考慮後，答應退還樣版，惟也同時提出兩個條件，要我方答應。其一，他們功敗垂成，頗不吉利，要我方出一包利是封，多少不論，其二，行騙不成，退回樣版，這是他們失面子的事，因之也要我方給回面子，必需請他們吃一桌豐盛的筵席，朋友認爲這事好辦，便替筆者答應了。過幾天，朱太交給我二百五十元，說明二百元是代席，五十元是利是。又過幾天，我在朋友手中收到了原有的樣版，一場騙局風雲，便宣告結束。

由此使我體驗到古人造字的意義，試看貪字結合，頗似念貝二字，念念不忘於財寶，便成爲貪。貧字的結合是分貝二字，財寶給人分去後，自然成爲貧窮了；最有涵義的是貪字的面目同於貧字，不啻在對你說你如果一味貪圖財富，結果沒有不招致貧窮的，此理大堪使人警惕，因之騙徒們雖然使出混身解數，祇要你不起貪念，騙徒們是絕無下手機會的。

白頭飲客說塘西

·呂大呂·

香港禁娼網開三面

香港在戰前已經禁娼，但禁得幷不徹底，一紙禁令，等如具文，不只網開一面，簡直是網開三面。當時幷沒有掃庭犂穴的决心，也沒有摧花折柳的辣手，好像還存着點憐香惜玉之念，因而開筵坐花，人稱「花酌館」的酒樓，依然有人來「飲花酌」。「飲客」一樣可以擲錦纏頭，妓女一樣可以賣笑承歡，甚至鴇母也一樣的無損收入。原因是在這禁娼令下的一段時間，她們只由明轉暗，改變一下營業手法罷了。

當時的禁娼，拆穿了來說，可以說是禁妓院在門前高掛招牌，禁妓院仍在舊址作香巢。除此之外，一切和一個娼字有關的種種，都置若罔聞。因而妓院除下了招牌之後，便化整爲零，把妓女們遷到後面近山的一帶，分佈在「南里」那裡。有些是由鴇母管理，稱「事頭婆身」，有些是自己在那裏營香巢，稱「自己身」。她們依然應召，依然侑酒、歌唱，也一樣的可以薦枕。

就爲了這個，花酌筵席幷沒有爲此而改營別業，也沒有關門。而尋花問柳的人，依然徵歌選色，揮箋召妓。這樣維持不變到日本人統治香港時期。塘西一帶曾經中過炮，中過炸彈。也由于三年零八個月的民不聊生，娼不禁而自禁，塘西花事，就此結束了。

三年零八個月的日本人時期過後，有個很短期間，殘花復艷，但由于飲客不多，無法可復繁榮。加以導遊社多，舞場蓬勃，那裏的鶯鶯燕燕，給導遊女和舞女搶盡了鏡頭，曇花一現之後，這才眞正結束了塘西花事。到今時，風流雲散，當年飲客，盡是白頭，昔日烟花塲合，早已俱成陳跡了。

由水坑口遷石塘咀

香港之有妓院，起初是在水坑口一帶，距今已經八十多年了。當時的水坑口，妓院林立，花酌館有聚馨樓、宴瓊林酒樓兩間，開筵坐花的飲客都在這兩間酒樓。而宴瓊林酒樓却還多一樣生意；這時還是科舉時代，廣東舉人進京會試，在港親朋設宴餞別的，大都假座宴瓊林，古時殿試放榜，賜宴進士，便稱「瓊林宴」，他們取這吉兆，因之許多科舉中人，上京之前，便不少先來「飲花酌」。爲的宴瓊林酒樓是花酌館，來此大都揮箋召妓，這使舉子們也成爲花酌飲客了。

後來爲了中區這商業區日漸繁盛，當局便下令水坑口所有妓院須遷到西區的石塘咀去。當時的石塘咀還是一處寂寞地帶，所有秦樓楚館遷去之後，花酌館也遷過去，還有新開的，這一來便使到石塘咀繁榮起來。

新開設的酒樓，有一間叫做觀海樓的，陳設華麗，新張啓事，印發派送，居然駢四驪六。記其佳句云：

『石塘咀觀海樓者，門對青山，地臨綠水，廳分左右，菜列中西。亞字欄前，水映長天一色，玻璃窗外，雲偕瀑布齊飛。可謂佳景宜人，真若韶光愛我。猶望嘉賓惠好，良友紛來，或把袂臨風，小評蟻綠，或舉杯邀月，細嚼珠紅。聲妓前陳，名花定知有主，觥籌交錯，觴政莫問誰司。豈不快哉？信可樂也！』可見當日的風光旖旎，是如何的撩人欲醉了。

最妙的還是這間觀海樓的招徠手段，很有一手。當時香港還沒有營業汽車，主要交通是靠黃包車。香港人稱黃包車爲「車仔」、「手車」。觀海樓鑒于石塘咀離從前的水坑口頗遠，因而便設了六輛手車來接載飲客。有啓示刊登各報和散發傳單。啓事說：「本樓設有手車六輛，于每日下午五時至晚上一時，常在水坑口接載貴客往來。」從舊烟花地的水坑口至新風月塲的石塘咀，手車接客往來，可見這間觀海樓當時營業手段的了得。

全盛時期的石塘咀

石塘咀既成爲秦樓楚館的烟花地，它漸漸取水坑口的地位而代之。同時香港的人口越來越多，商業越來越繁榮，石塘花事也就隨而繁榮，妓院越來越多開設，花酌酒樓也開了一間又一間。第一次歐戰的時候，香港成爲偏安之局，有不少歐洲貨物，價格暴漲，香港商人不少獲暴利而成爲鉅富的。他們多數在石塘咀開筵坐花來請客，這是造成塘西花事繁榮的一個原因。直至歐戰結束了，香港商業更是繁榮，這時候的石塘咀，可以說是全盛時期了。由水坑口遷石塘咀而至到禁娼，最全盛的黃金時期就在歐戰後這幾年間。

第一次歐戰是一九一四年開始至一九一八年結束。在戰後兩年的一九二〇年，石塘花事便開始燦爛。妓院開設的超過二十間以上，這還是指最高等的妓院「大寨」而言，其次爲的還未在內。這些妓院，一般人稱爲大寨，計有詠樂、倚紅、賽花、歡得、詠觴、天一、長樂、倚翠、宜香、翠樂、奇花、萃芳、芳醪、載花、燕花、宜樂、萃花和意樂園等。其中規模最大的，擁有的妓女總在百名以上。平均每一妓院有六十名妓女，二十多間，這便千多名了。這雖非烟花十里，却是擁有千多妓女，花事繁榮，自可概見。

妓院多，自然花酌酒樓也多。當時集中在石

塘咀，專營花筵的酒樓，就共有十五間之多，計爲陶園、香江、金陵、萬國、太湖、太原、中國、聯陞、洞庭、頤和、洞天、南京、共和、澄天和廣州等。所有這些酒樓都不設茶市和小菜，沒有隨意小酌，只有開筵坐花，場面華麗，招呼熨貼。當時的社交應酬，尋花問柳的人，大都是每晚置身這些花筵酒樓中無虛夕。甚至喜慶宴會，也都會設在開筵坐花的酒樓中，以席設石塘咀的酒樓爲體面。最大的原因，當時中區許多酒樓也沒有石塘咀這十五間酒樓的規模宏大，富麗堂皇。因之富有家庭的婚姻嫁娶酒席和壽酒，也都在這烟花十里的石塘咀了。

十五酒樓 與小酒家

這十五間酒樓，沒一間不是鋪陳華麗，氣象萬千。其中近海的一間「陶園」，是各酒樓中比較特別的，門前打橫有十多級石梯，沿梯而上，進入裏面，有電梯一部，電梯前後有門，前門入，後門出。這是因爲內部建築的方向不同的原故。在今日看來，不可謂非怪狀，但在當時看來，許多人都會讚它匠心獨運。這間陶園酒家，時至今日還未有拆建，堪稱得上是保留得最久，而爲當年十五間酒樓中碩果僅存，至今不變者。不過，地雖不變，却人事屢易，不營酒樓業已經許久。今過其地，但見塑膠花廠的招牌高懸，昔日經營花酌，今日經營塑膠花，倒也很妙。

「萬國酒家」的前身，是「香海」。現在一間叫「行樂酒樓」的，前身即爲「廣州」，前者是花酌，現在却是一間大衆化的酒樓，級別不同了。「廣州」的前身是「金陵」，這是較少人知道的事。「金陵」是由「中國酒樓」改變而來。原因是「中國」在籌辦期間，正遇着香港的大罷工，適當其衝，因而便胎死腹中，迫得轉讓給「金陵」接手。後來「金陵」却改遷現在「金豪」地址，那裏便改爲「廣州酒樓」。「太湖」和「太原」都在這附近開設。「聯陞」却在山道對着近山的「南里」開設，後又改名「文園」。「洞庭」在「聯陞」對開街口那裏，從「洞庭」稍過，却有幾間「大寨」在那裏。

值得一提的是「香江」酒樓下有一間叫做「海山仙館」，它不是一間花酌館，而是晚飯宵夜的小菜館。更值得一提的是「太湖」酒樓附近有一間回教酒家名「珍昌」，以掛爐大鴨出名，不特遠近顧客常來，所有十五間酒樓的開筵坐花飲客，也常在飲花酌時候，特別要指定珍昌的一味掛爐鴨。什麽山珍海錯也好，總少不得要加珍昌這掛爐鴨的一個菜。當時在石塘咀不是花酌的酒家，有「海山仙館」，有「西園」和「武陵」，雖然都不錯，但比起「珍昌」，這可就有大小巫之別。

酒樓徵聯 名流佳作

由于石塘咀的花事繁榮燦爛，維持着一個相當時期，開設在那裏的十五間酒樓，莫不爭妍鬥麗，各出手段爭取顧客。在一九二九年的時候，金陵酒樓由廣州酒樓遷出新址時，全部裝置，畫棟雕樑，開張時懸獎徵聯，聘大儒朱汝珍、區大原、梁柏年和何國澧評卷。一時珠玉紛投，聲望如桂南屏太史、岑光樾太史也都應徵。前十名的入選對聯，有伍廷芳博士的七言聯，和蘇選樓的長聯，至爲膾炙人口。這位中國著名外交家伍廷芳博士的聯是：

「金粉兩行花勸酒；
陵巒一角月窺樓。」

蘇選樓的聯是：

「金粉座中來，且評量陸羽茶經，
劉伶酒頌；
陵阿高處望，如領畧秦淮風月，
白下烟花。」

花月場中，風流雅事，莫此爲甚！

秦樓楚館 皆有楹聯

從來風月場中，總有不少名士風流，花間尋樂。因而時有贈聯之舉，有些是贈與秦樓楚館，用來作「門口對」的，有些是贈與名妓佳人的。其中不少佳作，亦莊亦諧，能感人，也能諷人。

就記憶所及，有「奇花寨」的

「奇貌高聲價；花魁壓艷裝。」

有「錦綉寨」的

「錦帳迎高士；綉閣貯佳人。」

有「長樂寨」的

「長相思矣！樂何如之。」

有「天一寨」的

「天天賣俏；一一銷魂。」

有「詠花寨」的

「詠樓風入；花徑客來。」

有「倚翠寨」的

「倚門賣笑生涯賤；翠帳留髡好事多。」

有「宜香寨」的

「宜人風月春長在；香海弦歌夜不收。」

有「歡得寨」的

「歡笑年年等閒度；得空夜夜早些來。」

有「賽花寨」的

「賽春公子鞭先墜；花月佳人鬢影香。」

有「巧粧寨」的

「巧語花言來搄貨；粧橫作樣好開刀。」

有「翠樂寨」的

「翠映碧霞天；雪膚花貌，
樂談明月夜，才子佳人。」

眞是珠玉紛呈，莊諧並具。

其中「巧粧寨」的一聯是用廣東俚語來對的。「短貨」便是要夜度資之意。而「開刀」則是妓女對人客的額外需求，有丁娘十索之意。「翠樂寨」一對是長聯，似乎只有「翠樂寨」才見到，大都是由四言至七言的多。

以對聯贈妓的也有兩聯最爲傳頌一時，一是贈名妓「貂蟬」的聯云：

「貂裘換酒因卿醉；
蟬鬢堆花倩我簪。」

一是贈名妓「冷紅」的，聯云：

「冷冷清清，處處尋尋覓覓；
紅紅紫紫，年年暮暮朝朝。」

上面這許多對聯，無論是贈給妓院或是贈給妓女的，都用嵌字格，難得無一聯不工整，妙手偶得，如天衣無縫，今日似乎不輕易有此風流韻事了。

四大天王 稱雄一時

塘西花事全盛時候，好幾十間「妓寨」中，有所謂「四大天王」的。這是位于山道一連四間的「大寨」。它們是「詠樂」、「倚紅」、「賽花」和「歡得」。另一說却不是「歡得」而是「詠觴」。事實上「詠觴」即「倚紅」，前名「詠觴」後名「倚紅」罷了。由于四間寨相連，曾經試過有人把它來四間打通廳宴客，哄動一時。

這四間「寨」所以稱爲「四大天王」的原故，第一是擁有妓女最多，差不多每間都有八九十名。第二是四間寨的妓女都經過挑選，其中艷妓名妓，詩妓才妓都有，因而在塘西稱雄一時，便有四大天王之稱。其他各寨所可望其項背。飲客召妓，他們都震于四大天王之名，認定其中佳麗，必是高人一等，因而召妓如果不是召四大天王寨的妓女，便不夠高格。除此之外，這和十五酒樓的推薦有關。他們對飲客的召妓，照例是極力推薦詠樂、倚紅、賽花和歡得這四個寨的。所以如此，也自有其原因。

四大天王寨經常和各酒樓聯絡，對每一酒樓的各廳侍役都有聯絡費，使他們對飲客作口頭宣傳，力爲介紹。原來有許多飲客是來自別處的外埠客，廣州的軍政要員，他們只曉得來石塘咀開筵坐花，却不「熟諳行情」，得樓面侍役的推介，遂以爲四大天王的妓女確比其他各寨的妓女爲高貴，當然非四大天王寨的妓女不可了。

初來石塘咀的大飲客既養成了非召四大天王寨妓不可的風習，一經叫上了幾次，便少不免到妓寨去打茶圍，四大天王寨的「廳躉」便會聯同妓女向這些她們是認爲富豪的飲客包圍進言，務令到這些豪客做到「執廳」。以此關係，四大天王的妓女固然比任何一間寨爲旺，而四大天王的「寨廳」也較其他各寨爲旺了。有此關係，這四大天王的四間寨，便得在石塘咀中稱雄一時，雄據歡場中的首席。

妓寨種類 分爲四級

廣東妓寨的等級，向分幾等，最上乘的稱「大寨」，其次爲「二四寨」，又其次的爲「坐燈」，其最下乘的則稱爲「炮寨」。石塘咀雖是銷金窩，却是大寨、二四寨、坐燈和炮寨一應齊全。現在的人常說香港貧富的相差，太過懸殊，石塘咀妓寨的客人，他們的貧富就眞的太懸殊了。許多大寨的飲客，非公子哥兒、達客貴人便是殷商鉅賈和歸國華僑，大都是腰纏十萬的。而「炮寨」的嫖客大都是月入二三十元的勞苦大衆，他們只須拿出四毛錢便可以解決。二四寨和坐燈也都是一樣的取費不多，比起了大寨就眞的有天淵之別。許多大寨的飲客，他們開筵坐花，擲錦纏頭，費盡了不少錢，往往還是未能眞個銷魂。即使可以順利完成，也得花上不少銀子，第一步便是「執廳」，「執廳」所費不貲，經過了「執廳」，才可以作入幕之賓，大寨妓女的引人入勝亦在此。

大寨中有 半絲綿寨

大寨的制度既然對每一個妓女不輕易達到眞個銷魂，必須要花費相當金錢來培植感情，才能達到目的。因此大寨的飲客就大都非富即貴，很少有所謂「寒客」。就爲了這樣，在當時的石塘咀許多大寨中就出現了四間別具一格的妓寨。這四間寨爲了規模較小，所蓄妓女也沒有什麼了不得姿色的人物，「營業」狀況，處在「捱打」地位。各寨的妓女都「台腳」很旺，他這四間寨就冷冷清清。爲了這個原故，這四間寨便出奇制勝，放鬆了大寨對飲客的限制，大開方便之門，召妓侑酒，隨時可同回寨中「打茶圍」。就在第一次的「打茶圍」便會滅燭留客，即晚可作入幕之賓。由于出到這種手段，一些急色兒的飲客正中下懷，因而却爭得一時之盛，門前車馬客不稀，一時在石塘咀中成爲別樹一幟的妓寨，這是掛着大寨的招牌，而有二四寨的作風。

但這種做法，照例是爲大寨所不容的，因之他們只有半公開的展開她們的特別手法。這種半私半明的「營業」手段獲得了成功後，人們便稱四間寨爲「半絲綿」寨。這一名稱很妙，這是諧音格，以「絲」諧「私」，以「綿」諧「明」。綿被綿衲都有半絲綿的，人們便替它們改上這「半絲綿寨」的名稱了。這四間「半絲綿寨」，是「載花」、「燕花」、「萃花」和「意樂園」。

什麼叫做 大寨執廳

大寨的「執廳」，也有人稱爲「擺廳」，好些大寨裏面也有可以宴會的廳堂，稱爲「寨廳」。飲客愛上一名妓女，經過了若干次飲廳喚召，進一步是飲完廳後，到這妓女的房間去小坐。這

一小坐，稱爲「打茶圍」，或「打水圍」。經過好幾次「打茶圍」，飲客爲這妓女也花過不少錢，感情有了，便可以作入幕之賓。入幕之前，他們便得幫趁寨廳一次。這一次，便稱爲執廳，請客既多，所召妓女全是妓女的同寨姊妹。好像憑此以昭告她的姊妹似的。而經過了這一晚執廳之後，這位飲客便可以作入幕之賓，銷魂眞個了。也有爲了請客過多不能在寨廳的，也可以在這些花酌酒樓來擺廳。但一定要把這妓女所屬的一間寨的全部姊妹召來出局。特別這一晚的出局，是要這位飲客對她的姊妹發雙「揩」的。這個「揩」字，便是召妓出局所費，一般稱爲「揸揩」。你說要和一個大寨妓女眞個銷魂，自始至終要花多少錢才可以？

四間寨廳　兩次打通

詠樂、倚紅、賽花和歡得這四大天王寨，稱之爲四大天王，確是當之無愧。它的客人豪情揮霍，曾經試過有兩位濶客；把四大天王寨的寨廳完全打通來執廳。石塘咀自有妓寨以來，直至禁娼爲止，打通廳執廳的也無非只有打通兩間寨廳，而統計也不過僅得十次八次。打通四間寨廳的就只有兩次，兩次都屬于四大天王寨，這是破紀錄的光榮，而這個光榮却屬于四大天王。

執寨廳所費的錢很不少，這是指一間寨廳而言。竟然把四間寨廳一連打通，揮霍之大，自可想見。這簡直是霸王夜宴，豪濶之處，實在有點超出常情。以此即使有腰纏萬貫的王孫公子也不敢輕于嘗試。却是當年四大天王寨就竟然會有此兩名豪客，自然震驚一時。爲什麽四大天王會有這樣的豪客，使到它能夠把石塘咀打通廳的紀錄一連打破兩次呢？這得說到四大天王寨的妓寨確有超人一等之處，爲了有這許多名妓，才會招來這樣大手筆的豪客。

豪客常來　名妓輩出

說起了四大天王寨的名妓，眞是多得很，如詠樂的桃影、零零、盼盼，倚紅的倩如，歡得的添添，都是紅極一時的名妓。如果數當時石塘咀的「紅牌阿姑」，誰也會數出這幾個人來，所謂「紅牌阿姑」，便是說出名的妓女。「阿姑」通常是用來稱妓女的。

桃影和零零，在最紅的時候從良，給兩位豪富子弟都携作歸家娘了。兩個人都不是嫁給人作姬妾，爲的這兩位豪富子弟都是年少還未結婚的人，因而便以名妓爲嫡室，也因而一切排塲，務要極端濶綽，說起來眞是空前絕後，可說是自有妓女「埋街」以來未有這樣豪華塲面，又是給四大天王破了妓女「埋街」的紀錄。「埋街」又名「埋街食井水」，又名「上街」，即作歸家娘之意，這是風月塲中一般飲客和妓女的「術語」。

桃影從良的人便是名小說「繁華夢」所描寫的主人翁的第廿五公子。公子哥兒，涉足花叢，一見桃影便鍾情，經過一個時候，便作量珠買孟家蟬于平康里之舉。「埋街」之夕，塲面盛爲舖張，只生花一項，即花費了數百元。四十年前的數百元，數目不少了。他張燈結彩，電燈串由詠樂寨掛起，橫過馬路，以迄對門的萬國酒家，縱橫交錯，五光十色，蔚爲奇觀，總計所用電燈火數，以萬計。更轟動一時的是所燃炮竹，除一串十多丈的烟花炮竹外，其他包裝的電光炮，多到十多籮，分放在詠樂的騎樓。詠樂的姊妹花，人人自樓上拿這些包裝炮竹，燃着抛擲馬路上，歷時一小時有多，還沒有停止。弄得整個石塘咀火光燭天，炮竹聲震耳欲聾，交通也因之梗塞了許久。這樣的娶妓「埋街」，就先來打破了石塘咀妓女上街的紀錄。

到了零零埋街就更了不得，不只哄動了石塘咀，還哄動了整個香港，人人都作爲談助。零零本名紫蘭水，來自澳門，是澳門福隆新街六十三號的妓女。以天生艷質，名噪一時，便易幟來港，以謀「發展」。果然來港以後，艷幟高張，聲名更熾。她的易名爲零零，就在來港後隸詠樂寨時開始的。那年給一位富家公子愛上，這富家公子是南洋一位巨富的孫，他帶零零「埋街」的一晚，其豪華濶綽之處，簡直驚人。在萬國酒家打通幾層樓，把詠樂所有的阿姑，零零一個個的姊妹也請到，作爲嘉賓。不只詠樂的鶯鶯燕燕全體邀請，各寨阿姑凡與零零有交好的，便在被邀請之列。在詠樂寨門前懸掛一副以生花砌成的對聯，除生花外，伴以美金的「二一金仔」無數。當晚更以「二一金仔」爲利是封，凡是零零的姊妹，以及鴇母、元緒公、寮口傭嫂、私家手車伕、伙伕，由上至下每人一封。這生花對聯所掛的「二一金仔」，當晚派出多人守護，第二天拆下，就歸守護的人所得。這樣的豪濶，眞的少見得很，自然又是打破紀錄了。

名花聲勢　光前垂後

石塘咀全盛的時候，名妓艷妓之多，數她不盡，至今仍爲人所樂道，爲人所不忘的不少。其中「奇花寨」一妓，珠圓玉潤，芳名潤好，渾名「肥婆潤」。這可沒有說錯，爲的他眞是是個「肥婆」哩。本來妓而肥婆，很難得到客歡，却是肥婆潤對飲客很有一手，因而她的「台脚」就旺得很。她自置有私家手車，這便是當時人稱的長班車，無論到那間酒樓出局，雖咫尺之地也得用長班車代步，眞是風頭十足。她的手腕戴了一雙翡翠玉鐲，由于她的肌膚很白，一雙皓腕，趁着一雙碧綠的翡翠鐲，更顯得她像個貴婦。當時飲客爭相揮箋召喚，却是由于「台脚」過密，召她出局，竟然要輪着來排號才可以。

妓女中的未經梳櫳只是出局唱曲的雛妓，她們稱爲「琵琶仔」。四十多年前的石塘咀就出了一個「琵琶仔王」，她的芳名叫做「銀仔」，打揚琴和唱曲，固然顛倒周郎，而樣子美麗而甜，儀態談吐也很温文大方，所謂「有閨閣風，無青樓習」，許多飲客也爭着揮箋召她出局。一曲歌聲，已自銷魂。

與銀仔同時以唱曲聞的還有一妓名洪文閣，她唱曲彈琴不多讓于銀仔，但年齡較銀仔大，不

只不是個「琵琶仔」，而且閱人已多。她的容貌儀態，比起銀仔相差很遠，因之一直也沒有人帶她「埋街」。一年一年，由有名的歌妓而成爲老妓，甚至可以說是怪妓。她在石塘咀末期，快將禁娼的時候，還是應召上廳。她這時已經花甲之年了。當時飲客的召喚她，只是存着一點「憐老」之念，也有喜她可以在「上廳」時說舊時風流事跡，石塘話舊，熟如醬油，清歌不聽，倒要聽她清談。這樣一個老妓，可不是個怪妓麽？

其次如倩如，盼盼，添添，素梅，白玉梅，容仔等都是一時之「彥」，她們許多風流韻事，當時膾炙人口，今日的白頭飲客，尤多樂道，說她們是光前垂後，誰曰不宜？

飲客之中　亦有奇士

在石塘風月的悠久歲月中，飲客之豪濶固多，足稱得上一個奇字的可也不少。名花奇士，相得益彰。不少談名花之名，也常有論奇士之奇。其最爲人所樂道者乃二人，一爲李公子，他痴戀一個妓女，晚晚開廳，晚晚打茶圍，但始終不願作爲這一個妓女的入幕之賓，他可以在寨廳執廳一連幾次，但執廳後可沒有留在妓女房中，眞個銷魂，留客有意，偏偏客却不留。他爲這個妓女，不必丁娘十索而是自動「十贈」，石塘咀阿姑之有自用汽車的是以他這所戀之妓爲始。他買了部汽車送給這妓，引得塘西鶯燕，羨煞妒煞。後來他却悄然到廣州去投入政界中去，始終是和這妓女保持「純潔之愛」。當時得了一個「無慾情人」之名，這在花叢中是無人不說的一個奇士。

另一奇士是姓唐的。這人有的是錢，却是他所戀之妓雖然不少，從來沒有帶妓「埋街」之意。妓女爲了要尋歸宿，自然顧而之他。老唐一經發覺，必然找着這妓女的「溫客」，送他一筆錢，助他一臂之力，以使好事得成。人家問他爲什麽這樣慷慨？他答得很妙，說凡是以妓爲妻妾的，這是邪花入宅，必無好結果，我的給錢他們，不是玉成其事，而是靠累，累累他們也好。總計老唐這樣賠錢累人的倒不知多少次，簡直是飲客中的一個怪人。

欵接優伶　引爲大戒

這是塘西花事中一件大事。在塘西花事繁榮的時候，試過一段時期，有不少妓寨公然在寨內張貼佈告，拒絕優伶戲人。這原因有二：一是爲了當時有不少名妓，追求伶人，不惜拿出錢來倒貼，神魂顚倒，只知有伶，不知有他。這類阿姑，大都給人稱爲「戲子嘜」，又名「蓆嘜」。一時這種「蓆嘜」，竟然盛極一時。一是自命品流高尙的縉紳名流，對戲人有羞與噲等伍之勢，且認爲「蓆嘜」從他們那裏取得的錢去倒貼戲人，簡直是把他們視爲瘟生，因之有因而裹足不前，連朋友請飲也不去，有對「蓆嘜」名妓相率抵制的，這便使到那些七十鳥、元緒公大起恐慌。這才會發起一個「清潔運動」，限令他們寨裏的妓女不得欵接優伶。更訂下細則，禁止所有阿姑去看戲。

有了這些禁令，一時「蓆嘜」斂跡，一個個勉爲潔身自愛，然後才能挽狂瀾于既倒，使縉紳名流恢復爲飲客，又是夜夜笙歌，使塘西花事再復繁榮。

當時的伶人爲了受到塘西各大寨的冷落，他們去到各大酒樓，幾乎只能開筵，不能坐花，認爲面目無光之至，經過一個時候，他們差不多絕跡于塘西的風月場中了。往時粵劇鼎盛，每逢新戲上演，由「開戲師爺」面對大小伶倌講述劇情，安排塲口，稱爲「講戲」。不少在演戲「煞科」後，席設石塘咀酒樓，開筵坐花來「講戲」的，爲了這一個「風潮」，「講戲」也只有移樽其他地區的大酒樓了，可見這一件事的鬧得嚴重。

但經過一個時候，這個抵制戲人的風潮，却給詠樂寨的盼盼，會同萬能老倌薛覺先把它打破。盼盼一向是薛迷，也一向追求薛覺先。而薛覺先也因爲塘西的抵制伶人而大爲不平，立意要打破這一恥辱。他得到盼盼的默契，晚晚帶同一班班中兄弟到石塘咀來開廳，晚晚召盼盼出局。盼盼也不顧寨中禁令，不特花箋甫去，蓮步隨來，而且有例和薛覺先在席散時同去打茶圍。詠樂的鴇母爲了盼盼是詠樂的一株大搖錢樹，在此情形下，不特不加禁止而曲予優容，且把貼在廳前的佈告撕毀。各寨看見詠樂這樣做而無影响于「營業」，也就相率開禁。同時薛覺先在香港，所與往來的不少縉紳名流，人人對他的藝術崇拜，他在石塘咀這一回事，不特大家沒有羞與噲等伍之心，而且大家都佩服其勇氣，能爲伶人吐氣揚眉，使妓寨撕毀禁令，大家也就不爲已甚，不作抵制「蓆嘜」之意，而一塲掀然大波也就平息了。

打破妓寨抵制戲人的薛覺先與名畫家鄧芬（右）

銀海滄桑錄

老牌「影后」胡蝶

蝶衣

香港兩日酬酢頻繁

三十六年前的香港，人口還不足一百萬，市況也比較平靜，很少重大的事件發生。因之胡蝶女士之歸國而路經香港，便成了香港一埠的罕有盛事。

在香港，胡蝶與周劍雲伉儷受到了各界人士的歡迎，雖僅逗留短短的兩天，但活動却是頻繁的。

胡蝶抵港之日——民國二十四年七月四日的中午，曾出席香港片商們在「香港大酒店」所設的宴會。筵散後回到旅邸休息，接見了各報記者，之後復與周劍雲夫婦外出，拜訪爵紳何東夫婦，主人以茶點欵待三位貴賓，談了好一會纔興辭而出。

當晚應中央戲院之邀請，登台與觀衆們相見，並致謝詞。然後登上樓座，看了一套專爲胡蝶而放映的新聞片，原來片中所紀錄的，即是胡蝶與周劍雲夫婦出國時的情形。

次日上午，應利舞台主人之約，趁車至淺水灣酒店赴宴。下午出席電影界同人在「香港大酒店」舉行的歡迎茶會，參與這一次歡迎會的影劇界名人甚多，薛覺先、唐雪卿夫婦、馬師曾等均與其列。

胡蝶與周劍雲相繼在會上報告了歐陸之行的經過，同時，也被拍成了有聲的新聞片。

同日傍晚，又趨車至利舞台參觀，看到了當年香港設備最完善的戲院之內部規模。

就在當晚的萬家燈火之中，胡蝶與周劍雲夫婦登上了「麥堅尼總統號」輪向香港「拜拜！」

歡迎回國場面浩大

歷時四個半月的蘇俄與歐陸之遊宣告結束，載着胡蝶女士與周劍雲夫婦的「麥堅尼總統號」輪，於七月八日清晨駛抵上海，外灘江海關碼頭上早已塞滿了歡迎羣衆，大家都眼睜睜地等候着胡蝶女士之出現。

爲了歡迎胡蝶女士與周劍雲夫婦之歸來，明星影片公司由張石川、鄭正秋爲首，率領了旗下全體男女演員，包括「標準美人」徐來，以及葉秋心、顧梅君、顧蘭君、朱秋痕、高倩蘋、龔稼農、鄭小秋、蕭英、王獻齋、王吉亭等在內，分乘公私汽車二十餘輛駛抵碼頭，下車後忙着與其他的歡迎賓客周旋，同時也成了各報社、通訊社的中外記者之訪問對象。

當時，上海的「聯華」「電通」「藝華」三家製片機構，雖亦曾遴選出品參與在莫斯科舉行的國際影展，但因禮遇之不同，熱忱之缺乏，所以並未派遣代表加入歡迎的行列；但仍有「新時代」「快活林」「友聯」「玉成」「梅花」「暨南」等二十餘家獨立製片單位的主持人，或以公司名義，或以私人身份，出現於洶湧的人潮之中，表現了電影界局部團結一致的良好風範。

胡蝶當年在香港告羅士打酒店留影

胡蝶女士的未婚夫潘有聲，身穿米灰色西裝，戴着同色的草帽，坐着私人轎車到達碼頭，又一次掀起了高潮，立即受到了中外記者的包圍，紛紛向他詢問：「什麼時候結婚？」

當一艘藍烟囱渡輪緩緩向碼頭駛來，將要傍岸的時候，一面上書

「歡迎本公司經理周劍雲先生伉儷暨胡蝶女士歐遊返國」的巨幅旗幟，由明星影片公司同人手裏擎舉着，立即在人叢中昇起。隨之鞭炮聲與歡呼聲亦同時並作，把歡迎的熾熱情緒推向最高潮。

未婚夫婿 義務護衛

身穿一襲白地藍花短袖旗袍的「電影皇后」胡蝶，由她的未婚夫潘有聲担任當然衛士，挽着她衝過一層又一層的人羣，忙着與親友們握手，與影迷們招呼並致謝。讓期待已久的崇拜者都能夠看到她爲國爭光的別後風姿。

歡迎車隊離開了碼頭，經過綿延數里的愛多亞路，直駛楓林橋畔的明星影片公司基地，另一個熱鬧的歡迎場面又在片廠裏展開了。

在各界代表及新聞記者的簇擁下，胡蝶女士的不平凡成就與周劍雲夫婦的宣揚第八藝術、溝通中西文化、團結海外僑胞的光榮任務，受到了大會主席袁履登的讚譽。接着周劍雲徇衆要求，將出國的經歷作了一番扼要的叙述；然後，胡蝶女士在熱烈的掌聲中起立，除了答謝之外，她又特別强調會在香港記者招待會上說過的兩句話：「多拍民族色彩的影片，藉以爭取海外市場。」

胡蝶歐游回國，上海碼頭的歡迎人潮

回國前後兩不幸事

胡蝶回國前後，上海電影界發生了兩大不幸事件，其一是阮玲玉之自殺，其二是中國電影的拓荒英雄——明星影片公司三巨頭之一的鄭正秋之逝世。

阮玲玉在明星影片公司初露頭角時期，曾與胡蝶聯合主演「白雲塔」一片，分手之後的七年間，各自在銀色旅途上展露其才華，聲名亦差堪相峙，所不同的是阮玲玉在愛情方面歷經挫折，終歸失敗。是年三八婦女節的前夕，阮玲玉留下了「人言可畏」四字遺書而服毒自殺了！在中國電影史上佔據了灰黯的一頁。

鄭正秋先生以心臟病突發，於同年七月十六日在慕爾鳴路安吉里四號寓所去世。鄭正秋先生畢生從事於戲劇工作，早期演過話劇（當時稱爲「文明戲」），是上海笑舞台的重要份子；後期獻身於電影事業，担任導演工作，素有咯血之症但仍經常帶病上片塲。他之去世，眞可以說說「鞠躬盡瘁，死而後已。」

阮玲玉自殺於胡蝶歸國之前，鄭正秋逝世於胡蝶歸國之後。前者是個人身世的不幸，後者則因喪失了一位良好的導師，對中國電影前途的影响較大。

僅只四個月的時間，連續失去了一個成功的演員，一個正統電影藝術思想的發揚者，在當時的中國電影界，是一項人盡悼傷的不幸紀錄。

直到胡蝶女士與潘有聲的婚訊傳出，方始衝散了電影界的愁雲慘霧，呈現了迴黃轉綠的歡愉氣象。

教堂結婚酒樓設宴

胡蝶的未婚夫潘有聲，服務於上海法商永興洋行的茶葉出口部，壯年而有幹才，與胡蝶同屬粵籍，因而相識。在胡蝶出國之前，他已贏得了美人的芳心，訂下了嚙臂之盟，結成了銀幕以外花前月下的情侶。

胡蝶遠遊歸來之後，先是忙着續拍「夜來香」一片，接着又是「刼後桃花」的開攝。她與潘有聲的婚事，醞釀又醞釀，一幌三個月，佳期給工作躭誤了！未婚夫急不及待，再三催促，終於獲得了岳父大人胡少貢的支持。

精緻的結婚喜柬由印刷公司取出，轉輾投到了電影界從業人員及至親好友的手上。中國有史以來第一任「電影皇后」胡蝶，終

胡蝶回上海，輪船上與迎迓者自右至左：鄭小秋、顧蘭君、潘有聲、胡蝶、周劍雲夫人陳玉俊、周劍雲、張石川。

於要扮演眞正的新娘了！吉期是民國二十四年的十一月二十三日。

喜柬由潘有聲的胞兄潘有年，胡蝶的尊人胡少貢會同出面，以雙蝶捧住一個雙喜字的圖案作襯底，既美觀，又大方。此外並附有以蝶戀花爲圖案的來賓觀禮券。

婚禮在上海九江路江西路口的禮拜堂舉行，時間是當天上午十一時。

這一天，上午十時還沒有到，禮拜堂內已座無虛席。堂外，又像歡迎胡蝶回國時一樣的擠滿了看熱鬧的羣衆。明星影片公司的攝影隊，把羣衆的擁擠情況，以及舉行婚禮的經過，一一攝入了鏡頭。

婚禮中由周余愚、李祖冰（後來在香港創辦「永華影業公司」的李祖永之胞弟）任男儐相，袁美雲、顧蘭君任女儐相；男女童星黎鏗、胡蓉蓉拉紗。

晚間在大東酒樓擺設喜筵，各界贈送的喜幛掛滿四壁，花籃堆積如山。電影界從業員爲了叨擾這一頓喜酒，幾於傾巢而出。喜筵自七時開始，直至將近十二時纔盡歡而散。

筆者是當時身歷其境，躬與其盛的賀客之一。事隔三十六年，盛況彷彿猶歷歷在目。

刦後桃花青島外景

胡蝶婚前，「刼後桃花」一片還沒有殺青。剛度過了蜜月的胡蝶，不得不爲了完成生產而提早恢復拍戲工作。

「刼後桃花」由洪深編劇，原劇本會發表於「文學」雜誌新年號，全劇共分二十四景，六十五場，其中有外景九處，故事的發生地點是青島。

九月中旬，明星影片公司組成了外景隊，由導演張石川率領攝影師董克毅、張進德，劇務高步霄，演員胡蝶、高占非、龔稼農、沈駿等一行，乘太古輪船公司的「皇后號」出發，去青島拍攝實景。

青島地區的名勝風景，諸如沙子口海濱、匯泉礮台、李村市集的情況，都一一攝入了鏡頭。

其時正當中秋節邊，郊區雖有桃林，但均已葉落枝枯，因之祇好在湛山瀕海之區，另植假桃樹數十株，並綴假花於枝頭。當時塑膠花尚未發明，但像眞生花則是古來所固有；近看遠觀，亦堪亂眞。

經過了十一個工作天，外景順利完成。胡蝶也就隨同大隊，回到了上海。

內景在楓林橋的片場內繼續拍攝，劇中的祝府花園、劉家花圃、花圃主人房舍的外觀，都利用片場外的花園部份改裝。此外大廳、書房、臥室部份的內景，則在片場內建搭，一切佈置，非常講究，是歷年來明星影片公司耗資最多拍攝的一部鉅製。

洪深在較早時期，曾以其嶗山祖居被日人侵佔的經過，寫成「我的失地」一文，發表於「太白」半月刊。「刼後桃花」的電影劇本，事實上即是「我的失地」一文之延伸。此一電影故事的風格，與荷里活出品「浮生若夢」頗爲相似。劇中從秀麗景色的內層，勾畫出逃避時代責任者的沒落命運，以及他們的悲歡離合過程，最後則以「庭樹不知人去盡，春來猶發舊時花」的感慨作結，予人以「國破家何在」的啓示，也算是抗戰以前中國電影史上較有價值的一部作品。

胡蝶在「刼後桃花」一片中飾演貴族小祖祝瑞芬，演技愈益精湛，片成公映後會獲得輿論的一致好評。

明星剪綵開創先例

此後，胡蝶又陸續主演了「兄弟行」「大家庭」兩片。「大家庭」完成後在新光大戲院放映，時為民國二十五年的元旦，新光大戲院於是日落成開幕，首場放映「大家庭」之前，特地邀請新婚未久的胡蝶蒞臨剪綵，禮成後並由嚴月閒、葉秋心、朱秋痕、黃耐霜、顧蘭君等多位明星，會同胡蝶登台歌唱，因而轟動一時。

中國電影院之有明星剪綵，即由此役開創先例，這也是銀海滄桑錄上值得記上一筆的。

自「劫後桃花」一片獲致好評以後的胡蝶，由於身體不適，隔了大約半年的時間，方始再回到水銀燈下，恢復拍片工作。

由她領銜主演的又一部鉅製，是由「愛情的逃亡者」改名的「女權」。此片仍由張石川執導，集合了「明星」旗下的胡蝶、葉秋心、嚴月閒、舒繡文、陸露明、章曼蘋、袁紹梅、英茵、龔稼農、梅熹、趙丹、王徵信、徐莘園、譚志遠、王獻齋、孫敏、嚴工上、王吉亭、尤光照等數十位熠熠之星會同演出。其中章曼蘋出身於唐槐秋領導的「中國旅行劇團」，為話劇著名演員，與胡蝶是初次合作。

卡通畫家萬籟鳴負責「女權」的片頭設計，以「火炬女神」作為女權運動的象徵。根據此一設計，女主角胡蝶手擎火炬立於磐石之上的巨幅畫像立體廣告也隨之而出現，成為國語電影的宣傳首創之作，因之亦使「女權」一片收到了良好的票房紀錄。

抗戰初期避難來港

「女權」一片完成公映，胡蝶與明星影片公司的合約亦宣告期滿。

胡蝶與潘有聲結婚後，夫婿相待甚厚，因之合約一滿，便想退出影壇，專心過她的家庭主婦生活。

事實為張石川所悉，深恐蝶翅一振，後繼無人，便一方面亟亟與話劇名演員白楊接洽，邀請加盟；一方面另煩周劍雲出面挽留，希望胡蝶能留在「明星」，繼續合作。

磋商結果，胡蝶終因情不可却，答應每年主演一部戲，簽訂「一片」的合同。於是復有「永遠的微笑」之開拍。

「永遠的微笑」由劉吶鷗編劇，吳村導演，胡蝶與龔稼農主演，龔秋霞、舒繡文、王獻齋、王吉亭、徐莘園合演，是一部文藝悲劇，也是胡蝶為明星影片公司効力的最後一部作品。

到了次年，七七事變發生，繼之是全面抗戰的展開，國家民族進入了抵禦外侮的最後關頭，影劇界潔身自好的重要份子都轉向內地，獻身於抗戰的神聖事業。胡蝶不欲例外，也就加入了流亡的隊伍，離開了上海而避難來港。

其時，「影戲大王」張善琨的新華影業公司在香港復業，胡蝶曾一度應邀，主演四大美人之一的「陳圓圓」一片。（袁美雲主演的「西施」，顧蘭君主演的「貂蟬」，王熙春主演的「王昭君」，先期已在上海攝製完成。）此外，她還與王丹鳳聯合主演了另一部「錦繡天堂」古裝片。

不久，日軍發動南侵，香港危在旦夕；胡蝶又與她的夫婿匆匆離開了港島，轉輾去往大後方的重慶。

湘桂撤退行李盡失

到了重慶之後，胡蝶即被「中國電影製片廠」所羅致，參加了救亡工作，担任「建國之路」一片的女主角。

此片由導演吳永剛率領，與男主角魏鶴齡等一行出發到廣西，拍攝桂林一帶公路的外景。不料抵達未久，就遇上日軍最猛烈的湘桂公路總攻擊，外景隊倉皇撤退，擠入了盈千累萬的難民羣中，後面是砲火連天，四週是兒啼女號。胡蝶隨着大衆逃到獨山，一路上歷盡艱辛，行李盡失。後來僥倖抵達了貴陽，纔得稍舒喘息。

事後提及這一次的遭遇，胡蝶曾感慨地說：「湘桂大撤退的那一番艱苦歷程，使我在思想上起了極大轉變。我發覺養尊處優的生活，不過是建築在虛無裏的一堵高牆；一旦災禍臨頭，一夜之間就會變得一無所有。因此使我深深地感覺到：節儉樸實的習慣之養成，實在是非常重要的，並且從此以後，使我對名利二字也看淡了許多。」

胡蝶王元龍在香港合演「孔雀東南飛」劇照

歷時八年的抗日戰爭，

胡蝶、王引、蕭芳芳主演「苦兒流浪記」中的兩鏡頭

終於獲得了最後勝利。

各方面紛紛復員，胡蝶也隨之而結束了自己的曠世際遇離開了大後方，再度偕同她的夫婿來到了香港，開闢了事業上的新基地。

工展攤位親臨照料

潘有聲的苦幹精神加上了胡蝶的過去聲譽，成了最强有力的事業合作者。興華實業公司出品的「蝴蝶牌」熱水瓶，不僅出現於香港市上，此外並行銷及於南洋一帶。胡蝶與她的夫婿在共同努力之下，又逐漸抹去了抗戰時期的慘淡陰影，囘復了生活佳境。香港的若干高等華人俱樂部，也經常有這一雙賢伉儷的足跡。工廠需要資金周轉，維持一項事業並非易事；所幸的是潘有聲交游廣濶，而胡蝶女士的聲譽則更不啻是最好的信用担保；因之，興業公司的招牌遂得賴以維繫。

若干年前，在尖沙咀滙豐銀行對面空地舉行的某一屆工業展覽會，「蝴蝶牌」的熱水瓶設有一個攤位。

當時，胡蝶女士曾以「老闆娘」的身份，親自在塲照料。昔年「電影皇后」選舉主辦人之我，緩緩走過她的攤位之前，她沒有發現人叢中的我之存在；我也因一念之怯，未曾上前招呼。

這是我投荒南來以後，第一次見到胡蝶；她還是風采如昔；我則非復曩昔之白袷少年了。

老健春寒仍是典範

此後數年間，不幸的事次第降臨到胡蝶的身上，先是夫婿事業的突歸失敗，繼之是夫婿的患病逝世。

『簷頭燕子說春寒，胡蝶悠悠午夢殘。睡起高樓多少恨，天涯小雨怯凭欄。』宋人游九言的一首小詩，無異成了彼時胡蝶女士之寫照，垂垂老去的她，從此生活於悵惘的回憶之中，過去多采多姿的人間歷程，閒來一幕又一幕的縈迴於她的腦際，眞不知有幾許歡樂？幾許哀愁？

不過，這位對中國電影事業曾有過不平凡貢獻的女藝人，她的銀色命運還是不錯；自她再度作了島上的羈棲者以後，也曾間歇不斷的接受製片家之邀，在多部影片中担任重要的角色。其中較著名的有與王元龍等合演的「孔雀東南飛」，與王引、陳燕燕、蕭芳芳等合演的「苦兒流浪記」。後者是朱旭華主持的國風影業公司出品，由老牌導演卜萬蒼執導；雖是黑白片，但當年公映時也曾轟動一時；而胡蝶女士在銀幕上亦酒渦如舊，不殊當年。

「老牌影后」胡蝶與「新任影后」甄珍合影

老健春寒、雍容不迫的胡蝶，四十年前豔冠羣芳，是中國影壇的偶像；四十年後的她，依然是前輩演員中使人敬愛的典範。（全文完）

Emcolon® FASHION WIGS
「愛其麗®」免恤髮品
大人公司有售

關於「馬寡婦開店」

·葦窗·

五月二十四日晚上，國劇花旦戴綺霞在香港大會堂音樂廳演唱「馬寡婦開店」，演得生動，帶有漫畫式的誇張手法，轟動一時。戴自稱此戲學自南方名旦小楊月樓，且把劇名改爲「孝義節」。按：「孝義節」是三國中，孫夫人投江後，託夢給吳國太，請建梟姬祠的故事，昔年梨園界「老夫子」陳德霖曾在蓓開公司灌過「孝義節」唱片，一共八句唱詞，前四句是二黃慢板「駕祥雲衝開了風濤萬丈，叫一聲衆神童站立兩廂，爲皇叔只落得隨波逐浪，長壽宮託夢兆好不凄涼。」後四句反二黃「兒的屍向西方水府路上，蒙上蒼勅封我梟姬娘娘，盡節死兒陰魂依然飄蕩，未報答哺乳恩難捨親娘。」八句唱詞，分灌了兩張唱片，由孫佐臣操琴。有問「馬寡婦開店」如何也名「孝義節」？或曰：從前香港當局是連「貴妃醉酒」、「虹霓關」都不准演，要改名爲「百花亭」、「東方夫人」方可，則「馬寡婦開店」之不得不改名，亦自有苦衷在也。

提起「馬寡婦開店」，總得提到蹦蹦戲，又名評劇。相傳評劇的前身是所謂對口蓮花落，後來逐漸發展，成爲一個單獨的劇種。其中還出了一位全能的編導全才，也即是評劇創始人之一——成兆才（一八七四—一九二九）。成兆才被班中稱爲天才的評劇作家，例如「馬寡婦開店」，就是成兆才編的，其時在一九一七年。第一個演「馬寡婦開店」的評劇演員是藝名月明珠的任善峰（一八九九—一九二三），他便是成兆才的徒弟，可惜死得早，在他二十四歲那年就去世了！「馬寡婦開店」是成兆才的名作之一，最早成兆才和金菊花合作，就醞釀着排這齣「馬寡婦開店」，後來金菊花鬧脾氣走了，成兆才寫成了「開店」，就給月明珠排演，可以說月明珠是以演「開店」起家的。此戲最早在天津演出，轟動了所有的落子班，各班社都向他們抄劇本，並且按他們的腔調和形式演出，大受觀衆歡迎，許多落子演員明的暗的都去看月明珠演這齣戲，內行名爲「摟葉子」。其時，「馬寡婦開店」的腔調，已和其他戲大不相同，成兆才在寫劇本時，就設計了曲調，像成兆才這樣，可以算得是集導演、編劇、作曲家於一身的。「馬寡婦開店」在月明珠死後，曾有一度給人的印象不佳，有些演員把它演成了個「粉」戲，月明珠當初演得很樸素動人，後來有些演員，爲了迎合觀衆的一些不正常的心理，或由於對主題認識不清，所以把這個戲演糟了！據後來的人追憶成兆才的創作情況說：「成老人，心胸大，吹、拉、彈、唱，樣樣都會；白天排戲演戲，晚上演完戲，算完了賬，一宵宵不睡，編新戲。編好了，一句句教給演員們，再走場，演出的時候，他在台下看，那場好，那場不好，再修改，他就這樣勞苦地工作了幾十年。」

國劇花旦戴綺霞在香港大會堂演出「馬寡婦開店」的一個身段

請看成兆才的「馬寡婦開店」中馬寡婦李氏初見狄仁傑一場的唱詞：

狄仁傑：（上唱）在家辭別高堂母，
一心趕考奔京都。
行程正逢春光景，
見百花爭艷柳林稀疏，
一路美景觀不盡，
又只見雀鳥歸林墜落金烏。

書　童：大叔，天色不早，該住店啦！

狄仁傑：曉得了。（唱）
書童說天色不早該住店，
趕緊躦行尋店屋。
催馬就把村莊進——
（店小二上）。

店小二：（唱）客爺，天已不早你該住店屋。
客爺，你要住店嗎？

狄仁傑：正要住店。

店小二：好，我給你拉馬。（引路進屋）
客爺用些什麼？

評劇創始人之一——成兆才

狄仁傑：明燈一盞，暖茶一壺。
店小二：（下。取燈、茶後返）客爺，燈到、茶到。
狄仁傑：喚你再來。
店小二：是。（下）
狄仁傑：好一座寬闊的店！（唱）
滿滿斟上茶一碗，
頂上高茶香味足。
叫書童裡裡外外加謹慎，
你要小心着！一匹坐馬兩箱書。
（李氏上）。
李　氏：（唱）聽前店聲音響亮，
人們說話他是哪一個？
又是馬來又是書。
來至在窗櫺以外止住步，
二足站穩點破窗戶。
斜身單目往裡觀看，
有兩個男子看不大清楚，
噢，一個坐來一個站，
看光景好像是一主一僕；
那個坐着的人看年紀不過二十二三歲，
那個站着的人十四歲可多十六歲不足；
那個坐着的人右手端着小茶碗，
左手拿着一本書。
只見他，天庭飽滿面帶忠厚多主貴，
地閣方圓蓋世無，
他好像終南山的韓湘子，
又好像三國呂布又重出，
他目不斜視把書看，
端端正正倒雅儒，
一定是位斯文客，
想必是趕考的舉子奔京都。
他行路難免不受風霜苦，
爲何一進店房就用功把書讀。
看前店的人多吵又嚷，
鬧的客爺怎麽讀書，
若不然我把他讓至後客廳，
哎，慢着哇——
新來乍到的面不熟。
心裡躊躇倒退幾步，
叫一聲堂官大師傅。
（向內喊）我說堂官呀！
（店小二上）。
店小二：本家奶奶。
李　氏：你看前店人多吵又鬧，人家趕考的舉子，怎麽能住那樣的屋！
店小二：（夾白）依着你說呢？
李　氏：（唱）倒不如把他請到後客廳，
那裡清靜好讀書，
快請客爺莫要耽誤。（下）

從「馬寡婦開店」劇本的文學形式上，十分明顯地可以看出和蹦蹦文學形式的關係。蹦蹦文學中特別突出的是「誇像片」，也就是善于通過唱詞細致地描寫劇中人的外貌，它往往將劇中人從臉上誇到身上，從頭上誇到腳上，描寫環境，也很仔細。這些手法，成兆才在寫「馬寡婦開店」時，都用上了。

又如大家所注意的「馬寡婦開店」中的奶孩子的一場：描寫馬寡婦會見了書生狄仁傑後的痛苦和矛盾是寫得很細膩的：

上房安慰老婆母，轉身回到自己屋，

評劇男演員葡萄紅與倪俊聲合演「馬寡婦開店」

進屋關上門兩扇，復又回身秉燈燭，喘吁未止床邊坐，（娃哭介）忽聽我的兒連聲哭，呦，媽的兒啦，這麼半天沒有吃娘的乳，抱在懷別哭別哭你不用哭，媽摟着抱着快吃乳吧，狼來啦虎來啦，等娘與你打馬虎。（一更）忽聽譙樓一更鼓，小孩睡覺他也會打呼嚕。想起書房那位客，不但人好多麼雅儒，常言說郎才必得配女貌，最怕遇見醜媳婦；果然媳婦生得好，小兩口兒必得打對。男的出外非一日，女的馬有不想丈夫，思想人家想起自己，不由一陣心酸氣長出。人家那丈夫出外有回轉，那像我菱花鏡破難照圖，佳人想到傷心處，皺皺兩眼落下淚珠，哭一聲丈夫你死得早，撇下爲妻寡又孤。上有白頭老婆母，下撇小兒三歲不足，至如今，家業貧寒落到開店，因此開店度日途。如今名在利不在，遠聞有來近知無，有你在我是書香門第少奶奶，至如今人背後提起是個店婦。婆母年邁回頭不知早晚，孩子小不敢望靠扶，近思遠慮俱是窄路，那有個天晴日頭出？心灰意冷精神少，似睡非睡糊裡糊塗，看見奴的丈夫把門進，兩眼不住瞪着奴。丈夫哇，一年光景你在哪裡去？今日才回來可想殺奴，拉着丈夫好似貓捕鼠，睜眼看碰倒了燈台與茶壺，只說丈夫又相見，原來南柯一夢見丈夫，真叫人水裡撈月難到手，鏡中彩花枉勞徒，到叫我反複思量心難過，不住嘆吁嗨聲氣長出，眼前若有兒父在，說例笑例打例鬧例多麼對付，至如今出去進來成了孤鬼，油瓶子倒了無人扶。咳，難過惟有自己知曉，那有個人兒開開心腹，忽然想起那位客，這般時候許未睡熟，何不與他會一會，說個話兒開開心腹。……店中人兒都睡了覺，婆母不知孩子也不哭，此事湊巧真湊巧，突突心頭小鹿撲撲，……世上偷情只有男趕女，那有這麼大臉的女子自尋夫，再說咧人家願意還罷了，此事最怕別人不，去者好去怎回轉，豈不羞辱見笑白搭工夫。咳，壓壓心火拉倒吧，無精打采回房屋，進門床上落了坐，看了看孩子挪了挪燈燭，坐也坐不穩立也立不住，慾火燒身不舒服，低頭看煤爐子還未滅，一條妙計上心腹，應不應一定走一趟，他若問我就說與他送來茶一壺。……

前于白玉霜演出「馬寡婦開店」的芙蓉花

白玉霜便裝照

評劇小生的腔調創始者倪俊聲，他是第一個演「馬寡婦開店」中狄仁傑的小生，此戲中的小生腔就是他創造的，好像是經過他譜曲似的，後輩小生誰都按照着他創造的腔調那麼唱。評劇旦角，最早都是男演員，後來逐漸加入女角，最早第一位女演員名叫花蓮舫，據後起旦角新鳳霞描述花蓮舫說：「花蓮舫的『開店』跟別人不一樣，她將馬寡婦這個人物形象創造得非常素雅可愛，令人同情，使人看起來像一個溫良的封建家庭的少婦，她演馬寡婦的扮相也非常別致，她開頭穿滾邊的黑色褲掛上場，當她要去找狄仁傑時，她換上大紅的裙襖，頭上插上一朵紅花，造成了一個强烈的對比。」

芙蓉花是繼李金順以後的一位蹦蹦戲著名旦角，幼年曾拜金菊花爲師，她的「馬寡婦開店」是跟蓮花落名藝人顏貴學的。

芙蓉花的「馬寡婦開店」，唱的是所謂全本的；也就是加頭加尾的，從馬寡婦過門起到孩子中狀元止。

她在這齣戲中也有幾段精采的表演。

在「奶孩子」那一場，她高高興興地笑着上場，因爲狄仁傑住在她的店中，她心中不由自主地十分高興。

白玉霜（右）與趙如泉（左）合演「武松與潘金蓮」

她伸了一個懶腰，將一天的勞累鬆弛一下，然後抱起孩子吃奶。

她喂着喂着孩子，想起了狄仁傑，誇讚了狄仁傑。她唱着唱着，却愁上來了，她想起了自己的丈夫死去，再也無有相逢之日，就哭起來了。可是哭也無益，她只得放下孩子，靠在椅上睡覺，並且夢見自己的丈夫來到了跟前，她看見久別的丈夫，驚喜地猛一抓，碰倒了燭台。她莫名其妙地用手按着桌子發楞，左右一看原來是個夢。

她實在不能忍受這天長日久的孤單寂寞，于是下了決心去找狄仁傑。她梳頭、換衣，急急忙忙地拿上茶壺去到狄仁傑的書房，她這段戲做得非常靈巧、準確、活潑。

她進了狄仁傑的房中，反而變得楞楞怔怔地，自己也不知道自己幹什麽來了，好像變得傻了，她這段戲做得十分引人同情。

當狄仁傑問她的丈夫的時候，老半天，她的小嘴直哆嗦的問狄仁傑道：「你問的是誰呀？」狄仁傑說：「我問你的丈夫！」她好像哇地一聲大哭出來似的唱道：「您休要提起那短命——的——鬼——哪！」馬寡婦兩眼發直，沉入到痛苦的回憶中，唱出了自己的身世。

最後，當狄仁傑拒絕了她的求愛，她一動也不動地坐在一邊聽狄仁傑的勸解。她被狄仁傑說得臉上的汗直淌，她低低的垂下了頭，再也不敢看狄仁傑了，她對自己的行動感到十分羞愧，十分後悔。

狄仁傑將她推出了房門，她一楞，回頭望望房門，自己打了自己三個嘴巴，用手按着自己的額頭，昏昏倒倒地下場。

許多蹦蹦戲女演員都不長命，芙蓉花僅得四十一歲，大名鼎鼎的白玉霜生于一九〇七年，卒于一九四三年，在她三十六歲那年就去世的。白玉霜原名李桂珍，她的父親是唱蓮花落的李景春，藝名粉蓮花。白玉霜十一歲時，學了二年京韻大鼓，因爲她父親在蹦蹦戲班裏唱彩旦，就讓她看會了半齣「馬寡婦開店」，祇能演到做飯爲止，班主孫鳳鳴就讓她登台客串半齣「馬寡婦開店」，那年是白玉霜十四歲。孫鳳鳴看白玉霜實在夠材料，就收她做徒弟，並且給她取了這個美麗的藝名「白玉霜」。白玉霜十七歲時，在天津同慶戲院爲花蓮舫演開場戲和配角，那時她的嗓音就低，爲了適應她自己的嗓子，把弦降低了，變成了四個眼，即扒字調，唱起來嗓音又寬又亮，形成了她自己的風格。後來，她到吉林去唱戲，吉林的觀衆說她的唱腔是「打鼻子眼裏走音」。

直到白玉霜二十幾歲時，她的藝術更見有起色，由安冠英給她演小生兼編劇與排演，龔萬才給她司鼓，焦景俊爲她拉弦，白玉霜成立了班社，經常在平、津演出。

一九三四年，白玉霜二十七歲，其時在北京哈爾飛、廣德樓等演唱，她所常演的劇目有「桃花庵」、「珍珠衫」、「指花爲媒」、「老媽開嗙」、「馬寡婦開店」、「鎗斃小老媽」、「殺子報」、「拿蒼蠅」等戲。

由于「拿蒼蠅」的演出，被北平市長袁良指爲誨淫驅逐出京，當時，芙蓉花「三慶」演唱，也遭到了同樣的命運。

白玉霜失了演出的根據地，轉輾在營口、奉天等地演唱，正在這困難的時期，恰好上海恩派亞大戲院徐培根去約白玉霜到上海演出，其時「恩派亞」已由愛蓮君、鈺靈芝在演出，由于人手不夠，所以又約白玉霜到上海，準備三班合演，其時爲一九三五年的七月份。

三班合演開支很大，恩派亞劇場小，賣不出那麽多錢，甚至于還要賠錢，徐培根靈機一動，就讓白玉霜在農曆歲暮到上海最大的戲院天蟾舞台演出三天「武松與潘金蓮」，由「老開」趙如泉演武松，蹦蹦戲加入了四個演員，白玉霜演潘金蓮、鈺靈芝演王婆，兩個人演丫鬟，又去了四個樂隊，成爲「京評兩下鍋」。這種演出方式對于白玉霜她們並不希罕，趙如泉能這樣演，就挺新鮮，三天演過，偌大的天蟾舞台天天客滿，這次演出後，白玉霜在上海就大紅特紅起來，她回到「恩派亞」加價演出，仍然天天客滿。

一九三六年一月，白玉霜去無錫演出一個月，二月回上海，戲劇家洪深爲她編寫了「閻婆惜」。同年七月又請白玉霜爲明星影片公司拍攝第一部影片「海棠紅」，導演雖是張石川，但一切調度都由洪深主持。明星公司對「海棠紅」十分重視，配角有王獻齋、譚志遠、沈駿、舒綉文、謝云卿、尤光照等。

葦窗談藝錄

大千居士題

一九三六年四月，上海大晚報刊載了趙景深所寫看「馬寡婦開店」的記載，文中說：『上月立報言林曹聚仁兄盛稱白玉霜演的「馬寡婦開店」，以爲其心理描寫，不下于「寶蟾送酒」，我有同感。此劇我曾到恩派亞大戲院去看過，劇本和演出，的確都不錯，所演的只是狄仁傑宿店一段，也是最精彩的一段。……』

白玉霜在表演上和唱腔上繼承和發展了李金順等前輩藝人的藝術傳統，她在表演上有她自己的理論，她認爲要表演得好，應該記住「不羞便則羞，羞者便不羞。」爲她操弦的焦景俊問她：此話怎講？白玉霜說：「你看，比方一個演員在戲裏表演害羞，如果她本人害羞，她在劇中的害羞一定表演不出來，如果她本人不害羞，肯做劇中的害羞就反而表演出來了。」

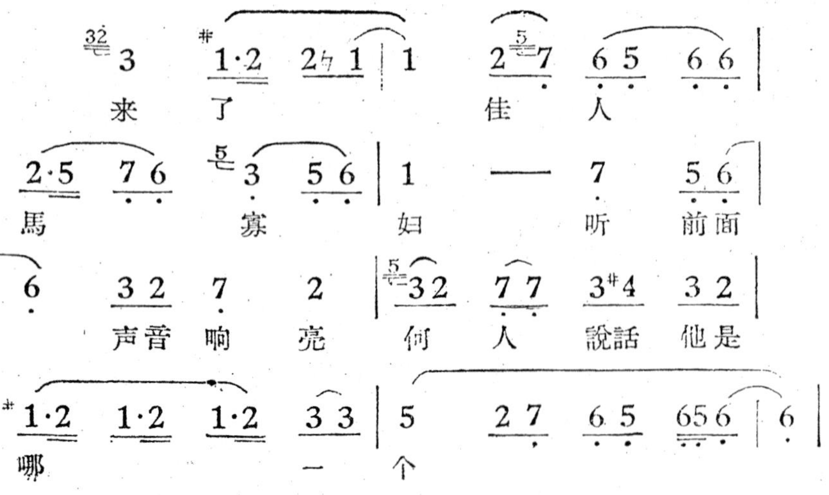

白玉霜唱「馬寡婦開店」曲譜

洪深曾在「文學」七卷一號中記述，關于「潘金蓮」的劇本說：『……民國十六年，歐陽予倩編了一個沿用舊制形式，發揮新的見解的歌劇本，劇名「潘金蓮」，是一部大胆的作品，我最喜歡全劇最後結束時的兩句對話：（武松在靈台前，持刀將殺潘金蓮）

潘：（拉開她自己的衣服，走上前，脫胸就刃）我愛你！

武：（舉刀）我愛我的哥哥！（揸，一刀下去，）（閉幕）

一九二七年，南國社舉行魚龍會，歐陽予倩和周信芳合演此戲，于是周信芳有了這個劇本。一九二九年上海伶界聯合會籌欵，周信芳、王芸芳演出此戲，于是王芸芳也有了這個劇本，一九三六年一月，趙如泉和白玉霜合演此戲，劇本即從王芸芳處得來，于是蹦蹦戲也有了這個劇本，現在白玉霜所演的「潘金蓮」裏，仍保有那最初稿本的兩句話。』

白玉霜在上海演得很紅，引起了上海文藝界的注意，阿英曾寫了一篇「蹦蹦戲雜說」：『蹦蹦戲的來源是評書，所以它的特點和評書是通的。除通俗的一點外，在技術方面，是以細膩見稱的。戲中人對于每一件事物，都要細細的描摩。一房的擺設可以唱三四百字，一個細小的念頭一二十字可了的，他們可以說上五分十分鐘。譬如「馬寡婦開店」，馬寡婦的心理的演變，一更一更的說去，眞是頭頭是道，細到極點。風趣細膩；爲京戲所做不到的，這自然也是因爲評劇用純粹口語的原故。雄渾處却不如評書，原因很簡單，蹦蹦是以女角爲中心，雄渾的部分遂不爲所重了。即偶一有之，亦只配角而已。如全本「馬寡婦開店」中之馬如虎等。至於「潘金蓮」，那已經不是純粹的蹦蹦戲了。』

在白玉霜演罷了電影「海棠紅」後不久，她就回平津去了。她的個人生活很痛苦，一直到她死，沒有正式結過婚，她的這種個人生活的苦悶，在她的藝術中也有表現，她在舞台上表現兩性關係的時候，有時候是比較露骨的、自然主義的。因此她的私人生活和苦悶很不正常，也是促使她早死的主要原因之一。

當白玉霜在上海演紅「馬寡婦開店」的時候，繼之而起的有喜彩蓮。喜到上海，等白玉霜北歸後，也以「馬寡婦開店」馳譽。她在評劇旦角中戲目很多，是一九一六年生的，比白玉霜小九歲。

後于白玉霜演出「馬寡婦開店」的喜彩蓮

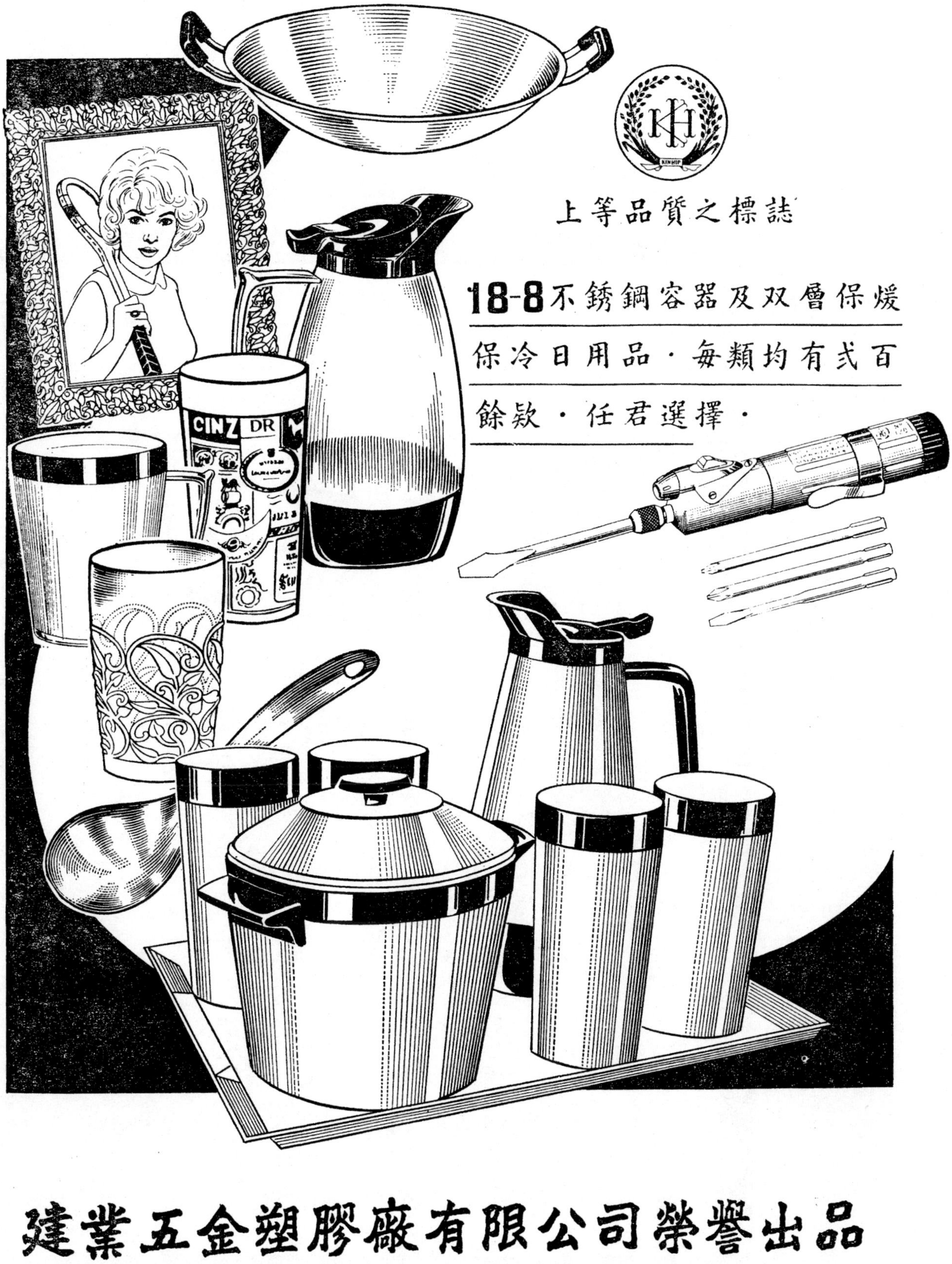

建業五金塑膠廠有限公司榮譽出品

香港九龍官塘鴻圖道九號　電話：K-896261 (五線)
K-423456 (本銷專用)

大人公司·平價市場·人人公司·均有代售

本刊已向香港政府登記

定價每冊港幣壹元

大人總目錄

第一期（一九七〇年五月十五日）：

第二期（一九七〇年六月十五日）：

第三期（一九七〇年七月十五日）：

第四期（一九七〇年八月十五日）：

第五期（一九七〇年九月十五日）：

第六期（一九七〇年十月十五日）：

第七期（一九七〇年十一月十五日）：

第八期（一九七〇年十二月十五日）：

第九期（一九七一年一月十五日）：

第十期（一九七一年二月十五日）：

第十一期（一九七一年三月十五日）：

第十二期（一九七一年四月十五日）：

第十三期（一九七一年五月十五日）：

第十四期（一九七一年六月十五日）：

第十五期（一九七一年七月十五日）：

第十六期（一九七一年八月十五日）：

第十七期（一九七一年九月十五日）：

第十八期（一九七一年十月十五日）：

第十九期（一九七一年十一月十五日）：

第二十期（一九七一年十二月十五日）：

第二十一期（一九七二年一月十五日）：

第二十二期（一九七二年二月十五日）：

第二十三期（一九七二年三月十五日）：

第二十四期（一九七二年四月十五日）：

第二十五期（一九七二年五月十五日）：

第二十六期（一九七二年六月十五日）：

第二十九期（一九七二年九月十五日）：

第三十期（一九七二年十月十五日）：

第三十一期（一九七二年十一月十五日）：

第三十二期（一九七二年十二月十五日）：

第三十三期（一九七三年一月十五日）：

第三十四期（一九七三年二月十五日）：

第三十五期（一九七三年三月十五日）：

第三十六期（一九七三年四月十五日）：

第三十七期（一九七三年五月十五日）：

第三十八期（一九七三年六月十五日）：

第三十九期（一九七三年七月十五日）：

第四十期（一九七三年八月十五日）：

第四十一期（一九七三年九月十五日）：

第四十二期（一九七三年十月十五日）：

大人（三）

數位重製・印刷　秀威資訊科技股份有限公司
http://www.showwe.com.tw
114 台北市內湖區瑞光路 76 巷 65 號 1 樓
電話：+886-2-2796-3638
傳真：+886-2-2796-1377
劃　撥　帳　號　19563868　戶名：秀威資訊科技股份有限公司
讀者服務信箱：service@showwe.com.tw
網　路　訂　購　秀威網路書店：https://store.showwe.tw
網路訂購：order@showwe.com.tw

2017 年
全套精裝印製工本費：新台幣 30,000 元（不分售）

Printed in Taiwan　ISBN: 978-986-326-369-2　CIP: 078

本期刊僅收精裝印製工本費，僅供學術研究參考使用

ISBN 978-986-326-369-2
9 789863 263692 30000

讀者回函卡

感謝您購買本書，為提升服務品質，請填妥以下資料，將讀者回函卡直接寄回或傳真本公司，收到您的寶貴意見後，我們會收藏記錄及檢討，謝謝！
如您需要了解本公司最新出版書目、購書優惠或企劃活動，歡迎您上網查詢或下載相關資料：http:// www.showwe.com.tw

您購買的書名：________________________________

出生日期：________年________月________日

學歷：□高中（含）以下　□大專　□研究所（含）以上

職業：□製造業　□金融業　□資訊業　□軍警　□傳播業　□自由業
　　　□服務業　□公務員　□教職　□學生　□家管　□其它_____

購書地點：□網路書店　□實體書店　□書展　□郵購　□贈閱　□其他

您從何得知本書的消息？

□網路書店　□實體書店　□網路搜尋　□電子報　□書訊　□雜誌
□傳播媒體　□親友推薦　□網站推薦　□部落格　□其他__________

您對本書的評價：（請填代號　1.非常滿意　2.滿意　3.尚可　4.再改進）

封面設計____　版面編排____　內容____　文／譯筆____　價格____

讀完書後您覺得：

□很有收穫　□有收穫　□收穫不多　□沒收穫

對我們的建議：________________________________

____

____

____

請貼
郵票

11466
台北市內湖區瑞光路 76 巷 65 號 1 樓
秀威資訊科技股份有限公司　　　收
BOD 數位出版事業部

....

（請沿線對折寄回，謝謝！）

姓　　名：＿＿＿＿＿＿＿＿＿＿　年齡：＿＿＿＿　性別：□女　□男

郵遞區號：□□□□□

地　　址：＿＿＿＿＿＿＿＿＿＿＿＿＿＿＿＿＿＿＿＿＿＿＿＿＿＿

聯絡電話：（日）＿＿＿＿＿＿＿＿＿＿＿＿（夜）＿＿＿＿＿＿＿＿＿＿＿＿

E-mail：＿＿＿＿＿＿＿＿＿＿＿＿＿＿＿＿＿＿＿＿＿＿＿＿＿＿